山东地方史文库（第二辑）

韩寓群 主编

山东社会风俗史

秦永洲 著

山东人民出版社

袁珂《山海经校注》
中的蓐收

袁珂《山海经校注》
中的娥皇、女英

山东曲阜寿丘
少昊陵

山东嘉祥东汉武氏祠画像石伏羲与女娲交合图

山东莒县陵阳河出土灰陶大酒樽

大汶口文化墓葬出土象牙梳

龙山文化蒸煮器：
大陶甗，1982年临
淄桐林遗址出土

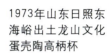

1973年山东日照东
海峪出土龙山文化
蛋壳陶高柄杯

大汶口文化云雷纹陶釜

山东章丘西河遗址出土
后李文化陶釜

1969年山东曲阜北关出土西周禽鸟盖青铜豆

1956年临淄齐国古城姚王庄出土战国青铜豆

济南洛庄西汉墓出土的编钟

山东广饶杨造寺村皆公寺出土北魏孝昌三年
（527）比丘道休造弥勒佛像

青州龙兴寺出土北朝佛像

青州龙兴寺出土三尊北魏镀金彩绘背屏佛像

山东莱州霍旺秦氏家堂

山东潍县杨家埠木版年画秦琼和尉迟敬德

山东潍县杨家埠木版年画神荼和郁垒

山东潍县杨家埠木版年画文财神和武财神

山东单县百狮坊

三分朝天子，七分下江南　1965年11月13日毛泽东为山东省汶上县龙王庙分水工程题词

《山东地方史文库》总序

　　《山东地方史文库》历经三年多努力,终于正式付梓,这是一件可喜可贺的事情。

　　山东是中华文明的发源地之一。根据考古发现,距今四五十万年前,我们的祖先就在今山东沂源一带劳动、生息、繁衍,过着原始社会的生活。大约在四五千年前的虞舜时代,相当于考古学上的龙山文化后期,山东地区即已进入了人类的文明时代。山东历史悠久,文化灿烂,名人辈出。在这里曾产生许多伟大的思想家、政治家、军事家、科学家、发明家、文学家和艺术家,其中最著名的有:思想家和教育家孔子,思想家墨子、孟子、庄子、荀子,政治家管仲、晏婴、诸葛亮、房玄龄、刘晏,军事家孙武、吴起、孙膑、戚继光,科学家和发明家扁鹊、鲁班、氾胜之、贾思勰、燕肃、王祯,文学家和艺术家王羲之、刘勰、颜真卿、李清照、辛弃疾、蒲松龄、孔尚任,以及中国共产党山东党组织的创始人王尽美、邓恩铭等,其余多如璀璨明星,不可胜数。这些先贤们的思想和业绩都已载入史册,成为中国优秀传统文化的一个重要组成部分。时至今日,仍具有广泛而深远的影响。

　　山东的历史,是一部丰富多彩的历史,是一部灿烂辉煌的历史。山东人民在历史上所创造的物质文明和精神文明值得后人去发掘、探讨、借鉴和发扬光大。自上世纪80年代以来,在中共山东省委、省政府的大力支持下,省内从事社会科学研究工作的专家学者在山东地方史的研究方面做了许多卓有成效的工作,编写出版了包括《山东通史》在内的一批研究地方史的著作,为后人探讨和研究山东历史奠定了很好的基础。

新编《山东地方史文库》,包括新增订的《山东通史》和初步计划编写的10部《山东专史》。《山东通史》从纵的方面记述山东自远古至近现代的历史发展进程,包括山东社会形态的变化、重大历史事件、重要典章制度和重要历史人物的传记;《山东专史》则是从横的方面研究山东历代政治、经济、军事、文化、教育、科技、社会风俗、中外交往等方方面面的历史。采取这样纵横交错、互为补充的研究方法,可以让人们更加全面和系统地了解和认识山东历史,更能领悟到我们的先人所创造的博大精深的思想、灿烂辉煌的文化以及多姿多彩的社会生活,也可以从中总结和吸取先辈们给我们留下的宝贵而丰富的经验教训。毛泽东同志曾说过:"历史的经验值得注意。"邓小平同志也说:"历史上成功的经验是宝贵财富,错误的经验、失败的经验,也是宝贵财富。"他还有一句名言:"总结历史,是为了开辟未来。"研究和学习山东的历史,可以使我们更加深入认识山东的昨天,更好地把握今天,从而创造出更加美好的明天。

盛世修史,是我国的一个优良传统。多年来,中共山东省委、省政府在党中央领导下,以邓小平理论和"三个代表"重要思想为指导,深入贯彻落实科学发展观,带领山东人民沿着中国特色社会主义道路奋发前进,无论是在发展经济还是提高人民群众的生活水平上,都取得了突出的成就,进入了山东历史上发展最好、较快的又一个历史时期。《山东地方史文库》的编写出版,不仅继承和弘扬了山东悠久而丰厚的历史文化,而且有助于我们吸取前人的经验和智慧,为社会主义和谐社会建设提供有益的历史借鉴。

编写《山东地方史文库》的动议酝酿于 2006 年 3 月,当时担任省长的我意识到自己有义不容辞的责任。这个想法得到了山东师范大学以及省内从事山东地方史研究的专家教授的热烈响应和支持,尤其是安作璋教授,不顾年事已高,担任《文库》学术顾问,尽心竭力做了大量的组织工作、领导工作,山东师范大学的领导同志以及山东地方史研究所为此《文库》的编纂作出了很大贡献。作为主编,我感谢来自省内有关高等学校、科研院所的各位主编、作者和出版社的编辑同志为编写出版这一套高质量、高品位的《山东地方史文库》付出的辛勤劳动,感谢省党史委、史志办等有关部门领导的大力支持和帮助。《文库》的编写出版,仅是一个良好的开端,希望同志们在此基础上总结经验,再接再厉,为今后编写好出版好《文库》中的其他各类专史继续努力。

是为序。

韩寓群

2009 年 7 月

序

山东自古号称"齐鲁文明礼仪之邦"，历史悠久，文化灿烂。在这块雄踞陆海、美丽而富饶的祖国大地上，曾培育出许多伟大的思想家、科学家、发明家、政治家、军事家、文学家和艺术家。他们以博大精深的思想和智慧，与广大劳动人民一起共同创造了大量造福于人类的精神财富和物质财富，推动了生产力的发展和社会的进步，从而构成了山东历史丰厚而富有特色的内容，谱写了山东历史绚丽多彩的篇章。

本次编写出版的《山东专史》系列，为《山东地方史文库》的第二辑，包括《山东政治史》、《山东经济史》、《山东军事史》、《山东思想文化史》、《山东科学技术史》、《山东教育史》、《山东文学史》、《山东社会风俗史》、《山东移民史》、《山东对外交往史》等10部著作，较全面地研究和反映了山东古代至新中国成立前的政治、经济、军事、思想、科技、教育、文学、风俗、移民、外交等领域发展、变化的历程。《山东专史》系列和已出版的《山东通史》一样，在编写思路和结构上都采取纵横相结合的方法，不同的是，《山东通史》以纵带横，纵中有横；《山东专史》系列则是以横带纵，横中有纵。如果说《山东通史》是从纵的方面系统地探讨山东历史各个领域的发展演变，《山东专史》系列则是从横的方面对山东历史不同领域进行重点的研究，也可以说《山东专史》系列是对《山东通史》中一些重要领域的细化和补充，这两部著作相得益彰、交相辉映，比较系统全面地体现了《山东地方史文库》丰富的内容及厚重的文化积淀。

《山东专史》系列各卷的作者,均是山东省高校和科研机构中多年从事有关领域研究的教授、研究员等专家学者,他们在山东历史的研究方面均有较高的理论水平、丰富的资料积累和写作经验,因此对其撰写的书稿都能做到比较深入的研究。每卷作者在撰稿中都注意吸取当今学术界最新研究成果,并在此基础上,力求有所创新;对有争议的问题则采取了比较客观的立场和实事求是的态度。10 部专史大都具有资料翔实、内容丰富、思路清晰、系统条理、文字流畅、深入浅出等优点;另附有与文中内容相关的多种图表,以便于读者更好地阅读和理解。

近年来,山东学者对于山东历史的研究取得了长足进步,先后推出了《山东通史》、《齐鲁文化通史》、《济南通史》、《齐鲁历史文化丛书》、《山东革命文化丛书》、《山东当代文化丛书》、《齐鲁诸子名家志》、《山左名贤遗书》、《齐鲁文化经典文库》、《山东文献集成》等多部大型系列著作(省直各部门、各地市县的研究成果尚未包括在内),表明了山东地方史的研究已走在全国各省地方史研究的前列,对于研究山东、宣传山东、存史资政育人起到了重要作用。本次《山东地方史文库》中 10 部《山东专史》的出版,对山东地方史研究来说,无论从深度还是广度上看,都有新的开拓,也是山东省文化建设工程的又一项重大成果。对于当前和今后建设社会主义和谐山东,推进山东社会主义政治文明、精神文明、物质文明、生态文明建设,都具有重要的现实意义。

我衷心希望参加编写的作者和出版社的同志们,在老省长、《山东地方史文库》总主编韩寓群同志的领导和山东师范大学校领导的支持下,善始善终地继续做好《山东专史》系列第三辑、第四辑的编写和出版工作,并预祝这项艰巨而光荣的历史任务圆满成功。

安作璋

2011 年 5 月

前　言

社会风俗是历代相沿积久、约定俗成的风尚、礼节、习惯的总和，也是人们在衣食住行、生老婚丧、岁时节庆、生产活动、文化娱乐、宗教信仰等方面广泛的行为规范，它是一个国家、民族、地区的社会物质文明和精神文明在日常生活中的反映。

一

关于风俗，中国古代有"风"、"风俗"、"民风"、"习俗"、"谣俗"等称谓。西汉鲁（今山东曲阜）人毛亨《诗·周南·关雎诂训传》讲：

> 风之始也，所以风天下而正夫妇也。故用之乡人焉，用之邦国焉。风，风也，教也；风以动之，教以化之。……情发于声，声成文谓之音。治世之音安以乐，其政和；乱世之音怨以怒，其政乖；亡国之音哀以思，其民困。故正得失，动天地，感鬼神，莫近于诗。先王以是经夫妇，成孝敬，厚人伦，美教化，移风俗。故诗有六义焉。一曰风、二曰赋、三曰比、四曰兴、五曰雅、六曰颂。上以风化下，下以风刺上。主文而谲谏，言之者无罪，闻之者足以戒，故曰风。

所谓的风，是氏族民主社会上下沟通的语言，也是远古民众品评政治、臧否人物、参政议政的渠道。"上以风化下"，即"风教"、"风化"；"下以风刺上"，即"风谣"、"风谏"、"风刺"。它反映了在氏族民主制时代上下间的互动，即"风以动之，教以化之"。风所采用的形式就是诗、赋、歌、谣，《诗经》中的风、雅、颂都是民众歌吟的此类语言。如《诗·小雅·常棣》毛传曰："闵管蔡之失道，故作常棣。"《尚书·舜典》称："诗言志，歌咏言。"诗和歌，就是要把自己的意志、言论表达出来。上述《关雎诂训传》曰："在心为志，发言为诗。"

由此我们可以理解"风"与歌谣、音乐的关系。《诗·魏风·园有桃》："我歌且谣。"郑玄笺曰："曲和乐曰歌。徒歌曰谣。"歌是一种有宫商曲调，配以钟石管弦伴奏的诗，或者是没有伴奏，但有曲调的清唱。齐庄公到崔杼家与棠姜偷情，"拊楹而歌"①；楚狂接舆歌而过孔子曰："风兮，风兮！何德之衰，往者不可谏，来者犹可追。"②齐国孟尝君的食客冯驩弹剑歌曰："长铗归来乎！"③显然都没有伴奏。《左传·僖公五年》："童谣云：'丙之晨，龙尾伏辰。'"孔颖达疏曰："徒歌谓之谣，言无乐而空歌，其声逍遥然也。"谣是没有宫商曲调、但有节奏的顺口溜。

"声成文谓之音"，风又可称做"音"，与乐相连即为"音乐"，都是远古时代用来听政议政的。《国语·周语上》载："天子听政，使公卿至于列士献诗，瞽献曲，史献书，师箴，瞍赋，矇诵，百工谏，庶人传语。"《淮南子·氾论训》："禹之时，以五音听治。悬钟、鼓、磬、铎，置鞀，以待四方之士，为号曰：'教寡人以道者，击鼓；谕寡人以义者，击钟；告寡人以事者，振铎；语寡人以忧者，击磬；有狱讼者，摇鞀。'"孔子讲的"移风易俗，莫善于乐"④，道理也在此。

自封建文化专制形成后，统治者把这些诗、赋、歌、谣称做"诗妖"，再也登不得朝堂，只能在民间流传了。《汉书·五行志中之上》载："君炕阳而暴虐，臣畏刑而柑（钳）口，则怨谤之气发于歌谣，故有诗妖。"《韩诗外传》卷三第九章载："无使百姓歌吟诽谤，则风不作。"后来史书中的"时人为之语曰"、"谚曰"、"时人号曰"等，也都是风。

俗，指长期形成的礼节、习惯。《说文八上·人部》称："俗，习也。"《礼记·曲礼上》："入竟（境）而问禁，入国而问俗，入门而问讳。"东汉北海高密（今属山东）人郑玄注曰："俗，谓常所行与所恶也。"结合"禁"、"讳"，"俗"，

①《左传·襄公二十五年》，载《十三经注疏》，中华书局 1980 年版。
②《论语·微子》，载《诸子集成》，上海书店 1986 年影印版。
③《战国策·齐策四》，上海古籍出版社 1985 年版。
④《孝经·广要道》，载《十三经注疏》，中华书局 1980 年版。

即日常生活中该做的、该说的和不该做、不该说的。

严格讲,风俗和民俗的含义并不完全一致。民俗的说法缺了"风"这一块内容。现代民俗学作为学科性用语,是北京大学1922年创办《歌谣》周刊,在发刊词中根据英语"Folklore"确立的,已是约定俗成了。

在现代民俗学中,关于民俗的定义很多。一般都界定为:民俗是存在于民众中,为民众所创造、传承的社会文化传统。从这个意义上讲,民俗即民间风俗。

其实,上与下、民众与官员、民间与官方的界限很难说清。汉武帝实行和亲政策,将细君嫁乌孙昆莫老王为右夫人。昆莫老,要把细君嫁给其孙岑陬,公主上书言状。汉武帝回信说:"从其国俗。"①这显然是政府行为,但又要遵从当地民间的风俗。另外,许多风俗事象都是朝廷、政府倡导,经反复传袭而形成的。西周吉、凶、军、宾、嘉等五礼,都是国家制定的有关风俗方面的礼制,后来衣食住行、婚丧生老等方面的风俗都是那时奠定的,因此本书把它称做"礼俗"。现在清明节、端午节、中秋节放假,既是国家的休假制度,又融入社会风俗之中。是否可以这样说,风俗不仅流行于民间,也流行于官方,即上述"用之乡人焉,用之邦国焉",还是用一个大的概念比较稳妥:社会风俗。本书叙述的风俗事象、物象,也不仅仅局限于民间。

二

关于社会风俗的特点,许多民俗学专家都作过系统论述,笔者在此挂一漏万,仅谈自己一得之浅见。

(一)社会风俗是一种普遍的道德维存力量。

除行政、法律手段外,包括计划经济时代在内的道德维存力量主要有四:第一,追求个体品格完善的道德自律;第二,社会舆论监督力量的他律;第三,朝廷、政府表彰、旌扬等道德回报机制的激励;第四,互利、互惠的道德等价交换。这四种维存力量都属于社会风俗的范畴。

社会风俗不断承接着雅文化层次规范化的引导,并将其落实到世俗社会。岁月的推移不断增加着风俗的约束力和权威性,使它成为一种强固的

①《资治通鉴》卷二十一《汉纪十三·武帝元封六年》,古籍出版社1956年版。

社会舆论监督力量,激励着人们加强个体品格的自律,抑制着道德的沦丧。

儒家思想很早就提出了仁、义、礼、智、信、忠、孝、悌、节、廉、温、良、俭、让、恭、宽、敏、惠等伦理道德素质,这些都被社会风俗落实到世俗社会。仅以饮食为例,讲座次、举案齐眉是礼;食君禄,报王恩是忠;吃饭穿衣敬父母是孝;宣传孔融让梨是悌;讲滴水之恩,当涌泉相报,一饭千金是信义;志士不饮盗泉之水,廉者不食嗟来之食,不为五斗米折腰是廉节。所以,儒家道德的真正存在价值和真实生命力在于社会风俗之中,在俗文化层次无不流动着雅文化的基本精神和中国国情"根"的呼唤。

(二)越往远古,社会风俗就越是国家政治教化的组成部分。

最早出现的媒人是国家法定的官员,《周礼》中的"媒氏",齐国的"掌媒",都是官媒。齐国的掌媒负责"合独",是齐国的"九惠之教"之一。它与安定民生、培养税源、富国强兵的统治政策联系在一起。公元前651年齐桓公在葵丘大会诸侯,订立的盟约竟然有"无以妾为妻"的内容。

不光是婚姻,其他风俗莫不如此。如岁时节庆,《尚书·舜典》孔颖达疏曰:"节气晦朔,皆天子颁之。"古代祭祀是政治权力的象征。《左传·成公十三年》载:"国之大事,在祀与戎。"因此,中国古代社会前期的统治者都深知移风易俗、观览风俗的重要性。《汉书·艺文志》载:"古有采诗之官,王者所以观风俗,知得失,自考正也。"

(三)远古的社会风俗,反映了在生产力低下的情况下对大自然、对神灵的征服、改造和利用,对大自然奥妙的探索,对人类险恶环境的抗争,对远古人类生活的创造和开拓。

鲁国柳下惠叙述的祭祀对象主要有祖先、前哲令德、山川、社稷、五行、日月星辰等,都与远古人类生活息息相关,其宗旨在于兴利除害、造福人类。表现了对造福人类的伟大人物的肯定和崇敬,对养育人类的日月星辰、社稷山川的感谢和希冀。古人还按照这一宗旨,对后来的神灵进行改造。观音菩萨的杨柳枝、净水瓶要为农业普降甘霖,佛教的四大天王要职司"风调雨顺"。老天爷、玉皇、龙王、雷公、电母、风伯、雨师都要在农业社会挂职。

古人凭借着感性的、质朴的生活方式,来认识宇宙万物和自然现象。在新的一年到来前的腊月,都进行大规模的驱逐鬼怪的仪式,叫做"驱傩"、"大傩",它成为春节除夕的渊源。经过一冬的干燥,春天一打雷,极容易引起火灾，便产生了远古禁火冷食的禁忌。春季是瘟疫、流行感冒的易发季节，古人到郊外水上袚禊防疫，这便是修禊节的来历。春秋齐地春天流行薰屋消毒、泄井易水、钻燧易火、涂塞炉灶等风俗，也是为了消毒卫生，防止瘟疫，有利健康。五月已进入夏季，蛇、蝎、蜈蚣、蜂、蛾等五毒虫和蚊、蝇等都进入旺季，受伤后的伤口也容易发炎。由于它给人们带来的种种不幸，所以将其视为恶月，于是产生了五月端午的五色丝、艾草、菖蒲酒、石榴花、雄黄酒等种种风俗。

回首先民们的蹒跚足迹，就能领略到社会风俗中蕴涵的生生不息的精神和征服自然的顽强信念。风俗的传承是为了弘扬这一可贵的文化精神，为了寄托对幸福吉祥、平安如意的美好生活的向往，如果仍然痴迷上述的种种说法，则演变为陋俗，演变为对自然、对宗教神灵的屈服、迷信，演变为自我意识的迷失。

三

《汉书·地理志》讲："凡民函五常之性，而其刚柔缓急，音声不同，系水土之风气，故谓之风；好恶取舍，动静亡常，随君上之情欲，故谓之俗。"这里讲的是风俗形成的原因，而不是释义。班固认为，由于自然条件不同而形成的习尚叫做风；社会条件不同而形成的习尚叫做俗。西汉琅邪皋虞（在今山东即墨）人王吉讲："百里不同风，千里不同俗，户异政，人殊服。"[①]因此，山东社会风俗的发生、发展及演变有着自身的鲜明特点。

其一，从先秦到隋唐，山东风俗文化一直处于领先的地位。

国学大师钱穆称："若把代表中国正统文化的，譬之于西方的希腊般，则在中国首先要推山东人。"[②]

齐鲁立国之前，在一个很长的时期内，东夷文化一直居开化、领先地位。流传至今的龙凤文化就是太昊、少昊创造的图腾，而黄帝的云、炎帝的火、共工的水等却没怎么成气候。少昊的候鸟纪历；嫦娥奔月；蚩尤请风伯雨师，呼风唤雨、兴云吐雾；舜的"鸟工"、"龙工"之法；奚陆地行舟；伯益作井；奚仲造车等传说，说明东夷人不仅有着丰富的思维想象力，而且具有强大的征

---

①《汉书·王吉传》，中华书局1962年版。
②钱穆：《论中国历史精神》，台湾东大图书股份有限公司1986年版，第104页。

服自然的能力。

齐鲁立国时期,是各诸侯国拱卫王室的领头羊。鲁国的"变其俗,革其礼",齐国的"因其俗,简其礼",都是对远古社会氏族遗风的逐步改造,对新社会风尚的倡导和推行,无论是重革新、移风易俗,还是尊传统、弘扬周礼,齐鲁都是率先垂范的地区。

齐国是工商业最发达的国家,领导了工商国度风俗的新潮流,充满自由、激情和浪漫,注重放松、休闲和娱乐,寻求感情的释放和精神的刺激。饮食风俗渴望"富贵利达",追求高消费;服饰上号称"冠带衣履天下",是最为奢华的地区;文化娱乐上吹竽、鼓瑟、击筑、弹琴、赛马、斗鸡、走犬、六博、蹴鞠,弥漫着浓厚的工商社会风俗。卖淫是工商社会中性的商品化,齐桓公和管仲首创国营妓院,与古希腊第一个开妓院的梭伦并驾齐驱。不可思议的是,由于齐国较早推行了婚姻方面的移风易俗,在齐国这个工商业社会竟然首先形成了娶妻"非媒不可"和"忠臣不事二君,贞女不更二夫"的观念。

崇伦理、尊传统、尚礼仪的鲁国是礼仪文化积淀最深厚的国度,成为各地效法的礼仪之邦和各种礼俗的发源地。春秋时期,"周礼尽在鲁矣"①,齐、晋、燕等国纷纷到鲁国"观礼"、"问礼"、"观书"。孔子倡导的各种礼俗以及儒服、美食理论均领导着社会风俗的新潮流。据《晋书·张华传》载,直到西晋,朝廷武库里仍保存着孔子的屐。齐国服饰注重豪华、奢侈,显示人的外在美,鲁国则注重它的道德礼仪内涵。子路"衣弊缊袍与衣狐貉者立而不耻",显示了蔑视一切的自信。他在卫国内乱中被人砍断了冠缨,说:"君子死,冠不免。"激战中竟放下武器以结缨,结果被人杀死。现在看来很迂腐,但表现了一种至死不乱方寸的牺牲精神。

齐鲁的手工制作更是居领先地位。邹鲁一带的思想家对木工技艺都不陌生,经常用木工操作来隐喻深刻的哲理。子思讲:"大匠之用木也,取其所长,弃其所短。"②孟子讲:"不以规矩,不能成方员。"③四体不勤,五谷不分的孔夫子不仅懂得"朽木不可雕也",还提出了"工欲善其事,必先利其

①《左传·昭公二年》,载《十三经注疏》,中华书局 1980 年版。
②《资治通鉴》卷一《周纪一·安王二十五年》,古籍出版社 1956 年版。
③《孟子·离娄上》,载《诸子集成》,上海书店 1986 年影印版。

器"①的名言至理,而且说得如此得要领,活脱一个达到上乘境界的巨匠。在这里,我们不得不佩服齐鲁文化的造化之功。鲁班是工匠的祖师,木工用的角尺、锯、刨子、墨斗、钻、凿、铲等工具,以及风筝、拔河、锁、石磨等,传说都是他发明的。鲁班的妻子还发明了伞。齐鲁妇女的勤劳手巧更是让人敬佩。鲁相公仪休之妻出于职业癖好而纺织不辍,曾参之母听到儿子杀人仍不下织机,反映了齐鲁妇女对纺织事业的投入和热衷。东汉王充为之称道:"齐部世刺绣,恒女无不能。"②直到清末民国,山东"乡间妇女最勤纺织,七八龄女子即优为之"③。近代山东妇女还用最不起眼的麦秆编织出精致的草辫。《民立报》1911 年 9 月 29 号《草辫之利权又失》一文中说:"东省出口之货向以草辫为大宗,胶莱一带以是起家者不乏其人。近有某国商召集多股在青岛开设一草辫公司,雇有掖县沙河镇头等工人数十名充当教师,一切薰草制箱之法较前更求工致。"

其二,崇圣、重教、尚学,是山东地区突出的社会风尚。

孔子首开私人办学之风,曲阜成了当时的一个文化教育中心。子路,"衣敝缊袍";颜渊,居陋巷,一箪食,一瓢饮;原宪,不厌糟糠,匿于穷巷,是中国第一批穷学生,反映了穷人求学的社会风尚。齐国稷下学宫历时 140 余年,汇集了大批著名的文学游说之士,其规模之大,历史之久,史所罕见。汉代山东仍然是儒学发展的中心,西汉的五经 8 师,山东占了 6 人。东汉的五经 14 博士,山东经师占了 8 家。汉代邹县一带流传"遗子黄金满籝,不如一经"的谚语。北宋苏东坡任密州(治今山东诸城)知州,留下了"至今东武(诸城)遗风在,十万人家尽读书"的诗句。

近代山东堂邑(今属山东冠县)人武训乞食积资,茹苦 40 载而不懈,先后在堂邑、馆陶、临清办了三所义学,创造了乞丐兴学的奇闻。近代山东土匪兴学,更是违背常理。《民立报》1910 年 12 月 28 号《老杂党大为开化》一文中载:

> 济南函:曹州境内敏性强悍,每至青纱帐和桀党者流即以剽劫为

①《论语·卫灵公》,载《诸子集成》,上海书店 1986 年影印版。
②《论衡·程材》,载《诸子集成》,上海书店 1986 年影印版。
③胡朴安:《中华全国风俗志》下篇卷二《济南采风记》,中州古籍出版社 1990 年版。

事。其党甚众,士皆呼之为"老杂",以其强硬手段诈取财物也。每党皆有首领,占据一方,不准他党侵入境内行掠,土人则呼之曰"一竿子"……该党最有团体,最尚义气,惟乏教育,流为盗贼,良足闵也。自前年有某君运动该党兴办学务,已设立师范学堂一处,专教授党中之人,每日自家入校,均手持洋枪以防不测,入校后将洋枪存放一处,上班听讲,下班后仍持洋枪而去,日以为常,风雨无阻。仅教授一学期,党人均大为开化,现更逐渐扩充。又复设立小学十余处,其设立之时全用强迫手段。见某村中有富室,则登门告之曰:"汝须出款若干,办理小学一处。"见某家有学童则告之曰:"汝之学童须入入某校肄业。"村人皆畏其势,不敢不听,故仅费一言,一处处小学相继成立。现在见有行人捆载重资,欲劫夺之,必先询是否学界人,若果学界也者,不但不劫,且护送出境。附近凡办理学务者,亦一律保护,故皆争自兴学,以为一己生命财产之护符,亦异闻也。

这些病态、畸形兴学的现象,反映了山东人对教育的痴迷。直到今天,山东的高考成绩仍然居高不下。

其三,齐鲁名士王者师的风范和自尊、自信的个性。

先秦时期的齐鲁名士大都是以布衣的身份参政议政的,他们不是拜倒在统治者的膝下请求恩赐,而是站在王者师的高度上与统治者"平等对话"。孔子、墨子、孟子、七十子之徒,以及曹刿、鲁仲连、邹衍等都具有折傲卿相,为王者师的人格风范,表现了"其性迟缓,多自高大,以养名声"①,自尊、自信的齐鲁风尚。对这一正统性格的固守,又演化为"地重难动摇",持重保守,惮于革新的个性和囿于传统的负累。

在清初野蛮推行薙发的恐怖中,明朝户科给事中、山东莱阳人左懋第坚持不薙发,并杖毙薙发的随员,被清廷杀害。孔子后裔孔文骠上奏清廷,请允许孔府"蓄发以复先世衣冠"而被革职。再联系近代山东此起彼伏的教案和义和团运动,可以说山东是中国传统文化的坚固阵地,也是抵御外强入侵、抗拒西方文化最强烈的省份。

①《汉书·朱博传》颜师古注,中华书局 1962 年版。

其他如山东人重诺守信、见义勇为、除暴安良、兴利除害的侠义精神;揭竿而起、"替天行道",喜好反抗的光荣传统;豪爽大方,隆礼、利他的特性,也都为其他地区所称羡。

四

本书着重对具有普遍性的传统风俗服饰、饮食、节令、婚姻、生老、丧葬、信仰等进行系统介绍,共分远古东夷族的传说、先秦秦汉、魏晋南北朝隋唐、五代宋元明清、近代以及山东社会风俗总论六章。在叙述中,将传统风俗与现代社会,雅文化与俗文化紧密接轨,对所涉及的民俗事象、物象,由风俗衍生出的典故、成语、谚语,均考述源流嬗变和民俗传承。对传统风俗在现代人心理深层和行为习惯中的存在形式,及产生的正反两方面的影响,均结合中国传统文化的基本特征,以透视、品评、辨析等形式,联系古今,进行深层次的剖析。

社会风俗是历代相传的文化现象,一经形成,则有相对的独立性和稳定性。在民族融合、地区国家交往和社会变革等因素的影响下,其内容和形式的变异往往表现为渐进,而不是急风暴雨式的突变。由于社会风俗的传承性和变异性,有些风俗事象一旦约定俗成后便历代传承,甚至纵贯古今。因而,在叙述某一事象时,或追述渊源,或续述去脉,往往会打破本章的断限。有些风俗类别也可能在此章中有,而在彼章中无。

本书涉及很多山东籍的人物,为了语言上的简练,有些不言而喻的人物如孔子、孟子等,一般直述其名,不以"鲁国(今山东曲阜)人孔子"、"邹(今山东邹城东南)人孟子"的形式。其他如郑玄等,在同一章节中首次出现,用"东汉北海高密(今属山东)人郑玄"的形式,再次出现则用"郑玄"或"东汉郑玄"的形式。山东人编撰的著作、山东的诸侯国和地名等,也仿照此例。

风俗绝不仅仅是裸露在社会生活表层的现象,它沟通着历史与现实、物质与观念、道德与法律,折射出中华五千年的沧桑变革。在山东社会风俗中,层累地堆积着山东人的高度智慧、高超技艺和高尚品德。因此,山东社会风俗更能反映齐鲁文化的深刻内涵,通过它来把握一个地区的文化,更加直观而准确。

　　了解山东社会风俗史，有着十分重大的现实意义和实践价值。有利于促进山东地区民俗文化资源的开发、利用、保护和文化交流；有利于山东地区的移风易俗和社会主义精神文明建设；对唤起山东人对齐鲁文化历史的自豪感，激发他们对传统与现实的自我意识、使命意识，把山东重新推向中国文化发展的前沿，都具有重要的作用。

　　希望读者朋友通过拙作，丰富知识，启迪思维，更新观念，接受民族精华的洗礼，冲破世俗偏见的误区，以风俗史的眼光观察社会，体味人生，以崭新的精神风貌面对 21 世纪的现代化社会生活。这是本书的宗旨，也是本人的奢望。

　　在本书编著过程中，参阅了大量国内外学者的论著，除直接引用原文外，恕不一一注明。本人学识疏浅，不当之处，敬请读者朋友和方家教正。

目 录

第一章　远古东夷族的社会风俗

齐鲁立国之前,远古时代的山东先民被称做"东夷"。先秦文献中的东夷,专指分布在今山东、苏北、淮北地区那些非华夏的方国和部落。"夷"的名称,约产生于夏代,与"华"、"夏"并称。在商代甲骨文中,"夷"字经常出现,泛指居住在统治中心之外的周边的部族。

《礼记·曲礼下》称:"其在东夷、北狄、西戎、南蛮,虽大曰子。"这时的"夷",才开始有"东方之人"的意思。

《礼记·王制》载:"中国戎夷,五方之民,皆有性也,不可推移。东方曰夷,被发文身,有不火食者矣;南方曰蛮,雕题交趾,有不火食者矣;西方曰戎,被发衣皮,有不粒食者矣;北方曰狄,衣羽毛穴居,有不粒食者矣。"

东汉许慎《说文十下·大部》也说:"夷,平也,从大从弓,东方之人也。"更加明确了夷为"东方之人"的说法。夏、商的统治中心在今山西、陕西、河南的黄河中游地区,"东夷"既然在这个统治中心之外的东边,那么就只能是以今山东为中心的东部地区了。

在传说的东夷族历史上,最为著名的部落首领有太昊、少昊、蚩尤、大舜、后羿、皋陶、伯益等。东夷族各部落主要以龙、蛇、凤、鸟、太阳为图腾,以鸟类图腾居多。其中,最主要的部落有风姓部落、姜姓部落、嬴姓部落、姚姓部落等。

一、太昊伏羲氏的传说

(一)太昊的活动区域

太昊又作太皞,是山东古史传说中比较早的部落,主要活动于鲁中南的丘陵区。《左传·僖公二十一年》称:"任、宿、须句、颛臾,风姓也,实司太皞与有济之祀,以服事诸夏。邾人灭须句,须句子来奔,因成风也。成风为之言于(僖)公曰:'崇明祀,保小寡,周礼也;蛮夷猾夏,周祸也。若封须句,是崇皞济而修祀纾祸也。'"

该文的意思是,任(今山东济宁市市中区)、宿(今山东东平境)、须句(今山东东平境)、颛臾(今山东平邑境)等风姓小国负责祭祀太皞和济水,邾人灭掉须句,须句国君通过成风投奔了鲁国。成风是须句人,鲁庄公妾,鲁僖公之母。成风对鲁僖公说:"帮助须句复国,既是维护周礼,也是尊崇对太皞和济水的祭祀。"

颛臾还负责主持祭祀泗水的发源地,今蒙阴县南的蒙山。《论语·季氏》载孔子语曰:"夫颛臾,昔者先王以为东蒙主。""东蒙主"即主蒙山之祭。

《礼记·王制》载:"天子祭天下名山大川,五岳视三公,四渎(黄、济、淮、江)视诸侯。诸侯祭名山大川之在其地者。"任、宿、须句、颛臾四国既然祭祀太皞和济水、蒙山,说明济水和蒙山之域是太皞部落的活动区域,而这也正是后来少昊部落的活动区域,待少昊兴起后,太皞部落的残余迁到今河南淮阳了。《左传·昭公十七年》载:"陈,太皞之虚也。"陈国为妫姓,武王灭商后封舜的后裔胡公于陈,在今河南淮阳县境。

(二) 青帝与木神句芒

从先秦到西汉初,东方青帝太皞、南方赤帝炎帝、中央黄帝、西方白帝少昊、北方黑帝颛顼等五大天帝并立。西汉刘安的《淮南子·天文训》系统记述了五行、五大天帝、辅佐神、四季、五星、四象、五音、天干的对应关系:

> 东方木也,其帝太皞,其佐句芒,执规而治春,其神为岁星,其兽苍龙,其音角,其日甲乙。南方火也,其帝炎帝,其佐朱明,执衡而治夏,其神为荧惑,其兽朱鸟,其音徵,其日丙丁。中央土也,其帝黄帝,其佐后土,执绳而制四方。其神为镇星,其兽黄龙,其音宫,其日戊己。西方金也,其帝少昊,其佐蓐收,执矩而治秋。其神为太白,其兽白虎,其音商,

其日庚辛。北方水也,其帝颛顼,其佐玄冥,执权而治冬。其神为辰星,其兽玄武,其音羽,其日壬癸。

太昊被尊为东方天帝,又称青帝,天干为甲乙,四象为龙,五音为角,主管着春天和树木,为木德之帝,其使者为木星。句芒是东方天帝太昊的辅佐神,《左传·昭公二十九年》说是少昊的叔叔,东汉学者郑玄、高诱说是少昊之子。《礼记·月令》:"其帝太皞,其神句芒。"郑玄注曰:"少皞氏之子曰重,为木官。"

句芒是古代传说中的主木之官,称做木神、春神。他的形象是鸟身人面,乘两龙,手里拿着圆规,管理春天,主管树木的发芽生长,春耕和播种。他还是网的发明者,作罗捕鸟以减轻农害。

《山海经·海外东经》载:"东方句芒,鸟身人面,乘两龙。"

《世本·作篇》称:"句芒作罗。"

《说文七下·网部》称:"罗,以丝罟鸟也,从网从维。古者芒氏初作罗。"

句芒发明"罗"的目的,有两种可能:一是帮助太昊对付少昊的鸟图腾部落,二是句芒帮助父亲少昊氏管理、网罗鸟图腾部落。

先秦两汉时期的孟春之月,都要举行迎春仪式,祭祀太昊和句芒。《礼记·月令》载:"立春之日,天子亲帅三公九卿、诸侯大夫以迎春于东郊。"《后汉书·祭祀中》载:"立春之日,迎春于东郊,祭青帝、句芒。"两宋以后演变为立春迎芒神、春牛和鞭春习俗。

(三)太昊与伏羲氏

伏羲氏又写做伏戏、包牺氏、炮牺氏、庖牺氏、宓牺氏,是中华民族的人文始祖,远古的三皇之一。三皇的传说有多种,但各种说法中都有伏羲氏。

太昊与伏羲氏是否是同一个氏族,同一个人?历来存有争议。郭沫若认为:"太昊,号伏羲氏。据说伏羲氏作卦已是父系社会的事了。"①顾颉刚、闻一多、徐旭生认为,中华民族的远祖,可分为华夏、东夷、苗蛮三大文化集

<hr/>

①《郭沫若全集·考古篇·释祖妣》,人民文学出版社1986年版。

团,太昊为东夷部落首领,伏羲氏为南蛮部落首领,与黄帝的华夏部落同时并立、对峙,否认了太昊和伏羲氏是一人的说法。①

《左传·昭公十七年》载:"太皞氏以龙纪,故为龙师而龙名。"《周易·系辞下》:"古者包牺氏之王天下也,仰则观象于天,俯则观法于地,观鸟兽之文,与地之宜。近取诸身,远取诸物,于是始作八卦,以通神明之德,以类万物之情,作结绳而为网罟,以佃以渔。"这是有关太昊和伏羲氏的较早记载。

最早将太昊与伏羲氏合二为一的是西汉的刘歆。东汉班固、郑玄、高诱等都把太昊和伏羲氏作为一个人了。如《汉书·律历志下》讲到太昊帝时说:"《易》曰:'炮牺氏之王天下也。'言炮牺继天而王,为百王先,首德始于木,故为帝太昊。作网罟以田渔,取牺牲,故天下号曰炮牺氏。"从此,太昊庖牺氏(伏羲氏)是同一个人了。

(四) 伏羲氏的主要事迹

第一,龙文化的创造者。

太昊是远古龙图腾的发明者。大汶口文化中、晚期发现少量形态逼真的蛇纹和图案化的蛇形纹,应该是太昊部落龙图腾崇拜的遗存。上述《山海经·海外东经》说句芒"鸟身人面,乘两龙",说明句芒与龙图腾的太昊、鸟图腾的少昊,都有渊源。

第二,创立八卦。

第三,造书契以代结绳之政。

第四,发明渔网和原始的畜牧业。太昊的辅佐神句芒发明罗,伏羲发明网,二者是有联系的。

第五,教人兄妹结婚,"制嫁娶",以俪皮为礼。

第六,创作琴瑟等。唐司马贞《补史记·三皇本纪》讲,太昊庖牺氏"作三十五弦之瑟"。

第七,封禅泰山。封禅泰山即封泰山,禅梁父。封,即在泰山筑土为坛以祭天,报天之功。禅即在泰安东南的徂徕山东南麓梁父山上除地,报地之

---

① 参见徐旭生:《中国古史的传说时代》,文物出版社1985年版,第221页。

功。《管子》原来有《封禅篇》，已亡佚。《史记·封禅书》记载了管仲的话，"古者封泰山，禅梁父者七十二家"，其中有伏羲。伏羲东迁泰山地区成为东夷人的首领，后世又在泰山封禅，后人遂尊为泰皇。

二、少昊氏的传说

少昊（皞），名质，又名金天氏，亦号金穷氏、青阳氏、穷桑氏、云阳氏。黄帝后裔，嬴姓。因修太昊之法，故称少昊。都穷桑（今山东曲阜北），后徙曲阜，葬于鲁故城东门之外的寿丘，少昊陵在曲阜城东 4 公里。

（一）少昊的活动区域

《左传·定公四年》载："命以伯禽，而封于少皞之虚。"杜预注："少皞虚，曲阜也，在鲁城内。"孔颖达正义："此注少皞之虚即曲阜是也。曲阜在鲁城内，则鲁之所都正在少皞虚矣。昭二十九年注：'穷桑，少皞之号。'穷桑地在鲁北，与此异者：贾逵云：'少皞居穷桑登为帝。'盖未为帝居鲁北，既为帝乃居鲁也。"

少昊氏的活动地域也扩大了，以"少昊之虚"曲阜以及郯、莒、费（在今山东费县）向四周辐射，遍布山东、苏北、皖北、豫东等地，与大汶口文化的分布范围大体一致。

太昊氏的活动地域向北没有越过泰山，少昊氏则越过泰山向北扩展，齐都临淄就是少昊部落爽鸠氏最早居住的地方。《左传·昭公二十年》载，齐景公说："古而无死，其乐若何？"晏子回答说："古而无死，则古之乐也，君何得焉？昔爽鸠氏始居此地，季荝因之，有逢伯陵因之，蒲姑氏因之，而后太公因之。古者无死，爽鸠氏之乐，非君所愿也。"《汉书·地理志下》讲到齐国时也说："少昊之世有爽鸠氏，虞、夏时有季荝，汤时有逢公柏陵，殷末有薄姑氏，皆为诸侯，国此地。"晏婴的意思是说，如果人能不死，是最早居住此地的爽鸠氏的快乐，还轮不到你。

（二）少昊与西方天帝白帝

中国古代帝王祭祀的五大天帝中，少昊是西方天帝白帝。

《礼记·月令》、《吕氏春秋·孟秋纪》中均有"孟秋之月，其日庚辛，其帝少皞,其神蓐收,其虫毛(狐貉之属),其音商"的记载。

《淮南子·天文训》载:"西方金也,其帝少昊,其佐蓐收,执矩而治秋。其神为太白(金星),其兽白虎,其音商,其日庚辛。"

《史记·秦本纪》载:"秦之先,帝颛顼之苗裔,孙曰女修,女修织,玄鸟陨卵,女修吞之,生子大业(皋陶),大业娶少典之子,曰女华。女华生大费与禹平水土。……佐舜调驯鸟兽,鸟兽多驯服,是为柏翳,舜赐姓嬴氏。"司马贞索隐曰:"按《左传》郯国,少昊之后,而嬴姓盖其族也。则秦、赵宜祖少昊氏。"

东夷族少昊的一支迁徙到陕西一带,并在那里建立了嬴姓的秦国。所以秦襄公自以为主少皞之神,祠白帝少昊。《史记·封禅书》载:"秦襄公既侯,居西垂,自以为主少皞之神,作西畤,祠白帝。"源于东方的少昊也就成为主管西方的五大天帝之一的白帝了。

蓐收是少昊的辅佐,一说是少昊之子。《礼记·月令》:"其神蓐收。"郑玄注曰:"蓐收,少皞氏之子曰该,为金官。"《吕氏春秋·孟秋纪》:"其神蓐收。"东汉高诱注:"少昊氏裔子曰该,皆(实)有金德,死讬祀为金神。"另一说为少昊氏之叔。《左传·昭公二十九年》载:"少皞氏有四叔,曰重、曰该、曰脩、曰熙,实能金木及水,使重为句芒,该为蓐收,脩及熙为玄冥。"

蓐收是古代的金神、秋神、刑神和司日入之神。《山海经·海外西经》载:"西方蓐收,左耳有蛇,乘两龙。"主要事迹是"执矩而治秋"。春秋时期传说,蓐收是"天之刑神"。《国语·晋语二》载:"虢公梦在庙,有神人面白毛虎爪,执钺立于西阿。公惧而走。神曰:'无走,帝命曰使晋袭于尔门。'公拜稽首,觉,召史嚚占之。对曰:'如君之言,则蓐收也。天之刑神也,天事官成。'"虢君囚禁了史嚚,自欺欺人地让国人贺梦,六年后虢国果然被晋国灭亡了。

·《山海经·西山经·西次三经》称蓐收为"红光",说他是司日入之神:"泑山(今新疆罗布泊湖古称泑泽),神蓐收居之……是山也,西望日之所入,其气员,神红光之所司也。"

(三)少昊氏以鸟名官

远古时代,华夷界限并不像后来那样泾渭分明,中原先民也没有后来那么浓重的优越感和文化中心意识。考古发现的不同类型文化说明,那时呈现文化中心多元化的格局。在一个很长的时期内,东夷文化一直居领先地位。中国的龙、凤文化就是东夷太昊、少昊最早创造的图腾意识。少昊氏以凤鸟等各种鸟类为图腾,组织严密,设官分职,井然有序,社会化程度已经达到了非常高的水平。春秋时期的郯国(在今山东郯城北)就是少昊的后裔。《左传·昭公十七年》载:

> 郯子来朝,公与之宴,(叔孙)昭子问焉。曰:"少昊氏鸟名官,何故也?"郯子曰:"吾祖也,我知之。昔者黄帝氏以云纪,故为云师而云名;炎帝氏以火纪,故为火师而火名;共工氏以水纪,故为水师而水名;太皞氏以龙纪,故为龙师而龙名。我高祖少皞挚之立也,凤鸟适至,故纪于鸟,为鸟师而鸟名。凤鸟氏,历正也;玄鸟氏,司分者也;伯赵氏,司至者也;青鸟氏,司启者也;丹鸟氏,司闭者也。祝鸠氏,司徒也;雎鸠氏,司马也;鸤鸠氏,司空也;爽鸠氏,司寇也;鹘鸠氏,司事也。五鸠,鸠民者也。五雉为五工正,利器用,正度量,夷民者也。九扈为九农正,扈民无淫者也。自颛顼以来,不能纪远,乃纪于近,为民师而命以民事,则不能故也。"仲尼闻之,见于郯子而学之。既而告人曰:"吾闻之,天子失官,学在四夷,犹信。"

郯子以无限的自豪感,滔滔不绝地讲述了先祖这段远古职官史,把鲁昭公、叔孙昭子讲得心往神追,沉醉在远古文化殿堂中好半天。以通悉三代因革损益而自诩的孔子听说后,也被其渊博的知识所折服,拜倒在郯子门下,并发出了"天子失官,学在四夷"的感叹。

文中详细记载了少昊时期的图腾制度、候鸟纪历方法、管理农业和手工业生产的部落组织、维持社会秩序的管理机构等等。

第一,图腾制度。

这是记载图腾制度的最详细的古代典籍,凤鸟是部落的总图腾,五鸟、五鸠、五雉、九扈等是 24 个氏族的图腾。凤鸟氏统领的五鸟又组成一个胞族,五鸠、五雉、九扈分别是三个胞族。

大汶口文化和后来的龙山文化发现的陶器、玉器中,经常见到鸟的形象,还有鸟的纹饰、鸟的造型。其中"鬼脸式"鼎足就是鹰类鸟头的塑形。

第二，候鸟纪历法。

所谓候鸟纪历，是根据候鸟的来往、鸟叫时间的起止变化来确定一年之中季节或节气的划分。在我国历法发展史上"观星象"阶段之前是"观物象"，候鸟纪历就是观物象。

龙山文化"鬼脸式"三足鼎
山东日照两城镇遗址出土

少昊以知天时的凤鸟氏任历正，总管历法方面的事务。历正之下再设四官：玄鸟氏即燕子，春分来，秋分去，可表示春分、秋分的到来；伯赵氏即伯劳鸟，夏至鸣，冬至止，可表示夏至、冬至的到来；青鸟氏即鸧鷃，立春鸣，立夏止，立春、立夏谓之启，可表示立春、立夏的到来；丹鸟氏即锦鸡，立秋来，立冬去，立秋、立冬谓之闭，可表示立秋、立冬的到来。这五个鸟图腾氏族，是主管历法的官。

由此可知，中国传统二十四节气中的春分、秋分，夏至、冬至，立春、立夏，立秋、立冬等，在春秋时期已确立了。

第三，管理教化、生产的机构。

少昊氏主管民事教化的有：司徒祝鸠氏、司马雎鸠氏、司空鸤鸠氏、司寇爽鸠氏、司事鹘鸠氏。"五鸠，鸠民者也"，即鸠（纠）集治民的官。

五雉是管理手工业的官，"夷民"即维护百姓的公平。

九扈为九农正。扈也作雇。《说文四上·隹部》称："九雇，农桑候鸟。"关于九扈的分职，东汉蔡邕《独断》作了详细记载："春扈氏农正，趣民耕种；夏扈氏农正，趣民芸除；秋扈氏农正，趣民收敛；冬扈氏农正，趣民盖藏；棘扈氏农正，常谓茅氏，一曰掌人百果；行扈氏农正，昼为人驱鸟；宵扈氏农正，夜为民驱兽；桑扈氏农正，趣民养蚕；老扈氏农正，趣民收麦。"

农业生产的各个环节都有专门的农官负责，反映东夷少昊部落农业生产的发达。从二十四鸟官的职责来看，少昊氏时代开始迈进文明社会的门槛，与大汶口文化中晚期农业手工业的发展，私有制及阶级的出现，文明因素增长等相符合。

三、蚩尤的传说

蚩尤，姜姓，炎帝后裔，是传说中的暴君、乱贼，还是兽身人语，四目六手、铜头铁额，食沙石子，能呼风唤雨，变化云雾，发明铜兵器的战神和不死之神。蚩尤与东夷族有着密切的联系，或者说是东夷族的首领。

《初学记》卷九引《归藏·启筮》云："蚩尤出自羊水，八肱、八趾、疏首，登九淖以伐空桑（今山东曲阜北），黄帝杀之于青丘（今山东广饶北）。"

（一）蚩尤与炎帝、黄帝、东夷

蚩尤、炎帝、黄帝之间的军事冲突，是远古一场规模巨大的战争，它确立了黄帝华夏盟主的统治地位，曲折地反映了夷夏之间的一次东西大会合。炎帝是姜姓之祖，黄帝为姬姓之祖，后来发展为两个强大的部落。《国语·晋语四》载："昔少典娶于有蟜氏，生黄帝、炎帝。黄帝以姬水成，炎帝以姜水成。""成"，即成长、发展之意。首先沿黄河东下，到达中原的是炎帝部落，与东夷蚩尤部落并为中原"二后（君）"。

《逸周书·尝麦解》载："昔天之初，诞作二后，乃设建典。命赤帝分正二卿；命蚩尤于宇少昊，以临四方。"赤帝即炎帝，"二后"即炎帝和蚩尤。"于宇"应为"宇于"，也就是命蚩尤居住少昊的地方。后来，黄帝部落也来到中原，因为炎帝、蚩尤已经形成气候，只好居于中原偏北的山西、河北一带，黄帝后裔之国也多在这两个省份。

为了争夺生存空间，炎帝、黄帝、蚩尤发生了激烈的军事冲突，有三种说法：

第一种是《史记》的说法。黄帝先大败炎帝于"阪泉之野"，又与蚩尤战于"涿鹿之野"，黄帝始取得在中原的统治地位。

《史记·五帝本纪》载："轩辕之时，神农氏世衰，诸侯相侵伐，暴虐百姓，而神农氏弗能征。于是轩辕乃习用干戈，以征不享。诸侯咸来宾从。而蚩尤最为暴，莫能伐。炎帝欲侵陵诸侯，诸侯咸归轩辕。轩辕乃修德振兵，治五气（五行之气），艺五种，抚万民，度四方。教熊罴貔貅䝙虎，以与炎帝战于阪泉之野，三战，然后得其志。蚩尤作乱，不用帝命，于是黄帝乃征师诸侯，与蚩尤战于涿鹿之野，遂禽杀蚩尤，而诸侯咸尊轩辕为天子，代神农氏，是为黄帝。"

《太平御览》卷一五《天部一五·雾》引《志林》称:"黄帝与蚩尤战于涿鹿之野,蚩尤作大雾弥三日,军人皆惑,黄帝乃令风后法斗机作指南车以别四方,遂擒蚩尤。"

第二种说法是蚩尤侵伐炎帝,炎黄联合擒杀蚩尤。

《逸周书·尝麦解》载:"蚩尤乃逐帝,争于涿鹿之阿(丘陵),九隅无遗,赤帝大慑。乃说于黄帝,执蚩尤,杀之于中冀。"

第三种说法是蚩尤侵伐黄帝,战败被杀,或者被黄帝制服主兵。

《山海经·大荒北经》:"蚩尤作兵伐黄帝,黄帝乃令应龙攻之冀州之野,应龙畜水,蚩尤请风伯雨师,纵大风雨。黄帝乃下天女曰魃,雨止,遂杀蚩尤。"

《史记·五帝本纪》正义引汉代的纬书《龙鱼河图》则云,蚩尤战败后,被黄帝制服主兵:"黄帝摄政,有蚩尤兄弟八十一人,并兽身人语,铜头铁额,食沙石子,造立兵杖刀戟大弩,威振天下。诛杀无道,不慈仁。万民欲令黄帝行天子事。黄帝以仁义不能禁止蚩尤,乃仰天而叹。天遣玄女下授黄帝兵信神符,制伏蚩尤,帝因使之主兵,以制八方。蚩尤没后,天下复扰乱,黄帝遂画蚩尤形象以威天下,天下咸谓蚩尤不死,八方万邦皆为弭服。"

《管子·五行》记载,由于蚩尤熟悉天道,被黄帝任为主管天文的"当时",并与大常、奢龙、祝融、大封、后土等并称"六相"。

著名历史学家夏曾祐、吕思勉等人认为,蚩尤即是炎帝。主要根据是《史记·五帝本纪》所记黄帝与炎帝大战的"阪泉",与蚩尤大战的"涿鹿"实际上是一个地方。"蚩尤、炎帝,殆即一人;涿鹿、阪泉,亦即一役。"①

北宋沈括《梦溪笔谈》卷三引《遁甲开山图》称:"蚩尤者,炎帝之后,与少昊治西方之金。"南宋罗泌《路史·后纪四》也讲:"蚩尤姜姓,炎帝后裔也。"

蚩尤是炎帝部落东迁黄河下游"东夷之域"的一部分,他们同族而不同时。山东诸多的姜姓国齐、莱②、淳于(今山东安丘东北)、纪(今山东寿光南纪台村)等,就是炎帝的后裔。如此可以很好地解释两次大战的关系:先

---

① 吕思勉:《先秦史》,上海古籍出版社 1982 年版,第 58 页。
② 今黄县东南有莱子城,俗称归城、灰城,在今龙口市文基乡归城姜家村东。

是黄帝与炎帝部族大战于阪泉之野,三战而胜之。蚩尤是炎帝族的后代,为了替炎帝报仇而与黄帝大战于涿鹿,战败之后,首领被擒杀而死。

蚩尤部落战败后,一部分当与黄帝部落融合,一部分迁居各地。有很大一部分被逼回东夷老家,据王献唐考证,山东邹县的邾国(曹姓),就是蚩尤的后裔。一部分向南方迁徙,与南方苗蛮部落融合。苗族人民长期尊蚩尤为始祖,也反映蚩尤南迁的事实。

(二) 蚩尤与金属冶炼和铜兵器

古人喜好把创造发明归功于他们崇拜的超常的文化英雄,蚩尤是铜器和兵器的发明者。

《管子·地数篇》讲:"葛庐之山,发而出水,金从之,蚩尤受而制之,以为剑、铠、矛、戟。是岁相兼者诸侯九;雍狐之山,发而出水,金从之,蚩尤受而制之,以为雍狐之戟、芮戈,是岁相兼者诸侯十二。故天下之君,顿戟一怒,伏尸满野,此见戈之本也。"

《吕氏春秋·孟秋纪·荡兵》载:"人曰蚩尤作兵。"

《史记·五帝本纪》张守节正义引《龙鱼河图》讲,蚩尤"造立兵杖刀戟大弩,威振天下"。

战国史官撰《世本·作篇》:"蚩尤以金作兵器。"

《山海经·大荒北经》:"蚩尤作兵伐黄帝。"

蚩尤时期,冶铜技术空前提高,制铜工具大量涌现。蚩尤用铜制作了大量的刀、戟、大弩等兵器,增强了兵器的杀伤力,是一个划时代的进步。山东胶县三里河、诸城呈子、栖霞杨家圈、长岛北长山岛店子等龙山文化遗址中,发现有铜锥、残铜片、铜条、碎铜末、铜炼渣等,证明龙山文化时期确实已经掌握了冶铜技术,正好与蚩尤"以金作兵"相吻合。

由蚩尤冶铜,到商代高超的青铜制作工艺,再到《管子·地数篇》,说明山东金属冶铸业在远古的领先地位。春秋时期,齐国首先配备铁工具是有历史渊源的。《管子·海王篇》载:"今铁官之数曰:一女必有一鍼一刀,若(然后)其事立;耕者必有一耒一耜一铫,若其事立;行服连(人挽车)轺(轻便小马车)辇者,必有一斤一锯一锥一凿,若其事立,不尔而成事者,天下无有。"

（三）蚩尤神、蚩尤旗和蚩尤冢

蚩尤"铜头铁额"、"人身牛蹄，四目六手"，而且可以"请风伯雨师，纵大风雨"，"作大雾，弥三日"，黄帝令风后作指南车，在玄女的帮助下才战胜了他。黄帝还要画他神像才能服天下，可见蚩尤神的威力之大。因此，蚩尤被人们奉为战神、"兵主"、"不死"之神，受到八方万邦的崇敬和普遍祭祀。他们祈求蚩尤保佑，以利战事。汉代的蚩尤神，还主管下雨、农耕与疾病。《春秋繁露·求雨》载："夏求雨……其神蚩尤。"

天上的彗星或赤气被说成是"蚩尤之旗"。《史记·天官书》载："蚩尤之旗，类慧而后曲，象旗，见则王者征伐四方。"《史记·高祖本纪》载："司兵之星名蚩尤。"

蚩尤冢有多处，唐末五代道士杜光庭写成《九天玄女传》载，黄帝灭蚩尤后，"分四冢以葬之"，后遂有"蚩尤四冢"之说，即河北涿鹿蚩尤冢、河南台前蚩尤冢、山东巨野蚩尤冢、山东阳谷寿张镇蚩尤冢。

《史记·五帝本纪》裴骃集解引《皇览》称："蚩尤冢在东平郡寿张县阚乡城中，高七丈，民常十月祀之，有赤气出，如匹绛帛，民名为'蚩尤旗'。肩髀冢在山阳郡钜野县重聚，大小与阚冢等。传言黄帝与蚩尤战于涿鹿之野，黄帝杀之，身体异处，故别葬之。"

山东阳谷蚩尤冢

《皇览》记载的东平郡寿张县阚乡城中的蚩尤冢、山阳郡巨野县重聚的蚩尤冢，均在今鲁西南一带。

《乾隆兖州府志》卷十二《陵墓志·寿张县》载："古蚩尤墓在县南八十里阚城中。又钜野县东北九里有蚩尤肩髀冢。"

"寿张县阚乡城中"的蚩尤冢又有两处：一处在今山东阳谷县寿张镇的皇姑冢，另一处位于山东汶上县城西南的南旺镇。明清时期的阳谷、汶上二县志，均无蚩尤冢的记载，只有《光绪寿张县志》卷一《方舆》载："蚩尤冢在

县南五十里。"山东寿张县于
1964年撤销,分别合并于山东
阳谷县和河南范县,似乎阳谷蚩
尤冢较为可信,然而明朝纂修的
《万历汶上县志》卷七《杂志·
古迹》对阚城却言之凿凿:"阚
城在县西南南旺湖中。故在寿
张境内,寿张北徙,今为县境。"
由于蚩尤本身就是传说的人物,
对两座蚩尤冢的真假已无分辨
的必要,这恰恰说明当地人对蚩
尤冢的崇敬。

山东汶上蚩尤冢

巨野蚩尤冢又称蚩尤肩髀
冢,位于山东巨野县城东北郊固
堆庙村前。《光绪钜野县志》卷
三《方舆》载:"蚩尤墓,城东北
八里。"据说此墓历经夏商周汉,
风月荒远,元明时期丘上曾建有
庙宇,清代以后遭破坏。

山东巨野蚩尤冢

山东阳谷、汶上、东平、巨野一带是蚩尤部族曾栖息活动之处,这些县都
在曲阜附近,恰恰是少昊的活动中心。正和上述"命蚩尤于宇(宇于)少昊,
以临四方"的记载相吻合。这里也是古代黎人聚居的地方。当地的百姓始
终崇拜、祭祀兵主蚩尤。据《史记·高祖本纪》载,汉高祖在沛县起兵,"祭
蚩尤于沛庭"。秦时的沛县即今江苏沛县,隔微山湖与鲁西南相望。按"民
不祀非族"的古俗,定有为数众多的蚩尤九黎部族的后代子孙,才能具备形
成和保持这种祭祀蚩尤民俗的社会条件。经过先秦两汉时期的融合,无疑
有相当多的蚩尤遗裔成为汉族的成员。

四、九天玄女和旱魃的传说

九天玄女是远古东夷族的神,她的原始形象是殷商的始祖玄鸟。

《诗经·商颂·玄鸟》说:"天命玄鸟,降而生商,宅殷土芒芒。"这是殷商后代祭祀祖先的诗歌,玄鸟就是商的始祖。《史记·殷本记》载:"殷契母曰简狄,有娀氏之女,为帝喾次妃。三人行浴,见玄鸟堕其卵,简狄取而吞之,因孕生契。……封于商,赐姓子氏。"商族崇拜玄鸟,与鸟图腾的少昊有密切关系。

许多典籍都记载了玄女为黄帝师,向黄帝传授兵信神符、制夔牛鼓以破蚩尤的故事。

上述《史记·五帝本纪》正义引汉代的纬书《龙鱼河图》中,已有"天遣玄女授黄帝兵信神符,制伏蚩尤"的说法。清初马骕编辑的《绎史》卷五引《黄帝内传》载:"黄帝伐蚩尤,玄女为帝制夔牛鼓八十面,一震五百里,连震三千八百里。"夔牛是远古一种形状如牛的兽,《山海经·大荒东经》载:"东海中有流波山,入海七千里。其上有兽,状如牛,苍身而无角,一足,出入水则必风雨。其光如日月,其声如雷,其名曰夔。黄帝得之,以其皮为鼓,橛以雷兽之骨,声闻五百里,以威天下。"

其后,又有《黄帝问玄女战法》一书,《旧唐书·经籍志》兵家类著录《黄帝问玄女法》三卷,此书可能出于南北朝。《太平御览》卷一五《天部·雾》引《黄帝玄女战法》云:"黄帝与蚩尤九战九不胜。黄帝归于太山,三日三夜,雾冥。有一妇人,人首鸟形,黄帝稽首再拜,伏不敢起,妇人曰:'吾玄女(玄鸟)也,子欲何问?'黄帝曰:'小子欲万战万胜'遂得战法焉。"

根据这些记载,玄女应是山东远古传说时代的女军事家和战略家。

唐末五代道士杜光庭,将上述资料加以综合,写成《九天玄女传》,将玄女作为道教神仙加以叙述。"九天玄女者,黄帝之师,圣母元君弟子也","王母遣使,披玄狐之裘,以符授帝"。当黄帝告以求授战法之愿时,"玄女即授帝六甲、六壬、兵信之符,灵宝五符策,使鬼神之书,制妖通灵五明之印"等,于是"遂灭蚩尤于绝辔之野,中冀之乡,分四冢以葬之"①。经过如此叙写之后,九天玄女遂成为上古之女仙,而被纳入道教神谱中。

《水浒传》第四十一回《还道村受三卷天书,宋公明遇九天玄女》,叙述宋江被官兵追赶,躲进九天玄女庙,被其所救,并授其兵书三卷的故事。说

---

① 《道藏》第22册,第683页,第18册,第195页,文物出版社、上海书店、天津古籍出版社1988年联合出版。

明明朝施耐庵时,山东仍有九天玄女庙。

另一种说法认为九天玄女由"天女魃"衍化而来。这个"天女魃"是由黄帝请下来专门对付蚩尤所请的风伯、雨师,后来就变成了人身鸟首的玄女。《山海经·大荒北经》载,"天女魃"帮助黄帝止雨杀蚩尤后,"不得复上,所居不雨,叔均言之帝,后置之赤水之北,叔均乃为田祖,魃时亡之。所欲逐之者,令曰:'神北行!'先除水道,决通沟渎"。西晋郭璞注曰:"言逐之必得雨,故先除水道,今之逐魃是也。"

魃还演变成另一个能造成旱灾的神,称旱魃、旱母,也在山东地区流行。《诗·大雅·云汉》:"旱魃为虐,如惔如焚。"孔颖达疏引《神异经》:"南方有人长二三尺,袒身而目在顶上,走行如风,名曰魃,所见之国大旱,赤地千里,一名旱母。遇者得之投溷中即死,旱灾消。"

从西晋郭璞的注释可以看出,西晋时期就有"逐魃"之俗,因为旱魃被逐,天必下雨,所以要事前除水道,决沟渎。

五、羿的传说

羿是东夷有穷氏的首领,传说中善射的英雄。羿所在的东夷有穷氏是一个存在时间较长的部落。

(一)发明弓箭,射杀十日,世掌射正

弓箭是远古人类集体智慧的结晶,并非出自一人之手。

《山海经·海内经》载:"少昊生般,般是始为弓矢。帝俊(帝喾)赐彤弓素矰以扶下国,羿是始去恤下地之百艰。"

《墨子·非儒下》:"古者羿作弓。"

《吕氏春秋·审分览·勿躬篇》:"夷羿作弓。"

《山海经·海内经》郭璞注引战国史官写的《世本》云:"牟夷作矢,挥作弓。"

《说文五下·矢部》称:"古者夷牟初作矢。"

般、羿、夷牟和挥都是弓箭的发明者。夷牟当为牟夷,是东夷族的一支。从字形上看,"夷"字由"大"和"弓"组成。上述传说弓箭的发明者大都是东夷人。《山海经·大荒东经》载:"东海之外大壑,少昊之国……有波谷山

者,有大人之国。"古代典籍所记载的大人国,即指东夷人,多勇力,善射,是其共同特征。后来人们所说的"山东大汉",并非虚谬。

《淮南子·本经训》记载了羿射十日的传说:

> 逮至尧之时,十日并出,焦禾稼,杀草木,而民无所食。猰貐、凿齿、九婴、大风、封豨、修蛇,皆为民害。尧乃使羿诛凿齿于畴华之野,杀九婴于凶水之上,缴大风于青邱之泽,上射十日而下杀猰貐,断修蛇于洞庭,禽封豨于桑林,万民皆喜,置尧以为天子。

这段记载,鲜明地反映了古传说中的厚生爱民意识,关怀天下苍生,解万民于倒悬,是传说中英雄人物的人生价值所在,也是山东人扶弱济危,路见不平、拔刀相助个性的历史渊源。

从羿开始,有穷氏世掌射正,以善射闻名。《史记·夏本纪》张守节正义引《帝王纪》云:"帝羿有穷氏,未闻其先何姓。帝喾以上,世掌射正。至喾,赐以彤弓素矢,封之于鉏,为帝司射,历虞、夏。羿学射于吉甫,其臂长,故以善射闻。"帝喾高辛氏是黄帝曾孙,可知羿所在的有穷氏部落从五帝时代一直到夏朝前期。

(二) 嫦娥奔月及宓妃、河伯、月宫的传说

最早传说的嫦娥叫常羲、常仪、尚仪,是帝喾的妻子。

《山海经·大荒西经》:"有女子方浴月。帝俊妻常羲,生月十有二,此始浴之。"这里的帝俊即黄帝曾孙帝喾,常羲是嫦娥的雏形。

又说她名常仪,是东夷部落中娵訾氏的女子,该部落擅长占月。《史记·五帝本纪》索隐引《帝王纪》载:"帝喾有四妃,卜其子皆有天下。元妃有邰氏女,曰姜嫄,生后稷。次妃有娀氏女,曰简狄,生卨。次妃陈丰氏女,曰庆都,生放勋(尧)。次妃娵訾氏女,曰常仪,生帝挚(少昊)。"常仪即嫦娥。郭沫若先生认为:"少昊金天氏帝挚,其实当是契。古挚契同部。挚之母常仪,契之母简狄,实系一人。"[1]

《吕氏春秋·审分览·勿躬》:"羲和作占日,尚仪作占月。"其中还有

---

[1] 郭沫若:《中国古代社会研究》,人民出版社1954年版,第251页。

"夷羿作弓"、"伯益作井"等。羲和即《尚书·尧典》中"乃命羲和,钦若昊天",制造历法的天地四时之官。清朝毕沅注曰:"尚仪即常仪,古读仪为何,后世遂有嫦娥之鄙言。"

由此可知,在先秦典籍中,嫦娥叫常羲、常仪、尚仪,是帝喾有辛氏的妻子,东夷部落娵訾氏的女子,擅长占月。后来,她成了羿的妻子。有人说,嫦娥奔月实际是回到自己崇尚月亮的氏族。现在山东仍有和丈夫吵架后,妻子赌气回娘家的风俗。

《淮南子·览冥训》记载了嫦娥奔月的传说:"羿请不死药于西王母,姮娥窃以奔月,(羿)怅然有丧,无以续之。"

嫦娥奔月后,羿失去家庭和妻子的温暖,与洛水之神宓妃邂逅相遇,坠入爱河而不能自拔,英雄开始堕落。也有的说由于后羿的外遇,使嫦娥耿耿于怀,才有了偷吃长生药奔月之说。

自嫦娥奔月后,月亮上的居民逐渐增多了,主要有蟾蜍、吴刚、桂树等。

屈原在《楚辞·天问》中有"顾菟在腹"的疑问,闻一多解释,顾菟即蟾蜍,月亮又称蟾宫。汉代儒学独尊以后,儒学家们开始用礼教裁量妇女的行为,嫦娥背着丈夫偷吃神药,也背上不守妇道的名声,因而受到人们的诅咒。说她奔月后变成了蟾蜍。东汉张衡《灵宪》说:"羿请不死之药于西王母,姮娥窃以奔月,托身于月,是为蟾蜍。"[1]《初学记》引古本《淮南子》也有"托身于月,是为蟾蜍,而为月精"之说。也有的让嫦娥在月亮上受尽孤独、寂寞、哀愁的煎熬。后虽来了个吴刚,但只是个犯罪的伐木工人,和嫦娥根本没有共同语言。唐代诗人李白在《把酒问月》诗中,留下了"白兔捣药秋复春,嫦娥孤栖与谁邻"的诗句。李商隐《嫦娥》中有"嫦娥应悔偷灵药,碧海青天夜夜心"的名句。

西晋傅玄《拟天问》说:"月中何有,白兔捣药。"这显然是根据屈原"顾菟在腹"的疑问演变出来的。也有的说,捣药的白兔就是嫦娥。李商隐的《寄远》诗说:"嫦娥捣药无穷已,玉女投壶未肯休。"这样,嫦娥又由癞蛤蟆变成了捣药的白兔。

《太平御览》引《淮南子》云:"月中有桂树。"由桂树演绎出"吴刚伐桂"

———————————

[1]《太平御览》卷四《天部四·月》引,中华书局1960年影印版。

的故事,至晚在唐代。唐朝山东临淄人段成式《酉阳杂俎》卷一《天咫》云:"旧言月中有桂,有蟾蜍。故'异书'言,月桂高五百丈,下有一人常斫之,树创随合。人姓吴名刚,西河人。学仙有过,谪令伐树。"

(三) 夺取夏政的后羿

羿死后,子孙被称做后羿,世代为帝司射,以勇武善射而闻名天下。夏王太康淫逸、放纵,沉湎于田猎,被后羿所逐,不得返国,后羿乘机夺取了夏朝的政权。《尚书·五子之歌》载:"太康失邦,昆弟五人须于洛汭,作《五子之歌》。《五子之歌》,太康尸位,以逸豫灭厥德。黎民咸贰,乃盘游无度,畋于有洛之表,十旬弗反。有穷后羿,因民弗忍,距于河。厥弟五人御其母以从,徯于洛之汭。五子咸怨,述大禹之戒以作歌。"取代夏政后,后羿又步太康的后尘,射猎无度,不理政事。他的亲信寒浞暗中发展自己的势力,收买后羿的徒弟逄蒙和左右,杀死后羿及其家属,篡夺了统治权。《孟子·离娄下》载:"逄蒙学射于羿,尽羿之道,思天下惟羿为愈己。于是杀羿。"

太康之后的夏朝帝王依次是:中康(太康弟)、相、少康、帝予(杼)。中康、相,是后羿和寒浞取代夏政的时期。《左传·襄公四年》记载了后羿取代夏,寒浞取代后羿,以及少康复国的过程,司马迁的《史记·夏本纪》以这段历史非信史,阙而不载。唐朝司马贞、张守节等,均认为是司马迁的疏略。

《史记·夏本纪》张守节正义引《帝王纪》云:

> 帝羿有穷氏,未闻其先何姓。帝喾以上,世掌射正。至喾,赐以彤弓素矢,封之于鉏,为帝司射,历虞、夏。羿学射于吉甫,其臂长,故以善射闻。及夏之衰,自鉏迁于穷石,因夏民以代夏政。帝相徙于商丘,依同姓诸侯斟寻。羿恃其善射,不修民事,淫于田兽,弃其良臣武罗、伯姻、熊髡、龙圉而信寒浞。寒浞,伯明氏之谗子,伯明后以谗弃之,而羿以为己相。寒浞杀羿于桃梧,而烹之以食其子。其子不忍食之,死于穷门。浞遂代夏,立为帝。寒浞袭有穷之号,因羿之室(妃妾),生浇及豷。浇多力,能陆地行舟。使浇帅师灭斟灌、斟寻,杀夏帝相,封浇于过,封豷于戈。恃其诈力,不恤民事。初,浇之杀帝相也,妃有仍氏女曰后缗,归有仍,生少康。初,夏之遗臣曰靡,事羿,羿死,逃于有鬲氏,收

斟寻二国馀烬,杀寒浞,立少康,灭豷于过,后杼灭豷于戈,有穷遂亡也。

张守节正义接着讲:"帝相被篡,历羿、浞二世,四十年,而此纪不说,亦马迁所为疏略也。……《括地志》云:'斟灌故城在青州寿光县东五十四里。斟寻故城,今青州北海县是也。故过乡亭在莱州掖县西北二十里,本过国地。故鬲城在洛州密县界。杜预云国名,今平原鬲县也。'戈在宋郑之间也。寒国在北海平寿县东寒亭也。伯明其君也。"

寒国是伯明氏所建的古老部落,其统治中心在山东潍坊市寒亭镇,后为寒浞之国。寒亭、浞河等古地名至今犹存。过国在今山东莱州过西村东,是当时胶东半岛最早的封国,距今已有4000多年了。《左传·襄公四年》杜预注曰:"东莱掖县北有过乡。"过西村因临过国以西而得名,村南有一条王河,史载有一过亭。当地朱汉村东有一土丘曰"浇冢",据说是过浇的墓。自过亭向西南,有土脉隆起,即莱州的土山镇,直指寒亭,传为浞、浇之遗。莱州城西南30公里处有一河,名浞河,世谓寒浞所凿,附近有浞里和大、小浞河等村,据说亦因寒浞而名。

现在莱州东莱山(又名大基山)有"二侯祠",纪念的是夏朝过、戈二君,被叛逆寒浞篡权追杀,在东莱山自尽。40多年后,二君的后代过悻和戈岜协助少康灭寒浞复国,带族人在莱州东莱山筑祖坟、建二侯祠,造刺血亭、暴寒亭等,以纪念二人。

浇(奡)是古代的大力士,能陆地荡舟。《论语·宪问》也有"羿善射,奡荡舟"的记载。屈原的《楚辞》卷三《天问》记载了少康用狗杀浇的过程:

> 惟浇在户,何求于嫂,何少康逐犬,而颠陨厥首?
> 女歧缝裳,而馆同爰止,何颠易厥首,而亲以逢殆?

辞的意思是,浇(奡)是个无义色鬼,到嫂嫂的房间,佯有所求。嫂嫂女歧为他缝裳,二人共舍而宿,行淫佚之事。少康借田猎放犬袭击二人,却错咬断了女歧的头,把浇吓跑了。

屈原的《楚辞·天问》把射瞎河伯,娶洛神的羿,说成是取代夏政的后羿了。

> 帝降夷羿,革孽夏民,胡射夫河伯而妻彼雒嫔?
> 冯珧利玦,封豨是射,何献蒸肉之膏而后帝不若?

浞娶纯狐，眩妻爰谋，何羿之射革而交吞揆之？

诗文的意思是，天帝让后羿降人间，革除夏氏灾孽。羿为什么射瞎河伯而强娶河伯妻子洛神？羿引满雕弓套上板指射杀庞大野猪，把肥美的蒸猪肉献给天帝，天帝却不领情。寒浞勾搭羿妻纯狐，二人谋杀后羿。羿能射透牛皮，却被他们合谋吞灭了。

六、舜的传说

三皇燧人氏、伏羲氏、神农氏之后，黄帝、颛顼、帝喾、尧、舜相继王天下，是为五帝。黄帝战蚩尤，颛顼败共工，尧四处征伐，相继为中原盟主，开始把各地的方国文化融汇为一个统一的华夏文化中心。不久，中原再度陷入混乱，尧无力平息，东夷部落的舜被推上华夏历史舞台。

舜是中国历史传说中山东东夷族的著名人物，生于有虞氏，称做虞舜。据说，舜的眼睛两层瞳孔，又称重华。

《孟子·离娄下》载："舜生于诸冯，迁于负夏（在今山东兖州北），卒于鸣条，东夷之人也。"东汉赵岐注云："诸冯、负夏、鸣条，皆地名也，负海也，在东方夷服之地，故曰东夷之人也。"诸冯即今山东诸城，当地有舜王街等地名，至今尚有"虞舜，姓姚，名重华，今诸城市万家庄乡诸冯村人"的说法。先秦时的鸣条有多处，舜卒的鸣条说法不一，《礼记·檀弓上》言："舜葬于苍梧之野。"郑玄认为是南夷地名。

《史记·五帝本纪》载："舜耕历山，渔雷泽，陶河滨，作什器于寿丘（今山东曲阜东北），就时于负夏（在今山东兖州北）。"

历山，据《古今图书集成·山川典》第二十三卷《历山部》讲："天下称舜耕之历山有八，在山东者三，在山西者一，在浙江者三，在直隶者一。"山东的三处，第一处即今济南千佛山，古有舜祠，今济南所属的历城亦因历山而命名；第二处在东昌府濮州城（今山东鄄城北旧城）东南，"山下有姚城，即舜所生之姚虚也"；第三处在"兖州府费县城西一百二十里。相传为舜耕处，其旁有舜祠"，东北有雷泽湖。

雷泽又名雷夏泽、兖州泽，在今山东菏泽东北，唐以后干涸。隋朝开皇十六年（596年）因设雷泽县，金朝贞元二年（1154年）废入鄄城。《尚书·

禹贡》中的"雷夏既泽",亦指此。隋朝开皇十六年(596年)置雷泽县,金并入鄄城县。河滨即泗水之滨。

舜的事迹,大体有以下几方面:

(一) 教化民众和孝子的道德典范

据《史记·五帝本纪》载:"舜父瞽叟顽,母嚚,弟象傲,皆欲杀舜。舜顺适不失子道,兄弟孝慈。欲杀,不可得;即求,尝在侧。舜年二十以孝闻。"根据这些传说推论,此时舜即便没担任东夷族的首领,也应该是东夷很有影响的人物了。

据《尚书·尧典》载,尧晚年,洪水泛滥天下,派鲧治水九年徒劳无功,三苗又不断叛乱,让四岳推荐天子的人选,四岳一致推举了舜,尧把娥皇、女英两个女儿嫁给舜,又派九个儿子与舜相处,对他进行考察。

《史记·五帝本纪》载:"舜耕历山,历山之人皆让畔;渔雷泽,雷泽上人皆让居;陶河滨,河滨器皆不苦窳。一年而所居成聚,二年成邑,三年成都。"到此为止,舜应该是人人拥戴的东夷族的首领了。于是,尧赐给舜衣服、琴、牛羊,为舜修建了仓廪,以示褒奖。

舜有了妻子和衣服、琴、牛羊、仓廪,父亲瞽叟和同父异母的弟弟象迫不及待地想害死舜,独占这些财产。象更想除掉哥哥来霸占两位漂亮的嫂嫂,舜时刻处在他们的阴谋和陷害之中。

一天,瞽叟诱骗舜上仓廪顶上涂泥,他却在下面纵火焚廪,想烧死舜。娥皇、女英"教舜鸟工上廪"[①]。火一起,舜双手各执一斗笠,从高高的仓廪上像降落伞一样"自扞而下",躲过了杀身之祸。

瞽叟和象一计不成,又生一计,又让舜去挖井。不用说,这是一个"陷阱"。娥皇、女英又授舜"龙工入井"。井快挖成时,瞽叟和象迅速下土实井,舜从预先开凿的、通往别井的地道中走出来。后来传说,舜因此而掘出一处甘泉,就叫舜井,也叫舜泉。

其实,舜井就在济南市舜井街。《水经注》记载,历山有舜祠,下有舜泉。到了唐代则明确在今舜井街内,宋代习称它为舜泉,著名文学家欧阳

---

①《史记·五帝本纪》司马贞索隐引《列女传》,中华书局1959年版。

修特作《舜泉诗》，并由苏轼书写立碑。舜井口挂着一条铁链，相传是大禹治水时降伏了一条蛟龙锁在井内，待铁树开花时才释放它。舜井原在南门大街的舜庙中，舜庙在大街之西，院落宽宏，殿宇巍峨，满院松柏苍翠，曾被誉为"松韵南熏"，列入济南十六景之一。庙内有元代济南状元、史学家张起岩撰文书写，由著名文学家张养浩篆额的迎祥宫石碑，因是济南两大乡贤合作的珍品，被誉为济南镇府之宝。舜庙在辛亥革命后改为学校，遗址无存。石碑现移至舜井西侧。

舜井

《礼记·乐记》称："昔者，舜作五弦之琴以歌《南风》，夔始制乐以赏诸侯。"郑玄注曰："夔欲舜与天下之君共此乐也。南风，长养之风也，以言父母之长养己，其辞未闻也。夔，舜时典乐者也。"由此可知，《南风》是舜创作的歌颂父母长养之恩的乐曲。

据说，《思亲操》也是舜创制的乐曲。后汉蔡邕《琴操》说："舜耕于历山，思念父母。见小斑鸠与其母相哺食，有感而作歌。"南朝陈释(僧)智匠撰《古今乐录》曰："舜游历山，见鸟飞，思亲而作此歌。"南朝宋文学家谢庄(字希逸)《琴论》曰："舜作《思亲操》，孝之至也。"它的唱词是：

> 陟彼历山兮崔嵬，有鸟翔兮高飞。
> 瞻彼鸠兮徘徊，河水洋洋兮清泠。
> 深谷鸟鸣兮嘤嘤，设罝张罟兮思我父母力耕。
> 日与月兮往如驰，父母远兮吾将安归。

舜是二十四孝中第一个孝子，《思亲操》应该是后来"乌鸦反哺"等典故的滥觞。

《尚书·舜典》载："慎徽五典，五典克从。纳于百揆，百揆时叙。宾于四门，四门穆穆。纳于大麓，烈风雷雨弗迷。"意思是说，尧让舜推行德教，民众都恪守父义、母慈、兄友、弟恭、子孝之道;让他总理百官,所有政务都有条不紊;让他在四门接待四方诸侯,来自四方的诸侯都非常友好;最后把他放到深山,经受狂风雷雨的考验,舜也不会迷失方向。

经过了 20 年的考验,尧老了,在太庙举行隆重的禅位典礼,把天子的位置禅让给舜。舜摄政八年而尧崩,天下归舜。

(二) 发明陶器、室屋、墙垣,创制乐器、音乐

三皇五帝时是个文化创造勃发的时代,有巢氏构木为巢,燧人氏钻木取火,伏羲氏发明渔网、原始畜牧业,神农氏创立原始农业、耕而作陶;黄帝正名百物,是人类物质生活、精神生活的创立时期。

舜所在的有虞氏为制陶业的发展作出了贡献。上述《史记·五帝本纪》中舜"陶河滨,河滨器皆不苦窳"。先秦科技著作《考工记》、《韩非子·难一》均有相同记载,说明东夷族的制陶业非常发达,山东章丘城子崖龙山文化的黑陶可作印证。

陶器的发明,是人类社会发展史上一项重要的技术革命。它是人类最早运用人工来改变物质的性质,并塑造便于使用的物质形状的一项制造技术。陶器的发明、制作和应用,在人类生活中有着极为重要的意义。在此之前,食物的加工只能"火上燔肉"、"石上燔谷",将兽肉直接放到火中烧,或将粟籽放到石片上焙炒。《礼记·礼运篇》:"夫礼之初,始诸饮食,其燔黍,捭豚、污尊而抔饮。"有了火和陶器,就可以用煮、蒸、炖、煎、熬等烹饪方法,制作出带汤和调味品的食物,可以更加彻底地消毒、灭菌和杀死寄生虫,更加有利于人体的消化和吸收。陶制的贮存器又便于谷物、水和液态食物的贮存,减免食物在贮存过程中的损耗和受污染而变质。

舜还与有巢氏、黄帝等共同丰富了人类的住居生活。《淮南子·修务训》载:"舜作室、筑墙茨屋,辟地树谷,令民皆知去岩穴,各有家室。"山东各地发现了许多龙山文化到岳石文化的城址和居址。山东邹平丁公城内有房址、陶窑、窖穴和墓葬,房址分为半地穴式和地面建筑两类,可与文献记载互相印证。

"筑墙"即用土筑墙垣,也称"版筑"。孟子讲:"傅说举于版筑之间。"①

①《孟子·告子下》,载《诸子集成》,上海书店 1986 年影印版。

傅说也是东夷族人,是个筑土墙的,后来成为商王武丁的大臣。舜发明版筑后,东夷族世代传承这一技术和居住方式。

东夷族的音乐素称发达,太昊庖牺氏,作三十五弦之瑟,玄女为黄帝作80面夔牛鼓,少昊亲制琴瑟,教颛顼弹唱。炎帝朱襄氏命士达作五弦瑟(神农琴),舜的父亲瞽叟"乃拌(分)五弦之瑟作以为十五弦之瑟",舜又命乐师延"拌瞽叟之所为瑟,益之八弦,以为二十三弦之瑟"①。从《史记·五帝本纪》中"尧乃赐舜絺衣与琴"的记载来看,舜本来就会弹琴。就连没心没肺的象,自以为害死哥哥后,也得意地弹起琴来。

舜在位时,是远古音乐创作的成熟时期。舜命令乐师质对帝喾时的乐曲《九招》、《六列》、《六英》进行修正,并创制了《南风》、《箫韶》、《思亲操》等新乐曲。

箫韶之乐是舜创造的尽善尽美的乐章,以至于能达到凤凰来翔、百兽起舞的程度。箫韶之乐直到春秋时期仍在齐国流传,还让精通礼乐的孔夫子如醉如痴。《论语·述而》载:"子在齐闻《韶》,三月不知肉味。""子谓:'韶尽美矣,又尽善也。'谓:'武(武王乐)尽美矣,未尽善也。'"②现在山东临淄齐都镇的韶院村,就是孔子闻韶处。

东夷人喜欢饮酒歌舞,称嫦娥善舞也符合历史事实。山东泰安大汶口文化遗址中出土了许多高柄杯,是典型的饮酒器物。莒县陵阳河发掘的45座大汶口文化墓葬,随葬的高柄杯一类饮酒用具达663件之多,真实地反映了远古东夷人好饮酒的生活特点。《后汉书·东夷传》称:"东夷率皆土著,喜饮酒歌舞。"1979年,山东莒县陵阳河大汶口文化墓葬出土了一件笛柄杯,据说音响清脆悦耳,能吹奏出四个音阶,与现代横笛不贴笛膜时的声音相似,是迄今发现最早的横吹陶制管乐器。

春秋时期的莱夷(在今山东半岛),乐舞仍非常发达。齐国灭掉莱夷,原封不动地保留了莱乐。齐景公四十八年(前500年),与鲁定公会于夹谷(今山东莱芜南),安排莱人奏莱乐,借机劫持鲁定公,结果被孔子识破。由此可知,那时的莱乐不仅有音乐,而且应该和武舞结合在一起。不然,劫持鲁定公的计划很难实现。

---

① 《吕氏春秋·仲夏纪·古乐》,载《诸子集成》,上海书店1986年影印版。
② 《论语·八佾》,载《诸子集成》,上海书店1986年影印版。

（三）创立各种制度

五帝时期的古传说，已没有太多离奇荒诞的神味，而是半人半神，与现实拉近了距离。黄河流域以及周边各地林立着许多以城为中心的部落方国，形成一个个方国文化中心。中华五千年文明业已萌动，氏族间的血亲复仇已升级为以征服、掠夺为目的的战争，私有制不断加剧着阶级分化，各种国家机器呼之欲出，新的阶级社会已来敲门了。仅仅依靠原始氏族民主制度来维系社会秩序，已无能为力，时代要求创立一种防止社会混乱的、强有力的新机制。根据《尚书·舜典》记载，舜确立的新制度有以下几点：

第一，"五载一巡守，群后四朝"即天子每隔五年一巡守，四方诸侯分别在四岳汇报政绩。

第二，订立车服奖励制度。即"敷奏以言，明试以功，车服以庸（表彰功劳）"。

第三，设立刑法。舜规定，在器物上刻画着刑罚的形状，以示儆戒。将五刑减轻为流放，官吏犯法用鞭刑，教化用榎楚（古时学校用作体罚的一种木制的器具，用于笞打），犯了过错可以用金赎罪。即《尚书·舜典》说的"象以典刑，流宥五刑，鞭作官刑，扑作教刑，金作赎刑"。

第四，舜肇（划）十二州。关于舜肇十二州之说，《尚书·舜典》和古文《尚书·舜典》都有明确记载："（舜）肇（始）十有二州，封十有二山。"这十二州的名称没有具体说明。孔颖达正义曰："禹治水之后，舜分冀州为幽州、并州，分青州为营州，始置十二州。"实际是在《禹贡》九州的基础上多了幽、并、营三州，即冀、兖、青、徐、荆、扬、豫、梁、雍、幽、并、营等十二州。

州是汉武帝时才有的建置，但远古山东以一个城为中心的方国的确很多。据考古发现，当时山东有许多城址，可证明当时虽无"州"的名称，但方国联盟后，由"王天下"的盟主划定的行政区划是可能存在的。

城子崖城址始建于龙山文化早期，一直延续到岳石文化时期。城内有房基、水井，据推算，城内居民在 5000 人以上，是海岱地区一个突出的政治、经济、文化中心，是中国东方某一方国的中心。

邹平县苑城乡丁公村东的丁公城址，四周城垣规整，城内部分南北长约350 米，东西宽约 310 米，面积为 10 万多平方米。城址的年代距今 4600—

4000年,基本包括了龙山文化的全过程。

另外,寿光县城南的边线王城址、淄博市临淄区田旺城址、阳谷县景阳冈城址、阳谷皇姑冢城、阳谷王家庄城、五莲县潮河镇丹土城址、茌平教场铺城址、茌平尚庄城址、茌平乐平铺城址、茌平大尉城址、东阿县王集城址等,都是山东龙山文化时期的城址。

在中国古代,"立国"是与筑城相随的,它显示了人力、物力、资源的集中,以及行政控制与组织管理的复杂。这些城址虽不能称做"州",但至少反映了当时的行政区划。

(四)以刑法制裁四凶

"四凶"指共工、欢兜、三苗、鲧等四个部落。《尚书·舜典》载:"(舜)流共工于幽洲,放欢兜于崇山,窜三苗于三危,殛鲧于羽山,四罪而天下咸服。"

《淮南子·天文训》记载,早在舜以前,"共工与颛顼争为帝,怒而触不周之山,天柱折,地维绝,天倾西北,故日月星辰移焉"。可知共工是个历史悠久、影响很大而又举足轻重的部落首领。《尚书·尧典》、《史记·五帝本纪》载,共工是尧的臣子,他以为尧年老可欺,放纵淫僻,胡作非为。《国语·周语下》又说,共工曾用"壅防百川,堕高堙庳"(即拦截堵塞)的方法治水,结果水没治好,反倒成为祸害其他部落的罪魁。所以《淮南子·本经训》说:"舜之时,共工振滔洪水,以薄空桑(今山东曲阜北)……民皆上丘陵,赴树木。"舜摄政后,果断地将他流放到幽州(今北京密云境)。

欢兜即浑沌,曾推荐过共工,应该是共工的同党,被舜流放到崇山(难以确考,一说在今湖北省黄陂县南)。

三苗又名饕餮,是居住在江淮、荆州一带的部落。在尧晚年,三苗屡次发动叛乱,抢夺附近部落的谷物、财货。尧因年老力不从心,一直没能解决。舜依靠高阳、高辛各部,联合伯益部打败三苗,一举将其迁徙到三危(今甘肃敦煌一带)。

鲧是禹的父亲,四岳推荐他负责治水,尧觉得鲧不听教命,还喜好诋毁善类,很难胜任,在四岳的坚持下才勉强同意试试。尧以前也发生过洪水,但不足以酿成大害。可这次洪水"浩浩滔天",空前绝后,以往任何治水措施全都无济于事。鲧不思改革,也不采纳别人的有效方法,仍然使用共工式的堵塞拦截的陈旧方法。结果,不仅劳民伤财,而且越治水患越大,浑浊呼啸的洪水吞没了村庄、房屋、庄稼,幸存的人们被洪水驱赶在高处叫苦连天。面对鲧的刚愎自用和玩忽职守,舜觉得如不严厉制裁,以后将无法部署治水事业,水患永无止息。于是,果断地将鲧诛杀于羽山(今山东郯城境内)。

(五)选举贤能

当时,"禹、皋陶、契、后稷、伯夷、夔、龙、倕(垂)、益、彭祖,自尧时而皆举用,未有分职"①,舜召集包括四岳在内的十二州的方国部落首领,在集思广益的基础上,选贤举能,对各项国家大政的人选作了重新安排。

据《史记·五帝本纪》、《尚书·舜典》载,舜任命弃任后稷,教导人民播种五谷。契任司徒,负责教化人民。任命皋陶为"士",掌管五刑。垂任百工,掌管各项手工制作。益为"虞",管理山林川泽。伯夷为"秩宗",负责典掌三礼,祭祀鬼神。夔任"典乐",负责协和音律、诗歌。龙为"纳言",传达天子命令,使上情下达,下情上达。一共任命了22人,规定"三岁一考功,三考绌陟"。

由于舜知人善任,"此二十二人咸成厥功:皋陶为大理,平民各伏得其实;伯夷主礼,上下咸让;垂主工师,百工致功;益主虞,山泽辟;弃主稷,百谷时茂;契主司徒,百姓亲和;龙主宾客,远人至;十二牧行而九州莫敢辟违。唯禹之功为大。披九山,通九泽,决九河,定九州,各以其职来贡,不失厥宜"②。

(六)夷夏联合治水

当时,面临的首要问题当然是彻底根除水患。《淮南子·本经训》说:"舜之时,共工振滔洪水以薄空桑。龙门未开,吕梁未发……"

在这千年不遇的洪水面前,舜改弦更张,动员夷、夏各方国部落共赴水患。他大胆起用鲧的儿子禹为司空,全面负责主持治水事宜。并以"汝平水土,维是勉之",鼓励他完成父亲的未竟事业。此外,皋陶、益、契,弃以及

---

① ②《史记·五帝本纪》,中华书局1959年版。

四岳等均奉命辅佐大禹,参与治水事宜。

夷夏联合治水的方案,吸收了一大批夷夏治水专家,反映了舜这位天下圣君放眼天下的博大胸怀和卓越的组织、领导才能。大禹总结了以前治水特别是父亲治水的经验教训,放弃共工式的堵塞拦截的方法,大胆采用"掘地而注之海"①的新方法。禹率领民众开挖沟洫,把积水排入河道,又疏通旧河道,开凿新河道,让泛滥成灾的洪水经由河道流入大海。经过几十年的奋战,九州的大山都进行了开凿整理,河流疏浚通达,湖泽筑起了堤防而不再漫溢,亘古未见的大水患终于平息了。

(七) 创造了政通人和的和谐社会

随着大禹治水的成功,舜的统治开始进入政通人和的太平盛世。其他被舜任命的人均敬业尽职,政绩卓著。弃为后稷,百谷丰登,黎民殷实。契为司徒,百姓亲和,人怀自励。皋陶为大理,狱讼清明,夜不闭户。伯夷主礼,人们上下礼让,风化肃然。垂主工师,百业兴旺,人人技艺高超。益主山泽,山清水秀,鸟语花香。天下所有事物均治理得井井有条,四海之内无不颂扬舜的功德。

《尚书·益稷》记载了人们感戴帝舜之功,载歌载舞、普天同庆的场面:

> 夔曰:"戛击鸣球,搏拊琴瑟以咏。"祖考来格,虞宾在位,群后德让。下管鼗鼓,合止柷敔,笙镛以间,鸟兽跄跄。《箫韶》九成,凤皇来仪。夔曰:"于!予击石拊石,百兽率舞,庶尹允谐。"帝庸作歌曰:"敕天之命,惟时惟几。"乃歌曰:"股肱喜哉,元首起哉,百工熙哉。"皋陶拜手稽首……乃赓载歌曰:"元首明哉,股肱良哉,庶事康哉!"

这是一场向天汇报政绩的祭祀场面。舜、各诸侯国君、贵宾各就各位,主持礼乐的夔隆重宣告:"演奏起优美的音乐,让我们纵情歌舞吧!"堂下鼓乐齐鸣,悠扬悦耳的箫韶之乐经久不息。舜高兴地歌唱说:"谨遵天命,百官勤政,天下振兴!"皋陶高歌说:"天子圣明,百官贤能,庶事康宁!"舜的箫韶之乐演奏九遍,百兽起舞,凤凰来翔,舜的功德可谓感天动地,天降祥

①《孟子·滕文公下》,载《诸子集成》,上海书店1986年影印版。

瑞了。

尧、舜是中国封建史家津津乐道的仁义道德明君,是几千年来人们向往的最美好的黄金时代。毛泽东《送瘟神》诗有"春风杨柳万千条,六亿神州尽舜尧"的赞美诗句。可以说,舜创造了远古第一个典型的"和谐社会"。

舜晚年,鉴于禹治水的赫赫功绩,效法帝尧,把帝位禅让给给了禹。[1]《史记·五帝本纪》称:"舜年二十以孝闻,年三十尧举之,年五十摄行天子事,年五十八尧崩,年六十一代尧践天子位,践帝位三十九年南巡狩,崩于苍梧之野。葬于江南九疑,是为零陵。"照此说法,舜恰好100岁。

(八)娥英庙

舜死于苍梧,葬在九嶷山。二妃娥皇、女英悲痛欲绝,泪水哭干,继之以血,挥洒在竹叶上,将竹叶染得血迹斑斑。哭祭后,二妃双双跳入湘水殉情,化为女神。位于洞庭湖中的君山修有湘山祠,秦始皇二十八年南巡时曾到过。湘水洞庭中的君山一带生长一种斑竹,又名湘妃竹,上面印着湘妃的斑斑血泪。南朝梁任昉《述异记》云:"舜南巡,葬于苍梧,尧二女娥皇、女英泪下沾竹,久悉为之斑,亦名湘妃竹。"

山东济南建有娥英庙,并将趵突泉流出的泺水命名为"娥英水"、"娥英河"。北魏郦道元《水经注·济水》载:"泺水出历县故城西南……俗谓之娥英水也,以泉源有舜妃娥英庙故也。"道光二十年(1840年)《济南府志》卷十八《祠祀·历城》亦载:"二妃祠旧名娥英庙,在趵突泉。"

七、宿沙氏煮海盐、伯益凿井、奚仲造车

(一)宿沙氏煮海盐

盐为人体所必需,是最基本的调味品。有了盐,才改变有烹无调的缺憾,使"烹调"有了完整的概念。

许慎《说文十二上·卤部》称:"古者宿沙初作煮海盐。"

《淮南子·道应训》载:"宿沙之民,皆自攻其君而归神农。"东汉高诱注

---

①关于尧、舜禅让有两种记载,《尚书》、《论语》、《孟子》记载的是禅让,《竹书纪年》、《韩非子》记载的是篡弑。两种不同的传说,反映了当时正处在"天下为公"和"天下为家"交接点上。

曰:"伏羲、神农之间,有共工宿沙,霸天下者也。"

段玉裁《说文》注引《吕览》注称:"夙沙,大庭氏之末世。"《左传·昭公十八年》载:"宋、卫、陈、郑皆火,梓慎登大庭氏之库以望之。"杜预注曰:"大庭氏,古国名,在鲁城内,鲁于其处作库。"

战国时齐国人鲁仲连撰《鲁连子》称:"宿沙瞿子善煮盐,使煮溃沙,虽十宿不能得也。"①

用海水煮盐,是生活在海边的东夷族经过长期摸索和实践创造出的海盐制作工艺。根据上述典籍记载,宿(夙)沙氏应属炎帝神农氏时代的山东东夷部落。"宿沙初作煮海盐"可视为中国海盐业的开端,宿沙氏是中国海盐的创始人。

自宿沙氏发明煮海盐后,海盐成为山东的特产和不可或缺的调味品。《尚书·禹贡》载:"海岱惟青州……厥贡盐絺,海物惟错。"《尚书·说命下》是有关商王武丁的文献,其中有"若作和羹,尔惟盐梅"的记载。商人是鸟图腾的东夷族,人们早就知道用盐和酸梅做调味品,来配制美味的羹汤。

《管子·海王篇》讲的是"负海之利而王其业"的"海王之国"——齐国的国策,其中提到"官山海"的"正(税)盐策",这是中国最早的盐政理论。

《史记·货殖列传》讲:"山东食海盐,山西食盐卤。"山东海岱地区吃的是人工晒煮的海盐。

东夷族和齐鲁时期的许多人物都与食盐有关。商汤时的伊尹(今山东莘县人)把咸味作为"五味"之一。商纣王时的胶鬲"举于鱼盐之中"②,也是东夷人。《史记·货殖列传》讲,齐地"多文采布帛鱼盐"。齐刁间驱使奴虏"逐鱼盐商贾之利","富数千万"。泰州、扬州两地的盐宗庙主祀宿沙氏,陪祀胶鬲、管仲,都是山东的历史人物。

其后,盐的调味作用愈来愈受到人们的重视,西汉东平陵(在今山东章丘)人王莽称盐为"食肴之将"③,更加突出了盐在饮食烹饪中的地位。

---

①《太平御览》卷八六五《饮食二三·盐》引,中华书局 1960 年影印版。
②《孟子·告子下》,载《诸子集成》,上海书店 1986 年影印版。
③《汉书·食货志下》,中华书局 1962 年版。

（二）伯益凿井

井是开拓远古人类居住、饮食生活的重要条件,东夷族的伯益是远古人工凿井的发明者。

少昊后裔有两个重要人物,即舜时的皋陶和伯益。皋陶又称咎陶、咎繇,是东夷族的首领,舜的法官。伯益也作益、翳,亦称大费,是皋陶之子,舜时东夷部落的首领,古代嬴姓各族的共同祖先。相传益善于畜牧和狩猎,被舜任为虞。他为禹所重用,助禹治水有功,被选为继承人。《晋书·束皙传》载:"益干启位,启杀之。"禹去世后,伯益与启争夺王位,为启所杀。一说由于伯益推让,启才继位。

《吕氏春秋·勿躬篇》说:"化益作井。"《世本》亦云:"化益作井。"宋衷云:"化益,伯益也,尧臣。"

山东地区早在6000多年以前的北辛文化时期已经发明了水井。到了大汶口文化时期,水井的使用已经比较广泛,在枣庄建新、滕州西公桥、广饶傅家等遗址均有发现。特别是山东龙山文化时期,水井的使用已经非常普遍。在兖州西吴寺、济南城子崖、青州凤凰台等遗址不断发现。这些水井,浅的近两米,深的达到7米,一般5米左右。如西吴寺遗址发现的水井,一种井口呈圆形,直径2.5米,斜壁,往下逐渐收缩,在深200厘米处内收出一周宽14厘米的棱台。另一种也是圆形口斜壁,口大底小,口径156厘米,底径110厘米,深450厘米。第三种是长方形口,长220厘米,宽160厘米,深430厘米,斜壁平底,底为圆形,直径90厘米。在井内均出土了各种汲水器及其他陶器。说明水井使用的时间是很长久的。

水井的发明与使用是生产力发展的一种标志,它与古代文明的起源和形成有着密切的关系。远古的人类只能在靠近江、河、湖、泊等有地表水源的地方居住。根据埋葬死人的"黄泉"推测,一开始发现井水,或许与丧葬有关。远古的人们在深挖墓穴时,偶然

1969年山东济宁公园出土汉代铜井

发现了冒出来的地下水。最初，可能不以为意，或者惶恐地认为是"神"的旨意。依河而居的现状和低下的生产力水平而导致的对水的低度需求，使人们在很长的时间内对这一发现视而不见。由于人口的相对增长，或是居住地河水偶然的干涸，才迫使人们把这一发现应用于凿井取水的实践。发明凿井后，人们便摆脱了对江河湖泊的依赖，扩散到所有有地下水源的广阔领域，从而获得了更广阔的生存空间和生存自由，也为人口相对密集的城市的出现和国家的形成创造了条件。古代一句"背井离乡"就能掂量出它在居住生活中的位置和人们对井的依赖。

（三）奚仲造车

车是华夏行旅风俗中传统的交通工具，战国鲁国人墨子说："古之民未知为舟车时，重任不移，远道不至，故圣王作为舟车，以便民之事。其为舟车也，全固轻利，可以任重致远。其为用财少而为利多，是以民乐而利之。法令不急而行，民不劳而上足用。"[1]车的发明与改进，凝聚着东夷人的智慧和技艺。

《汉书·地理志上》载："昔在黄帝，作舟车以济不通，旁行天下。"

蜀汉谯周《古史考》讲："黄帝作车，引重致远，少昊时略加牛，禹时奚仲加马。"

《荀子·解蔽》载："奚仲作车，乘杜作乘马，而造父精于御。"杨倞注曰："奚仲，夏禹时车正。黄帝时已有车服，故谓之轩辕。此云奚仲者，亦改制耳。《世本》云：相土作乘马。杜与土同。乘马，四马也，四马驾车起于相土，故曰作乘马，以其作乘马之法，故谓之乘杜。"

根据这些记载可知，黄帝发明了最原始的车，东夷族首领少昊发明了用牛驾车，奚仲对车的构造和性能进行了改造，并发明了马车。契之孙相土又发明了四马驾的车。一系列对车的改进都出自东夷人之手。

奚仲是夏禹的车正，造车期间居住于薛，由于发明了马车而受封，薛便成为他的封地，薛国也成为制造舟车的主要基地。薛国故城在山东滕州南部的官桥镇，奚仲的故里就在官桥镇附近，古称奚邑。

---

[1]《墨子·辞过》，载《诸子集成》，上海书店 1986 年影印版。

北魏郦道元《水经注》云:"郭水又西南经蕃县(即今山东滕州境)故城南,又西经薛县故城北。《地理志》曰:'夏车正奚仲之国也……城南山上,有奚仲冢'。《晋太康地记》曰:'奚仲冢在城南二十五里山上,百姓谓之神灵也。'"

《魏书·地形志中》载,薛"有奚公山、奚仲庙、薛城、孟尝君冢"。

唐李吉甫《元和郡县志》卷九载:"奚公山在(滕)县东南六十六里,奚仲初造车于此。"

《滕县志·古迹》载:"薛城,在薛河北,县南四十里,周二十八里,古奚仲所封国。"

古代造车是一项综合性的尖端技术,不仅需要比较复杂的手工业技术和经验,还需要很高的数学和力学知识。《考工记》说:"一器而百工聚焉者,车为多。"讲的就是"百工相聚"的综合性。《管子·形势解》里有一段客观的评价说:"奚仲之为车器也,方圆曲直,皆中规矩钩绳,故机旋相得,用之牢利,成器坚固。"没有这些尖端技术,要达到"方圆曲直,皆中规矩钩绳","机旋相得,用之牢利,成器坚固",是不可能的。

其实,东夷族在手工制作方面有着悠久的历史和丰富的制作经验积累,木工工匠所用的工具、材料在神话中都有反映。山东嘉祥武氏祠的汉代画像石上有女娲手执规,伏羲手执矩的形象。太昊的辅佐、木神句芒规而治春,少昊的辅佐、金神蓐收执矩而治秋。规、矩是制作舟车不可少的工具,可见神话中的东夷人非常熟悉"串圆必以规,为方必以矩,为平直必以准绳"[1]的道理。句芒是木神,蓐收是金神,而金和木正是造车的基本材料。

继承这一传统,到春秋战国时期齐鲁仍然是手工业最发达的地区。鲁班成为工匠的鼻祖,有诸多的发明创造。墨子在机械制造方面比鲁班一点也不逊色,他的籍里也在今山东滕州,邻近奚仲造车处,自幼就受到了科技之乡的良好熏陶。《墨子·公输》载:"公输盘(班)九设攻城之机变,子墨子九距(拒)之。公输盘之攻械尽,子墨子之守圉(御)有余。"《墨子》中有许多关于自然观、力学、数学、光学等方面的知识。

鲁国是个手工业极其发达的国家。鲁成公二年(前589年),楚国进攻

---

[1]《吕氏春秋·分职》,载《诸子集成》,上海书店1986年影印版。

鲁国,鲁国献出男女工匠 300 人向楚国求和。用 300 名工匠换取苟安,其国力衰微和蒙受的屈辱姑且不论,但足以说明鲁国工匠以技艺高超为各国所认同。

从手工工艺理论上看,邹鲁一带的思想家对木工技艺都不陌生,经常用木工操作来隐喻深刻的哲理。子思讲:"大匠之用木也,取其所长,弃其所短。"①《孟子·离娄上》:"离娄之明,公输子之巧,不以规矩,不能成方员。"就连四体不勤、五谷不分的孔夫子不仅懂得"朽木不可雕也",还提出了"工欲善其事,必先利其器"②的名言至理,而且说得如此得要领,活脱一个达到上乘境界的巨匠。这些都应该归功于东夷族手工业的造化之功。

八、东夷神话传说的文化意蕴

(一)以人为主体的时代

在东夷神话中,自然神被人类自己的神所代替,极大地突出了人类自身的主体性。羿射日的神话,对太阳表示了极大的诋毁和不敬,说明早期华夏文明开始摆脱自然崇拜,而进入以人为主体的时代。上述神话中的主人公都是人的形象,他们的业绩在于创造、征服和抗争。如太昊伏羲氏、少昊氏、蚩尤、玄女、舜、伯益、羿等等。不仅需要神技,还要有超人的胆略。蚩尤、羿的神话显示了人类英雄突出的个性、勇气和人类对自身不可动摇的信念。把蚩尤说成是"不死之神",讴歌了人类顽强的生命力。正是这种人的主体意识和征服自然的坚强信念,支撑山东初民走过那险恶而艰难的年代。它真实地记录了中华民族在童年时代蹒跚的足印,作为中华民族的文化源头,在很大程度上影响了民族精神的形成及其特征,成了中华民族生生不息的源泉。

(二)对自然的支配、征服

原始崇拜和远古的神话,反映了在生产力低下的情况下对大自然奥妙的探索,对神灵和人类险恶环境的抗争、征服、改造、利用,对远古生活的创

---

① 《太平御览》卷六二七《治道部八·赋敛》引《孔丛子》,中华书局 1960 年影印版。
② 《论语·卫灵公》,载《诸子集成》,上海书店 1986 年影印版。

造和开拓。马克思在《政治经济学批判导言》中说："任何神话都是用想象和借助想象以征服自然力,支配自然力。""在幻想中征服自然力"。太昊伏羲氏等人类物质生活的创立者,都表现了他们强大的创造力和征服、改造、利用自然,开拓新生活的能力。在许多民族的古传说中,都曾有过大洪水,"天柱折,地维绝"、天翻地覆等人类厄运,可都不足以毁灭人类。夷夏联合治水传说的最积极的意义,就在于表现了远古人类在灭顶之灾面前强大的生命力和再生力。远古各族都有大洪水的传说,是不可战胜的大天灾,唯独华夏族的洪水被治理得"地平天成"。舜先是任用共工,后用鲧,最后又用禹,华夷联合治水,于神话传说中隐寓了人定胜天,改造自然,造福人类的积极精神,这是舜领导的夷夏联合治水的真正意义。

《周易·系辞》记载:"见乃谓之象,形乃谓之器,制而用之谓之法,利用出入,民咸用之,谓之神。"意思是说,看见叫做象,把这个意象变成有形的东西叫做器,制作出来使用叫做法,圣人以利而用,或出或入,人们都使用这些东西,却不知道怎么发明的,便叫做神。"神"本身就是对创造发明的肯定。

(三) 厚生爱民意识

对百姓民众生命的爱护和尊重,是中国文化的一贯精神,所谓"天地之大德曰生"[①],就反映了这种思想,这与以希腊神话为代表的西方神话有显著的不同。中国古代神话在展示人类恶劣的生存境遇的同时,还为人类塑造了一些保护神,如太昊伏羲氏、后羿、舜、伯益等。此外,还有一些神话形象如龙、凤等,"见则天下安宁"[②],它们的出现给人带来了祥瑞和安全。

东夷族有发达的音乐,音乐的起源并非为了满足统治者轻歌曼舞的需求,而是"来阴气,以定群生",乐舞结合用来宣导"气郁瘀而滞著,筋骨瑟缩不达"[③],有益身心健康,它和嫦娥偷吃"不死之药"的传说一样,都表现了对个体生命的珍惜,对生命延续的希冀和渴望。它成为后来中国道教中的"仙道贵生",中国世俗社会"天地性,人为贵",重生恶死观念的原始渊源。

---

①《易·系辞下》,载《十三经注疏》,中华书局 1980 年版。
②《山海经·南山经》,上海古籍出版社 1980 年版。
③《吕氏春秋·仲夏纪·古乐》,载《诸子集成》,上海书店 1986 年影印版。

（四）强大的东方部落

东夷族的生产力水平和征服自然的能力相当先进。从"尚仪作占月"和东夷部落娵訾氏擅长占月的传说来看,东夷的天文非常发达,了解月亮圆缺出没的情况,自然会附会出奔月的神话。

句芒手拿圆规,蓐收手执矩,舜作陶,伯益作井,奚仲造车等,较高的生产力水平,是后来齐鲁发达手工业的渊源。

蚩尤"铜头铁额"、"人身牛蹄,四目六手",能"请风伯雨师,纵大风雨","作大雾",被人们奉为"战神"、"兵主"、"不死"之神。黄帝在玄女的帮助下才战胜了他,并画他的神像以震慑天下,可见蚩尤神的威力之大。帝俊(喾)、尧面对十日并出、危害天下苍生的局面束手无策,东夷族的羿却轻易解决了。这些传说本身就说明东夷族以强大的军事武力威震天下。

（五）重技艺、尚德行

东夷族既重技艺、又尚德行,其价值观与儒家相悖,而被法家、墨家所认同。

山东嘉祥武氏祠的汉代画像石中女娲手执规,伏羲手执矩,崇高而伟大的人文始祖也手执规矩,从事技艺,足见东夷族对技艺的重视。东夷族射日的英雄羿更是射艺高超。

孔孟对于后羿基本持否定态度。《论语·宪问》云:"南宫适问于孔子曰:'羿善射,奡荡舟,俱不得死其然。禹、稷躬耕而有天下。'夫子不答。南宫适出,子曰:'君子哉! 若人;尚德哉! 若人。'"

《孟子·离娄下》云:"逢蒙学射于羿,尽羿之道,思天下惟羿为愈己。于是杀羿。孟子曰:'是亦羿有罪焉。'公明仪曰:'宜若无罪焉。'曰:'薄乎云尔,恶得无罪。'"

孔子、南宫适、孟子、公明仪等都讨论了羿不得善终的问题。孔子认为南宫适推重禹、稷躬耕稼勤劳而鄙视羿、奡之技巧,是崇尚仁德的君子之举。孟子认为羿死于其徒弟之手,亦是咎由自取。孔孟都认为羿的那套射箭的本事只是力的技巧,是不足道的,只有有德行才是最重要的。

《墨子·非儒下》批判儒家的"君子循而不作",认为"古者羿作弓作甲,奚仲作车,巧垂作舟"等,是有发明之功的善人君子。

《荀子·王霸篇》云:"欲得善射,射远中微,则莫若羿、蜂门(逢蒙)矣;欲得善驭,及速致远,则莫若王良、造父矣。"

《韩非子·守道》云:"寄千金于羿之矢,则伯夷不得亡,而盗跖不敢取。尧明于不失奸,故天下无邪;羿巧于不失发,故千金不亡。"

韩、荀二人都以为羿为天下善射者,肯定了善射的羿。墨家看重军事防御,对于器械技巧业很有研究,又主张德法兼治,而法家治道理论的建构及实践者,都是以实用主义为价值取向,追求物化的治道,两者都与儒、道两家德化的治道和道化的治道不尽相同。后来儒、道两家,尤其是儒家占据中国文化的统治地位,关于后羿的记载也就一概讲他败德、乱夏了。

(六)丰富的思维想象力

东夷神话展开幻想的翅膀,在人生彼岸和广阔的宇宙空间尽情地翱翔,用神奇、幻想的方式设计了许多荒诞悖理的现象。嫦娥奔月,蚩尤呼风唤雨造雾,羿陆地行舟,舜为龙工、鸟工等,成为后来脚踏实地的科学精神的研究课题。

远古人类奔往月球的最初遐想,开始于东夷人。嫦娥是神话中人类的第一名宇航员,她和吴刚、蟾蜍、桂树是人类在月球上最早的居民和生物。舜"鸟工"的传说,说明东夷族不仅有奔上月球的幻想,还知道利用空气浮力,制作降落伞。再联系春秋鲁班发明风筝,如果不是后来"重实际、轻幻想"的价值观,山东应该是宇宙飞船、飞机和降落伞的故乡。

(七)居领先地位的文化

中国文化的形成,不是由一个文化中心向四周扩散、辐射而成,而是一开始就呈现文化中心多元化的格局。西周中原文化崛起之前,华、夷界限并不像后来那样泾渭分明,中原部族也没有后来那么浓重的优越感和文化中心意识。在一个很长的时间内,东夷文化一直居领先地位。中国的龙、凤文化就是东夷太昊、少昊创立的图腾意识,而黄帝的云、炎帝的火、共工的水,却不被后来看重,被淘汰了。古代二十八宿把四方的星象看成四种图案,叫做四象。《礼记·曲礼》称:"前朱鸟而后玄武,左青龙而右白虎。"这四种图像中,有南方朱鸟、北方龟蛇、东方青龙等三种与东夷族的图腾有关,可见其影响深远。春秋时期的郯子谈到自己祖先的这段历史时,不仅显示了他渊博的知识,而且充满了无限的自豪感,连通悉三代因革损益而自诩的孔子也为之折服,拜倒在郯子门下,并发出了"天子失官,学在四夷"的感叹。其他像少昊的一整套"鸟名官"的组织系统,蚩尤、羿的军事武力,龙山文化的黑陶,发达的东夷音乐等等,均在当时居领先地位。

古代许多典籍都记载了嫦娥奔月的故事,有关羿和嫦娥的传说,成为中秋节风俗的渊源,反映了古人对东夷文化的认同。

第二章　先秦秦汉时期山东社会风俗

一、服饰风俗

服饰是人类独有的生活技能和人类智慧的创造。它是各个地区生活内容、社会制度、风俗习惯、审美观念和精神风貌的外在反映。

（一）山东服饰探源

1. 服饰起源说

服饰有自身古老的传承，民俗学理论中有关服饰起源的解释有实用、遮羞、美观三种说法。

战国鲁（在今山东滕州）人墨子所著的《墨子·辞过》称："古之民未知为衣服时，衣皮带茭（索），冬则不轻而暖，夏则不轻而清。圣人以为不中人之情，故作诲妇人，治丝麻，梱布绢，以为民衣。为衣服之法，冬则练（缯）帛之中，足以为轻且暖。夏则絺绤（细粗葛布）之中，足以为轻且清。谨此则止。故圣人之为衣服，适身体、和肌肤而足矣，非荣耳目而观愚民也。"这里强调了衣服御寒防晒的实用功能。

《白虎通·衣裳》载："衣者隐也，裳者障也，所以隐形自障闭也。"强调了服饰遮蔽体肤的伦理功能。

《韩诗外传》卷一第二十四章载："衣服容貌者，所以说目也。"强调了衣服的审美功能。

在山东古文献中，服饰又有区别等级、显示礼仪、表彰功德等功能。《尚书·舜典》载，山东东夷族首领舜王天下时，"敷奏以言，明试以功，车服以庸"，以服饰来表彰功德，鼓励臣下尽心尽职。《周易·系辞》讲的"黄帝、尧、舜垂衣裳而天下治"，即指此。春秋管仲治理齐国，"度爵而制服"，"毋其爵，不敢服其服"①，确立了服饰的等级制度。

2. 东夷族的骨针、佩饰、纺轮、骨梭

从山东的考古发现来看，1964 年发现于山东滕州市北辛村距今 7300—6300 年的北辛文化遗址已发现有打磨精细的骨针、骨锥和陶纺轮，说明当时的打磨、纺织和缝纫已有较高水平。在出土的两件残陶器的底部清晰地印有规整的席纹。汶上县东贾柏北辛文化遗址中，不仅发现了骨针、骨锥，还发现有束发器等。稍晚于北辛文化的烟台白石村遗址的骨针，打磨得相当精细。

距今 6300—4500 年的大汶口文化，不仅有用来缝纫的骨针，而且掌握了骨雕工艺，已有复杂、成套的装饰品。有的死者前额有一种牙质的束发器，有的头部有骨笄、骨梳，说明当时已开始留发、束发。出土的佩饰有耳坠、项饰、胸饰、佩饰、玉指环、玉臂环、骨钏、陶环等。山东兖州王因墓地上的一位女性死者一臂竟带有 12 个陶环。1959 年山东泰安新石器时代大汶口墓葬中出土两件象牙梳，牙梳下端有 16 个细密的梳齿。

到距今 4600—4000 年的龙山文化时期，不仅陶、石纺轮普遍有所发现，而且形制也更多了。在茌平尚庄大汶口文化堆积层中仅有两件纺轮，而龙山文化堆积层中则出土了 42 件。潍坊姚官庄遗址出土龙山文化纺轮 50 多件，泗水县尹家城遗址竟超过了 100 件，其他遗址也都有较多发现。

这种纺轮是纺车的最早形态，形状有的像馒头，有的像圆板，中间有个小孔。人们用苎麻做原料，在纺轮上穿个木棒，就可以把麻纤维捻成细线。

在城子崖遗址里，曾经发现织布用的骨梭，两端有尖，尖处各有一个小孔。那时候，人们织布，估计用的是一种极原始的水平式的织机。这种织机是由两根横棍构成的。织布的时候，用脚蹬踏一根横棍，把另一根横棍系在腰间；在两根横棍之间排上经线，然后用骨梭穿上纬线，在经线上来回穿梭编织。滕县岗上村大汶口文化遗址里，曾经发现一件陶罐，底上印有麻布纹。从布纹看来，这是一种平纹麻布，每平方厘米有七根到八根经线和纬

①《管子·立政》，载《诸子集成》，上海书店 1986 年影印版。

线。

由远古山东先民的纺织手工业发展水平可以看出,山东齐地"多文彩布帛""冠带衣履天下"①,墨子说的"妇人夙兴夜寐,纺绩织纴,多治麻丝葛绪细布繰"②,是有相当久远的渊源的。

3. 东夷族毁体习俗

毁体包括拔除上颌侧门齿、枕骨人工变形和口颊含球的习俗。③

北辛文化已经形成了青春期拔除侧门齿的习俗。在山东汶上县东贾柏15 座墓的 17 具成人遗骨中,有 10 人拔除了侧门齿。大汶口文化早期就有十四五岁进入青春期拔齿的习俗,一些死者缺损上侧门齿,也有缺其他门齿的。经鉴定,山东兖州王因墓地上的男性拔齿的占 77% ,女性占 75% 。这一习俗一直延续到大汶口文化后期。山东诸城呈子墓地上男性占 89% ,女性占 100% 。龙山文化仍有拔齿的遗风。

头骨人工变形以山东大汶口文化居民最为普遍。④ 在山东兖州王因、邹县野店、长岛北庄的大汶口文化早期墓地,以及后期的泰安大汶口、曲阜西夏侯、诸城呈子、胶州三里河、莒县大朱村、枣庄建新等地墓葬中,都发现了枕骨变形的男女。连远在渤海中的山东长岛北庄遗址(距今 6500—5500年),也发现有拔齿和扁头的习俗。龙山文化仍有头骨人工畸形的遗风。

拔齿和枕骨人工变形,如果不是对被征服者的压迫和摧残,应该是最早的通过生理的变形来适应社会审美的人体装饰行为。

"口颊含球是指一种在口颊内含小石球或小陶球的奇特习俗,由于小球长期与臼齿颊面反复摩擦产生摩擦面,严重者齿列挤向舌面,致使齿冠、齿弓变形。"有的死者齿弓变形处尚留有相应的小石(陶)球。⑤ 这一习俗仅见于兖州王因、邳县大墩子、邹县野店等三处墓地。

①《史记·货殖列传》,中华书局 1959 年版。

②《墨子·非乐上》,载《诸子集成》,上海书店 1986 年影印版。

③严文明:《大汶口文化居民的拔牙风俗和族属问题》,《大汶口文化讨论文集》,齐鲁书社 1979年版;高广仁:《海岱区先秦考古论集》,科学出版社 2000 年版。

④颜誾:《大汶口新石器时代人骨的研究报告》,《考古学报》1972 年第 1 期;颜誾:《西夏侯新石器时代人骨的研究报告》,《考古学报》1973 年第 2 期。

⑤高广仁:《海岱区先秦考古论集》,科学出版社 2000 年版;韩康信、潘其风:《我国拔牙风俗的源流及其意义》,《考古》1981 年第 1 期。

（二）山东的传统服装

远古时代，山东属于东夷族服饰。齐鲁立国后，华夏族服装在山东推行，这就是：束发为髻、冠冕弁帻、上衣下裳、束带系韨。这种传统的服饰结构，后代虽有变化，但一直延续到明朝。

1. 头衣

头衣又称元服。元的本义是头。贵族举行冠礼也叫"加元服"。古代贵族戴冠、弁、冕，庶人戴巾。

（1）冠、巨冠、雄鸡冠、章甫冠

冠是贵族的一般头衣。戴冠前把头发束在一起，在头顶上盘成髻，用纚包住。纚是一匹黑色的帛，又作縰。然后将冠套在髻上，冠梁在上，从前至后复在头上，再用笄左右横穿过冠圈和发髻。冠圈两旁各有丝绳，称作冠缨，引到颔下打结。战国齐人淳于髡"仰天大笑，冠缨索（尽）绝"[1]。《晏子春秋·外篇重而异者第七》载，齐人盆成适"脱衰绖，冠条缨，黑缘"，拜见齐景公。打结后余下的部分垂在颔下，称做緌，也写做"蕤"。有的用一根丝绳兜住颔下，两头系在冠圈上，称做紘。

齐国盛产冠冕，号称"冠带衣履天下"，以戴巨冠表示高贵。春秋齐景公"为巨冠、长衣以听朝"[2]。战国齐将田单也戴巨冠，他率军攻狄（今山东高青东南），三月不克，齐国婴儿歌谣曰："大冠若箕，修剑拄颐。攻狄不能，下垒枯丘。"[3]

山东嘉祥武氏祠东汉画像石孔子弟子图中的子路戴雄鸡冠，被称做勇士冠。《史记·仲尼弟子列传》载："子路性鄙，好勇力，志伉直，冠雄鸡，佩豭豚。"裴骃集解曰："冠以雄鸡，佩以豭豚（公猪）。二物皆勇，子路好勇，故冠带之。"

孔子戴章甫冠。《礼记·儒行》载，鲁哀公问于孔子曰："夫子之服，其儒服与？"孔子对曰："丘少居鲁，衣逢掖之衣。长居宋，冠章甫之冠。丘闻之也，君子之学也博，其服也乡（衣少所居之服，冠长所居之冠，故曰乡），丘不知儒服。"这种章甫冠，也称"商甫"，是殷人祭祀用礼冠。孔子的祖上是

①《史记·滑稽列传》，中华书局 1959 年版。
②《晏子春秋·内篇谏下第二》，载《诸子集成》，上海书店 1986 年影印版。
③《战国策·齐策六》，上海古籍出版社 1985 年版。

宋人,仍保持了宋人的服饰习俗。宋国商人还把章甫冠销售到各地。《庄子·逍遥游》载:"宋人资章甫适诸越,越人断发文身,无所用之。"《论语·先进》载,孔门弟子公西赤说:"宗庙之事,如会同,端章甫,愿为小相焉。"据东汉北海高密(今属山东)人郑玄注,"端章甫"是"衣玄端,冠章甫,诸侯日视朝之服"。可知,邹鲁的国君也戴这种章甫冠。孔子殁后,孔子弟子以及儒家学派遂以冠章甫、服儒服为荣。

(2)免冠、髫发

冠的主要功能不是实用,而是贵族身份和成年的标志。《淮南子·人间训》讲,冠"寒不能暖,风不能障,暴不能蔽"。

该冠而不冠即为非礼。春秋齐国晏婴讲:"衣冠不中,不敢以入朝。"①齐景公"被发"出宫门,守门者"击其马而反(返)之曰:'尔非吾君也!'"②。齐景公羞愧不上朝。子路在卫国的内乱中被人砍断了冠缨,说:"君子死,冠不免。"③在激战中放下武器结缨,结果被人杀死。

古代男子不冠者主要有庶人、小孩、夷人、罪犯。由于罪犯不冠,古人往往以免冠表示谢罪。西汉平原厌次(今山东陵县)人东方朔因擅自割肉受到汉武帝的责问,"免冠谢"④。西汉琅邪(今山东诸城)人贡禹任河南令,"以职事为府官所责,免冠谢。禹曰:'冠一免,安复可冠也!'遂去官"。西晋庾峻曾称赞说:"洁如贡禹,冠一免而不著。"⑤《汉书·匡衡传》载,东海承县(今山东峄城)人丞相匡衡因儿子、弟弟犯法,"免冠徒跣待罪,天子使谒者诏衡冠履"。现代社会的脱帽致意,就是这一习俗的传承。

男子未冠前,头发任其自然下垂,称做"髫发"、"垂髫"。《后汉书·伏湛传》载,东汉琅邪东武(今山东诸城)人伏湛"髫发厉志,白首不衰"。唐李贤注曰:"髫发谓童子垂发。"

(3)巾、帻、幅巾、儒巾

庶人不戴冠,发髻上覆以巾。东汉北海(今山东昌乐)人刘熙的《释名·释首饰》称:"巾者谨也,二十成人,士冠庶人巾。"李时珍的《本草纲

---

①《晏子春秋·内篇问上第三》,载《诸子集成》,上海书店1986年影印版。
②《晏子春秋·内篇杂上》,载《诸子集成》,上海书店1986年影印版。
③《左传·哀公十五年》,载《十三经注疏》,中华书局1980年版。
④《汉书·东方朔传》,中华书局1962年版。
⑤《晋书·庾峻传》,中华书局1974年版。

目·服器部》讲:"古以尺布裹头为巾,后世以纱罗布葛缝合,方者曰巾,圆者曰帽。"古人戴巾,要临时整理成形,与现在的巾不同,现在的帽就是由巾演变来的。

巾的种类很多。帻是较古老的巾。"帻,古者卑贱执事不冠者之所服也。"①一般以一幅黑布包住发髻就可以了。

汉代开始流行幅巾,也叫缣巾,用一整幅葛布或缣把头包住,并从脑后向左右伸出两个角。《后汉书·郑玄传》载,东汉北海高密(今属山东)人郑玄"不受朝服,而以幅巾"见大将军何进。

(4)斗笠

笠是用竹箬或棕皮编成的、用来挡雨的竹帽,即后来雨天戴的草帽。远古山东东夷族就使用斗笠,舜曾手执斗笠从仓廪上跳下。齐国晏婴进谏齐景公说:"君将戴笠衣褐,执铫耨,以蹲行畎畝之中。"②可知斗笠是农人戴用的雨具。

2. 上衣

现代的衣裳指上衣,古代指上衣和下衣。如《诗·齐风·东方未明》:"东方未明,颠倒衣裳。"郑玄注:"上曰衣,下曰裳。"有的衣也可以是广义的衣。如"无衣无褐,何以卒岁?"③春秋鲁国敬姜讲:"自庶士以下,皆衣其夫。"④这个"衣"虽是动词,却是广义的衣,指为丈夫做所有的衣服。山东至今有句俗话:"汉子街上走,带着老婆一双手",即源于齐鲁妻子"衣其夫"的礼制。

(1)襦、深衣

古代的上衣叫襦,有长襦、短襦之分。至腰以下到膝盖为长襦。"短而施腰者"是短襦,也称小襦、腰襦。春秋齐景公"衣裘襦袴,朽弊于藏"⑤。齐地服饰奢华,流行罗襦。《史记·滑稽列传》载,齐人淳于髡描绘齐国州闾之会说:"罗襦襟解,微闻芗泽。"

春秋战国时,出现了一种连接上衣下裳的深衣。《礼记·深衣》孔颖达

① 《后汉书·舆服志下》注引《独断》,中华书局 1965 年版。
② 《晏子春秋·内篇谏上第一》,载《诸子集成》,上海书店 1986 年影印版。
③ 《诗·豳风·七月》,载《十三经注疏》,中华书局 1980 年影印版。
④ 《国语·鲁语下》,上海古籍出版社 1978 年版。
⑤ 《晏子春秋·内篇谏下第二》,载《诸子集成》,上海书店 1986 年影印版。

疏曰:"深衣衣裳相连,被体深邃,故谓之深衣。"其形制,交领、缘边,袖口和下摆宽,便于举足,下摆不开衩口,长度在足踝间,以不沾泥为宜。《礼记·深衣》称:"古者深衣盖有制度,以应规矩,绳权衡。短毋见肤,长毋被土。"

深衣制作方便,用途广泛,贵族、庶人都穿用它。因为不是礼服,贵族们只能在闲居时穿用,故《礼记·玉藻》讲:"朝玄端,夕深衣。"

(2)玄冕

据东汉北海高密人郑玄注,玄端应为玄冕,是古代天子、诸侯、大夫穿的礼服,也称冕服、衮冕,由冕旒、玄衣、纁(赤黄色)裳、芾、革带、大带、佩绶、舄组成。战国时,冕服紊乱,东汉明帝仿古制重定冕服之制。冕旒不变,衣为玄(略带红的黑色)衣,裳为纁裳,赤舄、朱芾。

冕旒是天子、诸侯、大夫的祭服,历代大略相同,一直沿用到明代。冕由延、旒、纩、紞等组成。延也作"綖",是装在冠圈上的长方形木板,前低后高,其义为戒王者骄矜之气。旒以五色丝穿玉珠自延的前后沿垂下。纩也称瑱,是系在冠圈左右,悬在耳孔外的两块玉。先秦时用来充耳,戒帝王勿听奸佞之言。紞是悬纩的丝绳。

《国语·鲁语下》载,鲁国公父文伯之母说:"王后亲织玄紞,公侯之夫人加之以纮、綖。""紞"、"綖",都是冠冕的部件,"纮"是不打结的冠缨。

《晏子春秋·外篇重而异者第七》载,齐国晏婴说:"古者人君出则避道十里,非畏也。冕前有旒,恶多所见也;纩紞充耳,恶多所闻也。泰(大)带重半钧,舄履倍重,不欲轻也。"

周代以旒的多少区别贵族的等级,天子十二旒,诸侯九旒,大夫五旒。魏晋后,皇帝的冕才准有旒,冕旒成了皇帝的代称。

玄衣、纁裳最明显的标志是绣有十二章花纹。玄衣上绣日、月、星、龙、山、华虫、火、宗彝,纁裳上面绣藻、粉米、黼、黻。《后汉书·舆服志》载:"乘舆备文,日、月、星辰十二章,三公、诸侯用山龙九章,九卿以下用华虫七章。"由于天子、三公、诸侯的衣裳上均有龙,又称华衮、衮衣,衮即卷曲的龙。华衮为当时最端庄华贵的服饰,所以古代有"一字之褒,荣于华衮;一字之贬,严于斧钺"的成语。

在东夷族的首领舜时,就穿用这种服饰。《孟子·尽心下》称:"(舜)为天子也,被衿衣,鼓琴,二女果若固有之。"清刘宝楠注曰:"及为天子,被画衣,黼黻絺绣也。""衿衣",即有黼、黻絺绣的画衣。

春秋齐景公"衣黼黻之衣,素绣之裳,一衣而五彩具焉。带球(珠)玉而冠且(组),被发乱首,南面而立,傲然"①。这种具五彩,绣着黼、黻花纹的上衣和白底的绣着各种花纹的下衣,镶着玉石,帽子上系着丝带的服饰,应该就是齐国的冕服了。由于这种冕服用流行的"齐纨"做成,底为白色,颜色与玄衣纁裳不同。

鲁国大夫的属大夫也可穿冕服。《左传·襄公二十九年》载,鲁襄公曾将冕服赏给季孙氏的属大夫公冶,公冶"固辞,强之而后受"。

(3)缁布之衣

一般庶民百姓则穿用黑色布料制作的缁布之衣。齐国晏婴"衣缁布之衣,麋鹿之裘"②朝见齐景公,田桓子说他是"隐君之赐",还要罚他酒。晏婴之妻,也"衣缁布之衣而无里裘"③。

(4)绨袍、缊袍、裘、褐衣

绨袍是用平滑而带光泽的厚缯制作的袍。《管子·轻重戊》载:"鲁梁之民俗为绨。"管仲让齐桓公服绨,齐国民众"从而服之",并大量从鲁、梁购买绨,诱使二国弃农而为绨。然后突然断绝了与鲁梁的贸易,导致二国谷价腾跃,因而制服了鲁、梁二国。

缊袍比绨袍低劣,是用丝绵和旧絮做成的。《礼记·玉藻》:"缊为袍。"郑玄注:"缊,谓今纩及旧絮也。"孔子说:"衣敝缊袍与衣狐貉者立而不耻者,其由(子路)也与?"④孔子弟子子路穿破旧的缊袍。

裘即现在的皮大衣。最昂贵的是狐白裘,用许多狐狸的白腋毛拼接而成。古代有"千羊之皮不如一狐之腋"⑤和"士不衣狐白"⑥之说。这种狐白裘在齐鲁贵族中相当流行。齐景公大雪天"被狐白之裘坐于堂侧阶",对晏婴说:"怪哉,雨雪三日而天不寒。"晏婴提醒说,你穿着狐白裘当然不"知人

①《晏子春秋·内篇谏下第二》,载《诸子集成》,上海书店 1986 年影印版。
②《晏子春秋·内篇杂下第六》,载《诸子集成》,上海书店 1986 年影印版。
③《晏子春秋·外篇不合经术者第八》,载《诸子集成》,上海书店 1986 年影印版。
④《论语·子罕》,载《诸子集成》,上海书店 1986 年影印版。
⑤《史记·赵世家》,中华书局 1959 年版。
⑥《礼记·玉藻》,载《十三经注疏》,中华书局 1980 年影印版。

之寒"了。于是齐景公"乃令出裘发粟"①，即用国家府库里的裘和粟救济饥寒的民众。齐景公自己说有两件狐白裘，欲将其中的一件赐给晏婴，被谢绝了。

齐国孟尝君入秦被囚，派人向秦昭王的幸姬求情。幸姬说："愿得君狐白裘。"孟尝君有一狐白裘，天下无双，可已献给了秦昭王。多亏一个会"狗盗"的门客入宫偷了出来，献给秦昭王的幸姬，孟尝君才被放还。

战国齐将田单见一老人涉淄水而寒，"解裘而衣之"②。田单的"裘"，与齐景公"出裘发粟"的"裘"，虽不会是狐白裘，但也比较昂贵。晏婴穿的"麑鹿之裘"，《墨子·兼爱中》曾提到"牂羊之裘"，西汉齐人娄敬见虞将军穿的羊裘，则是一般民众穿用的裘了。

古代的裘，兽毛朝外，通体一色，要加上一层罩衣，称做"裼衣"，昂贵的狐白裘要以锦衣为裼衣。《礼记·玉藻》称："君衣狐白裘，锦衣以裼之。"裼衣并不把裘全包住，而是单独成衣，就像今天的披风，没有袖，固定在脖子上任其飘拂，以增加裘的美色。

（5）短褐

古代庶民穿不起裘衣和丝绸，主要穿用兽毛和粗麻织成的短衣，称做"褐"、"短褐"。《晏子春秋·内篇谏上》载，齐景公时"百姓老弱，冻寒不得短褐，饥饿不得糟糠"。《孟子·滕文公上》载，战国滕国（在今山东滕县西南）来了一伙"为神农之言者"，"皆衣褐、捆屦、织席以为食"。因此，"褐"、"褐夫"为古代贫贱之人的代称。《孟子·公孙丑上》："刺万乘之君，若刺褐夫。"

（6）禅、复、衷衣、领、衽、裾、袂、祛

古代的上衣有单、夹之分。单写做"禅"，夹称做"复"。《释名·释衣服》称："有里曰复，无里曰禅。"贴身穿的衣服称做衷衣、褻衣。贴身穿的铠甲也叫衷甲。《左传·襄公二十七年》的"楚人衷甲"，即将甲贴身藏在里面。

衣领有交领和直领两种，一般是交领。衣前襟称做"衽"，中原风俗是向右掩，称做右衽，北方少数民族是左衽。孔子说："微管仲，吾其被发左衽

---

①《晏子春秋·内篇谏上第一》，载《诸子集成》，上海书店1986年影印版。
②《战国策·齐策六》，上海古籍出版社1985年版。

矣。"①现在老年人的大襟便服也是右衽。

衣服的下摆叫做"裾"。拽住人家的衣服后襟,古代称做"引裾"、"捉裾"。

古代的衣袖称袂,一般特别长大。《战国策·齐策》载,苏秦说齐宣王说,临淄"连衽成帷,举袂成幕"。

(7)丝带、绅、革带

古人在上衣外面要系大带和革带。大带即丝带,古代衣服宽松褒博,丝带也宽,故称博带。《礼记·深衣》载:"带,下毋压髀,上毋压胁。"

鲁昭公元年(前541年),晋、楚等国会盟,扣押了叔孙豹。晋国使者赵武的随从乐桓子趁机勒索叔孙豹的大带,被拒绝。

丝带在腹前打结,余下部分下垂,称做绅。《礼记·玉藻》载:"绅,垂足如履齐。"《论语·卫灵公》载,孔子给弟子子张讲了一套"言忠信"的道理,子张记录在绅带上,清人刘宝楠注曰:"绅,大带。"

丝带除束衣外,还用来搢(也做缙)笏。《荀子·哀公篇第三十一》载,鲁哀公曰:"然则夫章甫、绚屦,绅而搢笏者,此贤乎?"笏是大臣朝见时手执的狭长板,插在丝带上,故古代的高官也称"搢绅"。后来的官绅、绅士、乡绅,即由此而来。

革带称做鞶,即皮带,在丝带之外,用来拴挂各种佩饰,前面有带钩连接。带钩在先秦时用青铜制作。春秋时,管仲曾用箭射中小白(后来的齐桓公)的带钩。

3. 下衣:裳、绔、裈

裳读做 cháng,又写做"常"。《说文七下·巾部》:"常,下帬(裙)也。"《释名·释衣服》:"裙,群也,连接群幅也。"《仪礼·丧服》郑玄注:"凡裳,前三幅,后四幅也。"可知古代的裳由前三幅、后四幅的衣料连接而成。古代男子也着裳,《诗·豳风·七月》:"我朱孔阳,为公子裳。"

裳里面的胫衣称做"绔",只有两个裤筒,没有前后裆,系在衣带上,类似现在的套裤。着裳、绔后,以布帛缠前后裆,叫做裈,也写做裩。古人席地而坐,以膝盖着地,臀部坐在脚后跟上。臀部着地,两脚前伸叫做"箕踞"。

①《论语·宪问》,载《诸子集成》,上海书店1986年影印版。

箕踞或撩起下裳都是很不礼貌的行为。

4. 足衣

（1）屦、履、屩、舄

先秦时称鞋为屦。如齐国晏婴说："国之诸市，屦贱踊贵。"①汉以后称履，也称屦。屦有麻屦、葛屦等，都是单底鞋。

葛屦是用葛草编织的草鞋。《诗经·齐风·南山》："葛屦五两，冠緌双止。"《晏子春秋·内篇杂上》载，晏子给父亲守丧时，"粗衰斩、苴带杖、菅屦，食粥，居倚庐，寝苫，枕草"。"菅屦"，就是用菅草编织的草鞋。古代的草鞋也称做屩，《释名·释衣服》："屩，草履也。"

麻屦是用麻绳编织的麻鞋。《晏子春秋·内篇杂上》载，春秋齐国有个北郭骚，"结罘网，捆蒲苇，织萉屦，以养其母"。"织萉屦"即编麻鞋。齐景公时，有个逄于何"布衣縢履"，"縢履"是用藤绳编的鞋。《孟子·滕文公上》中"捆屦织席"的"捆屦"，就是编织屦。

舄是屦的别名，是复底鞋，有的舄是在履底下再加一层木底。《诗·小雅·车攻》："赤芾金舄。"穿金黄舄的是诸侯。先秦时齐国庶人也穿舄。如《史记·滑稽列传》中，齐人淳于髡说的"履舄交错"即是。

（2）鞮、鞾靴

用皮革做的履叫鞮。《盐铁论·散不足篇》载："古者庶人贱……革鞮皮荐（垫）而已。"古代皮革没有现在昂贵，鞮是下层人穿用的履。《汉书·郑崇传》载，高密（今属山东）大族、尚书仆射郑崇穿革履，汉哀帝每见其"弋革履"上朝，即笑曰："我识郑尚书履声。"

（3）鞋的装饰和形制

古代"君子不履丝屦"②，实际上不遵此制，追求奢侈的大有人在。《礼记·檀弓上》载，孔门弟子有若"丝屦组缨"。《晏子春秋·内篇谏下》载："景公为履，黄金之綦，饰以银，连以珠，良玉之絇，其长尺，冰月服之以听朝。晏子朝，公迎之，履重，仅能举足。"

古代的履一般用带子固定。穿鞋带的孔叫絇，鞋带叫綦、缨，帮与底间的沿边叫做繶，鞋口的装饰边叫纯。齐国贵族追求屦、舄的华丽堂皇，齐景

---

①《左传·昭公三年》，载《十三经注疏》，中华书局 1980 年版。
②《礼记·少仪》，载《十三经注疏》，中华书局 1980 年版。

公以黄金丝为鞋带,上面装饰银、珠,以玉石做带孔。

（4）登堂脱履和躧履、徒跣

先秦时,大臣上殿、一般人进屋登堂,都要脱履,否则对主人不敬。《吕氏春秋·仲冬纪第十一·至忠》载,齐湣王有病,医者文挚认为,激怒他,就能治好,不脱履而登堂,以激怒齐湣王。结果,齐湣王的病给治好了,文挚却因失礼被烹死了。

登堂脱履的习俗,又形成了古人躧履（趿拉鞋）和徒跣的习惯。古人在屋内皆赤脚,遇到紧急情况,只好把鞋后跟压倒,拖着鞋走,这样显得对客人更尊重。有时太紧急了,连躧履也来不及,只好徒跣（赤脚）。曹丕以毒枣毒死弟弟曹彰,并把盛水的器具全部毁掉。其母卞太后（今山东临沂人）为找水解毒,"徒跣趋井"①。

其实,一直到新中国成立后,在山东广大的农村,人们大部分时间都不穿鞋而赤脚,只有在隆重场合下,或是严寒季节才穿鞋。

（5）袜

古代的足衣还有袜,写做韈。据尚秉和《历代社会风俗考》,从先秦到魏晋,很少穿袜,登堂脱履后即徒跣。古代衣裳宽博,脱履亦不露足,故不以为不敬。有人说,冬天赤足不冷吗? 远古人类全部裸露尚不冷,且现代人的手、脸都露在外面,也不怕冷,赤足当然也不例外。

到汉代开始穿袜子,但不是普遍现象。《史记·张释之冯唐列传》载,有一个治黄老之言的王生,在朝廷上说,"吾袜解","为我结袜",张释之跪而结之。

古代的袜用麻布、帛、熟皮制作。丝织的叫罗袜,用熟皮制作的写做韈、韈。布袜以麻布制作,棉花传入中国后用棉布制作。解放前后,山东农村普遍穿用以白粗棉布缝制的布袜,上端用带子扎到腿上。

5. 妇人着丈夫饰

在齐灵公的倡导下,齐国曾一度盛行女着男装之事。《晏子春秋·内篇杂下第六》载:

---

① 《世说新语·尤悔》,载《诸子集成》,上海书店 1986 年影印版。

灵公好妇人为丈夫饰者,国人尽服之。公使吏禁之曰:"女子而男子饰者,裂其衣,断其带!"裂衣断带相望而不止。晏子见,公问曰:"寡人使吏禁女子而男子饰者,裂断其衣带,相望而不止者,何也?"晏子对曰:"君使服之于内,而禁之于外,犹悬牛首于门,而卖马肉于内也。公何以不使内勿服,则外莫敢为也。"公曰:"善!"使内勿服,不逾月而国人莫之服。

现代有些妇女服饰,男子是不能服用的,而所有男子的服饰,女子都能服用,这一习俗早在春秋时期山东的齐国就已开始了。我们现在讲的"挂羊头,卖狗肉"的成语,是晏婴劝谏齐景公的用语,当时叫"悬牛首,卖马肉"。

6. 袒

古人穿衣,露出身体叫"袒"。如"袒裼裸裎"即脱衣露身,是一种粗野无礼的行为。《孟子·公孙丑上》载,孟子称赞鲁国柳下惠说:"虽袒裼裸裎于我侧,尔焉能浼我哉!"

古人穿衣经常出现的现象是"袒免"。"袒免"即袒露左臂,是"五服"之外的一种轻微的丧服。

先秦两汉时,山东齐鲁等地的男女均流行袒露左臂或右臂的习俗,称做"偏袒",露出右臂称"袒右"、"右袒"。战国淖齿杀了齐湣王,王孙贾于市中大呼曰:"淖齿乱齐国,杀闵(湣)王,欲与我诛者,袒右!"[1]

如果把左右臂都露出来,称做"两袒"。《风俗通·佚文·阴教》载:"齐人有女,二人求之。东家子丑而富,西家子好而贫。父母疑不能决,问其女:'定所欲适,难指斥言者,偏袒令我知之。'女便两袒,怪问其故。云:'欲东家食,西家宿。'此为两袒者也。"

到汉代,这种穿着习俗仍然存在。《汉书·高后纪》载:"(周)勃入军门,行令军中曰:'为吕氏右袒,为刘氏左袒。'军皆左袒。"可见,左袒、右袒还是一种意向和立场的表示。

---

[1]《战国策·齐策六》,上海古籍出版社1985年版。

(三) 佩饰和化妆

1. 玉、环、玦、香囊

玉是中国古代最重要的男子佩饰。《礼记·玉藻》载,"古之君子必佩玉","行则鸣佩玉"。佩玉除表示贵族身份外,还是君子的各种美德。东汉许慎《说文》称:"玉石之美有五德。润泽以温,仁之方也;䚡理自外可以知中,义之方也;其声舒扬,尃以远闻,智之方也;不挠而折,勇之方也;锐廉而不技,洁之方也。"所以,《礼记·玉藻》又讲:"君子无故,玉不去身。君子于玉比德焉。"

环是平面环形玉,当中空心圆的直径与四周玉的宽度相等。玦是平面环形断开的玉。《荀子·大略》称:"绝人以玦,反(返)绝以环。"杨倞注曰:"古者臣有罪,待放于境,三年不敢去。与之环则还,与之玦则绝。"

2. 沐浴、蓄发留须、潘

古人非常重视仪容和体肤的整洁。爱清洁,讲卫生,注意自身的外在美,以乐观的精神装点和美化自己的外表,是山东人民的古老传统。

《礼记·内则》载,古人鸡鸣开始盥漱理发。伯禽临到鲁国前,周公告诫说:"我一沐三捉发,一饭三吐哺,起以待士。"[1]说明周公经常沐发,否则就不会老让拜访者碰到了。

古人在祭祀和重大活动前,包括会客前,要沐浴更衣,以表示郑重。沐浴时还要以香涂身,称做"衅",或曰"薰"。

《国语·齐语》载,齐桓公初见管仲,"三衅、三浴之"。

《晏子春秋·内篇杂上》载,齐国晏婴以"仓粟府金"赈济北郭骚,北郭骚"辞金受粟"。晏婴过北郭骚之门,"北郭骚沐浴而见晏子"。

《论语·宪问》载:"陈成子弑简公,孔子沐浴而朝,告于哀公曰:'陈恒弑其君,请讨之。'"

《孝经·开宗明义》载孔子语曰:"身体发肤受之父母,不敢毁伤。"受此影响,蓄发、留须一直是中原汉人的传统。除此之外,古人沐浴、沐发还是道德品格的自律,即保持身心的清洁,《礼记·儒行》叫做"澡身而浴德",现在仍然叫做"洁身自好"。

---

[1]《史记·鲁周公世家》,中华书局1959年版。

先秦两汉时,无肥皂一类的去污品,洗发、洗脸以米汁。《礼记·玉藻》载:“日五盥,沐稷而靧粱。”沐和靧都是洗的意思,稷是谷,粱是最好的谷品种。这种米汁也称做“潘”。齐国陈逆被抓进宫内,族人“遗之潘沐”①,杜预注曰:“潘,米汁,可以沐头。”

3. 簪钗、耳环、戒指、手镯

簪也称笄,是古人用来束髻定冠的器物,男女通服,后来发展为妇女的主要头饰。簪又演变为双股的钗,一般用银、铜、骨制作,贫穷者以荆枝。东汉梁鸿妻孟光,“荆钗布裙”②,后来梁鸿“与妻子居齐鲁之间”③。故后人谦称自己的妻子为拙荆、山荆、荆妻。富贵妇人的簪钗,用金、玉、翡翠、玳瑁、琥珀、珠宝等制作。

耳环指环形的耳饰,也有圆球形的,称作珥、珰。《史记·滑稽列传》载,淳于髡描绘齐国的州间之会说:“前有堕珥,后有遗簪。”《战国策·齐策三》载,齐宣王夫人死,身边还有7位幼艾美女,称作“孺子”。齐国大夫、薛公田婴为了试探哪位“孺子”最受宠爱,“乃献七珥”,其中有一枚特别精致美观,齐宣王把它分给哪位,他就劝齐宣王立谁为夫人。

两汉时期,妇女佩珥珰十分流行。东汉末东平(今属山东)人刘桢在《鲁都赋》中这样描绘齐鲁妇女:“含舟吮素,巧笑妍详。插耀日之笄,珥明月之珰。”山阳高平(今山东邹城)人王粲《七释》诗:“抗照夜之明珰,焕煜爚以垂晖。”④

戒指又称指环,手镯又称钏。早在新石器时代,山东东夷族的人们就已经发明了戒指来保护和装扮他们的手指了。1959年第一次发掘山东省泰安市大汶口遗址,发现了20枚指环,用骨头和玉石等材料制成,其中有9枚还套在死者的指骨上。山东曲阜城东南西夏侯遗址出土的白色大理石戒指,均套在墓主人的指骨上。

现代男人戴戒指不戴手镯,而明代以前,男人戴手镯不戴戒指。戒指的产生,有特定的背景。董仲舒《春秋繁露》卷四《王道第六》曾讲,商纣王“刑

①《左传·哀公十四年》,载《十三经注疏》,中华书局1980年版。
②《太平御览》卷七一八引《列女传》,中华书局1960年影印版。
③《后汉书·梁鸿传》,中华书局1965年版。
④《太平御览》卷七一八《服用部二·珥珰》引,中华书局1960年影印版。

鬼侯之女,取其环"。这个只能是传说,因为纣王荒淫好色,许多恶劣的东西往往都推到他身上。西汉鲁(今山东曲阜)人毛亨传的《诗·邶风·静女》曰:"后妃群妾以礼御于君所,女史书其日月,授之以环,以进退之。生子、月辰则以金环退之,当御者以银环。进之著于左手,既御著于右手。"可知,戒指有"戒止"之意,出于这种背景,足以让天下男子不戴戒指了。近代西风东渐以来,男人戴戒指的多了起来。1911 年 10 月 2 号《民立报》上的《东西南北》栏目说:"戒指是前朝宫中记号,现今大老官、大少爷、大小姐均怀了孕了。"

二、饮食风俗

"仓廪实则知礼节,衣食足则知荣辱。"[1]"王者以民为天,而民以食为天"[2],饮食是人类最基本的生存活动方式。饮食风俗是指食物、饮料、饮食器具在生产、制作和食用过程中相沿积久的风俗习惯、食用风格、礼仪常规和消费观念。它是一个地区乃至国家、民族生活水平和文明程度的鲜明标志。

(一) 从茹毛饮血谈起

《礼记·礼运篇》载,上古之时"未有火化,食草木之实,鸟兽之肉,饮其血,茹其毛"。当时,人们不懂得用火烧食,吃的是生肉、生果,喝的是禽兽的血和溪涧的生水,与一般动物的饮食没有多大区别。

人类懂得用火烧制食品,有一个漫长的历史过程。由于雷电引起森林火灾,人们在灰烬中捡拾烧熟的动物食用,发现比生肉好吃得多,于是,开始保存天然火种,用来取暖和烧烤食物。一旦火种熄灭,还得生食,因此,在发明人工取火之前,人类一直处在茹毛饮血阶段。但知道利用天然火烤烧食物,已开人类饮食生活的先河。

东夷族首领太昊伏羲氏"结网罟以教佃渔","养牺牲以充庖厨",是用网捕鱼和人工驯养的肉类食品的发明者。山东各文化遗址普遍发现了数量较多的石镞、骨镞、石网坠、陶网坠、骨鱼镖、骨鱼钩等。稍晚于北辛文化的

---

① 《管子·牧民》,载《诸子集成》,上海书店 1986 年影印版。
② 《汉书·郦食其传》,中华书局 1962 年版。

烟台白石村文化层有较多的贝壳,出土有石网坠,海产品是这里食物的来源,具有胶东沿海一带的文化特征。

东夷族首领舜曾"渔雷泽",应是使用渔网了。东夷族陶器的发明,是人类饮食生活史上的一项重要革命。

由此可知,经历了若干万年的艰苦实践和探索,到距今 5000 年前的父系氏族公社时期,人类的饮食生活便正式确立了。

(二) 山东的传统食物

1. 主食

(1)"五谷"、"六谷"、"九谷"

战国鲁(在今山东滕州)人墨子在其著作《墨子·七患》中讲:"一谷不收谓之馑,二谷不收谓之旱,三谷不收谓之凶,四谷不收谓之馈,五谷不收谓之饥。"关于五谷,有多种说法。

《周礼·天官·疾医》:"以五味、五谷、五药养其病。"东汉北海高密(今属山东)人郑玄注曰:"五谷,麻(麻籽。宋以后逐渐退出主食行列)、黍、稷、麦、豆也。"

《孟子·滕文公上》称:"树艺五谷。"赵岐注曰:"五谷谓稻、黍、稷、麦、菽也。"

《周礼·天官·膳夫》:"凡王之馈,食用六谷。"郑玄注曰:"六谷,知有稌、黍、稷、粱、麦、苽。"

《周礼·天官·太宰》又提到九谷。郑玄注曰:"九谷,黍、稷、秫、稻、麻、大小豆、大小麦。"

从五谷、六谷、九谷的说法可知,今天我们常用的粮食作物已大致齐备了。

中国传统的谷物种植是北粟南稻,从考古发现来看,距今 7300—6300 年的山东北辛文化遗址、距今 6300—4500 年的山东大汶口文化遗址,不仅发现有粟,而且发现有稻。① 山东龙山文化时期,是海岱地区水稻的大发展

---

① 中国社会科学院考古研究所:《山东王因》,科学出版社 2000 年版,第 452—453 页;中国社会科学院考古研究所:《胶东半岛贝丘遗址环境考古》,社会科学文献出版社 1999 年版,第 152 页;蔡莲珍仇士华:《碳十三测定和古代食谱研究》,《考古》1984 年第 10 期。

时期,在山东日照、五莲、滕州、胶东半岛都有发现。如山东日照两城镇遗址发现四种碳化了的农作物种子570粒,其中包括碳化了的稻种454粒,粟98粒,以及少量黍和小麦。同时,还检测出大量的水稻的植硅体。① 山东栖霞杨家圈遗址中,除发现粟的遗存外,在草拌泥红烧土中竟然发现许多谷物草叶和少量谷壳,经鉴定有稻壳、稻茎、稻叶的印痕。② 这个发现表明,距今4500年龙山文化时代,在当时的栖霞杨家圈,人们已经开始耕种水稻,并以大米为主食了。

谷物加工既有用石磨盘、石磨棒的碾磨方法,也有用杵和臼的舂捣方法。1964年,北辛文化遗址发现有石磨盘、石磨棒和石磨饼等配套器物,是一套谷物脱皮加工工具。磨盘的形状有方形的,有近似

北辛文化的石磨盘、石棒

鞋底形下有矮足的,有的盘面因长期使用而作弧形下凹。

(2)糗、糒、糇、饎、饡、糜

在秦代以前,主要是用脱壳的谷物做成干粮、蒸饭和粥。干粮即炒米,古代称做糗、糒、糇。

《孟子·尽心下》载:"舜之饭糗茹草也,若将终身焉。"清刘宝楠注曰:"糗,饭干糒也。"

东汉北海(今山东昌乐)人刘熙的《释名·释饮食》称:"糇,候也。候人饥者以食之也。""饎,分也。众粒各分也。"

当时,蒸饭叫馏,也有的说,"一蒸曰饎,二蒸曰馏"③。现在山东加热熟食,仍叫"馏一馏"。把蒸饭浇上肉羹、菜羹叫做饡。《释名·饭杂食》称:"饡,以羹浇饭也。"

①靳桂云等:《山东日照市两城镇遗址土壤样品植硅体研究》,《考古》2004年第9期。
②严文明:《杨家圈农作物遗存发现的意义》,载《农业发生与文明起源》,科学出版社2000年版;北京大学考古实习队:《栖霞杨家圈遗址发掘报告》,载北京大学考古学系:《胶东考古》,文物出版社2000年版,第151—206页。
③朱骏声:《说文通训定声·孚部》,中华书局1984年版。

粥称做糜、飦、酏。《释名·释饮食》称:"糜,煮米使糜烂也。"粥有稠稀之分,稠者曰飦,稀者曰酏。《礼记·内则》载:"子事父母,妇事舅姑,飦、酏、酒、醴、芼、羹、菽、麦、蕡、稻、黍、粱、秫,惟所欲。"郑玄注曰:"酏,粥也。"飦,"厚粥也"。

先秦时期山东就有用豆做成的豆羹。《孟子·尽心下》讲:"箪食豆羹见于色。"

古代贵族的粥还要掺上肉酱,做成肉粥,称作"糁食"。《周礼·天官·醢人》:"酏食糁食。"据郑玄注,糁食是稻米占 2/3,肉 1/3。肉中,牛、羊、豕肉又各占 1/3。

(3)面粉和饼食

秦汉以前主要是粒食,但也有把谷粒用石臼捣成破碎的粉。如《周礼·天官·笾人》:"羞笾之实,糗饵粉餈。"郑玄注曰:"粉,豆屑也。"饵和餈"此二物皆粉稻米、黍米所为也。合蒸曰饵,饼之曰餈"。磨制而成的面粉写做"麵"、"麪",也称做"粟冰"。《说文五下·麦部》称:"麪,麦末也。"鲁国(今山东曲阜)人孔安国注释《尚书·益稷》中的"粉米"说:"粉若粟冰。"

有了面粉,就开始了饼食的历史。汉代文献开始出现"饼"。东汉北海(今山东昌乐)人刘熙《释名·释饮食》说:"饼,并也。溲面使合并也。"山东饼食的历史,始于汉代。山东枣庄渴口汉墓群中出土两块庖厨画像石,其中一块分六层,第三层即蒸饼的图像,有蒸笼四层,笼屉中的馒头非常清晰。笼屉两侧各有二人正准备抬笼屉。① 山东诸城凉台东汉孙琮墓有一块庖厨画像石,左上角有一七层食物架,架子右边一人手拿馒头正往架上放。② 山东沂南北寨村汉画像石墓的一块庖厨图上有杀猪、椎牛、宰羊、切菜、炊煮、和面以及往架上放蒸饼的图像。③ 画面右边中部有一个五层的食物架,其中三层放有蒸饼。食物架的下方有一方形灶,一人趴在地上正在烧火,烟筒冒着浓烟。灶上有两个灶眼,后面灶眼上放一甑,可看到甑内蒸着蒸饼。这些画像石,再现了做蒸饼的情景。

2. 副食

①枣庄市博物馆:《山东枣庄市渴口汉墓》,《考古学集刊》第 14 集,文物出版社 2004 年版。
②山东省博物馆、山东省文物考古研究所:《山东画像石选集》图 549,齐鲁书社 1982 年版。
③曾昭燏、蒋宝庚、黎忠义:《沂南古画像石墓发掘报告》,文化部文物管理局 1956 年出版。

中国的副食主要有菜、肉、果品、调料四大类。

（1）菜类

中国古代的蔬菜统称为"蔬"、"蔌"、"茹"。《尔雅·释器》讲："菜谓之蔌。"《尔雅·释天》讲："谷不熟为饥，蔬不熟为馑，果不熟为荒。"可知蔬菜在古人生活中与谷同样重要。《管子·弟子职》载："凡置彼食，鸟兽鱼鳖，必先菜羹。"由于山东民众自古就以菜充粮，所食的肉类很少，饭桌上称肉也叫菜。

自母系氏族公社产生原始农业起，古人就开始人工种植瓜菜。商周时代不仅有菜田，还有固定的菜圃。然而，远古的蔬菜主要依靠野外采集。那时，满山遍野都长满了可以食用的野菜。古人强调野味，直到今天，以菌类食品为代表的野菜仍比人工栽培的名贵。

西汉鲁（今山东曲阜）人毛亨传的《诗经》记有上百种野菜、种植的蔬菜，齐鲁地区常见的有：

瓜：《豳风·七月》："七月食瓜。"春秋时期齐国种瓜的已很普遍。《左传·庄公八年》载，齐襄公派连称、管至父成守葵丘（在今山东淄博境），约定瓜熟季节更换，结果瓜熟没有换戌，酿成齐国内乱。

葵菜：《豳风·七月》："七月烹葵及菽。"葵菜是齐鲁普遍种植的一种蔬菜，元朝东平（今属山东）人王祯《农书》称为"百菜之主"。鲁相公仪休"食茹而美，拔其园葵而弃之；见其家织布好，而疾出其家妇，燔其机"[1]。这就是"拔葵去织"的典故。《列女传·鲁漆室女》载，漆室女曰："昔晋客舍吾家，系马园中。马佚驰走，践吾葵，使我终岁不食葵。"《管子·轻重甲》载："去市三百步者不得树葵菜。"从齐国以葵菜命名地名"葵丘"来看，葵菜必定为齐人所熟知。

苢菜：类苦菜。《小雅·采苢》："薄言采苢，于彼新田。"《史记·田仲敬完世家》中载："妪乎采苢，尽归乎田成子。"可知苢菜既可种植，又是野菜。

茆：又名水葵、凫葵，江南称莼菜，嫩叶可食。《鲁颂·泮水》："薄采其茆。"

韭：先秦时期的韭菜也叫"丰本"，祭祀宗庙的物品就有韭，当时人们已知食韭花。

---

[1]《史记·循吏列传》，中华书局 1959 年版。

藿:嫩豆叶。《广雅·释草》:"豆角谓之荚,其叶谓之藿,山韭。"以豆叶为食称藿食,因指在野之人。《说苑·善说》:"肉食者已虑之矣,藿食者尚何与焉?"《小雅·白驹》:"皎皎白驹,食我场藿",是指人工种植的豆苗。

其他如苹、蕨、薇、荇、荼、荠、莫、蕡、葑、菲、苢、薻、芹、笋、蒲、堇、苣等,都是《诗经》上记载的野菜或人工种植的蔬菜。《汉书·循吏传》载,西汉龚遂任渤海太守,"见齐俗奢侈,好末技,不田作",命当地百姓种"百本薤,五十本葱,一畦韭。家二豭,五鸡","益蓄果实菱芡"。龚遂在齐地推行的蔬菜有薤、菱、芡、葱、韭等。

食用菌类的木耳、蘑菇等在先秦也有了。《礼记·内则》记有"芝栭",芝是灵芝,栭即蕈,木上所生,即木耳。《尔雅·释草》中有"中馗菌",西晋郭璞注曰:"地蕈也,似盖",即蘑菇。

张骞出使西域后,从西域陆续传入了西瓜、甜瓜、黄瓜、菠菜、胡萝卜、茴香、芹菜、扁豆、苜蓿、胡荽(芫荽、香菜)、莴苣、大葱、大蒜等。原产于印度的茄子,也由西域传入。

(2)果蓏

果蓏是瓜、果的总称。《说文一下·草部》称:"在木曰果,在地曰蓏。"《汉书·食货志》颜师古注曰:"应劭曰:'木实曰果,草实曰蓏';张晏曰:'有核曰果,无核曰蓏'。"

据《礼记·内则》载,先秦时的果品有菱、棋(俗称"鸡距子",味甜)、枣、栗、榛、柿、瓜、桃、李、梅、杏、山楂、梨等。两汉时期,果品基本齐备,张骞出使西域后,又从西域传来了葡萄、石榴等。除外又有青苹、木瓜、黄甘、棠梨、离支(荔枝)、樱桃、梗橙等等。

齐国晏婴讲:"橘生淮南则为橘,生于淮北则为枳。""赐人主前者,瓜桃不削,橘柚不剖。"[①]这说明地处山东的齐国也有南方产的橘子、柚子。当时,有些果品也进行加工,如"煮梅"、"煮桃"、"蒸梨",可视为现代水果罐头的先河。

古代齐鲁的蔬菜、果品还渗透着执政者的权术,运载着儒家的礼仪、孝道和邻里和睦的社会风尚。

①《晏子春秋·内篇杂下第六》,载《诸子集成》,上海书店1986年影印版。

莳、菲二菜的叶和根茎都可食,根茎有的味苦。《诗·邶风·谷风》称:"采莳采菲,无以下体。"意思是说意谓不可因根茎味苦连它的叶也不要,比喻夫妇不可因女子容颜衰退而遗弃,后人因以"莳菲之采"为请人采纳的谦辞。

春秋齐国晏婴"二桃杀三士"①的故事,反映了执政者的权术。《韩非子·外储说左下》载,鲁哀公赐桃和黍给孔子,孔子"先饭黍而后啖桃"。鲁哀公说:"黍者非饭之也,以雪(洗)桃也。"孔子说:"丘知之矣。夫黍者五谷之长也,祭先王为上盛。果蓏有六,而桃为下,祭先王不得入庙。丘之闻也,君子以贱雪贵,不闻以贵雪贱。今以五谷之长雪果蓏之下,是从上雪下也。丘以为妨义,故不敢以先于宗庙之盛也。"先吃什么,后吃什么,都得严格按礼仪规程来,《论衡·自纪篇》称孔子"可谓得食序矣"。《孟子·尽心下》载,孔子弟子曾参的父亲曾皙喜食羊枣(俗称软枣),父亲死后曾子不忍食羊枣。西汉琅邪皋虞(今山东即墨东北)人王吉(字子阳)东邻有枣树垂庭中,其妻摘了一颗枣给王吉吃,王吉因此而欲出妻。东邻听说后欲伐其树,逼着王吉收回成命。里中为之语曰:"东家有树,王阳妇去。东家枣完,去妇复还。"②

(3)肉类

前面提到,山东东夷族的首领太昊伏羲氏是中国肉类食品的发明者。距今7300—6300年山东北辛文化的人们,狩猎、捕捞和采集是不可缺少的生存手段。遗址中出土了数量相当多的兽骨、鱼骨和贝壳,经鉴定,有猪、牛、梅花鹿、獐、四不象、貉、獾、鸡、龟、青鱼、丽蚌、田螺等种类。这些动物除猪的头骨是家猪型的,已经是人工驯养外,其余皆为野生动物。

山东大汶口文化和龙山文化的家畜饲养与相应的畜牧活动非常繁荣。马、牛、羊、鸡、狗、猪等六畜在龙山文化时期均已具备,而以猪的数量最多,其次是狗,再次是牛羊,马和鸡的数量都很少。猪既是肉食的主要来源,还被视为能力和财富的象征,大汶口文化的公共墓地中,都有用猪下颚骨随葬的现象。

先秦时的宴会上,必备鹿、麇、雁、鷃、鸽等野味。《诗经》中提到的肉食

---

① 《晏子春秋·内篇谏下第二》,载《诸子集成》,上海书店1986年影印版。
② 《汉书·王吉传》,中华书局1962年版。

类动物有 200 多种,大都是野味。其中,鱼、鳖和熊掌被认为是美味。

春秋鲁相公仪休嗜鱼,"一国尽争买鱼而献之"[1]。鲁国公父文伯请南宫敬叔和露睹父喝酒,有一道菜是鳖,露睹父嫌鳖小,发怒说:"等鳖长大了再吃吧。"愤然离席而去。《诗经》中已有食用黄河的鲂鱼和鲤鱼的记载,孔子为儿子起名曰"鲤"。冯谖在孟尝君处发牢骚说:"食无鱼。"鲁国孟孙氏的后裔孟子讲:"鱼,我所欲也,熊掌亦我所欲也,二者不可得兼,舍鱼而取熊掌者也。"[2]到两汉时期,鱼仍然是人们向往的美味。《风俗通·佚文·释忌》载:"祝阿(在今济南西南)不食生鱼。俗说祝阿凡有宾婚吉凶大会,有异馔,饭食自极至蒸鱼也。"当时鱼的吃法有脍制的生鱼片和蒸鱼,而祝阿以蒸鱼为美。

古代肉类短缺,一般庶人是吃不上肉的。《礼记·王制》规定:"诸侯无故不杀牛,大夫无故不杀羊,士无故不杀犬豕,庶人无故不食珍。"鲁国人在劝告曹刿不要参与长勺之战时,把鲁国贵族称做"肉食者"。孟子要梁惠王发展家畜,70 岁以上的人可以有肉吃。这些都说明一般人很少吃肉。在中国古代平民的饮食结构中,肉食占的比例一直很少。

(4)调料

西周以来,人们烹制食品越来越重视调味品的使用。主要有:

蓼:《周颂·小毖》:"予又集于蓼。"孔颖达疏曰:"蓼,辛苦之菜。"

葱、薤:《礼记·内则》:"脂用葱,膏用薤。"在西域的大葱传入之前,中国已有山葱,也称做"茖"。《尔雅·释名》:"茖,山葱。"薤俗称"藠头",味辛苦,也加工成酱菜。

姜、桂:姜即姜,桂又称木樨、桂花,二者都是调料。《墨子·天志下》提到"入人之场园,窃人之桃李瓜姜者"。《礼记·檀弓》曾子曰:"丧有疾,食肉饮酒必有草木之滋,以为姜、桂之谓也。"

蒜:大蒜传入中原前,中国已有小蒜,称做"蒚"、"卵蒜"。《尔雅·释草》:"蒚,山蒜。"崔豹《古今注》称:"蒜,卵蒜也,俗人谓之小蒜。外国有蒜,十许子共为一株,箬幕裹之,尤辛于小蒜,俗人呼之为大蒜。"

另外,植物类的调味品尚有:椒、芎、苓、茱萸、桂皮、蓼等。

---

[1]《韩非子·外储说右下》,载《诸子集成》,上海书店 1986 年影印版。
[2]《孟子·告子上》,载《诸子集成》,上海书店 1986 年影印版。

人工制作的调味品主要有醋、酱、糖、油、盐。

殷商以前，人们还不会酿醋。《尚书·说命》载："若作和羹，尔惟盐梅。"即以盐调咸味，以酸梅来增加酸味。从周代开始人工制醋，当时的醋叫做"醯"。《周礼·天官·醯人》中的"醯人"，就是专门负责酿醋和腌菜的官员。

酱也是周代新兴的调味品。《周礼·天官·膳夫》载："酱用百有二十瓮。"《礼记·内则》中讲，烹制鸡、鱼、鳖都要用酱，吃鱼脍必用芥酱。

孔子讲："不得其酱不食。"据说，孔子的学生子路"感雷精而生，尚刚好勇死，卫人醢之，孔子覆醢，每闻雷心恻怛耳"。因而山东齐鲁地区流传"雷不作酱"的禁忌，作酱则"令人腹内雷声"①。

周代的甜味，除以蜜、枣、柿代替外，已懂得将果肉制作成饴糖，也称做"饴"、"饧"。《礼记·内则》载，子事父母，"枣栗饴蜜以甘之"。《本草纲目·谷部》称："饴即软糖也，北人谓之饧。"北魏益都（今属山东）人贾思勰《齐民要术》卷九《饧》载："柳下惠见饴曰：'可以养老。'"

先秦时，就有酸、苦、甘、辣、咸五味之说。"五味、六和、十二食，还相为质也。"②《周礼·天官·疾医》："以五味、五谷、五药养其病。"郑玄注曰："五味，醯、酒、饴蜜、姜、盐之属。"当时的甘味来之饴和蜜，辣味来之姜、椒、茱萸、蓼等。

油是重要的烹调原料和调味品。古代最早的食油是动物油，称做"脂"、"膏"。《礼记·内则》："脂膏以膏之。"孔颖达疏曰："凝者为脂，释者为膏。"牛羊等带角动物油冷却后，像蜡一样坚硬，故称脂；猪犬等无角动物油比较稀软，故称膏。《礼记·内则》中"脂用葱，膏用薤"，就是此两类动物油。

两汉时期始有植物油。东汉北海（今山东昌乐）人刘熙《释名·释饮食》中已有"奈实油"、"杏实油"。

（三）山东的美食烹饪

先秦时，山东饮食就沿着"箪食瓢饮"和"食不厌精"两个层面发展。孔

---

① 《太平御览》卷八六五《饮食部二三·酱》引《风俗通》，中华书局1960年影印版。
② 《礼记·礼运篇》，载《十三经注疏》，中华书局1980年版。

子的"食不厌精"和齐国贵族对饮食高消费的追求,促进了山东饮食文化的发展,无论是食料的精细高档,烹饪技术的精湛考究,还是食品样式的丰富多彩,都足以让人垂涎欲滴,叹为观止。

1. 齐鲁美食家的饮食理论

(1)伊尹的烹调宏论

商汤时的伊尹是东夷族著名美食家。《孟子·万章上》载:"伊尹耕于有莘(在今山东莘县)之野。"《史记·殷本纪》说他"为有莘氏媵臣,负鼎俎,以滋味说汤,致于王道"。《吕氏春秋·孝行览·本味》记载了他的烹调宏论:

> 夫三群之虫,水居者腥,肉玃者臊,草食者膻。臭恶犹美,皆有所以(用)。凡味之本,水最为始。五味三材(水木火),九沸九变,火为之纪(调节)。时疾时徐,灭腥去臊除膻,必以其胜(性),无失其理。调和之事,必以甘、酸、苦、辛、咸,先后多少,其齐甚微,皆有自起。鼎中之变,精妙微纤,口弗能言,志不能喻,若射御之微,阴阳之化,四时之数。故久而不弊,熟而不烂,甘而不哝,酸而不酷,咸而不减(苦涩),辛而不烈,淡而不薄,肥而不脒(腻)。

伊尹的理论,对食料本性、口味、加工,掌握烹调的火候,调料的搭配,各种食品口味的恰到好处,都有精辟的见解,可看做是先秦烹调理论的总结。

(2)易牙的调味与品味

春秋齐桓公的宠臣易牙是齐国著名的美食家。易牙又名狄牙、雍巫,曾"烹其子"做成美味献给齐桓公,被任为专管料理齐桓公饮食的雍人。易牙在烹饪上有两项绝艺:其一是善于调味。东汉王充《论衡·谴告》称赞他说:"狄牙之调味也,酸则沃之以水,淡则加之以咸,水火相变易,故膳无咸淡之失也。"即易牙通过水、咸(盐)、火的调和使用,做出酸咸合宜,美味适口的饭菜。齐桓公没有食欲,到半夜仍不想吃饭。易牙"乃煎、敖、燔、炙,和调五味而进之"。桓公饱餐一顿说:"后世必有以味亡其国者。"①易牙高超的厨艺不仅使厌食的齐桓公食欲大增,而且有宁失江山,不失美味的诱惑

---

① 《战国策·魏策二》,上海古籍出版社 1985 年版。

力。其二是对味道有惊人的鉴别力。据说,地处山东的淄水和渑水味道各异,但混合起来则难以辨别,而易牙以烹饪家特有的味觉很容易就能尝出来。《吕氏春秋·审应览第六·精谕》载孔子语曰:"淄渑之合者,易牙尝而知之。"孟子也十分推崇易牙的品尝能力。《孟子·告子上》称:"口之于味,有同耆(嗜)者也,易牙先得我口之所嗜者也。……至于味,天下期于易牙,是天下之口相似也。"

(3)晏婴的"五味和"思想

齐国晏婴虽然倡导饮食节俭,主张食"脱粟之食,五卵、苔菜而已"[1],对烹调理论却不陌生,他甚至提出了"五味和"能促进人的心理平和的思想:"和如羹焉,水、火、醯、醢、盐、梅以烹鱼肉,燀之以薪。宰夫和之,齐之以味,济其不及,以洩其过。君子食之,以平其心。"[2]

(4)孔子的美食观

孔子是春秋时期的美食家,在《论语·乡党》中提出了"食不厌精,脍不厌细"的原则,并列举了13个不食:

> 食饐而餲,鱼馁而肉败不食;色恶不食;臭恶不食;失饪不食;不时不食;割不正不食;不得其酱不食;肉虽多不使胜食气;唯酒无量,不及乱。沽酒,市脯不食;不撤姜食;不多食。……祭肉不出三日,出三日,不食之矣。

孔子的饮食观,有两方面的内容:

其一,要求卫生和有利于身体健康。

其二,"色恶不食"是讲究菜肴的"色","臭恶不食"是讲求"香","不得其酱不食"是"味","割不正不食"是"形"。中国菜肴的色、香、味、形四项原则,在孔子时已经具备了。

2. 烹饪技法与传统名馔

先秦时期,中国的烹饪技法已有燔、炮、炙、脯、蒸、焖、煎、熬、酿、腌、腊、脯、脍、渍等,后来又有爆、炸、涮、拔丝等。齐国易牙能用"煎、敖、燔、炙"等

---

[1]《晏子春秋·内篇杂下第六》,载《诸子集成》,上海书店1986年影印版。
[2]《左传·昭公二十年》,载《十三经注疏》,中华书局1980年版。

方法做出绝妙的美味。南宋鲍彪在《战国策·魏策二》补曰："有汁而干曰煎,干煎曰熬,肉热之曰燔,近火曰炙。"

（1）炙品。炙是把生肉放在火上烧成熟肉,具体有燔、炮、炙三种做法。

燔是较原始,不用刀割,将整只禽兽放到火中烧熟的炙法。炮是把肉用调料、泥巴包裹,放到火里烧。《礼记·内则》："涂之以谨（菫）涂,炮之。"孙希旦集解曰："裹物而烧之,谓之炮。"炙是用器物把肉串起来,架在火上烤。《诗·小雅·瓠叶》："有兔斯首,燔之炙之。"

用这三种方法制作的炙品都有调味品,有的先将肉放在调味品中浸泡后再炙,有的一边炙,一边涂抹调料,使五味充分入肉。据《礼记·内则》载,当时的炙品有炙牛肉、炙羊肉、炙豕（猪）肉及炙雉、炙兔、炙鹑、炙鹦等。现代的烤鸭、烤乳猪、烤全羊、烤羊肉串等,都是古代炙品的继承发展。

（2）脍品。脍品是把鱼和鲜嫩的牛、羊、鹿、麋等肉切成薄片,用调料煨成的生肉片,称做鱼脍、牛脍、羊脍等。《礼记·内则》载："脍,春用葱,秋用芥。""鱼脍芥酱。"由于脍是生食的肉片,必须用调料煨透,孔子讲的"脍不厌细"道理也在此。《孟子·尽心下》载,公孙丑问："脍炙与羊枣（软枣）孰美?"孟子曰："脍炙哉!"可知脍品和炙品是当时"脍炙人口"的美味。

（3）羹食。《礼记·内则》称："羹食,自诸侯以下至于庶人无等。"郑玄注曰："羹食,食之主也。"

羹是用肉、菜煮成的汁。专用肉煮成的叫臛,也叫大羹。用肉、菜和调味品煮成的美味羹,用铏盛放,称做铏羹。纯用菜煮的叫羹,用野菜煮的叫藜藿之羹。

（4）脯腊。脯是肉干,也称做"脩"。《论语·述而》载孔子语曰："自行束修（脩）以上,吾未尝无诲焉。""束修"即 10 条干肉,后用作学费的代称。战国时,制脯的原料扩大到果品和瓜菜。腊是咸肉。《周礼·天官冢宰》中有"腊人",专门负责供应天子祭祀和宴会上的脯腊制品。现在的腊肉、咸鱼、香肠、火腿、果脯等,就是由古代的脯腊发展而来的。

（5）醢。醢是肉酱,制作方法是把肉晒干捣碎,放入盐、酒等调料,发酵酿制而成,一般与其他食品配合食用。

脯和醢在商代还是一种酷刑,即把人杀死晒成肉干或做成肉酱。据说,子路就遭受了醢刑。

（6）菹醢。先秦时的蔬菜、野菜除煮食、做羹外，主要是腌制成菹醢。菹是做成的腌菜和酸菜，醢是捣碎的腌菜。王室用的菹、醢由"醯人"负责。食用时，一般盛在高脚的豆中，有韭菹、菁菹、茆菹、菹芋等。

（7）八珍。在先秦的许多典籍中都提到八珍，这是中国较早的一套传统名馔。《周礼·天官·膳夫》载："珍用八物。"据郑玄的注有：淳熬、淳母、炮豚、炮牂、捣珍、渍、熬、肝膋等。《礼记·内则》详细记载了八珍的烹饪方法。

淳熬是把醢煎热，浇在稻米饭上，拌入动物油。淳母与淳熬相同，是浇在黍米饭上。

炮豚即炙豚。豚是小猪，把小猪杀死，去毛和五脏，以枣填满腹腔，用芦苇缠裹起来，涂抹上一层泥巴，放在火中烧。然后去掉泥巴，放入盛有脂膏的小鼎中，再将小鼎放入盛水的大镬中烧熬三天三夜，用醢、醋调和而食。

先秦典籍中，食豚的记载较多。《晏子春秋·内篇杂上》载："晏子之鲁，朝食进馈膳，有豚焉。晏子曰：'去其二肩。'昼者进膳，则豚肩不具。"《墨子·非儒下》说，孔子厄陈蔡，子路为他做了"亨（烹）豚"。

炮牂与炮豚相同，不同的是烹炙小母羊。牂即母羊。

捣珍，即把牛、羊、鹿、麋、獐子等鲜嫩的里脊肉捣碎，反复捶打，去其筋腱，做成肉泥蒸食。

渍，与脍相似，把新鲜牛羊肉切成薄片，放美酒中浸泡一昼夜，调上肉酱、梅酱、醋等生食。

熬，将牛羊肉捶打，去其皮膜，摊在苇荻箦上，撒上姜、桂、盐，以小火慢慢炙熟。

肝膋，取狗肝一副，用狗肠脂肪蒙起来，配以适当的调料汁，放在火上炙，使脂肪渗入肝内，再以米粉糊润泽。另用狼臆间脂肪与稻米合制成稠粥，一起食用。

从先秦时的八珍我们可以看出，当时的烹饪在选料、配料、刀功、口味等方面已很考究。如肝膋强调，绝对不能用蓼作调料。人们不仅已知道挂糊，而且已利用慢火和间接传热的方法来避免外烂内生。

在汉代画像石中已经发现多幅"庖厨图"，系统地反映了山东的烹调技法。如1967年发现的山东诸城"凉台画像石"，有宰牲畜禽鱼、制酒、蒸馍和烹饪作肴的画面。图的上方挂满猪头、猪腿、鸡、兔、鱼等各种畜类、禽类、野味，下面有汲水、烧灶、劈柴、宰羊、杀猪、杀鸡、屠狗、切鱼、切肉、洗涤、搅拌、烤饼、烤肉串等。右上角是烤肉串的流水作业图。共有 4 人，分工很细。第一人面前置一大盘，盘内堆着切成小块的生肉，他正取肉用钎子一块一块串上。他的左上方坐着第二个人，前面也有一个大盘，盘内整齐地摆着肉串，显然是第一人串好了递给他的，他再一串串交给坐在右上方的第三人，第三人是烤肉者，前面放着一只长方形的烤肉铁炉，炉上已烤着一排肉串，他一手执扇扇火，一手不断地翻动在炉火上

山东诸城凉台东汉画像石庖厨图

的肉串，在烤肉者左上方坐着第四个人，负责将烤熟的肉串取走，再转送到宴席上。这幅画场面复杂，分工精细，详细地反映出饮食操作的全过程。①

（四）一日两餐的食俗

古人一日两餐。十二时辰中的"辰时"相当于 7 点到 9 点，也叫"食时"、"朝食"、"蚤食"、"饔"，是吃早饭的时间。《左传·成公二年》载，齐军与晋军战于鞌（在今济南北马鞍山），齐顷公轻狂地说："余姑剪灭此而朝食。"意思是，待我消灭了晋军再吃早饭。

申时相当于 15 时到 17 时，又称"晡"、"餔食"、"飧"。《说文五下·食部》："餔，申时食也。""飧，餔也，从夕食。"《左传·僖公二十三年》载，春秋晋公子重耳流亡到曹国（今山东定陶西南），僖负羁在妻子的授意下，"乃馈盘飧，置璧焉"，即用盘盛晚餐，里面放上一块玉石送给重耳。

早餐和晚饭连在一起称"饔飧"。"饔"，指熟食，专指早餐。飧也指熟食，又指晚餐。《孟子·滕文公上》载："贤者与民并耕而食，饔飧而治。"东

---

①任日新：《山东诸城汉墓画像石》，《文物》1981 年第 10 期。

汉赵岐注曰:"饔飧,熟食也,朝曰饔,夕曰飧。"

北魏益都(今属山东)人贾思勰《齐民要术·序》称:"一日不再食而饥,终岁不制衣则寒。""再食"就是吃两顿饭的意思。因为一日两餐,劳作、学习的主要时间在两顿饭之间,如果中午再睡上一觉,就什么事情也干不成了。因此,古人没有睡午觉的习惯。《论语·公冶长》载,"宰予昼寝",孔子骂他"朽木不可雕也"。

(五)饮酒习俗

饮酒是中国古老的饮食风俗,它渗透着山东人的性格、情趣和精神寄托,运载着中国传统文化的全部精神,是饮食风俗中文化意蕴最丰富的一个类别。

1."鲁酒薄而邯郸围"——山东造酒探源

中国酿酒、饮酒的历史源远流长。传说大禹时的仪狄、夏朝的天子少康(杜康)是最早发明酒的人。山东大汶口文化晚期已有比较发达的酿酒技术,到龙山文化时期得到进一步发展,考古发现的鬶、尊、斝、盉、高柄杯、小壶等陶制酿酒、饮酒器就是证明。

最原始的酒,是野生水果成熟后,自然界的微生物酵母菌自动分解其中的糖,产生酒精,使果子带有酒的气味。以采集和狩猎为生的原始人尝到这别有滋味的果子后,索性将野果采下来,发酵后再食用,这就是最原始的酒了,也就是传说中仪狄造的"旨酒"。1995 年,山东日照两城镇龙山文化遗址曾出土一粒葡萄籽,在周围发现的 200 余件陶器中,有 7 件器物的内壁含有酒的残留物。在陶器中还检测出蜂蜡碳氢化合物,说明当时已懂得用稻米、蜂蜜和野葡萄之类为原料酿造混合酒了。

随着原始农业的发展,谷物或剩饭保存不善而发芽发霉,其中所含的淀粉自然转变成糖,就容易发酵了。这种发芽、发霉的谷粒,古代叫做"曲蘖"。《尚书·说命下》是有关商王武丁的文献,其中有"若作酒醴,尔惟曲蘖"的记载。商人是鸟图腾的山东东夷族,很早就知道用"曲蘖"来造酒。后来人们叫"酒曲"、"酒母",把它浸到水里就会发酵成酒。于是,人们利用曲蘖造出了谷酒。《淮南子·说林训》讲:"清醠之美,始于耒耜",即美酒从农业的粮食中产生。

山东诸城"凉台画像石"描绘了汉代酿酒的全过程。一人跪着正在捣碎曲块,旁边有一口陶缸应为曲末的浸泡,一人正在加柴烧饭,一人正在劈柴,一人在甑旁拨弄着米饭,一人负责把曲汁过滤到米饭中去,并把发酵醪拌匀。有两人负责酒的过滤,还有一人拿着勺子,大概是要把酒液装入酒瓶。

古代的酒大都是自然发酵酿成的米酒或果酒,酒精的含量很低。所以,《孔丛子·儒服篇》称:"尧舜千钟,孔子百觚,子路嗑嗑,尚饮十榼。"战国淳于髡饮酒一石,还是少的。①

与其他各国的酒相比,鲁国的酒可能浓度更低。所以有"鲁酒薄而邯郸围"的典故。此典出自《庄子·胠箧》,有两种解释:其一,楚宣王会合诸侯,鲁恭公后到而所献的酒薄,宣王怒而发兵攻打鲁国。梁惠王常欲击赵而畏惧楚国救援,趁楚攻鲁而无暇北顾之机进围赵国的都城邯郸。其二,《太平御览》卷八四五《饮食部三·酒下》引《淮南子》:"楚会诸侯,鲁赵皆献酒于楚王,主酒吏求酒于赵,赵不与,吏怒,乃以赵厚酒易鲁薄酒者奏之。楚王以赵酒薄,遂围邯郸。"

后遂用"鲁酒围邯郸"比喻无端蒙祸,或莫名其妙受到牵扯株连。同时,"鲁酒"也成为普通酒或劣质酒的代名词。其实,鲁酒只是浓度低而已。

2. 饮酒习俗

酒自产生以来,与中国人结下了不解之缘。它不仅渗透到人们的衣食住行、生老病死、婚丧嫁娶、岁时节庆、人际交往、生产交易等社会生活的各个方面,而且凝结到人们的喜怒哀乐、才思胆气等无形的情感当中。

(1)禁酒和聚饮日

西汉东平陵(在今山东章丘)人王莽讲:"酒,百药之长,嘉会之好。"②古代禁止庶民聚众饮酒。《诗·豳风·七月》载,周代的农夫们只是到了10月农事完毕,才能喝上一次酒。以后的统治者为争取民心,有时也特许百姓聚会饮酒,叫做"酺"。《说文十四下·酉部》称:"酺,王布德,大饮酒也。"

齐国民众,偶尔可以群饮,但不得过量。晏婴讲:"古之饮酒也,足以通气合好而已矣,故男不群乐以妨事,女不群乐以妨功。男女群乐者,周觞五

---

①《古今图书集成·食货典·酒部》引北宋窦革《酒谱·酒之事三》讲:"古至善饮者多至石余,由唐以来遂无其人,盖自隋更制度量,斗石倍大尔。"显然不是今天的烈性白酒。
②《汉书·食货志下》,中华书局1962年版。

献,过之者诛。"①清人孙诒让认为,"周觞五献"应为"酬觞三献"。"三献"是古代祭祀时献酒三次,在此指喝三爵酒。

汉武帝实行"榷酤",垄断酒的产销。汉昭帝改征酒税,朝廷开始松弛酒禁。酒从天子贵族的金樽玉盏流向民间的陶壶瓦罐,饮酒的人数、范围、机会开始多起来。东汉末年,孔子的20世孙、鲁国(今山东曲阜)人孔融常叹曰:"坐上客恒满,尊中酒不空,吾无忧矣!"曹操禁酒,孔融上书辩解说:

> 酒之为德久矣。古先哲王,类帝裡宗,和神定人,以济万国,非酒莫以也。故天垂酒星之耀,地列酒泉之郡,人著旨酒之德。尧不千钟,无以建太平;孔非百觚,无以堪上圣。樊哙解厄鸿门,非豕肩钟酒,无以奋其怒;赵之厮养、东迎其王,非引卮酒,无以激其气。高祖非醉斩白蛇,无以畅其灵;景帝非醉幸唐姬,无以开中兴。袁盎非醇醪之力,无以脱其命;定国不酣饮一斛,无以决其法。故郦生以高阳酒徒,著功于汉;屈原不酺醊歠醨,取困于楚。由是观之,酒何负于政哉!②

(2)高台饮酒和歌舞佐酒

古代帝王早就发现,在高楼、高台上饮酒,不仅清静、凉爽,还可以俯瞰风光。《管子·小匡》载管仲语曰:"昔先君襄公,高台广池,湛乐饮酒。"齐景公曾修"路寝之台"、"长床之台"以饮酒,甚至"置酒于泰山之上"③。

丝竹管弦和歌舞助酒,是古代天子贵族的生活方式。齐景公与晏婴饮酒,经常自歌自舞。《晏子春秋》中俯拾即是:"景公饮酒,数日而乐,去冠披裳,自鼓盆甕。""景公筑长床之台,晏子侍坐,觞三行,晏子起舞曰:'岁已暮矣而禾不获,忽忽矣,若之何?岁已寒矣而役不罢,悒悒矣,如之何?'""公与晏子入座饮酒,致堂上之乐,酒酣,晏子作歌曰:'穗兮不得获,秋风至兮殚零落,风雨之拂杀也,太上之靡弊也。'"④

在歌舞助酒中,晏婴还暗示齐景公生活奢侈,徭役太重,已危及农禾。

先秦时期的酒场,往往是各国试探、考验对方的手段。晋平公想攻打齐

---

① 《晏子春秋·内篇谏上第一》,载《诸子集成》,上海书店1986年影印版。
② 《后汉书·孔融传》注引《融集》,中华书局1965年版。
③ 《晏子春秋·外篇重而异者第七》,载《诸子集成》,上海书店1986年影印版。
④ 《晏子春秋》:《外篇重而异者第七》、《外篇重而异者第七》、《内篇谏下第二》,载《诸子集成》,上海书店1986年影印版。

国,派使臣范昭到齐国探视。酒宴上,范昭欲灌醉齐景公,被晏婴制止。又佯装醉酒起舞,对太师说:"能为我调成周之乐乎? 吾为子舞之。"①"成周之乐"是天子之乐,饮酒时演奏,必须国君亲自起舞,所以被太师拒绝了。回晋国后,范昭对晋平公说:"齐未可伐也。臣欲试其君,而晏子识之;臣欲犯其乐,而太师知之。"后来,这种饮酒方式沿着两个方向发展:一是歌舞伎、乐伎佐酒,二是由饮酒人自歌自舞演变为酒令。

（3）缩酒和温酒

古代的酒大都是用酒曲加原料、水自然发酵酿成的米酒和果酒,酒液和酒糟混在一起,饮酒时需把酒过滤出来。《左传·僖公四年》载,齐国管仲指责楚国说:"尔贡苞茅不入,王祭不供,无以缩酒。"按照《周礼·天官·甸师》郑兴的注为"束茅立之祭前,沃酒其上,酒渗下去,若神饮之,故谓之缩"。《礼记·郊特牲》载:"缩酌用茅,明酌也。"郑玄注曰:"泲之,以茅缩去滓也。"祭祀须用清澈的"明酌",故用束茅来过滤。可知《左传》讲的"缩酒"即过滤酒,郑兴的解释是错误的。

古人不喝冷酒,要喝热酒。先秦时以鬶、斝、爵温酒。秦汉以后用"酒铛",亦称鐎斗,形状似鼎,有三足,盆形,带盖,有长流和鋬。

（4）醮、交举、酲、酣、浮、酒监、酒令

中国人饮酒有鲜明的隆礼特点,山东人尤重饮酒之礼。

首先,饮酒必须遵守尊卑长幼顺序,违序即违礼。饮酒需大家一起举杯,称做"交举"。然后依次而饮,不像现在一块儿干杯。日常说的"酒过三巡",即由长及少一个个地依次干杯,轮了三遍。《礼记·曲礼》载:"长者举未醮,少者不敢饮。"郑玄注曰:"尽爵曰醮。"即长者不干杯,少者不能喝。

其次,喝酒不能过量。孔子讲:"唯酒无量,不及乱。"齐国淳于髡讲:"酒极则乱,乐极则悲。"②畅饮、痛饮称做"酣";过量饮酒,醉而未觉,称做"酲"③;无客而饮,谓之"从（纵）酒"④。《礼记·玉藻》载:"君若赐之爵,则越席再拜稽首受,登席祭之,饮卒爵而俟,君卒爵然后授虚爵。君子之饮酒

①《晏子春秋·内篇杂上第五》,载《诸子集成》,上海书店 1986 年影印版。
②《史记·滑稽列传》,中华书局 1959 年版。
③《晏子春秋·内篇谏上第一》,载《诸子集成》,上海书店 1986 年影印版。
④《晏子春秋·内篇杂下第六》,载《诸子集成》,上海书店 1986 年影印版。

也,受一爵而色酒如也,二爵而言言斯,礼已三爵而油油以退。"即饮酒不过三爵,三爵饮毕应"油油以退"。即便是隆重招待尊贵的客人,也不能超过三爵。《管子·中匡》载,齐桓公"掘新井","十日斋戒",召管仲饮酒。"公执爵,夫人执尊。觞三行,管仲趋出。"齐景公与大夫饮酒想尽兴而不遵礼制,晏婴激怒齐景公后,向他说明"礼不可无"的道理。齐景公大悟,"觞三行遂罢酒"①。可知古代饮酒的礼数是酒不过三巡,过量即为违礼。

为了保证在饮酒过程中不失礼仪,在周代就出现了专门监督饮酒礼仪的酒官,叫做"酒正"、"酒监"、"酒令"、"酒史"、"觞政"。《周礼·天官·酒正》记载:"酒正掌酒之政令。"《诗·小雅·宾之初筵》讥刺周幽王饮酒无度说:"既立之监,或佐之史,彼醉不藏,不醉反耻。"

饮酒者有不合礼仪的言行要罚酒,春秋时的齐国称做"浮"。《晏子春秋·内篇杂下第六》详细记载了"浮"的原因和过程:

> 景公饮酒,田桓子侍,望见晏子而复于公曰:"请浮晏子。"公曰:"何故也?"无宇(田桓子)对曰:"晏子衣缁布之衣,麋鹿之裘,栈轸之车,而驾驽马以朝,是隐君之赐也。"公曰:"诺。"晏子坐,酌者奉觞而进之曰:"君命浮子。"晏子曰:"何故也?"田桓子曰:"君赐之卿位以显其身,宠之百万以富其家。群臣之爵莫尊于子,禄莫重于子。今子衣缁布之衣、麋鹿之裘、栈轸之车而驾驽马以朝,则是隐君之赐也,故浮子。"晏子避席曰:"请饮而后辞乎,其辞而后饮乎?"公曰:"辞然后饮。"晏子曰:"君赐卿位以显其身,婴非敢为显受也,为行君令也;宠之百万以富其家,婴非敢为富受也,为通君赐也。臣闻古之贤君,臣有受厚赐而不顾其困族,则过之;临事守职不胜其任,则过之。君之内隶,臣之父兄,若有离散在于野鄙,此臣之罪也;君之外隶,臣之所职,若有播亡在于四方,此臣之罪也。兵革之不完,战车之不修,此臣之罪也。若夫敝车驽马以朝,意者非臣之罪乎。且以君之赐,父之党无不乘车者,母之党无不足于衣食者,妻之党无冻馁者,国之简士待臣而后举火者数百家。如此者,为彰君赐乎,为隐君赐乎?"公曰:"善,为我浮无宇也。"

---

① 《晏子春秋·内篇谏上》,载《诸子集成》,上海书店1986年影印版。

从上述记载来看，晏婴被罚酒的理由是"衣缁布之衣，麋鹿之裘，栈轸之车，而驾驽马以朝，是隐君之赐也"。晏婴据理力争后，田桓子因失言而被反罚。酒场上负责添酒的"酌者"是罚酒的具体执行者。

秦汉以后，酒礼崩坏，酒令、酒正等由督责酒礼，责人少饮而变为使人尽兴，过量而饮了。西汉吕后任朱虚侯刘章为酒史，刘章请求按军法行酒。诸吕中有一人避酒逃跑，刘章追上去拔剑将其斩首，对吕后说："有亡酒一人，臣谨行军法斩之。"①弄得吕后有苦难言。

既然酒令官的职责是让人尽兴多饮，后来劝人多喝酒的各种方式也就称做"酒令"了。山东人喝酒行令的历史也很悠久。春秋晋文公与鲁文公饮酒，晋文公赋《菁菁者莪》，鲁文公赋《嘉乐》，这应该是最早的诗令。②

饮酒行令是中国人劝酒的一种艺术，实际是中国人"好客"，"酒逢知己千杯少"的心理体现。因为酒令比敬酒带有强迫性，且不受次数的限制。酒场上有句话叫"酒令大于军令"。行令时对不出诗句或出了差错，本来就丢面子，只好认罚。这就是"敬酒不吃吃罚酒"的原意所在。

（六）饮食器具

为了美化饮食文化生活，提高食欲和食趣，中国人一向有色、香、味、形、器五个方面的美食追求。饮器、食器、炊具是构成千姿百态的饮食风俗图的重要内容，从鬲、鼎、釜、甑到现代化的炊具、餐具，是人类对烹饪、饮食器具的美学价值、实用价值不断追求的结果。

龙山文化遗址出土的陶鬲

1. 鬲鬶、鼎、镬

鬲是中国最古老的炊具，从原始制陶业产生以后就有了。右图为山东

---

①《汉书·高五王传》，中华书局 1962 年版。
②见《左传·文公三年》，载《十三经注疏》，中华书局 1980 年版。

龙山文化遗址出土的陶鬲。其形制特点是圆口,有三只空心足,以增加容量和受热面积。有的有鋬(把手),有的无鋬。鬲上面可以放置甑、笼,能炖煮、蒸馏食品。到商周时又有了青铜鬲,制作精巧,导热性更强。秦汉以后,由于炉灶和釜的普及,鬲逐渐不用了。

鬶是一种炊、饮两用的器具,形制与鬲相似。不同之处是口部有槽形的"流",也称做"喙",上面不能放甑,有鋬。它的用途是炖煮羹汤或温酒,做好后作为餐具直接端上筵席。鬶是古代炊具中个性最为鲜明独特的一种,只流行于新石器时代晚期的大汶口文化和山东龙山文化,其他地区罕有发现。龙山文化的白陶鬶最为典型。

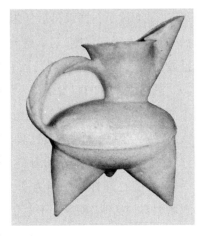

龙山文化的白陶鬶

鼎也是陶制炊具,后又用青铜制作。其形制圆形,三足,有两耳,便于移动,也有的方形四足。右图是 1926 年山东青州苏埠屯出土的商代青铜鼎。鼎既是炊器,可炖制羹臛饭粥,又可作筵席上的餐具。古代祭祀必用鼎陈食,后来祭神、祭祖所用的香炉,多仿鼎的形制。

无足的鼎称做镬。《周礼·天官·亨(烹)人》:"亨人掌共(供)鼎镬。"《淮南子·说山训》:"尝一脟肉,知一镬之味。"东汉高诱注曰:"有足曰鼎,无足曰镬。"由"一镬之味"联系"列鼎而食"可知,古代

山东青州苏埠屯出土
商代青铜鼎

一道菜用一种炊具,做好端上去又是餐具,不像现在一个锅里做几十样菜。鼎、镬都有双耳,便于用手端。这种炊、餐兼用的器具,已具有火锅的功能。

鼎、镬还是一种刑具,称做"鼎镬"、"汤镬"、"镬烹之刑"。周夷王烹死齐哀公,汉初齐王田广烹死郦食其,都是用鼎镬。

2. 炉灶、釜、鍪、甑

山东大汶口文化、北辛文化的房屋遗址中已发现有灶。春秋战国时,人

们对灶进行了改造,注意了通风、排烟和防火。《太平御览》卷一八六《居处部·灶》引《鲁连子》载:"一灶五突,烹饪十倍,分烟者众。""突"即烟囱。《墨子·号令》载:"诸灶必为屏,火突高出屋四尺,慎无敢失火。"为了防火,将灶四周屏障起来,烟囱高出屋上四尺。

釜即今天的锅,圆口,圆底,有的敛口有双耳。上面放甑笼,可蒸煮食物。它与鬲、鼎的不同之处是没有足,需安放到炉灶上才能使用。山东后李文化发现有各种形制的圜底釜,其中以筒形深腹圜底釜最具代表性。后来的北辛文化的釜,也继承了这种圜底的形制。由于炉灶的改进和流行,釜也盛行起来,有陶制的,也有青铜和铁制的。秦汉以后,鬲、鼎等作为炊具基本被釜取代了。《风俗通义·佚文·阴教》记载了一位齐人驾空车而行,一个背釜的鲁人将釜放在车上,走了两三百里路,连个谢字也没说就扬长而去。东汉莱芜(今属山东)县长范冉(字史云)贫寒穷苦,巷里歌之曰:"甑中生尘范史云,釜中生鱼范莱芜。"①

鍪是汉代流行的一种釜。圆底、敛口、反唇,有双耳。古代士兵戴的胄与鍪相似,因此叫做"兜鍪"。山东历城人辛弃疾《南乡子》称赞孙权说:"少年万兜鍪,坐断东南战未休。"现在战士戴的头盔,与兜鍪相似。

甑是放在鬲、釜之上的蒸器,类似于现在的箅子、蒸格。早在新石器时代就有陶甑,说明人们已知道用蒸汽为导热媒体蒸馏食物。书前彩图中龙山文化的大陶甗,下部是鬲,上部是有透蒸汽孔的甑。这个大陶甗通高116厘米,口径45.5厘米,一次蒸煮的饭,可供十几人食用。商周时代出现了铜甑,战国又出现了铁甑。

3. 爵、角、觥、尊、觯、杯、觞、瓢、盂

爵是青铜器时代最有

爵　　　　　　角

①《后汉书·独行·范冉传》,中华书局1965年版。

代表性的饮酒器,盛行于商周时期。爵身似酒杯,有鋬,上口有槽形的"流",另一头有尾,槽边有两柱,下身是三只尖足,爵身及流的下面雕饰有精细的图案,整个造形象一只昂首翘尾的雀。

角形似爵而无柱,两尾对称,有盖。右图是山东青州苏埠屯出土的爵和角。

觥腹部椭圆,有流、鋬,上有盖,底部有圆座。《诗·周南·卷耳》有"酌彼兕觥"之句。"兕觥"以犀牛角雕刻而成,《诗经》中经常出现,在两周十分盛行。

觥

尊为圆筒鼓腹形,有圆足,侈口,无鋬和流。也有的为方形,称做方尊。山东莒县陵阳河大汶口文化遗址曾出土一件口径 30 厘米,高 59.5 厘米的灰陶大酒尊。尊多用青铜制作,后又以金、银、瓷制作。

觯形似尊而小,有的有盖。《礼记·礼器》载,宗庙之祭,"尊者举觯,卑者举角"。

杯一直沿用到今天。开始以陶制作,后用青铜、金、银、玉、瓷。陶杯以山东龙山文化的蛋壳黑陶高柄杯最为精致。杯的形态各异,有方有圆,有鸟兽花果等各种造型。其实,爵、觥、尊在今天都可称做杯,只不过是流、鋬、足有无的区别。

山东龙山文化的蛋壳高柄杯

前面提到的饮酒器还有觞、觚、斝等。其中"觞"是饮酒的泛称,请人喝酒、敬酒或自饮,都称做"觞"。如晋国使者范昭到齐国,"景公觞之",即齐景公招待范昭喝酒。

大汶口文化的陶盉

瓢是一般贫民饮水、舀水的器具,有时也用来饮酒。瓢是将葫芦剖成两瓣,煮熟去瓤而成。贫民的盛食器叫"箪",是用竹条或苇编制的。所以,"箪食瓢饮"也是贫苦生活的写照。《论语·雍也》载孔子语曰:"一箪食,一瓢饮,在陋巷,人不堪其忧,回也不改其乐,贤哉回也。"

盉是古代的盛酒器,盉形制似鬲,有盖和长流,如现在的鼓腹圆茶壶加三个空心足,其功能如今天的酒壶,兼能温酒。

4. 铏、笾、豆、俎、簠、簋

铏是鼎的一种,也是三足两耳,有的有盖,用来烹羹、盛羹,主要盛放有肉、菜、调味品的美味羹,称做"铏羹"。普通贫穷人家也用铏。有个鲁国人用瓦鬲煮食祭祀,"自谓甚美,盛之土铏之器以进孔子"①。

笾和豆是古代筵席必不可少的餐具,形似高足盘。笾用竹篾编制,涂以漆,主要盛放果脯、糗饵等干食品。豆以陶、青铜、木漆制作,主要盛放各种菹醢及酏食、糁食等。先秦时,各级贵族所用的豆有严格的等级规定。《礼记·礼器》载:"天子之豆二十有六,诸公十有六,诸侯十有二,上大夫八,下大夫六。"超过规格,即为越礼。《礼记·杂记下》载,齐国晏婴节俭,"祀其先人,豚(猪)肩不掩豆"。

大汶口八角星彩陶豆

俎是古代祭祀载牲的礼器,形制为四角、方形、带足的盘,以青铜制或木制漆饰。《左传·隐公五年》载:"鸟兽之肉,不登于俎。"由于俎和豆都是祭祀礼器,所以"俎豆"即祭祀礼仪的代称。《史记·孔子世家》载:"孔子为儿嬉戏,常陈俎豆,设礼容。"卫灵公问阵于孔子,孔子对曰:"俎豆之事,则尝闻之矣;军旅之事,未之学也。"②

簠和簋用来盛放黍、稷、稻、粱等饭食,以陶、木或青铜制作。战国鲁(在今山东滕州)人墨子创立的墨家"食土簋,啜土刑(铏)"③。这里的簠、

①《太平御览》卷七五七《器物部二·鬲》引《家语》,中华书局 1960 年影印版。
②《论语·卫灵公》,载《诸子集成》,上海书店 1986 年影印版。
③《史记·太史公自序》,中华书局 1959 年版。

铡都是陶器。《礼记·杂记下》载，齐国管仲奢侈，"镂簋而朱纮（红色冠缨）"，这里的簋是青铜器。《孝经·丧亲章第十八》载孔子语曰："陈其簠簋而哀戚之。"北宋经学家、曹州济阴（今山东曹县西北）人邢昺注引东汉郑玄注曰："方曰簠，圆曰簋，盛黍、稷、稻、粱器。"

山东肥城小王庄出土的象首纹簋　　　　山东肥城齐家庄出土西周叔妃簋

由于簠簋为方为圆，又是祭器，古代有因不廉而废者，称做"簠簋不饰"，弹劾贪官污吏也用此语。

5. 筷子

筷子是中国最富特色的餐具。西方人用刀叉就餐，中国人只用两根小棍，大到整鱼整虾，水饺面条，小至米粒细丝，都能信手拈来。

民间传说，大禹为了不耽误治水，兽肉开锅就急着进食，汤沸滚，无法下手，就折树枝戳夹，发明了筷子。《韩非子·喻老》载："昔者，纣为象箸而箕子怖。"《淮南子·说山训》、《史记·十二诸侯年表》均载："纣为象箸而箕子唏。"商纣王追求奢侈，开始使用象牙箸，大禹时发明筷子是可信的，因为用树枝做筷本身就是较原始的取材方式。先秦秦汉时，筷子称做"箸"、"梜"、"梜提"。魏晋后，箸又写做"筯"。

有了筷子，结束了手抓饭的历史。周朝时，只用箸夹菜，吃饭还是用手抓着吃。《礼记·曲礼上》称："饭黍毋以箸"，"共饭不泽手"。孔颖达疏曰："古之礼，饭不用箸，但用手。既与人共饭，手宜洁净，不得临食始挼莎手乃食。"《曲礼上》又载："羹之有菜者用梜，其无菜者不用梜。"郑玄注曰："梜犹箸也，今人或谓箸为梜提。"孔颖达疏曰："有菜者为铏羹是也，以其有菜交横，非梜不可。无菜者谓大羹湆也，直歠之而已。其有肉调者，犬羹、兔羹之属，或当用匕也。"匕即汤匙。

6. 饮食器具的文化意蕴和食俗

（1）专制等级的礼制标志

古代的饮食器具大都是祭祀天地祖先的祭器和作为专制等级外在标志的礼器，具有世代相传的保存价值和纪念意义。

鼎在饮食器具中有显赫的地位，它还是政治等级和统治权力的象征。从饮食上讲，钟鸣鼎食是古代贵族的等级礼仪。钟是乐器，贵族进食有人击钟奏乐。鼎食是列鼎而食。古代贵族饮食，列鼎的数量、盛放的食品，都有严格的等级区别。《春秋公羊传·桓公二年》载："宋始以不义取之，故谓之郜鼎。"东汉任城樊（今山东济宁东北）人何休注曰："天子九鼎，诸侯七，卿大夫五，元士三也。"西汉临淄（今属山东）人主

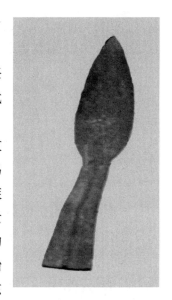

山东肥城小王庄出土的
青秋铜匕

父偃说："丈夫生不五鼎食，死即五鼎烹耳。"①追求的就是能列五鼎而食的卿大夫。

我们常讲的问鼎、鼎立、鼎足、鼎盛、鼎鼎等都足以说明它的等级含意和在中国文化中的地位。凡具有重大纪念意义的青铜器一般都有铭文。由于这些器物是权力、财富的象征，一般都刻有"子子孙孙永宝用"的字样，鲜明地反映了其保存价值。

（2）实用价值和审美价值的统一

中国人善于从自然界吸收美感，以自然界的某些现象为原型，进行艺术加工，给生活以美的享受和高雅的情趣。因此，追求实用价值与审美价值的统一，成为中国饮食器具的鲜明特征之一。

古代每一件饮食器具几乎都是精湛的工艺美术品。饮食器具的造型在美观实用的同时，还按照鸟兽虫鱼的形态来设计器物的立体形状。山东龙山文化的鬶，整体是鸟的造型，鬼脸式鼎腿、圆环状鼎足，为其他文化所罕见。

①《史记·平津侯主父列传》，中华书局 1959 年版。

古代每一件饮食器几乎都要进行雕镂装饰。尤其是商周时代的器物花纹更加富丽繁缛,有饕餮纹、夔纹、蝉纹、云雷纹、蟠龙纹等。唐宋以后,上层官僚豪富除使用金、银、铜、玉、象牙等珍贵质料的饮食器外,瓷器逐渐成为普遍使用的器物。一般百姓大多用陶器和竹木器。饮食器具的艺术审美价值,仍为各阶层人们不同层次的追求。书法、绘画,自然界的花鸟虫鱼,都被装点在瓷质饮食器具上。直到今天,哪怕是最普通、最一般的碗、盘,也都有花纹或者文字。

（3）分餐制的食俗

丰富多彩的饮食器还反映了一种被人忽视的食俗,即中国古代实行的是分餐制。

现代许多人都从卫生、健康的角度出发,批评、指责中国人的"伙食",极力倡导西方的"份饭"和分餐制。其实,分餐制恰恰是中国古代的传统食俗,它存在的时间要远远超过"伙食"的历史。

由于古代食器是专制等级外在的礼仪标志,自天子、诸侯、大夫、士、庶人吃饭时所用的器具,所设的食品菜肴,都是不一样的。古人席地而坐,最初是将有足的饮食器直接放到席上,后来是各人面前放一个食案,各吃各的饭菜。战国孟尝君待客夜食,有一人蔽火光,食客中有人误以为饭菜不等,辍食离席而去。孟尝君追上去,端着自己的饭菜让他验证,这位食客竟羞愧地自尽了。[1] 假如大家同桌而食,菜肴同出一盘,就不会发生这样的误会了。这个故事说明,即便是好客的孟尝君,也是和客人分餐而食。如果再结合《礼记·内则》中"父母舅姑必尝之而后退",《礼记·曲礼》中"父子不同席"的记载,父母和子妇之间也是分食。

击钟、列鼎、设豆而食,固然反映了"分等级,定尊卑"的古代礼制,而客观上有利于健康卫生的"分餐制"也出自这一礼制,它的功与过的统一就是中国古代的饮食文化。所以,现在推行分餐制,与其说是学习西方,不如说是中国古代饮食文化有选择的复兴。

三、岁时节庆风俗

岁时节庆指日常生活中的年、月、日、时和各种节日,它是人类社会发展

---

[1] 见《史记·孟尝君列传》,中华书局1959年版。

到一定阶段的产物,其形成是一个历史积淀的过程。它反映着一定时代人们的生活方式、心理特征、审美情趣和价值观念。

(一) 年、月、日、时

年、月、日、时即古代的历法,而历法又与农业生产紧密相连。尧的时候,"乃命羲和,钦若昊天,历象日月星辰,敬授民时"①,即尧命令羲和,遵守上天的旨意,根据日月星辰的运行来制定历法,确定年、月、日、时。山东远古东夷族的历法非常发达,羲和应与擅长占月的东夷部落娵訾氏有关。

1. 年、月、季

年在古代有多种名称,《尔雅·释天》载:"夏曰岁,商曰祀,周曰年,唐虞曰载。"

古代很早就知道,将月亮盈亏一个周期作一月,而把庄稼成熟的一个周期,即春播秋获称做一年。所以,古代春秋就代表一年。孔子写的历史就叫《春秋》。《诗·鲁颂·閟宫》称:"春秋匪解,享祀不忒。"东汉北海高密人郑玄笺曰:"春秋,犹言四时也。"古代庄稼收成好,叫"有年"。《说文》载:"年,谷熟也。"至今山东人仍把庄稼丰收称做"年成好"。

古代历法不纯属阴历,是一种阴阳合历。月的概念是阴历,年的概念是阳历。实际上地球绕太阳公转 1 周的时间约为 365 天多一点,而月亮盈亏 12 个周期,即 12 个月的时间比它少了约 10 天 20 个小时,积 3 年就多出了 1 个多月。对于阳历、阴历,古人并不清楚,但阴历的月和阳历的年的矛盾,他们却能直观地发现。比方原来 3 月播种,3 年后就成了 4 月了,再往下延续,就成了 10 月播种了。为了解决这个矛盾,商代开始置闰,即每 3 年设一个闰月,春秋战国时又有了 19 年 7 闰,来调整阳历的年和阴历的月。商人即东夷族,当然熟悉这些历法常识。

《周易·节》载:"天地节而四时成。"天地有节而形成了四时。孔子讲:"天何言哉,四时行焉,百物生焉。"②四时也称四季,指春、夏、秋、冬四季,一季 3 个月。《周礼》曰:"凡四时成岁,岁者春、秋、冬、夏,各有孟、仲、季,以

---

① 《尚书·尧典》,载《十三经注疏》,中华书局 1980 年版。
② 《论语·阳货》,载《诸子集成》,上海书店 1986 年影印版。

名十有二月。"①先秦时期除用序数纪月外,还用四季来命名一年的 12 个月。春天的 3 个月称孟春、仲春、季春,夏天的 3 个月称孟夏、仲夏、季夏,秋天的称孟秋、仲秋、季秋,冬天的称孟冬、仲冬、季冬。

2. 六十甲子纪历

从商周到秦汉,逐渐完善了用 60 甲子纪年、纪月、纪日、纪时。商周时期已有甲、乙、丙、丁、戊、己、庚、辛、壬、癸等 12 个传说的太阳之名,称做"天干"、"十干";又有子、丑、寅、卯、辰、巳、午、未、申、酉、戌、亥等 12 个月名,称做"地支",二者合称"干支"。一开始是用干支纪日。孔子的《春秋》,鲁国人左丘明的《左传》,战国齐国人公羊高的《公羊传》都用干支纪日。如《左传·僖公五年》:"冬十二月丙子朔。""朔"是每月的初一,"丙子朔"就是十二月初一。以此类推,"丁丑"是十二月初二,"戊寅"是初三……《左传·襄公十九年》:"夏五月壬辰晦,齐灵公卒。""晦"是每月的最后一天,"壬辰晦"应是五月三十日。到了东汉,正式用干支纪年。这样纪年、纪日、纪时,都用六十甲子了。干支纪月用得不太普遍,只是后来星相家用来推算八字。

3. 十二时辰

用地支纪时就是通常说的"十二时辰"。用现在 24 小时计算,恰好 2 小时一个时辰,每个时辰又有特定的名称。

子时从 23 点到 1 点,又称做夜半、子夜。《左传·哀公十六年》载:"醉而送之,夜半而遣之。"齐国孟尝君从秦国逃出来,"变名姓以出关,夜半至函谷关"②。清代山东新城(今山东桓台)人王士禛《池北偶谈·谈异一·地震定数》载:"一日,宿孙村马铺中,风电阴黑,夜半有急叩门者。"

丑时从 1 点到 3 点,又称鸡鸣,与四更、四鼓、丁夜相对应。《诗·齐风·鸡鸣》是山东齐地的民歌,以对话的形式叙述陈贤妃夙夜警戒,催促齐哀公起床。这就是后来"鸡鸣戒旦"的典故。

寅时从 3 点到 5 点,又称昧爽、平旦、平明。曹魏东海郡郯(今山东郯城西南)人王肃《孔子家语》卷九《五仪解第七》称:"昧爽夙兴,正其衣冠。"《荀子·哀公篇第三十一》载,孔子对鲁哀公说:"君昧爽而栉冠,平明而听朝。"

①《太平御览》卷十七《时序部二·四时》引,中华书局 1960 年影印版。
②《史记·孟尝君列传》,中华书局 1959 年版。

卯时从 5 点到 7 点，又称日出、日始、破晓、旭日、旦、早、朝、晨。古代官衙官员查点人数在卯时进行，故称"点卯"。

辰时从 7 点到 9 点，又称食时、蚤(早)食、朝食，是吃早饭的时间。《左传·成公二年》载，齐军与晋军战于鞌(在今济南千佛山与华不注山之间)，齐顷公轻狂地说："余姑剪灭此而朝食。"

巳时从 9 点到 11 点，又称隅中。

午时从 11 点到 13 点，又称日中。春秋齐国司马穰苴为将，与监军庄贾约定"日中会于军门"，庄贾夕时才到，司马穰苴"斩庄贾以徇三军"①。

未时从 13 点到 15 点，又称日昳。

申时从 15 点到 17 点，又称晡时，是吃晚饭的时间。

酉时从 17 点到 19 点，又称日入、夕、暮、晚。《国语·鲁语下》中，鲁国公父文伯之母提到的"日入监九御"，就是酉时。她还讲："朝夕处事，犹恐忘先人之业。"说的是卯时和酉时，用来表示从早到晚。

戌时从 19 点到 21 点，又称黄昏。

亥时从 21 点到 23 点，又称人定。

春秋齐国人宁戚《饭牛歌》中"从昏饭牛薄夜半，长夜漫漫何时旦"②，分别用了"昏"、"夜半"、"旦"三个时间，说明这些时间概念很早就在齐鲁民间流行。

4. 刻漏

古人计时用表和刻漏。表是观测日影计时的立木，即后来的日晷，刻漏是用漏壶计时的仪器，二者合称"表漏"。漏壶分滴水的播水壶和受水壶两部。受水壶里有立箭，箭上刻 100 个刻度，箭随蓄水逐渐上升，露出刻数，以显示时间。而一昼夜 24 小时为 100 刻，每刻相当于现在的 14.4 分钟。所以，我们现在把 15 分钟定为"一刻钟"，就是来自刻漏。

刻漏在春秋时期齐鲁两国的政事、军事中普遍流行。齐将司马穰苴和庄贾约好时间后，"先驰至军，立表下漏待贾"。索隐按："立表谓立木为表以视日景(影)，下漏谓下漏水以知刻数也。"当约定的时间过后，司马穰苴"仆表决漏"。索隐按："仆者，卧其表也。决漏谓决去壶中漏水。"显然是为

---

①《史记·司马穰苴列传》，中华书局 1959 年版。
②《史记·鲁仲连邹阳列传》裴骃集解，中华书局 1959 年版。

了便于行军携带。南北朝琅邪临沂(今属山东)人颜之推对日晷非常熟悉,他在《颜氏家训·书证》中专门辨证指出了光景之"景"与阴(日)影之"景"的区别:"凡阴景(影)者,因光而生,故即谓为景。《淮南子》呼为景柱,《广雅》云晷柱、挂景,并是也。"

5. 正朔

正,指岁首正月,是一年的开始;朔,指每月初一,是一月的开始。正朔是一年第一天的开始。

夏朝以建寅之月,即孟春之月为岁首正月,即夏历的正月,以平旦为朔。商代以建丑之月,即季冬之月(夏历十二月)为岁首正月,以鸡鸣为朔。周代以建子之月,即仲冬之月(夏历十一月)为岁首正月,以夜半为朔。秦朝以建亥之月,即孟冬之月——十月为岁首,就称十月,不叫正月。夏商周秦,每一次改朝换代,为了表示受命于天,都要"改正朔"。《白虎通·三正》载:"王者受命必改朔何? 明易姓,示不相袭也。明受之于天,不受之于人,所以变易民心,革其耳目,以助化也。故《大传》曰'王者始起,改正朔,易服色,殊徽号,易器械,别易服'也。"

东汉的儒学家们在《白虎通·三正》中发挥说,周以十一月为正,是天正;商以十二月为正,是地正;夏以十三月(孟春之月)为正,是人正。这叫做"三正"、"三统"、"三微之月"。"天有三统,谓三微之月也。明王者当奉顺而成之,故受命各统一正也。"这"三正"都可以做岁首正月,与此对应的有夜半、鸡鸣、平旦三个时辰可以作朔日的开始。"改正朔"就是重新确立一年的岁首正月和一月朔日的开始时间。朱熹在《论语集注》中也说:"天开于子,地辟于丑,人生于寅,故斗柄建此三辰之月,皆可以为岁首,而三代迭用之。夏以寅为人正,商以丑为地正,周以子为天正也。"

(二) 节日

节日是人们从一年中确立的对它抱有特定期待的日子,它流淌着源远流长的历史和文化。今天,我们仍能感受到它在人们生活中的位置和价值。

1. 节日的由来

节的本意是竹节,《说文五上·竹部》称:"节,竹约也。"即把一年像竹节一样分为各个阶段,就是节。四季有节就是一年四季的各种节日。节日起源于原始崇拜和迷信禁忌,又与农业社会的农时、天文、历法密切相联。

原始社会,由于生产力低下,人们认识世界、征服自然的能力弱,形成了对天地、日月及各种动植物的图腾崇拜和各种迷信禁忌。例如,商周时代的天子,都有祭祀社稷山川、日月星辰的祀典。《史记·孝武本纪》裴骃集解引应劭语曰:"天子春朝日,秋夕月,拜日东门外。朝日以朝,夕月以夕。"这些既是自然崇拜,又成为后来节日的渊源。古代人还凭借着感性的、质朴的生活方式,来认识宇宙万物和自然现象,它往往和原始巫术掺杂在一起。例如,经过一冬的干燥,春天一打雷,极容易引起火灾,便产生了远古禁火冷食的禁忌,山东地区的齐国就有这一风俗,管仲治理齐国,"修火宪,敬山泽林薮积草"①。《周礼·秋官司寇·司烜氏》亦载:"中春,以木铎修火禁于国中。"这就是寒食节禁火冷食的来源。阴历五月已进入夏季,蛇、蝎、蜈蚣、蜂、蚊、蝇等毒虫都进入旺季,受伤后的伤口也容易发炎,由于它给人们带来的种种不幸,便把它视为恶月。齐国流行"不举五月子"的风俗,这便是五月端午的来源。由于古人对各种天灾人祸得不到合理的解释,在新的一年到来前的腊月,鲁国乡间都进行驱逐鬼怪瘟疫的仪式,叫做"驱傩"、"大傩"。这种仪式成为春节除夕的渊源。

由此我们可以发现,远古时代的迷信禁忌和巫术,是对大自然的征服,是对险恶生存环境的抗争和开拓。

为节日提供准确时间概念的是天文、历法。比方春节,首先要确立一年的岁首和正月的朔日。尤其是与农业生产紧密联系的二十四节气,更离不开历法。所以,年、月、日、时等岁时,不仅为日常生活计时,也为节日的形成提供了准确的时间。

中国的传统节日,在先秦时期大部分已经产生了。可以说,先秦时期是节日的萌芽时期。汉朝是中国传统节日风俗的形成时期,除夕、元旦、元宵、上巳、寒食、端午、七夕、重阳等主要节日风俗都产生了。

2. 二十四节气

二十四节气即立春、雨水、惊蛰、春分、清明、谷雨、立夏、小满、芒种、夏

①《管子·立政》,载《诸子集成》,上海书店1986年影印版。

至、小暑、大暑、立秋、处暑、白露、秋分、寒露、霜降、立冬、小雪、大雪、冬至、小寒、大寒等。它是春秋战国时期订立的一种用来指导农事的补充历法,是根据太阳在黄道(即地球绕太阳公转的轨道)上的位置来划分的。

二十四节气起源于山东东夷族少昊氏的候鸟纪历法。从《左传·昭公十七年》记载的郯国(在今山东郯城)国君郯子的叙述来看,早在少昊氏时,就已经通过知天时的凤鸟氏等来确定春分、秋分、夏至、冬至、立春、立夏、立秋、立冬了。春秋时期的郯子,对他们祖先创造的历法非常熟悉。春秋战国时期,又运用圭表测日影的方法确定春分、夏至、秋分、冬至等。秦汉间,二十四节气完全确立。

二十四节气比较客观地反映了一年四季的气温、降雨、物候等方面的变化,便于安排农事活动。中国的传统节日基本上是以二十四节气为线索进行的。

二十四节气开始是历法,其中的许多节气后来演变为节日。

汉代官吏已开始在夏至、冬至之日休假,叫"日至休吏"。西汉东海郯(今郯城)人薛宣为左冯翊(相当于郡守,治今西安东北),"及日至休吏,贼曹掾张扶独不肯休,坐曹治事。宣出教曰:'盖礼贵和,人道尚通。日至,吏以令休,所繇(由)来久。曹虽有公职事,家亦望私恩意。掾宜从众,归对妻子,设酒肴,请邻里,壹笑相乐,斯亦可矣!'扶惭愧。官属善之。"师古曰:"冬夏至之日,不省官事,故休吏。"①

到南朝,冬至演变为合家团圆的节日。《南史·王昙首传附王志传》载,琅邪临沂(今属山东)人王志在南朝齐为东阳太守,"郡狱有重囚十余,冬至日,悉遣还家,过节皆反,唯一人失期。志曰:'此自太守事,主者勿忧。'明旦果至,以妇孕"。

3. 除夕和元旦

除夕是元旦的前夜。元旦在古代称上日、元日、朔旦、元正、元旦、正日、正朝,民间叫做"过年",辛亥革命以后称"春节",是中国传统节日中最隆重、最受重视的节日。正是因为有了年,中国人才年复一年地沿着历史的长河渡过来了。

①《汉书·薛宣传》,中华书局1962年版。

《诗经·豳风·七月》记载,西周的农夫到年底10月和改岁(过年)前,为庆祝丰收和新一年的到来,集合在一起,"朋酒斯飨,曰杀羔羊,跻彼公堂,称彼兕觥,万寿无疆",即备好酒,杀了羊,登上公堂,举起牛角杯,共祝万寿无疆。在这首诗里,已具备了元旦的雏形。但它还没固定在某一天进行,并且是在正月之前,还算不上严格意义的新年。

由于从夏朝至汉武帝前,岁首正月不断地改变,所以作为节日的元旦也始终没有定型。汉武帝太初元年(前104年),正式实施司马迁、落下闳、邓平等人改定的《太初历》,以夏历正月为岁首。以后,除王莽的新朝和魏明帝一度用殷正,武则天和唐肃宗一度用周正外,历代历法虽有变更,基本上都使用夏正,以孟春之月为岁首。这是中国传统的历法,称做"夏历"、"阴历"、"农历"。

因此,元旦的节日风俗最晚萌芽于西周,定型于汉武帝。

当时,流行于齐鲁的元旦节日活动主要是除夕逐傩。

除夕是元旦前的最后一天,最首要的活动是要把鬼驱逐出家门,这就是逐傩。逐傩是一种驱逐疫疠凶鬼的巫舞,又称"傩"、"大傩"。《论语·乡党》载:"乡人傩。"可见,先秦时期的鲁国就流行这种逐傩仪式。

傩舞由方相氏带领上百人进行,还要击鼓呼噪。《周礼·夏官司马第四·方相氏》载:"方相氏掌蒙熊皮,黄金四目,玄衣朱裳,执戈扬盾,率百隶而时傩,以索室驱疫。"宋国蒙(今山东曹县南)人庄子以游岛、雄黄对话的形式讲述了当时的傩舞。游岛问雄黄曰:"今逐疫出魅击鼓呼噪,何也?"雄黄曰:"黔首多疾,黄帝氏立巫,咸使黔首沐浴斋戒,以通九窍;鸣鼓振铎,以动其心;劳形趋步,以发阴阳之气;饮酒如葱,以通五脏。夫击鼓呼噪,逐疫出魅鬼。黔首不知,以为魅祟也。"[1]

从"咸使黔首沐浴斋戒"来看,当时的傩舞是在方相氏的带领下,所有的人都参加,不光是为了驱鬼逐疫,还要通过傩舞"劳形趋步",心气通畅,以祛疾健身。

到了汉代,不仅流行于民间,宫中也形成了隆重而盛大的驱鬼逐疫仪式。据《后汉书·礼仪志中》记载,汉宫中的大傩仪式,选10—12岁的中黄

---

[1]《太平御览》卷五三〇《礼仪部九·傩》引《庄子》,中华书局1960年影印版。

门子弟 120 人为侲子(驱鬼的童子),头带红帻,身穿皂(黑)衣,手持鼓。又有人身披熊皮,手执戈和盾,扮作方相氏主舞,带领由 12 人扮演的猛兽,一边挥舞,一边呼喊。皇帝和文武官员齐集殿前。傩舞反复三遍后,持火炬送疫疠凶鬼出端门,再由千名骑士接过火把送出司马门。门外又有五营骑士千人接过火把,送到洛水边,将火把投入水中。这幅人神联合驱鬼的场面极其壮观,别说没有鬼,就是真有恶鬼,也早被这强大的阵势吓跑了。

经过逐傩仪式把恶鬼赶走后,绝不能让它们再进家门,古代很早就有除夕贴门神的习俗。最早的门神是神荼、郁垒。据东汉王充《论衡·订鬼》引《山海经》、《风俗通·祀典》,引《黄帝书》,引蔡邕《独断》记载,沧海度朔山上有棵大桃树,伸展三千里,其枝的东北曰鬼门,有万鬼出入。树上有神荼、郁垒兄弟俩,负责领阅万鬼,拿着苇索,有恶鬼就捆起来喂老虎。黄帝请他俩驱鬼,以桃木梗削神荼、郁垒的形象立在门上,并在门上悬挂苇索,称做"悬苇"。神荼和郁垒成为古代第一任人格化的门神。

宋国蒙(今山东曹县南)人庄周曾讲:"有挂鸡于户,悬苇炭于其上,树桃其旁,而鬼畏之。"①这与除夕"悬苇"大同小异。

汉代元旦的节日活动还有放爆竹、饮椒柏酒、拜年等。

由于先秦两汉时期节日的内容、节日的民俗事项还很不完整,其他节日留待下章介绍。

先秦两汉时期,节日的自然崇拜氛围淡化,宗教巫术式的禁忌、祓禊、禳除等风俗强化。除夕大张旗鼓地驱傩是为了驱鬼,三月上巳修禊是为了防病瘟,五月五日是恶月恶日,节日并非是佳节良辰,而是笼罩在厉鬼、瘟疫、恶月、恶日的笼罩和恐怖之中,印记着远古人类同险恶生存环境抗争的蹒跚足迹。

四、婚姻风俗

婚姻是人类得以繁衍生息的主要方式和构成家族、亲族的基础。婚姻风俗主要包括婚姻形态、媒介、礼仪以及离婚、改嫁、夫妇间的地位等种种风俗观念。

---

① 《太平御览》卷二十九《时序部一四·元日》,中华书局 1960 年影印版。

（一）原始群婚的残余——男女婚姻自由、宽松的齐鲁社会前期

按照恩格斯的观点，人类的婚姻经过了血缘家庭、普那鲁亚家庭、对偶家庭、一夫一妻制家庭等几种形态。瑞士法学家巴霍芬（1815—1877）在《母权论》中用"杂婚"揭示了人类最早的两性关系，恩格斯充分肯定了他的贡献，但指出"杂婚"是个不恰当的名词，应该叫做"杂乱的性交关系"，"所谓杂乱，是说后来由习俗所规定的那些限制那时还不存在"①。在中国，"杂乱的性交"叫做"男女杂游，不媒不聘"②。

人类最早的婚姻形式是血缘家族，它是一种同辈兄弟姐妹间的兄妹婚，相当于山东东夷族太昊伏羲氏时代。传说，"太昊制嫁娶之礼"③，教人兄妹结婚，并率先垂范，与亲妹妹女娲结为夫妻。山东嘉祥县武氏祠画像石图中，伏羲和女娲蛇尾纠结，面各相背；两人之间，又有男女小人一对，蛇躯交合，面部相向。两辈间的婚媾互不观看，互不妨碍，恰是一幅血缘家族的行辈婚画面。

普那鲁亚家庭即族外婚，是本氏族的一群兄弟出嫁到外氏族，与外氏族的一群姐妹结婚。在中国古代，一般是两个氏族结成世代通婚的联盟，如姬姓氏族与姜姓氏族即是长期通婚的联盟。中国的媳妇称公婆为"舅姑"，就是来自族外婚的残余。媳妇的公公实际是自己母亲的兄弟，婆婆实际是自己父亲的姐妹，就是媳妇的舅舅和姑姑。这种称谓首先反映在先秦齐鲁文献当中。《礼记·檀弓下》记载了一位妇人哭于泰山之侧："昔者吾舅死于虎，吾夫又死焉，今吾子又死焉。"这里的"舅"，就是这位妇人的公公。同样，男子的岳父母也如此。《礼记·坊记》载："昏（婚）礼，婿亲迎，见于舅姑。"北海高密（今山东高密西南）人郑玄注曰："舅姑，妻之父母也。"

古代和现代某些少数民族，都要定期举行祭祀女神的仪式和各种形式的集会，目的之一就是为两氏族青年男女提供建立婚姻关系的机会。战国齐人淳于髡提到的齐国"州闾之会"就是其中一种。"州闾之会，男女杂坐，

①恩格斯：《家庭、私有制和国家的起源》，载《马恩选集》第四卷，人民出版社1972年版，第5、31页。

②《列子·汤问》，载《诸子集成》，上海书店1986年影印版。

③《太平御览》卷七十八《皇王部三·太昊伏羲氏》引《皇王世纪》，中华书局1960年版。

行酒稽留,六博投壶,相引为曹,握手无罚,目眙不禁,前有堕珥,后有遗簪","日暮酒阑,合尊促坐,男女同席,履舄交错,杯盘狼藉,堂上烛灭……罗襦襟解,微闻芗泽"①。这种男女集会交欢形式的州闾之会,是齐国族外群婚习俗的残余。

父权制确立,形成了一夫一妻制婚姻。恩格斯说:"它成了只是对妇女而不是对男子的一夫一妻制。"②山东一夫一妻制的形成应该在东夷族首领舜统治时期,传说尧将两个女儿娥皇、女英嫁给了舜,既是一夫一妻制,也是一夫多偶制。

西周和春秋战国时期,无论是东夷风俗,还是姬姓的鲁国、曹国、滕国,姜姓的齐国,都存在大量原始氏族遗风。齐鲁地区的移风易俗不光是对东夷风俗的改造,也是对姜姓、姬姓内部的移风易俗。直到春秋时期,以齐鲁为代表的山东地区的婚姻和男女关系仍然很自由。

1. 男女幽会、海誓山盟、自由谈婚论嫁

在齐国社会风俗中,还保留着远古氏族男女幽会、淫奔的群婚遗风。《诗经·齐风》的好多篇章都是对男女幽会的描绘。如《东方之日》写道:

> 东方之日兮,彼姝者子,在我室兮。在我室兮,履我即兮。
> 东方之月兮,彼姝者子,在我闼兮。在我闼兮,履我发兮。

此诗描绘了一对青年男女幽会的情景,以男子的口吻写成:太阳升起在东方,美丽的姑娘悄悄溜进了我的屋;溜进了我的屋,轻轻地伴随着我的脚步。明亮的月亮升起在东方,有个漂亮的姑娘来到我的门屏之间,轻轻地伴随着我行走。从该诗反映的情况来看,齐国的男女不完全是"东方之月"下的幽会,还有"东方之日"下的、即光天化日下的交往。

自由择偶的氏族遗风仍大量存在。

《左传·庄公三十二年》载:"初,(庄)公筑台临党氏,见孟任,从之,閟(闭门拒绝),而以夫人言许之,割臂盟公,生子般焉。"鲁庄公与孟任割臂盟誓,自己做主许诺立孟任为夫人,没有通过父母之命。

---

①《史记·滑稽列传》,中华书局 1959 年版。
②恩格斯:《家庭、私有制和国家的起源》,载《马恩选集》第四卷,人民出版社 1972 年版,第58页。

私奔式的自由择偶也很普遍。《左传·昭公十一年》载："泉丘人有女，梦以其帷幕孟氏之庙，遂奔（孟）僖子，其僚（邻女）从之，盟于清丘之社曰：'有子无相弃也！'"后来，泉丘女子生了孟懿子和南宫敬叔，"其僚"无子，按照当时的盟誓，让她做了南宫敬叔的母亲。

由此可知，"盟誓"是男女自由择婚的约束纽带。汉乐府《上邪》载："我欲与君相知，长命无绝衰。山无陵，江水为竭，冬雷震震夏雨雪，天地合，乃敢与君绝。"这应该就是远古男女自由谈婚论嫁的誓言。

按照恩格斯的观点，在一夫一妻制之前没有爱情，他们要遵从群婚的习惯和义务，和谁发生关系是无关紧要的事。个人性爱是从一夫一妻制中产生的，但一夫一妻制的产生却与个人性爱没有任何关系，一夫一妻制只是使人产生了专情于一个人的观念。如果说，西方"第一个出现的性爱形式，那种中世纪的骑士之爱，就根本不是夫妇之爱"，它"破坏夫妻间的忠实"①的话，中国男女的性爱，就应该是以私奔、盟誓形式产生的男女性爱。

《左传·昭公四年》载，叔孙豹私离鲁国，路过庚宗（今山东泗水东），一位女子管了他一顿饭，有了"一夜情"后就走了，那位女子还"哭而送之"。结果，叔孙豹到了齐国就和国氏女国姜成亲了，并有了两个儿子。后来，庚宗女子领着儿子找到鲁国，叔孙豹高兴地接受了她。如果在秦汉以后，丈夫有外遇而东窗事发，不知要生出多少波折。这"一顿饭"式的夫妻现象说明，当时择婚不仅很随便，而且不受家庭的限制。

叔孙豹先是背叛庚宗女，回到鲁国又抛弃了国姜，却大言不惭地以立德、立言、立功自诩，说明这种"多情女子负心汉"式的移情别恋很正常，根本不是道德问题。

抢婚的残余仍然存在。公元前604年春，鲁宣公到齐国，齐国大夫高固看中了他的女儿叔姬，留住宣公，强逼宣公答应了婚约，直到夏天才放宣公回国。② 这种强迫性质的婚姻，应是远古抢劫婚的残余。至今山东地区仍有一句俗语，叫做"捆绑不成夫妻"，其缘起也应该是抢劫婚。

2. 男女淫乱

①恩格斯：《家庭、私有制和国家的起源》，载《马恩选集》第四卷，人民出版社1972年版，第66页。

②见《左传·宣公五年》，载《十三经注疏》，中华书局1980年版。

男女授受不亲,妇女贞节等,是一夫一妻制确立后逐渐树立的新观念。即便是孔、孟老夫子也得承认"饮食男女,人之大欲存焉"[1],"食、色,性也","知好色,则慕少艾"[2]。那时,不仅男女淫乱司空见惯,父亲和儿媳、非亲生的母子、婶母和侄子、伯叔和侄媳妇以及叔嫂之间等乱伦的现象也史不绝书。这些风流艳事太多,还被概括、分类,有了种种名堂,叫做"烝"、"报"、"通"。当了一回堕落天使后,还出师有名呢!

《诗·邶风·雄雉》孔颖达疏曰:"淫,谓色欲过度;乱,谓犯悖人伦……服虔云:上淫曰烝。则烝,进也,自进上而与之淫也。《左传》曰:文姜如齐,齐侯通焉。服虔云:傍(旁)淫曰通。言傍者非其妻妾,傍与之淫,上下通名也。《墙有茨》云公子顽通于君母,《左传》曰孔悝之母与其竖浑良夫通,皆上淫也。齐庄公通于崔杼之妻,蔡景侯为太子般娶于楚,通焉,皆下淫也。以此知通者总名。故服虔又云:凡淫曰通,是也。又宣公三年传曰:文公报郑子之妃。服虔曰:郑子,文公叔父子仪也。报,复也。淫亲属之妻曰报,汉律淫季父之妻曰报。"

孔颖达的疏不仅解释了"烝"、"报"、"通"的含义,还列举了一系列男女淫乱的事实,其中很多出自山东的齐鲁两国。

(1)烝

"烝"有多义,其一义指同母辈通奸。《左传·桓公十六年》载:"卫宣公烝于夷姜(宣公庶母)生急子,属诸右公子,为之娶于齐(齐僖公长女宣姜)而美,公娶之,生寿及朔,属寿于左公子。夷姜缢。"杜预注解说:"上淫曰烝。"

卫宣公死后,齐襄公又强迫他的庶子昭伯(公子顽)"烝"宣姜。《左传·闵公二年》载:"齐人(齐襄公)使昭伯烝于宣姜,不可,强之。生齐子、(卫)戴公、(卫)文公、宋桓夫人、许穆夫人。"

齐襄公作为娘家人,公开强令本国女子与庶子相"烝",且生下的子女竟有两男当上国君,两女嫁给国君。这种"烝"已经形成正式的夫妻关系了。

(2)"报"和"通"

"报"是为报恩德而进行的祭祀,这里指和亲属之妻或季父之妻发生两性关系,其中主要指"报嫂"。"通"是对非夫妻间两性关系的总概括。这些

---

① 《礼记·礼运篇》,载《十三经注疏》,中华书局1980年版。
② 《孟子·告子上》、《孟子·万章上》,载《诸子集成》,上海书店1986年影印版。

都是原始社会群婚的残余,一夫一妻制确立后,仍不同程度地存在着。东夷有穷氏寒浞的儿子浇(奡)就曾"报嫂"女歧。

齐鲁立国后,"报嫂"的习俗仍大量存在。鲁庄公与党氏女孟任生子般,娶齐女哀姜、叔姜,叔姜生子启方。鲁庄公死,季友立公子般,庆父"报"嫂哀姜,杀般而立启方为闵公。庆父的弟弟季友是鲁国贤大夫,"报"嫂成风(鲁庄公之妾)而立其子申,是为鲁僖公。① 这哥俩政见不同,却都向自己的嫂嫂们发起了感情攻势。

庆父之子公孙敖效法其父而过之,为堂兄东门襄仲迎娶莒国之女,见莒女貌美,索性将嫂嫂占为己有。② 东门襄仲也不是个"坐怀不乱"的正人君子,鲁文公次妃敬嬴是他的侄媳妇,为了立儿子倭为国君,向他投怀送抱,致使东门襄仲杀嫡立庶,拥立倭为鲁宣公,叔叔与侄媳妇进行了一场权与色的成功交易。

齐人漠视礼教,"报"、"通"的现象更为普遍。《庄子·盗跖》讲:"昔者桓公小白,杀兄入嫂。"应是齐桓公收继其兄公子纠之妻。

(3)兄妹淫乱与齐国的长女不嫁

兄妹私通的是春秋齐襄公与文姜。齐僖公有两个女儿,长女即上述卫宣公夫人宣姜,次女文姜。文姜与同父异母的哥哥诸儿(齐襄公)私通,后来嫁给了鲁桓公。鲁桓公十八年(前694年),会齐襄公于泺(在今山东济南),文姜与哥哥再续旧情,遭到鲁桓公的斥责,齐襄公便派公子彭生把鲁桓公勒死在车上。此后八年之间,齐襄公兄妹私通幽会之事不绝于史,在业已推行移风易俗的齐国民众中引起了极大反响。《诗经·齐风·南山》是齐国民众讽刺齐襄公与文姜淫乱的民歌:

> 南山崔崔,雄狐绥绥。鲁道有荡,齐子由归。既曰归止,曷又怀止?
> 葛屦五两,冠緌双止。鲁道有荡,齐子庸止。既曰庸止,曷又从止?

诗的大意是:高峻的南山上有只淫泆的雄狐在四处寻求配偶,通往鲁国的大道上文姜出嫁了,既然已经出了嫁,为什么又在怀念她? 葛麻草鞋和冠

---

① 见《左传·闵公二年》,载《十三经注疏》,中华书局1980年版。
② 见《左传·文公七年》,载《十三经注疏》,中华书局1980年版。

缨都成双成对,鲁国平坦的大道上,文姜出嫁了。既然已经出嫁了,为什么又在恋恋不舍地跟随她?

齐襄公被杀后,文姜又与另一个哥哥齐桓公私通。《春秋·庄公十五年》载:"夏,夫人姜氏如齐。"《公羊传》唐徐彦疏:"复与桓通也。"看来,兄妹私通的不光是齐襄公,齐桓公也是个"伙同犯罪者",其手段与哥哥齐襄公有过之而无不及,只不过他"九合一匡"的辉煌业绩掩盖了他的"寡人之好"。

齐桓公声称:"寡人有污行,不幸而好色,而姑姊有不嫁者。"①对淫泆骨肉津津乐道,毫不掩饰,可见齐桓公已视妻姑、姊、妹为正常之事,自然也在齐国民众中蔚成风俗。

《汉书·地理志》称:"始桓公兄襄公淫乱,姑姊妹不嫁,于是令国中民家长女不得嫁,名曰'巫儿',为家主祠,嫁者不利其家。民至今以为俗。"

"长女不嫁"之俗,从先秦一直流传到两汉,甚至到清代仍有个别长女不嫁的现象。近人徐珂《清稗类钞·婚姻类》载:"山东有长女不嫁之说,固始于汉也,至本朝,青州犹有此风。"

"巫儿"虽然不嫁,但也有婚姻生活,只是婚姻的另一种形式。由于她不嫁而有婚姻生活,所以班固把它和"淫乱"联系在一起。《战国策·齐策四》载,齐人见田骈曰:"臣邻人之女,设为不嫁,行年三十,而有七子。不嫁则不嫁,然嫁过毕矣。"这位齐人是说,名义上不嫁,30岁就有7个子女,比出嫁还厉害。

另外,齐国流行赘婿,姜太公和淳于髡都作过赘婿,长女巫儿也可招赘婿入门。《孔子家语》卷四《六本第十五》引孔子语曰:"昔东夷之子,慕诸夏之礼,有女而寡,为内私婿,终身不嫁。"这里的"纳私婿",即招赘婿入门。

"长女不嫁"是齐国独有的怪俗,究其原因,除班固"为家主祠,嫁者不利其家"的说法外,还有齐襄公、桓公淫乱,在家孝敬父母两种说法。

《公羊传·庄公二十年》徐彦疏曰:"齐景公问于晏子曰:'吾先公桓公淫女公子,不嫁者九人。'"

说"长女不嫁"是为齐襄公、齐桓公兄妹淫乱提供方便,实在是冤枉了他们。第一,他们并没阻止宣姜、文姜出嫁;第二,鲁桓公死后,齐襄公完全

---

① 《管子·小匡》,载《诸子集成》,上海书店1986年影印版。

可以把文姜长期留在齐国，但他没那样做，事后再发一道"民家长女不得嫁"的命令于事无补。《左传·桓公十八年》《史记·齐太公世家》等对齐襄公淫乱事情记述得很详细，未见齐襄公"令国中民家长女不得嫁"的记载。

《战国策·齐策四》赵威后问齐使："北宫之女婴儿子无恙耶？彻其环瑱，至老不嫁，以养父母，是皆率民而出于孝情者也，胡为至今不朝也？"这个"婴儿子"即在家孝敬父母的"巫儿"。

其实，"长女不嫁"应是母系社会女子留在本氏族，男子出嫁到外氏族的遗存，是妇女掌管氏族、胞族的崇高权力还没有完全消失的表现。不过这时的"巫儿"只是"为家主祭"，而不能再主持家中的全部事务了。《春秋公羊传·哀公六年》记载："（田）常之母有鱼、菽之祭。"东汉何休注云："齐俗，妇人首祭事。"齐国风俗是"妇人首祭"，田常之母是以主妇的身份主持祭祀的。"巫儿"以长女的身份主持家祭，都是一种权力的象征。

"巫儿"可能是齐国独有的风俗，但各地都有女子不出嫁，在娘家过婚姻生活的现象。比方"郑卫之声"，卫国男女幽会的"桑间濮上之行"即是。

《礼记·乐记》载："桑间濮上之音，亡国之音也。"《汉书·地理志》载："卫地有桑间濮上之阻，男女亦亟聚会，声色生焉。"由此可见，卫地也有相当一部分女子在娘家过婚姻生活。

《庄子·盗跖》载："尾生与女子期于梁下，女子不来，水至不去，抱梁柱而死。"这个与女子幽会、"抱梁柱而死"的尾生，竟成为"信"的品格典范。苏秦说："信如尾生，廉如伯夷，孝如曾参，三者天下之高行。"[1]尾生对男女幽会不仅痴情，而且付出了生命的代价，获得了社会的广泛赞誉，与伯夷、曾参齐名，被称做是"高行"，说明当时男女幽会不是什么龌龊丢人的事。那个与尾生约会的女子，就是在娘家靠这种婚姻方式生活的。

长女不嫁，仅局限于"国中民家"，贵族之

洹(桓)子孟姜壶

---

①《战国策·燕策一》，上海古籍出版社 1985 年版。

女并不遵守此俗。田桓子的妻子孟姜,是齐庄公的长女。现存中国历史博物馆的"洹(桓)子孟姜壶"就是齐侯为田桓子之父所作的祭器。如果贵族长女一律不嫁,不可能有"桓子孟姜壶",应是"桓子叔姜壶",或者"桓子季姜壶"。"孟姜女哭长城"的传说,源于春秋齐国杞梁之妻拒绝齐庄公"郊吊"其夫。故事的编者疏忽了齐国长女不嫁的风俗,齐国杞梁之妻如果是平民之女,应该是"仲姜女"或"季姜女"哭长城。

(4)抢儿媳妇、交换妻妾

抢儿媳妇最臭名昭著的是春秋楚平王,作为礼仪之邦的鲁国也有其事。鲁惠公为儿子息娶妻于宋,见儿媳貌美,遂窃为己有。①

再其次是卫宣公。《诗·邶风·雄雉》孔颖达疏说他"上烝夷姜,下纳宣姜"。他为儿子急子娶齐襄公之女宣姜,据为己有,生子寿、朔。公元前696年,卫宣公让急子(《诗经》作"伋")持白旄出使齐国,命强盗半路截杀他。弟弟寿告诉哥哥真情,急子以君命不可逃坚持前去。寿拿着急子的白旄节,装扮成哥哥抢先赶到,结果被杀。急子后至,也被杀死。《诗·国风·新台》就是国人对兄弟二人的伤感之作。

交换妻子就发生在山东的齐国,其次是晋国。齐国大夫庆封和卢蒲嫳、晋国祁氏家臣祁胜和邬藏,曾交换妻子。

《左传·襄公二十八年》载:"齐庆封好田而耆酒,与庆舍(庆封子)政。则以其内实迁于卢蒲嫳氏,易内而饮酒。"杜注:"内实,宝物妻妾也,移而居家。""易内"即交换妻妾。《左传·昭公二十八年》云:"晋祁胜与邬藏通室。"杜预注:"通室,易妻。"

春秋以后的齐国,男女淫乱仍很普遍。田常以后宫美女拉拢宾客士人,"乃选齐国中女子长七尺以上为后宫,后宫以百数,而使宾客舍人出入后宫者不禁。及田常卒,有七十余男"②。《战国策·齐策三》载:"孟尝君舍人有与君之夫人相爱者。或以问孟尝君曰:'为君舍人而内与夫人相爱,亦甚不义矣,君其杀之。'君曰:'睹貌而相悦者,人之情也,其错(措)之勿言也。'"舍人和自己的夫人私通,竟容忍为人之常情。

尤其是出嫁到各国的姜姓女子,用现在的话说,简直是"败坏"各国风

---

①见《史记·鲁周公世家》,中华书局1959年版。
②《史记·田敬仲完世家》,中华书局1959年版。

俗,《左传》中俯拾即是。卫宣公庶母夷姜、卫宣公夫人宣姜、鲁桓公夫人文姜、鲁庄公夫人哀姜、鲁宣公夫人穆姜等等,难以缕述。如果把这些材料收集起来,足以写一部齐国女子的风流艳史了。

3. 女子自由离婚改嫁

中国古代,男子休妻也叫"弃妻"、"出妻",婚姻礼制严格落实后,只有男子出妻,没有女子出夫,当时却二者皆备。女子被出再嫁,或丈夫死后再嫁,既没有阻力,也不受歧视。鲁国叔孙豹抛弃了齐国女子国姜,国姜改嫁给公孙明。

鲁国大夫声伯之母被"出",改嫁给齐国管氏,生了一男一女,管氏死了,又回归声伯。声伯让同母异父的弟弟做了大夫,把妹妹嫁给施孝叔。晋国大夫郤犨前来求婚,声伯又把妹妹从施氏手里夺来,转嫁给郤犨。声伯之妹问丈夫:"鸟兽犹不失俪,子将若何?"施孝叔是个懦弱无能的软蛋,竟表示说:"我不能和你一起逃亡。"声伯之妹只好听从兄长的安排,改嫁给郤犨,生有二子。后来,郤氏败亡,声伯之妹被晋人送回来,施氏到黄河上迎接妻子,并把妻子在晋国生的两个儿子沉到河里。声伯之妹怒斥前夫说:"己不能庇其伉俪而亡之,又不能字(爱)人之孤而杀之,将何以终?"①发誓不再和施氏做夫妻。

首先,这个故事反映了妇家兄长的权威,其次是妻子为保护自己的婚姻倡导逃走,最后是妻子不能容忍丈夫的卑劣而主动脱离丈夫,这从某种程度上反映了女性对离婚、改嫁的自主权。

齐国妇女主动离婚的例子,更富有传奇色彩。《史记·管晏列传》载:"晏子为齐相,出,其御之妻从门间而窥其夫。其夫为相御,拥大盖,策驷马,意气扬扬,甚自得也。既而归,其妻请去。夫问其故。妻曰:'晏子长不满六尺,身相齐国,名显诸侯。今者妾观其出,志念深矣,常有以自下者。今子长八尺,乃为人仆御,然子之意自以为足,妾是以求去也。'其后夫自抑损。晏子怪而问之,御以实对。晏子荐以为大夫。"车夫之妻主动提出离婚,不仅没遭非议,还使丈夫做了官。

齐国棠姜的丈夫死了,改嫁给崔杼,只是因同姓受人劝阻,并没有因再嫁受到非议。② 孔子的儿媳妇、伯鱼之妻被出后,改嫁给卫国的庶氏。

---

①《左传·成公十一年》,载《十三经注疏》,中华书局 1980 年版。
②见《左传·襄公二十五年》,载《十三经注疏》,中华书局 1980 年版。

（二）移风易俗后的山东婚姻风俗

齐鲁两国都是在东夷建立的诸侯国,婚姻方面的移风易俗主要是革除婚姻松散的氏族遗风,推行媒妁、同姓不婚、婚礼、妻妾等级观念,倡导白头偕老和妇女贞节的新观念。无论是鲁国的"变其俗,革其礼"①,还是齐国的"因其俗,简其礼"②,都是对远古社会氏族遗风的逐步改造,对新社会风尚的倡导和推行。从男女自由谈婚论嫁,到媒妁权威的树立;从对"烝"、"报"、"通"等男女关系的容忍,到"烈女不更二夫",齐鲁风俗传承的基本趋势是:远古氏族遗风逐渐消失,各种风俗礼制逐步树立。婚姻方面的移风易俗,齐鲁也是率先垂范的地区。

1. 婚姻媒介

（1）媒妁和父母之命

齐鲁立国以后,开始推行父母之命、媒妁之言等婚姻新风尚。

最早出现的媒人,是国家法定的官员,亦即官媒。《周礼·媒氏》记载,媒氏职掌男女结合、登记造册、聘礼逾制、处理夫妻诉讼等。齐国的官媒称"掌媒",负责"合独","合独"是齐国的"九惠之教"之一。

《管子·入国》介绍说:"一曰老老,二曰慈幼,三曰恤孤,四曰养疾,五曰合独,六曰问疾,七曰通穷,八曰振困,九曰接绝……所谓合独者,凡国都皆有掌媒,丈夫无妻曰鳏,妇人无夫曰寡,取鳏寡而合和之,予田宅而家室之,三年然后事之,此之谓合独。"

这段材料表明,最早的媒妁是国家推行的婚姻法之一,它与安定民生、培养税源、富国强兵的统治政策是联系在一起的。

男女自由谈婚论嫁也开始受到限制。

《礼记·曲礼上》载:"男女非有行媒,不相知名。"

《左传·僖公十四年》东汉任城樊县（今山东济宁东北）人何休注:"礼,男不亲求,女不亲许。"

《管子·形势》:"明主之治天下也,必用圣人,而后天下治;妇人之求夫

---

①《史记·鲁周公世家》,中华书局 1959 年版。
②《史记·齐太公世家》,中华书局 1959 年版。

家也,必用媒而后家事成。故治天下而不用圣人,则天下乖乱而民不亲也;求夫家而不用媒,则丑耻而人不信也。故曰:自媒之女,丑而不信。"竟然把治国用圣人与婚姻用媒人相提并论。

父母也可直接为儿子求婚。《春秋·僖公三十一年》载:"杞伯姬来求妇。"杞伯姬是嫁给杞国国君的鲁女,回父母之国为儿子求婚。齐僖公也曾亲自为女儿文姜向郑太子忽提亲。

《孔子家语》载:"(孔子父)叔梁纥娶于鲁施氏生女九人,无男,叔梁纥曰:'虽有九女,是无子也。'乃求婚于颜氏。颜氏有三女,小曰征在。颜父问三女曰:'邹大夫虽父祖为士,然先圣之裔也,今其人身长九尺,武力绝伦,吾甚贪之,虽年长性严,不足为疑。三子孰能为之妻?'二女莫对,征在进曰:'从父所制,将何问焉?'父曰:'即,尔能矣!'遂以妻之。"[1]

《史记·孔子世家》载,叔梁纥"与颜氏女野合而生孔子",《孔子家语》则说成是经过了正式求婚和颜父之命,显然有为孔父溢美之处。但《孔子家语》的作者王肃是曹魏东海郡郯(今山东郯城西南)人,即便是虚构,也是按照山东当时的婚姻风俗叙述的。"从父所制,将何问焉",是女儿对父亲择婚的态度,由此可看出父母之命在山东婚姻风俗中的作用。

战国以后,婚姻必由父母之命、媒妁之言的风俗首先在齐鲁地区树立起来,并被民众普遍认同。《诗经·齐风·南山》唱道:"娶妻如之何?必告父母。""娶妻如之何?匪媒不得。"

无媒嫁娶开始受到社会舆论的指责。《孟子·滕文公下》呼吁:"不待父母之命,媒妁之言,钻穴隙相窥,逾墙相从,则父母国人皆贱之。"甚至远古东夷族首领舜不告而娶,也受到人们的指责。孟子不得不为他辩护说:"舜不告而娶为无后也,君子以为犹告也。"由于舜的父母不仁慈,就是告知父母也不会允许,君子以为不告就等于告诉了。

燕将乐毅攻破齐国,齐湣王的儿子法章逃匿到莒城太史敫家,和太史敫的女儿私订终身。法章后为齐襄王,立太史敫的女儿为王后,即齐国后期著名的"君王后"。人家虽然私订终身,可私订出了后半生的辉煌,对太史敫来说应是天大的荣幸,可他竟然宣布说:"女不取媒因自嫁,非吾种也,污吾

世!"①从此终身不见女儿。太史敫固然死不开窍,由此也可看出,蔑视礼俗的齐人对媒妁的重视,媒妁对男女婚姻的制控力已很强大了。

（2）收继婚、入赘婚、买卖婚、自愿婚

自父母之命、媒妁之言确立后,其他的婚姻媒介已不占主导地位,但作为一种婚俗仍然在山东流行着。

收继婚指男方收继后母、寡嫂、弟媳等,它来自原始社会群婚的残余。尧将娥皇、女英二女嫁给了舜,舜的异母弟象千方百计要杀死哥哥,只要哥哥一死,他就可按收继婚的惯例,继娶两位嫂子了。这说明在山东远古东夷族中,就存在着收继婚。秦汉以后,中原的收继婚开始受到限制。《淮南子·氾论训》载:"孟卯妻其嫂,有五子焉,然而相魏,宁其危,解其患。"孟卯是山东齐国人,妻其嫂生了五个儿子,虽品德不好,当官却能为魏国解危排患。从这里可以看出,由于汉代道德伦理观念的改变,先秦时期光明正大的收继婚,到汉代被指责为道德低下了。

入赘婚俗流行于先秦时的齐鲁,上述《孔子家语》中,孔子称做"纳私婿"。相传,姜太公就是个被人驱逐的赘婿,也称"逐婿"。《韩诗外传》卷八第二十四章载:"太公望少为人婿,老而见去。屠牛朝歌,赁于棘津,钓于磻溪。"《史记·滑稽列传》载:"淳于髡者,齐之赘婿也。"

卖妻儿的现象从先秦到民国史不绝书,如果买者是用来做妻妾,则也是一种婚姻媒介。《战国策·齐策三》载,楚人对齐国孟尝君的侍从说:"象床之直千金,伤此若发漂,卖妻子不足偿之。"

自愿婚自父母之命、媒妁之言的礼俗落实后仍存在,不过是个别的、特殊的现象了。在齐国,即便是父母之命,儿女也有一定的自主权。上述《风俗通》记载的那个"两袒"的姑娘即是。这个典故叫"食宿两兼",后来山东叫"一个姑娘找俩婆家"。

男女相爱是人的天性,即使被硬性的戒律所遏制,也会以变态或扭曲的形式反弹出来。古代男女的私奔就是一种扭曲了的自愿婚。这一风俗在山东首开先例,上述鲁国泉丘女子与邻女一起私奔孟僖子,三人"盟于清丘之社",就是开这一风气的人物。

---

① 《史记·田敬仲完世家》,中华书局1959年版。

2. 同姓不婚

由于远古多近亲婚配,种种怪胎现象每每使人们感到恐怖,故能较早认识到近亲结婚的害处。所以,同姓不婚在族外婚时就有了,不过那时的姓是以女系来计算的。父权制确立后,仍是古代婚姻的基本原则。

《礼外传》称:"夏殷五世之后则通婚姻,周公制礼,百世不通,所以别禽兽也。"①

《魏书·高祖纪》亦载:"夏殷不嫌一族之婚,周世始绝同姓之娶。"

《礼记·坊记》载:"取妻不取同姓,以厚别也,故买妾不知其姓则卜之。"

同姓不婚,到西周更加严格了,也是控制齐鲁婚姻的基本礼俗。姜姓的齐国先族和姬姓的周族,很早就是一个世代通婚的婚姻联盟。姜姓部落的姑娘姜嫄,"践巨人迹"而生下了周始祖弃。自西周以来,齐女嫁给周王室已是惯例,所以周天子称齐侯为"舅氏"、"伯舅"。嫁给姬姓诸侯国,如鲁、晋、卫等,以及妫姓陈国等其他姓的也很多。

《诗·陈风·衡门》:"岂其取妻,必齐之姜。"

《诗·卫风·硕人》:"齐侯之子,卫侯之妻。"

齐国国君夫人,基本娶自他国异姓。齐桓公"好内,多内宠",有三夫人:王姬、徐嬴、蔡姬;与夫人相同者六人:长卫姬、少卫姬、郑姬、葛嬴、密姬、宋华子,没有一个姜姓女子。鲁国严守周礼,同姓不婚的约束力更强,"周公及武公娶于薛,孝、惠娶于商,自桓(公)以下娶于齐"②。春秋鲁国 12 公,娶齐女者有 6 公。鲁桓公夫人文姜,鲁庄公哀姜、叔姜,文公哀姜(出姜),宣公穆姜,成公齐姜,襄公宣姜等,都是齐女。故《左传·文公二年》载,鲁国与齐国"凡君即位,好甥舅,修婚姻"。

古代女有姓以别婚姻,男有氏以别贵贱。由于女子有姓无氏,鲁国女子嫁给别国的国君,在"姬"姓前冠以国名和伯、仲、叔、季等排行,嫁给大夫则冠以夫氏。如杞叔姬,是嫁给杞国国君的鲁女,荡伯姬是嫁给宋国大夫荡氏的鲁女。宋伯姬是嫁给宋共公的鲁女,也称宋共姬。杞国姒姓,宋国子姓,都是和鲁国经常通婚的邻邦。

礼俗规定是这样,仍有同姓为婚者,但无论在鲁国还是齐国,均要遭到

---

① 《太平御览》卷五四一《礼仪部二〇·婚姻下》引,中华书局 1960 年影印版。
② 《左传·哀公二十四年》,载《十三经注疏》,中华书局 1980 年版。

非议。

鲁昭公娶同姓吴女,称吴孟子。吴孟子死后,不书姓,不讣告,不称夫人。① 陈国大夫陈司败指责说:"君取于吴为同姓,谓之吴孟子,君而知礼,孰不知礼!"②

齐国大夫崔杼娶东郭偃的姐姐棠姜,东郭偃推辞说:"男女辨姓,今君出自丁(齐丁公),臣出自桓(齐桓公),不可。"③崔杼坚持娶了棠姜。齐国庆舍把女儿嫁给同宗卢蒲癸,有人指责卢蒲癸说:"男女辨姓,子不辟宗,何也?"卢蒲癸回答说:"宗不余辟,余独焉辟之? 赋诗断章,余取所求焉,恶识宗?"④卢蒲癸的意思是说,同宗都不避我,我干吗要避同宗? 这好像诗赋断章取义,取我所需,我管它同宗不同宗? 尽管齐人漠视礼教和宗法伦理,同姓不婚仍是风俗上的约束力量。

3. 婚礼

(1)结婚的年龄

《周礼·地官司徒·媒氏》载:"令男三十而娶,女二十而嫁。"《礼记·内则》规定,男子"二十而冠","三十而有室";女"十有五年而笄,二十而嫁"。

对古代的婚龄,山东学者的看法也不一致。"孔子年十九娶于宋之亓官氏。"鲁哀公问于孔子曰:"男子十六而精通,女子十四而化育,是则可生人矣。而礼必三十而室,女必二十而嫁,岂不晚哉?"孔子曰:"夫礼言其极耳,不是过也。男二十而冠,有为人父之端,女十五许嫁,有适人之道。"北海高密人郑玄"据《周礼》、《春秋穀梁》、《逸礼·本命篇》等",坚持"男必三十而娶,女必十五乃嫁"。东海郯(今山东郯城西南)人王肃"据《孔子家语》、《服经》等以为,男十六可娶,妇十四可以嫁,三十、二十,言其极耳"。⑤

先秦时期,齐鲁地区实际流行的婚龄应该是女15岁,男20岁。管仲辅佐齐桓公移风易俗,"令男子年二十而室,女年十五而嫁"⑥。战国思想家、鲁国(今山东滕州)人墨子在《墨子·节用上》中讲:"丈夫年二十,毋敢不处

①见《左传·哀公十二年》,载《十三经注疏》,中华书局 1980 年版。
②《论语·述而》,载《诸子集成》,上海书店 1986 年影印版。
③《左传·襄公二十五年》,载《十三经注疏》,中华书局 1980 年版。
④《左传·襄公二十八年》,载《十三经注疏》,中华书局 1980 年版。
⑤见《通典》卷五十九《礼十九·男女婚嫁年纪议》,浙江古籍出版社 1988 年影印版。
⑥《韩非子·外储说右下》,载《诸子等成》,上海书店 1986 年影印版。

家;女子年十五,毋敢不事人。"

（2）婚姻六礼

《仪礼·士昏礼》记载,婚姻有纳采、问名、纳吉、纳征、请期、亲迎等六礼。齐鲁地区的婚礼,比较看重的有纳币、亲迎、拜舅姑和反马等。

纳币即婚姻六礼中的纳征,也就是现在的结婚下聘礼。礼品有玄纁、束帛、俪皮。玄是透红的黑色,纁是浅红色,玄纁是两种染祭服的染料。束帛是成匹的丝帛。俪皮是成对的鹿皮,所以古代称婚礼为俪皮之礼,称夫妻为伉俪。

纳币的礼物多少不限,但不可缺少。董说《七国考》卷六载:"齐湣王出游东郭,百姓尽观,宿瘤采桑如故。王问而贤之,将载后车。女曰:'贞女一礼不备,虽死不从。'于是使使者加金百镒往聘迎之,以宿瘤为后。"晋公子重耳出亡到齐国,"齐桓公妻之,有马二十乘"①。

国君娶妻,要由卿大夫前去纳币。鲁庄公娶齐女哀姜为夫人,亲自去齐国纳币。《公羊传》、《穀梁传》都评论说:"亲纳币,非礼也。"由于非礼,《左传》未加记载。鲁文公娶齐女,也称哀姜(出姜),派东门襄仲前去纳币,《左传·文公二年》则首肯说,"襄仲如齐纳币,礼也。"

亲迎也叫"亲逆",是男子亲自前往女家迎接新妇。国君、大夫娶夫人,可以自己去,也可由卿大夫代替前去。

《左传·隐公二年》:"纪裂繻来逆女,卿为君逆也。"是指姜姓的纪侯派裂繻到鲁国为纪国国君迎娶。

鲁桓公娶文姜,没有亲迎,是"公子翚如齐逆女"②。鲁庄公娶哀姜,亲自去纳币遭到非议,亲自到齐国迎娶,则被认为符合礼仪。《左传·庄公二十四年》:"夏,公如齐逆女。"杜预注:"亲逆,礼也。"

大夫也可由别人代替迎娶。鲁文公七年(前620年),东门襄仲娶莒女,公孙敖代为迎娶,才为他占有莒女提供了可乘之机。

鲁昭公二十五年(前517年),叔孙昭子聘问宋国,顺便为季平子行聘迎娶宋元公的女儿。

姑娘出嫁,女方要派人致送新妇,但国君不能亲自去送。

①《左传·僖公二十三年》,载《十三经注疏》,中华书局1980年版。
②《左传·桓公三年》,载《十三经注疏》,中华书局1980年版。

鲁桓公娶文姜，"齐侯（僖公）送姜氏，非礼也。凡公女嫁于敌国，姊妹则上卿送之，以礼于先君。公子则下卿送之。于大国，虽公子，亦上卿送之。于天子则诸卿皆行，公不自送。于小国则上大夫送之"①。

山东齐国有一特殊婚俗，叫做"齐俗不亲迎"。齐国女子只有来到夫婿家，才能一睹新郎的真面目。西汉鲁（今山东曲阜）人毛亨《诗·齐风·著》讲："著，刺时也。时不亲迎也。"朱熹解释说："婚礼，婿往女家亲迎，齐俗不亲迎，故女至婿门，始见其俟己也。"该诗叙述的是齐国一位出嫁路上的新娘作出了种种揣测："俟我于著（影壁）乎而？""俟我于庭乎而？""俟我于堂乎而？"

其实，齐国只是有"不亲迎"的婚俗，当然也有"亲迎"的婚俗。《左传·宣公五年》载："秋九月，齐高固来逆女。"齐国大夫高固就行亲迎之礼。孔子重视亲迎，主张"冕而亲迎"②。正像西汉琅邪皋虞（今山东即墨东北）人王吉讲的那样："百里不同风，千里不同俗。"③先秦两汉时期的山东，往往是"亲迎"和"不亲迎"交错存在。

（3）合卺、拜舅姑、飨妇、庙见

先秦婚礼，"不乐不贺"。孔子在《礼记·曾子问》中说："嫁女之家，三夜不息烛，思相离也；取妇之家，三日不举乐，思嗣亲也。"新妇到夫家后，举行的仪式大体有合卺、拜舅姑和庙见三步。

合卺即新婚夫妇"共牢而食，合卺而酳"。"共牢而食"即夫妻"共一牲牢而同食，不异牲"；古代"以一瓠分为两瓢谓之卺，婿之与妇各执一片以酳，故云合卺而酳"④。酳，即用酒漱口。

拜舅姑的礼仪主要反映在《礼记·昏义》和《仪礼·士昏礼》中。第二天清晨，新妇沐浴更衣，等待拜见舅姑。天亮时，"妇执笲（竹器）、枣、栗、腶修（脯加姜桂曰腶脩）以见"。新妇在赞礼者的引导下要"祭脯醢，祭醴"，以成妇礼。还要为舅姑进食一"特豚"，待舅姑吃后，新妇将剩下的吃完，以表明新妇孝顺，也称"盥馈之礼"。最后，"舅姑共飨妇"。

---

①《左传·桓公三年》，载《十三经注疏》，中华书局1980年版。
②《孔子家语》卷一《大婚解第四》，上海古籍出版社1991年版。
③《汉书·王吉传》，中华书局1962年版。
④《礼记·昏义》孔颖达疏，载《十三经注疏》，中华书局1980年版。

拜舅姑用的"枣、栗,取其早自谨敬,腵修取其断断自修正,是用枣、栗、腵修之义"①。由于生育型的婚姻价值观,无论是拜舅姑,还是婚礼的其他环节,后来均转义为"早立子"了。

觌妇即同宗的家人见新妇。春秋时期的鲁国国君娶夫人,同宗的大夫及夫人要带礼物觐见,男用玉、帛、禽、鸟,宗妇用榛子、枣子、栗子、干肉等。《左传·庄公二十四年》载,鲁庄公娶哀姜时,为了显示奢华,让大夫、宗妇见哀姜时统统用玉帛,被指责为非礼。

庙见即新妇三个月后参拜男方的家庙,以获得祖先的承认,正式取得"妇"的地位。

《仪礼·士昏礼》载:"若舅姑既没,则妇入三月乃奠菜。"

《礼记·曾子问》载:"三月而庙见,称来妇也。择日而祭于祢(父庙),成妇之义也。"郑玄注:"谓舅姑没者也。"

东汉郑玄认为,庙见与拜舅姑同属一礼,如果舅姑已去世,无法行拜见礼,则三月后到家庙参拜。鲁庄公父母双亡,没有拜舅姑之礼,故为哀姜举行庙见之礼,并把父亲鲁桓公庙雕梁画栋,装饰一新。②

东汉贾逵、服虔认为:"大夫以上,无问舅姑在否,皆三月见祖庙,之后乃始成昏。"③上述"奠菜"相当于谒舅姑之礼,与庙见为二事。舅姑已亡,可并为一事举行。秦汉以后,一般沿用贾逵、服虔的说法。

《礼记·曾子问》载:"曾子问曰:'女未庙见而死,则如之何?'孔子曰:'不迁于祖,不祔于皇姑,婿不杖,不菲,不次。归葬于女氏之党,示未成妇也。'"

孔子的意思是,新妇没庙见而死,不算这家的媳妇,要归葬于女方之家,灵柩不能见男方祖庙。祭祀时,新妇不能跟婆婆一起接受祭祀。丈夫虽为她服齐衰,但不用削杖,不穿草屦,不在别处哀痛。

(4)反马和归宁

新妇没庙见属于"未成妇",男方随时可将新妇遣送回娘家。妇家送新娘的车马一直留在夫家,随时准备把遭废黜的女儿接回,表示自谦。庙见

---

①《仪礼·士昏礼》贾公彦疏,载《十三经注疏》,中华书局1980年版。
②见《左传·庄公二十三年》、《春秋·庄公二十四年》,载《十三经注疏》,中华书局1980年版。
③《礼记·曾子问》孔颖达疏,载《十三经注疏》,中华书局1980年版。

后,男方把女方的车马送回去,表示夫妇情固,可以与之偕老了,叫做"反马",让女方父母吃个定心丸。

《左传·宣公五年》载:"冬,来反马也。"孔颖达疏曰:"礼,送女适于夫氏,留其所送之马,谦,不敢自安于夫。若被出弃,则将乘之以归,故留之也。至三月庙见,夫妇之情既固,则夫家遣使反其所留之马,以示与之偕老,不复归也。"

"反马"时,新婚夫妇不能亲自去。齐大夫高固娶鲁宣公的女儿叔姬,九月亲迎,冬月和叔姬一同"反马"。《春秋·宣公五年》讥刺他这种非礼行为,故意称"冬,高固及子叔姬来",而不称"高叔姬",意思是只承认是鲁宣公的女儿,不承认是高固的妻子。

"归宁"是妇人返回娘家探望父母,但必须在庙见之后。

《春秋·庄公十五年》载:"夏,夫人姜氏如齐。"杜预注:"夫人,文姜,齐桓公姊妹。父母在则礼有归宁,没则使卿宁。"

《左传·庄公二十七年》:"冬,杞伯姬来,归宁也。"孔颖达疏曰:"归宁者,女子既嫁,有时而归问父母之宁否。父母没,则使卿归问兄弟也。"

父母死后,出嫁的姑娘只能派人问安,不再亲自"归宁",叫做"女安夫之家"。鲁桓公带文姜到齐国,申繻反对说:"女有家,男有室,无相渎也。谓之有礼,易此必败。"①杜预注曰:"女安夫之家,夫安妻之室,违此则为渎。"鲁桓公不听,才使文姜和齐襄公再续旧情,自己也丢了性命。

鲁国有个嫁到纪国的"待年媳"叔姬,东汉任城樊县(今山东济宁东北)人何休还说她有"贤行",就是因为纪国被灭亡,"纪季以鄑(今山东益都西北)入于齐"②,叔姬没返回鲁国,而是跟随归了齐国。

秦汉以后,"反马"和"归宁"混而为一了。

古代"礼不下庶人,刑不上大夫"③,"聘则为妻,奔则为妾"④,只有嫡妻才享受各种婚礼,一般庶妻、贱妾就没这个礼遇了。

---

①《左传·桓公十八年》,载《十三经注疏》,中华书局1980年版。
②《春秋·庄公三年》,载《十三经注疏》,中华书局1980年版。
③《礼记·曲礼上》,载《十三经注疏》,中华书局1980年版。
④《礼记·内则》,载《十三经注疏》,中华书局1980年版。

4. 礼无二嫡——媵、待年、妾

氏族时期的兄妹群婚，仍然遗留在齐鲁风俗当中。舜娶尧二女娥皇、女英，姐妹俩共事一夫，是东夷族的群婚风俗。齐鲁时期，姐妹共事一夫已分出等级，正式出嫁者为嫡妻、夫人，陪嫁者为媵。

《公羊传·庄公十九年》载："媵者何？诸侯娶一国，则二国往媵之，以姪娣从……诸侯一聘九女。诸侯不再娶。"国君娶夫人，要有两个同姓国派女子陪嫁，还要由新娘的侄女（姪）和妹妹（娣）陪嫁。这些陪嫁的女子，就叫做媵。

《左传·成公八年》载："卫人来媵共姬，礼也。凡诸侯嫁女，同姓媵之，异姓则否。"

《公羊传·成公九年》载："伯姬归于宋……晋人来媵。"

伯姬是鲁宣公的女儿，嫁给宋共公，称"宋共姬"。出嫁时，有卫、晋、齐三国来媵。卫国、晋国与鲁国都是姬姓，故派女子陪嫁。"异姓则否"，即异姓国不派女子陪嫁。齐国不遵礼制，非同姓国嫁女，也送女陪嫁。伯姬嫁到宋国，"齐人来媵"①。杜预注曰："异姓来媵，非礼也。"鲁襄公二十三年（前550年），晋悼公嫁女到吴国，齐庄公也派析归父送媵女到晋国。晋、吴同姓，本就不该通婚，反倒由异姓国派媵女，就更不符合礼制了，这显然是齐国加强与各国联盟的政治手段。

按照"诸侯不再娶"的礼俗，夫人死了，由媵顶替。鲁国大夫公孙敖娶莒女戴己和妹妹声己，戴己卒，公孙敖又要求续娶，莒人以声己可继承其姊而拒绝了。② 由于不再娶，陪嫁的媵越多越好，所以要"一聘九女"。实际上，往往不够"九女"之数，诸侯也不遵守"不再娶"的限制。

《左传·隐公元年》载："（鲁）惠公元妃孟子。孟子卒，继室以声子，生隐公。宋武公生仲子，仲子生而有文在其手，曰为鲁夫人，故仲子归于我。生桓公。"鲁惠公第一次娶于宋，夫人名"孟子"。孟子早亡，其姪或娣"声子"由媵继承为嫡妻，生鲁隐公。第二次又娶于宋，名仲子，仲子也是正娶的夫人，生鲁桓公。可见诸侯即使在有媵妾"继室"的情况下，也是可以再娶的。

---

① 《春秋·成公十年》，载《十三经注疏》，中华书局1980年版。
② 见《左传·文公七年》，载《十三经注疏》，中华书局1980年版。

齐女哀姜嫁给鲁庄公为夫人,妹妹叔姜为陪嫁的媵,是一嫡一媵,并不足九女。

《左传·僖公十七年》载:"齐侯之夫人三:王姬,徐嬴,蔡姬,皆无子。齐侯好内,多内宠,内嬖如夫人者六人:长卫姬,生武孟;少卫姬,生惠公;郑姬,生孝公;葛嬴,生昭公;密姬,生懿公;宋华子,生公子雍。""一聘九女"只允许有一个夫人,而齐桓公有"夫人三",则必定是娶了三次。这些"多内宠"的"如夫人",仅列举了六个有儿子的,其他没有子嗣、享受相当于夫人待遇的媵妾肯定还有很多。

齐景公的女儿少姜,嫁给晋平公有宠而死,又派晏婴使晋,把另一个女儿嫁给晋平公填房,并表示,还有先君的嫡女及姑姊妹若干人,请选择以充姬妾。① 这也说明诸侯并没遵守"不再娶"的礼制。

媵的地位次于嫡妻,比妾地位高。她可陪同正妻一块享受媒聘的礼遇,妾享受不到;嫡妻死了,媵可以继位,叫做"嫡死媵摄"②。嫁到纪国的鲁女叔姬是姐姐伯姬的媵,鲁庄公三年(前691年)伯姬死,叔姬继为嫡妻。

由于以"侄娣"陪嫁的媵不够结婚的年龄,只好先订婚,然后在父母家里"待年"。

鲁隐公二年(前721年),鲁伯姬出嫁给纪国,妹妹叔姬本应作为"媵"随伯姬一起出嫁,因为年龄小,在家里待年,到鲁隐公七年(前716年)才嫁到纪国。《春秋·隐公七年》载:"叔姬归于纪。"《公羊传》何休注曰:"叔姬者,伯姬之媵也,至是乃归者,待年父母国也。妇人八岁备数,十五从嫡,二十承事君子。媵贱,书者,后为嫡,终有贤行。"

"待年"类似后来的童养媳,起源于"侄娣"陪嫁的媵。何休讲的"妇人八岁备数,十五从嫡,二十承事君子",即8岁可充作媵,15岁跟姐姐一起订婚,20岁再出嫁。但为媵后不到夫家,而是在父母家。

秦汉以后,妹妹陪姐姐同嫁的礼俗没有了,"媵"成为比妾高、比妻低的夫人的名称。它不再是氏族兄妹群婚的遗风,而纯粹是男子权力、财富和等级地位的象征了。

---

①见《左传·昭公三年》,载《十三经注疏》,中华书局1980年版。
②《白虎通·嫁娶》,中华书局1994年版。

　　比媵再低一级的是"妾"。古代男女自由交往，"奔则为妾"①，像上述叔孙豹那样的"一顿饭"、"一夜情"式的妾必然很多。妾没有媒聘，是当时男女结合的自由之花，随着齐鲁移风易俗的进行，把婚礼、拜舅姑、庙见等礼仪都给了嫡妻，妾便每况愈下了。接着是对她低下地位的严格定位。

　　《公羊传·僖公三年》、《穀梁传·僖公十九年》、《孟子》都大声疾呼："无以妾为妻。"亦即妾的身份是终身的，嫡妻死了，妾也不能转为"嫡妻"。《孟子·告子下》："葵邱之会（前651，葵邱在今河南兰考）诸侯，束牲载书而不歃血，初命曰：'诛不孝，无易树子，无以妾为妻。'"

　　鲁哀公想立庶子公子荆之母为夫人，"使宗人衅夏献其礼"。衅夏对曰："无之。"鲁哀公恼怒说："女为宗司，立夫人，国之大礼也，何故无之？"衅夏回答说："周公及武公娶于薛，孝、惠娶于商（宋），自桓（公）以下娶于齐，此礼也则有。若以妾为夫人，则固无其礼也。"鲁哀公坚持立了公子荆之母，并以公子荆为太子，"国人始恶之"。②

　　鲁哀公不惜违背礼制，以妾为妻，颇有点不爱江山爱美人的风流豪气，这恰恰说明他们之间难以割舍的爱情。

　　由于齐鲁两国移风易俗推行得较早，妾也较早受到人们的鄙视。鲁国大夫叔肸是鲁宣公的同母弟，其妻无媒聘，鲁宣公夫人穆姜鄙视说："吾不以妾为姒（姒娌）。"③这也难怪，因为自由择偶是一种陈旧了的风尚，明媒正聘却是时髦的殊荣，穆姜当然要得意了。

　　从当时的情况来看，"妾"的地位并不像后来封建社会那样低下。叔肸之妻是妾，其他人并没歧视她，把她看成是穆姜的姒娌，穆姜这才挑剔、不承认。一个齐国人有一妻一妾，每天都到坟墓间乞讨人家剩余的供品，回来却欺骗妻妾，说是和富贵人喝酒。妻子跟踪发现后，对妾说："良人者，所仰望而终身也！"二人"相泣于中庭"。妻妾同称丈夫为"良人"，命运与共，关系融洽，其地位没那么悬殊。④

　　《国语·鲁语上》、《左传·成公十六年》、《左传·襄公五年》中都有

---

①《礼记·内则》，载《十三经注疏》，中华书局1980年版。
②见《左传·哀公二十四年》，载《十三经注疏》，中华书局1980年版。
③《左传·成公十一年》，载《十三经注疏》，中华书局1980年版。
④见《孟子·离娄下》，载《诸子集成》，上海书店1986年影印版。

"妾不衣帛"的记载。鲁国季文子"无衣帛之妾,无食粟之马",仲孙它批评他说:"子为鲁国上卿,辅佐了两个国君,妾不衣帛,马不食粟,有损鲁国的体面。"文中所要表达的是,季文子的妾应该"衣帛"。然而,把"衣帛之妾"与"食粟之马"并称,似乎当时的妾有两种:一种是上述叔孙豹的庚宗女,齐人"一妻一妾"的妾那样的,与丈夫有感情基础的妾;另一种是仆女类的贱妾,像晋公子重耳之妻姜氏的"蚕妾",季文子的妾,晏婴"食不重肉,妾不衣帛"①的妾等等,她们的地位不可同日而语。恩格斯讲的"他可以随意纳这些女奴隶为妾"②,就是后一类。

5. 禁止出妻改嫁

齐桓公和管仲开始遏制随意出妻、改嫁的社会风气。《管子·小匡》规定,"士三出妻,逐之境外","女三嫁,入于春谷"。到齐景公时,齐国业已形成了有关出妻、改嫁的道德规范。齐相晏婴讲:"婴闻之,去老者,谓之乱;纳少者,谓之淫。且夫见色而忘义,处富贵而失伦,谓之逆道。"③"寡妇树兰,生而不芳,继子得食,肥而不泽。"④这里对"淫"、"乱"、"忘义"、"失伦"的界定,以及对寡妇、继子的偏见,应该就是管仲以后形成的婚姻观念。

禁止出妻改嫁只是齐国推行的移风易俗措施,而鲁国男子出妻则很普遍。"自叔梁纥始出妻,及伯鱼亦出妻,至子思又出妻,故称孔氏三世出妻。"⑤曾参以"其妻梨蒸不熟"⑥而出妻。《荀子·解蔽》称:"孟子恶败而出妻。"自诩通悉礼仪的圣人之家尚且如此,可见出妻风俗的流行了。

《韩非子·外储说右上第三十四》记载了两段卫国左氏(今山东曹县北)人吴起出妻的故事,他把妻子当做推行军法军令的牺牲品了。第一段是,吴起要妻子织一条组带,因尺寸不对而出妻,其妻请娘家兄长说情。兄长说,吴起是法家,"欲以与万乘致功,必先践之妻妾然后行之",你别指望能再进他的家门了。另一段是,吴起要求妻子织一条与样品同样的组带,妻

---

① 《史记·管晏列传》,中华书局1959年版。
② 恩格斯:《家庭、私有制和国家的起源》,载《马克思恩格斯选集》第4卷,人民出版社1972年版,第58页。
③ 《晏子春秋·外篇·不合经术者第八》,载《诸子集成》,上海书店1986年影印版。
④ 《太平御览》卷八四九《饮食部七·食下》引《晏子》,中华书局1960年影印版。
⑤ 《孔子家语·后序》,上海古籍出版社1991年版。据《礼记·檀弓上》,"三世出妻"的应是孔子、伯鱼、子思。孔子的妻子是宋国亓官氏,亓氏后人对此愤然,有"亓孔不婚"之说。
⑥ 《后汉书·郅恽传》注引《家语》,中华书局1965年版。

子却织得比原来更好，也以"违令"而休妻。妻父为之讲情，吴起说："起，家无虚言。"从这个只顾功业不顾家的吴起身上，也可看出随意出妻的风俗。

6. 倡导妇女贞节，从一而终

先秦时期的齐鲁等国，已经出现信守贞节的典范。中国历史上第一个誓死不嫁的寡妇是西周末年的齐女卫共姜。《诗·鄘风·柏舟》载："柏舟，共姜自誓也。卫世子共伯蚤死，其妻守义，父母欲夺而嫁之，誓而弗许，故作是诗以绝之。"诗文是：

> 汎彼柏舟，在彼中河。髧彼两髦，实维我仪。
> 之死矢靡它。母也天只！不谅人只！
> 汎彼柏舟，在彼河侧。髧彼两髦，实维我特。
> 之死矢靡慝。母也天只！不谅人只！

这首诗的大意是：那个在河中泛舟，向两边梳着头发的青年，才是我的好配偶。既然嫁给他，我誓死无二志。母亲啊，天啊！怎么就不理解我呢？尽管学者们对卫共姜柏舟之誓有不同看法，但后世仍谓丧夫为"柏舟之痛"，称妇女夫死矢志不嫁为"柏舟之节"。郭沫若的联句"卫共姜志矢柏舟，鲁陶婴歌悲黄鹄"，讲的就是齐鲁二女不更二夫的故事。

中国古代的贞节，一开始就是妇女单方面的操守。齐桓公毫不隐讳地宣称自己有"寡人之好"，却又大力惩治淫乱，倡导妇女贞节。鲁国庆父在嫂嫂哀姜的支持下，杀太子般而立叔姜之子启方为闵公，后又杀闵公欲自立。阴谋败露后，庆父自缢，哀姜到了邾（在今山东曲阜东南）。齐桓公派人杀死哀姜，将尸体归还给鲁国。① 这是男女关系比较紊乱的齐国，发出的改弦更张，惩治淫乱，倡导贞节的信号。

鲁大夫公父文伯之母敬姜，被公认为是遵守妇女礼仪的楷模。她是季康子的从叔祖母，奶奶和小孙孙在一起还避什么"嫌"？可季康子去拜见她，一个在屋内，一个在屋外，不逾越门槛。公父文伯死，为了不使儿子沾染好色而死的名声，要求儿媳们不准毁哀过度。丈夫和儿子死了，她按照《礼记·坊记》中"寡妇不夜哭"的礼制，朝哭丈夫，夕哭儿子，日程安排得分毫

---

① 见《左传·闵公二年》，载《十三经注疏》，中华书局 1980 年版。

不差。①

鲁宣公的女儿宋伯姬是后世公认的第一个贞节烈妇。她嫁给宋共公六年而寡,在宋国守节30年,因严守礼制而被火烧死。

《穀梁传·襄公三十年》载,伯姬之舍晚上发生火灾,她固守"傅母不在,宵不下堂"的礼制,非得等"傅母"来了才出去避火。左右反复劝她下堂避火,可见她本来有机会避灾免死,却眼睁睁地被烧死。这种贞节价值高于生命价值的取向,成为后世节妇效法的榜样。

战国后期,在山东的齐国率先形成了"忠臣不事二君,贞女不更二夫"②的观念。

先秦时期是齐鲁地区婚姻风俗的形成时期,齐鲁立国后,各种婚姻新风尚得以倡导和流行。统治阶级强制性的政策干预,管仲、晏婴、孔子、孟子等政治家、思想家、教育家的自觉倡导,敬姜、宋共姬、柳下惠、纪叔姬等人的率先垂范和民众的上行下效,社会风俗自身所具备的社会舆论力量的监督等,是其移风易俗的主要动力。

(三) 两汉婚俗的传承

两汉山东婚俗的传承有两个特点:一是由"婚礼不乐不贺"转而追求奢华铺张、喧嚷纷闹的喜庆氛围;二是由于汉武帝"罢黜百家,独尊儒术",儒家倡导的各种婚姻礼制开始落实到社会风俗中。

1. 婚礼的变异

两汉时期,社会经济有了长足的发展,人们不再满足于古板而沉闷的旧式婚礼,不愿偷偷摸摸地"昏时行礼",不再固守"婚礼不乐不贺"的古训。婚礼的繁文缛节、聘礼的规格急剧升级。往往是帝王、富贵之家带头,上行下效,以致恶性循环,愈演愈烈。

这一婚俗的变异也流行于齐鲁地区。汉惠帝娶鲁元公主之女,"聘黄金二万斤"。齐国田氏后裔,东平陵(在今山东章丘)人王莽进"杜陵史氏为皇后,聘黄金三万斤,车马、奴婢、杂帛、珍宝以巨万计"③。

---

①见《国语·鲁语下》,上海古籍出版社1978年版。
②《史记·田单列传》,中华书局1959年版。
③《汉书·王莽传下》,中华书局1962年版。

汉宣帝五凤二年(前56年)下诏,允许民间结婚大摆宴席。①

姑娘出嫁,开始陪送妆奁。闺女养大了,再陪上钱财嫁到别人家,养闺女是累赘的观念及抛弃女婴的习俗开始产生。

西汉琅邪皋虞(今山东即墨东北)人王吉讲:"聘妻送女亡节,则贫人不及,故不举子(女)。"②北齐琅邪临沂(今属山东)人颜之推著《颜氏家训·治家》载:"太公曰:'养女太多,一费也。'陈蕃曰:'盗不过五女之门。'女之为累,亦以深矣。然天生蒸民,先人遗体,其如之何?世人多不举女,贼行骨肉。岂当如此,而望福于天乎!吾有疏亲,家饶妓媵,诞育将及,便遣阍竖守之。体有不安,窥窗倚户。若生女者,辄持将去,母随号泣,莫敢救之。"

随着对喧嚷纷闹的喜庆氛围的追求,闹新房的习俗也应运而生。东汉山阳高平(今山东金乡西北)人仲长统的《昌言下》讲:"今嫁娶之会,捶杖以督之戏谑,酒醴以趣之情欲。宣淫佚于广众之中,显阴私于族亲之间。污风诡俗,生淫长奸,莫此之甚,不可不断者也。"③

2. 父母之命的强化

到秦汉时期,不仅父母之命习以为常了,而且形成了父母一人专断儿女婚姻的风俗。秦末单父(今山东单县)人吕公相中了刘邦,亲自向刘邦求婚说:"臣有息女,愿为季箕帚妾。"④吕公的妻子不同意,恼怒说:"公始常欲奇此女,与贵人,沛令善公,求之不与,何自妄许与刘季?"吕公武断地说:"此非儿女子所知也!""此非儿女子所知也",是山东男子家长制作风的口头禅,一句话就把妻子儿女的意愿给否定了。

齐地的王侯之家也是如此。汉武帝时,齐人主父偃托宦官徐甲向封在山东的齐厉王为女儿求婚,齐王母纪太后大怒说:"主父偃何为者?乃欲以女充后宫!"⑤这里,求婚的是父亲,拒婚的是母亲,儿女还不知情呢!

按照"幼从父兄,嫁从夫,夫死从子"⑥的妇道,父母殁,还应听命于兄弟。西汉山阳郡(治昌邑,今山东金乡西北)民江伯"欲嫁寡姊,姊乃引镰自

①见《汉书·宣帝纪》,中华书局1962年版。
②《汉书·王吉传》,中华书局1962年版。
③载(清)严可均校辑:《全上古三代秦汉三国六朝文》卷八十九,中华书局1958年版。
④《史记·高祖本纪》,中华书局1959年版。
⑤《史记·齐悼惠王世家》,中华书局1959年版。
⑥《礼记·郊特牲》,载《十三经注疏》,中华书局1980年版。

割"①。弟弟强令姐姐改嫁，竟逼迫到以死抗争的程度。

除父母之命外，官媒的职能仍然存在。西汉东平陵（今山东章丘西）人王莽禁止民间铸钱，犯者邻里相坐，把几十万人押往长安，拆散人家夫妇重新匹配，就是在执行官媒的职能。

当然，不遵守父母之命、媒妁之言的婚姻仍然存在，但那已不是传统婚姻的主流。《后汉书·郭太传》载，东汉济阴（治今定陶西南）人黄允"以俊才知名"，司徒袁隗欲为从女求姻，见黄允惊叹说："得婿如是足矣。"黄允受宠若惊，赶紧遣黜原配妻子夏侯氏。夏侯氏对婆婆说："今当见弃，方与黄氏长辞。乞一会亲属，以展离诀之情。""于是大集宾客三百余人。妇中坐，攘袂数允隐匿秽恶十五事。言毕，登车而去。允以此废于时。"黄允抛弃原配妻子，而另娶世家大族袁氏之女，虽然巴结权贵，却是出于自己的意愿。

3. 婚姻礼制的规范化

（1）居丧不婚

汉武帝通过"举孝廉"选官，社会上形成向孝的风俗，儒家倡导的"居丧不婚"严格落实到世俗社会。

《礼记·曾子问》记载了孔子与曾参关于居丧不婚的对话。

曾子问："昏礼既纳币，有吉日（已请期），女之父母死，则如之何？"孔子曰："婿使人吊。如婿之父母死，则女之家亦使人吊。"

曾子问："亲迎，女在途，而婿之父母死，如之何？"孔子曰："女改服，布深衣，缟緫以趋丧。女在途，而女之父母死，则女反（返）。"

曾子问："除丧则不复昏礼乎？"孔子曰："祭，过时不祭，礼也。又何反于初？"

也就是说，丧事结束后，也不能举行婚礼了。

（2）七弃、五不娶、三不去

到两汉时期，许多婚姻礼制业已蔚成风俗，婚姻讲求七弃、五不娶、三不去。东汉任城樊县（今山东济宁东北）人何休在《春秋公羊传·庄公二十七年》的注释中作了系统的阐述："妇人有七弃、五不娶、三不去。"

七弃也称"七出"，指丈夫弃妻的七条理由，何休讲："无子弃，绝世也；

---

① 《太平御览》卷五一七《宗亲部七·姊妹》引《汉书》，中华书局1960年影印版。

淫泆弃,乱类也;不事舅姑弃,悖德也;口舌弃,离亲也;盗窃弃,反义也;嫉妒弃,乱家也;恶疾弃,不可奉宗庙也。"

先秦时期的齐鲁,无子弃妻的现象就很普遍。孟子讲:"不孝有三,无后为大。"①古人娶妻以生子继宗为目的,"妇无子则出"。齐人梁鳣、鲁人商瞿都曾经因 30 多岁无子而欲出妻。② 到了汉代,甚至学生可替无子的先生出妻。东汉博士桓荣是齐桓公的后裔,"年四十无子,(何)汤乃去荣妻为更娶,生三子,荣甚重之"③。其他如曾子以蒸梨不熟而出妻,属于"不事舅姑弃";西汉琅邪皋虞(今山东即墨东北)人王吉,因其妻摘了东邻一颗枣而欲出妻,属于"盗窃弃"。

"嫉妒弃,乱家也",是从家庭和睦和生子出发的。《诗·周南·螽斯》讲:"不妒忌,则子孙众多也。"齐国晏婴说:"妻专其夫谓之嫉妒……为妻之道,使其众妾得欢忻于其夫,谓之不嫉。"④《管子·宙合》也讲:"分敬而无妒,则夫妇和勉矣。"西汉东平陵(今山东济南章丘西)人王政君的母亲因妒忌被出,"更嫁为河内苟宾妻"⑤。

"五不娶"是讲,五种人家的女儿不能娶:"丧妇长女不娶,无教戒也;世有恶疾不娶,弃于天也;世有刑人不娶,弃于人也;乱家女不娶,类不正也;逆家女不娶,废人伦也。"

清人陈立在《白虎通疏证·嫁娶》中认为,"丧妇"当为"丧父"。"丧妇长女不娶"是指没有父母的长女缺乏教养,不是理想的择偶对象。

《公羊传·昭公二十年》:"何疾尔,恶疾也。"何休解释说:"恶疾谓瘖、聋、盲、疬、秃、跛、伛,不逮人伦之属也。"《大戴礼记·本命篇》讲:"有恶疾,为其不共(供)粢盛也。"粢盛是祭祀的供品,妇有恶疾会造成粢盛不洁,不能和丈夫一同祭祀宗庙。不仅不能娶,有恶疾的妻子也要出掉。

"乱家女"指与小功以上亲属及父亲、祖父的妾所生之女。古代认为,这是乱伦行为,故不能娶;"逆家女"指有殴打、谋杀父母、祖父母,杀伯叔父母、姑、兄、姊、外祖父母、丈夫等恶逆行为家庭的女子。因其家不行正直而

①《孟子·离娄上》,载《诸子集成》,上海书店 1986 年影印版。
②见《孔子家语·七十二弟子解第三十八》,上海古籍出版社 1991 年版。
③《后汉书·桓荣传》注引谢承《后汉书》,中华书局 1965 年版。
④《晏子春秋·内篇谏下第二》,载《诸子集成》,上海书店 1986 年影印版。
⑤《汉书·元后传》,中华书局 1962 年版。

行顽逆,废弃尊卑伦理,故不可娶。

"三不去"指妻子身犯"七出",有三种情况不能出妻。何休讲:"尝更三年丧不去,不忘恩也;贱取贵不去,不背德也;有所受无所归不去,不穷穷也。"

4. 妇女贞节的典范化

所谓妇女贞节的典范化,是指妇女贞节方面的言行被层累地追加,成为后人宣传、效法的典范。山东是儒学的发源地,也是率先垂范妇女贞节的地区。从伦理观念上把妇女贞节确立下来,是在两汉。董仲舒的儒学确立后,儒生们开始以儒家的礼教裁量妇女的行为,西汉末刘向的《列女传》集录了妇女的逸事,是首开先例。东汉班昭写了《女诫》,把历史上男尊女卑、夫为妻纲、三从四德的观念系统化、伦理化,古代妇女的贞节观念也越发典型化。两汉时期的山东经学大师,如东汉任城樊县(今山东济宁东北)人何休、北海高密(今山东高密)人郑玄(127—200)、东海郯(今山东郯城西南)人王肃等,对妇女贞节的典范化都起了推波助澜的作用。

其实,刘向的《列女传》是对妇女的德、行、才、识进行了一次系统的分类整理,妇女贞节仅仅是其中的一类,还不是唯一的价值选择。

《母仪传》记载了母仪天下的典范,涉及东夷、齐鲁的妇女有:聪明贞仁的娥皇、女英二妃,为教子三迁、断织的邹孟轲母,教子廉洁奉公的齐田稷之母等。其中,妇女贞节的典型有三例:鲁敬姜、齐傅母、鲁国九子之母。

《贤明传》是相夫成就功名的典范,属于齐鲁妇女的有:敦促周宣王早朝晏退,卒成中兴之名的齐女姜后;杀掉蚕妾,敦促重耳复国的齐桓公宗女;为夫作诔文的柳下惠之妻;乐贫行道的鲁黔娄之妻;匡夫以道的齐相晏婴仆御之妻。

《仁智传》是远见卓识,明哲保身的妇女典范,如齐鲁有慧眼识贤,劝夫馈飧加璧的曹僖氏之妻;教子施恩布惠,破译儿子书信的鲁臧文仲之母;谏阻弟弟相鲁的鲁公乘姒;忧国忧民的鲁漆室女。

《贞顺传》记载的是严格意义上的贞节烈女,齐鲁节妇主要有:宋伯姬、卫共姜、齐孝孟姬、齐杞梁妻、楚昭贞姜、鲁陶婴等。

《节义传》是见义勇为、舍亲就义的妇女典范,齐鲁妇女主要有:舍亲子而保护鲁孝公的义保母,弃子抱侄的鲁义姑姊,不以私爱废公义的齐义继母,耻夫无义的鲁秋胡子妻。

《辩通传》是智慧超人,晓谕以理的妇女典范,齐鲁妇女主要有:点破宁戚欲仕的齐相管仲之妾婧;舍身救父的齐伤槐女;进谏遭诬的齐威虞姬;干说齐宣王的齐无盐女钟离春;通而有礼的齐东郭采桑之宿瘤女;善谈国政的齐孤逐女;会织独贫,夜托明烛的齐女徐吾;除肉刑,免父罪的齐太仓女缇萦等。

《孽嬖传》是不守妇道的典型,齐鲁妇女主要有:卫宣公夫人宣姜、鲁桓公夫人文姜、鲁庄公夫人哀姜、鲁宣公夫人缪姜、齐灵公夫人声姬和齐国棠姜。

由上述各传可知,汉代“列女”的概念还是很宽泛的,凡相夫教子、明哲保身、深明大义、才智超凡等,都属于“列女”的范畴,它作为一类类的楷模而被后人喜闻乐道。在妇女贞节方面更是这样,经过从先秦到两汉的不断丰富、拔高,典型化的形象更加突出。除前面已经叙述过的卫共姜、宋伯姬、鲁敬姜外,还有方方面面的典范。

(1)“防女未然”的齐女傅母

春秋齐女庄姜为卫庄公夫人,有“冶容之行,淫泆之心”。傅母见其妇道不正,晓谕说:“子之家,世世尊荣,当为民法则。子之质,聪达于事,当为人表式……为国君之夫人,尤不可有邪僻之行焉。”庄姜感动而砥砺,终能修身守节。齐女傅母成为在妇女贞节方面“未雨绸缪”、“防患于未然”的典范。

(2)“私室不与”的鲁九子之母

鲁国九子之母寡居,回娘家前,与儿子、媳妇约定“夕而反(返)”。返回时由于天阴而提前到了,为了不窥子媳闺房之私,将车停在间门外,一直等到天黑才进家门。该卷的《邹孟轲母》条提到,孟子入私室,见其妻“袒而在内”而不悦。其妻告孟母而求去,孟母对孟子讲了一整套夫妻或家人之间应遵守的礼仪规范,不能窥见家人的隐私,这叫“将入门,问孰存;将上堂,声必扬;将入户,视必下”,九子之母就是这方面的典范。

(3)“出必辎軿”的齐孝孟姬

春秋齐孝公与夫人孟姬游琅邪,车堕碎,齐孝公使驷马立车载孟姬。按礼制,妇人应乘有帷幕屏蔽的辎軿。孟姬让傅母对使者说:“今立车无軿,非所敢受命也。……夫无礼而生,不如早死。"待使者取来辎车,孟姬已自经矣。傅母呼救曰:"使者至,辎车辒已具。"孟姬才苏醒过来,乘车而归。

(4)善哭其夫的齐杞梁妻

杞梁妻"哭夫","城为之阤","赴淄水而死",鲜明地反映了妇女贞节典型化的过程。《左传·襄公二十三年》载,春秋齐国大夫杞梁殖在攻打莒国战斗中牺牲,齐军班师时在郊外遇上杞梁殖之妻孟姜,齐庄公派人向她吊唁。孟姜知道,庶人和微小之臣才受郊吊,自己的丈夫是大夫,应隆重地到家吊唁,就据礼拒绝了。《礼记·檀弓下》、《孟子·告子下》又引出"杞梁之妻善哭其夫而变国俗"的说法,故事的重心发生偏离。到刘向《说苑·善说》又增加了杞梁妻"向城而哭,隅为之崩,城为之阤"的说法。《列女传·贞顺》又增加了杞梁妻"赴淄水而死"的情节,哭夫、崩城、投水已成系列。唐朝以后形成的孟姜女哭长城的传说,已脱离历史而面目全非了。

(5)楚昭贞姜

楚昭贞姜是"齐侯之女",楚昭王的夫人,被大水围困在渐台上,前来营救的使者忘记持符。贞姜曰:"王与宫人约令,召宫人必以符。今使者不持符,妾不敢从使者行。"待使者取符返回,贞姜已被洪水冲走了。楚昭贞姜与上述宋伯姬如出一辙,如果说宋伯姬的贞节经受了烈火的考验,楚昭贞姜的贞节则经受了洪水的洗礼,她们都付出了生命的代价。

(6)誓死从一而终的鲁陶婴

前面提到郭沫若的联句"卫共姜志矢柏舟,鲁陶婴歌悲黄鹄",讲的是齐鲁二女不更二夫的故事。鲁陶婴是另一个誓死从一而终的典范,年轻守寡,专心纺织以养幼孤,鲁人闻其义,纷纷前来求婚,鲁陶婴作歌表明不更二夫。其歌曰:

> 悲夫,黄鹄之早寡兮,七年不双。宛颈独宿兮,不与众同。
> 夜半悲鸣兮,想其故雄。天命早寡兮,独宿何伤。
> 寡妇念此兮,泣下数行。呜呼哀哉兮,死者不忘。
> 飞鸟尚然兮,况于真良。虽有贤雄兮,终不重行。

(7)耻夫无义,投河而死的鲁秋洁妇

鲁国秋胡子在陈国做官五年,回家探亲的路上,以笥金作诱饵,调戏采桑妇而被拒绝。回家后发现路上调戏的正是自己的妻子。妻子斥责说："子束发修身,辞亲往仕,五年乃还,当欢喜,乍驰乍骤,扬尘疾至,思见亲。今者乃说路旁妇人,而下子之装以金予之,是忘母也;忘母不孝。好色淫佚,是污行不义。夫事亲不孝,则事君不忠;处家不义,则治官不理。孝义并亡于身,心不遂。妾不忍见不孝不义之人,子改娶矣,妾亦不嫁。"①遂投河而死。东汉山东嘉祥武氏祠有"鲁秋洁妇"的石刻画像。唐代将鲁秋洁妇的故事编为《秋胡变文》,元代戏剧家石君宝编有杂剧《鲁大夫秋胡戏妻》,后来改编成京剧《秋胡戏妻》,又称《桑园会》,一直唱到现在。

这样,经过从先秦到两汉的不断整理加工,形成了一类类在德、行、才、识以及贞节方面的典型事例,汉代的妇女行为规范逐步被系统化、伦理化和典型化。

上面提到,山东是儒学的发源地,也是妇女贞节率先垂范的地区。妇女的淫乱行为在别的地区仍比较宽松,在山东则开始受到指责。汉武帝之姑馆陶公主嫁堂邑侯陈午寡居,50多岁了,宠幸18岁的董偃。朝臣们称呼董偃为"董君",汉武帝称他为"主人翁",并在皇宫内的"宣室"设宴招待他。可山东平原厌次(在今山东陵县)人东方朔却怒斥说:"偃以人臣私侍主,其罪一也;败男女风化,而乱婚姻之礼,伤王制,其罪二也。"②并坚持不让董偃入宫。

5. 夫、妻、妾尊卑地位的确立

从先秦到两汉,夫妇间的尊卑地位逐渐确立,大体有以下三个方面:

(1)夫为天、君、父,妻为地、臣、子

古代夫妇被比做是天地、君臣、父子关系,丈夫是天、君、父,妻子是地、臣、子。

《仪礼·丧服》称:"夫,至尊也。""父者,子之天;夫者,妻之天也。"

《白虎通·五行》:"地之承天,犹妻之事夫,臣之事君也。"

民间社会讲的"夫字天出头",就反映了夫妻间的这种地位。

(2)妻子是服从丈夫的依附品

《仪礼·丧服》称:"妇人有三从之义,无专用之道。故未嫁从父,既嫁

①《太平御览》卷五二〇《宗亲部十·夫妻》引《列女传》,中华书局1960年影印版。
②《汉书·东方朔传》,中华书局1962年版。

从夫,夫死从子。夫者,妻之天也。"妇人"三从"规定了她们终生的命运,成婚以后必须顺从丈夫,其独立的人格、人权就被丈夫吸收和取代,成为丈夫的财产,可以被买卖,被出掉,甚至可以杀掉。

《史记·孙子吴起列传》记载了卫国左氏(今山东曹县北)人吴起"杀妻求将"的故事:"齐人攻鲁,鲁欲将吴起,吴起取齐女为妻,而鲁疑之。吴起于是欲就名,遂杀其妻,以明不与齐也。鲁卒以为将。将而攻齐,大破之。"对这种灭绝人性的、以妻子为牺牲品的"杀妻求将",后人非但不痛加指斥,反而津津乐道,传为历代名将的佳话,可见随意杀妻的观念在古代是多么根深蒂固。

《战国策·齐策一》载,齐威王曰:"章子之母启得罪其父,其父杀之而埋马栈之下。吾使章子将(领兵)也,勉之曰:'夫子之强,全兵而还,必更葬将军之母。'对曰:'臣非不能更葬先妾也。臣之母启得罪臣之父。臣之父未教而死。夫不得父之教而更葬母,是欺死父也。故不敢。'夫为人子而不欺死父,岂为人臣欺生君哉?"在章子看来,母亲被父亲杀掉是罪有应得,没有父亲的遗嘱而更葬其母,就是欺父。

(3)丈夫可以纳媵妾,妻子同时只能有一个丈夫

按照恩格斯的说法,一夫一妻"只是对妇女而不是对男子的一夫一妻制,这种性质到现在还保存着"[1]。中国古代则是严格而虚伪的一夫多偶制,丈夫可以拥有媵、妾、下妻、小妇、旁妻、外妇等众多的配偶,但嫡妻只能有一个。

妻子低下的地位,主要是对舅姑、丈夫而言,而对丈夫的其他媵妾来说,妻子又是最高的。

《释名·释亲属》称:"夫为男君,故名其妻曰女君也。"

《仪礼·丧服》:"妾之事女君,与妇之事舅姑等。"

《白虎通·嫁娶》:"妻者齐也,与夫齐体……妾者接也,以时接见也。"

秦汉时期,妾的自由地位完全消失,成为丈夫诸多妻妾中地位最低的阶层。妾不仅在丈夫面前地位低下,在家庭所有的成员面前都是低下的,都没有亲属身份和法律地位。

---

[1]《马克思恩格斯选集》第4卷,人民出版社1972年版,第58页。

旁妻的地位低于嫡妻,高于妾。西汉东平陵(今山东济南章丘西)人王政君的父亲王禁"不修廉隅,好酒色,多娶傍(旁)妻,凡有四女八男"①。

下妻一般为被掠卖者,地位更加低下。东汉光武帝建武七年(31年)下诏:"吏人遭饥乱及为青、徐贼所略为奴婢下妻,欲去留者,恣听之。"建武十四年(38年)诏:"或依托为人下妻,欲去者,恣听之,敢拘留者,比青、徐二州以略人法从事。"②青州属今天的山东地区,可知掠人为下妻风气之盛。

外妇是丈夫安置在外的旁妻。《汉书·高五王传》载:"齐悼惠王刘肥,其母高祖微时外妇也。"

6."坐怀不乱"与男不再娶

先秦秦汉时期的妇女贞节,与明清时期相比,有三点不同:其一,妇女贞节只是儒学家、统治者倡导的理想规范,并没有严格落实到社会风俗中。其二,那时的贞节观念只是一种价值的选择,还不是道德、是非、责任的必然命令,妇女的自我意识和独立人格并没有被淹没。其三,有男女各守贞操的双向意向,主要表现为对柳下惠"坐怀不乱"的人格典范的认同和男子不再娶的现象的出现。

柳下惠是鲁国遵守贵族礼仪的典范,也是移风易俗方面率先垂范的人物,但其"坐怀不乱"的故事却是演绎出来的。《荀子·大略》载:"子夏贫,衣若县鹑。人曰:'子何不仕?'曰:'诸侯之骄我者,吾不为臣;大夫之骄我者,吾不复见。柳下惠与后门者同衣而不见疑,非一日之闻也。'"这里的意思很清楚:后门者是"君子守后门至贱者",柳下惠"与后门者同衣",是称道他安于贫贱或不羞贫贱的品格,可到汉代故事的重心便发生了偏离。

《诗·小雅·巷伯》郑玄笺,记载了一个"执烛纳妇,缩屋称贞"的颜叔子和一个柳下惠行为的追随者:

> 昔者,颜叔子独处于室,邻之嫠妇又独处于室。夜,暴风雨至而室坏,妇人趋而至,颜叔子纳之而使执烛。放乎旦(至于旦)而蒸(薪之细者)尽,缩屋而继之(抽取屋草以继之)。自以为辟嫌之不审矣。若其审者,宜若鲁人然。鲁人有男子独处于室,邻之嫠妇又独处于室。夜,

①《汉书·元后传》,中华书局1962年版。
②《后汉书·光武帝纪下》,中华书局1965年版。

暴风雨至而室坏，妇人趋而托之。男子闭户而不纳。妇人自牖与之言曰："子何为不纳我乎？"男子曰："吾闻之也，男女不六十不间居。今子幼，吾亦幼，不可以纳子。"妇人曰："子何不若柳下惠然，妪不逮门之女，国人不称其乱。"男子曰："柳下惠固可，吾固不可。吾将以吾不可，学柳下惠之可。"孔子曰："欲学柳下惠者，未有似于是也。"

这样，《荀子·大略》中的"与后门者同衣"被演绎为"妪不逮门之女"了。元朝胡炳文的《纯正蒙求》卷上，作了清楚的表述："鲁柳下惠，姓展名禽，远行夜宿都门外。时大寒，忽有女子来托宿，下惠恐其冻死，乃坐之于怀，以衣覆之，至晓不为乱。"

于是，汉代的山东出现了"坐怀不乱"的柳下惠和颜叔子、追随柳下惠的鲁人等三位"行心自明"的典范。唐诗人周昙在《春秋战国门·颜叔子》中描绘说：

> 夜雨邻娃告屋倾，一宵从寄念悲惊。
>
> 诚知独处从烧烛，君子行心要自明。

那个"以吾之不可，学柳之惠之可"的鲁人，虽然对自己的"定力"缺乏自信，但他"闭户不纳寡女"的行为却受到孔子的称赞。由此可知，孔子并不否定人的性欲，因而不主张孤男寡女共处一室。到后来，"坐怀不乱"的故事，成为家喻户晓的千古佳话，柳下惠甚至成为在男女关系上品格高尚、光明磊落、不欺暗室的代名词。例如，《镜花缘》第三十八回，唐敖道："据这光景，舅兄竟是柳下惠坐怀不乱了？"

先秦两汉时期，不仅有夫死不嫁，山东还流行男子出妻或妻死不再娶的风俗。《后汉书·郅恽传》注引《家语》曰："曾参妻为梨蒸不熟，因出之。终身不娶。其子请焉。曾参曰：'高宗以后妻杀孝子，尹吉甫以后妻放伯奇，吾上不及高宗，中不比吉甫，知其得免于非乎！'遂不娶。"

高宗是商王武丁，有孝子，其母早死，高宗惑后妻之言，放之而死，天下哀之。尹吉甫是周宣王时的卿，前妻子伯奇事后母至孝。后母谮之于吉甫，吉甫欲杀之，伯奇乃亡走山林。

曾参以妻蒸不熟梨而出妻后，效法高宗、尹吉甫，终身不娶，后人又递相效法。西汉琅邪皋虞(今山东即墨东北)人王吉之子王骏丧妻,对人曰:"德非曾参,子非华、元(曾参二子),亦何敢娶?"①东汉末北海朱虚(治今山东临朐东南)人管宁妻死,有人劝他更娶,管宁曰:"每省曾子、王骏之言,意常嘉之。岂自遭之而违本心哉?"②管宁也终身不娶。

男子不再娶的风尚出自"重子孙,轻个人"的价值取向,且仅行一时,后世也没蔚成风气。因此,男子的贞节观念在历史上仍然是不存在的。即便是在两汉,普遍流行的仍是男子弃旧迎新。《汉乐府诗》曰:

> 上山采蘼芜,下山逢故夫。
>
> 回首问故夫,新人复何如?③

由于男子弃旧迎新司空见惯,连被抛弃的前妻都认为是理所当然的事了,所以能以平和的心情问候新人。

五、生老风俗

生老是人生旅途的全程,包括从出世、孩提、成年、壮年到老年各阶段的人生礼俗,养生、养性等追求长生长寿、个性修养的习俗。它又与衣食住行、婚姻、丧葬、节日、信仰等风俗重叠沟通,集中地反映了中国的人生价值观念。

(一) 对新生命的呼唤

1. 祈子、胎教

一个新生命的诞生,究竟开始于怀胎,还是分娩,医学界、法学界或许有不同的看法。生子继宗的宗法观念和婚姻价值观念却无视这些论证,而把人生礼俗大大提前了。当母亲十月怀胎,早已是各种人生礼俗的交汇点了。

祈子风俗包括祈孕和怀孕后祈求生男孩。原始社会初期,还不知道性交与生育的内在联系,认为是"神圣母感天而生子"④,即女祖先感受动植物

---

①《汉书·王吉传》,中华书局 1962 年版。
②《三国志·魏志·袁张凉国田王邴管传》,中华书局 1959 年版。
③《太平御览》卷五二一《宗亲部一一·出妇》引,中华书局 1960 年影印版。
④《说文十二下·女部》,中华书局 1963 年版。

或其他非生物的精灵而怀孕，以至于留下许多此类传说。如西汉东平陵（在今济南章丘）人王禁之妻李氏"任（妊）政君在身，梦月入其怀"。后来，人们发现了生育的秘密，《周易·系辞下》叫做"男女构精，万物化生"。《管子·水地》称做"人，水也。男女精气合，而水流形"。

山东的祈子风俗源远流长。《史记·孔子世家》载："（叔梁）纥与颜氏女野合而生孔子，祷于尼丘得孔子。"当时祈子仪式和男女交合是同时进行的，且祈子要坚持进行多次，直到孩子生下来。曲阜当地流传，鲁襄公二十二年（前 551 年），颜征在祈祷于尼丘山后，在尼山脚下的山洞里生下

曲阜尼山夫子洞

了孔子，这个山洞被称做"夫子洞"，后来在附近修了夫子洞庙，再后来又有了夫子洞庙会，每年正月十六，小媳妇、老婆婆都来赶庙会，逛庙拜圣人，祈子求孙。周围的人认为，向尼山神求得的孩子聪明，能成大器。由此看来，这"夫子洞"应是山东祈子风俗的策源地。

古人强调"外象内感"，胎儿能受母亲言行的感化，"感于善则善，感于恶则恶"。所以孕妇必须谨守礼仪，给胎儿以良好的影响，叫做"胎教"。

汉代学者把胎教的源起归于文王、成王之母。

《小学稽古篇》载："太任文王之母，挚任氏之中女也，王季取以为妃。太任之性端一诚庄，惟德之行，及其娠文王，目不视恶色，耳不听淫声，口不出敖言。生文王而明圣，太任教之，以一而识百，卒为周宗。君子谓太任为能胎教。"[1]

《大戴礼记》载："周后妊成王于身，立而不跛，坐而不差，独处不倨，虽怒不詈，胎教之谓也。"[2]

孟子母曾言："吾怀妊是子，席不正不坐，割不正不食，胎教之也。"[3]

---

① 《古今图书集成·家范典·教子部》引，中华书局、巴蜀书社 1985 年版。
② 《太平御览》卷三六〇《人事部一·孕》引，中华书局 1960 年影印版。
③ 《韩诗外传》卷九第一章，中华书局 1980 年版。

可知,早在先秦时期就形成了胎教的风俗。其中,孟母胎教的故事在民间广为流传。

2. 悬弧挂帨和弄璋弄瓦

当人们企盼的小生命呱呱坠地,各种风俗仪式接踵而来。

《礼记·内则》载:"子生,男子设弧于门左,女子设帨于门右。三日始负子,男射女否。"

《礼记·射义》:"男子生,桑弧蓬矢六,以射天地四方。天地四方者,男子之所有事也。"

先秦时期,人家生男孩,在门左挂弓。三日后,负子用六支箭射向天地四方,以示男儿尚武和志在四方。生女孩则在门右挂一块帨巾。因此,古代生男称做"悬弧"、"设弧",男子生日称做"悬弧之辰"。生女孩或女子生日则称"设帨"。这一风俗一直在山东流行,宋元明清时期逐渐消失。乾隆十八年(1753 年)山东《博山县志》载:"往昔民间生子女,必悬弧帨,礼犹近古,今废。"①

《诗·小雅·斯干》载:"乃生男子,载寝之床,载衣之裳,载弄之璋。""乃生女子,载寝之地,载衣之裼,载弄之瓦。"

"璋"是古代的一种玉器,"瓦"是纺织用的纺锤。该文是说,生了男孩,放到床上,穿上衣裳,玩弄玉璋,希望将来有玉一样的品德。生下女孩,放到地上,用裼衣包起来,让她玩弄纺锤,希望将来熟悉女工。所以,古代生男孩叫做"弄璋",生女孩叫做"弄瓦"。

3. 十二生肖

人的出生之年还命定着一种特定的文化符号,叫做十二生肖或十二属相。例如,子(鼠)年出生的肖(属)鼠,丑(牛)年生的肖牛。以后每逢子年、丑年,即为本命年。用特定动物纪历的"兽历",在古印度、古埃及、古希腊、古巴比伦都曾存在,但把它们作为人的属相,恐怕仅见于中国。这种人与禽兽息息相关的生肖风俗有着悠久的历史和丰富的文化内涵。

十二生肖源于氏族社会的动物、星宿崇拜和古代的历法。十二地支与生肖的对应关系,春秋时代就初步确立了。《诗·小雅·吉日》:"吉日庚

---

①载丁世良、赵放主编:《中国地方志民俗资料汇编》华东卷上,书目文献出版社 1995 年版,第100 页。

午,既差我马。"以午对马。《左传·僖公五年》:"龙尾伏辰。"以辰对龙。

1975年,在湖北云梦睡虎地发现的秦简《盗者》一篇中载:

> 子,鼠也;丑,牛也;寅,虎也;卯,兔也;辰,龙也;巳,虫也;午,鹿也;未,马也;申,环也;酉,水也;戌,老羊也;亥,豕也。

其中的"虫",即蛇。"环"古读猨,即猿,与猴同。"水"古读雄,即野鸡。与现代不同的有午鹿、未马、戌老羊三条。竹简的年代是战国后期,当时的十二生肖已经很完整了。

明末清初学者方以智讲:"《方言》以十二生肖配十二辰,为人命所属,莫知所起。"[1]《方言》的作者是西汉扬雄。东汉王充《论衡·物势篇》所举的十二生肖,有十一种与今天的相合。可知,以十二生肖配十二辰,并"为人命所属",在汉代已流行了。

由生肖风俗又产生出中国人特有的生辰八字。每个人出生的年、月、日、时,各有天干地支相配,四项共八个字,故称"生辰八字"。天干地支又各与五行相对应,并以此来推算一个人的命运。

把动物作为年月日时和"人命所属"的文化符号,通过生动的形象思维来增加联想,便于直观形象地推算时光和年龄,增加生活情趣。一个人的年龄是不断增长变化的,而属相却终生不变。随着时光的流逝,人们可以忘记多年不见的亲友的年龄,但只要记住属相,就能准确地推算出来。另外,通过对动物的崇拜和美化,将其集中映印在人身上,以此来体现人的主体地位,既反映了中国风俗文化的人文精神,又增加了人对大自然的热爱和归属感。

4. 举子禁忌

在我们这个强调"人为贵"和"无后为大"的国度里,又有许多举子禁忌和不得已而杀子的风俗,致使许多无辜的婴儿刚刚来到这个世界便丧失了生的权力。

自先秦时期山东齐国就有"讳举五月子"的陋俗。《史记·孟尝君列传》载,齐国孟尝君田文于五月五日生,其父田婴告诫其母说:"勿举也。"其母偷偷把他养活下来。待田婴发现,孟尝君已经长大了,对其母大发雷霆。

---

① 方以智:《通雅》卷十二,上海古籍出版社1988年版。

孟尝君问父亲说："君所以不举五月子者，何故？"田婴说："五月子者，长与户齐，将不利其父母。"孟尝君反驳说："人生受命于天乎，将受命于户邪？""必受命于天，君何忧焉。必受命于户，则可高其户耳，谁能至者！"由于孟尝君的据理力争，才活了下来。

《西京杂记》载，西汉东平陵（在今济南章丘）人王凤五月五日生，其父欲不举，其叔父曰："昔田婴敕其母勿举田文，文后为孟尝君，以古事推之，非不祥。"①父亲才把王凤养了下来。

自两汉开始，举子禁忌逐步扩大。据《风俗通·佚文·释忌》记载，有以下几种：

（1）不举五月、正月子

"俗说五月五日生子，男害父，女害母。故田文生而婴告其母勿举，且曰：'长与户齐，将不利其父母。'"汉代还有不举正月子的禁忌。东汉王充的《论衡·四讳》载："讳举正月、五月子，以为正月、五月子杀父与母，不得已举之，父母祸死。"

（2）不举与父同月生子

春秋时期山东齐鲁等地无此俗。《左传·桓公六年》载，鲁庄公的生日与父亲鲁桓公相同，鲁桓公说："是其生也，与吾同物（日）。"为儿子取名曰"同"。如果当时就有"不举父同月子"的风俗，即使不忍抛弃亲生，也不会取名为"同"来做纪念。

（3）"不举寤生子"

寤生有两种说法，《风俗通》云："俗说儿堕地便能开目视者，谓之寤生。举寤生子，妨父母。"另一种说法即站生、难产。说寤生子妨父母，可能是对春秋郑庄公"寤生"的附会。郑庄公寤生惊吓了母亲，又与弟弟共叔段兄弟相残，还幽禁了母亲。其实，郑庄公既没妨父，也没害母，还和母亲和好如初。但他的事迹给人们的心理印象实在是太深了。

（4）生三子不举

"俗说生子至于三，似六畜，言其妨父母，故不举之也。"三子指三胞胎，这也是秦汉时形成的。春秋越王勾践为雪会稽之耻，奖励生育，规定："生

①《太平御览》卷三十一《时序部一六·五月五日》引，中华书局 1960 年影印版。

三人,公与之母。"①即生三胞胎,国家帮助抚养,赐给乳母。越王勾践后来称霸天下,其奖励生育的政策天下共知,所以当时不会有此禁忌。

(5)不举生髭须子

"俗说人十四五,乃当生髭须,今生而有之,妨害父母也。"先秦亦无此俗,东周灵王生而有髭,没见有何异议。

(6)不宜归生

"不宜归生",即出嫁女不宜归母家生子。据说是怕生下的男孩被调换成女孩。现代山东女子不得在母家生产的风俗,即源起于秦汉时期。

由于封建政府繁重的赋税徭役和其他的陈规陋俗,历代民间都有被迫溺婴、弃婴的风俗。秦朝兵役徭役繁重,有"生男慎勿举,生女哺用脯。不见长城下,尸骸相支柱"②的《长城之歌》。西汉琅邪(治今山东诸城)人贡禹讲:"古民亡赋算口钱,起武帝征伐四夷,重赋于民,民产子三岁则出口钱,故民重困,至于生子辄杀,甚可悲痛。"③

(二)踏上人生之路

"老有所终,壮有所用,幼有所长,矜寡孤独废疾者皆有所养"④,是儒家理想化的社会蓝图。因此,古代的人生礼仪,不同的年龄有不同的名称、义务和权力。随着专制制度的加强,越来越强调人对国家和皇帝的义务,而人生的权力却被淡化掉了。

1. 孩提、幼学、成童

小儿二三岁间在襁褓之中,可以提抱,故称做"孩提之童"、"孩抱"。《孟子·尽心上》称:"孩提之童,无不知爱其亲者。"

"小儿五岁曰鸠车之戏,七岁曰竹马之游。"⑤据《后汉书·礼仪志》,鸠指鸠杖,是汉代赐给八九十岁老人的玉杖,长九尺,以鸠鸟为端饰。鸠鸟为不噎之鸟,有祝老人不噎之意。这里指 5 岁小儿骑鸠杖为车戏耍。竹马指小儿骑竹竿当马。

---

①《国语·越语上》,上海古籍出版社 1978 年版。
②《水经注》卷三,华夏出版社 2006 年版。
③《汉书·贡禹传》,中华书局 1962 年版。
④《礼记·礼运篇》,载《十三经注疏》,中华书局 1980 年版。
⑤《谈苑》,《古今图书集成·人事典·七岁部》引,中华书局、巴蜀书社 1985 年版。

《礼记·内则》载:"六年,教之数与方名。七年,男女不同席,不共食。八年,出入门户及即席饮食,必后长者,始教之让。九年,教之数日。十年,出就外傅,居宿于外,学书计……十有三年,学乐诵诗,舞勺。成童,舞象,学射御。"

《汉书·食货志上》载,古者"八岁入小学,学六甲、五方、书计之事,始知室家长幼之节。十五岁入大学,学先圣礼乐,而知朝廷君臣之礼"。

"六甲",指六十甲子。"五方"指分辨五方之名和书籍。"书计"即算术。"数日"即朔望和六十甲子。"舞勺"是文舞,"舞象"是武舞。整个学习内容是自然知识和礼乐制度。

上述两条记载讲的是整个成人前的教育过程。6 岁就该让小儿掌握数和东西南北了。8 岁或 10 岁入小学,所以《礼记·曲礼》称:"人生十年曰幼学。"13 岁或 15 岁入大学。《释名·释长幼》称:"十五曰成童。"孔子讲的"十有五而志于学",就是成童和入大学的年龄。

总之,从幼学开始到成童、到成人礼之前,所有的自然知识和礼仪都应该具备了。在整个古代,人们都热衷于"神童"、"圣童"的赞赏。春秋鲁国人项橐 7 岁为孔子师,东汉鲁国(今山东曲阜)人孔融 4 岁让梨,都成为教育、激励子女大器早成的事例,反映古人对望子成龙的强烈企盼。

2. 冠礼

冠礼即成年礼,是人生重大的里程碑,它表示从此和童年告别,正式跨入成年人的行列,人们也按照大人的礼仪来对待和要求他了。在先秦,"礼不下庶人",冠礼只是贵族男子的专利。秦汉以后成为普遍的成年礼仪。

古代贵族男子"二十而冠"①,即 20 岁举行"冠礼",也叫"加元服",民间俗称"上头",所以 20 岁也称"弱冠"。

《仪礼·士冠礼》记载了这一复杂的礼仪。举行冠礼前,用蓍草占卜日期和称做"宾"的主持人,叫做"筮日"、"筮宾",然后按卜得的日期在宗庙举行加冠仪式。加冠时,将头发挽成髻,将冠戴上,用笄和冠缨固定住。始加缁布冠,表示从此有治人权;再加皮弁,表示有当兵的权利和义务;三加爵弁,表示有资格祭祀。"弁",是古代贵族的一种冠,皮弁为武冠,爵弁为文

———————————
①《礼记·内则》,载《十三经注疏》,中华书局 1980 年版。

冠。因此,冠礼又称"弁",或称"三加之礼"。加冠后,"宾"和父母用酒向加冠者祝贺,称做"醮子"。还要由"宾"起一个字。《礼记·冠义》讲:"冠而字之,成人之道也。"冠礼完毕,要拜见国君、尊长,宣布自己成人,以获得社会的承认。

男子未冠前束发成两角,称做总角、丱。《礼记·内则》载:"拂髦总角。"东汉北海高密人郑玄注曰:"总角,收发结之。"《诗经·齐风·甫田》称:"婉兮娈兮,总角丱兮。未几见兮,突而弁兮。"这是春秋齐国大夫讽刺齐襄公不修德义却好大喜功的诗。意思是一个美好的总角男童,突然给他加冠,也成不了大人,改变不了他的本质。后人认为是齐国冠礼紊乱的表现。如清雍正十一年(1733 年)修山东《乐安县志》讲:"读角丱突弁之诗,则知冠礼之废也久矣。"①

先秦庶人的成人礼,只是在发髻上覆以巾。《释名·释首饰》称:"巾者谨也,二十成人,士冠庶人巾。"女子也有成年礼,《礼记·内则》讲,女子"十有五年而笄"。把头发挽成髻,插上笄就行了。十三四岁时,头发自然下垂,或以巾覆盖,形似豆蔻,故又将女子十三四岁时称做"豆蔻年华"。杜牧《赠别》诗:"娉娉袅袅十三余,豆蔻梢头二月初。"

古代"敬冠事",把童年和成年清楚地界定开来。《礼记·曲礼》云:"人生十年曰幼学,二十曰弱冠。"加冠后"责成人礼焉者,将责为人子、为人弟、为人臣、为人少者之礼行焉"②。弱冠即成年,要"去幼志,顺成德",不仅要以成人的资格和礼仪修养来进行人际交往,还要承担起对国君、父兄的忠信孝悌之道。

因此,冠礼是敦促青少年成人、成熟的界牌。它使一个乳臭未干的娃娃倏忽间跃入一个成人的境界,使自尊、自爱、自重,加强自我修养成为弱冠者的自觉意识。也使承担社会责任,为国家、为民族立事立功的男儿壮志变为有志者的强烈愿望。

汉武帝时,欲令南越王入朝。弱冠的济南人终军请缨说:"愿受长缨,

---

①载丁世良、赵放主编:《中国地方志民俗资料汇编》华东卷上,书目文献出版社 1995 年版,第 184 页。
②《礼记·冠义》,载《十三经注疏》,中华书局 1980 年版。

必羁南越王而致之阙下。"①东汉班超年轻时,立下了投笔从戎,立功异域的壮志。南朝宋宗悫年少时对叔父说:"愿乘长风,破万里浪。"②唐代诗人王勃在《滕王阁序》中抒发自己的抱负和怀才不遇说:"无路请缨,等终军之弱冠;有怀投笔,慕宗悫之长风。"

3. 姓、氏、名、字、号

姓名是每个人特定的文化符号,古代中国是个宗法社会,姓和氏又是宗法血统的标志,所以显得特别复杂和严格。

（1）姓和氏

《说文十二下·女部》讲:"姓,人所生也。古之神、圣母感天而生子,故称天子……《春秋传》曰:'天子因生以赐姓。'""感天而生"即与有生命的动植物,或日、月等无生命的自然物感应而生。"因生以赐姓"即以感应物为姓,它往往也作为本氏族的图腾。

随着氏族的繁衍,一个同姓氏族又衍生出许多胞族和父系家族,这就出现了氏。高阳氏颛顼和高辛氏帝喾就是姬姓黄帝分支出的二氏。《史记·五帝本纪》说:"黄帝二十五子,其得姓者十四人。"这里提到的姓,又是从姬姓衍变出的氏。后来,高辛氏又分支出伯奋氏、仲堪氏、叔献氏、季仲氏,伯虎氏、仲熊氏、叔豹氏、季狸氏,两个胞族,共八氏。③

先秦时期,男子称氏,妇人称姓。男有氏以别贵贱,女有姓以别婚姻。男子的姓不言自明,而氏则不断变化。鲁国姬姓,鲁孝公的后代有臧氏、郈氏、柳氏。鲁桓公的后代有孟孙氏、叔孙氏、季孙氏。清初新城（今山东桓台）人王士禛《池北偶谈》中讲:"昔鲁公伯禽季子鱼,赐东野田一成,因以为氏。"因此,山东还有一支周公后裔东野氏,到清康熙年间有周公的73世孙东野沛然。齐国姜姓,其后代有高氏、国氏、崔氏等。

《礼记·大传》载:"四世而缌,服之穷也。五世祖免,杀同姓也。六世亲属竭矣。"东汉北海高密（今属山东）人郑玄注曰:"四世共高祖,五世高祖昆弟,六世以外亲尽无属名。"即高祖以下的所有四代子孙,都可以高祖的名号为氏。到第五代子孙（连同原来的高祖共六世）出现后,原高祖的氏由

<hr />

①《汉书·终军传》,中华书局1962年版。
②《宋书·宗悫传》,中华书局1975年版。
③见《左传·文公十八年》,载《十三经注疏》,中华书局1980年版。

嫡系子孙继承,世代流传。而非嫡系子孙以原曾祖为高祖,就以他的名号为氏了。秦汉以后,姓与氏开始合一,无论嫡系、非嫡系都以祖上的姓、氏为姓了。由于种种原因,仍可能出现新的姓。东汉第五伦,本战国齐国田氏的后裔,因是六国旧贵族,被第五批迁徙到长陵(在今陕西省),故以"第五"为姓。西汉齐人娄敬引汉高祖刘邦赐姓而改姓"刘"。其他还有从主人、养父、继父姓,冒姓,少数民族改汉姓等。

那么,古人取氏都有哪些依据呢?根据《白虎通·姓名》和《风俗通·佚文·姓氏》的记载,氏的来源可分为九类:

第一,氏于号。即以徽号(图腾)为氏。山东东夷族的舜号有虞氏,其后裔因以虞为氏。

第二,氏于谥。即以谥号为氏,如武、宣、穆等。东汉经学大师桓荣,"本齐桓公后也,桓公作伯,支庶用其谥立族命氏焉"①。

第三,氏于爵。即以爵位为氏。《白虎通·姓名》讲:"王者之子称王子,王者之孙称王孙,诸侯之子称公子,公子之子称公孙。"《论语》中有王孙贾、公子荆、公孙朝等,都是氏。

第四,氏于国。即以国名或封邑为氏。国名如鲁、曹、宋、卫等氏。鲁大夫展禽的封邑在柳下,以他为始祖的后裔称柳氏。战国田氏之齐"世称王",齐王建之孙安被项羽封为济北王,齐人谓之"王家","因以为氏(姓)"②。西汉元帝皇后王政君和侄子王莽即其中一支。

第五,氏于官。即以官为氏。如司马、司徒、司寇、司空、司城等。

第六,氏于字。《白虎通·姓名》讲:"公孙之子,各以其王父字为氏。"先秦时的字主要是伯、仲、叔、季,其实是兄弟们的排序,伯者长也,仲者中也,叔者少也,季者幼也。长子有的称伯,有的称孟。《白虎通·姓名》载:"适(嫡)长称伯,伯禽是也;庶长称孟,鲁大夫孟氏是也。"这种用来排序的字,也成为后裔的氏。

第七,氏于居。即以居住地为氏。如城、郭、池、园、东门、东郭、百里等。传说西汉平原厌次(今山东惠民)人东方朔母田氏寡居,"梦太白星临其上,因有娠",田氏叹曰:"无夫而娠,人将弃我。""乃移向代都东方里为居,五月

---

①《后汉书·桓荣传》注引《东观记》,中华书局 1965 年版。
②《汉书·元后传》,中华书局 1962 年版。

旦生朔,因以所居里为氏,朔为名。"①

第八,氏于事。即以百工技艺为氏。如从事巫卜、制陶、丘墓的后裔,各以巫、卜、陶、丘为氏。

第九,氏于职典。即以掌典的职事为氏。此氏不太常见,《风俗通》提到的有三马、五鹿、青牛、白马等。

（2）名和"五名六避"

《白虎通·姓名》称:"名者,幼小卑贱之称也。""《礼服传》曰:子生三月,则父名之于祖庙。"春秋鲁国大夫申繻曾讲过取名的五条原则和六种避讳:

> 名有五,有信、有义、有象、有假、有类。以名生为信,以德命为义,以类命为象,取于物为假,取于父为类。不以国,不以官,不以山川,不以隐疾,不以畜牲,不以器币。周人以讳事神。名,终将讳之。故以国则废名,以官则废职,以山川则废主,以畜牲则废祀,以器币则废礼。②

《礼记·曲礼》、《论衡·诘术》也有相同的记载。根据这些原则和以后史书的记载,古人取名大体有以下原则:

第一,根据天干、地支,或干支相配五行取名。《白虎通·姓名》讲:"殷以生日名子。"从商代开始,就以所生之日的天干命名,如太甲、盘庚、武丁等。到西周,又以天干相配五行,或干支相配取名。

第二,根据出生时的生理特征及有关情况命名,即申繻说的"信、义、象、假、类"。鲁公子友的手纹像"友"字,便取名为友,这是"名生为信"。周文王出生时有圣瑞,祖父古公亶父以为能昌盛周室,为其取名为昌,这是"德名为义"。孔子的头顶中间低四周略高,像曲阜郊外的尼丘山,取名为丘,字仲尼,这是"类名为象"。孔子得子,"鲁昭公使人遗之鲤鱼,夫子荣君之赐"③,为儿取名曰鲤,字伯鱼,这是"取于物为假"。鲁庄公的生日与父亲鲁桓公相同,取名为同,这是"取于父为类"。东汉北海高密人郑玄以孙

---

①《太平御览》卷三六○《人事部一·孕》引《洞冥记》,中华书局1960年影印版。
②《左传·桓公六年》,载《十三经注疏》,中华书局1980年版。
③《史记·孔子世家》司马贞索隐,中华书局1959年版。

子的"手文似己,名之曰小同"①。

秦汉以后取名,也大多遵守这些传统风俗。

第三,以梦中所见之象取名,也叫"梦象法"。郑文公的妾梦见天使给她一枝兰花而怀孕生子,文公为公子取名"兰",即后来的郑穆公。② 因此,古代妇人怀孕,又称"梦兰"、"兰梦"。

第四,根据占卜所得的结果取名。

第五,待事而名。即初生时不取名,待以后有了值得纪念的大事时,因事命名。春秋鲁国叔孙庄叔击败狄人,俘获侨如、虺、豹三个俘虏,用三个人的名字分别为自己的三个儿子命名。③ 叔孙庄叔不可能在这年顿生三子,有的是生后待事而名,有的是事后而生。《左传·定公八年》载:"(鲁)苦越生子,将待事而名之,阳州之役获焉,名之曰阳州。"

上述申繻的话还道出了取名的"六避"。之所以不以国名、官名、山川名、隐疾名、畜牲名、器币名取名,是为了避名讳。如果用这些为国君之子命名,待其继位后,为了避讳,势必因重大事物名称的更改而造成混乱。鲁献公名具,鲁武公名敖,只好将鲁国境内的具山、敖山改称"其乡之山"。古代特别重视祭祀,用猪、羊、俎、豆等命名,不仅要避讳,更不能用来作祭祀的牺牲和器物。

由此我们可以理解"入境而问禁,入国而问俗,入门而问讳"④的礼制意义所在。春秋晋国范献子出使鲁国,问起了具山、敖山,鲁人说是先君之讳,范献子感到自己失礼,非常尴尬。⑤

不光是国君,贵族和平民也要避父祖名讳,也要遵守"六避"的取名原则。春秋时期的鲁国好像并不严格遵守这一风俗。不光是鲁献公、鲁武公,孔子弟子司马耕,字子牛,也违背了不以畜牲命名的原则。

《礼记·曲礼下》载,先秦时期还有一条取名礼制,叫做"君子已孤不更名"。即父亲死后,为自己取的名字不能再更改,否则就是遗弃其父。

---

① 《后汉书·郑玄传》,中华书局1965年版。
② 见《左传·宣公三年》,载《十三经注疏》,中华书局1980年版。
③ 见《左传·襄公三十年》,载《十三经注疏》,中华书局1980年版。
④ 《礼记·曲礼》,载《十三经注疏》,中华书局1980年版。
⑤ 见《国语·晋语九》,上海古籍出版社1978年版。

（3）幼名冠字

字是举行冠礼时正式起的称呼，即上述"冠而字之，成人之道"。《白虎通·姓名》讲："人所以有字何？所以冠德明功，敬成人也。"

字一般要与名意义相通，《白虎通·姓名》云："闻其名即知其字，闻字即知其名。"如孔子名丘字仲尼，其子名鲤字伯鱼。后世一般也遵守这名、字互应的习俗。山东琅邪阳都（今山东临沂）人诸葛亮字孔明，字和名也同义。

《礼记·檀弓上》称："幼名，冠字，五十以伯仲，死谥，周道也。"是讲在称呼别人时，幼年称其名，成年称其字。对50岁以上的老者直呼其字也不尊重了，应称呼他的伯、仲。对死者称谥号。所以，古人自称称名，以表示自谦。称别人则称字而不能称名，表示尊敬，即"敬成人"。关系特殊称名，则表示亲昵或随便。《论语》中，孔子对弟子都称名而不称字，体现了和谐的师生关系。称名、称字所反映的"简"、"敬"的语气，与现在称乳名和称学名基本相同。

（4）号

号是指人的别号、绰号，先秦时期就已出现。春秋范蠡帮助越王勾践灭吴后弃官经商，来到齐国自谓"鸱夷子皮"，来到今山东定陶，自谓"陶朱公"。《汉书·夏侯婴传》载："初婴为滕（今山东滕县）令奉车，故号'滕公'。"有的是帝王对臣民赏赐的称号。如周文王号齐国姜太公曰"太公望"，周武王又尊他为"师尚父"。齐桓公尊管仲为"仲父"。还有的是社会民众阶层所起的称号。古代民众向来有参政议政、褒贬是非、臧否人物的传统，给人的称号表达了赞誉、敬仰、讥讽、鞭笞、痛斥等各种心境，是社会舆论对某一个人的评价。

（5）妇女姓氏

先秦时期，妇人不仅有姓，而且有名有字。《礼记·曲礼》载："女子许嫁，笄而字。"不过这个字仅仅是伯、仲、叔、季而已。按《白虎通·姓名》的说法，古代"男女异长，各自有伯仲"，即兄弟姐妹并不混合排序，按男女各自排序。一般的称呼是先字后姓，如"伯姬"即字伯姓姬。出嫁后，若嫁给国君，则在前面冠以国名。嫁给贵族，则冠以夫氏。如鲁国姬姓，鲁女嫁给杞国国君,称杞伯姬;嫁给宋国大夫荡氏,称荡伯姬。① 当时,男子 50 岁以上尊称伯仲,这样称呼妇女不见得怎么低下。

(三) 敬老养老

1. 暮年巡礼

《论语·为政》载孔子语曰:"吾十有五而志于学,三十而立,四十而不惑,五十而知天命,六十而耳顺,七十而从心所欲,不逾矩。"因此,人们又以"而立"、"不惑"、"知天命"等标志各个年龄阶段。它与古代礼制所划分的年龄段基本吻合。

据《礼记·曲礼》的记载,成年礼以后可划分为如下阶段:

人生"三十曰壮,有室"。即 30 岁称"壮",应该有家室了。孔子的"而立"也有立家室之意,主要指学立德成。"四十曰强,而仕。"壮久则强,一是智虑强,即孔子的"不惑";二是气力强,可以出仕做官了。"五十曰艾,服官政。"孔颖达疏曰:"发苍白,色如艾也。"扬雄《方言》第六称:"艾,长老也,东齐、鲁、卫之间,凡尊老谓之叟,或谓之艾。""六十曰耆,指使。"耆年无奔走服役之事,可以自己的旨意指使别人了。古代以干支纪年,60 年正好一个循环周期,故耆年又称"花甲"。"七十曰老,而传。"70 岁始称"老","自称曰老夫",传家事于子,致政事于君。所以,70 岁也是古代致仕告老的年龄。"八十、九十曰耄。"80 岁也称"耋"。《诗·鲁颂·閟宫》:"黄发台背,寿胥与试。"又称耄耋为黄发,90 岁为鲐(台)背。

人生百年曰"期颐"。宋国蒙(今山东曹县南)人庄子讲:"人上寿百岁,中寿八十,下寿六十。"②人寿以百年为期,故曰"期"。享年及于耄期,诚足可贵,可以颐养天年了。

2. 敬老养老

敬老养老是中华民族的传统美德。管仲治理齐国,推行"九惠之教",即九种惠政,其中一条叫"老老"。《管子·入国》载:"九惠之教,一曰老老、二曰慈幼、三曰恤孤、四曰养疾、五曰合独、六曰问疾、七曰通穷、八曰振困、

①见《春秋·僖公三十一年》、《春秋·僖公二十五年》,载《十三经注疏》,中华书局 1980 年版。
②陈鼓应:《庄子今注今译·盗跖》,中华书局 1983 年版。

九曰接绝。所谓老老者,凡国都皆有掌老。年七十已上,一子无征,三月有馈肉。八十已上,二子无征,月有馈肉。九十已上,尽家无征,日有酒肉。死,上共棺椁。劝子弟精膳食,问所欲,求所嗜,此之谓老老。"也就是说,从70 岁开始享受国家的"老老"惠政,免除一子的赋役,三个月供应一次肉。80 岁以上,免除两个儿子的赋役,一个月供应一次肉。90 岁以上,免除全家赋役,每天都供应酒肉。国家还要求弟子照顾好老人的膳食,满足他们的嗜欲。

敬老养老也是儒家的社会理想。《礼记·曲礼上》规定的敬老原则有:

"谋于长者,必操几杖以从之。长者问,不辞让而对,非礼也。"

"年长以倍,则父事之;十年以长,则兄事之;五年以长,则肩随之;群居五人,则长者必异席。"

《礼记·乡饮酒义》:"乡饮酒之礼,六十者坐,五十者立侍,以听政役。"

《礼记·王制》:"凡养老……五十养于乡(乡学),六十养于国(国中小学),七十养于学(大学)。""五十杖于家,六十杖于乡,七十杖于国,八十杖于朝。九十者,天子欲有问焉,则就其室。"

孟子对齐宣王讲:"老吾老,以及人之老;幼吾幼,以及人之幼,天下可运于掌。"[1]并提出了当时流行的"为长者折枝"的敬老风俗。

3. 祝寿

《诗·小雅·蓼莪》载:"哀哀父母,生我劬劳。"生日那天,要思念父母生我的艰辛,作哀戚状,不能宴乐庆贺。由于敬老养老的习俗和重视生命延续的观念,先秦两汉虽无做生日庆寿的风俗,却盛行随时随地向人献酒、献金上寿。《诗经》中有许多上寿的记载。

《管子·小称》载:"桓公、管仲、鲍叔牙、宁戚四人饮,桓公谓鲍叔牙曰:'阖不起为寡人寿乎?'鲍叔牙奉杯而起曰:'使公毋忘出如莒时也,使管子毋忘束缚在鲁也,使宁戚毋忘饭牛车下也。'"当时不单单是上寿,还要向对方表达自己的劝谏、希望等。西汉御史大夫、千乘(治今山东高青)人儿宽随汉武帝封禅泰山回来,上寿时也是先讲了一通封禅的意义,最后才说:

---

[1]《孟子·梁惠王上》,载《诸子集成》,上海书店 1986 年影印版。

"臣宽奉觞再拜,上千万岁寿。"[1]

送寿礼的风俗也产生了。战国齐国人鲁仲连帮助赵国解邯郸之围,赵国平原君"以千金为鲁连寿"[2]。《汉书·燕王刘泽传》载:"齐人田生游乏资,以画奸(干)泽,泽大说之,用金二百斤为田生寿。"

祝寿、献酒和献金上寿,虽有祝愿健康长寿之意,但都不是在生日这天进行,只是单纯地上寿,而不是庆祝"寿诞"。

(四) 养生和养性

中国不像其他宗教社会那样视人生为苦海,人生有原罪,而追求来世的解脱。《孝经·圣治章》引孔子语曰:"天地之性,人为贵。"道教有句话叫"天大,地大,生大"。生命是中国人心目中第一宝贵的东西。对生命的眷恋,对益寿延年的探讨和追求,对有害于生命的性格的自律,成为生老风俗的一项十分重要的内容。

1. 养生

"人生苦短",不能永恒地活在世上,始终是困扰人类的最大遗憾。古代的神仙家、医家、道家都曾以超越生命的积极进取精神力图解决这一人生课题,从而创造和融汇成了中国古代的养生文化。

春秋时期的齐国就流行适当调节饮食起居,适应气候来养生的方法。《管子·形势解》载:"起居时,饮食节,寒暑适,则身利而寿命益。起居不时,饮食不节,寒暑不适,则形体累,而寿命损。"他们还认识到,一个地方的水土、居住、饮食、卫生环境往往影响人们的寿命,因而十分注意更新周围环境。《管子·轻重己第八十五》载:"教民樵室、钻燧、墐灶、泄井,所以寿民也。"

谈到养生,人们往往觉得道家、方仙道、道教的那些方法过于专深和神秘,脱离世俗生活。世俗生活中的养生之道,主要是在儒家思想影响下形成的人生健康常识。

孔子最早提出了中国具有理论形态的养生学命题,叫做"仁者寿"。"仁"是孔子对各种道德修养的概括。这里主要是指"性静"、"仁者不忧",

---

① 《汉书·兒宽传》,中华书局 1962 年版。
② 《战国策·赵策三》,上海古籍出版社 1985 年版。

即心平气和,包括保持平衡的心态和宽广的胸怀。如"不怨天,不尤人","君子坦坦荡荡"①等。子路问孔子曰:"君子亦有忧乎?"孔子曰:"君子其未得也,则乐其意,既得已,又乐其治,是以有终身之乐无一日之忧。小人未得也而忧不得,既得之又恐失之,是以有终身之忧而无一日之乐也。"②曾子把这些思想概括出了一句养生名言,叫做"心广体胖"③,千百年来一直被作为养生的名言至理。

要养生长寿,还需清心寡欲,限制超常的欲望。《礼记·曲礼上》讲:"敖不可长,欲不可纵,志不可满,乐不可极。"孔子针对好色、好斗、好贪有碍身心健康,提出了人生三戒的原则:"少之时,血气未定,戒之在色;及其壮也,血气方刚,戒之在斗;及其老也,血气既衰,戒之在得。"④《孟子·尽心下》则明确提出了"养心莫善于寡欲"的思想。

儒家的养生之道,分养心和养身两个方面。《论语·乡党》中提出的饮食原则,儒家教学内容礼、乐、射、御、书、数中的乐(武舞)、射、御,《周礼·天官》中的"医师",都是儒家关于饮食保健、体育保健、医疗保健的养身理论。

儒家的这些养生思想没有神秘色彩,贴近世俗生活,因而在养生民俗中广泛流行。

2. 养性和座右铭、"忍"

养性与养生的价值选择不同,养生在于健康长寿,养性在于培养自己的性格和修养,也叫养心、修心。

养性主要指性格的自律。《论语·先进》载,孔子弟子冉求遇事退缩不前,子路鲁莽好胜,孔子分别对他们进行了开导。这是性格的他律,而不是自律。后人把孔子的人生"三戒"奉为信条,时刻告诫自己,就属于养性的范畴了。

《韩非子·观行》载:"西门豹之性急,故佩韦以自缓;董安于之心缓,故佩弦以自急。"可知自先秦时期,就有以各种佩饰来告诫、鞭策自己的养性风俗。

①《论语·雍也》、《论语·子罕》、《论语·宪问》、《论语·述而》,载《诸子集成》,上海书店1986年影印版。
②《太平御览》卷六六一《道部三·真人下》引《孙卿子》,中华书局1960年影印版。
③《礼记·大学》,载《十三经注疏》,中华书局1980年版。
④《论语·季氏》,载《诸子集成》,上海书店1986年影印版。

汉代出现一种较普遍的养性形式,叫"座右铭"。东汉书法家崔瑗年轻时为兄报仇,杀人后逃亡,遇大赦而还,作铭以自戒,置座右,称做"座右铭"①。崔瑗的儿子崔寔写出《政论》,当世称之。东汉山阳高平(今山东金乡西北)人仲长统主张:"凡为人主,宜写一通,置之坐侧。"②可见座右铭的文字可多可少,形式也不拘一种。

座右铭上书写较多的是"忍"字,它不仅是古人的养性风俗,还是处世哲学。

《尚书·君陈》载:"必有忍,其乃有济。"孔子曰:"小不忍,则乱大谋。"③儒家首先提出这个命题后,被后人奉为修心养性的千古信条。

六、丧葬风俗

丧,指哀悼死者的礼仪;葬,指处置死者遗体的方式。丧葬风俗是中国孝文化的具体表现和组成部分,主要包括居丧、墓葬、祭祀等方面的风俗和礼仪。它反映着不同民族、地区的伦理道德、宗教意识和宗法观念。

原始社会初期,人们并不掩埋同类的尸体,而是弃之于山野。《孟子·滕文公上》载:"上世尝有不葬其亲者,其亲死,则举而委之于壑。他日过之,狐狸食之,蝇蚋姑嘬之。其颡有泚,睨而不视……盖归,反虆梩而掩之。"从"不葬其亲"到"虆梩而掩之",出于不忍亲人遭受野兽、昆虫的伤害,这种伦理意识,成为掩埋亲人的原因。

(一) 丧葬礼仪的定型

1. 灵魂、鬼神观念的产生和发展

恩格斯在《路德维希·费尔巴哈与德国古典哲学的终结》一书中指出:"在远古时代,人们还完全不知道自己身体的构造,并且受梦中景象的影响,于是就产生了一种观念:他们的思维和感觉,不是他们身体的活动,而是一种独特的、寓于身体之中而在人死亡时就离开身体的灵魂的活动。"母系氏族社会,人们之间的血亲关系比较明确了。人们有了灵魂的幻觉,经常梦

---

① 见《文选·崔瑗·座右铭》,上海古籍出版社 1998 年版。
②《后汉书·崔寔列传》,中华书局 1965 年版。
③《论语·卫灵公》,载《诸子集成》,上海书店 1986 年影印版。

见死去的亲人仍在生活和生产,产生了灵魂不灭的观念,认为他们的肉体虽然离开了人世,但灵魂变成了鬼神到另一个世界去了,这就是人神、人鬼。

《礼记·祭法》称:"大凡生于天地之间者皆曰命,其万物死皆曰折,人死曰鬼。"

《礼记·祭义》:"众生必死,死必归土,此之谓鬼。"

《礼记·乐记》:"幽则有鬼神。"郑玄注曰:"圣人之精气谓之神,贤知之精气谓之鬼。"

《吕氏春秋·顺民》:"天神曰神,人神曰鬼。"

人们对死去的祖宗除了存有感情上的怀念外,还盼望他们能够在另一个世界过美好生活,并能回到人间来降临祸福,对子孙后代加以保佑和庇护,这就形成了一套隆重复杂的祭祀礼仪和埋葬制度。孔子讲:"未知生,焉知死?"由于秦汉以前没有天堂地狱的概念,人们对鬼神的去向并不十分明确,只是模糊地认为,神住在天上,鬼游荡在世间,或入黄泉。郑庄公因母亲支持弟弟叛乱,发誓说:"不及黄泉,无相见也。"①齐国也有黄泉的说法。管仲对齐桓公说:"应公之赐,杀之黄泉,死且不朽。"②卫成公梦见自己的祖先康叔说:"相夺予享。"③于是赶紧让人祭祀夏王相。宁武子反对说,夏王相抢夺我们祖先的祭祀,是他的后代杞国、鄫国没好好祭祀。由于祖先的住处、饮食都没有保障,不好好祭祀,就会让祖先成为抢夺别人祭品的强神饿鬼,这是最大的不孝。孟子的"不孝有三,无后为大",也是从祭祀祖先考虑的。

2. 丧葬礼制的形成

距今 8500 到 7500 年前的后李文化已有专门的墓葬区,有土坑墓和土坑侧室墓两类。土坑侧室墓是在土坑底部向右侧坑壁掏出不规则的洞,以安放死者。葬式均为单人仰身直肢。在章丘小荆山有一片墓地,残存三排 20 余座土坑墓,排列比较整齐,未见葬具,个别见有蚌壳、陶支座。

到距今 7300—6300 年山东北辛文化的墓葬,已形成一套较为复杂的葬俗,且具有一定的祭祀仪式了。滕州北辛遗址发现两座婴儿墓,"1 座用两

①《左传·隐公元年》,载《十三经注疏》,中华书局 1980 年版。
②《管子·小匡》,载《诸子集成》,上海书店 1986 年影印版。
③《左传·襄公三十一年》,载《十三经注疏》,中华书局 1980 年版。

件深腹罐扣合作葬具,1 座是土坑墓,在婴儿遗骸上覆置 1 件残陶鼎,并随葬 1 件骨镞"。北辛遗址还发现有祭祀坑,"其中埋有 6 副猪下颌骨,其上还覆盖着石板。另一圆坑中埋有两个相当完整的猪头"。山东汶上县东贾柏也发现了可能是用于祭祀的圆坑,其中一个"规整的圆坑直径 2 米,深 1 米,坑底垫有纯净黄土,放 3 只整猪,坑口为一层红烧土。另一个坑放置完整的大龟壳,还有一坑规整地放置多个龟壳"。①

山东泰安大汶口文化中晚期的墓葬出现了小片家族墓地,墓地之间有了明显的贫富分化,形成贫富不等的随葬风俗。还出现了具有夫妻合葬性质的男女合葬现象,这应该是夫妻"黄泉共为友"观念的最早反映。

山东龙山文化的墓葬开始出现棺椁。胶州三里河、诸城呈子等地均发现有木椁痕迹,日照东海峪有石椁。泗水县金庄镇尹家城遗址发掘出一座山东龙山文化迄今规模最大的墓,东西 5.5 米,南北 4.3 米,有棺有椁。②

先秦山东诸子还对远古丧葬风俗作了种种追溯。

《晏子春秋·内篇谏下第二》载,古圣王"死即毕敛,不以留生事,棺椁衣衾不以害生养,哭泣处哀不以害生道","朽而不敛谓之僇尸,臭而不收谓之陈胔"。

《墨子·节葬下》:"古圣王制为葬埋之法曰,棺三寸,足以朽体。衣衾三领,足以覆恶。以及其葬也,下毋及泉,上毋通臭。垄若参耕之亩,则止矣。死则既已葬矣,生者必无久哭。"

由于各地区的地理环境、气候条件、经济生活不同,对灵魂不灭的解释也不同,产生了各地区、各民族的不同葬法。山东地区的学者很早就注意了解、记载这些不同的葬法。

《荀子·大略》载:"氐羌之虏也,不忧其系垒(被俘虏)也,而忧其不焚也。"

《墨子·节葬下》:"昔者越之东有輆沭之国者……其大父死,负其大母而弃之,曰鬼妻不可与居处。……楚之南有炎人国者,其亲戚死,朽其肉而弃之,然后埋其骨乃成为孝子。秦之西有仪渠之国者,其亲戚死,聚柴薪而焚之,熏上,谓之登遐。"

①见高广仁:《海岱区先秦考古论集》,科学出版社 2000 年版,第 77 页。
②参见山东大学历史系考古专业教研室:《泗水尹家城》,文物出版社 1990 年版。

这里叙述的葬法有火葬、捡骨葬或洗骨葬，并有以祖母殉葬的葬俗。捡骨葬、洗骨葬即二次葬，属于土葬。《后汉书·东夷列传》载，东沃沮人"其葬，作大木椁，长十余丈，开一头为户，新死者先假埋之，令皮肉尽，乃取骨置椁中，家人皆共一椁"。这种二次葬，与墨子说的"朽其肉而弃之，然后埋其骨"类似。实行火葬、风葬、合葬的地区，有许多都实行二次捡骨葬。北辛文化、大汶口文化早期，都流行过二次合葬。

另外，山东海岸线长，理应有水葬。《博物志》载，孔子弟子澹台子羽的儿子溺水而死，子羽曰："此命也，吾岂与蝼蚁为亲，鱼鳖为仇？于是，遂以水葬之。"①

（二）丧葬礼仪

商代以前的丧葬礼制已难稽考，西周把一整套丧葬的繁文缛节称做凶礼，属周礼五礼之一。《仪礼》中的《丧服》《士丧礼》《既夕礼》《士虞礼》以及《周礼》《礼记》中，有详细的记载，3000 年来，对中国的丧礼一直起着规范作用。因此，到西周时期，中国传统的丧葬仪式和礼制就全面确定了。

1. 初终

死是人生旅程的结束，也是初终的开始。人死在床上被认为不吉，一定要在正室，也叫正寝、路寝，这样才有别于横死、客死、夭折，叫做"善终"，也叫"寿终正寝"。鲁僖公"薨于小寝"，杜预注曰："小寝，夫人寝也，讥公就所安，不终于路寝。"②

将死之际，家属守在身边，"属纩以俟绝气"③。即在死者鼻孔前放一点新绵丝试气，绵丝不动才能确认断气。后来把"属纩之际"作为临危的代称。

死者断气后，家人拿着死者衣服向祖先发源的方向，拉长声音高呼死者名氏，呼唤死者回来，称做"复"，俗称"招魂"。《礼记·丧大记》载："凡复，男子称名，妇人称字。""复，尽爱之道也"④，表示为挽救死者作最后的努

①《太平御览》卷五五六《礼仪部三五·葬送四》引，中华书局 1960 年版。
②《左传·僖公三十三年》，载《十三经注疏》，中华书局 1980 年版。
③《礼记·丧大记》，载《十三经注疏》，中华书局 1980 年版。
④《礼记·檀弓下》，载《十三经注疏》，中华书局 1980 年版。

力。《晏子春秋·内篇谏下》载:"景公之嬖妾婴子死。公守之,三日不食,肤著于席而不去。左右以复。""左右以复",就是招魂。复之后再验纩,如还不动,才确定为真死,接着开始哭丧。男主人呜咽而啼,兄弟应大哭,妇女应捶胸顿足。

复之后,由另一人接过复用的衣服为死者穿上,用殓巾覆盖尸体,叫做"幠殓"。在尸体东侧(后改为南侧)设酒食供死者饮用。死者家属脱掉华丽衣服,摘去首饰,换上淡素衣服,开始居丧。

复之后,要在堂前西阶竖一旗幡,上书死者名氏,称做"铭(明)旌"、"书铭"。《礼记·丧服小记》称:"复与书铭,自天子达于士,其辞一也。男子称名,妇人书姓与伯仲,如不知姓则书氏。"铭旌的目的是让外人知道死者是谁。《礼记·檀弓下》:"铭,明旌也,以死者为不可别已,故以其旗识之。"

在堂前庭中置一块木牌,暂时代替死者神主,以象征死者亡灵,称做"设重"。晚上在堂上燃烛,称做"设燎",便于亡灵享用供品。

哭丧后,要为死者沐浴,以便让死者洁净返本,称做"洗尸"。然后将珠、玉、璧、贝等物放入死者口中,称做"饭唅"。"饭唅"的起源很早,《史记·五帝本纪》正义引汉代的纬书《龙鱼河图》载,东夷族首领"蚩尤兄弟八十一人,并兽身人语,铜头铁额,食沙石子,造立兵杖刀戟大弩,威振天下"。所谓"食沙石子",实际就是蚩尤为首领的东夷族所特有的口含石球、陶球的习俗。山东诸城呈子、邳县大墩子、泰安大汶口等大汶口文化、龙山文化遗址中,均发现了这种死者口含"石子"的情况。考古和文献吻合,一方面证明,蚩尤是相当于大汶口文化、龙山文化时期的东夷族首领;另一方面也说明,"饭含"的丧葬礼仪,在远古时代就形成了。《战国策·赵策三》载,战国齐国人鲁仲连说:"邹、鲁之臣,生则不得事养,死则不得饭含(唅)。"也是指这一葬礼。

《白虎通·崩薨》载:"所以有饭唅何? 缘生食,今死,不欲虚其口,故唅。用珠宝物何也? 有益死者形体,故天子饭以玉,诸侯以珠,大夫以璧,士以贝也。"

属纩、复、幠殓、铭旌、设重、洗尸、饭唅、设燎,以及下述的讣告,都属初终的礼仪,要在一天之内完成。

2. 小殓、大殓、送葬

"殓"也作"敛"。《礼记·丧服大记》:"小敛、大敛,祭服不倒。"小殓是指为死者穿上入棺的寿衣,一般在第二天进行。天子七日小殓,诸侯五日小殓。《礼记·丧服大记》载:"小敛,君、大夫、士,皆用复衣复衾。"古代衣服"有里曰复,无里曰单",死者的寿衣必须是夹衣、绵衣。衾是大被子,用来包裹尸体。

鲁襄公二十九年(前544年),叔孙穆子陪同鲁襄公朝会楚康王,适逢楚康王卒,楚人命鲁襄公"亲禭"。"禭"是赠送死人的衣衾,"亲禭"是为死者穿衣。本来,诸侯有"使臣致禭之礼"①,在此是把鲁襄公当做臣下了。随行的叔孙穆子机智地提出"祓殡而禭"的礼仪,让巫师先以桃木棒与笤帚扫殡,等于是扫除凶邪,再为死者穿衣,等于是国君给臣下赐"禭"。事后,楚人才知道鲁襄公行的是"君临臣丧"之礼,感到大失颜面。叔孙穆子用自己的智慧维护了鲁襄公的尊严。

大殓即入棺仪式。主人、主妇在执事人的帮助下,亲自奉尸入棺。《礼记·曲礼下》讲:"在床曰尸,在棺曰柩。"即大殓后才可称柩。大殓礼毕,叫做"既殡"。古称殓而未葬曰殡,现在把"殡"和"葬"混在一起了。既殡后,死者家属穿上不同等级的孝服,称做"成服"。

《礼记·王制》载:"天子七日而殡,七月而葬;诸侯五日而殡,五月而葬;大夫、士、庶人三日而殡,三月而葬。"秦汉以后,往往几天后就入葬。

下葬的前一天,取下明旌放在重上,用灵车载重并行,把灵柩迁入祖庙祭奠,称做"迁柩"、"祖奠"。迁柩之礼后世不常举行。第二天,灵车启行,前往墓地,称做"发引",后世又称"出殡"。发引队伍由丧主在前,边哭边行。亲属以绳索牵引灵车,称做"执引",以绳索牵引棺柩称做"执绋"。前来助葬者也要执绋。《礼记·曲礼上》称:"助葬必执绋。"东汉山阳金乡(今属山东)人范式参加朋友张劭的葬礼,"执绋而引","留止冢次,为修坟树,然后乃去"②。

从汉代开始,执绋者要高唱挽歌。挽歌取材于齐国东部的歌谣,有《薤露》、《蒿里》两首,前者送王公贵人,后者送士、大夫、平民。

---

①《左传·襄公二十九年》,载《十三经注疏》,中华书局1980年版。
②《后汉书·独行·范式传》,中华书局1965年版。

《太平御览》卷五五二《礼仪部三一·挽歌》引干宝《搜神记》曰："挽歌者,丧家之乐;执绋者,相和之声也。挽歌词有《薤露》、《蒿里》二章,出田横门人。横自杀,门人伤之,为悲歌。言人如薤上露,易晞灭也。亦谓人死,精魂于蒿里。"该书引《古辞》,《薤露》的歌词是:

> 薤露朝露何易晞,明朝更复露,人死一去何时归?

《蒿里》的歌词是:

> 蒿是谁家地? 聚敛精魂无贤愚,鬼伯一何相催促,人命不得少踟蹰。

《古辞》接下来讲:"至李延年乃分为二曲,《薤露》送王公贵人,《蒿里》送士、大夫、庶人,使挽柩者歌之。"可知挽歌起始于齐地田横门人,到汉武帝正式使挽柩者唱挽歌。

下葬的方法主要有两种:天子通隧道而入,诸侯以下悬棺而入。悬棺而入是在墓穴两旁竖石碑或楹,上头有孔,以穿孔为支点控制绳索,将棺柩慢慢放入墓穴。鲁班曾在丧葬方法上倡导技术革新,主张用"机封"代替原来的碑和楹。《礼记·檀弓下》记载:

> 季康子之母死,公输若(鲁班)方小。敛,般请以机封,将从之。公肩假曰:"不可! 夫鲁有初(传统礼制)——公室视丰碑,三家视桓楹。般,尔以人之母尝巧,则岂不得以(已)! 其母以尝巧者乎,则病者乎,噫!"弗果从。

鲁班建议使用的机封,是一种能够代替人力的机关。守旧贵族公肩假指斥他在人家母亲身上尝试技巧,因而没能实现。

3. 讣告、奔丧、吊丧、赗赙、诔、谥号

讣告是初终的当日,派人向死者上司、亲友报丧。讣告本作"赴告",含奔赴相告之意。《礼记·檀弓上》载:"陈庄子死,赴于鲁。""伯高死于卫,赴于孔子。"孔颖达疏:"赴,告也。"天子死了,要讣告诸侯、全国及邻国。有时为了防止有人谋反、别国入侵或其他原因,不发讣告,叫"秘不发丧"。讣告一般写明死者生卒年月和祭葬时日。

亲属接到丧讯，应立即上路返家，称做奔丧。《礼记·奔丧》讲，奔丧要"日行百里，不以夜行。唯父母之丧，见星而行，见星而舍"。父母死不奔丧，即为不孝。《汉书·陈汤传》载，西汉山阳瑕丘(今山东兖州北)人陈汤被富平侯张勃举为茂才，"父死不奔丧"，不仅本人被拘捕入狱，连张勃也被削夺了200户的封邑，并被谥为缪侯。

亲属之外的朋友、同事、门生等接到讣告，要前往吊丧，亦称吊唁。吊唁有严格的礼制规定，如春秋时鲁国即有"临丧无饰"①的礼俗。《礼记·檀弓上》载："子游裼裘而吊。曾子指子游而示人曰：'夫夫也，为习于礼者，如之何其裼裘而吊也！'"子游"裼裘而吊"过于华丽，曾子知道"临丧无饰"，才为他打掩护，说子游正在演习礼仪。

《晏子春秋·外篇不合经术者第八》载："晏子死，景公操玉加于晏子尸上而哭之，涕沾襟。章子谏曰：'非礼也。'公曰：'安用礼乎？昔者吾与夫子游于公阜之上，一日而三不听寡人，今其孰能然乎？吾失夫子则亡，何礼之有？'免(冠)而哭，哀尽而去。"齐景公为晏子吊丧，有些做法不合乎礼的规定，说明齐国在这方面更随意些，似不如鲁国那样严谨。但有些吊唁礼制是必须遵守的。

齐庄公攻打莒国，齐大夫杞梁(殖)战死。回师的路上，遇杞梁妻于城郊，齐庄公派人吊唁。杞梁妻知道，庶人和微小之臣才受郊吊，自己的丈夫是大夫，应到家里隆重吊唁，拒绝说："殖之有罪，何辱命焉？若免于罪，犹有先人之敝庐在，下妾不得与郊吊。"②意思是，如果杞梁有罪，不劳你吊唁；如果杞梁无罪，我家先人的寒舍还在，我不接受郊吊。齐庄公知道失礼，亲自到杞梁家吊唁。曾子称赞说："杞梁之妻之知礼也！"③

秦汉以后，吊丧的方式增多，有的不遵礼制，以各种方式表达哀思。

《后汉书·祢衡传》载，曹操的第一号谋士荀彧，字文若，一表人才；荡寇将军赵稚长大腹便便。平原郡般(今山东临邑德平镇)人祢衡游宦许昌，有人问荀、赵二人如何？祢衡说："文若可借面吊丧，稚长可使监厨请客。"可见汉代有"借面吊丧"的现象。

---

①《礼记·檀弓上》郑氏注，载《十三经注疏》，中华书局1980年版。
②《左传·襄公二十三年》，载《十三经注疏》，中华书局1980年版。
③《礼记·檀弓下》，载《十三经注疏》，中华书局1980年版。

古代送给丧主,助办丧事的钱物叫赙赗,凡前往吊丧者一般要以赙赗助丧。《礼记·檀弓上》载,孔子到卫国,"遇旧馆人(房东)之丧,入而哭之哀。出,使子贡说(脱)骖而赙之。"即从拉车的马中解下旁边的一匹作为"赙"。孔颖达疏:"赙,助丧用也。"

古代诸侯、大臣死了,天子接到讣告后,也要派人或亲自前往吊唁。《战国策·赵策三》载,战国齐国人鲁仲连讲了一种天子吊唁臣下的礼制。燕将乐毅率军攻破齐国,曾一度与秦昭王同时称帝齐湣王想到邹国避难,邹君刚死,准备前去吊唁。为齐湣王驾车的夷维子仍摆天子的架子,对邹人说:"天子吊,主人必将倍殡枢,设北面于南方,然后天子南面吊也。"意思是,天子来吊唁,要把灵枢倒过来,坐南朝北,天子朝南而吊。结果遭到邹国群臣的抵制,没敢入邹国。

天子吊唁除赠赙赗外,还要赐谥。赐谥在迁枢前进行,先宣读诔文,以盖棺定论的形式总结死者生前的行事,叫做"诔"。

西周的士有爵无诔,士有诔始于鲁庄公。《礼记·檀弓上》载,鲁庄公与宋人战于乘丘,县贲父驾车,卜国为车右,马惊奔,把鲁庄公摔下车。县贲父说:"他日不败绩,而今败绩,是无勇也。"遂与卜国一起战死。战后,马夫浴马时发现马中了流矢。鲁庄公痛心地说:"非其罪也。""遂诔之。士之有诔,自此始也。"

诔只限于上对下,长对幼。《礼记·曾子问》载:"贱不诔贵,幼不诔长,礼也。"孔子死,鲁哀公诔孔子曰:"天不遗耆老,莫相予位焉。呜呼哀哉,尼父。"①

春秋鲁国已有民间私撰诔文的风俗。《列女传·贤行·柳下惠妻》载,柳下既死,门人将诔之。妻曰:"将诔夫子之德耶,则二三子不如妾知之也。"乃诔曰:"夫子之不伐兮,夫子之不竭兮,夫子之信诚而与人无害兮,屈柔从俗,不强察兮,蒙耻救民,德弥大兮,虽遇三黜,终不蔽兮,恺悌君子,永能厉兮,嗟乎惜哉,乃下世兮,庶几遐年,今遂逝兮,呜呼哀哉,魂神泄兮,夫子之谥,宜为惠兮。"门人从之以为诔,莫能窜一字。君子谓柳下惠妻能光其夫矣。

诔之后,宣布谥号,一般只有一两个字,是死者生前行为最简明的概括。

----

① 《礼记·檀弓上》,载《十三经注疏》,中华书局1980年版。

4. 棺椁、随葬品

棺是一层层套在一起的,中间没有空隙。大殓奉尸入棺,就是这种套棺。椁用长方木卯榫相扣,直接装在墓穴内。《说文·弟六上》称:"棺,关也,所以掩尸。"《周易·系辞下》曰:"古之葬者厚衣之以薪,葬之中野,不封不树,丧期无数,后世圣人易之以棺椁。"

《礼记·檀弓上》叙述了棺椁发展的历史:"有虞氏瓦棺,夏后氏堲周,殷人棺椁,周人墙置翣。周人以殷人之棺椁葬长殇,以夏后氏之堲周葬中殇、下殇,以有虞氏之瓦棺葬无服之殇。"这段话的意思是,舜时用陶棺,夏朝把土烧热成形,置于棺的周围,是最初的椁。商朝才有木制的棺椁。周朝用古代各时代的棺埋葬称做"殇"的未成年的死者,用商朝的棺椁埋葬 16 到 19 岁的"长殇",用夏朝的"堲周"埋葬 12 至 15 岁的"中殇",8 至 11 岁的"下殇",用陶棺埋葬 7 岁以下的"无服之殇"。

根据考古材料,山东龙山文化时期已有棺椁,西周已有严格的棺椁制度。《荀子·礼论篇》载:"天子棺椁十重,诸侯五重,大夫三重,士再重。"《庄子·天下篇》认为,"天子棺椁七重",其他相同。《礼记·檀弓上》载:"天子之棺四重。"郑玄注曰:"诸公三重,诸侯再重,大夫一重,士不重。"按此推论,天子棺椁是四棺三椁,诸侯三棺二椁,大夫二棺一椁,士一棺一椁。

春秋鲁国人注重棺,往往生前就把棺准备好。《左传·襄公二年》载:"穆姜使择美槚以自为榇(棺材)。"穆姜是鲁成公的母亲,派人挑选最好的槚木为自己作了棺材,结果儿媳妇齐姜却先死了,鲁国执政季文子用穆姜的棺材安葬了齐姜。

在齐鲁两国,还有用敝帷埋马,用敝盖埋狗的风俗。《礼记·檀弓下》载:"仲尼之畜狗死,使子贡埋之曰:'吾闻之也,敝帷不弃,为埋马也;敝盖不弃,为埋狗也。丘也贫,无盖,于其封(土堆)也,亦予之席,毋使其首陷焉。'路(乘)马死,埋之以帷。"齐景公的狗死,命令"外共(供)之棺,内给之祭"[1],经晏婴劝谏才作罢。

秦汉以后,不再有棺椁的区别,一般把外层的套棺称做椁。

棺椁之间有空隙,以放置随葬品。《礼记·丧服大记》载:"棺椁之间,

---

[1]《晏子春秋·内篇谏下》,载《诸子集成》,上海书店 1986 年影印版。

君容栀、大夫容壶、士容瓺。"

殉葬品是供死者在阴间使用的器具,故称明器、冥器。《礼记·檀弓下》称:"其曰明器,神明之也。涂车刍灵,自古有之,明器之道也。"原始社会墓中的随葬品,大都是工具、陶制品。商周时代形成厚葬的风气,大到车马,小到金玉珠玑、青铜器、货币、玺印、简册、丝绸、衣物等。尤其是春秋以后的齐鲁两国,"厚葬久丧"蔚成风气。《墨子·节葬下》云:"王公大人有丧者曰:棺椁必重,葬埋必厚,衣衾必多,文绣必繁,丘陇必巨。存乎匹夫贱人死者,殆竭家室。乎诸侯死者,虚车府,然后金玉珠玑比乎身,纶组节约,车马藏乎圹。又必多为屋幕,鼎鼓几梴壶滥,戈剑羽旄齿革,寝而埋之。"西晋永嘉(307—313)末,掘开齐桓公墓,"初得版(简牍),次得水银池,有气不得入,经数日,乃牵犬入中,得金蚕数十薄(箔),珠襦、玉匣、缯彩、军器不可胜数。又以人殉葬,骸骨狼藉也"[1],足以证明史籍记载不虚。战国时期的苏秦曾"说湣王厚葬以明孝"[2],故《韩非子·内储说上七术》说:"齐国好厚葬,布帛尽于衣衾,材木尽于棺椁。"

汉代的齐地仍沿袭了厚葬之风。济南洛庄汉墓是被吕后分封到济南为王的吕王吕台之墓,共出土数千件珍贵文物,有纯金器、铜器、陶器、漆器、骨器等。其中有40件纯金马饰,总重量达600余克。有3辆实用马车,两辆与秦始皇陵发现的两辆铜车马在形制上几乎完全相同。这3辆车,每车均驾驷马,车马具绝大多数为鎏金铜器,总数量达1500余件。特别引人注目的是在14号坑发现了整整一坑乐器,其中编钟1套19件、编磬6套107件。还发现建鼓1面、悬鼓两面及7件瑟。所以,古代帝王、贵族的墓,几乎都是一座地下宝藏。

1995年,从济南市长清区归德镇双乳山村济北王墓出土了铜器、玉器、铁器、漆器、陶器、金饼、车马器具等2400余件。其中以玉覆面和玉枕最为精致,玉覆面由额、颐、腮、颊、颌、耳等部分组成,是用来防止灵魂出壳,保证尸体不腐烂的。

商周时期,统治者还用活人殉葬。《墨子·节葬下》揭露:"天子杀殉,众者数百,寡者数十;将军、大夫杀殉,众者数十,寡者数人。"也有的用人的

---

①《史记·齐太公世家》正义引《括地志》,中华书局1959年版。
②《史记·苏秦列传》,中华书局1959年版。

替代物殉葬。《礼记·檀弓下》称："涂车刍
灵,自古有之,明器之道也。孔子谓'为刍灵
者善',谓'为俑者不仁',殆于用人乎哉?"
"涂车"是用来殉葬的车,有的是模型,有的
与真车相同。"刍灵"是草扎的人马。东汉
北海高密(今属山东)人郑玄注曰:"刍灵,束
茅为人马,谓之灵者,神之类。"孔颖达疏曰:
"俑,偶人也,有面目机发,有似于生人,孔子
善古而非周。"

汉济北王墓出土的玉覆面

孔子反对用"俑"殉葬,《孟子·梁惠王上》载:"仲尼曰:'始作俑者,其
无后乎!'为其象人而用之也。"

尽管孔子反对,秦汉以后却多用俑来代替人殉。济南章丘危山兵马俑
坑一号陪葬发现汉代显贵出行的兵、车、马队列,计有 170 多个陶俑、50 余
匹陶马、4 辆陶马车、近百面盾牌。还有建鼓、卑鼓,璧、磬、珠等与鼓乐和礼
制有关的陶质遗物。二号坑底部发现一辆车、两匹马和 7 个陶俑,其中 5 个
为女佣。它们都是殉葬者,正如秦始皇兵马俑一样,用俑代替了活人,还算
是历史的进步。

5. 坟墓

坟指高出地面的土堆,也称做"冢"、"封"。墓指墓穴,也称"圹"。秦
汉以前一般为竖穴土坑墓和木椁室,天子的墓穴通有隧道。诸侯以下的椁
室像一口井,又称"井椁"。平民没有椁,只是一个土坑竖穴。无论天子、庶
人,都没有"封"、"树"。

《礼记·檀弓上》引孔子语曰:"古也墓而不坟。"

《周易·系辞下》讲,上古墓葬"不封不树"。这里的"树",是指栽树以
作标志。

《礼记·檀弓上》引齐国大夫国子高语曰:"葬也者,藏也。藏也者,欲
人之弗得见也。是故衣足以饰身,棺周于衣,椁周于棺,土周于椁,反壤树之
哉?"国子高的意思是说,以前的棺椁墓穴很简陋,现在反而封壤为坟,种树
以为标志。

"封"、"树"出现于春秋时期,它的出现与传统的夫妻合葬有关。山东

大汶口文化晚期就有夫妻合葬的风俗。由于夫妻双方不能同时死亡,如果"不封不树",后死者很难找到先死者的葬处。孔子合葬父母就费了很多周折,因而率先树立了"封"、"树"和"修墓"的礼俗。

孔子少孤,母亲颜氏女征在因与叔梁纥野合而生孔子,耻而不告。母亲死后,为访求父亲的葬处,孔子故意将母亲"殡五父之衢"①。后来,访问母亲的好友陬曼父之母,才知道父亲葬在防山(今山东曲阜东25里处)。《礼记·檀弓上》载,孔子将父母合葬防,说:"吾闻之,古也墓而不坟。今丘也东西南北之人也,不可以弗识也。"于是,为父母修了高4尺的坟头。其门人因大雨冲坏了坟墓,修好了墓才回来,对孔子说:"防墓崩。"孔子以自己违背礼制,沉默了半天,泫然流涕曰:"吾闻之,古不修墓。"

在土丘坟方面,鲁国的孔子当时就是移风易俗的典范。《礼记·檀弓上》载,孔子死,"有自燕来观者",住在子夏家里。子夏谦虚地推辞说:"圣人之葬人,与人之葬圣人也。子何观焉?"但还是向来人作了介绍:"昔者夫子言之曰:'吾见封之若堂者矣,见若坊者矣,见若覆夏屋者矣,见若斧者矣。从若斧者焉,马鬣封之谓也。'今一日而三斩板而已封,尚行夫子之志乎哉!"意思是说,"若堂者"呈四方形隆起,像堂基一样;"若坊者"像堤坝一样;"若覆夏屋者"宽广而低矮,中间稍高;"若斧者"是像斧刃一样的"马鬣封"。孔子喜欢马鬣封,认为"刃上难登狭,又易为功",我们遵从夫子的意愿,用筑土的板一天就修成了。

这说明,在孔子之前就已有不同形状的"封"了。齐国流行厚葬之风,讲究"高大其垄"。《晏子春秋·内篇谏下》云:"梁丘据死,景公召晏子而告之曰:'据忠且爱我,我欲丰厚其葬,高大其垄。'"可能,在孔子之前只是个别现象,到孔子为父母树"封"才开始流行,所以那个燕国人才特意来参观孔子的葬礼。

孔子之前,秦国、晋国都有在坟墓前栽树的风俗。秦穆公骂蹇叔说:"尔何知,中寿,尔墓之木拱矣。"②晋国重耳的妻子季隗说:"犁(历)二十五年,吾冢上柏大矣。"③

---

① 《史记·孔子世家》,中华书局1959年版。
② 《左传·僖公三十二年》,载《十三经注疏》,中华书局1980年版。
③ 《史记·晋世家》,中华书局1959年版。

在墓前大量种植树木则始于鲁国的孔子。《史记·孔子世家》裴骃集解讲，孔子"冢茔中树以百数，皆异种，鲁人世世无能名其树者。民传言：'孔子弟子异国人，各持其方树来种之'"。后来，孔子及后裔墓地的树木竟达3000多亩，发展为孔林。

土丘坟一出现便很快流行，并在坟头植树以为标记，合称"封树"。坟头大小，树木多少，成为死者身份的标志。贵族"以爵等为丘封之度与其树数"，无爵等的庶人"葬不为雨止，不封不树"①。到战国，封树就发展为"其高大若山，其树之若林"②了。秦汉以后，几乎是无墓不封不树了。

由于夫妻双方不能同时死亡，使用土坑葬把先死者以泥土掩棺，合葬时既麻烦又不卫生，而砖砌的洞室墓打开墓门就能合葬。所以，战国晚期出现用空心砖砌筑的洞室墓后，很快就流行开来。

2007年4月，山东烟台牟平区宁海街道办事处孔家疃村南发现一座汉砖墓，内侧墓室汉砖保存完好，花纹和图案清晰可见。2007年7月，山东蓬莱市城区南环路路边的土层里，发现一处汉代古墓，出土了70多块在砖首和两侧印有花纹和螃蟹图案的画像砖和部分汉代五铢钱。2007年10月，山东东平发现一座完好的汉代壁画墓，整个墓室都是用巨大的石块堆砌而成，石块与石块之间由凹槽连接，非常稳固，壁画就在墓室的石块上。

古代有一重要的丧葬风俗，客死他乡者都要归葬于老家，以落叶归根。这一风俗开始于西周时的齐国。《礼记·檀弓上》载："大公封于营丘，比及五世，皆反葬于周。"《史记·齐太公世家》集解引郑玄语曰："太公受封，留为太师，死葬于周。五世之后乃葬齐。"位于临淄新城的姜太公墓是衣冠冢。

《孝经·丧亲章》载孔子语曰："孝子之丧亲也……为之棺椁衣衾而举之，陈其簠簋而哀戚之，擗踊哭泣，哀以送之，卜其宅兆而安措之。""卜其宅兆"，即后来的相墓。

（三）守制

守制即守孝，指孝子或承重孙谢绝人事、官职，在家遵守居丧制度。旧

①《周礼·春官宗伯·冢人》、《礼记·王制》，载《十三经注疏》，中华书局1980年版。
②《吕氏春秋·安死》，载《诸子集成》，上海书店1986年影印版。

时遭父母丧守制也称"丁忧"、"丁艰",做官的要辞官守制。《礼记·三年问》规定,守制期间,要"倚庐,食粥,寝苫,枕块,所以为至痛饰也"。即孝子要搭庐棚而居,喝粥、睡草垫、枕土块,以示十分悲痛。其间,不能娶妻生子,不能吃肉喝酒。春秋齐国"晏子居晏桓子之丧,粗衰斩,苴绖带,杖,菅屦,食粥,居倚庐,寝苫,枕草"①。

1. 虞祭、小祥、大祥、周年、忌日

死者下葬完毕,丧主用灵车载重而归,升堂而哭,称做"反哭"。反哭后进行三次祭祀,称做"虞祭"。《仪礼·既夕礼》叫做"三虞哭"。唐贾公彦疏曰:"主人孝子葬之时,送形而往,迎魂而返,恐魂神不安,故设三虞安之。"三虞有初虞、再虞、三虞。虞祭要正式为死者设立神主(木主),用桑木制作,书死者官爵名讳,这时的神主称"虞主"。

《太平御览》卷五三一《礼仪部一〇·神主》引《礼记外传》曰:"人君既葬之后,日中虞祭,即作木主以存神。庙主用木者,木落归本,有始终之义。"

先秦时的虞祭还要迎尸入门。"尸"是代表死者受祭的活人,一般以死者的孙子充当。"祭所以有尸者,鬼神听之无声,视之无形……故座尸而食之,毁损其馔,欣然若亲之饱,尸醉若神之醉矣。"②祭祀宗庙也要选尸,"尸位"、"尸位素餐"即由此而来。

虞祭结束为"卒哭",意为停止哭泣。《礼记·杂记下》:"士三月而葬,是月也卒哭。"即从初终到卒哭接近100天。

死者满周年,要进行小祥之祭,以栗木重新制作神主,称"练主"、"吉主",代替原来的虞主。《太平御览》卷五三一《礼仪部一〇·神主》引《公羊传》:"虞主用桑,练主用栗。"引《五经要义》曰:"主者,神象也。凡虞主用桑,桑犹丧也,丧礼取其名。练主用栗。栗者敬也,祭礼取其恭。"

满两周年进行大祥之祭,将神主正式迁入祖庙。《礼记·间传》载:"父母之丧……又期而大祥。"大祥之祭在第二十五个月进行,隔一个月后进行禫祭。禫是除丧服之祭,禫祭后除服,守制完毕,恢复正常生活。《仪礼·士虞礼》:"期而小祥,又期而大祥,中月而禫。"东汉北海高密人郑玄注曰:

---

① 《晏子春秋·内篇杂下第六》,载《诸子集成》,上海书店1986年影印版。
② 《通典》卷四十八《礼八·立尸义》引《白虎通》,浙江古籍出版社1988年影印版。

"中,犹间也。禫,祭名也,与大祥间一月,自丧至此,凡二十七月。"守制三年实际到第三年头,25个月。《礼记·三年问》:"三年之丧,二十五月而毕。"

据《礼记·檀弓上》载,大祥之后不再哭丧,叫"祥外无哭",所以"鲁人有朝祥而莫(暮)歌者"。如果父亲健在,母亲死了,则13月举行大祥之祭,15月禫祭。"伯鱼之母死,期而犹哭,夫子闻之曰:'谁与哭者?'门人曰:'鲤也。'夫子曰:'嘻!其甚也!'伯鱼闻之,遂除之。"孔颖达疏曰:"时,伯鱼母出,父在为出母亦应十三月祥,十五月禫。言期而犹哭,则是祥后禫前。祥外无哭,于时伯鱼在外哭,故夫子怪之,恨其甚也。"

以后,每逢死者周年称"忌日",都要像守制一样祭祀。"忌日不乐","君子有终身之丧,忌日之谓也"。①

2. 孝服

为了区别与死者血缘关系的亲疏,服丧的时间和服饰也有严格的区别,这就是古代的五服制度。根据《仪礼·丧服》载,有以下五等孝服:

(1)斩衰

斩衰是最重的孝服。子、未嫁女为父,承重孙(父为嫡长子,已死,嫡长孙为承重孙)为祖父,妻妾为夫,服斩衰,服期三年(25个月)。

斩衰之服以粗劣的生麻布制作,不缉边。以两条麻布带,一条束腰,一条束发冠,称做"苴绖"。用竹制而不加修理的哭丧棒,称做"苴杖"。穿菅草编的粗草鞋,称做"菅屦"。《荀子·哀公篇第三十一》载孔子语曰:"斩衰菅屦,杖而啜粥者,志不在于酒肉。"

春秋时期的鲁国还形成了弟子对老师的"心丧三年"之服。《礼记·檀弓上》载:"孔子之丧,门人疑所服。子贡曰:'昔者夫子之丧颜渊,若丧子而无服,丧子路亦然,请丧夫子若丧父而无服。'"于是,"弟子皆服三年。三年心丧毕,相诀而去"②。

(2)齐衰

齐衰是第二等丧服。父亲已先死,子、未嫁女为母,承重孙为祖母服齐衰三年。父在母死,则服齐衰一年。按礼制规定,大祥是25个月,禫祭是

---

①《礼记·檀弓上》、《礼记·祭义》,载《十三经注疏》,中华书局1980年版。
②《史记·孔子世家》,中华书局1959年版。

27个月,可伯鱼母死,却"十三月祥,十五月禫",就是因为父亲孔子还没死,伯鱼只能服齐衰一年。

已嫁女为父,孙为祖父母,夫为妻,为叔伯父母、兄弟,出嗣之子为生父母,妇为舅姑(公婆),妾为妻,服齐衰一年。重孙为曾祖父母服齐衰五个月,玄孙为高祖父母服三个月。齐衰用粗麻布制作,缉边。为母服齐衰用"削杖"。《礼记·丧服小记》:"苴杖,竹也;削杖,桐也。"

春秋鲁国孔氏为"出母"(被父亲休掉的母亲)也服齐衰一年,但不为后父服丧。自孔伋(字子思)以后,不为"出母"服丧。

《礼记·檀弓上》载,孔白之母死而不服丧,门人问子思,你先君孔子之子为出母服丧,你为什么不让孔白为出母服丧?子思曰:"昔者吾先君子无所失道,道隆则从而隆,道污则从而污。伋则安能?为伋也妻者,是为白也母。不为伋也妻者,是不为白也母。"子思认为,我先君可以让儿子为出母服丧,我做不到。为我的妻子,就是孔白的母亲;不为我的妻子,就不是孔白的母亲,所以不能为"出母"服丧。因此,《礼记·檀弓上》强调说:"孔氏之不丧出母,自子思始也。"

《风俗通义·愆礼》载:"为旧君齐衰三月,谓策名委质(委身),为臣吏者也。"东汉河南尹羊续在老家太山居住,平原(今属山东)相封子衡葬母,因羊续是天下名士故意到泰山去拜访他,士大夫都自称是封子衡的臣吏,为其母"齐衰绖带"者达数百人。可见,先秦两汉时期,山东就有借服丧拉关系的陋俗。

《礼记·檀弓下》还记载了一位成邑(在今山东泰安南)人,"兄死而不为衰",听说孔子弟子子皋将为成邑宰,怕受到制裁,赶紧为兄服丧。成邑人曰:"蚕则绩而蟹有匡,范(蜂)则冠而蝉有緌,兄则死而子皋为之衰。"意思是,养蚕吐丝要筐,蟹壳似筐而与蚕筐无关;蜂有冠而蝉有緌却不是蚕织出来的;服齐衰是为子皋而不是为兄。后因以"蚕绩蟹匡"比喻两不相干或名不副实。

（3）大功

大功用于为堂兄弟、未嫁的堂姐妹,已嫁的姑、姐妹,已嫁女为伯叔父、兄弟等,服期九个月。丧服以熟麻布制作。《礼记·檀弓下》:"齐谷(告)王姬之丧,鲁庄公为之大功。或曰:由鲁嫁,故为之服姊妹之服。"

（4）小功

小功为本宗的曾祖父母、伯叔祖父母、父亲的堂兄弟及配偶、未嫁祖姑、堂姑、外祖父母、母姨、姒娌等，服期五个月。丧服以较细的熟麻布制作。

街坊邻居之间也可服小功。《礼记·檀弓上》引曾子语曰："小功不为位也者，是委巷之礼也。"意思是，凡服小功者都有亲属关系，服小功不追求亲戚之位，是街巷邻居之礼。按规定，"叔嫂无服"，"子思之哭嫂也，为位"，即子思是为了表示对嫂嫂的恭敬。

（5）缌麻

缌麻是最轻的丧服，用于本宗的高祖父母、曾伯叔祖父母、族伯叔父母、中表兄弟、岳父母、母舅等，服期三个月，以细麻布制作。

丈夫为妾也服丧，一般是缌麻。鲁哀公为死去的妾服齐衰，孔子弟子有若问曰："为妾齐衰，礼与？"鲁哀公曰："吾得已乎哉？鲁人以妻我。"①西晋杜预注："妾之贵者为之缌耳。"也就是说，丈夫为地位较高的妾最多服缌麻，鲁哀公竟然按妻子的规格服齐衰，只好辩解说："我是不得已，鲁国人都以为她是我的妻子。"

（四）祭祀

对父母祖先的祭祀，并不随着埋葬和守制的完成而结束，除忌日之外，遇重大节日还要举行祭祀。

1. 昭穆、毁庙、祫祭、神像

古代祭祖在宗庙进行，先秦的宗庙有严格的规定。《礼记·王制》载："天子七庙，三昭三穆，与太祖之庙而七；诸侯五庙，二昭二穆，与太祖之庙而五；大夫三庙，一昭一穆，与太祖之庙而三；士一庙，庶人祭于寝。"所谓太祖，指始封之君。如周公、姜太公分别是鲁、齐的始封之君。昭穆是西周的宗法制度，简单说是各代递为昭穆，父为昭，子为穆，孙又为昭，曾孙又为穆。宗庙的排列顺序是：太祖居中，左昭右穆。周代庶人没有宗庙，在家中正堂上祭祖。

随着世系的延续，七庙、五庙不够用了，对一些"亲尽"之庙，有"毁庙"

①《礼记·檀弓下》，载《十三经注疏》，中华书局1980年版。

制度。三年之丧完毕,因先考(父生为父,死为考,入庙称祢)的神主迁入宗庙,多出了一庙。这时,将列祖列宗的神主都请出来,进行总祭,叫做"祫祭"。然后把不在庙数的(太祖除外)神主移入"祧庙"内,藏在祏或专设的房间内,留下最亲近的先祖。祫祭每五年举行一次。

《诗经·鲁颂·閟宫》描绘了鲁僖公建宗庙的情况说:

> 徂徕之松,新甫之柏。是断是度,是寻是尺。
> 松桷有舄,路寝孔硕。新庙奕奕,奚斯所作。

由于被出弃的妇人不能入宗庙,所以鲁国有"出母不得哭于庙"的礼俗。《礼记·檀弓下》载:"子思之母死于卫,赴(讣)于子思。子思哭于庙。门人至曰:'庶氏(子思之母改嫁给庶氏)之母死,何为哭于孔氏之庙乎?'子思曰:'吾过乎,吾过乎!'遂哭于他室。"

齐国人也讲究修建宗庙祭祖,每个国君都单立一庙。《左传·襄公六年》记载:"陈无宇献莱宗器于襄宫。"杜注:"齐襄公庙。"《战国策·齐策一》云:"先王之庙在薛",指的是田齐的齐威王之庙。

齐国的宗庙不仅是祭祖之处,还是宣布政令之处。《管子·霸形》载:"于是令百官有司,削方墨笔,明日皆朝于太庙之门朝,定令于百吏。"这里的"太庙之门朝",显然是公布律令的地方。《管子·立政》载,齐桓公时的"大朝"之制,居于国都之外的"五属大夫"必须乘车来朝学习律令,退朝后必须立即赶回自己的属地,"于庙致属吏",在各自的宗庙前将律令颁布给自己的属下。从这一点来看,齐国更善于利用宗庙祖先来监督国政。

2. 五祀、配飨、太牢、少牢

《礼记·王制》载:"天子诸侯宗庙之祭,春曰礿,夏曰禘,秋曰尝,冬曰烝。"郑玄注曰:"此盖夏殷之祭名,周则改之,春曰祠,夏曰礿。"秋尝、冬烝相同。祭祀在孟月进行,加上腊祭共为五祀。此外有按时令奉享新鲜果蔬的"荐新"之祭。《管子·五行》载:"五谷之先熟者,而荐之祖庙与五祀。"

古代帝王还将自己的祖先与天一起祭祀,叫做"配天"。参见信仰风俗。

祭祀用的牺牲也有严格的规定。牛、羊、豕三牲称太牢;没有牛,只有羊、豕称少牢。《公羊传·桓公八年》:"冬曰烝。"何休注云:"礼,天子、诸侯、卿大夫,牛羊豕凡三牲,曰太牢。天子元士、诸侯之卿大夫,羊、豕凡二牲,曰少牢。"据此可知,天子、诸侯、卿大夫祭祖用太牢,士和诸侯之下的卿大夫用少牢。

祭祀是古代政治权力的象征,受到统治者的高度重视。

《左传·成公十三年》载:"国之大事,在祀与戎。"《左传·文公二年》载:"祀,国之大事也。"这里讲的祭祀,包括天地、山川、社稷,主要是指宗庙。所以,古代王朝灭亡称做"宗庙堕"。"君子将营宫室,宗庙为先"①,由此可知对宗庙的重视程度。

3. 神不歆非类与无后为大

先祖接受子孙的祭祀叫做"血食"、"歆享"。《左传·僖公十年》称:"神不歆非类,民不祀非族。"也就是说,祭祀必须是自己的真正骨血,否则祖先不歆享。

孟子讲的"不孝有三,无后为大"②,也是从祭祀考虑的。东汉赵岐注释说:"阿意曲从,陷亲不义,一不孝也;家贫亲老,不为禄仕,二不孝也;不娶无子,绝先祖祀,三不孝也。三者之中,无后为大。"

4. 祠堂、墓碑

祠堂又称享堂,是用来祭祀死者的。在坟墓处建祠堂开始于西汉。司马光《文潞公家庙碑》讲,秦"尊君卑臣,于是,天子之外无敢营宗庙者,汉世公卿贵人多建祠堂于墓所"。

西汉鲁恭王刘余葬在今山东金乡县西北的金乡山,祠堂也修在墓所,可惜西晋时遭到破坏,此后便荡然无存了。《太平御览》卷四二《地部七·金乡山》引晋人戴延之《西征记》载:"焦氏山北数山,有汉司隶校尉鲁恭穿山得白蛇、白兔,不葬,更葬山南,凿而得金,故曰金乡山。山形峻峭,冢前有石祠、石庙,庙四壁皆青石隐起,自书契以来,忠臣、孝子、贞妇及孔子弟子七十二人形象,像边皆刻石记之,文字分明。又有石床长八尺,磨莹鲜明,叩之声闻远近。时太尉从事中郎傅珍之、咨议参军周安穆,析败石床,各取之,为鲁氏之后所讼,三(二)人并免官。"

山东有两座至今犹存的东汉祠堂:一座是嘉祥武氏祠;一座是济南孝堂山郭氏祠堂,均建在坟墓旁。

①《礼记·曲礼下》,载《十三经注疏》,中华书局1980年版。
②《孟子·离娄上》,载《诸子集成》,上海书店1986年影印版。

武氏祠位于嘉祥县纸纺镇武宅山村北,始建于东汉桓、灵时期,全石结构,其中雕制精巧的石刻画像是我国保存完整的汉代石刻艺术珍品。现存石阙、石狮各一对,石碑两块,祠堂石刻构件4组40余石。祠内遍刻画像,有伏羲女娲、周公辅成王、管仲射小白、孔子见老子、二桃杀三士、荆轲刺秦王以及闵子骞、老莱子、丁兰、梁高行、董永等孝子贤妇,雷公电母、北斗星君、东王公、西王母、布神鼎、黄龙、比翼鸟、比肩兽等各种灵仙、祥瑞,祠主的车马出行、宴饮歌舞、家居庖厨等。

孝堂山郭氏石祠位于济南城西南长清区孝里镇孝堂山(原名巫山)顶,东汉章帝、和帝时期的墓地祠堂。旧讹传为西汉孝子郭巨墓祠,是中国现存最早的地面房屋式建筑。祠堂为石结构单檐悬山顶两开间房屋,坐北朝南,面阔4.14米,进深2.5米,高2.64米。祠内东、西、北三壁和隔梁石上刻36组画像。主要内容是与祠主经历和生活有关的车骑出行、庖厨饮宴、狩猎、百戏等图像,是汉画像中少有的精品。

济南长清孝堂山石室

两汉时期的山东,还出现立生祠的风俗。《汉书·于定国传》载,东海郯(今山东郯城)人于定国之父于公为县狱吏,决狱平明,凡于公所决案犯皆无冤言,郡中为之生立祠,号曰“于公祠”。

碑是上述埋葬死者时用来“悬棺”的石桩,先秦时立在宫庙,用来测日影或拴牲口的竖石也称碑。《说文·弟九下》曰:“碑,竖石也。”安放好棺材后,往往把碑一起埋入墓中。1986年,陕西凤翔秦公大墓(秦景公)发掘,椁室两壁外侧发现一“木碑”,就是当初用来悬棺的。秦始皇发明刻石纪功后,原来悬棺的石碑就不必埋到墓穴里了,刻上死者的名字就成了墓碑了。东汉开始把这纪功的石碑用于墓碑,山东嘉祥东汉武氏祠的墓碑即是。

(五)齐鲁两国的哭丧和歌哭

齐鲁两国是古代的礼仪之邦,在改造远古社会氏族遗风,弘扬周礼,移

风易俗方面,是率先垂范的地区。古代丧葬的许多风俗事象也都发端于齐鲁,尤其是齐鲁妇女的哭夫,有五个鲜明特点:

其一,有内容。哭中有诉,边哭边诉,虽哭犹唱,感天动地。《礼记·檀弓下》就反映了这一习俗:"孔子过泰山侧,有妇人哭于墓者而哀,夫子式而听之。使子路问之曰:'子之哭也,壹似重有忧者。'而曰:'然,昔者吾舅死于虎,吾夫又死焉,今吾子又死焉。'夫子曰:'何为不去也?'曰:'无苛政。'夫子曰:'小子识之,苛政猛于虎也。'"妇人的这段话就是哭诉出来的。

其二,有节制。该哭的哭,不该哭的不哭。鲁国公父文伯之母敬姜,遵守"寡妇不夜哭"的礼制,昼哭丈夫,夜哭儿子,表现了超强的节制能力。上述杞梁妻不接受"郊吊",对鲁庄公不尊重烈士的行为进行了有理有节的抵制。

不仅是女子,男子的哭也强调有节制。孔子弟子高柴父母死,"泣血三年,未尝见齿(不微笑露齿)"①,孔子"以为愚"。

其三,有义气。《风俗通·十反》载,高唐令乐安(今山东惠民)周孟玉的侄子使客杀人,被太守盛亮捕得,并把案子压下,准备从轻处理。周孟玉弃官自劾去替侄子顶罪,见到盛亮,一不乞请,二不辞谢。盛亮恼怒说:"周孟玉欲作抗直,不恤其亲,我何能枉宪乎!"周孟玉遂与侄子俱死。孟玉的弟妇不哭亲子,而哭孟玉,在哭丧方面表现了齐地妇女特有的"义气"。

如果结合齐鲁男子的哭,齐鲁地区的哭还应该有第四个特点:感天动地。

《后汉书·刘瑜传》载:"邹衍匹夫,杞氏匹妇,尚有城崩霜陨之异。"李贤注引《淮南子》说:"邹衍事燕惠王,尽忠。左右潜之,王系之,仰天而哭,五月天为之下霜。"引《列女传》曰:"齐人杞梁袭莒,战死,其妻无所归,乃就夫尸于城下而哭之,七日城崩。"

如果把哭丧与齐地的挽歌相结合,齐鲁地区哭的第五个特点是:哭唱结合。《礼记·檀弓上》载:"孔子蚤作,负手曳杖,消摇于门,歌曰:'泰山其颓乎! 梁木其坏乎! 哲人其萎乎!'既歌而入,当户而坐。子贡闻之曰:'泰山其颓,则吾将安仰? 梁木其坏、哲人其萎,则吾将安放? 夫子殆将病也。'遂

---

①《礼记·檀弓上》,载《十三经注疏》,中华书局1980年版。

趋而入。"这是孔子临终前的悲哀,虽然是歌,却近乎哭。

《列子·汤问》把齐地的歌与哭连称,并叙述了齐地歌哭的渊源:"昔韩娥东之齐,匮粮,过雍门(齐城门),鬻歌假食。既去而余音绕梁欐,三日不绝,左右以其人弗去。过逆旅,逆旅人辱之。韩娥因曼(长)声哀哭,一里老幼悲愁垂涕相对,三日不食。遽而追之。娥还,复为曼声长歌,一里老幼善跃抃舞,弗能自禁,忘向之悲也。乃厚赂发之。故雍门之人至今善歌哭,放娥之遗声。"这里虽也肯定齐国雍门之人善歌哭,但说是受了韩娥的影响,却不尽然,齐地原有歌哭之风,挽歌产生于齐地,是有历史渊源的。

七、信仰风俗

信仰是具有社会性的人类普遍存在的心理现象。它以相信为基础,把对某种思想、现象、偶像的认识、情感、意志组织起来,成为统一的、极高的价值信念。原始的宗教意识包括:灵魂和鬼神观念、图腾崇拜、巫术信仰、自然崇拜、祖先崇拜等。

(一)神灵信仰与祭祀

神灵信仰是历史悠久的文化现象,主要来自原始崇拜。齐鲁地区的原始崇拜十分庞杂,既有对自然界的日月山川雷电的神灵崇拜,又有对鸟、熊、鹿等动物的图腾崇拜,也有对祖先的灵魂崇拜,还有对最高神天帝的崇拜。上述"东夷族的神话传说"中的神灵有西王母、风伯、雨师、九天玄女等。崇拜、信仰这些神灵的主要形式就是祭祀。因而,祭祀这些神灵和祖先成为先秦齐鲁传统风俗的重要内容。当时祭祀的名目非常之繁多,《周礼·春官·大宗伯》中就曾列举说:"以吉礼事邦国之鬼神示,以禋祀祀昊天上帝,以实柴祀日月星辰,以槱燎祀司中、司命、风师、雨师,以血祭祭社稷、五祀、五岳,以狸沈祭山林川泽,以疈辜祭四方百物,以肆献裸享先王,以馈食享先王,以祠春享先王,以礿夏享先王,以尝秋享先王,以烝冬享先王。"

1. 人神、人鬼与自然神

人神、人鬼是远古信仰风俗的主要内容之一,在先秦丧葬风俗中业已述及,在此主要叙述自然神。

自然神来自远古的自然崇拜,由于人们对雷电、地震、淫雨等自然现象无法理解，就把灵魂鬼神的观念扩大到自然界，认为万物和人一样，都有灵魂，是一些鬼神在操纵着这些自然现象，每一种自然现象都是一种鬼神的恶作剧。马克思说过："自然界起初是作为一种完全异己的、有无限威力的和不可制服的力量与人们对立的，人们同它的关系完全像动物和它的关系一样，人们就像牲畜一样服从它的权力。"①

《礼记·祭法》讲："山林川谷丘陵，能出云，为风雨，见怪物，皆曰神。"

从旧石器时代开始，海岱地区就有了动物、植物、山、海、河、川、日、月、星辰、风、雨、雷、电等原始的自然崇拜。张店彭家遗址发现的后李文化房址地穴内，有成层分布的烧焦的动物骨架，可能是居民祭祀的遗留物。北辛文化的东贾柏的 F12 地穴下部埋有 3 只猪骨架，可能是祭祀类的建筑。②

齐鲁立国后，人们信奉的自然神仍然很多。春秋时期，处在山东的太昊风姓后裔任（在今济宁市区）、宿（在今山东东平境）、须句（在今山东东平境）、颛臾（在今山东平邑境）等国仍祭祀蒙山、济水。《管子·水地》记载了很多神灵精怪，如记载龙说："龙生于水，被五色而游，故神。欲小则化如蚕蠋，欲大则藏于天地，欲尚则凌于云气，欲下则入于深泉。变化无日，上下无时，谓之神。"描绘"涸泽之精"曰："涸泽数百岁，谷之不徙，水之不绝者，生庆忌。庆忌者，其状若人，其长四寸，衣黄衣，冠黄冠，戴黄盖，乘小马，好疾驰，以其名呼之，可使千里外一日反报。此涸泽之精也。"描述"涸川之精"曰："涸川之精者，生于蟡。蟡者，一头而两身，其形若蛇，其长八尺，以其名呼之，可使取鱼鳖。此涸川水之精也。"东汉山东嘉祥武氏祠石刻有东王公、西王母、布神鼎、黄龙、比翼鸟、比肩兽、雷公电母、北斗星君、伏羲女娲等灵仙故事神话和祥瑞图画，都是自先秦以来不断积累起来的传说。

随着社会的发展，不仅鬼神渐渐具有了社会属性，自然神也开始逐渐人格化。春秋以来，天、帝等自然的至上神逐步演变为太昊、少昊、炎帝、黄帝、颛顼等远古人类的先祖。齐鲁地区信仰的河伯不仅有名有姓，而且赋予了或善或恶等道德秉性。社稷在内的"五行之官"也由传说中的历史人物来担任。这种自然神的人格化，在先秦以后的古代神灵信仰中一直不断进行

---

①《马克思恩格斯全集》第 3 卷，人民出版社 1960 年版，第 34—35 页。
②参见中国社会科学院考古所山东队：《山东汶上县东贾柏村新石器时代遗址发掘简报》，《考古》1993 年第 6 期。

着,甚至有些神灵被不断地更换人格形象。由于先秦时期泰山神人格化的任务没完成,魏晋以后被说成是天帝孙,唐宋时又被封为天齐王、东岳大帝、碧霞元君等等。

2. 柳下惠叙述的祭祀礼制

远古以来的祭祀杂滥无章,齐鲁立国时曾推行过大规模的移风易俗,鲁国"变其俗,革其礼"①,齐国"因其俗,简其礼"②,其中就包括对远古滥祀、淫祀的禁断和改造,对新祭祀礼制的倡导和推行,使之达到"国之大事,在祀与戎"③所要求的水准。

鲁文公时,有一只叫"爰居"的大海鸟停留在鲁国东门外三日不飞,鲁国执政臧文仲命国人祭祀。柳下惠极力反对这种违背典制,随意祭祀的做法,批评说:"越(迂阔不知政要)哉,臧孙之为政也!夫祀,国之大节也;而节,政之所成也。故慎制祀以为国典。今无故而加典,非政之宜也。"接着,以丰富而渊博的历史知识,陈述了一整套有关祭祀的典章制度。《国语·鲁语上》载:

> 夫圣王之制祀也,法施于民则祀之,以死勤事则祀之,以劳定国则祀之,能御大灾则祀之,能捍大患则祀之。非是族也,不在祀典。昔烈山氏之有天下也,其子曰柱,能植百谷百蔬;夏之兴也,周弃继之,故祀以为稷。共工氏之伯九有(域)也,其子曰后土,能平九土,故祀以为社。黄帝能成命百物,以明民共财,颛顼能修之。帝喾能序三辰以固民,尧能单均刑法以仪民,舜勤民事而野死(苍梧之野),鲧鄣洪水而殛死,禹能以德修鲧之功,契为司徒而民辑,冥勤其官而水死,汤以宽治民而除其邪,稷勤百谷而山死,文王以文昭,武王去民之秽。故有虞氏禘黄帝而祖颛顼,郊尧而宗舜;夏后氏禘黄帝而祖颛顼,郊鲧而宗禹;商人禘舜(应该为"喾",契之父)而祖契,郊冥而宗汤;周人禘喾而郊稷,祖文王而宗武王;幕,能帅颛顼者也,有虞氏报焉;杼,能帅禹者也,夏后氏报焉;上甲微,能帅契者也,商人报焉;高圉、太王,能帅稷者也,周人报

①《史记·鲁周公世家》,中华书局1959年版。
②《史记·齐太公世家》,中华书局1959年版。
③《左传·成公十三年》,载《十三经注疏》,中华书局1980年版。

焉。凡禘、郊、祖、宗、报,此五者,国之典祀也。加之以社稷山川之神,皆有功烈于民者也。及前哲令德之人,所以为明质也;及天之三辰,民所以瞻仰也;及地之五行,所以生殖也;及九州名山川泽,所以出财用也。非是不在祀典。

今海鸟至,己不知而祀之,以为国典,难以为仁且智矣! 夫仁者讲功,而智者处物。无功而祀之,非仁也;不知而不能问,非智也。今兹海其有灾乎? 夫广川之鸟兽,恒知避其灾也。

那年,海面上狂风数月不息,臧文仲才知道是海鸟为躲避海风而栖居陆地,后悔说:"信吾过也,季子之言不可不法也!"①于是让史官记载下来,以示后人。

从柳下惠叙述的祭祀典章来看,古代的祭祀对象主要有祖先、前哲令德、山川、社稷、五行、日月星辰等,都与远古人类生活息息相关,其宗旨在于兴利除害、造福人类。可见古代祭祀不光是巫术迷信,还反映了在生产力低下的情况下,对险恶生存环境的抗争和征服,对远古人类生活的开拓,对造福人类的伟大人物的肯定和崇敬,对养育人类的日月星辰、社稷山川的感谢和希冀。

3. 天帝和祖先

商周时代的"天"、"帝"是一个模糊、笼统的概念,既没有人格化,也不是造物主。它的功能却很大,可决定地上统治者的更替,支配自然界的刮风下雨,决定人间的生死祸福、战争的胜负,还主管土木建筑、买卖、出行等日常生活。孔子曰:"孝莫大于严父,严父莫大于配天,则周公其人也。"②从周公起,"郊祀后稷(周始祖弃)以配天,宗祀文王于明堂以配上帝"③。把始祖后稷和周文王与天帝一起祭祀,称做"配天",祖先开始与天帝平起平坐。

自东周开始,天、上帝开始向远古祖先回归。到战国后期形成的炎帝、黄帝、太昊、少昊、颛顼等五大天帝都是远古的中华先祖。其中太昊、少昊是山东东夷族的先祖。

①《国语·鲁语上》,上海古籍出版社 1978 年版。
②《孝经·圣治章》,载《十三经注疏》,中华书局 1980 年版。
③《汉书·郊祀志》,中华书局 1962 年版。

　　鲁国是周公之后，被特许有祭天之礼。《礼记·明堂位》载："命鲁公世世祀周公以天子之礼乐，是以鲁君孟春乘大辂，载弧韣，旂十有二旒，日月之章，祀帝于郊，配以后稷，天子之礼也。"周代最隆重的祭天帝仪式是冬至圜丘祭昊天，其次是起蛰之时祭上帝祈谷，鲁国的郊祭只有后者。

　　《左传·桓公五年》载："凡祀，启蛰而郊，龙见而雩，始杀而尝，闭蛰而烝。"这是鲁国一年春、夏、秋、冬等四季的祭祀礼制。"启蛰而郊"，杜预注为"启蛰，夏正建寅之月，祀天南郊"，即惊蛰①之时的夏历正月祭天帝于南郊。"龙见而雩"，杜预注："龙见建巳之月（夏历四月），苍龙宿之体昏见东方，万物始盛，待雨而大，故祭天，远为百谷祈膏雨。""始杀而尝"，杜预注："建酉之月（夏历八月），阴气始杀，嘉谷始熟，故荐尝于宗庙。""闭蛰而烝"，杜预注："建亥之月（夏历十月），昆虫闭户，万物皆成，可荐者众，故烝祭宗庙。"

　　《左传·襄公七年》记载鲁国的郊祀说："夫郊祀后稷，以祈农事也。是故起蛰而郊，郊而后耕。"这与《礼记·明堂位》说的"祀帝于郊，配以后稷"相一致。可见鲁国的郊祭与周天子略有不同，祭天、祭祖的同时，也是祈祷农事丰收和春耕开始的仪式。

　　《礼记·郊特牲》讲："诸侯不敢祖天子，大夫不敢祖诸侯，而公庙之设于私家，非礼也，由三桓始也。"郑玄注曰："言仲孙、叔孙、季孙氏皆立桓公庙，鲁以周公之故，立文王庙，三家见而僭焉。"也就是说，即便是周族的姬姓诸侯，也不得祭祀周文王、周武王等天子，只能祭祀诸侯国始祖以来的列祖列宗；大夫是诸侯的后代，但也不能祭祀当诸侯的先祖。鲁国的始封君为周公（一说为周公的儿子伯禽），历代国君只能祭祀周公、伯禽以来当诸侯的先祖，而不能祭祀周天子，鲁国大夫以此类推。由于鲁君用天子礼乐，不仅可以祭祀周的始祖稷，还可以祭祀稷的父亲帝喾，及包括周文王、周武王在内的历代列祖列宗，并有权以天子礼祭祀周公。鲁桓公有鲁庄公、庆父、叔牙、季友四子，除鲁庄公外，后三子分别是鲁国孟孙氏（即仲孙氏）、叔孙氏、季孙氏三家大夫的始祖，三家都是鲁桓公的后裔，故称"三桓"。"三桓"

―――――――――

　　①惊蛰应在阳历3月。孔颖达疏曰："《夏小正》曰：'正月启蛰。'其传曰：'言始发蛰也。'故汉氏之始，以启蛰为正月中，雨水为二月节。及太初以后，更改气名，以雨水为正月中，惊蛰为二月节，迄于今踵而不改。"

的后裔只能祭祀自庆父、叔牙、季友以来的列祖列宗,而不能祭祀当诸侯的先祖鲁桓公。但三家却僭越礼制,都在自己家里为鲁桓公立庙祭祀。从此,"公庙之设于私家"成为鲁国普遍流行的惯例。由此可知,鲁国对祭祀祖先的重视。鲁庄公祭祖,"牺牲玉帛,弗敢加也,必以信"[1]。他认为,只要虔诚地祭祀祖先,祖先就能保佑他打败齐国。

上述柳下惠讲,鲁国祭祀祖先,共有禘、郊、祖、宗、报等五种名称。祭天还包括祭日月星辰,用柳下惠的话讲是"民所以瞻仰也"。

4. 社稷

《史记·封禅书》中载:"自禹兴而修社祀,后稷稼穑,故有稷祠,郊社所从来尚矣。"与祭祀天帝相对应的是祭祀地祇,主要包括祭社稷在内的"地之五行"。之所以要祭祀它们,用柳下惠的话说是,社稷山川之神,"皆有功烈于民者也";"地之五行,所以生殖也";"九州名山川泽,所以出财用也"。

柳下惠说的"地之五行",也称"社稷五祀"。《左传·昭公二十九年》载:"有五行之官,是谓五官。实列受氏姓,封为上公,祀为贵神。社稷五祀,是尊是奉。木正曰句芒,火正曰祝融,金正曰蓐收,水正曰玄冥,土正曰后土……少昊氏有四叔,曰重、曰该、曰修、曰熙,实能金木及水,使重为句芒,该为蓐收,修及熙为玄冥,世不失职,遂济穷桑。此其三祀也。颛顼氏有子曰犁,为祝融。共工氏有子曰句龙,为后土,此其二祀也。后土为社。稷,田正也。有烈山氏之子曰柱,为稷,自夏以上祀之;周弃亦为稷,自商以来祀之。"

在这"社稷五祀"中,前"三祀"出自东夷少昊氏(参见第一章《远古东夷族的传说》),后"二祀"即为社稷。社为土神,是共工氏之子句龙,称做后土。稷为谷神,或田神。夏朝以前,以柱(农)为稷神,商朝以后,以弃为稷神。

在中国古代,祭祀是地位和权力的象征,谁有权主持对社稷的祭祀,谁就是统治者。一旦统治权力被取代,就由新统治者来主持对社稷的祭祀了。鲁国季孙氏专政,赶跑了鲁昭公,被称做是"社稷无常奉,君臣无常位"[2]。统治者把社稷看成是统治天下的象征,称作"江山社稷",道理也在这里。

---

[1]《左传·庄公十年》,载《十三经注疏》,中华书局1980年版。
[2]《左传·昭公三十二年》,载《十三经注疏》,中华书局1980年版。

自天子至庶民都有"社"。《礼记·祭法》规定："王为群姓立社曰大社，王自为立社曰王社，诸侯为百姓立社曰国社，诸侯自立社曰侯社，大夫以下成群立社曰置社。"大社、王社、国社、侯社属于官方之社；大夫不特立社，与庶民共社，是为民间之社，称做"置社"。鲁国的社又分为两类：周社是周人所立之社，亳社是殷人遗留之社。《春秋·哀公四年》："六月辛丑，亳社灾。"杜预注："亳社，殷社，诸侯有之，所以戒亡国。"孔颖达疏曰："殷有天下，作都于亳，故知亳社殷社也。盖武王伐纣，以其社班赐诸侯，使各立之，所以戒亡国也。"

在正常年份，社祭一岁共举行四次。《礼记·月令》说，仲春之月，"择元日，命民社"。郑注："社，后土也，使民祀焉。神其农业也。祀社日用甲"；季夏之月，"以祠宗庙社稷之灵，以为民祈福"；孟冬之月，"大割，祠于公社"。是知社祭分春、夏、秋、冬四季举行四次，祭日在相关月内的第一个天干甲日，这与后世社日在立春和立秋两节气后的第五日戊日举行不一样。孟冬之月的社祭称"大割"，要大杀群牲，割而献功，是最隆重的一次社祭。

除正常年份中的节令性社祭外，当时又有非常事态下的临时性社祭。例如，天候灾异可社祭。

《左传·庄公二十五年》载："夏六月辛未朔，日有食之，鼓，用牲于社，非常也。……秋大水，鼓，用牲于社，于门，亦非常也。凡天灾，有币无牲，非日月之眚(月侵日)不鼓。"

《左传·文公十五年》载："六月辛丑朔，日有食之，鼓，用牲于社，非礼也。日有食之，天子不举(去盛馔，贬膳食)，伐鼓于社，诸侯用币于社，伐鼓于朝，以昭事神，训民事君。"

这里的意思是说，由于天为阳，地为阴，日食是阴侵阳。社是主阴气的，发生日食，天子先自贬膳食，然后击鼓责群阴。社神被"封为上公，祀为贵神"，地位在诸侯之上，诸侯只能用币请求社神救灾而不敢攻责，退而击鼓于朝，而表示自责。在奉事神灵方面尊卑异制，是为了训导民众。鲁国国君虽用天子礼乐，但毕竟不是天子，击鼓、用牺牲祭祀社，是非礼的。

征伐后献俘也有社祭。鲁昭公十年"秋七月，平子伐莒取郠(在今山东沂水)，献俘，始用人于亳社"。杜预注曰："以人祭殷社。"鲁国季康子伐邾国，"以邾子益来，献于亳社"①。

在鲁国，社还是贵族、庶人等政事或民事的公证人，是人们盟誓的神圣场所。鲁定公六年（前504年），鲁国季孙氏家臣阳虎控制了季孙氏家政，进而谋求专鲁国之政，以武力裹胁，"盟公（鲁定公）及三桓于周社，盟国人于亳社，诅（发恶誓）于五父之衢"②，从而取得了"陪臣执国命"的合法地位。鲁国泉丘女子也曾与孟僖子"盟于清丘之社"。

晋国大夫曾对秦穆公说："君履后土而戴皇天，皇天后土实闻君之言。"③把皇天后土并称，后来的人往往指天盟誓，苍天作证。其实，按先秦时期的鲁国风俗，应指地盟誓，后土作证。

齐国的社祭，还进行阅兵活动，因而吸引了鲁庄公不顾曹刿的劝谏，前去观看。《春秋·庄公二十三年》载："夏，公如齐观社。"杜预注曰："齐因祭社，蒐军实，故公往观之。"

5. 泰山神

《礼记·王制》载："天子祭天下名山大川，五岳视三公，四渎视诸侯。诸侯祭名山大川之在其地者。"矗立在齐鲁大地上的东岳泰山是五岳之首，古称岱宗。"岱者长也，万物之始，阴阳交代……故为五岳之长。"④

远古对山川的崇拜祭祀，其历史非常久远。《尚书·舜典》载："禋于六宗，望于山川，遍于群神。"舜"东巡守，至于岱宗"。"望"，即祭祀山川。《公羊传·僖公三十一年》云："望，祭也。然则曷祭？祭泰山、河、海。曷为祭泰山、河、海？山川有能润于百里者，天子秩而祭之。触石而出，肤寸而合，不崇朝（一朝）而遍雨于天下者，唯泰山尔。"

《左传·隐公八年》载："郑伯请释泰山之祀，而祀周公。"《公羊传·隐公八年》讲："天子有事于泰山，诸侯皆从泰山之下。诸侯皆有汤沐之邑也。"鲁隐公八年是公元前715年，在这之前，"泰山之祀"已成定例。

《晏子春秋·内篇谏上第一》载，齐景公举兵伐宋，师过泰山，梦见二丈夫盛怒而立。占梦者说："师过泰山而不用事，故泰山之神怒也。请趣召祝

①《左传·哀公七年》，载《十三经注疏》，中华书局1980年版。
②《左传·定公六年》。五父之衢是一条四达之路，鲁人习惯在此发恶誓。《左传·僖公十一年》："诅诸五父之衢。"杜预注曰："五父衢，道名，在鲁国东南，诅以祸福之言相要。"
③《左传·僖公十五年》，载《十三经注疏》，中华书局1980年版。
④《风俗通·山泽·五岳》，中华书局1961年版。

史祠乎泰山则可。"这说明,齐国国君凡兴师路过泰山都要祭祀,齐国还有专司祭祀泰山神的祝、史。

祭祀泰山十分隆重,三个月前就要准备好牺牲,还要清心洁身,不饮酒,不吃荤,称做"斋戒"。《礼记·礼器》讲:"齐人将有事于泰山,必先有事于配林。三月系,七日戒,三日宿,慎之至也。""系"是系牺牲于牢,"戒"是准备斋戒,宿是实行致斋。

远古帝王祭祀泰山最隆重的是封禅泰山的活动,即封泰山,禅梁父。封泰山即在泰山筑坛以祭天,报天之功;禅梁父即在泰安东南徂徕山东南麓的梁父山祭地,报地之功。

《管子·封禅第五十》载:"桓公既霸,会诸侯于葵丘,而欲封禅。"管仲说:"古者封泰山禅梁父者七十二家,而夷吾所记者十有二焉。"计有无怀氏、宓(伏)羲、神农、炎帝、黄帝、颛顼、帝喾、尧、舜、禹、汤、周成王等。为了劝阻齐桓公,管仲故意用祥瑞发难说:"古之封禅,鄗上之黍,北里之禾,所以为盛;江淮之间,一茅三脊,所以为藉也;东海致比目之鱼,西海致比翼之鸟,然后物有不召而自至者十有五焉。今凤凰、麒麟不来,嘉谷不生,而蓬蒿藜莠茂,鸱枭数至,而欲封禅,毋乃不可乎?"在管仲的劝说下,齐桓公放弃了封禅泰山的打算。

在古人的心目中,泰山是最神圣高大的。孔子"登东山而小鲁,登泰山而小天下"[1]。秦朝李斯《谏逐客书》讲:"泰山不让土壤,故能成其大。"司马迁讲:"人固有一死,死有重于泰山,或轻于鸿毛。"[2]所以,泰山不是所有人都可以祭祀的。《论语·八佾》载,鲁国大夫季氏要祭祀泰山,孔子曰:"呜呼! 曾谓泰山不如林放乎?"林放是鲁国人,曾问礼于孔子。孔子的意思是说,林放尚知礼,泰山之神还不如林放吗? 为什么要接受季氏的祭祀呢?《史记·封禅书》讲的"季氏旅(祭)于泰山,仲尼讥之",也是指此。

6. 河神和海神

古代官方祭祀的江河,主要有黄河、济水、淮河、长江,称做四渎。古代帝王封四渎为侯伯,故河神又称河伯。各地区的江、河、湖、泉也都有专职的水神主宰。齐鲁地区流传的河伯是黄河之神,后来有济水之神。古代典籍

---

①《孟子·尽心上》,载《诸子集成》,上海书店 1986 年影印版。
②《汉书·司马迁传》,中华书局 1962 年版。

多有记载,虽不系统完整,但都与东夷或齐鲁有关。

袁珂校注的《山海经·海内北经》旁征博引,为我们勾画了先秦齐鲁地区所信仰的河神的基本面目。河神名叫冯夷,人面鱼身,乘两龙,因渡河淹死,天帝封为水神。宋国蒙(今山东曹县南)人庄子讲,当地有把牛、猪、童男童女沉到河里祭河的习俗,凡是巫、祝都知道,白额头的牛,鼻子上翻的猪,有痔病的人,都不能用来祭祀。河伯曾化为白龙,游于水上,被山东东夷族首领羿射瞎了左眼。河伯上诉于天帝,天帝问明情由后,非但没惩罚河伯,反倒训斥河伯不安本分。当

袁珂《山海经校注》中的河伯

时的洛水之神是太昊伏羲氏的女儿,亦称宓妃,是河神的配偶,与后羿还有一段私情。也有的说,河伯"溺杀人",羿路见不平,射瞎了他的左目。

河伯还是个肆意抢劫的水盗。孔门弟子澹台子羽带千金之璧渡河,河伯见财起意,派两条鲛龙把子羽的船夹住,欲抢劫其璧。《史记·仲尼弟子列传》载,澹台子羽"状貌甚恶",却是个品德高尚的正人君子。孔子曾言:"以貌取人,失之子羽。"子羽见两鲛夹舟,奋勇拔剑斩鲛登岸,然后将璧扔给河伯。河伯见卑劣行径败露,无颜接受玉璧,又扔还给子羽。子羽"三投而辄跃出,乃毁璧而去",再现了儒家"可以义求,不可以威劫"的仁者之勇。

看来,齐鲁地区最早信仰的河伯是个浪荡不羁、祸害生灵、见财起意、杀人越货的凶煞恶神。联系《史记·滑稽列传》中西门豹移风易俗,禁断为河伯娶媳妇的故事,可得知河北一带的河伯,好色成性,祸害百姓,比齐鲁的河伯也强不了多少。古代河水多泛滥,淹没人畜和庄稼,搞得民不聊生,把怨气发泄到河伯身上也是应该的。受齐鲁文化的影响,人们又赋予河伯死要面子、尊崇强者的鲜明个性。

然而,宋国蒙(今山东曹县南)人庄子记载的河神,却是一位有自知之明,善于自责,谦虚好学,喜好探讨深奥哲理的神灵,这与齐鲁崇圣、重教、尚学的社会风尚是一致的。《庄子·秋水》载,河伯以自己没见过大世面、沾

沾自喜而感到羞愧,并以这种善于自责的态度感动了北海神,因而给他讲了一大通博大无穷的道理。于是,二位神灵就时间和空间的大小;物体的精小与埠大;事务的内外贵贱;何为,何不为;何贵于道;天道与人为等,河伯七问,北海神七答,进行了深入而富有哲理的探讨。

由此可见,先秦时期齐鲁信仰的河伯有两种道德属性:一种是祸害生灵的凶神,一种是严于律己、谦虚好问的学者。

《山海经·大荒东经》载:"黄帝生禺䝞,禺䝞生禺京。禺京处北海,禺䝞处东海,是为海神。"按理说,主管齐鲁的应该是东海神禺䝞,可和河伯谈话的却是北海神禺京,他们应是共同主管山东的第一任海神。

7. 齐地的八神将

齐国自古就有八神将的祀典,也叫八神主。《史记·封禅书》载:"八神将自古而有之,或曰太公以来作之。齐所以为齐,以天齐也。其祀绝莫知起时。"这八神是:

天主,祠天齐渊。唐司马贞索隐曰:"解道彪《齐记》云:临淄城南有天齐泉,五泉并出,有异于常,言如天之腹齐也。"《水经注·淄水注》:"天齐渊,五泉并出,北流注于淄水。"天齐渊在今淄博临淄城东南 10 公里的牛山西北麓,是淄河东岸的河滩地带,泉水众多,是淄水的重要渊源之一。

地主,祠泰山梁父。上述祭祀、封禅泰山的活动,其实就是祠地主。如汉武帝元封元年(前 110 年),"天子至梁父,礼祠地主"①。

兵主,祠蚩尤,蚩尤冢在东平陆监乡,即今山东阳谷县寿张镇的皇姑冢(参见第一章第一节《远古东夷族的传说》)。

阴主,祠三山。司马贞索隐曰:"小颜(颜师古)以为下所谓三神山(蓬莱、方丈、瀛洲)。顾氏案:《地理志》东莱曲成有参山,即此三山也,非海中三神山也。"

阴主在今山东莱州的三山岛。汉代东莱郡治掖,即今莱州的旧称。曲城故址在今招远城西偏北 30 公里处的蚕庄镇东曲城村南,再往西偏北约 20 公里即三山岛。三山岛有三个海拔 70 米的山峰俯临海岸,三面环海,一面承陆。这里地含金,山有灵,风光秀丽,自古就被称为海上"三神山"。山

———————

① 《史记·孝武帝本纪》,中华书局 1959 年版。

上有阴主祠、飞来峰、神仙洞，又有观潮之胜，为县内八景之一。该地夏朝属过国，商周至春秋时属莱子国。过、莱等古国所祀之神，就是三山岛的阴主。《掖县志》载："秦始皇祀阴主于此，坛址犹存。"山上原有盏石、仙人坑、筷印、手掌模等，传为秦始皇祀阴主所遗。

阳主，祠芝罘。唐张守节正义曰："《括地志》云：芝罘山在莱州文登县西北九十里。"今烟台芝罘区西北9公里处芝罘岛阳坡有阳主庙，始建于春秋战国时期，是齐国国君奉祀"八神将"的庙宇之一，历经扩建修葺，始成规模。主峰老爷山西侧有齐康公墓。公元前386年，田和正式篡齐为诸侯，将康公放逐海滨。给一城之邑。公元前379年，康公卒，姜氏绝祀。秦始皇于二十八（前219年）、二十九年两度登临此岛，纪功刻石分立两端，俗称"两观"刻石，石堕海已久，今犹有拓片14字保存于当地。始皇三十七年，又自琅琊使徐福入海采药，射杀巨鱼，现"射鱼台"遗址尚存。汉武帝东巡，亦曾登临此岛。1975年，阳主庙内发现战国末期的两组玉器，均为一璧、一圭、两觿，玉璧居中，觿置两侧，圭置璧的好中，直指东北芝罘岛的最高峰。

月主，祠莱山。南朝宋裴骃集解曰："韦昭曰在东莱长广县（今山东莱阳）。"一说在黄县（今山东龙口市）东南20里，一名莱阴山。黄县莱山北麓有规模巨大的夯土建筑台基，出土了丰富的建筑遗物。其中的大瓦当有直径38厘米、60厘米数种，可与陕西临潼始皇陵出土的大瓦当媲美，此处应为皇帝行宫。莱山行宫建筑遗址北1公里处，即为古莱子国都城——归城故城。附近的小刘庄曾出土过启尊、启卣，铭文记载，"启"曾随周王参加南征之役。南埠村出土了8件春秋时期的铜器，其中四匜及盘、匜皆有铭文。莱山东麓的鲁家沟村曾出土过西周的莱伯鼎等10件青铜器。莱子国是先秦胶东势力最大的古国，曾给齐国造成威胁。根据《史记·封禅书》"八神将自古而有之，或曰太公以来作之"的记载，莱山月主最早应为归城莱国之神主。

日主，祠成山。成山即成山头，又名"天尽头"，位于山东荣成成山镇，是中国陆海交接处的最东端，最早看见海上日出的地方，有"中国的好望角"之称。古时被认为是日神所居之地。姜太公助周武王定天下之后，曾在此拜日神迎日出，修日祠。公元前219年、210年秦始皇曾两次驾临，留下秦代立石、射鲛台、始皇庙及李斯手书"天尽头秦东门"等古迹。公元前

94年,汉武帝东巡海上,拜成山日主祠,观日出,建成山观,且作《赤雁歌》。成山头曾出土玉璧、玉圭、玉璜,遗址南坡清理了一处烧沟,沟底有约5厘米的烧结层,沟上部有厚约35厘米的灰土层,灰土以下为厚约30厘米的灰烬和烧土块堆积,可能与祭日有关。

四时主,祠琅邪。"四时"即一年中的四季,一时为一季。"四时主神"即掌握春、夏、秋、冬四季变化的神主,其祠在今山东胶南琅邪台。秦始皇曾三巡琅邪,立刻石,祭拜八神。

秦始皇东巡,"行礼祠名山大川及八神"。汉武帝"东巡海上,行礼祠八神"[1]。汉以后,八神绝祀。由齐国的八神主祭祀可以看出,齐国崇拜的对象有:天、地、山、兵、阴、阳、日、月、四时。

8. 民间五祀

先秦时期,齐鲁地区的民间祭祀就很复杂,除上述祭祀"地之五行"的"社稷五祀"外,还有许多民间杂祀。《周礼·天官·酒正》有大祭、中祭、小祭之说,郑玄注曰:"大祭天地,中祭宗庙,小祭五祀。""小祭五祀",即指民间五祀。

《礼记·月令》载:"天子乃祈来年于天宗,大割祠于公社及门间,腊先祖五祀。"郑玄注:"五祀,门、户、中霤、灶、行也。"郑玄是北海高密人,他讲的至少应该是包括山东在内。清代孙希旦的《礼记集解》中解释道:"愚谓春祀户、夏祀灶、中央祀中霤、秋祀门、冬祀行,此所谓五祀也。五祀皆宫内之神。门、户者,人之所出入也;灶者,人所借以养也;行者,人之所往来也;中霤者,人所居以安其身也。此五者,皆有神以主之,其于人最为切近而不可离,故以此列为五祀,而其礼通乎上下也。"

民间五祀包括门神和户神、中霤、灶神、行神。

门神和户神:户指单扇的门,门是双扇,"户神"和"门神"都可通称为门神,主管门户出入。先秦时还没有代替钱币的烧纸,使者归来,要"释(放)币于门",即用钱币祭祀门神。看来,古代的神灵也爱钱财。

中霤:卿大夫以下不允许立社神,即立"中霤"为小土神,主堂室居处。

灶神,即火神,主管饮食。灶神在齐鲁的起源较早。《论语·八佾》载:

---

①《史记·封禅书》,中华书局1959年版。

"媚于灶。"《礼记·礼器》载孔子语曰："臧文仲安知礼？……燔柴于奥（《风俗通·祀典》作'灶'），夫奥者，老妇之祭也，盛于盆，尊于瓶。"可知春秋鲁国即有主灶之神。在"小祭五祀"中，灶神是较早被人格化的神灵。《礼记·礼器》孔颖达疏曰："颛顼氏有子曰黎，为祝融，祀以为灶神。"《庄子·达生》载，齐士皇子告敖对齐桓公说："灶有髻。"司马彪注曰："灶神著赤衣，状如美女。"

行神即路神，亦称"祖"。先秦时，使者出行，先要"释币于行"，即用钱币祭祀行神。

"五祀"都是家神，由于行神主管外出路，与室内关系不大，而门户出入又由门神负责，从两汉开始，把行神排斥在"五祀"之外，以井神取而代之。东汉王充《论衡·祭意》载："五祀报门、户、井、灶、室中霤之功。门、户，人所出入；井、灶，人所饮食；中霤，人所托处，五者功钧（均），故俱祀之。"

以井神取代行神，恐怕来自先秦时期的齐国风俗。正如上述节日风俗所说，春秋时期的齐国就有"杅井易水"、"泄井"的风俗，既然齐国如此重视、崇拜井，用它来取代行神是完全可能的。

（二）巫卜信仰

巫卜信仰是远古原始崇拜的一种，原始崇拜包括图腾崇拜、巫术崇拜、自然崇拜、祖先崇拜等，它是生产力发展到一定程度，人类抽象思维和形象思维达到一定水平的历史条件下才产生的，多方面地反映了原始人幼稚的思索、追求和宇宙观，其中寓含着原始科学、原始哲学、原始宗教的因素。

古人认为各种罕见的自然现象都传达着神灵的褒奖或警示，是预示着吉凶祸福的征兆。《史记·龟策列传》称："自古圣王将建国受命，兴动事业，何尝不宝卜筮以助善。唐虞以上不可记已，自三代之兴，各据祯祥。涂山之兆从而夏启世，飞燕之卜顺故殷兴，百谷之筮吉故周王。王者决定诸疑，参以卜筮，断以蓍龟，不易之道也。"巫卜就是以自然界某些事物、现象和人体的某些生理现象预测事后结果，或解释事前原因，或祈求神灵保佑，或祈福禳灾的风俗活动，主要包括占卜、占梦、祈雨、占星、相面等等。

1. 占卜

《周易·系辞上》曰："易有圣人之道四焉：以言者尚其辞，以动者尚其变,以制器者尚其象,以卜筮者尚其占。""极数知来之谓占。"孔颖达正义曰:"谓穷极蓍策数,预知来事,占问吉凶。"所谓占卜,即用蓍草、兽骨等为材料,加以繁复的推算,从而知来事,问吉凶。

山东早在龙山文化时期就出现了用兽骨来占卜的现象,占卜活动发展到高峰期,出现了在卜甲上刻字的卜辞。商代统治者行事前往往用龟甲和兽骨占卜吉凶,并在甲骨上刻记所占卜的事项及事后应验的有关情况,这就是人们熟知的甲骨文。商代甲骨文过去只出土于安阳殷墟和郑州商代都城二里岗遗址,2006 年济南大辛庄遗址发现了商代规范的甲骨文,是占问祭祀"母"的牺牲,是否徙,是否沐浴洁身等内容的,是商代东夷族方国的占卜记录。

《尚书·洪范》称:"汝则有大疑,谋及乃心,谋及卿士,谋及庶人,谋及卜筮。"春秋战国时期,齐鲁地区的卜筮仍很流行。

《太平御览》卷七二六《方术部七·卜下》引《春秋后语》载,齐国邹忌为了陷害田忌,派人冒充田忌的家人找卜者占卜,问:"我三战三胜,威震天下,想成大事,吉乎?"占卜者遂向齐王告发了田忌,可见齐都临淄街市占卜者不在少数。

鲁国有专司卜筮的"卜",凡生子、用兵等都要以卜筮预测吉凶。

《左传·闵公二年》载:"成季之将生也,桓公使卜楚丘之父卜之,曰:'男也,其名曰友,在公之右,间于两社,为公室辅。季氏亡,则鲁不昌。'"杜预注曰:"卜楚丘,鲁掌卜大夫。"

《左传·昭公五年》载,鲁国大夫叔孙穆子(叔孙豹)刚生下来时,其父叔孙庄叔"以《周易》筮之",并把占卜的结果"以示卜楚丘"。卜楚丘父子两代专司占卜,他根据卦象解释说,这个孩子将来先是逃难,后回国当卿,最后信谗言而被饿死。后来,叔孙穆子的命运果如所卜。

东汉王充《论衡·卜筮篇》载:"鲁将伐越,筮之得'鼎足折'。"子贡的解释是凶兆:"鼎而折足,行用足,故谓之凶。"孔子的解释是吉兆:"越人水居,行用舟,不用足,故谓之吉。"结果被孔子言中。孔子晚年热衷《易经》,以致"韦编三绝",当然要研究《周易》的筮法,且不断进行有关占验的总结。因此,孔子和许多弟子精通卜筮之法。

蓍龟是卜筮所用的标准材料。《礼记·曲礼上》疏引刘向曰:"蓍之言耆,龟之言久。龟千岁而灵,蓍百年而神,以其长久,故能辩吉凶也。"王充的《论衡·卜筮篇》还引孔子与子路的对话,子路问孔子曰:"猪肩羊膊,可以得兆,藿苇藁芼,可以得数,何必以蓍龟?"孔子曰:"不然! 盖取其名也。夫蓍之为言耆也,龟之为言旧也,明狐疑之事,当问耆旧也。"可知,除了蓍龟外,"猪肩羊膊(猪羊的肩胛骨)"、"藿苇藁芼"等,也可以用做卜筮的材料。甚至有"狐疑"之事,还可以向"耆旧"老人请教。

2. 祥瑞灾异

《礼记·中庸》讲:"至诚之道,可以前知。国家将兴,必有祯祥;国家将亡,必有妖孽。见乎蓍龟,动乎四体(龟之四足)。祸福将至,善必先知之,不善必先知之,故至诚如神。"《左传·僖公十六年》孔颖达疏曰:"《中庸》云:国家将兴,必有祯祥;国家将亡,必有妖孽。则事之先见,善恶异名。吉之先见谓之祥,凶之先见谓之妖。"这里除反映上述卜筮风俗外,还典型地反映出一种人们耳熟能详的祥瑞、灾异信仰。在当时,吉利的预兆称做"祥",凶险的预兆称做"妖"。《礼记·中庸》说的"妖孽",也叫做灾异。

尽管孔子"不语怪力乱神"①,他的《春秋》以及齐国人公羊高的《春秋公羊传》、鲁国人左丘明的《春秋左传》、鲁国人穀梁赤的《春秋穀梁传》等,都记载了大量的如日食、星陨如雨(庄公七年)、有蜮(庄公十八年)、梁山崩(成公五年)、地震、大水、大旱、昼晦、彗星见于东方、有星孛于大辰(昭公十七年)、鸲鹆来巢等等所谓的灾异。

《春秋·僖公十六年》载:"陨石于宋五,是月六鹢(六只大水鸟)退飞过宋都。"《左传》在重复这段记载后又载:"周内史叔兴聘于宋,宋襄公问焉,曰:'是何祥也? 吉凶焉在?'对曰:'今兹鲁多大丧,明年齐有乱,君将得诸侯而不终。'退而告人曰:'君失问。是阴阳之事,非吉凶所生也。吉凶由人,吾不敢逆君故也。'"周内史叔兴不相信吉凶预兆,认为"吉凶由人",但由于祥瑞、灾异信仰在宋、齐、鲁国的普遍流行,不得不迎合宋襄公,把宋国五次天降陨石、六鹢遇到顶风退飞等,解释成"鲁多大丧"、"齐有乱"、宋襄公不得善终的预兆。

《春秋·昭公二十五年》载:"有鸲鹆来巢。"《左传·昭公二十五年》则

---

① 《论语·述而》,载《诸子集成》,上海书店 1986 年影印版。

详细记载说:"有鸜鹆来巢。书所无也,师已曰:'异哉!吾闻文武之世,童谣有之曰:鸜之鹆之,公出辱之。鸜鹆之羽,公在外野。往馈之马,鸜鹆跦跦。公在乾侯,征褰与襦。鸜鹆之巢,远哉遥遥。稠父丧劳,宋父以骄。鸜鹆鸜鹆,往歌来哭。'童谣有是。今鸜鹆来巢,其将及乎?"当时,鲁昭公率领诸公子以及公族、季孙氏的仇家等讨伐季氏失败,被迫出逃在齐、晋边境的乾侯(今河北成安县),早在鲁文公、鲁成公时就流传的这首童谣,到昭公二十五年(前517),"有鸜鹆来巢",应验了早年的童谣,成为鲁昭公客死他乡的预兆。

孔子在《春秋》中记载的多是灾异,记祥瑞只有一次。《春秋·哀公十四年》载:"春,西狩获麟。"杜预注曰:"麟者仁兽,圣王之嘉瑞也。时无明王出而遇获,仲尼伤周道之不兴,感嘉瑞之无应,故因鲁《春秋》而修中兴之教,绝笔于获麟之一句所感而作,固所以为终也。"孔子感伤周道不兴,有祥瑞出现却无明王出现以应验。"西狩获麟",对孔子既是鼓舞,也是打击,只好把它作为一种美好的悬念,作为中兴之教《春秋》完成的征兆。《春秋》绝笔于获麟(鲁哀公十四年),其实就是祥瑞灾异信仰的产物。后来,解说《春秋》经传的人们竭力挖掘这方面的微言大义,不是没有原因的。

鲁国人对怪异的事物一般都要卜问吉凶。《国语·鲁语下》载:"季桓子穿井获如土缶,其中有羊焉。使问之仲尼曰:'吾穿井而获狗,何也?'对曰:'以丘之所闻,羊也。丘闻之,木石之怪曰夔、魍魉,水之怪曰龙、罔象,土之怪曰羵羊。'"陈惠公时,有带楛矢石砮的隼落于陈庭,也曾向孔子卜问吉凶。看来,孔子对"怪力乱神"有相当研究,只是轻易不讲而已。

《管子》《晏子春秋》中有许多灾异、祥瑞预兆吉凶的记载。如《管子·轻重丁》载:

> 龙斗于马谓之阳,牛山之阴。管子入复于桓公曰:"天使使者临君之郊,请使大夫初饬左右玄服天之使者乎?"天下闻之曰:"神哉!齐桓公,天使使者临其郊。"不待举兵而朝者八诸侯。此乘天威而动天下之道也。故智者役使鬼神,而愚者信之。

管仲把"龙斗于马谓之阳,牛山之阴",渲染成"天使使者临其郊"的祥瑞,"役使鬼神"威服天下诸侯。但也从另一个方面说明,在齐国,灾异、祥瑞信仰非常深入人心。

当某种祥瑞之兆尚未出现，便表明时机还没有成熟，不可轻举妄动。《史记·封禅书》载，齐桓公霸业既成，遂以为天命在己而欲行封禅之礼，管仲则以"今凤鸟麒麟不来，嘉禾不生"，未能"东海致比目之鱼，西海致比翼之鸟"，即没有出现符应而劝止。

据《管子·轻重丁》引管仲语，齐人还认为，地震和风暴是"疫之灾兆"；流星出现，"其君必辱"；彗星出现，"必有流血"。齐景公闻枭鸟鸣叫，认为是凶兆，赶紧让一个叫柏常骞的禳除，并"筑新室，置白茅"，作为禳除的场所。当天夜里，齐景公听到枭鸟叫了一声，便再也没有声音了。使人探视，枭鸟死在台阶上。齐景公大喜，进而让柏常骞"益寡人之寿"，并问益寿之后有什么征兆，柏常骞说："得寿，地且动。"①后世所谓的祥瑞、灾异和谴告，先秦时期的齐鲁业已流行了。

3. 占梦

梦是虚幻的人生体验，它虽与清醒时意识中保留的印象有关，却又是错乱和虚幻的。古人常常会被这种奇异怪诞的梦境所震惊，并感到迷惑。它意味着什么？它在暗示些什么？战国宋国蒙（今山东曹县南）人庄周在《庄子·齐物论》所提到的"庄周梦蝶"，"不知周之梦为胡蝶与，胡蝶之梦为周与"？表现的就是这种困惑。于是便产生了构成占卜重要内容之一的占梦术。中国的占梦术源远流长，殷人甲骨文中已出现了比较规范的"梦"字，并有许多殷王占梦的记载。周代有了专司占梦的官职，并把梦分为六类。《周礼·春官宗伯第三·占梦》载："占梦，掌其岁时，观天地之会，辨阴阳之气，以日、月、星、辰占六梦之吉凶。一曰正梦，二曰噩梦，三曰思梦，四曰寤梦，五曰喜梦，六曰惧梦。"

齐国盛行占梦，尤其是齐景公，有专司圆梦的"占梦者"。《晏子春秋·内篇谏上第一》载：

> 景公举兵将伐宋，师过泰山，公梦见二丈夫立而怒，其怒甚盛。公恐，觉，辟门召占梦者至。公曰："今夕吾梦二丈夫，立而怒，不知其所言，

①《晏之春秋·内篇杂下》，载《诸子集成》，上海书店1986年影印版。

其怒甚盛,吾犹识其状,识其声。"占梦者曰:"师过泰山而不用事,故泰山之神怒也。请趣召祝史,祠乎泰山则可。"公曰:"诺。"明日,晏子朝见,公告之,如占梦者之言也。公曰:"占梦者之言曰:师过泰山而不用事,故泰山之神怒也。今使人召祝史祠之。"晏子俯有间,对曰:"占梦者不识也,此非泰山之神,是宋之先汤与伊尹也。"公疑,以为泰山神。晏子曰:"公疑之,则婴请言汤、伊尹之状也。汤皙而长,颐以髯,兑(锐)上丰下,倨身而扬声。"公曰:"然,是已。""伊尹黑而短,蓬而髯,丰上兑下,倨身而下声。"公曰:"然,是已。今若何?"晏子曰:"夫汤、太甲、武丁、祖乙,天下之盛君也,不宜无后。今惟宋耳,而公伐之,故汤、伊尹怒,请散师以平宋。"景公不用,终伐宋。晏子曰:"公伐无罪之国,以怒明神,不易行以续蓄(蓄,灾),进师以近过,非婴所知也。师若果进,军必有殃。"军进再舍,鼓毁将毙。公乃辞乎晏子,散师,不果伐宋。

晏婴反对鬼神迷信,往往借题发挥,用占梦来进谏齐景公政治上的过失,放弃了进攻宋国的计划。其实,根据《晏子春秋》的记载,他本人就精通占梦之术。

《晏子春秋·内篇杂下第六》载:"景公畋于梧丘……而梦有五丈夫北面韦庐,称无罪焉。公觉,召晏子而告其所梦。公曰:'我其尝杀无罪邪?'晏子对曰:'昔者先君灵公畋,有五丈夫来骇兽,故并断其头而葬之。命曰五丈夫之丘。此其地邪。'公令人掘而求之,则五头同穴而存焉。"

该篇又载:"景公病水,卧十数日。夜梦与二日斗,不胜。晏子朝。公曰:'夕者吾梦与二日斗,而寡人不胜、我其死乎?'晏子对曰:'请召占梦者。'立于闺(宫中的小门),使人以车迎占梦者。至曰:'曷为见召?'晏子曰:'夜者公梦与二日斗,不胜。恐必死也,故请君占梦,是所为也。'占梦者曰:'请反具书。'晏子曰:'毋反书,公所病者,阴也。日者,阳也。一阴不胜二阳,公病将已,以是对。'占梦者入。公曰:'寡人梦与二日斗而不胜,寡人死乎?'占梦者对曰:'公之所病,阴也。日者,阳也。一阴不胜二阳,公病将已。'居三日,公病大愈。公且赐占梦者。占梦者曰:'此非臣之力,晏子教臣也。'"

晏婴见齐景公梦见5个人面对草房,宣称无罪,马上联想起齐景公之父齐灵公曾冤杀妨碍他打猎的5人,将人头埋在一起,称做"五丈夫之丘"。

第二段记载中,晏婴的占梦术更专业。占梦者都需取占梦的书籍查阅,晏婴不用。他认为,病为阴,日为阳,二阳斗一阴,是把疾病打败了,齐景公的梦是病好的征兆。如果他讲得不在行,占梦者惧怕齐景公的惩罚,是不敢照本宣科的。齐景公对占梦也略通一二,他梦见彗星后对晏婴说:"寡人闻之,有彗星者必有亡国。"①《汉书·艺文志》称:"众占非一,而梦为大。"书中载有《甘德长柳占梦》20 卷,甘德为战国齐国人,该书应该是对齐国早就流行的占梦方面书籍的继承与发展。

鲁国不仅流行占梦,而且用梦中鬼神的启示来指导自己的行为。《论语·述而》载孔子语曰:"甚矣,吾衰也久矣,吾不复梦见周公。"这说明,孔子壮年时经常梦见周公,并暗示世人,他是在按照周公梦中的嘱托推行周道,到了晚年周公之灵不再给他托梦而提供新的启示了。《礼记·檀弓上》载,孔子"梦坐奠于两楹之间",以为是自己末日来临的凶相。果然,"寝疾七日而没"。这虽不能说明孔子精通占梦术,但可以看出他对占梦的基本知识还是很熟悉的。

鲁国国君按在位先后次序,鲁闵公在前,鲁僖公在后。鲁文公二年(前 625),鲁大夫夏父弗忌祭祀时把鲁僖公放在闵公之前,向人们宣扬说:"我见新鬼大,故鬼小,先大后小,顺也;跻(升)圣贤(指鲁僖公),明也。"②夏父弗忌崇拜鲁僖公,假借梦中的景象为自己"逆神之班"提供理由。

4. 祈雨

原始初民不知道天为什么会下雨,每当干旱来临,往往通过各种巫术祈求上苍降雨,称做"雩",雩即为求雨而进行的祭祀。

《左传·桓公五年》载:"秋,大雩。书不时也。凡祀,启蛰而郊,龙见而雩,始杀而尝,闭蛰而烝,过则书。"《公羊传》讲:"大雩者何?旱祭也。"

这是鲁国进行的一次不合时宜的求雨祭祀,所以称"书不时也"。因为按照鲁国的祭祀礼制,一年四季的祭祀是:"启蛰而郊"、"龙见而雩"、"始杀而尝"、"闭蛰而烝"。"龙见而雩"是夏天固定举行的求雨祭祀仪式,鲁桓公秋天举行祈雨的"大雩",违背了祭祀礼制,所以要记载下来,这叫做"过则书"。由此可见,鲁国不仅有按照常例求雨的"龙见而雩",遇到大旱,还超

①《晏子春秋·外篇重而异者第七》,载《诸子集成》,上海书店 1986 年影印版。
②《左传·文公二年》,载《十三经注疏》,中华书局 1980 年版。

越常规,随时举行"大雩"以求雨。

《周礼·春官宗伯第三·司巫》载:"司巫掌群巫之政令,若国大旱则帅巫而舞雩。""舞雩"即祭祀时通过巫者歌舞来求雨。春秋战国时期的鲁国盛行"舞雩"祈雨的风俗,并有专门从事"舞雩"的巫。

《左传·僖公二十一年》载:"夏,大旱,公欲焚巫尪。"杜预注曰:"巫尪,女巫也。主祈祷请雨者。或以为尪非巫也,瘠病之人,其面上向,俗谓天哀其病,恐雨入其鼻,故为之旱,是以公欲焚之。"

鲁僖公之所以要焚巫尪,一是巫者"舞雩不得雨"[1];二是因为尪者面孔向上,下雨会灌到他们鼻孔中,天哀其病,所以不下雨。鲁僖公把他们当做旱魃了,要烧死他们。《诗·大雅·云汉》就有"旱魃为虐,如惔如焚"的说法。

《礼记·檀弓下》载:"岁旱,穆公召县子而问然。曰:'天久不雨,吾欲暴尪而奚若?'曰:'天久不雨而暴人之疾子,虐!毋乃不可与?''然则吾欲暴巫而奚若?'曰:'天则不雨,而望之愚妇人,于以求之,毋乃已疏乎?''徙市则奚若?'曰:'天子崩,巷市七日。诸侯薨,巷市三日。为之徙市,不亦可乎?'"

按东汉郑玄在《左传·僖公二十一年》中的解释,是因为"巫主接神",通过"暴尪"、"暴巫","觊天哀而雨之"。鲁穆公是战国初年的鲁国国君,"县子"疑为孔子弟子县成。天久不雨,鲁穆公仍沿袭通过巫尪祈雨的传统风俗。古代天子、诸侯丧,庶人不外出求觅财利,以示忧戚,因移市于巷中以供其急需,谓之"徙市"。县子倡导移风易俗,天久不雨,要鲁穆公"徙市",作悲天悯人的哀戚状以求雨。可见鲁国一直流行通过巫舞雩,或者"暴巫尪"祈雨的风俗。其中"暴巫尪"祈雨的风俗,到汉代流行于全国各地。《春秋繁露·求雨篇》载:"春旱求雨……暴巫聚尪……秋暴巫尪至九日。"明末清初顾炎武《天下郡国利病书·山东上·风俗》说:"鲁焚巫尪而后乃有哀棺。曳尸打旱骨以祈雨泽者,虽至于今尚有之。"明清时期,山东哀棺打旱魃的风俗,就是从焚尪、暴尪的风俗演变而成的。

齐国祈雨的风俗较为多样化,《晏子春秋·内篇谏上第一》载:

---

[1]《周礼·春官宗伯·司巫》孔颖达疏,载《十三经注疏》,中华书局1980年版。

齐大旱逾时,景公召群臣问曰:"天不雨久矣,民且有饥色。吾使人卜,云:祟在高山广水。寡人欲少赋敛以祠灵山,可乎?"群臣莫对。晏子进曰:"不可!祠此无益也。夫灵山固以石为身,以草木为发,天久不雨,发将焦,身将热,彼独不欲雨乎?祠之何益!"公曰:"不然,吾欲祠河伯,可乎?"晏子曰:"不可!河伯以水为国,以鱼鳖为民,天久不雨,水泉将下,百川将竭,国将亡,民将灭矣,彼独不欲雨乎?祠之何益!"景公曰:"今为之奈何?"晏子曰:"君诚避宫殿曝露,与灵山河伯共忧,其幸而雨乎!"于是景公出野居曝露,三日,天果大雨,民尽得种时。景公曰:"善哉!晏子之言,可无用乎!其维有德。"

这段材料说明,在齐景公之前,齐国就有"祠灵山"、"祠河伯"祈雨的风俗,晏婴之所以反对,是因为齐景公要通过"少赋敛"来祭祀祈雨,为了减轻齐国民众的负担,建议"避宫殿曝露,与灵山、河伯共忧"的方式来祈雨,这恰恰说明齐国有多个祈雨的场所和方式。

(三) 齐地的方仙道

方仙道兴于战国齐威王、齐宣王和燕昭王时期燕齐沿海一带,是以追求神仙不死为目的的方士集团,以神仙方术活跃于社会上,渗透到贵族上层,并以此作为谋生手段。

"方仙道"的名称最早见于《史记·封禅书》:"自齐威、宣之时,驺子之徒论著终始五德之运。及秦帝而齐人奏之,故始皇采用之。而宋毋忌、正伯侨、充尚、羡门高最后,皆燕人,为方仙道,形解销化,依于鬼神之事。驺衍以阴阳主运显于诸侯,而燕齐海上之方士传其术不能通,然则怪迂阿谀苟合之徒自此兴,不可胜数也。"方仙道始起于齐人邹衍"论著终始五德之运",受到诸侯们尊敬,显赫一时,燕齐海上方士竞传邹衍之术而不能精通其学术,"怪迂阿谀苟合之徒"便附会出"形解销化,依于鬼神之事"的神仙方术,逐渐形成了方仙道。

所谓"方"指不死的神方、方术,亦指"方士"。《庄子·天下篇》云:"天下之治方术者多矣。"《后汉书》把讲求道术、擅长方技的人统统列入《方术列传》,他们皆是方仙道的流裔。

所谓"仙"指长生不死的神仙。《汉书·艺文志》云:"神仙者,所以保性命之真,而游求于其外者也。聊以荡意平心,同死生之域,而无怵惕于胸中。然而,或者专以为务,则诞欺怪迂之文弥以益多。"

1. 方仙道的流行

山东濒临浩渺莫测的大海,时隐时现的海市蜃楼,航海中的各种海外奇闻,激发了人们丰富的幻想和遐思,使他们对人世之外的另一个世界深信不疑。由于人们对海外另一个世界茫然不得知,因而很早就流行关于海外神山和不死之国的传说。齐人邹衍的"大九州"理论和蓬莱海外三神山的传说,就是证明。

《史记·孟子荀卿列传》记载邹衍的"大九州"理论说:"儒者所谓中国者,于天下乃八十一分居其一分耳。中国名曰赤县神州。赤县神州内自有九州,禹之序九州是也,不得为州数。中国外如赤县神州者九,乃所谓九州也。于是有裨海环之,人民禽兽莫能相通者,如一区中者,乃为一州。如此者九,乃有大瀛海环其外,天地之际焉。"

蓬莱三神山及三神山的仙人不仅为齐威、宣、燕昭、秦皇、汉武所梦寐以求,也是历代神仙家和民间传说,以及包括《封神演义》、《西游记》在内的神话小说宣传的仙境。《史记·封禅书》记载蓬莱三仙山说:"自威、宣、燕昭使人入海求蓬莱、方丈、瀛洲。此三神山者,其传在渤海中,去人不远,患且至,则船风引而去。盖尝有至者,诸仙人及不死之药皆在焉。其物禽兽尽白,而黄金银为宫阙。未至,望之如云;及到,三神山反居水下。临之,风辄引去,终莫能至云。世主莫不甘心焉。"

战国中期,宋国蒙(今山东曹县南)人庄子对"游乎四海之外"神仙有生动描述:"藐姑射之山,有神人居焉,肌肤若冰雪,淖约若处子,不食五谷,吸风饮露,乘云气,御飞龙,而游乎四海之外。""至人神矣,大泽焚而不能热,河汉冱而不能寒,疾雷破山、飘风振海而不能惊。若然者,乘云气,骑日月,而游乎四海之外。"①中国上古的神仙传说中的蓬莱系统,就是源自燕齐,特别是齐国的滨海地区。

这些传说中,最有诱惑力的莫过于神山上的那些"不死之药",特别是

---

①《庄子·逍遥游》、《庄子·齐物论》,载《诸子集成》,上海书店 1986 年影印版。

对于那些渴望永远享有权力的帝王们更是产生了极大的吸引力。齐地传说中的不死之药,还有很多的记载。《太平御览》卷六〇《地部二五·海》引东方朔《十洲记》曰:"祖洲,东海中,地方五百里,上有不死草,生琼田中,草似菰苗,人已死者,以草覆之皆活。"据说秦始皇时发生瘟疫,死了很多人,有鸟衔来此草,覆盖在死人的脸上,登时就可以活转过来。看来,不死草不仅可以"服之长生",而且还有起死回生的神力。此外,还有不死树、不死泉等传说,据说都能使人长生不死。

由于齐威、宣王和燕昭王相信海上神山中有仙人和不死之药,大征方士到海中去求仙,方仙道从此大兴。从战国中后期到汉武帝时期,燕齐沿海一带极为盛行围绕着海中神山、不死之药而展开的长生之术等迷信活动,神仙家与帝王相与鼓动,掀起中国史上有名的入海求不死药的热潮。秦汉最热衷此道的皇帝是秦始皇和汉武帝,他们步威、宣、昭的后尘,都曾派方士到海上三神山寻求神仙及不死之药。他们的求仙活动极大地刺激了方仙道的发展,特别是在燕齐滨海一带,方仙道的信徒往往数以万计,其中尤以齐人为最多。《盐铁论·散不足》载,秦始皇遣徐市入海求仙人不死之药,使得"燕齐之士释锄耒,争言神仙,方士于是趣咸阳者以千数"。汉武帝"东巡海上,行礼祠八神,齐人之上疏言神怪奇方者以万数"[1]。因此,秦皇汉武时,是方仙道的极盛时期。

方仙道没有统一的宗教组织和共同尊奉的人格神,也没有必须遵守的宗教戒律。方仙道是道教的前身,它信仰的神仙方术和长生之说成为后世道教最基本的信仰。

2. 方仙道的方术

方仙道的方术,主要有斋醮、符箓、鬼神、祠祀、祈禳之类和求取海中仙药等。到汉武帝时,方仙道已经有了炼丹术。《史记·封禅书》载,齐地方士李少君对汉武帝说:"祠灶则致物,致物而丹沙(砂)可化为黄金,黄金成以为饮食器则益寿,益寿而海中蓬莱仙者乃可见,见之以封禅则不死。"汉武帝"始亲祠灶,遣方士入海求蓬莱安期生之属,而事化丹沙诸药齐(剂)为黄金矣"。这是史籍中关于炼丹术的最早记载。这里的"黄金",显然不是

---

[1]《史记·孝武本纪》,中华书局 1959 年版。

普通的黄金,而是以丹砂、铅、锡为原料,通过各种药剂的化学作用而炼就的黄金,只有这种特殊的黄金才有益寿长生的功效。李少君说的"祠灶则致物"的"物",应是神仙赐予的催化剂。《淮南子》称之为"神仙黄白之术"①的炼丹术,是后来道教修炼成仙的重要手段之一。

除宣扬长生不死的神仙和求长生不死药外,还应包括天文、历谱、阴阳、五行、蓍龟、杂占、形法、医学等。《汉书·艺文志》根据刘歆的《七略》叙述古代典籍,其中《数术略》有天文、历谱、五行、蓍龟、杂占、形法等6类,《方技略》有医经、经方、房中、神仙等4类,都应该是方仙道所涉猎的内容,尤其是阴阳、五行、蓍龟、杂占、形法,更是方士们必须具备的方术。

《汉书·艺文志》叙述了"阴阳家""舍人事而任鬼神"的演变:"阴阳家者流,盖出于羲和之官,敬顺昊天,历象日月星辰,敬授民时,此其所长也。及拘者为之则牵于禁忌,泥于小数,舍人事而任鬼神。""阴阳者,顺时而发,推刑德,随斗击,因五胜,假鬼神而为助者也。"该志还著录了《邹子》、《邹子始终》等阴阳家著作21家,《太壹兵法》、《黄帝》、《鬼容区》、《苌弘》等阴阳兵书16家。

《汉书·艺文志》解释"蓍龟"说:"蓍龟者,圣人之所用也。《书》曰:'女则有大疑,谋及卜筮。'《易》曰:'定天下之吉凶,成天下之亹亹者,莫善于蓍龟。''是故君子将有为也,将有行也,问焉而以言,其受命也如向,无有远近幽深,遂知来物。非天下之至精,其孰能与于此!'"该书收录的蓍龟方面的著作有《龟书》、《蓍书》等15家。蓍龟主要流行于"圣人"、"君子"阶层,这与方仙道主要流行于皇帝、诸侯等贵族阶层是一致的。

《汉书·艺文志》解释"杂占"说:"杂占者,纪百事之象,候善恶之征。《易》曰:'占事知来。'众占非一,而梦为大,故周有其官。而《诗》载熊罴虺蛇众鱼旐旟之梦,著明大人之占,以考吉凶,盖参卜筮。"该书收录的杂占方面的书籍有《黄帝长柳占梦》、《甘德长柳占梦》、《武禁相衣器》、《嚏耳鸣杂占》、《执不祥劾鬼物》、《请祷致福》、《请雨止雨》等18种。

齐鲁地区自先秦时期就有从事卜筮、杂占活动的"巫",两汉时期仍很盛行。《后汉书·刘玄刘盆子列传》载,赤眉军进军至华阴,"军中常有齐巫

---

①《汉书·淮南衡山济北王传》,中华书局1962年版。

鼓舞祠城阳景王,以求福助。巫狂言景王大怒曰:'当为县官,何故为贼?'有笑巫者辄病,军中惊动"。这个齐巫也应是方仙道方士一类的职业谋生者。

《汉书·艺文志》解释"形法"说:"形法者,大举九州之势以立城郭室舍形,人及六畜骨法之度数,器物之形容以求其声气贵贱吉凶。"形法方面的书籍有《山海经》、《宫宅地形》、《相人》、《相宝剑刀》、《相六畜》等6种。由此可知,杂占、形法包括占梦、占器物、驱鬼、禳灾、祈雨、致福、堪舆、相面、相六畜等。与方士们长生不死的仙道相比,这些应该是微不足道的雕虫小技了。

汉代齐鲁盛行相面风俗。秦末单父(今山东单县)人吕公对刘邦说:"臣少好相人,相人多矣,无如季相,愿季自爱。"吕公应该是一个只懂相面之术,登不得大雅朝堂的方士。吕公之女吕雉嫁给刘邦,生一女一子,在田中劳作,有一老父经过,为吕雉相面说:"夫人天下贵人。"又相子女,皆贵。刘邦归来,追上老父让他为自己相面,老父说:"向者妇人婴儿皆似君,君相贵不可言。"①后来,刘邦称帝,吕雉为皇后,女儿为鲁元公主,儿子为皇太子(后为汉惠帝)。西汉鲁国邹(治今山东邹城)人韦贤为吏至大鸿胪,"有工相之至丞相,有男四人,使相之,至第二子玄成,相工曰:'此子贵当封侯。'竟为丞相"②。西汉东平陵(今山东章丘)人王禁使"卜数者"相女儿王政君,曰:"当大贵,不可言。"后王政君为汉元帝皇后,"历汉四世为天下母",东平陵王氏在朝廷凡"五将十侯","位号已移于天下"。③ 这些相面的"老父"、"相工"、"卜数者",都应是周游齐鲁的方士。

3. 方仙道的方士

(1)邹衍

邹衍(约前324—前250),齐国人,活动的时代后于孟子,与鲁仲连是同时代人。齐宣王时,邹衍就学于稷下学宫,先学儒术,后改阴阳五行说。《史记·孟子荀卿列传》讲:"驺衍之术,迂大而闳辩……故齐人颂曰:'谈天衍。'"

①《史记·高祖本纪》,中华书局1959年版。
②《太平御览》卷七二九《方术部一〇·相上》引《史记》,中华书局1960年影印版。
③《汉书·元后传》,中华书局1962年版。

当时,"驺衍以阴阳主运显于诸侯"①。他曾经到过魏国,"惠王郊迎,执宾主之礼"。齐湣王矜功骄暴,诸子各自分散。恰在此时,燕昭王招贤纳士,邹衍离齐入燕。燕昭王专门为他修建了碣石宫,亲自拥帚清扫道路,尊他为师。燕昭王死,燕惠王继位,猜忌先朝旧臣,听信谗言,把邹衍逮捕下狱。《后汉书·刘瑜传》注引《淮南子》说:"邹衍事燕惠王,尽忠。左右谮之,王系之,仰天而哭,五月天为之下霜。"后来,邹衍的冤案得到昭雪。这时,齐湣王已死,齐襄王继位,稷下学宫又恢复了过去的繁荣局面,身遭大变的邹衍回到自己的故国。其后,他曾作为使者在赵国见到平原君,"平原君厚待公孙龙,公孙龙善为坚白之辩,及邹衍过赵,言至道,乃绌公孙龙"②。邹衍晚年似乎仕于燕王喜,在公元前251年至前250年的燕赵之战后,其活动不见记载,或许在其前后去世了。

战国时期的诸子百家中,能以自己的学说打动诸侯并引起轰动效应,受到王公大人特殊礼遇的,只有邹衍一人。《史记·孟子荀卿列传》载:"驺子重于齐。适梁,惠王郊迎,执宾主之礼。适赵,平原君侧行撇席。如燕,昭王拥彗先驱,请列弟子之座而受业,筑碣石宫,身亲往师之。"

阴阳五行学说是最具齐国地域特色的文化思想。在邹衍之前,阴阳五行学主要用来解释天地阴阳四时的循环变化和自然界万物的构成要素,《管子》中的《幼官》、《四时》、《五行》等篇就反映了这种思想。邹衍集阴阳五行思想之大成,将其推广到社会历史的领域,用"五行相胜(克)"、"始终五德"的天意征兆,来解释历史上王朝的兴衰更迭。《吕氏春秋·有始览·应同》记载了他这一学说。邹衍认为,黄帝时出现大蚯蚓、大蝼蛄,故黄帝土德,色尚黄;夏禹时草木秋冬不枯,故夏朝木德,色尚青;商汤时白刃生于水,故商朝金德,色尚白;周文王时有赤鸟衔丹书集于周社,故周朝火德,色尚赤。之所以后者取代了前者,是因为木胜土、金胜木、火胜金。邹衍预言,将来取代周天子的一定是水德,因为水胜火。历史就是在土、木、金、火、水这五德的循环周期内,按五行相胜的规律运行的,这就是邹衍的"五德终始说"。

邹衍的学说中有很多深奥诡异的成分,如"燕齐海上之方士传其术不能通","怪迂阿谀苟合之徒自此兴"。后人不察其大道,而学其小术,发挥、

①《史记·封禅书》,中华书局1959年版。
②《史记·平原君虞卿列传》,中华书局1959年版。

利用了这些神秘内容,最终与世俗的方术迷信合流,演变为流行于燕齐沿海一带的"方仙道",成为道教的重要滥觞。而社会风俗所传承的邹衍的思想,主要是五行相胜、崇尚颜色,以及蜚蠊、白刃、赤乌等天命符瑞、天人感应思想。秦始皇统一后德水,色尚黑;西汉初年德土,色尚黄,以及后来新建王朝改正朔、易服色,传承的都是邹衍的这一思想。土、木、金、火、水等五行相胜,也是后来民间广为流传的风俗文化知识。

邹衍虽然是方仙道的始作俑者,却没被神化为民间信奉的人格神,但作为一个历史人物在后世的民间传说中逐渐被赋予了传奇的色彩和超自然的能力。《太平御览》卷五四《地部一九·谷》引刘向《别录》载:"邹衍在燕,有谷,地美而寒,不生五谷,邹子居之,吹律而温气至,而生黍谷,今名黍谷。"王充在《论衡·寒温篇》中也说:"燕有寒谷,不生五谷,邹衍吹律,寒谷可种。燕人种黍其中,号曰黍谷。"诗人李白在《邹衍谷》诗中写道:

燕谷无暖气,穷岩闭严阴。邹子一吹律,能回天地心。

上述邹衍"仰天而叹,天为陨霜"与"邹衍吹律"如出一辙,都被赋予了传奇的色彩和超自然的能力,也都与邹衍宣扬的天地间阴阳节律失调,引起灾异的天人感应说有关。

"邹衍吹律"的传说至今还流传在密云大地。据说"邹衍吹律"的地方在燕国渔阳郡(治今北京密云西南),当地百姓怀念他,把他吹律管的山定名为黍谷山,山上建了祠,叫"邹夫子祠",后改名"丰神庙"。还为他立了碑,碑上写"邹衍吹律旧地"。还传说邹衍教当地人识别良种,并建了一个小院,叫"别谷院"。由于北京密云县黍谷山位于华北平原的最北端,南面无遮挡,阳光充足,南方的春风首先吹到黍谷山,然后才吹过燕山腹地。因此,黍谷山的春天总要比其他地方早,也被附会成是邹衍吹来的暖气。现在为密云一景,叫"黍谷先春"。黍谷山后有一风洞,洞内寒气凛冽逼人,即使在盛夏人们也不敢入内,相传这里是邹子的祭风台。

(2)徐福

徐福又作徐市,字君房,秦始皇时入海求仙人、仙药的齐地方士。

秦始皇二十八年(前219年),始皇第二次出巡至琅邪(治今山东胶南南),"齐人徐市等上书,言海中有三神山,名曰蓬莱、方丈、瀛洲,仙人居之。

请得斋戒,与童男女求之。于是,遣徐市发童男女数千人入海求仙人"。到秦始皇三十七年(前210年)第五次出巡,"北至琅邪,方士徐市等入海求神药,数岁不得,费多,恐谴,乃诈曰:'蓬莱药可得,然常为大鲛鱼所苦,故不得至,愿请善射与俱,见则以连弩射之。'始皇梦与海神战,如人状,问占梦,博士曰:'水神不可见,以大鱼鲛龙为候。今上祷祠备谨,而有此恶神,当除去,而善神可致。'乃令入海者赍捕巨鱼具,而自以连弩候大鱼出射之。自琅邪北至荣成山,弗见,至之罘,见巨鱼,射杀一鱼,遂并海西"①。就在这年,徐福第二次出海,但秦始皇病死在出巡的途中,再也等不到徐福的音讯了。

《史记·淮南衡山列传》载,徐福"入海求神异物"归来,哄骗秦始皇说:"臣见海中大神,言曰:'汝西皇之使邪?'臣答曰:'然。''汝何求?'曰:'愿请延年益寿药。'神曰:'汝秦王之礼薄,得观而不得取。'即从臣东南至蓬莱山,见芝成宫阙,有使者铜色而龙形,光上照天。于是臣再拜问曰:'宜何资以献?'海神曰:'以令名男子若振女(童男女)与百工之事,即得之矣。'"秦皇帝大悦,"遣振(童)男女三千人,资之五谷种种百工而行。徐福得平原广泽,止王不来"。这也是徐福第二次出海,在"得平原广泽"后自立为王,一去不复返了。

司马迁没有讲明徐福浮海到了何处,也没说明徐福的准确籍贯和东渡出发的具体地点,以至于引起后人的激烈争论。

关于徐福东渡的去处,后人以为是台湾,也有的说是美洲,大多数(包括日本学者)认为是日本。至今日本保存着不少徐福活动的遗迹,如"徐福上陆地"纪念碑、徐福墓、徐福神社等。日本人传说,徐福带来了童男童女、百工、谷种、农具、药物及生产技术和医术,对日本发展起了重要作用,因此尊徐福为"司农耕神"和"司药神"。

关于徐福故里,主要有山东龙口、山东胶南、江苏连云港赣榆等说法。徐福东渡起航点有河北省秦皇岛和黄骅附近、浙江省慈溪和舟山、江苏省海州(今连云港赣榆县)、山东龙口及胶州湾徐山(在今青岛)、胶南琅琊台等说法。这些争论说明,现在的人们仍然热衷于徐福东渡入海求仙人、仙药的

---

① 《史记·秦始皇本纪》,中华书局1959年版。

传说。

（3）安期生

安期生，琅邪（治今山东胶南南）人，主要活动在秦汉之际。安期生学黄老之术于河上丈人，是黄老之学的著名学者。安期生死后，被齐地方仙道方士尊为蓬莱海中神仙。《史记·封禅书》载，方士李少君对汉武帝说："臣尝游海上，见安期生，安期生食巨枣，大如瓜。安期生仙者，通蓬莱中，合则见人，不合则隐。"齐人公孙卿讲："申公，齐人，与安期生通。"《汉书·郊祀志上》与《史记》略同，只是将"安期生食巨枣，大如瓜"改为"安期生食臣枣，大如瓜"，都能讲通。颜师古注引东汉服虔曰："古之真人也。"引《列仙传》云："安期生，琅邪人，买药东海边，时人皆言千岁也。"东晋葛洪《抱朴子·内篇·对俗》云，昔安期生、阴长生"皆服金液半剂者也。其止世间，或近千年，然后去耳"。

（4）李少君

李少君，字云翼，齐国临淄人，汉武帝时方士。

《太平御览》卷九八五《药部二·丹芝上》引《鲁女生别传》曰："李少君，字云翼，齐国临淄人也。少好道，入山采药，修全身之术。道未成而病，困于山林中。遇安期先生经过，见少君，少君叩首求乞生活。安期愍其有志，乃以神楼散方与服之，即起。少君求随安期，奉给奴役。"又引《神仙传》："李少君从安期先生受神丹炉火之方，家贫不得药，乃以方干汉武帝。"《艺文类聚》卷七八引《汉武内传》也讲："李少君，字云翼，齐国临淄人，好道，入泰山采药，修绝谷全身之术，遇安期生。"

据《史记·孝武本纪》载，李少君"匿其年及所生长，常自谓七十"，用药物、驱鬼神和长生不老之术，遍游各地，收取钱财。人们见他"不治产业而饶给"，都相信他，争着奉事他。汉武帝元光二年（前133年），李少君"以祠灶、谷道、却老方见上（汉武帝），上尊之"。当时，有两件事轰动了朝野。李少君跟随武安侯田蚡参加宴会，坐中有位90余岁老人，李少君谈起和老人的祖父一起游玩射箭的地方，这位老人孩童时也随祖父在场，竟然和老人的记忆相同，一座皆惊。汉武帝有件古铜器，李少君说："齐桓公十年，在柏寝高台上陈列的就是这件铜器。"仔细阅读铜器上的文字，果然如此。结果，又是"一宫尽骇"，大家都认为他是数百岁的神人。

李少君对汉武帝说:"祠灶则致物,致物而丹沙可化为黄金,黄金成以为饮食器则益寿,益寿而海中蓬莱仙者乃可见,见之以封禅则不死,黄帝是也。""于是,天子始亲祠灶,而遣方士入海求蓬莱安期生之属,而事化丹沙诸药齐(剂)为黄金矣。"

不久,李少君病死。唐张守节正义引《汉书起居》云,汉武帝梦与李少君共登嵩山,半道,有使者乘龙在云中高喊:"太(泰)一①请少君!"汉武帝对左右说:"将舍我去矣!"数月后,李少君病死。开棺验看,没有尸体,唯有衣冠尚在。汉武帝认为他"化去不死也,而使黄锤史宽舒受其方"②。黄县、锤县分别在今山东龙口和福山,《史记·秦始皇本纪》有秦始皇出巡"过黄腄(锤),穷成山,登之罘"之句。那里靠近渤海、黄海,让黄锤史学习李少君的方术,实际是命他们入海求仙人、仙药。

李少君讲的成仙过程包括祠灶、获得药物、以药物炼黄金、见蓬莱仙人、封禅、不死成仙等步骤,他是第一个系统阐述炼丹术和长生成仙的方士,也是第一个鼓动汉武帝入海求神山、仙人的。此后,齐地的方士纷纷步李少君的后尘,哄骗和策动汉武帝进行了近50年的求仙药、寻神人活动。

(5)李少翁、栾大

李少翁,齐人,汉武帝时方士。据《史记·孝武本纪》载,元狩四年(前119年),李少翁"以鬼神方见上"。张守节正义引《汉武故事》云:"少翁年二百岁,色如童子。"汉武帝宠幸的王夫人死,思念日深,悲痛欲绝,李少翁以魔幻之术让汉武帝夜间从帷幕上望见王夫人,拜为文成将军,赏赐其多。

李少翁鼓动汉武帝说:"上即欲与神通,宫室被服不象神,神物不至。"于是,汉武帝作云气车,每以"胜日"驾车出行,以避恶鬼。例如:甲乙属东方木,甲乙日则乘白车,因为白色为金,金胜木。又修建了甘泉宫,中立台室,画天、地、泰一诸神,每日虔诚祭祀,希冀神仙的到来。一年过去了,神仙仍无踪影。李少翁见自己的骗术即将败露,为了取信于汉武帝,又将写好字的帛让牛吃下,假装不知,说:"此牛腹中有奇。"杀牛得帛书,书中内容非常怪异。这点小伎俩自然瞒不住汉武帝,一追查,果然是李少翁自己捣的鬼。但汉武帝觉得被这样的人哄骗不光彩,就秘密处死了李少翁。

---

①汉武帝从方士谬忌之请,设立了统一的天神,称泰一神,五帝成了泰一神的辅佐。
②李少君篇,凡未注明处,均引自《史记·孝武本纪》,中华书局1959年版。

栾大，胶东康王刘寄宫内的宫人，与文成将军李少翁同师。栾大长得修美潇洒，敢于撒谎说大话，《史记·孝武本纪》称他"为人长美，言多方略，而敢为大言"。

元鼎四年（前113年）二月，栾大经乐成侯丁仪举荐，进见汉武帝，说："黄金可成，而河决可塞，不死之药可得，仙人可致也。"并演示了一个小方术，让人拿出一棋盘，上面摆满棋子。只见满盘棋子自动在棋盘上互相撞击，令人眼花缭乱。

当时，汉武帝正担忧两件事：一是黄河决口，二是炼丹砂、铅、锡为黄金而不成。见到栾大斗棋的方术，马上拜他为五利将军。一个月后，又赐给栾大天士将军、地士将军、大通将军和天道将军四金印，以2000户的食邑封栾大为乐通侯。还把爱女卫长公主嫁给了他，赐金万斤，并以栾大的封邑更名为当利（在今山东莱州）公主。"大见数月，佩六印，贵振天下，而海上燕齐之间，莫不搤捥而自言有禁方，能神仙矣。"[1]

元鼎五年（前112年）四月，栾大请神仙不来，说要盛装入海拜见老师，仅到泰山转了一圈就回来了。谎称说见到老师了，老师的方术已用尽，无法为陛下求神仙了。谁知，跟踪盯梢的人早就回来向汉武帝作了汇报，齐人东方朔也告发了他的罪行。汉武帝大怒，遂腰斩了栾大。

《史记·孝武本纪》裴骃集解曰："《地理志》云：东莱有当利县。"西汉东莱郡治今山东省莱州市，当利故城在今莱州市沙河镇路旺侯家村西南，故城址东南有座直径约8米、高约6米的大土冢，当地百姓称之为"栾大墓"。

李少翁、栾大的方术，固然有欺骗的成分，然而，无论是宗教，还是世俗信仰的神灵原本就子虚乌有。李少翁利用灯影使汉武帝见到王夫人的魔幻之术，应是中国古代最早的幻灯术。斗棋更有今人皆知的科技颗粒。先在棋子上涂上磁石，用铁棒在棋盘下牵引，棋子当然就互相撞击了。《史记·孝武本纪》张守节正义引高诱注《淮南子》也讲："取鸡血与针磨捣之，以和磁石，用涂棋头曝干之，置局上，即相拒不止也。"这是利用了摩擦生磁电和磁力相斥的原理。由此可知，汉代齐地方士的方术，不光是迷信，还有对当时已取得的科技知识的吸收。

[1]《史记·孝武本纪》，中华书局1959年版。

(6)公孙卿

公孙卿,武帝时的齐地方士。

据《史记·孝武本纪》载,元鼎四年(前113年),河东郡得大鼎。公孙卿马上用黄帝成仙的故事哄骗汉武帝说,今年得宝鼎,其冬辛巳朔日是冬至,与黄帝时的历象相同。公孙卿有块木札,上面写着:黄帝在宛朐获得宝鼎,问于鬼臾区。鬼臾区曰,帝得宝鼎和神策,那年的己酉朔日是冬至,得天之纪,终而复始。于是黄帝用筹策推算未来的日月,每二十岁即得朔日交冬至,共推算二十次,合三百八十年,黄帝便成仙升天了。汉武帝看了木札十分高兴,赶忙召问,公孙卿回答说,受此书齐人申功,申功说,汉兴复当黄帝之时,汉之圣人就在汉高祖孙子到曾孙之中。宝鼎出而与神通,封禅者有七十二王,唯黄帝得上泰山封禅。汉主亦当上泰山封禅,上封则能成仙登天。跟随黄帝封禅者万诸侯,成为神灵的有七千。天下有八座名山,三座在蛮夷,五座在中原。华山、首山、太室、泰山、东莱,此五山黄帝之所常游,和神灵在那里相会。黄帝一面作战,一面学仙。担心百姓非议他,把非议鬼神的人处死。百余岁得与神通。黄帝采首山铜,铸鼎于荆山下。宝鼎铸成后,有龙垂着长须,下迎黄帝。黄帝骑上龙,群臣后宫跟着骑上龙成仙的有七十多人。汉武帝听后,羡慕说:"嗟乎!吾诚得如黄帝,吾视去妻子如脱屣耳。"

元封元年(前110年),汉武帝东巡海上,"齐人之上疏言神怪奇方者以万数",汉武帝加派船只,让声称见过仙人的数千名方士各显神通,到海上招请蓬莱神人。公孙卿持节为带头羊,来到东莱(今山东莱州),向汉武帝报告说:"夜见一人,长数丈,就之则不见,见其迹(脚印)甚大。"群臣也讲:"见一老父牵狗,言'吾欲见巨公',已忽不见。"汉武帝信以为真,下令在海边留宿,等待仙人降临。并下令,方士们可以使用政府的驿马车,去寻仙踪。一时间,寻求仙踪的人多达千余人,在沿渤海各条驿路上穿梭。

后来,公孙卿曾多次鼓动汉武帝到东莱(治今山东莱州)、修宫观进行求仙活动,"终无有验"。太初元年(前104年),公孙卿与司马迁等建言:"历纪坏废,宜改正朔。"[1]汉武帝令他与壶遂、司马迁等共造《太初历》。公孙卿总算是用自己的天文历法知识作出了积极的贡献。

---

[1]《资治通鉴》卷二十一《汉纪十三·武帝太初元年》,古籍出版社1956年版。

其他齐地方士还有很多，如汉文帝时的鲁人公孙臣，推终始五德，定西汉为土德，色尚黄。虽是鲁人，却继承了邹衍的五德终始说。齐人丁公 90 余岁，仍为汉武帝封禅泰山出谋划策。汉武帝"欲治明堂奉高（治今泰安东）旁，未晓其制度，济南人公玉带上黄帝时《明堂图》……于是，上令奉高作明堂汶上，如带图"①。汉武帝封禅泰山实际是齐地方士宣传的与神交接、不死成仙的活动之一，它不仅是齐地方士鼓动的，其封禅泰山的仪式，有许多也是齐地方士设计和提供的。

4. 黄帝信仰在齐地的流行

黄帝是古传说中的中华民族的人文初祖，最早见于《逸周书》和鲁人左丘明的《国语》《左传》，齐人孙武的《孙子》。可见齐鲁是较早流传黄帝传说的地区。

战国中后期的百家争鸣中，黄帝为诸子百家，尤其是稷下学宫的稷下先生们所乐道。这一现象的出现与田齐政权的建立有直接关系。公元前 386 年，田和列为诸侯，正式取代了姜齐政权。田氏原为陈国公族，是舜的后裔。周武王克商后，寻得舜的后裔妫满，封到陈国，而舜是姬姓黄帝之子昌意的七世孙，与周始祖弃同出一源。姜齐的始封君"姓姜，名牙，炎帝之裔，伯夷之后，掌四岳有功"②。此时的田齐政权，迫切需要为自己正名，证明自己取代姜齐的合理性，以取得列国诸侯的认同。于是，田氏抬出了自己的鼻祖黄帝，附会和利用了黄帝的种种传说，大张旗鼓地宣称自己是黄帝之后，"高祖黄帝，迩嗣桓、文"，为田氏代齐的合理性创造舆论。例如，黄帝子孙的世系传承，前人考之已详。虽然起初可能很多诸侯贵族在血缘上都与黄帝无关，但到了战国时代，尧、舜、禹及夏商周三代的天子都成了黄帝后裔。战国七雄，田齐不必说，秦、赵、楚出黄帝孙颛顼，韩、魏与周同姓，燕是召公之后，都是姬姓黄帝的后裔了。只有一个姜姓的齐国是炎帝的后裔，被姬姓后裔的田氏取代，就不怎么招人同情了。

在这一政治需要的推动下，齐国上下掀起了尊黄帝的热潮，大大促进了社会上黄帝之言的传播和流行。战国时期尊崇黄帝有一个很明显的趋向，就是假托黄帝之言以伸张自己的学说。《汉书·艺文志》中著录了托名黄

①《史记·孝武本纪》，中华书局 1959 年版。
②《史记·齐太公世家》司马贞索隐，中华书局 1959 年版。

帝的书有 20 余种,分散在道家、阴阳家、小说家和兵书、数术、方技等类中,足见假托黄帝之言风气的盛行。以致司马迁在《史记·五帝本纪》中讲:"百家言黄帝,其文不雅驯,荐绅先生难言之。"黄老之学便是在这种学术风气之下,在尊崇黄帝文化氛围最为浓厚的齐国出现并发展起来的。或许,黄老之学就是这种学术风气的带头羊。

学者们把开创道家的老子学说与当时盛行的黄帝之言结合起来,把黄帝冠于老子之上,创造了所谓的黄老之学。从此,道家以黄帝的名义改变了早期批判现实和疏离政治的倾向,转而积极地向权力中心靠拢,探讨富国强兵之道和治国方略。《史记·孟子荀卿列传》载:"慎到,赵人。田骈、接子,齐人。环渊,楚人。皆学黄老道德之术,因发明序其指意。"这几个人都是齐国稷下学宫中著名的稷下先生。《管子》书中的部分篇章,也是战国黄老之学的重要著作。其共同的学术特点就是假托黄帝,道法结合、兼采百家,是一个本宗道家且综合性很强的学派。《史记·太史公自序》所说的"因阴阳之大顺,采儒墨之善,撮名法之要",就是指黄老之学。

齐国是黄老之学的原发地和主要流传地域,到西汉初年,山东仍存在崇尚黄老之学的风气。《史记·乐毅列传》略述战国末期到汉初山东黄老之学的传授世系说:"乐氏之族有乐瑕公、乐臣公,赵且为秦所灭,亡之齐高密。乐臣公善修黄帝、老子之言,显闻于齐,称贤师。……乐臣公学黄帝、老子,其本师号曰河上丈人,不知其所出。河上丈人教安期生,安期生教毛翕公,毛翕公教乐瑕公,乐瑕公教乐臣公,乐臣公教盖公。盖公教于齐高密、胶西,为曹相国师。"

西汉初年,在齐国推行黄老之学,并付诸政治实践的是盖公和曹参。《史记·曹相国世家》载曹参相齐,"闻胶西有盖公,善治黄老言,使人厚币请之。既见盖公,盖公为言治道贵清静而民自定,推此类具言之。参于是避正堂,舍盖公焉。其治要用黄老术,故相齐九年,齐国安集,大称贤相"。黄帝的传说也就以黄老之学为载体,在山东流传开来。

汉武帝"黜黄老、刑名百家之言"而"独尊儒术",黄老之学受到冷落,转而寻找另外一条发展途径,同盛行的方仙道相结合,朝着民间宗教的方向发展,演变为"黄老道",成为道教的前身(学界或称为"原始道教")。齐地方仙道的神仙家们在鼓动汉武帝求仙、求长生时,也攀附当时影响很大的黄老之学,先是神化黄老学的学者安期生,继而神化黄帝。于是,黄帝由中华民族的始祖、五大天帝之一的天帝、无为而治的圣君,转而成为成仙登天的神仙。

上述齐人李少君对汉武帝讲的"祠灶则致物,致物而丹沙可化为黄金,黄金成以为饮食器则益寿,益寿而海中蓬莱仙者乃可见,见之以封禅则不死,黄帝是也",是把黄帝说成长生不死神仙的最早记载。齐人公孙卿讲的黄帝"仙登于天"的故事更为系统、完整,也更富浪漫、传奇色彩,后世广为流传的黄帝得道成仙的故事,主要源于二人的传说。

(四) 先秦儒学信仰

儒学是中国传统文化的主干和核心,创始人为春秋鲁国人孔子(前551—前479)。儒学一开始就与俗文化紧密相连。西周时,为人相礼的术士叫儒。《说文八上·人部》讲,儒"术士之称,从人需声"。孔子自幼家贫,青年时以儒为业。他曾参加齐景公和鲁定公的夹谷(今山东莱芜南,一说在今山东淄博淄川西南)之会,仍干相礼的老行当。可见孔子熟悉养生送死的各种礼仪,更熟悉周礼,他的儒学具有鲜明的隆礼特征是很正常的。在五霸迭兴、礼崩乐坏的春秋时期,孔子表现了强烈的忧患意识和历史责任感,为了实现恢复周礼的政治目标,他创立了儒家的一系列学说。

1. 儒家的人格信仰

就俗文化层次而言,儒家的人格和孝道是传承最普遍、最久远的社会风俗。

(1)叔孙豹的"三不朽"

齐鲁之邦倡导人格,最早倡导人格的是鲁国大夫臧文仲、叔孙豹。《左传·襄公二十四年》载鲁国叔孙豹语曰:"鲁有先大夫曰臧文仲,既没,其言立,其是之谓乎! 豹闻之:'大上有立德,其次有立功,其次有立言。'虽久不废,此之谓不朽。"即高尚美好的品德,给民众以积极的引导和教育,可以使人世世代代传颂;为邦国、民众建功立业,可使后世代代受益;精辟的言论,具有永恒的价值。

叔孙豹的"三不朽",既是哲学问题,又是一种不朽的人格,具有十分深刻、积极的内涵。

其一,突出和高扬了人文精神。能达到"三不朽"的不是"神鬼",也不是宗族血脉的延续,而是对人类具有实际效果的德行、功劳和言论。它在人学史上首次提出了关于"个人修养"的标准问题,虽然是高层次的要求,不是一般人能所达到的,但毕竟关注到了"人"的思想发展状况,并拒绝"鬼神"参与,体现出鲜明的人文特征。"人"也可以"不朽",这对"神"是一个巨大挑战,为"以人为本"理论的出现提供依据。

其二,"立德、立功、立言",找到了摆脱个人肉体的限囿,实现精神上永恒的途径与方法。古人早就从万物的生死中领悟到,人固有一死,长生不老是不可能的。既然人们从肉体上无法达到永生,那么在精神领域能否实现不朽呢?叔孙豹提出了三条途径,三者都能使人超越短暂的生理、生命的局限性,永恒地活在人世间。当然,这只是一种精神性的存在,但表现了古人舍弃肉体,对精神存在价值的选择和肯定。

其三,"三不朽"的道德实质,是要求人们在生前就立足于"死"后来关照人生,用死后的精神性、观念性的所得,来促使自己放弃生前物质性的所获。这是一种超越性的、精神性的崇高追求,它可促使人们净化灵魂、陶冶情操、端正行为、纯洁思想言论,使人不断升华到一个更高的人生境界。

孔子对这种"不朽"的观念非常赞赏,并大加发挥,孔子指出:"君子疾没世而名不称焉。"[1]在孔子看来,要"名称",就必须有极高的道德品质,一个人生前富可敌国,人人知其声名,但死后却可能很快让人彻底遗忘,是谓朽之;一个人也许生前贫困潦倒、穷苦不堪,但只要他道德高尚,全心全意为百姓谋幸福,那么就可能在死后声名显赫,受到人们的尊敬,是谓不朽。《论语·季氏》载:"齐景公有马千驷,死之日,民无德而称焉。伯夷、叔齐饿于首阳之下,民到于今称之。其斯之谓与?"因此,"三不朽"观念还是一种由死的观念引发出的人生观。

(2)儒家的君子与小人

君子与小人的原意是指贵族、统治者和庶人、被统治者。

《尚书·无逸》称:"君子所其无逸。"郑玄注曰:"君子止谓在官长者。"

《国语·鲁语上》:"君子务治,而小人务力。"

甚至到战国时期,也仍有这种界定。《孟子·滕文公上》讲:"无君子莫

---

[1]《论语·卫灵公》,载《诸子集成》,上海书店 1986 年影印版。

治野人,无野人莫养君子。"

为了强调个体人格的完善、高扬及其主动性、独立性,孔子把儒家的全部伦理道德人格化、理想化,都集中到君子身上,把它作为一个高度完美的人格典范。所以,到春秋时的孔子,君子和小人转义为"有德者"和"无德者"了。《礼记·曲礼上》载:"博闻强识而让,敦善行而不怠,谓之君子。"这里的君子,已不是贵族和统治者了。

孔子认为,"惟上知与下愚不移","君子学道则爱人,小人学道则易使也"①,君子与小人之间有一道天然的鸿沟。孟子认为,"舜,人也;我,亦人也","尧、舜,与人同耳","圣人与我同类也","圣人之于民,亦类也。出于其类,拔乎其萃"。因此,在君子的风化下,不仅"顽夫廉,懦夫有立志","薄夫敦,鄙夫宽",而且"人皆可以为尧舜"。② 这一理想主张,消除了君子与小人的鸿沟,唤醒了人们道德自律的普遍意识。

君子的品格涵盖了儒家的仁、义、礼、智、信、忠、孝、节、廉、恭、宽、敏、惠、温、良、俭、让等全部道德素质。其中,最主要的是仁、义、信。

孔子的仁即君子的品格,有如下含义:

其一,仁是所有人的美德的总和。《论语·阳货》载,子张问仁于孔子,孔子曰:"能行五者于天下,为仁矣。""恭、宽、信、敏、惠。恭则不侮,宽则得众,信则人任焉,敏则有功,惠则足以使人。"

其二,"夫仁者,己欲立而立人,己欲达而达人"③。《论语·卫灵公》载:"己所不欲,勿施于人。"这就是说,"仁"的道德底线是"不损人"。

其三,仁者"爱人"。《论语·颜渊》载:"樊迟问仁,子曰:'爱人。'"儒家讲爱人,墨家讲"兼爱",二者有不同的内涵和价值取向。墨子的兼爱是来自外在物质功利的"利",是无差别的,即只要"交相利",不分贵贱贫富亲疏都可"兼相爱"。孔子的"爱人",是来自内在心理的"仁",是超功利的,然而是有差别的,或叫做"爱有差等"。下列品格都是君子超功利的"仁"的品格。

①《论语·阳货》,载《诸子集成》,上海书店 1986 年影印版。
②《孟子》:《离娄下》、《告子上》、《公孙丑上》、《万章下》、《尽心下》、《告子下》,载《诸子集成》,上海书店 1986 年影印版。
③《论语·雍也》,载《诸子集成》,上海书店 1986 年影印版。

《论语·卫灵公》讲:"君子谋道,不谋食。"

《论语·颜渊》:"君子成人之美,不成人之恶。"

《礼记·坊记》:"君子贵人而贱己,先人而后己。"

其四,"克己复礼为仁"。《论语·颜渊》载,颜渊问仁,子曰:"克己复礼为仁,一日克己复礼,天下归仁焉。"孔子把恢复周礼的任务交给了社会的每个成员,强调"仁"所应有的历史责任和牺牲精神。例如:

《论语·泰伯》载曾子语曰:"可以托六尺之孤,可以寄百里之命,临大节而不可夺也。""任重而道远,仁以为己任。"

《论语·卫灵公》:"志士仁人无求生以害仁,有杀身以成仁。"

《孟子·尽心上》:"君子所过者化。"

这些都是君子为了"仁"所表现出的历史责任感和牺牲精神。管仲背叛公子纠,又辅佐公子纠的仇人齐桓公,孔子几次批评管仲不知礼,却坚持肯定他仁。如《论语·宪问》记载:"子贡曰:'管仲非仁者与? 桓公杀公子纠,不能死,又相之。'子曰:'管仲相桓公,霸诸侯,一匡天下,民到如今受其赐。微管仲吾其被发左衽矣。岂若匹夫匹妇之为谅也,自经于沟渎而莫之知也?'"原因就是管仲承担了自己所应承担的历史责任。

由此可知,孔子的历史责任和牺牲精神并不是以个体自我的沦丧为代价的,是一种价值的判断和选择,不是道德、是非的必然命令。管仲本人也是这样认识的:"夷吾之为君臣也,将承君命,奉社稷,以持宗庙,岂死一紃(纠)哉。夷吾之所死者,社稷破,宗庙灭,祭祀绝,则夷吾死之。非此三者,则夷吾生。夷吾生则齐国利。夷吾死,则齐国不利。"①

信是树立君子形象的主要道德因素。孔子讲,"民无信不立","人而无信,不知其可也","与朋友交,言而有信","言必信,行必果"。②

《论语·颜渊》载子贡语曰:"惜乎! 夫子(指卫国大夫棘子成)之说,君子也。驷不及舌。"郑玄注曰:"过言一出,驷马追之不及。"后来演变为"君子一言,驷马难追"。

齐鲁的统治阶级也讲信,齐桓公不背曹沫之盟,是值得称道的典范。《史记·齐太公世家》载,齐桓公与鲁庄公会于柯(今山东东阿境),鲁人曹

---

① 《管子·大匡》,载《诸子集成》,上海书店 1986 年影印版。
② 《论语》:《颜渊》、《为政》、《学而》、《子路》,载《诸子集成》,上海书店 1986 年影印版。

沫以匕首劫持齐桓公于坛上，逼其归还侵地，桓公被迫应允。待曹沫放下匕首，回到原位，齐桓公又想反悔。在管仲的劝谏下，齐桓公兑现自己的诺言，得到天下诸侯的信服。《管子·枢言》讲："诚信者，天下之结也。"

"食言而肥"，则是信的反面典型。鲁哀公时，孟武伯、叔孙武叔、季康子等三桓专权，孟武伯嫉恨为鲁哀公驾车的郭重，在宴席间当众发问说："何肥也？"鲁哀公抢过话茬回答说："是食言多矣，能无肥乎？"①鲁哀公意在挖苦三桓屡次说话不算数，用"食言而肥"进行嘲讽。

在中国，"取信于民"，"王者不欺四海"，"君无戏言，官无悔笔"，"天子无戏言"②，成为几千年统治经验的共识。

齐鲁民众的信誉更是可圈可点，子路辞要（结盟）、乐正子爱信、曾子杀猪立信、孟母立信等事例，至今仍在山东民众中流传。

《左传·哀公十四年》载，鲁哀公十四年（前481年），小邾国（在今山东滕州境）大夫射以献上句绎（在今山东邹城东南）为条件投奔鲁国，并说，让子路和我口头约定，就不用鲁国和我盟誓了。鲁国派子路前往，子路不干。季康子让冉有劝子路说，"千乘之国不信其盟，而信子之言"，对你岂不是极大的荣耀，为什么不去？子路回答说，如果鲁国和小邾国发生战争，我会毫不犹豫地去牺牲，但他是小邾国的叛臣，我去和他盟约，等于承认他这种叛国行为是正义的，我做不到。

春秋鲁国有个乐正子春，以"信"得到齐国人的高度信任。《韩非子·说林下》载，齐伐鲁，索要鲁国的谗鼎，鲁人送去一件赝品，被退了回来，并说，让乐正子春送来，我们就相信是真的。鲁君找到乐正子春，子春对鲁君说："胡不以其真往也？"鲁君说："我爱之。"乐正子春说："臣亦爱臣之信。"到西汉刘向的《新序·节士》，又把乐正子春的事迹放在柳下惠身上，塑造了个讲求诚信的柳下惠，情节大体一致，只不过把"谗鼎"说成了"岑鼎"。

《韩非子·外储说左上》记载曾子杀猪立信的故事：

> 曾子之妻之市，其子随之而泣。其母曰："女（汝）还，顾反（返）为女杀彘。"妻适市来，曾子欲捕彘杀之。妻止之曰："特与婴儿戏耳。"曾子

---

①《左传·哀公二十五年》，载《十三经注疏》，中华书局1980年版。
②《史记·晋世家》，中华书局1959年版。

曰:"婴儿非与戏也。婴儿非有知也,待父母而学者也,听父母之教。今子欺之,是教子欺也。母欺子,子而不信其母,非以成教也。"遂烹彘也。

孟母是古代母教的典范,十分注意以信教子。孟子少时问母亲:"东家杀豚何为?"孟母随口说:"欲啖汝。"说完马上意识到失言了,说:"吾怀妊是子,席不正不坐,割不正不食,胎教之也。今适有知而欺之,是教之不信也。""乃买东家豚肉以食之,明不欺也。"①

在山东民间的俗文化活动中,包括商业交换、借贷、约定,主要是靠立言、起誓、承诺、击掌的方式进行,连小孩也知道"拉钩上吊,一百年不许要"。国与国之间不签字的口头协定(Gentlemen's agreement),中国人翻译成"君子协定",寄托着中国人特有的"信"的规范性。而西方人则主要靠字据、契约、合同,缺乏相互间的信任。中国人的这些道德选择,虽然冲淡着人们的法律观念,使忠诚善良的人一次次上当受骗,却是以"信"、以"言必信,行必果"为人格信仰基础的。如果违背、否认自己的诺言,就是"食言而肥"、言而无信的小人。

《礼记·中庸》讲:"义者宜也。"《孟子·离娄上》讲:"义,人之正路也。"在孔子的《论语》中,"义"是个普遍的话题:

《论语·阳货》:"君子义以为上。""君子喻于义,小人喻于利。"

《论语·为政》:"见义不为无勇也。"

以儒家思想为核心的中国传统文化在"义利"观的选择上,一贯是"重义轻利",或叫"重仁义而轻功利"。在它的影响和规范下,山东人的经世观念不仅把情义放在物质功利之上,甚至放在国法、生命之上。

《孟子·告子上》讲:"鱼,我所欲也,熊掌亦我所欲也,二者不可得兼,舍鱼而取熊掌者也。生亦我所欲也,义亦我所欲也,二者不可得兼,舍生而取义者也。"现代语言的"就义",即指"舍生取义"。

慷慨仗义、恪守信义,是山东人普遍认同的道德和个性。春秋齐桓公救燕国,伐山戎,燕庄公感激涕零,亲自送齐桓公班师,不知不觉已经送入齐境。齐桓公说:"非天子,诸侯相送不出境,吾不可以无礼于燕。"②于是,把

---

① 《韩诗外传》卷九第一章,中华书局1980年版。
② 《史记·齐太公世家》,中华书局1959年版。

燕庄公踏入的齐国土地全部割给了燕国。

《太平御览》卷七五七《器物部二·釜》引《风俗通》载：

> 齐人有空车行，鲁人有负釜者，便持置车中二三百里，临别取釜，不
> 相问为谁，亦不谢。后车家系狱当死，釜不相问为谁主径往募人取之，
> 穿壁未达，车者怒，不肯出。釜主惭，欲俱死。明日，主者以事白齐君，
> 齐君义而原之。

鲁国人将釜放在齐国人的空车上走了二三百里路，连个谢字也没说就
扬长而去，仗义大度的齐人毫不计较。齐人犯死罪，这位鲁人又舍命相救，
甚至"欲俱死"，齐人却坚决不肯接受他的回报，齐君因二人的义气赦免了
这个齐人。从这一系列讲义气的链条中，我们看出了齐鲁社会对"义"字的
崇尚，这也是对"君子之交淡如水"的最好诠释。

楚汉战争中，"项王已死，楚地皆降汉，独鲁不下，汉乃引天下兵欲屠
之。为其守礼义，为主死节，乃持项王头视鲁，鲁父兄乃降。始，楚怀王初封
项籍为鲁公，及其死，鲁最后下"[1]。

先秦时期齐鲁妇女的"匹妇之义"，更显得大义凛然。《太平御览》卷四
二二《人事部六三·义妇》引了三则齐鲁妇女的义举：

> 《说苑》曰：齐遣兵攻鲁，见一妇人将两小儿走，抱小而挈大。顾见
> 大军且至，抱大而挈小。使者甚怪，问之。妇人曰："大者妾夫兄之子，
> 小者妾之子。夫兄子者，公义也；妾之子者，私义也。宁济公而废私
> 耶？"使者怅然，贤其辞，即罢军。还对齐王说之曰："鲁未可攻也，匹妇
> 之义尚如此，何况朝廷之臣乎？"
>
> 《列女传》曰：齐义继母者，齐二子之母也。当宣王时，有人斗死于
> 道者，吏视之被一疮，二子立其傍，吏问之。兄曰："我杀之。"弟曰："非
> 兄也，我杀之。"期年不决。吏言之于相，相不能决，言于王。王曰："皆
> 赦之，是纵有罪；皆杀之，是诛无辜也。其母必知其子之善恶，听所欲杀
> 活。"相召而问之。其母泣而对曰："杀少子。"相曰："少子，人之所爱，

①《史记·项羽本纪》，中华书局 1959 年版。

今欲杀之,何也?"对曰:"少者,妾之子也;长者,前妻之子也。虽痛子,独谓义何?"泣下沾襟。相言之于王,王美其义,皆赦二子,号曰义母。

《列女传》曰:鲁孝义保者,鲁孝公称之保母。初,孝公父武公与长子恬、中子戏朝周宣王。宣王立戏为鲁太子。武公薨,戏立,是为懿公。孝公于时号公子称。恬之子伯御与鲁人作乱,攻杀懿公而自立,求称于宫中,将杀之。义保闻伯御欲杀称,乃衣其子以称之衣,卧于称之卧处。伯御杀之,义保遂抱称以逃。周天子杀伯御,立称为孝公。鲁人高义保之义,故谓之"义保"。

这三位齐鲁妇女,前两位为公义而舍私义,舍弃自己的亲子,保全他人之子。东汉山东嘉祥武氏祠有"鲁义姑姊"、"齐义继母"石刻画像,表达了山东民众对她们的崇敬。第三位牺牲了自己的亲子,舍子救主。其中情节虽有夸张和拔高,但这正反映了山东人对"义"的崇尚。这种高义,足以让那些龌龊自私的须眉丈夫无地自容了。

世俗社会所认同的君子的品格,实际上是儒家倡导的各种伦理道德素质的世俗化。凡宽厚待人、以德报怨、谦虚谨慎、言行一致、心胸坦荡①、忠实可靠、成人之美、见义勇为、百折不挠、不亲女色、周穷救急、乐善好施等,都是君子的品格。反之,奸诈狡猾、反复无常、口是心非、阳奉阴违、背信弃义、损人利己等所有不道德、不光彩、不坦荡、龌龌龊龊的行为,都是小人。

总之,君子承担着把儒家的全部伦理道德人格化、典型化和世俗化的功能,规范着人们把个体品格的完善当做本人的自觉意识和社会道德的必然要求。重来世天堂的西方宗教社会,创造了个神的最高偶像——上帝、佛、安拉;重今生今世人际伦理的中国宗法社会,则创造了个"人"的最高偶像——君子。它是中国人民的传统美德,又是沉重的道德包袱,还是社会发展、观念更新的障碍。

(3)君子品格剖析

君子的品格及其君子与小人的界定,就其积极的作用来讲,有以下三点:

首先,它珍视人际伦理,注重做人的道德和原则,高扬了人格、承诺、情

---

①《论语·述而》:"君子坦荡荡,小人长戚戚。"

义的神圣性和责任感,积累和加深了人间的真实、忠诚、信赖和安全感,减少了许多尔虞我诈、背信弃义、损人利己等罪恶和不道德的行为。通过君子与小人的界定,使每个人的品质、行为都得到无情的印证和鉴定。

君子所具备的道德素质渗透到社会生活的各个领域,对传统职业道德的形成产生了极大的影响,在古代职业道德中,无不浸透着君子的人格形象和做人的原则。例如,做老师的要"传道、授业、解惑","学而不厌,诲人不倦";做军人的要"马革裹尸","执干戈以卫社稷,死不旋踵";做官吏的要清正廉明、忧国忧民,"为官一任,造福一方",都体现了君子的人格形象和历史责任。中国的商人之所以在人格和心灵上长期受压抑,就在于他们舍弃了君子的"义",追求小人的"利"。即便是这样,中国的商人仍有自己的君子品格和职业道德,那就是"君子爱财,取之有道",讲求"童叟无欺"、和气生财、言而有信、货真价实,没有诸多的假冒伪劣。

其次,君子注重人的气节、社会责任和历史使命,激励着无数志士仁人为了国家、民族而立事立功,甚至是从容牺牲。像"孔席不暖,墨突不黔",孟子的"穷则独善其身,达则兼善天下",鲁仲连为国家"排患、释难、解纷乱"等,都表现了齐鲁名士高度的社会责任感。

再次,君子的品格,还是齐鲁盗文化的灵魂:江湖道义,"盗亦有道"。《庄子·胠箧》载,春秋战国之际,鲁国柳下惠的弟弟盗跖"休卒徒于泰山之阳",部下问他:"盗亦有道乎?"盗跖回答说:"何适而无有道邪!夫妄意(臆)室中之藏,圣也;入先,勇也;出后,义也;知可否,知(智)也;分均,仁也。五者不备而能成大盗者,天下未之有也。"盗跖和这番"圣、勇、义、智、仁"的宣言固然有虚构之处,但至少反映宋国蒙(今山东曹县南)人庄子对"盗亦有道"的认同。那些打家劫舍、杀人越货的江洋大盗是恶人而不是小人,小人没有他们的胆气,但也不是君子,因为他们走的不是正道。用君子品格来界定他们难免有亵渎之感,但他们确有来自君子品格影响的江湖信义和职业道德。如"惊大孝必触鬼神"①,"受人钱财,替人消灾","兔子不吃窝边草"等等。

然而,对君子的观念又不能单方面地全面肯定,它又有着诸多消极的作用。

---

① 《后汉书·列女传》,中华书局 1965 年版。

其一,君子的理想人格把人作为组织、裁量的对象,像一张无形的罗网把中国人的身心紧紧地束缚住,使人们时刻把道德、人格放在物质功利、个性追求之上,并作为判定一切的标准,淹没了人们的独立个性和自我意识。

君子在思想上生活得并不轻松,君臣、父子、师长、主仆、朋友等依附关系,以及人情世故、家庭伦理、等级观念,压得他们透不过气来。要么,放弃独立个性,追求这精神上空洞的高尚;要么,扭曲个性,做一个道貌岸然的伪君子。从这个意义上讲,以山东琅邪王戎、王衍为代表的魏晋士族,要求"越名教而任自然",从不同的角度寻找被名教淹没了的自我,还复人的自然本性,就有了积极的意义。王戎追求财富、王衍玩世不恭、信口雌黄、蔑视君臣纲常,固然放弃了个体品格的自律,导致了社会风气的失控,却是对君子品格束缚的挑战和发泄,显示了一种普遍觉醒的自我意识。

其二,君子与小人的观念是一种建立在小农经济上的道德意识,它与趋新、变更、开放、竞争等商业意识格格不入,塑造了一批批迂腐而不知权变,未老而先衰的谦谦君子,极大地束缚了中国人的竞争意识和生存能力。

中国的农民被固定在土地上,年复一年,春播秋获,往往会墨守成规,至多会产生循环的思想。农民用不着山南海北奔波,祖祖辈辈居住在同一个地方,又形成了封闭意识和内向心态。庄稼长得好坏,彼此间都无影响,更没有竞争意识。人际圈子也相当狭窄,而且都是世代交往。这一切都决定了他们在人际关系的道德选择上,必然是仁、义、礼、智、信。

工商业则相反,他们要根据行情和销路变换商品的样式和种类,必然要有趋新、变更意识。商人的足迹遍天下,使他们有了开放和外向的要求。工商业者经营好了,马上给同行造成威胁,"同行是冤家",商场如战场,必须具有竞争意识。所有这一切,反映在人际关系上,自然是另一种道德选择。商人在讨价还价时,没有一个一言九鼎的君子。

以"诡道"、"善战"为特征的兵家思想,即来自商业文化的熏陶。齐国是工商业文化氛围最浓厚的国家,管理齐国工商业的陈公子完的后代名将辈出。在春秋战国那个强力抗争的时代,这种趋新、变更、开放、竞争意识,不仅使管仲、子贡、范蠡等商人成为时代的骄子,而且使孙武、司马穰苴、孙膑、田单等著名的军事家成为驾驭时势的英雄,反映了他们强大的生存能力。而孔子、孟子也生活在那个时代,尽管他们满怀"克己复礼"、"兼善天下”的政治热情,也设计出了齐家、治国、平天下的政治方案,其泥古不化和“知其不可而为之”的经世观念,非但没能将自己的学说付诸社会实践,本人也成为周游列国的“流浪者”。

其三,君子的品格有很大的虚伪性,两千年来一直是胜利者、成功者的装饰品。

历代封建统治者都以儒学为治国思想。然而,他们当中以臣弑君、以子弑父、以弟弑兄的骨肉相残比比皆是。每位成功的政治家又都是阴谋、权术的高手。在君子品格的掩护下,权势、欲望、贪婪、狡黠自私、阴险毒辣等罪恶不断地积累和增加,只要是胜利者、成功者,仁、义、礼、智、信不但不敢指责他,反而要为他们服务了。民间叫做“胜者王侯败者贼”,宋国蒙(今山东曹县南)人庄子叫做“窃钩者诛,窃国者为诸侯,诸侯之门而仁义存焉”①。

2. 儒家的孝道

孝道是儒家思想渗透、流动于中国社会生活中最鲜明的风俗之一。它是家庭伦理的核心,社会道德的基础,仁学结构的血缘根基,君子修身、齐家、治国、平天下必备的道德素质。

(1)孝与孝道

孝和孝道是两个不同的范畴。孝是人类血缘间子女对父母的自然亲情;孝道是由孔子创立,后来被儒学家和统治者升化、外延、扭曲并推向极端的封建伦理道德。实际上,两者在中国社会风俗中并没有截然分开,统属于孝文化意识。

孝,作为一种意识,在氏族公社时期就形成了。《礼记·礼运篇》载:“大道之行也,天下为公……故人不独亲其亲,不独子其子,使老有所终,壮有所用,幼有所长,矜寡孤独废疾者,皆有所养……今大道既隐,天下为家,各亲其亲,各子其子。”因此,孝意识的产生是在原始氏族社会,进入阶级社会后,由氏族社会的群体孝意识转变为个体孝意识。

东夷族的首领舜就是孝子的典范,他与顽劣的父亲、弟弟和睦相处,创造了《南风》、《思亲操》等乐曲,歌颂父母之恩,以孝道教化民众。《礼记·杂记下》记载了两个山东较早的孝子:“少连、大连善居丧,三日不怠,三月

---

① 《庄子·胠箧》,载《诸子集成》,上海书店 1986 年影印版。

不解,期悲哀,三年忧,东夷之子也。"

为了维护父家长传统的等级制度,孔子极力突出"孝悌"、"亲亲尊尊"的思想。"其为人也孝弟,而好犯上者鲜矣!不好犯上而好作乱者,未之有也。"①他不仅把孝作为人格修养的根本,还把它推延到亲族、社会和政治,又经过历代儒学家们层层加码,孝由人类血缘间的自然亲情成为统治者治国平天下的伦理工具,从而形成了中国几千年根深蒂固的孝文化意识。

《孝经·三才章》引孔子语曰:"夫孝,天之经也,地之义也,民之行也。"

《论语·学而》:"君子务本,本立而道生孝弟也者,其为仁之本欤。"

曾子认为,孝是放之四海而皆准的真理,"推而放诸东海而准,推而放诸西海而准,推而放诸南海而准,推而放诸北海而准"②。

因此,孝是儒家教化的根本。《说文八上·老部》载:"孝,善事父母者。从老省,从子,子承老也。"《说文三下·教部》:"教,上所施,下所效也。从文,从孝。"

孔门弟子曾参汇集孔子的语录,著成了《孝经》③,是儒家宣传孝道的经典。

(2)孝道的基本内容

《孝经·圣治章》载:"亲生之膝下,以养父母日严(敬)。"《孝经·纪孝行章》载:"孝子之事亲也,居则致其敬,养则致其乐,病则致其忧,丧则致其哀,祭则致其严。"

第一,生事奉养。

《礼记·曲礼上》载:"凡为人子之礼,冬温而夏凊,昏定而晨省。""冬温而夏凊",即冬天要为父母温席,夏天为父母致凉。"昏定而晨省",即晚上为父母定衽席,服侍就寝,早上探视,向父母问安。

《礼记·曲礼上》载,在其他时间,要做到"出必告,反(返)必面,所游必有常"。《论语·里仁》讲:"父母在,不远游。"据世俗流传的"二十四孝"传说,孔子弟子曾参采薪山中,家有客至。曾母望子不还,乃啮其指。母子连心,曾参忽然心痛难忍,负薪而归。

---

①《论语·学而》,载《诸子集成》,上海书店 1986 年影印版。
②《礼记·祭义》,载《十三经注疏》,中华书局 1980 年版。
③关于《孝经》的作者,说法不一。

在礼节方面，"为人子者，居不主奥（西南隅），坐不中席，行不中道，立不中门"。

《礼记·内则》载："在父母舅姑之所……不敢哕噫、嚏咳、欠伸、跛倚、睇视，不敢唾洟，寒不敢袭，痒不敢搔。"

在饮食方面，对父母要"问所欲而敬进之"。饭做好后，要端给父母，端上来就走不行，见父母开始吃了才能退下。《礼记·内则》上叫"父母舅姑必尝之而后退"，"父子不同席"。现在山东的"父子不同席"是不在同一酒桌上，其实是儿子得等父母吃完了以后才能吃。

孟子列举邹鲁一带所说的"五不孝"曰："世俗所谓不孝者五：惰其四支，不顾父母之养，一不孝也；博弈好饮酒，不顾父母之养，二不孝也；好货财，私妻子，不顾父母之养，三不孝也；从耳目之欲，以为父母戮，四不孝也；好勇斗很（狠），以危父母，五不孝也。"①这"五不孝"中，前三条都属于"不顾父母之养"。

在饮食起居方面，儒家的孝道有一个鲜明的特征，即强调膝下尽孝，让父母沉浸在子女敬爱、体贴和温暖的天伦之乐之中。用现在的话讲，是强调两代人感情的交流和心灵的沟通，使父母从儿女这个真实的存在中，获得直截了当的精神消费。这就是中国的儿女情长，也是中国人最真挚、最根本的人情味。

第二，送终尽孝，葬亲以礼。

《孟子·滕文公上》引曾子语曰："生事之以礼，死葬之以礼，祭之以礼，可谓孝矣。"父母丧，子女要守孝，或叫守制。守制其间，孝子要停断正常生活，只进汤水和蔬菜，不吃肉，不喝酒，不婚配，不能过夫妻生活、生儿育女。孔子认为，父母丧"三日而食，教民无以死伤生"，"丧不过三年，示民有终也"②。后世为了博取孝子的美名，变本加厉，这都不是孔子的本意。

该守制而不守制即为不孝。战国卫国左氏（今山东曹县北）人吴起曾对母发誓，"不为卿相，不复入卫"。后拜曾子为师，母丧不归，被赶出师门，断绝师生关系。

第三，不违父母之命。

---

① 《孟子·离娄下》，载《诸子集成》，上海书店 1986 年影印版。
② 《孝经·丧亲章》，载《十三经注疏》，中华书局 1980 年版。

《论语·为政》载,孟懿子问孝,孔子曰:"无违。"就是说,子女在婚姻、仕宦、日常生活的各方面都要听命于父母。对父母的错误,孔孟并不像后来理学家那样蛮横,也没有提倡后来的"天下无不是的父母","父叫子死,子不死不孝"等愚孝,而是比较灵活、现实。

孔子在《孝经·谏诤章》中强调:"父有争子,则身不陷于不义。故当不义,则子不可以不争于父,臣不可以不争于君。"孟子的三不孝也有"阿意曲从,陷亲不义"一条。也就是说,孔孟提倡不违父母之命,但对其不义的行为不能盲从,要进行谏诤。谏诤不从,还得服从。《礼记·曲礼下》载:"子之事亲也,三谏而不听,则号泣而随之。"

孔子对待曾参的态度就是这样。《太平御览》卷四一三《人事部五四·孝中》引《说苑》载:"曾子芸而误断其根。曾皙怒,援大杖击之。曾子仆,有顷乃苏,蹶然而起,进曰:'曩者参得罪大人,用力杖参,得无疾乎?'退屏鼓琴而歌,欲令皙知其平也。孔子闻之,告门人曰:'参来勿内也。'曾子自以无罪,使谢孔子,孔子曰:'汝不闻瞽叟有子名舜,舜事瞽叟,求之未尝不在侧,索而杀之,未尝可得。小箠则待,大箠则走。今子委身以侍暴怒,杀身以陷父不义,不孝孰是之大乎?'"

对待父亲的惩罚,应是"小箠则待,大箠则走",不能陷父于不义。

第四,子为父隐。

孔孟既主张不违父母之命,主张父有争子,当父亲真正做出不义之事时,又主张子为父隐,都是从维护父母的名声出发的。

《春秋穀梁传·隐公元年》载:"孝子扬父之美,不扬父之恶。"

《论语·子路》载孔子语曰:"父为子隐,子为父隐,直在其中矣。"

孔子写《春秋》,创造了三讳事例,"为尊者讳,为亲者讳,为贤者讳"①,即为他们隐恶扬善。

《吕氏春秋·当务》载,楚国有直躬者,其父偷了人家的羊,直躬告官。楚王准备诛杀其父,直躬又请求代父受死。有官吏对楚王说,父窃羊儿子告官是信,父遭诛儿子替死是孝,既信且孝的人都被诛杀,国内还有不被诛杀的人吗?楚王便赦免了他们父子。孔子听后说:"直躬之信,不若无信。"所

---

① 《公羊传·闵公元年》,载《十三经注疏》,中华书局1980年版。

以,孔子认为,父亲做了坏事,儿子就要为父隐瞒,绝不能大义灭亲,也不能牺牲父亲来换取自己的名声。中国古代法律中的"亲亲相隐不为罪"、"亲不为证",就是受到儒家"子为父隐"的影响。

几千年"子为父隐"的传统风俗,使中国的儿女有一种维护父母声誉的本能意识。父母的形象在子女的眼里一般是高大的,甚至生理缺陷也不容别人评头论足,中国俗语叫"孩不嫌母丑,狗不嫌家贫"。

第五,避父祖名讳。

先秦时的避讳并不太严格。《礼记·曲礼上》记载的避讳原则有:"礼,不讳嫌名,二名不偏讳。"即同音字不讳,"禹"与"雨"音声相近,可不避。两个字的名,单独出现一个字时,可以不避。郑玄注曰:"孔子之母名徵在,言在不称徵,言徵不称在。""君所无私讳","君前臣名",即在国君面前可以不避父亲的名讳。"诗书不讳,临文不讳",即读诗书,写文章不必避讳。《礼记·曲礼上》还强调:"入竟而问禁,入国而问俗,入门而问讳。"即要尊重对方的这些忌讳。

第六,父兄之仇,不共戴天。

《礼记·曲礼上》载:"父之仇,弗与共戴天;兄弟之仇,不反(返)兵;交游之仇,不同国。"

《礼记·檀弓上》:"子夏问于孔子曰:'居父母之仇,如之何?'夫子曰:'寝苫、枕干(盾)、不仕,弗与共天下也。遇诸市朝,不反兵而斗。'曰:'请问居昆弟之仇,如之何?'曰:'仕弗与共国,衔君命而使,虽遇之不斗。'曰:'请问居从父昆弟之仇,如之何?'曰:'不为魁,主人能,则执兵而陪其后。'"

这两段的意思是一致的:父之仇,睡在苫草上,时刻记着父丧,睡觉也要枕着武器,不出仕做官,做一个专业复仇者,誓不与仇人并生于世,即便在公门或人聚集之处也要格杀仇人。兄弟之仇,随时佩带武器,不和仇人共仕一国,有君命在身,遇到仇人不可上前报仇,以免贻误君命。伯叔父、堂兄弟之仇,不做复仇的魁首,若其子弟能为父兄报仇,则执兵以从其后。朋友之仇,不共仕一国。

第七,扬名声、显父母。

《孝经·开宗明义》:"夫孝,始于事亲,中于事君,终于立身。""立身行道,扬名于后世,以显父母,孝之终也。"《三字经》把这一内容贯彻到世俗社会,叫做"扬名声,显父母"。古代中国人的经世观念讲究立身扬名,不辱没祖先,否则为不孝。

第八,不毁伤发肤。

《孝经·开宗明义》载:"身体发肤受之父母,不敢毁伤,孝之始也。"这一伦理观念也影响到古代的服饰风俗,男子自小蓄发留须,不得毁伤,伤残肢体更是不孝。

《论语·泰伯》载:"曾子有疾,召门弟子曰:'启予足!启予手!《诗》云:战战兢兢,如临深渊,如履薄冰。而今而后,吾知免夫。小子!'"曾子病危,还记挂着让弟子掀开被子,看看自己的手足是否有所损伤。并说,我按《诗经》上讲的,如临深履薄般谨慎,避免毁伤,从今以后,可以永远避免刑辱颠陨、毁伤发肤的事了。东汉王充《论衡·四讳篇》载:"先祖全而生之,子孙亦当全而归之。……曾子重慎,临绝效全,喜免毁伤之祸也。"说的就是这件事。

曾子的弟子乐正子春忠实地继承了老师的衣钵,《礼记·祭义》载:

> 乐正子春下堂而伤其足,数月不出,犹有忧色。门弟子曰:"夫子之足瘳矣,数月不出,犹有忧色,何也?"乐正子春曰:"善!如尔之问也。吾闻诸曾子,曾子闻诸夫子曰:'天之所生,地之所养,无人为大。父母全而生之,子全而归之,可谓孝矣。不亏其体,不辱其身,可谓全矣。故君子顷步而弗敢忘孝也。'今予忘孝之道,予是以有忧色也。"

《庄子·德充符》载,有一叫叔山无趾的鲁国人,受了刖刑,被斩去脚趾,用脚后跟走路见到孔子,孔子说:"子不谨,前既犯患若是矣。虽今来,何及矣!"一旦行为不慎,犯罪遭刑,伤残了肢体,就是不孝,将追悔莫及。甚至古代女子穿耳附珠也引起争议。《庄子·德充符》载:"为天子之诸御,不爪剪,不穿耳。"三国时,琅邪阳都(今山东沂南南)人诸葛恪讲:"母之于女,恩爱至矣,穿耳附珠,何伤于仁?"[1]

(3)孝道的外延

---

[1]《三国志·吴书·诸葛恪传》裴松之注引恪《别传》,中华书局 1959 年版。

　　孝的亲族性外延即"睦于父母之党"①,孝的社会性外延是尊老敬长。《孝经·圣治章》讲:"不爱其亲而爱他人者,谓之悖德;不敬其亲而敬他人者,谓之悖礼。"孝亲是敬爱他人的基础,连父母都不孝,要敬爱他人是不可能的。

　　尊师也是孝的社会性外延。鲁国人左丘明在《国语·晋语一》中载:"民生于三,事之如一。父生之,师教之,君食之。"《礼记·曲礼上》载:"从于先生,不越路而与人言。遭先生于道,趋而进,正立拱手,先生与之言则对,不与之言则趋而退。"《礼记·檀弓》载,先生死,要"心丧三年",即不服丧,心里哀悼。孔子死,弟子们行三年心丧。周武王尊齐国始封之君姜太公为师,称"师尚父"。在中国社会都称老师为师父,遵守"一日为师,终身为父"的道德规范。

　　孝的政治性外延即为忠君。忠君意识的形成要晚于孝亲意识。儒家虽然讲"孝慈则忠","夫孝,始于事亲,中于事君,终于立身","君子之事亲孝,故忠可移于君;事兄悌,故顺可移于长;居家理,故治可移于官"②,但春秋战国时,严格的忠君意识还没有形成。如上述所讲,孔孟倡导的忠君,渗透了浓厚的商业交换意识和君臣间的双向选择。这种君臣观念,不是后来的愚忠,带有鲜明的外在互尊、互惠、等价交换的商业意识。孔子并不强调放弃孝而成就忠。《韩非子·五蠹》载:"鲁人从君战,三战三北,仲尼问其故。对曰:'吾有老父,身死莫之养也。'仲尼以为孝。"上述孔子斥责楚人"直躬之信,不若无信",也是这种态度。

　　这种君臣间的互尊、互惠、等价交换意识,又决定了君臣间的双向选择,虽有"忠臣不事二君,贞女不更二夫"③的世俗观念,但并不牢固。孔子曰:"君择臣而任之,臣亦择君而事之。"④"鸟则择木,木岂能择鸟。"⑤后来叫"良禽择木而栖,贤臣择主而事"。

（五）秦汉儒学信仰

1. 独尊儒术与释奠孔子

---

①《礼记·坊记》,载《十三经注疏》,中华书局 1980 年版。
②《孝经》:《开宗明义章》《广扬名章》,载《十三经注疏》,中华书局 1980 年版。
③《史记·田单列传》,中华书局 1959 年版。
④《后汉书·邓禹传》注引《孔子家语》,中华书局 1965 年版。
⑤《左传·哀公十一年》,载《十三经注疏》,中华书局 1980 年版。

秦始皇焚书坑儒,儒学和儒生遭受到一次空前的浩劫。然而,"礼失求诸野",民间社会风俗仍然传承着儒家思想的基本精神。即使在楚汉战争期间,"鲁中诸儒尚讲诵习礼乐,弦歌之音不绝"①。

为儒学独尊创造前提的则是薛(在今山东滕州)人叔孙通和鲁人申公,以及申公的学生赵绾和兰陵(治今山东苍山西南)人王臧。

汉高祖刘邦瞧不起儒生,动辄谩骂、侮辱儒生。可他当皇帝后,"群臣饮酒争功,醉或妄呼,拔剑击柱",弄得刘邦既没面子,也没尊严。叔孙通讲:"夫儒者难与进取,可与守成。"②为刘邦制定了朝仪,上朝时,"自诸侯王以下莫不振恐肃敬","无敢喧哗失礼者",高兴得刘邦心花怒放:"吾乃今日知为皇帝之贵也!"从此,刘邦改变了对儒学和儒生的态度。因此,对儒学的复兴,叔孙通功不可没。

汉武帝时,发生了几次学术斗争,其中一次是齐鲁儒生掀起的复兴儒学运动。《史记·儒林列传》载:"兰陵(治今山东苍山西南)王臧既受诗,以事孝景帝为太子少傅,免去。今上(汉武帝)初即位,臧乃上书宿卫上,累迁,一岁中为郎中令。及代赵绾亦尝受诗申公,绾为御史大夫。绾、臧请天子,欲立明堂以朝诸侯,不能就其事,乃言师申公。于是天子使使束帛加璧安车驷马迎申公,弟子二人乘轺传(马车)从。至,见天子。天子问治乱之事,申公时已八十余,老,对曰:'为治者不在多言,顾力行何如耳。'是时天子方好文词,见申公对,默然。然已招致,则以为太中大夫,舍鲁邸,议明堂事。太皇窦太后好老子言,不说儒术,得赵绾、王臧之过以让上,上因废明堂事,尽下赵绾、王臧吏,后皆自杀。申公亦疾免以归,数年卒。"这次复兴儒学运动虽然失败了,却使儒学在汉武帝心目中留下了不可磨灭的印象。"及窦太后崩,武安侯田蚡为丞相,绌黄老、刑名百家之言,延文学儒者数百人"③,儒家占了压倒优势。汉武帝接受董仲舒的建议,罢黜百家,独尊儒术,儒学取得了思想上的独尊地位。此后,尽管儒学受到玄学、佛教、道教的冲击,但其正统地位始终没有改变。两千年来,儒学不断融汇各家学说,更新、完善、发展自己,从而保证了自己统治地位的长期稳固。

---

① 《史记·儒林列传》,中华书局1959年版。
② 《史记·刘敬叔孙通列传》,中华书局1959年版。
③ 《史记·儒林列传》,中华书局1959年版。

孔子死后，弟子及鲁国人"往从冢而家者百有余室，因命曰孔里，鲁世世相传以岁时奉祠孔子冢"。第二年（前478年），弟子们将其生前"故所居堂"立为庙，内藏孔子"衣、冠、琴、车、书，至于汉二百余年不绝"①，这是历史上第一座孔庙。汉高祖十二年（前195年），经过鲁国，"以太牢祠孔子"②，这是帝王祭孔的开始。汉明帝永平二年（59年），"郡、县、道行乡饮酒于学校，皆祀圣师周公、孔子"③。《礼记·文王世子》称："凡学，春官释奠于其先师，秋冬亦如之。凡始立学者，必释奠于先圣、先师。"孔颖达疏引郑玄云："先圣周公，若孔子者，以周公、孔子皆为先圣，近周公处祭周公，近孔子处祭孔子。"从此，"释奠"逐渐成为太学和郡县学祭祀孔子的专用名词。

孔门弟子和历代的经学家也借助孔子分享人间香火。东汉永平十五年（72年），汉明帝赴曲阜，祭祀孔子及七十二弟子，首开以孔门弟子配享的先例。

生活在曲阜的孔子后裔们，也享受着祖上的"阴德"，不断加官晋爵。秦始皇未焚书前，召孔子九世孙孔鲋为鲁国文通君，拜少傅。汉高祖十二年（前195年），封孔鲋之弟孔腾为"奉祀君"，专司奉祀孔子。汉元帝永光元年（前43年），赐孔子13代孙孔霸"爵关内侯，号褒成君"④。汉平帝在追谥孔子的同时，封孔子后裔孔均为褒成侯。《汉书·平帝纪》载，元始元年（公元元年），封16代"孔子后孔均为褒成侯，奉其祀。追谥孔子曰褒成宣尼公"。这是追谥孔子及其嫡系后裔世袭受封之始。此后，孔子后裔袭封侯爵成为定例，第17代孙孔志，第18代孔损，第19代孔曜，第20代孔完，均为侯爵。

2. 儒家的孝道

（1）秦汉时期的孝行

儒家倡导的各种礼教，孝道最先落实到社会风俗中。秦汉时期，作为齐鲁礼仪之邦的山东仍是孝道最流行的地区，出现了许多像缇萦救父、董永鹿车载父、东海孝妇、孔融让梨等孝悌的典型事例。

---

①《史记·孔子世家》，中华书局1959年版。
②《资治通鉴》卷十二《汉纪四·高帝十二年》，古籍出版社1956年版。
③《后汉书·礼仪上》，中华书局1965年版。
④《资治通鉴》卷二十八《汉纪二十·元帝永光元年》，古籍出版社1956年版。

第一，缇萦救父。

西汉汉文帝年间，临淄（今属山东淄博）人淳于意任齐地太仓长，人称仓公。仓公自幼喜欢医术，为人治病，能决生死。后来，为仇家所告，被判处肉刑，押解到长安。肉刑是古代刺字、劓鼻、砍脚等伤残肉体的酷刑，一旦受刑，将终生无法做人。仓公无子，只有五个女儿，哭着送他上路。父女生离死别，又没有儿子替父申冤，仓公心里愤懑，怒骂说：“生子不生男，缓急无可使者！”小女儿缇萦愤然随父到长安，上书汉文帝说：“妾父为吏，齐中称其廉平，今坐法当刑。妾切痛死者不可复生，而刑者不可复续，虽欲改过自新，其道莫由，终不可得。妾愿入身为官婢，以赎父刑罪，使得改行自新也。”①缇萦的孝行，感动了汉文帝，遂废除了肉刑。一个小姑娘不仅救了父亲，而且导致朝廷的刑法改革，在当时成为震惊朝野的奇闻，以致到东汉时，缇萦救父的故事仍然广为流传。

唐朝天宝年间，朝廷敕建淳于孝女祠于齐州（治今山东济南），直到清代犹存济南府城之内。

第二，东海孝妇。

《汉书·于定国传》载：“东海有孝妇，少寡，亡（无）子，养姑甚谨，姑欲嫁之，终不肯。姑谓邻人曰：‘孝妇事我勤苦，哀其亡（无）子守寡。我老，久累丁壮，奈何？’其后姑自经死，姑女告吏：‘妇杀我母。’吏捕孝妇，孝妇辞不杀姑。吏验治，孝妇自诬服。具狱上府，于公（于定国）以为此妇养姑十余年，以孝闻，必不杀也。太守不听，于公争之弗能得，乃抱其具狱，哭于府上，因辞疾去。太守竟论杀孝妇。郡中枯旱三年。后太守至，卜筮其故，于公曰：‘孝妇不当死，前太守强断之，咎党（当）在是乎？’于是，太守杀牛自祭孝妇冢，因表其墓，天立大雨，岁孰（熟）。郡中以此大敬重于公。”

东海郡，治今山东郯城，于定国亦东海郯人。太守冤杀孝妇，导致郡中枯旱三年，在当时东海郡的轰动必定很大。元朝关汉卿的《窦娥冤》，就是根据东海孝妇的故事改编的。

第三，王阳畏道。

西汉琅邪（治今山东诸城）人王阳，是山东人中“父母在，不远游”②的

①《史记·扁鹊仓公列传》，中华书局1959年版。
②《论语·里仁》，载《诸子集成》，上海书店1986年影印版。

典范。

《汉书·王尊传》载，王阳任益州刺史，"行部至邛郲九折阪"，见山路险峻，叹曰："奉先人遗体，奈何数乘此险？"遂以病辞官。后王尊任益州刺史，亦巡行九折阪，问部下说："此非王阳所畏道邪？"遂不畏天险，勇敢地冲了过去，并说："王阳为孝子，王尊为忠臣。"

可见，在西汉时期，仍然把忠、孝各自分开。放弃忠君，成全孝亲，并没有受到世俗舆论的谴责。

第四，孔融让梨。

"悌"指兄弟姊妹间的互相友爱。东汉时期的鲁国（今山东曲阜），还出了个"悌"的典范，这就是《三字经》上讲的："融四岁，能让梨。弟（悌）于长，宜先知。"

孔融，字文举，鲁国人，孔子的 20 世孙。《后汉书·郑孔荀列传》唐朝李贤等注引《融家传》载："兄弟七人，（孔）融第六。幼有自然之性。年四岁时，每与诸兄共食梨，融辄引小者。大人问其故，答曰：'我小儿，法当取小者。'由是，宗族奇之。"

如果说父慈子孝是"纵"的关系，兄弟友爱则是"横"的关系。《风俗通义·佚文·恕度》还记载了另一类敬爱兄长的故事，叫做"兄校弟，不得报兄"。"泰山吴文章少孤，遭忧哀之世，与兄伯武相失，别二十年，后相会下邳市中，争计共斗，伯武殴文章，文章欲报击之，心中凄怆，手不能举，大自怪也。因投杖于地，观者咸笑之。更相借问，乃亲兄也，相持涕泣。观者复曰：'兄校弟，不得报兄。'向者所笑，乃其义也。"

（2）儒家孝道的强化

从汉武帝开始，按照"求忠臣必于孝子之门"的原则，诏地方郡国向朝廷推举孝廉，国家正式以选官制度为孝道提供保证，社会上形成浓重的向孝风俗。由于孝子有出仕之路，正常的孝被视为平淡，许多人不惜超越礼制，孝出个高水平，高难度，以引起社会和朝廷的注意。于是，孔孟原来的孝被强化和扭曲，开始形成愚孝、假孝的社会风气。

其一，越发强调奉养父母的紧迫性，"父母在，不远游"真正落实到世俗社会。

先秦时期的《诗·小雅·蓼莪》讲："哀哀父母，生我劬劳。"到汉代则强调:"夫树欲静而风不止,子欲养而亲不待。"①这样,子女不得不放弃自身价值的实现,把"膝下尽孝"放在首位。三国魏王肃《孔子家语·致思》载:

> 孔子适齐,中路闻哭者之声,其音甚哀。孔子谓其仆曰:"此哭哀则哀矣,然非丧者之哀矣。"驱而前,少进,见有异人焉,拥镰带素,哭者不哀。孔子下车,追而问曰:"子何人也?"对曰:"吾丘吾子也。"曰:"子今非丧之所,奚哭之悲也?"丘吾子曰:"吾有三失,晚而自觉,悔之何及。"曰:"三失可得闻乎?愿子告吾,无隐也。"丘吾子曰:"吾少时好学,周遍天下。后还,丧吾亲,是一失也;长事齐君,君骄奢失士,臣节不遂,是二失也;吾平生厚交,而今皆离绝,是三失也;夫树欲静而风不停,子欲养而亲不待。往而不来者,年也;不可再见者,亲也。请从此辞。"遂投水而死。孔子曰:"小子识之,斯足为戒矣。"自是弟子辞归养亲者十有三。
>
> ……
>
> 子路见于孔子曰:"负重涉远,不择地而休,家贫亲老,不择禄而仕。昔者由也,事二亲之时,常食藜藿之实,而为亲负米百里之外。亲没之后,南游于楚,从车百乘,积粟万钟,累茵而坐,列鼎而食,愿欲食藜藿,为亲负米,不可复得也。枯鱼衔索,几何不蠹,二亲之寿,忽若过隙。"孔子曰:"由也事亲,可谓生事尽力,死事尽思者也。"

故事情节显然有加工、附会之处。然而,这些加工、附会,正是儒家孝道在秦汉时期的进一步强化。《孔子家语》的作者是三国魏东海郡郯(今山东郯城西南)人王肃,他之所以把这些故事记载下来,且故事的主人公是孔子及孔门弟子,说明"树欲静而风不止,子欲养而亲不待"的观念在山东风俗中也普遍存在。

既然"子欲养而亲不待",父母生前没来得及奉养,死后也要补偿。于是,便树立了"丁兰刻木事亲"一类的孝子典范。西汉刘向《孝子传》(已亡佚)载,孝子丁兰"刻木为母"。曹植《灵芝篇》亦载:"丁兰少失母,自伤早孤茕。刻木当严亲,朝夕致三牲。"《太平御览》卷四一三《人事部五四·孝

---

① 《韩诗外传》卷九第三章,中华书局1980年版。

下》引东晋孙盛《逸人传》载：

> 丁兰者，河内人也。少丧考妣，不及供养，乃刻木为人，仿佛亲形，事之若生，朝夕定省。后邻人张叔妻，从兰妻借。看兰妻跪投木人，木人不悦，不以借之。叔醉疾来，酗骂木人，杖敲其头。兰还，见木人色不怿，乃问其妻，具以告之，即奋剑杀张叔。吏捕兰，兰辞木人去。木人见兰，为之垂泪。郡县嘉其至孝通于神明，图其形象于云台也。

这位刻木事亲的丁兰，显然是迎合世俗观念而虚构出来的。山东嘉祥东汉武氏祠有"丁兰刻木为父"的石刻画像，画像中刻的是父亲，不是母亲。说明这一故事在两汉时期的山东也广泛流传，故事的情节还没有最后定型。

汉代的山东人中就流行，父母丧为官者要辞去官职，在家为父母守制，后来形成制度，称做"丁忧"。这是"父母在，不远游"和"葬亲以礼"伦理观念的结合。

《汉书·薛宣传》载，西汉东海郯（今山东郯城）人薛宣为丞相，弟弟薛修为临淄令。后母随弟弟薛修居住。薛宣想迎后母到长安，薛修不让。后母死，薛修辞官守制。薛宣认为，三年丧服"少能行之者"，兄弟因意见不合而反目。结果薛修真的服丧三年，薛宣却没服丧。汉哀帝即位后，博士、给事中、东海（治今山东郯城北）人申咸指责薛宣"不供养行丧服，薄于骨肉，前以不忠孝免，不宜复列封侯在朝省"。此事闹得不可开交，薛宣的儿子薛况雇凶手斫伤申咸，结果，薛况流徙敦煌，薛宣免为庶人。这实际是一场为官者是否应该辞官为父母服丧三年，不服者有没有资格封侯、位列朝省的斗争。这是中国古代典籍中首例"丁忧"的记载，当事人薛宣、薛况，倡导者申咸，都是山东人。

其二，朝廷"举孝廉"，将孝由人类血缘间子女对父母的自然亲情，扭曲为一种诳时惑众、惊世骇俗的操作资本，一种虚伪、做作的感情装饰。

《后汉书·陈蕃传》载，东汉乐安（治今山东高青高苑镇西北）人赵宣，打破父母服丧三年的常规，住在父母的墓道里行服20年，成为乡里闻名的大孝子。"乡邑称孝，州郡数礼请之。郡内以荐（陈）蕃。"乐安太守陈蕃对他进行了考察，发现赵宣的5个儿子"皆服中所生"，不但没举他为孝子，还治了他的罪。

汉代还塑造出方方面面的典范,有的甚至十分滑稽、荒唐,以达到惊世骇俗的效果。西汉齐(今山东临淄)人邹阳讲:"县名胜母而曾子不入,邑号朝歌而墨子回车。"①曾参以妻子为后母"梨蒸不熟"②为不孝而出妻。山东嘉祥武氏祠石刻中"老莱子戏彩娱亲"、"伯逾泣杖"、"三州孝人",都有夸张、操作的成分。尤其是"丁兰刻木",更是一种虚伪的、毫无疑义的"死孝"、"假孝"。后世社会中对父母生前不养,丧事大肆操办的陋俗,开始于汉代。

到东汉后期,这种虚伪的假孝引起世俗社会舆论的普遍谴责。时人攻击那些以欺世盗名手段获取的孝廉曰:"举秀才,不知书;察孝廉,父别居。"③就是那个让梨的鲁国人孔融,不满于这种虚伪的假孝,跌荡放言说:"父之于子,当有何亲?论其本意,实为情欲发耳。子之于母,亦复奚为?譬如寄物缶中,出则离矣。"④其实,孔融并不反对"孝",而是要揭露对真正亲情的扭曲和虚假做作,提倡一种合乎人的本性、没有任何功利目的、真正的自然亲情。

其三,"父为子纲",使子女在父母的天伦之乐中丧失了自我。

西汉董仲舒的儒学强调"三纲五常",弱化君、父、夫的义务和臣、子、妻的权利,强化君、父、夫的权利和臣、子、妻的义务,这些弱势阶层在社会中逐渐只有义务,没有权利,逐渐迷失了自己。"老莱子戏彩娱亲"、"伯逾泣杖"、"董永鹿车载父"的孝子故事充分说明了这一点。东汉山东嘉祥武氏祠画像石直观地反映了它们在山东风俗中的流传。

东汉山东嘉祥武氏祠画像石中的"老莱子戏彩娱亲"片断。画像石上方有一榜题为:"老莱子,楚人也,事亲至孝,衣服斑连,婴儿之态,令亲有欢,君子嘉之,孝莫大焉。"老莱子70多岁了,犹穿小儿的斑斓衣,做婴儿啼哭状,还有做人的尊严吗?

孔子认为,对待父母的责打,应该"小箠则待,大箠则走",西汉伯逾不仅接受母亲的重责,还嫌年老力衰的母亲打得不疼。《太平御览》卷四一三《人事部五四·孝中》引西汉刘向《说苑》曰:"韩伯逾有过,其母笞之,泣。

---

①《史记·鲁仲连邹阳列传》,中华书局1959年版。
②《后汉书·郅恽传》注引《家语》,中华书局1965年版。
③《抱朴子外篇·审举卷第十五》,载《诸子集成》,上海书店1986年影印版。
④《后汉书·孔融传》,中华书局1965年版。

老莱子戏彩娱亲

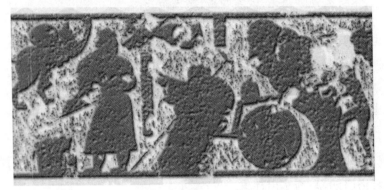

董永鹿车载父

（母）曰：'他日未尝泣，今日何泣也？'对曰：'逾他日得笞，常痛，今母力衰，不能使痛，是以泣也。'"看来，民国时期山东、河北一带的俗语"官打民不羞，父打子不羞"①，在汉代就有这种观念了。

东汉山东嘉祥武氏祠画像石《董永鹿车载父》图中有一大树，树下有一鹿车（独轮车），一老人坐于车上，左手执鸠杖，右手前伸，似在指点劳作，上方刻"永父"二字。车上有一小罐，大概是田间劳作盛水之用。其左为董永，右手执农具，回首望其父，身旁刻"董永千乘（今山东博兴）人也"六字。董永左边有一大象，长鼻高扬。右上方有一鸟，张开双翅，作飞舞状，乃取"象耕鸟耘"之意。董永卖身葬父的情节在汉代已有了，《太平御览》卷四一一《人事部五二·孝感》引西汉刘向《孝子图》曰：

①1937 年《滦县志》，载《中国地方志民俗资料汇编》华北卷，书目文献出版社 1995 年版。

前汉董永，千乘人。少失母，独养父。父亡无以葬，乃从人贷钱一万。永谓钱主曰："后若无钱还君，当以身作奴！"主甚悯之。永得钱葬父毕，将往为奴，于路忽逢一妇人，求为永妻。永曰："今贫若是，身复为奴，何敢屈夫人为妻？"妇人曰："愿为君妇，不耻贫贱。"永遂将妇人至。钱主曰："本言一人，今何有二？"永曰："言一得二，理何乖乎？"主问永妻曰："何能？"妻曰："能织耳。"主曰："为我织千匹绢，即放尔夫妻。"于是索丝，十日之内，千匹绢足，主惊，遂放夫妻二人而去。行至本相逢处，乃谓永曰："我是天之织女，感君至孝，天使我偿之。今君事了，不得久停。"语讫，云雾四垂，忽飞而去。

也有的说，董永卖身葬父的情节是后世逐渐形成的。三国曹植《灵芝篇》才有"天灵感至德，神女为秉机"的说法。到东晋干宝的《搜神记》，又把董永塑造成卖身葬父的典范。从此，子女们在父母入土为安的长眠中，逐渐丧失了自我。

其四，董仲舒的"天人感应说"，使孝披上"孝感天地"的神秘色彩。

汉代纬书《孝经援神契》："孝悌之至，通于神明。""庶人孝，则木泽茂，浮珍舒恪(怪)草，秀水出神鱼。"①

从汉代开始，天就成为孝子庇护神，孝感天地成为古代所有认同孝道的人的共识。《风俗通义·佚文·恕度》载："杨范字文端，齐人。齐、宋之乱，母在贼中，采椹藏于地，夜取之进母，如是非一。忽于地中得米十斛，上有字云：米十斛，赐孝子杨范，以资给母。"这与世俗流传的"郭巨埋儿，掘地得金"的故事如出一辙。东海孝妇孝感天地，郡中枯旱三年。待孝妇的沉冤昭雪，天大雨，五谷丰登。千乘董永卖身葬父，"天灵感至德，神女为秉机"。天还给"丁兰刻木"这种荒唐的"死孝"张目，借助神灵让木刻的父母有了活生生的情感。首义于山东的赤眉军路过孝妇姜诗门口，说："惊大孝必触鬼神。"②留下米肉，驰兵而过。这既是"不孝"必遭天谴的观念，也是古代绿林盗匪传承孝道的最早记载。

---

① 《太平御览》卷四一二《人事部五三·孝上》，卷四一一《人事部五二·孝感》引，中华书局1960年影印版。

② 《后汉书·列女传》，中华书局1965年版。

第三章　魏晋南北朝隋唐时期山东社会风俗

一、社会风俗的失衡与转型

魏晋南北朝时期,儒家纲常名教的失控,造成了对传统大幅度的背离,人们"越名教而任自然"①,从不同角度向儒家的礼教挑战、发泄,去寻求被名教淹没了的自我,表现了一种内在人格的普遍觉醒。在中国历史上,凡是对传统大幅度的背离、觉醒都带有明显的畸形和非理性的无组织发泄、躁动,随之而来的是传统道德的沦丧,社会风气的失衡、变异,以及对个体品格自律的放弃。但这种背离、躁动、发泄背后,又蕴涵着许多积极革新的思想因素。在对传统的怀疑、否定、发泄中,新的文化因素、新风俗的根苗应运而生。

在这个社会风俗失衡与转型的时代,山东士族往往领导着社会风气的新潮流。如琅邪(今山东临沂)王氏中,王祥卧冰求鲤和《训子孙遗令》,王衍"口中雌黄",王戎"钻李"和对财富的追求,王羲之"坦腹东床",以及鲁国(今山东曲阜)孔融的"让梨"和跌宕放言,琅邪阳都(今山东沂南南)诸葛亮的《诫子书》,乐安(治今山东博兴)任恺"一食万钱",东海郯(今山东郯城)人王恺与石崇夸富斗奢,琅邪(今山东临沂)颜之推的《颜氏家训》,齐州(治今山东济南)房玄龄夫人的"吃醋"等等,均是居社会风气前沿的经典表现。

---

①嵇康:《养生论》,载《晋书·嵇康传》,中华书局 1974 年版。

（一）儒学式微与弱势宗教学术的兴起

两汉"大弘儒训,太学生徒动以万数。郡国黉舍悉皆充满,学于山泽者,至或就为列肆,其盛也如是"①,汉魏以后,时变境迁,经学失落,名教危机,为当时各朝史家所惊呼、感叹。《晋书·儒林传》描述当时"衣冠礼乐,扫地俱尽"的情况说:"有晋始自中朝,迄于江左,莫不崇饰华竞,祖述玄虚,摈阙里之经典,习正始之余论。指礼法为流俗,目纵诞以清高,遂使宪章弛废,名教颓毁。"

在祸乱的年代,人们对儒学表现出了前所未有的失望,"公卿士庶罕通经业"②,"自黄初至于晋末,百余年间,儒教尽矣"③,"魏正始以后,仍尚玄虚之学,为儒者盖寡"④,诸如此类的记载比比皆是,儒学业已失去往日的辉煌和应有的权威性、吸引力。

主流文化式微,两汉构筑的"独尊儒术"的文化防线一时崩溃,玄学乘机兴起,佛教乘虚泛滥,道教长足发展,各种弱势文化纷纷做大、做强,人们在对固有的一元价值的怀疑和批判中,发展出一种生机勃勃的多元化的精神文化。

两汉之际初入中土的佛教,在有保留的、容忍的异域文化环境里缓慢生存。然而,它对现实无边苦海的描述,在魏晋南北朝黑暗的时代中获得了坚强的支撑,很快在中土蔓延开来,以至于官僚士大夫们"竭财以赴僧,破产以趋佛"⑤。"佛,外国之神,非诸华所应祠奉"⑥,这种异质文化把人的价值实现从今生今世引向来生的彼岸,为中国人的意识领域开辟了另一个广阔空间。

道教开始是反抗统治者的异教,在朝廷的镇压中艰难地流行于民间。魏晋以来,它以长生成仙为目标,引导人们享受生命的快乐和永恒,为上层统治者所青睐和认同,迅速发展、演变为官方的宗教,从而"举形轻飞",进入自己"洞天福地"的阶段。

根源于老庄的玄学的出现,为儒学的诠释提供了"新眼光、新方法"。

①④《梁书·儒林传》,中华书局1973年版。
②《南史·儒林传》,中华书局1959年版。
③《宋书·臧焘传》,中华书局1974年版。
⑤范缜:《神灭论》,载《梁书·儒林传》,中华书局1973年版。
⑥《晋书·佛图澄传》,中华书局1974年版。

它以高深莫测的理论思辨,掀起中国本体论哲学创发的时代思潮。探讨人生意义的生命哲学,成为思辨的中心。崇尚无为,怡情任性,"越名教而任自然",这种人生的放荡和洒脱,正是魏晋人追求个性精神的价值取向。

其他像祆教(拜火教),北朝时期从波斯传入;摩尼教,武周时传入;基督教的一支景教,贞观年间(627—649 年)传入 ①,使该阶段的信仰风俗越发显示出多元化的特征。中国这个宗教信仰不虔诚的宗法社会,反倒有着丰富多彩的宗教文化遗产,实肇始于魏晋南北朝时期。

(二) 君臣观念的沦丧与皇权的萎缩

魏晋南北朝时期一幕幕禅让的闹剧恶性循环为历史的惯性,折射出儒学君臣观念的沦丧。曹氏篡汉还有一部分像荀彧、毛玠,以及清河东武城(今山东武城东北)人崔琰、鲁国(今山东曲阜)人孔融等舍弃身家性命,忠于旧主子的忠节之臣。到司马氏代魏,那些世受曹魏恩遇的官僚大都不愿做无谓的牺牲了。他们变得势利而绝情,毫不留恋地甩掉故主,屈身变节投入司马氏的怀抱。乱前朝纪纲,济后朝天下,及时取悦新主,保身全家,成为他们驾驭时势的处世哲学。《晋书·贾充传》记载的"贾裴王,乱纪纲;裴王贾,济天下"的民谚,揭露的就是这一现象。

清代赵翼《陔余丛考·六朝忠臣无殉节者》称:"盖自汉魏易姓以来,胜国之臣,即为兴朝佐命,久已习为固然。其视国家禅代,一若无与于己,而转借为迁官受赏之资。故偶有一二耆旧,不忍遽背故君者,即已啧啧人口,不必其以身殉也。"

以后的士族官僚对朝代更迭更加无动于衷,对篡位弑君谈笑置之。只要能保证自己家族的高门第,"动天地,灭君臣"全在所不惜。

阮籍在《大人先生传》中否定君臣说:"盖无君而庶物定,无臣而万事理。……君立而虐兴,臣设而贼生。坐制礼法,束缚下民……竭天地万物之至,以奉声色无穷之欲,此非所以养百姓也。"②

东晋鲍敬言认为,君主的树立是强凌弱、智诈愚的产物,"天生蒸民而

①现存西安碑林的唐德宗建中二年(781 年)的《大秦景教流行中国碑》记载了流行情况。
②载《全上古三代秦汉三国六朝文》,中华书局 1965 年版。

树之君,岂其皇天谆谆言亦将欲之者为辞哉?夫强者凌弱,则弱者服之矣;智者诈愚,则愚者事之矣。服之,故君臣之道起焉;事之,故力寡之民制焉"。因此,"古者无君,胜于今世"①。

这些狂悖之言,犀利直露,惊世骇俗,是君臣观念沦丧的理论成果。它对神圣的君权和儒家的纲常礼教进行了前所未有的冲击和挑战,不仅引发了当时社会对不合理现实的深入思考,也为后世对传统中国政治文化的批判提供了思想资料和理论勇气。

"重家族,轻君臣",成为士族官僚们共同的价值选择,它最积极的意义,就是把族姓阀阅放在与皇族分庭抗礼的平等位置上,甚至是凌驾于皇族之上,是对皇权至上的冲击。

家族的门第和盛衰受到了异乎寻常的关注。两汉魏晋南北朝时期,山东齐鲁地区出现许多经学世家或世代为官的名门望族,如东鲁伏氏、鲁国孔氏、高密郑氏、泰山羊氏、琅邪王氏、兰陵萧氏、高平王氏、高平郗氏、琅邪诸葛氏、清河崔氏、东海王氏、清河房氏、平原华氏、刘氏等。北方的山东清河崔氏、南方的山东琅邪王氏,是魏晋南北朝士族门阀集团的带头羊。

家族门第观念的扩张,导致了皇权的萎缩。士族门阀制度形成、发展的过程中,皇族从来没有门第上的自信和优越感。三国魏皇族曹氏以"赘阉遗丑"为士族所不齿,两晋司马氏"名论犹轻"②,南朝皇室皆寒门素族。这些皇族绝不是因身处九五之尊而不屑于参加士族门阀的排序,而是存有一种不可名状的窝囊和自卑。

到隋唐时,士族门第排在皇族之上,似乎是不争的定论。贞观年间修《士族志》,负责修撰的高士廉、韦挺、岑文本、令狐德棻等按照南北朝以来的传统惯例,理所当然地列山东士族黄门侍郎崔民干为第一等,将皇族李氏排在后面,这就是魏晋南北朝观念更新的产物。人们看重的,不是皇族显赫的权势,而是士族优良的家族文化传统和家法门风以及令人钦羡的婚姻关系。后来,按照唐太宗"不须论数世以前,止取今日官爵高下作等级"③的旨意,以皇族为首,外戚次之,崔民干被降为第三。过去,史学界众口一词地肯

①(东晋)葛洪:《抱朴子·诘鲍》,载《诸子集成》,上海书店1986年影印版。
②《晋书·王导传》,中华书局1974年版。
③《旧唐书·高士廉传》,中华书局1975年版。

定唐太宗重修《士族志》，打击士族的积极意义，其实不然。唐太宗在否定士族门第的同时，也完成了向专制皇权、皇族至高无上的回归，对以后皇权的扩张有着极其消极的影响。中国妇孺皆诵的蒙学奇书《百家姓》相传为北宋初年浙江钱塘(今杭州市)的一位老儒生所编写，但以皇族为首，外戚次之的排序，却是唐太宗修《士族志》确定的体例。

(三) 追求放荡自由的生活方式，引起了饮食起居方式的转型

"三纲五常"对君臣父子夫妇角色的规范，是儒学礼法名教的根本要义。儒家名教礼法强调"发乎情，止乎礼义"①，将人性束缚在厚重而僵硬的外壳中，成为一种虚伪做作的感情装饰。伴随着魏晋南北朝混乱无序的动荡局势，这一规范受到无情的蔑视和严厉的责难。上述东汉末鲁国(今山东曲阜)人孔融对父母之亲的否定就很发人深省。

西晋琅邪临沂(今属山东)王戎、和峤同时遭大丧，俱以孝称。王戎"饮酒食肉，或观弈棋"，和峤哭泣备礼。武帝谓东莱掖(今山东莱州)人刘毅(字仲雄)曰："卿数省王、和不？闻和哀苦过礼，使人忧之。"刘毅说："和峤虽备礼，神气不损；王戎虽不备礼，而哀毁骨立。臣以和峤生孝，王戎死孝。陛下不应忧峤，而应忧戎。"②和峤是做样子给人看的，王戎则完全抛开了礼法，沉湎于自然之情，而伤痛见骨。魏晋时，人们推崇的是真情的自然流露，而不是虚假做作的礼数。

魏晋时人多是些钟情之辈。王戎丧儿，悲不自胜，对山简说："圣人忘情，最下不及情。情之所钟，正在我辈"③，揭露的就是儒家礼教的虚伪和对人情的扭曲。东晋琅邪临沂人王羲之之子王子猷(即王徽之)、王子敬(即王献之)自幼形影不离，情同手足，后来两人又一起生病。有术士讲："你哥俩寿限已到，如有人愿替代，则死者可生。"王子猷说："吾才位不如弟弟，请让我死，把寿命让给弟弟。"术士说："你和弟弟的寿限都到了，你怎么能替代弟弟？"王献之死，王徽之"奔丧不哭，直上灵床坐，取献之琴弹之，久而不调。叹曰：'呜呼！子敬，人琴俱亡！'因顿绝。先有背疾，遂溃裂，月

①(西汉)毛亨：《诗·周南·关雎诂训传》，载《十三经注疏》，中华书局1980年版。
②《世说新语·德行》，载《诸子集成》，上海书店1986年影印版。
③《世说新语·伤逝》，载《诸子集成》，上海书店1986年影印版。

余亦卒"①。弟弟死了,"奔丧不哭。直上灵床坐",还顾得上弹琴,如此违背礼法的做法,却自然而然地了却了所谓"不愿独生,但愿共死"的生死情节。

西晋琅邪临沂(今属山东)人王衍好谈老庄,"义理有所不安,随即改更,世号'口中雌黄'"②。琅邪临沂人王敦在婢女面前脱衣,神色傲然。泰山南城(在今山东新泰)人羊琇"中外五亲无男女之别"③。

东汉末山阳高平(今山东邹城)人王粲好驴鸣,王粲死,曹丕与一帮文士为他送葬,说:"王好驴鸣,可各作一声以送之。"④于是,肃穆、哀痛的坟墓旁,响起一阵驴鸣声。

太尉郗鉴派门生到王导家选女婿,王羲之坐东床坦腹食,旁若无人,竟被称做是"佳婿"。由此可知,人们喜欢、欣赏的就是这种放荡。

葛洪在《抱朴子·疾谬》一书中曾形容:"蓬发乱鬓,横挟不带,或褒衣以接人,或裸袒而箕踞。……其相见也,不复叙离阔问安否,宾则入门而呼奴,主则望客而唤狗。……终日无及义之言,彻夜无箴规之益。诬引老庄,贵于率任,大行不顾细礼。"这是当时文人狂放生活的写照。透过他们的疏狂,我们感受到一种崭新别样的社会风气,一种真情的自然流露,而不是虚假做作的礼数。

然而,正是由于对这种放荡自由的人生方式的追求,才释放出新的文化风尚,导致了饮食、住居等生活方式的转型。

从起居方式上看,古人用膝盖席地而跪,像今天这样用屁股坐叫"箕踞",是非礼的行为。《礼记·曲礼》规定:"坐毋箕。"三国北海朱虚(今山东临朐)人管宁在榻上跪坐50余年,不敢箕踞,榻"当膝处皆穿",是古代遵守礼仪的典范。

从东汉开始,以胡床(类似现在的马扎)为先导的西域坐式家具陆续传入中原,这一冲击中原席地跪坐习俗的新式坐具,顿时与疏狂放荡的行为结为知音。"踞胡床",成为当时人们向传统礼教发泄的放荡方式。

汉灵帝是著名的沉迷于胡族生活方式的皇帝,曹操"少好飞鹰走狗,游

---

①《晋书·王徽之传》,中华书局1974年版。
②《晋书·王衍传》,中华书局1974年版。
③《晋书·外戚·羊琇传》,中华书局1974年版。
④《世说新语·伤逝》,载《诸子集成》,上海书店1986年影印版。

荡无度"①,曹丕学驴叫为王粲送葬,王徽之坐灵床弹琴为弟弟志哀,桓子野踞胡床吹笛,这些任性放达的性情中人,都成为领导"踞胡床"新潮流的人物。

北齐琅邪临沂人颜之推在《颜氏家训·勉学》中,历数贵游子弟"熏衣剃面,傅粉施朱。驾长檐车,跟高齿屐,坐棋子方褥"等放荡不羁的行为。其中"坐棋子方褥"就是"踞"圆凳和方凳。

隋朝鲁郡太守郑善果处理公务,其母踞胡床监听。郑母是山东清河崔氏女,知书达理,教子有方,如果踞胡床不流行,断不会出此风头。

只有这种放荡、"无法度",才敢于冲破旧俗,敢于嗜异、尝新、猎奇,从而改变了上千年席地而跪的起居方式。如果大家都遵守礼法,谁也不敢越雷池一步,垂足而坐的起居方式永远不会出现。

中国古代饮食生活方式由一人一案的"分餐"转型为围坐"伙食",也缘起于魏晋南北朝的放荡和"重家族"的价值观。

从魏晋南北朝开始,由"分餐"向"伙食"的转变。其转变的原因,一是士人的放荡,不拘礼节;二是上述"重家族"的价值观。

《世说新语·任诞》载,西晋"诸阮皆能饮酒,仲容(阮咸)至,宗人闲共集,不复用常杯斟酌,以大瓮盛酒,围坐相向大酌。时有群猪来饮,直接去上,便共饮之"。诸阮的放荡,固然放弃了个体品格的自律,可这种"围坐相向"的饮食方式与家庭团圆、孝悌、和睦的血缘亲情产生了强烈共鸣,影响着中国的饮食生活由分餐制向"伙食"转型。

魏晋南北朝开始的这一饮食方式的转型似乎与现代倡导的分餐制相悖,但它却是与中国家庭和睦,富有人情味的文化传统相适应的饮食方式,由分餐到"伙食",是中国饮食文化发展的完整线索。

(四) 夸富斗奢、聚敛财富强化了人们的经济意识

魏晋南北朝又是一个物欲横流的时代,对金钱财富的疯狂追求、挥霍造成了拜金主义的泛滥。

晋武帝卖官鬻爵,钱入私库。晋武帝问东莱掖(今山东莱州)人、司隶

---

① 《三国志·魏书·武帝纪》注引《曹瞒传》,中华书局 1959 年版。

校尉刘毅:"朕方汉何帝也?"刘毅说:"可方桓、灵。""桓、灵卖官,钱入官库,陛下卖官,钱入私门,以此言之,殆不如也。"①晋惠帝时"货赂公行",权钱交易,"天下谓之'互市'"②。

魏晋时期,士族官僚掀起一股聚敛财富的潮流,领导这场新潮流的就是琅邪临沂(今属山东)人王戎。《晋书·王戎传》载,王戎身为朝廷三公,"性好兴利,广收八方园田水碓,周遍天下。积实聚钱,不知纪极。每自执牙筹,昼夜算计,恒若不足"。当时,经营田庄是士族官僚搞经济创收的普遍方式。其他像荆州刺史石崇杀人越货,"劫远使商客"而"财产丰积";侍中和峤"家产丰富,拟于王者",杜预说他有"钱癖"。

士族官僚们夸富斗奢和挥霍无度,更是触目惊心。

乐安(治今山东博兴)人、吏部尚书任恺失职后,"纵酒耽乐,极滋味以自奉养"③。西晋在饮食上最奢侈、挑剔的是太傅何曾,《晋书·何曾传》说他"食日万钱,犹曰无下箸处"④,蒸饼不正好裂作"十"字不吃。任恺比何曾有过之而无不及,来了个"一食万钱",是何曾的三倍,也说"无可下箸处"。

泰山南城(在今山东新泰)人羊琇"性豪侈,费用无复齐限,而屑炭和作兽形以温酒,洛下豪贵咸竞效之。又喜游宴,以夜续昼"⑤。

西晋东海郯(今山东郯城)人王恺与石崇"更相夸尚舆服鼎俎之盛"⑥。王恺饭后用麦糖水洗锅,石崇便用蜡烛当柴烧;王恺做了40里的紫丝布步障,石崇便做50里的锦步障;石崇用花椒涂墙,王恺用赤石脂。晋武帝暗中帮助王恺,赐了他一株珊瑚树,高二尺许,世所罕比。王恺用这株珊瑚树向石崇炫耀,石崇挥起如意将珊瑚树打碎,王恺以为是嫉妒自己的宝物,声色俱厉。石崇曰:"不足多恨,今还卿。"⑦命左右取来自己的珊瑚树,高三四尺的就有六七株,条干绝俗,光耀如日,惊得王恺目瞪口呆。

这些夸富斗奢的经典之作,使奢侈之风急剧升级,以致养成攀比斗富来

---

①《晋书·刘毅传》,中华书局1974年版。
②《晋书·惠帝纪》,中华书局1974年版。
③《晋书·任恺传》,中华书局1974年版。
④《晋书·何曾传》,中华书局1974年版。
⑤《晋书·外戚·羊琇传》,中华书局1974年版。
⑥《晋书·食货志》,中华书局1974年版。
⑦《晋书·石苞传附石崇传》,中华书局1974年版。

提升个人品位的消费恶习。

大臣傅咸上疏惊呼："奢侈之费,甚于天灾。"南朝刘义庆的《世说新语》因此而专辟《汰侈篇》,记载这一幕幕令人瞠目结舌的斗富大战。

西晋初年的成公绥和稍晚一点的鲁褒各作了一篇《钱神论》,用愤世嫉俗的语言对金钱权力的膨胀和货币拜物教的弥漫作了揭露。鲁褒指出:"钱之为体,有乾坤之象,内则其方,外则其圆。……为世神宝。亲之如兄,字曰'孔方'。失之则贫弱,得之则富昌。……危可使安,死可使活,贵可使贱,生可使杀。是故,忿争非钱不胜,幽滞非钱不拔,怨仇非钱不解,令问非钱不发。……谚曰:'钱无耳,可使鬼。'凡今之人,唯钱而已!"①这既是对"金钱万能"、"金钱至上"为信条的拜金狂潮的揭露,又是人类历史上最早发现的金钱对人的异化。

然而,就是在这个充满铜臭的世界中,业已蕴藏了人们崭新而超前的经济观念。

首先,对金钱财富的聚敛、追求,固然会在一定程度上导致物欲横流,但却冲破了儒家"食禄不与民争利"的禁区,强化了官僚们的经济创收意识。

春秋鲁相公仪休"拔葵去织",倡导"食禄者不得与下民争利"②。在这一道德原则的规范下,古代的"食禄之家"成为纯消费阶层,魏晋南北朝是唯一突破这一限制的时代。当时,经营田庄是士族官僚聚敛财富的普遍方式,田庄经济能够在魏晋南北朝得到长足发展,就是来自士族官僚利欲的驱动。

尤其值得一提的是琅邪临沂人王戎,他不仅是士族官僚经营田庄、搞经济创收的带头人,还是著名的园艺家。他"家有好李,常出货之,恐人得种,恒钻其核"③。在强烈的经济意识的驱动下,竟产生出超前的竞争意识和专利保护意识。

经济活动实践强化了官员们的商品经济意识,西晋和峤"家有好李,帝(晋武帝)求之,不过数十"④。王戎之女出嫁,"贷钱数万,久而未还。女后

---

① 《晋书·隐逸·鲁褒传》,中华书局1974年版。
② 《史记·循吏列传》,中华书局1959年版。
③ 《晋书·王戎传》,中华书局1974年版。
④ 《晋书·王济传》,中华书局1974年版。

归宁,戒色不悦"①。皇帝向大臣讨要李子,仅给数十颗,是因为他不付钱;父女之间借贷,也必须偿还。在这里,业已蕴涵着一种冲击、取代等级、伦理、人情的潜在经济力量。

其次,儒家的安贫乐道、"贫贱不移"、"箪食瓢饮",塑造了鄙视高消费,以清贫为高尚的贫富观,能够突破这一传统观念的,也是在魏晋南北朝时期。

三国魏清河东武城(今山东武城东北)人崔琰等以节俭为标准选拔官吏,和洽反对说:"俭素过中,自以处身则可,以此节格物,所失或多。今朝廷之议,吏有著新衣、乘好车者,谓之不清;长吏过营,形容不饰,衣裳弊坏者,谓之廉洁。至令士大夫故污辱其衣,藏其舆服。朝府大吏,或自挈壶餐以入官寺。夫立教观俗,贵处中庸,为可继也。今崇一概难堪之行以检殊途,勉而为之,必有疲瘁。"②"衣裳弊坏者谓之廉洁","著新衣,乘好车者谓之不清",只有魏晋时期才有指责这种荒谬的道德判断的大气候。

再次,从汉魏到隋唐,还是中国衣食住行以及生活用具大幅度更新的时代,奢侈无度固然导致了社会风气的奢靡,但它无疑推动了这个时代的进程,促进了对外来物质文化的吸收。

(五)妇女对传统礼教的背离和个性张扬

妇女们对传统礼教的背离和个性张扬,导致了女性意识的萌发和男尊女卑观念的淡化,创造了对妇女相对宽容的文化氛围。魏晋南北朝的妇女,对传统礼教的背离和个性的张扬主要表现为:刚健尚武的丈夫气概;精通典籍,参与政治的文化素质;多情多欲的女性要求,如主持家政,抛头露面,涉足社交,嫉妒制夫等。

(六)生命审美与魏晋风度

生命审美意识的散发,使士族官僚追求人的"神韵"、"风韵",这不仅是对精神自由的张扬,还表现了人对生命意义、生命价值的珍视、尊重和欣赏。

①《晋书·王济传》,中华书局1974年版。
②《三国志·和常杨杜赵裴传》,中华书局1959年版。

魏晋名士风度是中国历史上一种很独特的文化现象,而且在某种意义上可以说是一种对人的生命状态、精神状态的文化审美现象。士人对个体生命和精神自由的强调,不再是先秦诸子那种总体上是积极入世的价值取向,思辨的中心已不再是提出救世治世之良方,而是生命哲学从总体上取代了政治哲学和伦理哲学。

魏晋时期,士族官僚们追求飘逸潇洒的风度,漂亮的容貌,超脱世俗的"神(风)韵"。《世说新语》的《赏誉》、《容止》记载的都是此类内容。

西晋裴楷称赞琅邪临沂人王戎"眼烂烂,如岩下电"①,王戎称赞自己的堂弟、太尉王衍是:"神姿高澈,如瑶林琼树,自然是风尘外物。"②其他如嵇康、乐广、卫玠、潘岳、谢安等无不追求自己的神韵和雅量。北齐琅邪临沂人颜之推《颜氏家训·勉学》记载,当时的士大夫"无不熏衣、剃面、傅粉、施朱",这是对人的生命自身美的领悟和欣赏,反映了一种有深度的审美心态。

甚至妇女也讲求神韵风度。《世说新语·贤媛》称赞琅邪临沂(今属山东)人王凝之夫人"神情散朗,故有林下风气。顾家妇清心玉映,自是闺房之秀"。

丑陋者则自惭形秽。《世说新语·容止》载,曹操见匈奴使者,"自以形陋,不足雄远国",让清河东武城(今山东武城)人崔琰冒充自己。崔琰应该是人人称道的帅哥。

这些对传统大幅度地背离和民俗生活的变异,表现了当时人们对所有人性束缚、道德束缚的抛弃,反映了人性的复苏和个体自我意识的普遍觉醒。它也重构了一系列新的价值观念:重个性,轻礼法;重家族,轻朝廷;重利欲,轻道德。遗憾的是,由于这些新因素的无组织性,不能构成瓦解封建社会的力量。又由于中国超稳定的农业生产方式和儒学思想的有效统治,不是把这些新社会因素和新的价值观念放大、净化,进入新的形态,而是重新向传统形态上回归。君臣观念的沦丧,虽冲击了至高无上的皇权,却产生不出民主、平等意识。追求人的自然本性,对生命美的鉴赏,却没有自由、人权的觉醒。结果只是美化自身,而不能治疗社会;物欲横流,却不会进行资

---

①《晋书·王戎传》,中华书局 1974 年版。
②《世说新语·赏誉》,载《诸子集成》,上海书店 1986 年影印版。

本的原始积累,加大扩大再生产的力度;妇女个性的张扬,甚至是后来武则天当上女皇帝,也没争来妇女参政的合法权利。

二、饮食风俗

魏晋南北朝隋唐饮食风俗的变化有四个方面:由先秦秦汉的分餐制演变为隋唐时期的伙食;士族官僚们掀起了饮食生活上夸富斗奢和挥霍无度的热潮;食物的加工、制作空前普及,并出现《食经》等专门的饮食著作,涌现出许多具有山东特色的传统名产、名吃、名馔;饮茶之风传入山东。

(一) 主食和副食

1. 谷物和面食

魏晋南北朝隋唐时期,山东地力条件较好,土质肥腴,谷物等品种较多,主要包括小麦、大麦、水稻、燕麦、大豆、绿豆、小米、黍米等,其中尤以谷、麦、豆、水稻为大宗作物,种植范围相当广泛。济南章丘的龙山小米和明水香稻是当时享誉天下的特产。

这一时期,山东居民的主食皆以面食和豆类为主,杂粮为副。以麦面加工而成的"饼"成为民众的通用食物。饼的种类繁多,诸如胡饼、蒸饼、煮饼、细环饼等,都以面粉制作,充分说明小麦在农作物种植中占据强势地位。

随着面食的普及,至迟到西晋时已掌握了发酵技术。西晋何曾"蒸饼上不坼作十字不食"[①]。能裂开的蒸饼显然是发酵面,不发酵的死面是无论如何也蒸不裂的。

从两汉到隋唐,饼是所有面食的通称。东汉北海(今山东昌乐)人刘熙《释名》载:"饼,并也。溲面使合并也。胡饼作之大漫汗,亦言以胡麻著上也。蒸饼、汤饼、蝎饼之属,皆随形而名之也。"[②]

蒸饼是现在的馒头,而古代的"馒头"则是现在的包子,是山东人发明的。据北宋高承《事物纪原》卷九载,琅邪阳都(今山东沂南南)人诸葛亮南征班师,将渡泸水。当地风俗,以人头祭神,诸葛亮不忍,用牛、羊、猪肉作

①《晋书·何曾传》,中华书局1974年版。
②《太平御览》卷八六〇《饮食部十八·饼》引,中华书局1960年影印版。

馅,包入面中,做成人头状,投入水中,"馒头名始此"。明人郎瑛《七修类稿》也讲:"馒头本名蛮头。"

用水煮的面条、馄饨、水饺叫汤饼。面条也称馎饦、不托。北魏益都(今属山东)人贾思勰《齐民要术·饼法》讲:"馎饦,挼如大指许,二寸一断,著水盆中浸,宜以手向盆旁挼使极薄,皆急火逐沸熟煮。"这是水煮面条的最初两种做法。一是做成两寸长,指头粗的面条;二是在盆里将面按成薄薄的面片。

2. 蔬菜

据《齐民要术》记载,山东出产的蔬菜有30多个品种,包括茄子、冬瓜、胡瓜、瓠、芋、葵菜、蔓菁、菘、芦菔、蒜、泽蒜、葱、韭、芸苔、芥菜、胡荽、姜、芹菜、苜蓿、堇、莴苣等。这些蔬菜除一部分供生产者自己食用外,还有一部分作为农产品,进入城郭商品市场出售。《齐民要术》卷首《杂说》:"如去城郭近,务须多种瓜、菜、茄子等,且得供家,有余出卖。"

其中的堇,是当时的美味菜。《魏书·崔玄伯传附崔僧渊传》载,北魏清河东武城(今属山东)人崔和,"家巨富,而性吝啬,埋钱数百斛,其母李春思堇,惜钱不买"。

3. 肉类、水产类与青州蟹黄

魏晋南北朝隋唐时期的肉类、水产类食品与先秦两汉一脉相承,在此不多赘述。值得一提的是当时的山东特产青州蟹黄与螃蟹。唐朝齐州临淄(今属山东)人段成式的《酉阳杂俎》前集卷七《酒食》记载了一段南朝梁刘孝仪、贺季与北魏使者崔劼、李骞有关天下美味的谈话。刘孝仪说:"邺中鹿尾,乃酒肴之最。"崔劼说:"生鱼、熊掌,孟子所称。鸡跖、猩唇,吕氏所尚。鹿尾乃有奇味,竟不载书籍,每用为怪。"贺季说:"青州蟹黄,乃为郑氏所记,此物不书,未解所以。"

贺季说的"青州蟹黄,乃为郑氏所记",是指东汉北海高密(今属山东)人郑玄在《周礼·天官·庖人》中的注:"若荆州之鲊鱼,青州之蟹胥,虽非常物,进之孝也。"这个"青州"应指山东泰山以东沿渤海一带,"蟹胥"是蟹酱,食酱是商周时期的饮食习惯。

《齐民要术》卷八记载"藏蟹法"曰:"九月内取母蟹(母蟹脐大圆,竟腹下,公蟹狭而长),得则著水中,勿令损伤及死者,一宿则腹中净,(久则吐黄,吐黄则不好)先煮薄糖(糖,薄饧),著活蟹于冷糖瓮中一宿,煮蓼汤,和白盐,特须极咸,待冷,瓮盛半汁,取糖中蟹内著盐蓼汁中,便死,(蓼宜少著,蓼多则烂)泥封,二十日出之,举蟹脐,著姜末,还复脐如初。内著坩瓮中,百个各一器,以前盐蓼汁浇之,令没,密封勿令漏气,便成矣。特忌风里,风则坏而不美矣。"

从食蟹胥到食活咸蟹、食蟹黄,反映了人们对美味的体验,也说明"青州蟹黄"和螃蟹是天下闻名的美味。

4. 调味品

魏晋南北朝隋唐时期的调味品空前增多,加工工艺也更加讲究、精细。《齐民要术》在介绍食品的加工及酿造工序时,着重叙述了酱、醋、豆豉等产品的酿制过程。其中制作酱类列举了肉酱、速成肉酱、鱼酱、虾酱、豆酱、麦酱、榆子仁酱等许多品种,制作醋类介绍了大醋、糯米醋、大麦醋、神醋、糟糠醋等 30 多种。当时,还从蜀地引进了花椒。《齐民要术》卷四载:"今青州有蜀椒种,本商人居椒为业,见椒中黑实,乃遂生意种之。凡种数千枚,止有一根生。数岁之后,便结子,实芬芳,香、形、色与蜀椒不殊,气势微弱耳。遂分布栽移,略遍州境也。"

5. 果品

魏晋南北朝隋唐时,山东栽培的主要果品有枣、梨、樱桃、杏、桃、李、柰、栗、柿、榛、石榴、葡萄、林檎等,有些果品不仅产量大,而且品质优良,为天下名果。《齐民要术》卷四还记载了许多果品的储藏、加工方法。当时,人们已知道去掉水果的酸涩味,使其更加味纯甜蜜。如《齐民要术》卷四记载去掉柿子涩味的方法是:"《食经》藏柿法:柿熟时取之,以灰汁澡再三度,干令汁绝,著器中,经十日可食。"

(1)乐氏枣

山东的枣不仅历史悠久,而且产量众多,州县的府库内亦储存官枣。《太平御览》卷九六五《果部二·枣》引《英雄记》载:"孔文举(融)为东莱贼所攻,城欲破,其治中左承祖以官枣赋与战士。"

据《齐民要术》载,南北朝时枣树品种已达 45 种,尤以"乐氏枣"(又名乐毅枣)而著名。《齐民要术》卷四载:"青州有乐氏枣,丰肌细核,多膏肥美,为天下第一。父老相传云:'乐毅破齐时,从燕赍来所种也。'齐郡西安

（今山东桓台）、广饶二县所有名枣即是也。"清山东新城（今桓台）人王士禛《池北偶谈·谈异五·乐毅枣》亦载："乐毅枣，产吾乡，大倍常枣，云是乐毅伐齐所遗种也。"今天山东乐陵、惠民、广饶、无棣一带的枣，仍然是驰名中外的山东名果。

当时，人们还掌握了枣的多种食用方法，有酒枣、枣油、枣脯、枣汁冲剂等。《齐民要术》卷四载："《食经》曰：作干枣法，新菰蒋（茭白），露于庭，以枣著上，厚三寸，复以新蒋覆之。凡三日三夜，撤覆露之，毕日曝，取干。内屋中，率一石，以酒一升，漱著器中，密泥之，经数年不败也。"这应是我们今天所见到的酒枣。

制作枣汁冲剂的方法是："多收红软者，箔上日曝令干，大釜中煮之，水仅自淹，一沸即漉出，盆研之，生布绞取浓汁，涂盘上或盆中，盛暑日曝使干，渐以手摩挲，散为末。以方寸七，投一碗水中，酸甜味足即成好浆。远行用和火、饥渴俱当也。"1400多年前山东人就知道将果肉晒干研成细末，作为冲剂饮用，的确令人叹为观止。

由于枣红色鲜艳，贵族们还将其置于厕所中用来塞鼻。《世说新语·纰漏》载，琅邪（今属山东）人王敦尚晋武帝女舞阳公主，到厕所中见漆箱中置干枣，竟将干枣全部吃光。

（2）齐州仙桃

段成式的《酉阳杂俎》卷二《玉格》还记载了一则齐州仙桃的传说。

御史中丞史论"在齐州时，出猎至一县界"，在花丛中憩息。忽觉桃香异常，赶忙顺着香味寻找，发现一个和尚正在吃桃子。和尚来不及隐藏，只好谎称有人施舍二桃，因从经案下取出一颗献给史论。桃子大如饭碗，史论正饥渴交加，一会儿就把桃子吃光了，桃核大如鸡卵。史论因而追问桃子来自何人，和尚只好实言相告说："刚才是我胡说，离此处10余里有一桃林，道路危险，贫僧偶然走到那里，见桃大异常，因而摘了几颗回来。"史论说："我将随从人员留在这里，一个人和你同去寻找桃林。"和尚不得已，只好领着史论向北面寻去。走了5里多路，一条河横在眼前，和尚说："恐中丞不能渡此。"史论决计前往，与和尚解衣戴在头上渡河登岸。又向西北，趟过两条小溪，越过数条山涧，终于来至一处。那里山泉喷涌，怪石林立，如人间仙境。有桃树数百株，枝干扫地，高二三尺，芳香扑鼻。史论与和尚各食一桃,然后脱下衣服,准备包一大包回去。和尚说:"此或灵境,不可多取。贫道尝听长老说,昔日有人亦尝至此,怀五六枚,迷不得出。"史论觉得和尚非寻常之人,只取了两颗就回来了。临别,和尚告诫史论,不得泄露给他人。回到齐州,史论派人请和尚至州,已不见踪影了。

从这则齐州仙桃的传说故事来看,史论"出猎至一县界"的"县",很有可能是今天济南南部的肥城。山东肥城桃又名佛桃,直到今天,仍以个大、味美、营养丰富在国内外享有盛名。

（3）济南金杏

山东栽种杏树有悠久的历史。《管子·地员》记载,山坡上如果是"五沃之土",适合栽种梅、杏、桃、李等果树。《庄子·渔父》载:"孔子游乎缁帷之林,休坐乎杏坛之上。"后人把杏坛附会到山东曲阜孔庙大成殿前。这说明先秦时期,杏已在齐鲁地区普遍流行了。

《酉阳杂俎》前集卷十八《木篇》载:"汉帝杏,济南郡之东南有分流山,山上多杏,大如梨,色黄如橘,土人谓之汉帝杏,亦曰金杏。"这种金杏、汉帝杏,又名红玉杏、红峪杏、大峪杏、红杏,是山东济南栽培历史悠久的优良品种,在国内享有较高声誉。李时珍《本草纲目·果一·杏》集解引苏颂曰:"黄而圆者名金杏,相传种出自济南郡之分流山,彼人谓之汉帝杏。"清人袁枚《随园食单》称:"《本草》苏颂曰:'黄而圆者名金杏,相传种出自济南郡之分流山,彼人谓之汉帝杏,言汉武帝上苑之种也。今近汴、洛皆种之,熟最早。其扁而青黄者,名木杏,味酢不及之。山杏不堪入药。杏仁,今以从东来人家种者为胜。'"

分流山疑为济南市历下区柳泉元宝山,分流者,分锦绣川与巴漏河之流也。

（4）贝丘葡萄谷

《酉阳杂俎》前集卷十八《木篇》还记载了唐代的贝丘（今山东博兴东南）葡萄谷:"贝丘之南有葡萄谷,谷中葡萄,可就其所食之。或有取归者,即失道。世言王母葡萄也。天宝中,沙门昙霄因游诸岳,至此谷,得葡萄食之。又见枯蔓堪为杖,大如指,五尺余,持还本寺,植之遂活。长高数仞,荫地幅员十丈,仰观若帷盖焉。其房实磊落,紫莹如坠,时人号为草龙珠帐焉。"这段记载颇具神秘特色,但至少说明,葡萄自西域传入后,也在山东种植了。

此外,李子、柿子等都是山东人熟悉、喜食的果品。琅邪临沂人王戎培育出李子的优良品种。南渡的山东士族家中仍然栽种柿子。《梁书·处士·刘歊传》载,南朝梁平原(今属山东)人刘歊,春天让人在庭中栽柿树,对侄子刘弇说:"吾不见此实,尔其勿言。"结果到秋天就去世了。

南迁渡江的山东人,还特别喜好吃槟榔。《南史·刘穆之传》载,东晋末东莞莒(今山东莒县)人刘穆之家贫,到妻兄家吃饭后求食槟榔。妻家兄弟戏弄他说:"槟榔消食,君乃常饥,何忽须此?"后穆之为丹阳尹,请妻家兄弟吃饭。"及至醉饱,穆之乃令厨人以金柈贮槟榔一斛以进之。"

《南史·任昉传》载,南朝齐梁时,乐安博昌(今山东博兴东南)人任昉之父任遥"本性重槟榔,以为常饵,临终尝求之,剖百许口,不得好者。昉亦所嗜好,深以为恨,遂终身不尝槟榔"。

(二) 崔浩、段文昌的《食经》

中国饮食文化源远流长,各代所涌现的饮食著作及有关文献,种类繁多,难以数计。其中,早期的饮食文献以《食经》为名的就有许多种。最早的《食经》,是距今1500多年前南北朝时北魏清河郡东武城(今山东武城)人崔浩所著。据《魏书·崔浩传》载,崔浩"少好文学,博览经史","研精义理,时人莫及",曾是协助北魏太武帝拓跋焘统一黄河流域的功臣,官至司徒。以崔浩母卢氏为首的崔家贵妇,均勤于妇功,擅长烹饪。当时正值北方战乱饥荒之际,食事俭朴,高口味的菜肴无从做起,卢氏担心家传的烹调技艺久而失传,遂口授给崔浩,撰成《食经》9篇。《魏书·崔浩传》载崔浩《食经》叙曰:

> 余自少及长,耳目闻见,诸母、诸姑所修妇功,无不蕴习酒食。朝夕养舅姑,四时祭祀,虽有功力,不任僮使,常手自亲焉。昔遭丧乱,饥馑仍臻,馕蔬糊口,不能具其物用,十余年间,不复备设。先姚(崔浩母)虑久废忘,后生无知见,而少不习业书,乃占授为九篇。文辞约举,婉而成章,聪辩强记,皆此类也。亲没之后,值国龙兴之会,平暴除乱,拓定四方。余备位台铉,与参大谋。赏获丰厚,牛羊盖泽;赀累巨万,衣则重锦,食则粱肉。远惟平生,思季路负米之时,不可复得。故序遗文,垂示来世。

崔浩《食经》中所记多为家庭日常饮食及制作技艺,反映了山东士族家庭饮食文化的最高成就。可惜,此书早已亡佚。幸而,北魏益都(今属山东)人、著名农学家贾思勰在《齐民要术》中加以引用,得以保留不少珍贵资料。如上述做"干枣法"、"藏柿法"即引《食经》。另外如种名果法、藏干栗法、藏木瓜法、七月七日作法酒方、作麦酱法、作豉法、作蒲鲊法、蒸熊法(亦可蒸羊炖鹅鸭)、作白菹法、作跳丸炙法、作饼酵法、作面饭法、作饴法、藏杨梅法、藏姜法、藏菰法等,均引自崔浩的《食经》。《北堂书钞》、《太平御览》及王祯《农书》等书亦收录有未署名的《食经》,涉及食物储藏及肴馔制作,如作白醪酒法、作大豆千岁苦酒法、作芥酱法、作芋子酸法、作百饭法、作煸法等等,内容相当丰富,极可能源自崔浩的《食经》。

段文昌(773—835),字墨卿,一字景初,齐州临淄人,世居荆州。唐穆宗时官至中书侍郎、平章事。段文昌潜心研究美食,称自己的厨房为"炼珍堂",自编《食经》50 章。因他曾被封为邹公,当世人称此书为《邹平郡公食宪章》。据说,主持"炼珍堂"的是唐朝女名厨膳祖,对原料修治,滋味调配,火候文武,无不恰到好处。

段文昌之子段成式也精于美食,著有笔记野史《酉阳杂俎》,内容包括传说、神话、轶闻、民俗、物产等。书中的"酒食"部分记述了南北朝及唐代的饮食掌故,还载有一百多种食品原料、调料及酒类、菜肴的名称,并且辑录《食经》等已遗失书中所记载的菜点做法。《酉阳杂俎》和《齐民要术》虽涉及的内容广泛,但也可视为饮食烹调方面的著作,贾思勰、段成式都是山东历史上的美食家。

(三) 山东的风味名吃

士族官僚夸富斗奢的陋俗,促进了对烹调工艺的刻意追求。西晋东海郯(今山东郯城)人王恺与石崇斗奢,石崇的客人刚到,顷刻间就能做好豆粥;冬天石崇家竟然有鲜韭菜做的菹齑。王恺却怎么也做不到,深以为恨。后贿赂石崇的家人才知道,豆是事前煮好的,待粥做好后放上即成。冬天的韭齑是用韭菜根和麦苗做的。由此可知士族们对烹调工艺的追求。贾思勰的《齐民要术》详细介绍了制作神麹(酒曲)、酿酒、做药米、做酱、做醋、做豆豉、做脯腊、做羹、做饼、做醴酪、做素食、做糖、煮胶等工艺,运用的制作技法有蒸、煎、炙、烤、煮、熬、过滤、日晒、风干等多种方法。

1. 济南的碧筒饮

魏晋南北朝隋唐时期,酿酒技术进一步提高,酒的种类也更加丰富。《齐民要术》记载了制作神麹(酒曲)和酿酒的方法,当时酿制的酒有小麦苦酒、水苦酒、乌梅苦酒、蜜苦酒等40多种。中国人的饮食善于从自然界吸收美感,进行艺术加工后,融汇到饮食习俗中,给生活以美的享受和高雅的情趣,发端于济南的碧筒饮,就反映了这一饮食价值选择。

所谓碧筒饮,就是采摘卷拢如盏、刚刚冒出水面的新鲜荷叶盛酒,将叶心用簪子戳穿,使之与叶茎相通,然后从茎管中吸酒,人饮莲茎,酒流入口中,酒和莲叶的芳香呵成一气,清凉爽口,成为暑天清供之一。这种碧筒杯又称"荷叶杯"、"荷爵"、"荷杯"、"荷盏",顾名思义,就是荷叶制成的杯、爵。因为茎管弯曲状若象鼻,故又有"象鼻杯"之称。

碧筒杯的发明者,是曹魏正始年间(240—249年)的郑悫及其宾僚们。《酉阳杂俎》前集卷之七《酒食》载:

> 历城北有使君林,魏正始中,郑公悫三伏之际,每率宾僚避暑于此。取大莲叶置砚格上,盛酒二升,以簪刺叶,令与柄通,屈茎上轮菌如象鼻,传吸之,名为碧筒杯。历下学之,言酒味杂莲气,香冷胜于水。

用碧筒杯饮酒,可谓花样翻新,不落俗套,是雅中之雅。它不仅给人以高雅的情趣,还可治病健身,这是古人始料不及的。荷叶具有清热、健脾胃的功效,略带苦味的荷叶汁液和酒入口,清凉败火,荷香怡人,是夏日消暑健身的佳品。

碧筒饮产生后备受推崇,历代文士乐此不疲,留传甚久。据北宋王谠的《唐语林》记载,唐代宰相"李宗闵暑月以荷为杯",有正始遗风,传为士林佳话。唐诗宋词中吟及荷叶杯与碧筒饮的,比比皆是。像唐曹邺的"乘兴挈一壶,折荷以为盏",白居易的"疏索柳花碗,寂寞荷叶杯"等,都是讴歌碧筒饮的佳句。

由于碧筒杯的影响,达官贵族猎奇寻乐,用金、银或玉模仿荷杯,制造出了种种雅致有趣的酒杯精品。在出土文物中,已见有银荷叶杯和玉质荷叶杯。陕西省西安市出土了一件唐代双鱼纹银质荷叶杯。上海博物馆也珍藏着一件荷叶瓷杯,此杯形如一片荷叶,两边卷拢,叶肱清晰,釉色晶莹,比上述银质及玉质荷叶杯更逼真传神,活像天然的荷叶。现在制作的较浅的、周边呈卷曲状的各种杯盘,其实也是刚冒出水面的新荷叶卷拢的形状。

2. 济南名馔——莲子血羹

《酉阳杂俎》卷十一《广知》还记载了北魏时期的文人学士在莲子湖上的一次宴集:

> 历城北二里有莲子湖,周环二十里,湖中多莲花,红绿间明,乍疑濯锦。又渔船掩映,罟罾疏布,远望之者,若蛛网浮杯也。魏袁翻曾在湖晏集,参军张伯瑜谘公言:"向为血羹,频不能就?"公曰:"取洛(添)水必成也。"遂如公语,果成。时清河王怪而异焉,乃谘公"未审何义得尔?"公曰:"可思湖目。"清河笑而然之,而实未解。坐散,语主簿房叔道曰:"湖目之事,吾实未晓。"叔道对曰:"藕能散血,湖目莲子,故令公思。"清河叹曰:"人不读书,其犹夜行。二毛之叟,不如白面书生。"

袁翻,字景翔,陈郡项(今河南沈丘)人,北魏孝明帝时任齐州刺史。清河王是北魏宗室元怿。宽阔荡漾、帆罟疏布的莲子湖又称鹊山湖。金代以前,华山至鹊山之间是一片汪洋,与大明湖相连,称为鹊山湖,因湖中多莲花、莲子,又称莲子湖。莲子血羹是莲子湖特产的美味名馔,用具有散血功能的藕、补脾养心的莲子、清澈甘醇的添水做成,实际是莲子藕羹,因藕能散血,故将藕羹称做血羹。

3. 曲水流觞与济南流杯池

从汉代开始,农历三月上旬的巳日,便被定为"上巳"。在这一天,人们通常要到水滨洗濯,以消除不祥,叫做"修禊"。魏晋以后,又把这一天确定为三月初三。修禊以后,人们顺便要举行野餐宴乐和"曲水流觞"的诗酒盛会。参与游乐的人们依次列坐在环曲的水溪旁,把酒装入觞杯中,置于托盘上,放在溪流上游的水面上,使之顺流漂下。觞杯漂至曲折拐弯处,往往会停住不动。酒杯停在谁的近前,谁就要将酒饮下,饮后还要作诗吟唱,或按约表演节目,完不成者便要受罚,这就叫"曲水流觞"或"流觞曲水"。南朝梁宗懔在《荆楚岁时记》中,就有"三月三日,士民并出江渚池沼间,为流杯曲水之饮"的记载。

远在北魏时期,济南地区的士大夫就已在今济南市曲水亭街附近建立了曲水流杯池。郦道元《水经注》卷八《济水注》曾载:"历祠下泉,泉源竞发。其水北流迳历城东,又北引水为流杯池。州僚宾宴,公私多萃其上。"流杯池即现在的王府池子,池水北出,曲折东流至现在的曲水亭街。当时这儿清流映带,杨柳依依,岸平草软,是曲水流觞的理想场所。东晋初年,山东大书法家王羲之渡江以后,还将这一风俗带到了江南。永和九年(353年),在会稽的兰亭修禊宴会上,王羲之将"流觞曲水"作为一件人生的可乐之事。

济南曲水亭

(四) 灵岩寺与北方饮茶之风

茶叶在中国有数千年的历史,《神农本草经》载:"神农尝百草,日遇七十二毒,得茶(茶)而解之。"《淮南子·修务训》亦有神农"尝百草之滋味"、"一日而遇七十毒"的记载。魏晋以前,人们主要是利用茶的药用价值,还没有将茶作为日常饮料。《周礼·天官·浆人》载:"浆人掌共(供)王之六饮:水、浆、醴、凉、醫、酏。"六饮中没有茶。顾炎武在《日知录》中讲,"自秦人取蜀而后,始有茗饮之事",认为饮茶之风起于战国。也有人根据西汉王褒《僮约》中的"武都买茶",认为饮茶之风始于西汉。由于茶叶作为药料和饮料是并存的,而作为单一的饮料应开始于魏晋时的吴人。《三国志·韦曜传》载,吴国韦曜酒量不过两升,吴主孙皓常"密赐茶荈以当酒"。这是史书中作为饮料饮茶的最早纪录。南北朝时,南方普遍饮茶,北方不仅极少饮茶,还以此贬低南朝人。当时,北方食羊肉,饮酪浆,南方多食鱼羹,饮茶,成为南北方最为明显的饮食文化标志。南方大族、琅邪临沂(今属山东)人王肃投靠北魏,在宴会上吃羊肉酪粥,魏孝文帝问:"羊肉何如鱼羹,茗饮何如酪浆?"王肃贬低南朝,讨好孝文帝说:"羊者是陆产之最,鱼者乃水族之长,所好不同,并各称珍。以味言之,是有优劣。羊比齐鲁之邦,鱼比邾莒小国。

唯茗不中,与酪作奴。"①

随着佛教禅宗的兴起,僧寺饮茶之风盛行,茶叶由南方普及北方,这就是"茶因禅兴"的说法。僧人长时间禅坐,"不动不摇,不委不倚",有时不免使人产生昏沉现象,具有提神驱困、生津止渴等功效的茶叶便自然而然地进入了佛教领域,从而传扬开去。济南灵岩寺在我国饮茶风俗的推广中起了巨大作用,唐人封演《封氏闻见记·饮茶》作了较为详细的记载:

> 茶早采者为茶,晚采者为茗。《本草》云:"止渴,令人不眠。"南人好饮之,北人初不多饮。开元(713—741 年)中,泰山灵岩寺有降魔师大兴禅教,学禅务于不寐,又不夕食,皆恃其饮茶。人自怀挟,到处煮饮。从此转相仿效,遂成风俗。自邹、齐、沧、棣,渐至京邑,城市多开店铺煎茶卖之,不问道俗,投钱取饮。其茶自江、淮而来,舟车相继,所在山积,色类甚多。

灵岩寺的降魔大师大兴禅教,不许睡觉,不许吃晚饭,而允许饮茶,致使人们皆怀揣茶叶,到处煮饮,积习成俗。中唐以后,尚茶的风俗更加盛行,从朱门到柴屋皆嗜茶,有的甚至穷日尽夜,啜之不已。唐大中十年(856 年),朝廷膳夫杨华撰《膳夫经手录》载:"今关西、山东,间阎村落皆吃之,累日不食犹得,不得一日无茶。"因此,济南长清灵岩寺是我国北方饮茶之源,也是北方茶道、茶文化的祖庭。

三、岁时节庆风俗

魏晋南北朝隋唐是个民族融合、文化多元、个性张扬的时代,隋唐时期还是中国封建社会的鼎盛时期,节日风俗更加丰富多彩,许多节日的民俗事项都是该时期形成的。

(一) 夜、更、鼓、旬和浣

汉魏以来,又用更、鼓和甲、乙、丙、丁、戊来计算夜间的时间。《世说新语·言语》载,平原般(今山东临邑)人祢衡就曾被曹操"谪为鼓吏"。北齐

---

① 《洛阳伽蓝记》卷十三《城南》,上海书店出版社 2000 年版。

琅邪临沂(今属山东)人颜之推《颜氏家训·书证》对此作了系统的解释:

> 或问:"一夜何故五更? 更何所训?"答曰:"汉、魏以来,谓为甲夜、乙夜、丙夜、丁夜、戊夜。又云鼓,一鼓、二鼓、三鼓、四鼓、五鼓,亦云一更、二更、三更、四更、五更,皆以五为节。《西都赋》亦云:'卫以严更之署。'所以尔者,假令正月建寅,斗柄夕则指寅,晓则指午矣,自寅至午,凡历五辰(寅卯辰巳午)。冬夏之月,虽复长短参差,然辰间辽阔,盈不过六,缩不至四,进退常在五者之间。更,历也,经也,故曰五更尔。"

夜,分甲夜、乙夜、丙夜、丁夜、戊夜等 5 个时间单位,每个单位两个小时,用来计算夜间的时间。丙夜相当于子时。

更,与夜相同,也用来计算夜间的时间,共五更,一更约两个小时,三更相当于子时。

古代击鼓报更,故鼓为更的代称。一更一鼓相当于戌时,也称甲夜;二更二鼓相当于亥时、乙夜;三更三鼓相当于子时、丙夜;四更四鼓,相当于丑时、丁夜;五更五鼓,相当于寅时、戊夜。

《南史·檀道济传》载,南朝宋高平金乡(今属山东)人檀道济之弟檀祗东晋末任广陵相,有亡命司马国璠兄弟率百余人夜间攻入广陵(治今江苏扬州),并欲进攻府衙,檀祗被射伤,语左右曰:"贼乘暗得入,欲掩我不备,但打五鼓惧之,晓必走矣!"贼众听到鸣鼓打五更,以为天将拂晓,乃奔散。

唐朝初年,京师还用击鼓来警示晨、暮,这一方法起自唐朝博州茌平(今属山东)人马周。《旧唐书·马周传》载:"先是,京师诸街每至晨暮,遣人传呼以警众。周遂奏诸街置鼓,每击以警众,令罢传呼,时人便之。"由马周创造此法可知,山东人对更、鼓是非常熟悉的。

"旬",在古代的含义是十、周、满的意思,常用于月和年。"旬月"指整一个月,也指 10 个月。《三国志·魏书·凉茂传》载:"旬月之间,襁负而至者千余家",是指一个月。《汉书·车千秋传》:"旬月取宰相封侯,世未尝有也",是指 10 个月。"旬年"与"旬月"同样。《后汉书·何敞传》:"旬年之间,历显位,备机近。"《汉书·翟方进传》:"旬岁间,免两司隶。"都是指一年。颜师古注曰:"旬,遍也,满也。旬岁,犹言满岁也。若十日之一周。"而我们说的七旬大庆,则是指 7 个 10 年,即 70 岁。《三国志·魏书·刘廙传》："修之旬年，则国富民安矣。""旬年"即10年。

中国古代用天干纪日，每10日周而复始，所以远古时期就以10天为"旬"。《尚书·尧典》称："期，三百有六旬有六日。"战国时期宋国蒙（今山东曹县南）人庄子在他的著作《庄子·逍遥游》中也使用了"旬"的概念："旬有五日而后反。"

唐朝时即把每月的前10天称做上旬，第二个10天称做中旬，余下的天数称做下旬。唐朝齐州临淄（今属山东）人段成式《西阳杂俎》卷十七《广动植物之二》载："蚺蛇……其胆上旬近头，中旬在心，下旬近尾。"

唐朝官吏每10天休息洗沐一次，后因称每月上、中、下旬为上浣、中浣、下浣。《新唐书·刘晏传》载，曹州南华（今山东东明）人刘晏，"质明视事，至夜分止，虽休浣不废"。在近代山东方志中仍然使用这一时间概念。1934年《临清县志》卷十一《礼俗志五·游艺》载："黎博店在二月中旬，小杨庄在三月下浣。"

（二）除夕和元旦

元旦自汉代确立以来，节日活动不断丰富。到了唐朝，除夕逐傩发展为傩戏，娱乐气氛加强了。宫廷的傩戏，有音乐伴奏，文武百官可带家眷一起观赏。民间的傩舞也发展为只有三四人的歌舞，可即兴表演说唱故事。

"一夜连两岁，五更分二年"。除驱傩、"悬苇"外，元旦前的主要活动就是守岁了。西晋周处《风土记》载："除夕达旦不眠，谓之守岁。"士庶之家欢聚一堂，围炉团坐，是阖家团圆幸福的时刻。山东人特别重视大年三十家人的团聚。西晋临淄（今属山东）令曹摅，除夕巡监狱，对因犯们说："新岁人情所重，岂不欲暂见家邪？"①让囚犯们都回家过年，克日令还。到了约定的日期，犯人们自动投狱，无一逃亡。《北齐书·循吏传》载，北齐张华原为兖州刺史，"至年暮，唯有重罪者数十人，华原亦遣归家申贺，依期至狱"。

（三）元宵节

夏历正月十五是元宵节。道教称做上元节，是上元天官降凡赐福之日，

———————————
① 《晋书·良吏·曹摅传》，中华书局1974年版。

在民间影响不大。元宵节是先秦时期"庭燎"、汉武帝祭祀"泰（太）一"神和佛教燃灯礼佛互相融合的产物。

先秦时的庭燎有两种。一种表天子勤政。诸侯来朝时，天子在夜未央燎烛以问夜，等待时刻到来，以使诸侯早朝。《诗·小雅·庭燎》歌颂周宣王说："夜未央，庭燎之光，君子（诸侯）至止，鸾声将将。"另一种是丧葬、祭天、来宾等邦国大事，皆燎烛照众。《周礼·秋官司寇·司烜氏》："凡邦之大事，共坟烛庭燎。"东汉北海高密（今属山东）人郑玄注曰："坟，大也。树于门外曰大烛，于门内曰庭燎，皆所以照众为明。"这种庭燎之俗，虽没固定在某天进行，但可视为元宵节放灯的最早渊源。

地处山东的齐鲁等国也有庭燎之俗，齐桓公还带头违背周礼，扩大庭燎的规模，使用 100 支火把。《礼记·郊特牲》载："庭燎之百，由齐桓公始也。"孔颖达疏曰："庭燎之百者，谓于庭中设火以照燎来朝之臣夜入者，因名火为庭燎也。礼，天子百燎，主公五十，侯伯子男三十。齐桓公是诸侯而僭用百，后世袭之，是失礼从齐桓公始。"

汉武帝在五帝之上又设立了个最高天帝，叫泰一神，在甘泉宫修建泰一神祠坛。正月十五黄昏开始，用盛大的灯火祭祀，通宵达旦。从此，就有了正月十五张灯结彩的风俗。

东汉明帝时，蔡愔从印度求得佛经归来，为了弘扬佛法，下令正月十五在宫廷和寺院"燃灯表佛"。据唐道世撰《法苑珠林》说，明帝永平十四年（71 年），召诸山道士与西域和尚在白马寺比较法力。道士设坛焚经，而和尚的舍利经像"光明五色，直上空中，旋环如盖。……于时，天雨宝花……大众咸悦"。当时道教尚未形成，上述说法显然是为了扬佛抑道而虚构的。不过，正月十五放灯火确是中印文化交流的结果，佛教燃灯礼佛的形式，把宫中放灯火祭泰一神的风俗带到了民间。

中国古代有宵禁之制。《周礼·秋官司寇·司寤氏》载："掌夜时，以星分夜，以诏夜士夜禁。御晨行者，禁宵行者、夜游者。"汉代两都亦有宵禁之制，由执金吾负责。后来历代王朝均奉行不替。汉代皇帝特许，正月十五和前后两晚弛禁，允许百姓观灯。

元宵节最主要的活动是放灯、观灯和歌舞百戏，它开始于南北朝，盛行于隋朝，后历代王朝经久不衰。

《隋书·柳彧传》记载,柳彧上书隋文帝说,每逢正月十五,人们"充街塞陌,聚戏朋游,鸣鼓聒天,燎炬照地,人戴兽面,男为女服,倡优杂技,诡状异形",有的"高棚跨路,广幕陵云,袨服靓妆,车马填噎……竭赀破产,竞此一时",请求隋文帝禁绝这一竞奢的风俗。由此可见,在隋朝以前的南北朝时期,民间庆元宵的活动就相当盛行。隋文帝还算个节俭的皇帝,采纳柳彧的建议,禁止元宵张灯及娱乐活动。

到隋炀帝时,又带头铺张起来。据《隋书·音乐志》载:"每岁正月,万国来朝,留至十五日。于端门外,建国门内,绵亘八里,列为戏场。"化了妆,穿上五彩缤纷的妇人服的歌舞人员有 3 万多人。文武百官都在路旁搭起棚子观看。灯火光照天地,彻夜不灭,歌舞也夜以继日,直到正月三十日。

元宵放灯活动越演越烈,唐代"正月十五日夜,敕金吾弛禁,前后各一日,以看灯,光若昼日"[1]。

魏晋南北朝时,元宵节即吃元宵。元宵又称"圆宵"、"圆子"、"汤圆",是必食的节日食品。

(四) 清明节

清明是中国传统的二十四节气之一,自出现后,慢慢被赋予了特定的风俗活动和纪念意义,成为中国重要的传统节日之一。

1. 清明节探源

寒食、修禊是较早与清明有关的风俗,唐朝又将扫墓定在寒食。

关于寒食的风俗,先秦就已存在。《周礼·秋官司寇·司烜氏》:"中春,以木铎修火禁于国中。"山东地区的齐国也有这一风俗,管仲治理齐国,"修火宪,敬山泽林薮积草"[2]。

山西晋地流传,寒食是纪念春秋晋文公时的介子推。介子推辅佐晋文公在外流亡 19 年,晋文公当上国君后封赏功臣,遗忘了他,介子推遂和母亲隐居绵上山中。晋文公得知,圈绵山为介子推封田,故后人又称绵山为介山。晋地传说,介子推曾在困饿之际,割下大腿肉给晋文公吃,后晋文公烧

---

①《太平御览》卷三十《时序部一五·正月十五日》引《两京新记》,中华书局 1960 年影印版。
②《管子·立政》,载《诸子集成》,上海书店 1986 年影印版。

山逼他出来,介子推与母亲抱树被烧死。晋文公哀痛不已,令当地在介子推死日不得举火。查《左传》与《史记》,介子推未得封,隐居绵山,晋文公封绵山属实,并无烧山和下令寒食之事。

介子推的故事也流传于齐鲁之邦。最早记载晋文公焚山,介子推被烧死的就是战国时期宋国蒙(今山东曹县南)人庄子。《庄子·盗跖》载:"介子推至忠也,自割其股以食文公。文公后背之,子推怒而去,抱木而燔死。"这里只是说介子推被燔死,没明确说晋文公焚山,也无寒食的记载。东汉末蔡邕的《琴操》将禁火与介子推联系起来,但时间是五月五日,而不是清明。

《后汉书·周举传》载:

> 举稍迁并州刺史。太原一郡旧俗以介子推焚骸,有龙(火)忌之禁。至其亡月,咸言神灵不乐举火,由是士民每冬中辄一月寒食,莫敢烟爨。老小不堪,岁多死者。举既到州,乃作吊书以置子推之庙,言盛冬去火,残损民命,非贤者之意,以宣示愚民,使还温食。于是众惑稍解,风俗颇革。

可见,禁火寒食纪念介子推的风俗起自汉代的晋地,但时间是盛冬,而不是清明。

把寒食放在清明的前几日,是在魏晋时期。东晋陆翙《邺中记》载:"并州俗,冬至一百五日为介子推断火冷食三日。"①冬至后 105 天,正好是清明之前。另外,《晋书·石勒载记》、《魏书·高祖纪》分别记载了后赵石勒、北魏孝文帝禁断寒食的规定,其时间和唐宋时期基本一致。南宋孟元老《东京梦华录》卷七《清明节》也记载:"冬至后一百五日为大寒食……寒食第三日即清明节矣。"

禁火寒食仅在山西介山一带流行,且魏晋南北朝时才放在清明前,其他地区则不太流行。大部分地区清明前后的传统节日是修禊节,也叫春禊。因在三月上旬的第一个巳日举行,又叫上巳节。

先秦时期即流行修禊的风俗。《周礼·春官宗伯·女巫》载:"女巫掌岁时被除。"《后汉书·礼仪志上》注引《韩诗》曰:"郑国之俗,三月上巳,之

---

① 《太平御览》卷三十《时序部一五·寒食》引,中华书局 1960 年影印版。

溱、洧两水之上,招魂续魄,秉兰草,祓除不祥。"春天是瘟疫和流行感冒易发的季节,所以要到水上盥洗,以祓除疾病。可见,修禊节是祛病免灾的节日。

两汉时期,无论官民都要修禊。《后汉书·礼仪志上》:"是月(三月)上巳,官民皆洁于东流水上,曰洗濯祓除,去宿垢疢,为大洁。"

魏晋南北朝时,修禊节固定在三月三日举行。西晋末,琅邪临沂(今属山东)人王导拥戴琅邪王司马睿徙镇建康(今江苏南京),"吴人不附,居月余,士庶莫有至者"。为了提高司马睿的声望,王导与堂兄王敦选择了士女毕出的修禊节这天,与司马睿一同出行。司马睿"乘肩舆(轿),具威仪,敦、导及诸名胜皆骑从"。江南士族纪瞻、顾荣等人见王导、王敦对司马睿像众星捧月一般,"乃相率拜于道左"①。

东晋时期,修禊节由"洗濯祓除,去宿垢疢"的祈禳防瘟疫节日向春游性质的佳节演变。东晋永和九年(353年)修禊节,琅邪临沂人王羲之与谢安、孙绰等41人在山阴(今浙江绍兴)兰亭"修禊",大家"一觞一咏",汇成《兰亭集》,王羲之为他们写了赞誉千古的《兰亭集序》。该文叙述了兰亭周围的山水之美和聚会的欢乐之情,已没有了瘟疫垢疢的恐怖和祓禊禳灾活动了。

修禊节郊游、饮酒赋诗的风俗在山东南下的士族中十分盛行。南朝宋琅邪临沂人颜延之、南朝齐琅邪临沂人王融在修禊节都写过《三月三日曲水诗序》。其中,颜延之写道:

> 日缠胃维,月轨青陆,皇祇发生之始,后土布和之辰,思对上灵之心,以答庶萌之愿。有诏掌故,爰命司历,献洛饮之礼,具上巳之仪,南除辇道,北清禁林,略亭皋,跨芝田,宛太液,怀层山,山居峻垲,葱翠幽烟。于是,离宫卫设,别殿周徼。然后升秘驾,引缇骑,摇玉銮,发流吹,天动神移,渊渟云委,以降于行所,礼也。②

到了唐朝,寒食、修禊、扫墓③,都融汇到清明节中。清明节作为中国

①《晋书·王导传》,中华书局1974年版。
②《太平御览》卷三十《时序部一五·三月三日》,中华书局1960年影印版。
③关于扫墓,请参见本章第六节丧葬风俗。

的传统节日,最后定型。寒食、清明虽混为一谈,但仍有先后之别。一般清明前两日为寒食,需禁火冷食,第三日是清明。《东京梦华录》卷七《清明节》讲,"寒食第三日即清明节矣"。

2. 清明节的风俗活动

到隋唐时期,清明节的风俗活动明显增多,除由南北朝修禊节演变而来的踏青春游、饮酒赋诗外,许多起源于齐鲁的风俗都渗透到清明节中。

(1)换新火

禁火冷食,只在山西晋地比较严格,所以东汉周举、后赵石勒、北魏孝文帝屡禁不止。唐以后寒食,一般也禁火两日,只是为了去掉旧火种,换上新火种,追求一个"新"字,叫做"换新火"。杜甫《清明二首》:"朝来新火起新烟。"换新火要重新钻木取火,据《辇下岁时记》、《岁时广记》记载,唐代宫中有关人员都在宫殿前钻柳榆取火,先钻得者还得到赏赐。皇帝还将钻取的柳榆火种赐给近臣。有的达官显贵将传火的柳条插在门前,以向人炫耀。唐诗人韩翃《寒食》写道:

> 春城无处不飞花,寒食东风御柳斜。
>
> 日暮汉宫传蜡烛,轻烟散入五侯家。

唐朝皇帝不仅赐柳榆火种,还赐细柳圈。唐朝齐州临淄(今属山东)人段成式《西阳杂俎》卷一《忠志》载:"三月三日,赐侍臣细柳圈,言带之免虿毒。"这应是清明戴柳的最早记载。

其实,先秦时期,山东齐鲁地区不仅有换新火,还有薰屋、换新水、换新灶的风俗。《管子·禁藏》载:"当春三月,萩室熯造(燥),钻燧易火,杼井易水,所以去兹毒也。"《管子·轻重己》讲:"冬尽而春始……教民樵室钻燧、墐灶、泄井,所以寿民也。"

这里讲了春秋齐地春天流行的四项禳被消毒、卫生长寿的风俗。

第一,"萩室熯燥",也叫"樵室"。即燃蒿草薰屋消毒,如果是新造之屋,则燃蒿使之干燥。"萩"是一种似艾草的蒿草,有香气,山东至今仍有这种草。

第二,"杼井易水"。"杼"通"抒",意为舀,取出。即把井里的陈水淘干,使其冒出新水,也叫"泄井"。直到明清时期,山东邹平一带仍有清明

"淘井"①的旧俗。

第三,"钻燧易火"。与上述"换新火"同义。古人认为,"火不数变,时疾必兴"②,换火是为了防治疾病,当然是认识的误区,但这种在险恶生存环境下的探索和开拓精神是值得肯定的。

第四,"墐灶",即用泥土涂塞炉灶,使之焕然一新。

鲁国也有类似的风俗。《论语·阳货》载:"旧谷既没,新谷既升,钻燧改火,期可已矣。"到隋文帝时,员外散骑侍郎王劭"以古有钻燧改火之义,近代废绝,于是,上表请变火"。王劭的表章还提到,两晋时期不换新火,以致"有以洛阳火渡江者"③。隋文帝采纳了他的建议。因此,钻燧改火的风俗在隋唐再度流行,并放在清明节。

(2)荡秋千

秋千源起于春秋齐桓公。《古今艺术图》讲:"寒食秋千,本北方山戎之戏,以习轻趫者也。"④齐桓公伐山戎,传入中国。

南北朝时,秋千传到民间。南朝梁宗懔的《荆楚岁时记》载:"春时悬长绳于高木,士女衣彩服坐其上而推引之,名曰打秋千。"唐代清明,打秋千十分盛行。《开元天宝遗事》载,每到清明,唐宫中都要竖秋千。唐玄宗看见那些体态轻盈的宫女凌空飞舞,呼之为"半仙之戏"。杜甫《清明二首》称:"万里秋千习俗同。"

(3)蹴鞠

西汉刘向《别录》讲:"寒食蹴踘,黄帝所造,本兵势也。或云起于战国。按鞠与毬同,古人蹴踘以为戏。"⑤蹴鞠即中国古代的足球,亦作"蹋鞠"、"蹴鞠",最早盛行于战国时期的齐国。《战国策·齐策一》载,苏秦游说齐宣王,称齐国"临淄甚富而实,其民无不吹竽、鼓瑟、击筑、弹琴、斗鸡、走犬、六博、蹋鞠者"。这些都是工商业社会的风俗。从《韩非子·内储说上》记载的南郭先生滥竽充数,《史记·孙子吴起列传》记载的孙膑教田忌赛马,可证明苏秦所言不虚。

---

①清嘉庆六年《长山县志》,载丁世良、赵放主编:《中国地方志民俗资料汇编》华东卷上,书目文献出版社1995年版,第175页。
②③《隋书·王劭传》,中华书局1973年版。
④⑤《太平御览》卷三十《时序部一五·寒食》引,中华书局1960年影印版。

西汉骠骑将军霍去病带兵击匈奴，在塞外"穿域蹋鞠"①。唐司马贞索隐曰："今之鞠戏，以皮为之，中实以毛。"汉代蹴鞠是一项以踢球为内容的军事体育活动，"穿域"即造场地。球以皮制作，里面塞上毛，所以古代的球写做"毬"。由上述刘向《别录》的"寒食蹋蹴"可知，汉代民间过寒食也有这项活动。

唐代，蹴鞠成为清明节举行的一项娱乐活动。球的制作工艺改进了：外层为八片皮革缝成，内用动物膀胱作球胆充气，既结实又有弹性。可以集体竞赛，也可两人对踢。唐人仲无颜在《气毬赋》中写道："寒食景妍，交争竞逐，驰突喧闹，或略地丸走，乍凌空似月圆。"两人对踢，以踢的花样和次数来定胜负，称做"白打"。军队也以此习武娱乐。唐诗人韦应物《寒食后北楼作》："遥闻击鼓声，蹴鞠军中乐。"

平卢淄青镇节度使李师道在治所郓州（治今山东东平西北）也设立球场。《旧唐书·李正己传附李师道传》载，平卢淄青镇将刘悟率领将士攻入郓州，"至毬场，因围其内城，以火攻之，擒师道而斩其首"。

（4）拔河

拔河的发明者是春秋鲁国工匠鲁班。《墨子·鲁问》载："公输子（鲁班）自鲁南游楚焉，始为舟战之器，作为钩强之备。退者钩之，进者强（拒）之。"鲁班最初设计的是一种舟战之器，其中钩住、拉住对方后退战船的方法，演变为后来的拔河。

南北朝时，拔河盛行于南方，称做"牵钩之戏"。唐朝演变为拔河比赛，并放在春天二三月举行，清明节达到高潮。当时，不仅名称和现在相同，比赛规则也基本一致。唐人封演《封氏闻见记》载："古用篾缆，今民则以大麻絚，长四五十丈，两头分系小索数百条，挂于前，分二朋，两朋齐挽。当大絚之中，立大旗为界，震鼓叫噪，使相牵引，以却者为胜，就者为输，名曰'拔河'。"

（5）放风筝

风筝的发明者也是鲁国工匠鲁班。《墨子·鲁问》载："公输子（鲁班）削竹木以为鹊，成而飞之，三日不下。"后来，人们又以纸制作，称做"纸鸢"。春天多风，清明前后是放风筝的大好季节。

①《史记·卫将军骠骑列传》，中华书局 1959 年版。

总之,到了唐朝,清明节已从瘟疫、邪灾、火禁的恐怖中解放出来,介子推的情感也不再被理会。随着春回大地、万物更新,人们尽情地沐浴着风和日丽的春光,到处呈现出轻松欢快的生活气息。只是由于中国人祖先崇拜和宗法观念的浓重,唯一没有忘记的是到父母先人的坟墓上烧香拜土,在欢乐的气氛中保留了一份庄严肃穆的情感。

(五)端午节

端午节在夏历五月五日,又称端五、重午、端阳。它的形成是各地风俗互相融合的产物,现在仍有不同的地区特色。一般说来,北方起自五月是恶月,端午是驱邪避恶之日;南方起自越民族的龙图腾祭祀和龙舟竞渡。

1. 恶月恶日的恐怖

至迟到战国时期,齐鲁地区已有五月五日是恶月恶日和"不举五月子"的说法了。①两汉时期的人认为,不仅五月子不吉利,整个五月都万事不利。《风俗通·佚文·释忌》云:"俗云五月到官,至免不迁。""五月盖屋,令人头秃。"南北朝时,恶月恶日的说法还被写进阴阳卜筮方面的典籍中。《北齐书·宋景业传》载:"阴阳书,五月不可入官,犯之卒于其位。"

唐朝齐州临淄(今属山东)人段成式的《酉阳杂俎》卷十一《广知》还记载了山东流行的有关五月的另一种说法:"俗讳五月上屋,言五月人蜕,上屋见影,魂当去。"

其实,视五月为恶月也有一定的原因。五月已进入夏季,蛇、蝎、蟾蜍、壁虎、蜈蚣等五毒虫和蚊、蝇等毒虫都进入旺季,人们受伤后的伤口也容易发炎。由于它给人们带来的种种不幸,所以将其视为恶月。古人开始以感性的、质朴的认识来改造自然,顽强地生存,于是,又产生了五月端午的种种风俗。

2. 五色丝、艾草、菖蒲酒

汉代端午节以青、赤、黄、白、黑等色合成的五色丝系于手臂,又称做"百索",可以避兵、驱瘟、除邪、止恶气。《风俗通》载:"五月五日以五彩丝系臂者,辟兵及鬼,令人不病温。"又曰:"亦因屈原,一名长命缕,一名续命

①参见本章第五节生老风俗。

缕,一名辟兵缯,一名五色丝,一名朱索。"又曰,五色缯"青、赤、白、黑以为四方,黄为中央"①。

《后汉书·礼仪志中》又载:"五月五日,朱索五色印为门户饰,以难止恶气。"五色印又称桃印,是以五色书文的桃木板。道教产生后,桃印又演变为天师符,用来镇恶。北齐魏收《五日》诗:"辟兵书鬼字,神印题灵文。"

隋唐时期,朝廷过端午时,皇帝和文武百官往往互相赠送五色丝,已由避鬼邪而演变为长寿、欢乐之意了。唐人窦叔向《端午日恩赐百索》:"仙宫长命缕,端午降殊私。事盛蛟龙见,恩深犬马知。"

《夏小正》载,五月"蓄药,以蠲除毒气也"。《大戴礼记》称:"五月五日蓄兰为沐。"②兰是兰草,即香草,可供药用。屈原《离骚》:"纫秋兰以为佩。"古代人佩兰、以兰草水沐浴,都是为了清毒祛毒。

南北朝时,又出现了在门口挂艾草人禳毒的风俗。艾草有香味,晒干后燃烧,可驱蚊蝇,也可灸治伤病,所以端午节最受人们重视。《荆楚岁时记》云,五月五日,"采艾草以为人,悬门户上以禳毒气"。有的将艾草做成虎形,称做艾虎,戴在头上。陈元靓《岁时广记》卷二十一载,北宋青州益都(今属山东)人王沂公(曾)《端午贴子》云:"钗头艾虎辟群邪,晓驾祥云七宝车。"这说明北宋以前,山东也流行这一风俗。

唐朝又形成端午节饮菖蒲酒的风俗。菖蒲是水生植物,可入药。最初饮菖蒲酒是为了预防五毒叮咬和外伤发炎,后转化为和平长寿之意。唐人殷尧藩《端午日》:"少年佳节倍多情,老去谁知感慨生。不效艾符趋习俗,但祈蒲酒话升平。"宋人无名氏《夫人阁端午贴子词》:"共荐菖蒲酒,君王寿万春。"③

用艾草、菖蒲等草药驱毒祛瘟,本是古代中医的职责。所以,五月端午还是古代医学家采药制药的日子。除上述《夏小正》"蓄药以蠲除毒气"的记载外,北魏益都(今属山东)人贾思勰《齐民要术》中有端午采药、合药、制药的记载。因此,端午还应视为中国古代的制药日。

3. 五毒图

唐朝齐州临淄人段成式《酉阳杂俎》卷一《礼异》载,北朝妇人"五月进

①②《太平御览》卷三十一《时序部一六·五月五日》引,中华书局1960年影印版。
③《古今图书集成·岁功典·端午部》引,中华书局、巴蜀书社1985年版。

五时图、五时花,施帐之上。是日又进长命缕、宛转绳,皆结为人像带之"。

所谓"五时图",就是在纸上画蛇、蝎、蟾蜍、壁虎、蜈蚣等五毒虫,也称"五毒符"。据说这五种有毒的生物只有同时存在时,才不敢互相斗争,得以和平共处。所以,将五时图挂在床帐之上,就可以防止这些毒虫作怪。

据东汉应劭等人的记载,长命缕、宛转绳是端午带在手臂上的五色丝。明代田汝成《熙朝乐事》载:"结五色丝为索,系小儿臂,男左女右,谓之长命缕。"但结合唐朝太常博士仲子陵《五丝续宝命赋》中"对回鸾之十字,手如振素,盘续命之五丝"①的描述,段成式讲的"结为人像带之",似乎是用五彩丝盘成的中国结式的人像,且带在身上,而不是系在手臂上。

4. 龙舟竞渡和伍子胥、曹娥、屈原

在北方度恶月恶日的同时,南方正进行着激烈的龙舟竞渡活动。

南方越族以龙为图腾,在先秦时期就有祭祀龙的节日,龙舟竞渡是其活动之一。《事物原始》引《越地传》云:"竞渡之事起于越王勾践,今龙舟是也。"1935 年在河南汲县战国墓出土的鉴上,1965 年四川成都出土的铜壶上,都有竞龙舟的图案。说明战国时期就有龙舟竞渡风俗,而且不仅仅局限于吴越地区。

从汉到南北朝,中国的节日开始赋予纪念意义和人文化的倾向。由于五月五日是恶月恶日,许多著名历史人物放在此日死去,正符合当时的观念。

至于五月端午纪念的历史人物,因地区而各不相同。

今山西一带纪念介子推,但与竞渡无关。《邺中记》载:"并州俗以介子推五月五日烧死,世人为其忌,故不举食。"蔡邕的《琴操》曰:"介子绥(推)割腓股以啖重耳,重耳复国,子绥独无所得,绥甚怨恨,乃作龙蛇之歌以感之,终不肯出。文公令燔山求之,子绥抱木而烧死,文公令民五月五日不得发火。"②

南方吴越之俗,是纪念伍子胥和曹娥。据南宋吴自牧《梦粱录》卷九《浙江》载,伍子胥自杀后,被吴王夫差以鸱夷之革裹着扔进钱塘江,化为波神。《史记·伍子胥列传》也载,伍子胥死后,夫差以"鸱夷革"盛尸,浮之江中。吴人为他立祠于江边,命曰胥山。每年五月五日,当地人都要泛舟江

---

① (清)董诰等:《全唐文》卷五一五引,中华书局 1983 年影印版。
② 《太平御览》卷三十一《时序部一六·五月五日》引,中华书局 1960 年影印版。

上,以迎波神。《曹娥碑》载:"五月五日,以迎伍君。"

曹娥是东汉会稽人。《会稽典录》载,曹娥之父"絃歌为巫"①,五月五日溯涛迎波神而溺死。曹娥年方14岁,寻找父尸,投江而死,与父尸一起浮出江面。当地人以其孝女,为其立碑。每到阴历五月五日,当地为纪念曹娥,在龙舟上为其塑像,划龙舟竞渡。

赛龙舟纪念屈原的说法,流行于荆楚地区。《隋书·地理志下》载:"屈原以五月望日赴汨罗,土人追至洞庭不见,湖大船小,莫得济者,乃歌曰'何由得渡湖!'因尔鼓棹争归,竞会亭上,习以相传,为竞渡之戏。"

南朝梁宗懔的《荆楚岁时记》作了较为全面的说明:"五月五日竞渡,俗为屈原投汨罗日,伤其死,故并命舟楫以拯之。舸舟取其轻利,谓之飞凫⋯⋯邯郸淳《曹娥碑》云:'五月五日时迎伍君,逆涛而上,为水所淹。'斯又东吴之俗,事在子胥,不关屈平(原)也。《越地传》云,起于越王勾践,不可详矣。"

总之,在南北朝以前,五月端午各自纪念本地的历史人物。隋唐统一后,经过各地风俗的渗透、汇融和人们的普遍筛选,具有爱国主义精神的屈原击败了其他对手,龙舟竞渡纪念屈原的说法,得到人们的普遍认同。

5. 粽子

粽子是南北方普遍食用的端午节日食品。西晋时的五月五日就吃粽子了,当时一名曰"粽",一名曰"角黍"。西晋周处《风土记》载:"俗以菰叶裹黍米,以淳浓灰汁煮之,令烂熟,于五月五日及夏至啖之。一名粽,一名角黍。"②自五月端午纪念屈原的说法产生后,逐渐与屈原联系在一起了。南朝梁吴均《续齐谐记》载:

> 汉建武(25—56年)中,长沙区迴白日忽见士人,自称三闾大夫,谓迴曰:"君常见祭甚诚,但常年所遗,俱为蛟龙所窃。今君惠,可以練树叶塞其上,以彩丝缠缚之,此二物蛟龙所惮也。"迴谨依旨。今世人五日作粽,并带練叶及五色丝,皆汨罗之遗风。③

---

① 《太平御览》卷三十一《时序部一六·五月五日》引,中华书局1960年影印版。
②③ 《太平御览》卷八五一《饮食部九·粽》引,中华书局1960年影印版。

从南北朝开始，粽子不仅和屈原联系起来，而且以楝叶包裹，系以五彩丝了。

隋唐以后的粽子，形制和花样不断增多，有百索粽、九子粽、角粽、锥粽、茭粽、筒粽、称锤粽等等。粽内还包裹枣、栗、糖果等。每到端午，人们将自己制作的粽子互相馈赠、品尝，已不再扔到江里供飨屈原了。

（六）七夕节

七夕节在夏历七月七日夜，它与中国古代一个美丽的爱情神话联系在一起。

西周时期，人们就认识了牵牛星和织女星。《诗·小雅·大东》："跂彼织女。""睆彼牵牛。"当时，她们虽没有爱情纠葛，但在先秦的占星术中已被人格化了。《史记·天官书》："牵牛为牺牲……其北织女。织女，天女孙也。"张守节正义曰："（牵牛星）不明、不通，天下牛疫死。""织女三星……主果蓏、丝帛、珍宝。《占》：王者至孝于神明，则三星俱明；不然，则暗而微，天下女工废；明，则理。大星怒而角，布帛涌贵；不见，则兵起。"

到了汉代，人们开始给牵牛、织女联姻。汉代的《古诗十九首》描绘说："迢迢牵牛星，皎皎河汉女……盈盈一水间，脉脉不得语。"东汉应劭的《风俗通·佚文·阴教》载："织女七夕当渡河，使鹊为桥。"应劭算是为古代的自由婚姻搭了鹊桥，后来追求婚姻自由的人们，应该向他致以崇高的谢意。

直到南北朝，牵牛和织女才"正式结婚"，但他们的婚姻很不美满。据《月令广义·七月令》引南朝梁殷芸《小说》载，织女是天帝孙女，年年在机杼上纺织，天帝见她可怜，将她嫁给了天河西边的牛郎。但织女结婚后，竟变成一个贪欢恋爱的懒女子，不再纺织了。天帝大怒，责令她回到河东，一年只允许和牛郎见一面。南朝梁吴均《续齐谐记》也载，七月七日织女渡河，"世人至今云织女嫁牵牛也"。道教的玉皇大帝和王母娘娘形成后，民间按照自己的喜好进行改造，逐渐演变为现在的传说。

从牵牛、织女故事的演变来看，七夕节正式形成于汉代。七夕节的主要风俗活动是乞巧和看牛郎织女相会，汉代都已产生了。由于乞巧与中国男耕女织的农业自然经济联系得特别密切，因而特别受到重视。

牵牛、织女一年只能在七夕相会一次，还要由喜鹊搭桥。古人对此寄予了无限的同情和遗憾。千百年来，尽管从未看到牵牛星和织女星在银河上相会，还是以极大的耐心和企盼，每逢七夕观看不辍。南朝宋琅邪临沂（今属山东）人颜延之还写了一首《织女赠牵牛》诗：

> 婺女丽经星，姮娥栖飞月。惭无一媛灵，讬身侍天阙。
> 同殊阃未央，银河岂沐发。汉阴不夕怅，长河为谁越？
> 有促宴归期，万顷凉风发。非怨杼柚劳，但念芳菲歇。①

（七）中秋节

顾炎武在《日知录》卷三十《天文》中讲："三代以上，人人皆知天文。"古代人民不仅认识牵牛星、织女星，想象出美妙的故事，而且还认识和描绘月亮，以观月、赏月为主要活动的中秋节，就是由对月亮的崇拜和遐思，而成为传统节日的。

1. 月宫的传说

早在战国以前，古人就传说月中有蟾蜍，故古代人称月亮为"蟾宫"。后来又增加了玉兔、桂树、嫦娥、吴刚等。汉武帝太初四年（前101年）建桂宫，故址在今西安市西北。南朝时又把月宫称做"桂宫"。自汉代传说月中桂树后，后人遂以桂枝比喻世间少有。西晋济阴单父（今山东单县）人郤诜举贤良对策列为上第，后迁雍州刺史。晋武帝于东堂会送，问他感到荣耀否。郤诜对曰："臣举贤良对策，为天下第一，犹桂林之一枝，昆山之片玉。"②唐代科举正好在八月举行，应试得中者

山东嘉祥满硐乡宋山东汉画像石
西王母图中的玉兔捣药

①《太平御览》卷三十一《时序部一六·七月七日》，中华书局1960年影印版。
②《晋书·郤诜传》，中华书局1974年版。

称"折桂"。

古人又把月宫称做广寒宫。据《龙城录·明皇梦游广寒宫》传说,八月十五日夜,唐玄宗与道士申天师、鸿都客三人,在云上游月中,寒气逼人,见一大宫府榜曰"广寒清虚之府"。又见白衣素娥舞于大桂树之下,音乐清丽。明皇暗自览记,回宫后编律成音,制《霓裳羽衣曲》。

到唐代为止,有关月宫的神话,基本齐备了。

2. 中秋赏月

中秋一词,最早见于《周礼·夏官司马·大司马》:"中秋,教治兵。"《事物原始》载:"八月十五为中秋,何也? 欧阳詹《玩月》序云,秋之于时,后夏先冬;八月于秋,季始孟终。十五于夜,又月之中。稽之天道,则寒暑均;取诸月数,则蟾魄圆,故曰中秋。言此日为三秋之中也,又谓之月夕。"

《仪礼·觐礼》载,天子"礼月与四渎于北门外"。《国语·周语上》,先王"有朝日、夕月,以教民事君"。《周礼·春官宗伯·典瑞》郑玄注曰:"天子常春分朝日,秋分夕月。"八月中秋正是收获的季节,古人要举行祭祀土神的仪式,叫做"秋报"、"秋社"。这些活动,可视为中秋节的渊源。

由于中秋的月亮特别皎洁晶莹,从汉代开始由祭月、礼月逐步演变出赏月之风。汉代文学家枚乘有《月赋》,南朝沈约有《咏月诗》。这些咏月、赏月的诗赋,并没固定在八月十五日,所以并没有形成节日。

中秋节的正式形成是在唐代。据《开元天宝遗事》载,八月十五日夜,唐玄宗备文酒之宴,与禁中直宿诸学士玩月。以后每年八月十五,都照例赏月。为了与杨贵妃一起望月,还敕令于太液池西岸筑百丈高台,因安史之乱爆发,没有修成。

唐以前文人学士咏月的诗文,不全在八月十五日。如西晋陆机诗:

> 安寝北堂上,明月入我牖。照之有余晖,揽之不盈手。

南朝宋鲍照《玩月》诗:

> 始见西南楼,纤纤如玉钩。未映东北墀,娟娟似蛾眉。
> 蛾眉蔽珠拢,玉钩隔琐窗。三五二八时,千里与君同。
> 夜移衡汉落,徘徊帷户中。

北周王褒《关山月》诗：

> 关山夜明月，愁色照孤城。半形同汉阵，金影逐胡兵。
> 天寒光转白，风多晕欲生。寄言亭上吏，游客解鸡鸣。①

这些诗都没提到中秋月，自唐玄宗以后，大都是中秋咏月了。如唐诗人李白《中秋赏月》："举杯邀明月，对影成三人。"韦庄《送李秀才归荆溪》："八月中秋月正圆，送君吟上木兰船。"司空图《中秋》："此夜若无月，一年虚过秋。"这些都是中秋赏月留下的佳句。不仅文人学士赏月、咏月，平民百姓亦"千家看露湿，万里觉天清"②。

（八）重阳节

重阳节是夏历九月九日。《易经》将九定为阳数，九月九日的月、日都是九，故曰"重阳"。魏文帝曹丕《与钟繇九日送菊书》讲："岁往月来，忽复九月九日。九为阳数，而日月并应，俗嘉其名。"

1. 登高、佩茱萸、饮菊花酒

战国秦汉时期，重阳节的一些民俗事象如登高、饮菊花酒、插茱萸等已经萌芽，其中登高的风俗来自齐国的齐景公。北宋高承《事物纪原》载："齐景公始为登高。"

汉代九月九日登高、佩茱萸、采菊花沿袭成俗。《西京杂记》载："汉武帝宫人贾佩兰云：'在宫时，九月九日佩茱萸，饮菊花酒，令人长寿。'"③《四民月令》也记载："九月九日，可采菊华（花）。"④东晋陶渊明《饮酒》诗有"采菊东篱下，悠然见南山"的名句，后因以"东篱"为采种菊花的地方。宋代山东济南女词人李清照有"东篱把酒黄昏后"的名句。

两汉以后流传用登高、菊花酒、茱萸囊攘除恶气、灾厄的说法。

西晋周处《风土记》载："俗上九月九日谓为上九，茱萸到此日气烈，熟，

---

①《太平御览》卷四《天部四·月》引，中华书局1960年影印版。
②（唐）张南史：《和崔中丞中秋月》，《古今图书集成·岁功典·中秋部》引，中华书局、巴蜀书社1985年版。
③《太平御览》卷九九一《药部八·茱萸》引，中华书局1960年影印版。
④《太平御览》卷九九六《百卉部三·菊》引，中华书局1960年影印版。

色赤,可折茱萸,囊以插头,云避恶气,御冬。"①

南朝梁吴均《续齐谐记》载,东汉汝南桓景随方士费长房学道。费长房告诫桓景说:"九月九日汝家有灾厄,宜令急去,家人各作绛囊,盛茱萸以系臂上,登高饮菊花酒,此祸可消。"重阳过后,待桓景全家回来一看,院中鸡、狗、猪、羊、牛全都暴死。费长房说,这是家畜代你们受了祸。从此,"世人每至此日,登高山、饮酒、戴茱萸囊是也"②。

2. 饮酒赋诗

汉晋以后,皇帝百官、文人学士登高饮酒,赋诗咏怀等风雅之事,史不绝书。

东晋桓温九月九日于龙山(今安徽当涂东南)大宴僚佐,参军孟嘉被风吹落帽子而不觉。待其如厕,桓温命左右取帽放其座上,并命孙盛作文嘲弄他。孟嘉返回,作文回赠,"其文甚美,四坐嗟叹"③。后来,"龙山落帽"成为才华横溢的典故。

东晋陶渊明辞官隐居,重阳节无酒,空对菊花惆怅,琅邪临沂(今属山东)人、江州刺史王弘派白衣使者为他送酒,写下了《九日闲居》诗,其中有"往燕无遗影,来雁有余声","如何蓬庐士,空视时运倾"的名句。这就是"陶公咏菊"、"白衣送酒"的故事。

"费长房教桓景"、"龙山落帽"、"陶公咏菊"等,都成为重阳节的典故在山东人中广为流传。宋代济南词人辛弃疾《念奴娇·重九席上》称:"龙山何处? 记当年高会,重阳佳节,谁与老兵(指桓温)供一笑? 落帽参军华发。"1935年山东《德县志》卷十三《风土志·礼俗》载:"九月九日为重阳节,登高饮酒,始于费长房教桓景之说。厥后,'陶元亮菊园持醪,孟万年龙山落帽'传为佳话,至今人多仿效之,不独此地为然。"

重阳节赋诗咏菊的风俗在山东的文人学士中也十分流行。唐末农民起义领袖、冤句(今山东菏泽西南)人黄巢在著名的《菊花》诗中写道:

待到秋来九月八,我花开后百花杀。

冲天香阵透长安,满城尽带黄金甲。

---

① ②《太平御览》卷九九一《药部八·茱萸》引,中华书局1960年影印版。
③《晋书·孟嘉传》,中华书局1974年版。

3. 食糕

糕,古代称做"饵"、"糍"。《释名》曰:"饵,而也。相粘而也。"①先秦时期谷贱黍贵,带黏性的黍米饭是"食之贵者"。《周礼·天官冢宰·笾人》载:"羞笾之实,糗饵粉糍。"郑玄注曰:"此二物皆粉稻米、黍米所为也。合蒸曰饵,饼之曰糍。"这种将黍磨成面粉合蒸的糕,就更为珍贵了。

隋代杜台卿《玉烛宝典·食蓬饵饮菊花酒》讲:"九日食蓬饵(糕)饮菊花酒者,其时黍秫并收,因以黏米嘉味,触类尝新,遂成积习。"《隋书·五行志》载当时民谚说:"七月刈禾伤早,九月吃糕正好。"可见,重阳节食糕的风俗,与收获已毕的农事季节有密切关系。

（九）魏晋南北朝隋唐时期节日的特点

魏晋南北朝隋唐时期,节日得到进一步的充实、发展、融合,呈现出新的特点。

1. 节日从禁忌、祓禊、禳除等神秘气氛中解放出来,转变为礼仪型、娱乐型的"良辰佳节",庄严神秘的仪式变成了喜闻乐见的娱乐活动,节日风俗呈现轻松愉快的生活情调。爆竹不再是驱鬼的手段,而是欢快和热烈的象征;驱傩变成了街头演出的小戏;上巳节祓禊为游春踏青所替代;祭神庭燎的灯火变成人们观赏的花灯;有关节日的鬼神也不再狰狞可怕,变得浪漫而富有诗情画意;凶神恶煞的门神先由武举钟馗取代,又转让给威武潇洒的将军。荡秋千、放风筝、蹴鞠、拔河等大量体育娱乐活动出现在节日中。

2. 节日呈现中外、南北风俗融和的特点。对屈原、介子推、伍子胥等历史人物的祭奠代替了某些原始的崇拜活动,节日出现人文化倾向和纪念性意义;道教的三元节,佛教的浴佛节、盂兰盆会节等,渗透到节日风俗中。

3. 节日成为统治者奢侈腐化、与民同乐、歌舞升平的手段。

隋炀帝庆祝元宵节,西域诸国酋长毕集洛阳,在端门大演百戏,戏场绵亘八里,歌舞演员达 3 万人,灯光照耀天地,彻夜不灭,一连折腾了一个月。

---

① 《太平御览》卷八六〇《饮食部一八·饵糍》引,中华书局 1960 年影印版。

唐玄宗制作一巨型灯轮,高达 20 丈,悬挂花灯 5 万盏,犹如霞光万道的花树。如果说隋唐本来就是太平盛世,统治者讲究排场是歌舞升平的话,那么,后来的封建统治者在内忧外患的情况下,仍秉承这一传统,则纯粹是粉饰太平了。如宋徽宗在女真虎视眈眈的情况下,每年都隆重庆祝元宵节。宣和四年(1122 年),竟荒唐地来了个预借元宵。有位无名氏者,写了一首《贺圣朝》:"太平无事,四边宁静狼烟渺。国泰民安,谩说尧舜禹汤好。"没过五年,宋徽宗就当了金人的俘虏。

四、婚姻风俗

魏晋南北朝隋唐时期,山东婚俗中的父母之命进一步强化,早婚较为普遍,出现了多种由父母决定的婚姻形式;婚礼得到进一步扩充,渗透了较多的胡俗因素;婚姻门第观念发展到顶峰;伴随着儒学的式微,出现对婚姻礼制的大幅度背离。

(一) 父母之命进一步强化

魏晋南北朝隋唐时期的山东,父母之命、媒妁之言仍然是婚姻媒介的主要方式。父母之命带有明显的政治等级特色,父母辈中一旦有为官者,或出人头地者,自然就获得为后辈主婚的权力。《晋书·羊祜传》载,泰山南城(在今山东新泰)人羊祜"博学能属文,身长七尺三寸,美须眉,善谈论,郡将夏侯威异之,以兄霸之子妻之"。叔叔是郡将,在家中说话就气粗,见到得意快婿,"没商量"地为侄女许婚了。

由于魏晋南北朝时期战争频仍,人口数量减少,为确保社会经济等的正常发展,需以人口繁衍加以补充。于是,早婚现象严重。《晋书·武帝纪》载:"制:女年十七,父母不嫁者,使长吏配之。"北魏献文帝年 17,而儿子孝文帝已 5 岁。北齐后主武平七年(576 年)二月,"括杂户女年二十以下,十四以上未嫁悉集省,隐匿者家长处死刑"①。由此可知,包括山东在内的北齐,女子结婚的年龄在 14 岁到 20 岁之间。到唐朝便形成了倡导早婚的开元

---

①《北齐书·后主纪》,中华书局 1972 年版。

婚制。唐玄宗开元二十二年(734 年)"诏男十五,女十三以上,得嫁娶" ①。

父母之命强化的另一表现是出现父母包办的畸形早婚——幼童婚、指腹婚。

幼童婚是指男女在很小的时候,双方父母之间事先约定的婚姻。

《三国志·魏书·王修传》注引王隐《晋书》载,北海营陵(今山东昌乐东)人王裒之父王仪被司马昭所杀,"痛父不以命终,绝世不仕,立屋墓侧,以教授为务。且夕常至墓前拜,辄悲号断绝。墓前有一柏树,裒常攀援,涕泣所著,树色与凡树不同……同县管彦,少有才力,未知名。裒独以为当自达,常友爱之,男女各始生,共许为婚。彦果为西夷校尉。裒后更以女嫁人,彦弟馥问裒,裒曰:'吾薄志毕愿,山薮自处,姊妹皆远,吉凶断绝,以此自誓。贤兄子葬父于帝都,此则洛阳之人也,岂吾欲婚之本指邪?'馥曰:'嫂,齐人也,当还临淄。'裒曰:'安有葬父河南,随母还齐! 用意如此,何婚之有?'遂不婚"。

这是一桩未遂的幼童婚的记载。王裒、管彦的儿女各始降生,便订下婚约。其不成的原因并不在于婚姻本身,而是由于管彦之子违背了王裒允婚的原旨。此时管彦已死,其弟竟能凭约责问王裒,可见这种婚姻的稳定性和婚约约束效力的长久。

指腹婚又称"胎婚",现在叫"娃娃亲",指父母为未出生的胎儿订婚,是畸形的早婚和典型的父母之命。

指腹婚起自汉代。《后汉书·贾复传》载,贾复在激战中受重伤,汉光武大惊说:"我所以不令贾复别将者,为其轻敌也,果然,失吾名将。闻其妇有孕,生女邪,我子娶之;生男邪,我女嫁之。"

魏晋南北朝时,指腹为婚在山东士族中相当盛行。北魏清河郡东武城(今山东武城)人崔浩的侄女是王慧龙之妻,女儿是尚书卢遐妻,二女同时怀孕,崔浩说:"汝等将来所生,皆是我之自出,可指腹为亲。""及婚,浩为撰仪,躬自监视,谓诸客曰:'此家礼事,宜尽其美。'" ②崔浩把儿女婚事当做儿戏,来附庸风雅,他撮合的不仅是指腹婚,还是堂姊妹的子女间的近亲。

起源于先秦时期的冥婚,也是一种父母之命。冥婚又叫鬼婚,是指未婚

①《新唐书·食货志一》,中华书局 1975 年版。
②《魏书·王慧龙传附王宝兴传》,中华书局 1974 年版。

死人之间结为夫妻,后来发展到活人与死人结为夫妻。这一婚俗有着悠久的历史。

《周礼·地官司徒·媒氏》载:"禁迁葬者与嫁殇者。"郑玄注曰:"迁葬,谓生时非夫妇,死既葬,迁之,使相从也。殇,十九以下未嫁而死者。生不以礼相接,死而合之,是亦乱人伦者也。郑司农(东汉郑众)云:'嫁殇者,谓嫁死人也,今时娶会是也。'"孔颖达疏曰:"嫁殇者,生年十九已下而死,死乃嫁之。"郑玄是山东高密人,孔颖达是曲阜孔氏后裔,二人对此俗均不陌生,既然礼制明令禁止,恰恰说明先秦两汉时期的山东就有让双方合葬成婚和嫁死人的冥婚风俗,不然,就用不着禁止了。

这一婚俗在魏晋南北朝隋唐时期的山东仍然存在。三国曹操想让死去的爱子曹冲娶北海朱虚(治今山东临朐东南)人邴原的亡女。邴原拒绝说:"合葬,非礼也。原之所以自容于明公,公之所以待原者,以能守训典而不易也。若听明公之命,则是凡庸也,明公焉以为哉?"①后曹操又为曹冲娶甄氏亡女成冥婚。

唐朝的山东人中,还有结冥婚后又离婚的。唐中宗韦皇后的亡弟与沂州(治今山东临沂)人、宰相萧至忠的亡女结冥婚合葬。后来,李隆基发动政变,韦氏败亡,"至忠发墓,持其女枢归"②。由此可知,古代父母之命还包办业已死去的儿女的婚姻。

魏晋南北朝隋唐时期的个别自愿婚仍然存在。清河东武城(治今山东武城西)人张彝,北魏宣武帝时为安西将军、秦州刺史。"时陈留公主寡居,彝意愿尚主,主亦许之。仆射高肇亦望尚主,主意不可。"陈留公主自愿嫁给张彝,而不愿嫁给高肇。若不是张彝被高肇诬陷而中风,二人应该是一桩美满的自愿婚。

(二)婚礼进一步扩充

重婚礼、轻法律的传统婚姻价值观,使婚礼在传承过程中不断得到扩充。先秦时的纳采、问名、纳吉、纳徵、请期、亲迎等传统的婚姻六礼都出现

---

①《三国志·魏书·邴原传》,中华书局 1959 年版。
②《旧唐书·萧至忠传》,中华书局 1975 年版。

了新的内容。

1. 纳采

纳采即纳采择之礼,后来也称"合婚"、"说媒"等。男方托媒向女方提亲,女方答应后,以兽皮和雁作小礼物向女方求婚。当时,山东仍盛行女方主动向男方求婚,往往自谦曰"执箕帚"。上述秦末单父(今山东单县)人吕公向刘邦求婚,就谦称"愿为季箕帚妾",这个"箕帚妾"后来竟然是"佐高祖"定天下的吕后。

东晋太尉、高平金乡(今属山东)人郗鉴派门生到司徒、琅邪(治今山东临沂)王导家为女儿求婚,门生回来说:"王氏诸少并佳,然闻信至,咸自矜持,惟一人在东床坦腹食,独若无闻。"郗鉴说:"正此佳婿邪!"①一打听,原来是王导的侄子王羲之。这就是"坦腹东床"的故事。

纳采的礼仪内容也得到充实。唐朝齐州临淄(今属山东)人段成式《酉阳杂俎》卷一《礼异》载:"婚礼,纳采有合欢嘉禾、阿胶、九子蒲、朱苇、双石、绵絮、长命缕、干漆。九事皆有词:胶漆取其固;绵絮取其调柔;蒲苇为心,可屈可伸也;嘉禾,分福也;双石,义在两固也。"这些婚礼上所用的吉祥物,都是美好的象征,反映了传统婚姻生育型、终身型的价值选择。

2. 财婚的盛行与陪门财

先秦婚姻六礼中的"纳徵",即结婚下聘礼。魏晋南北朝隋唐时期婚姻的聘礼,不仅承接两汉以来财婚之弊,而且带有鲜明的门第等级特征。

西晋"王戎女适裴頠,贷钱数万。女归,戎色不悦。女还钱,乃释然"②。王戎是琅邪临沂人,"性好兴利,广收八方园田水碓,周遍天下",女儿结婚,即便再吝啬,也要陪送妆奁。女儿得到妆奁后,又贷数万才筹办完婚事。

西晋阮修家贫,"年四十余未有室,王敦等敛钱为婚,皆名士也,时慕之者求入钱而不得"③。王敦是琅邪临沂(今属山东)人,尚晋武帝女儿襄城公主,完全有财力帮助阮修完婚,竟然公开向社会名士征集钱财,非名士的钱财还不要,数目肯定小不了,由此可知当时聘礼的豪奢。

①《晋书·王羲之传》,中华书局1974年版。
②《世说新语·俭啬》,载《诸子集成》,上海书店1986年影印版。
③《晋书·阮籍传》,中华书局1974年版。

北魏文成帝和平四年(463年)十二月诏书说:"今丧葬嫁娶,大礼未备,贵势豪富,越度奢靡,非所谓式昭典宪者也。有司可为之条格,使贵贱有章,上下咸序,著之于令。"①事隔15年以后,北魏孝文帝太和二年(478年)又下诏说:"婚娉过礼,则嫁娶有失时之弊;厚葬送终,则生者有糜费之苦。圣王知其如此,故申之以礼数,约之以法禁。迺者,民渐奢尚,婚葬越轨,致贫富相高,贵贱无别。"②朝廷三令五申,禁止婚聘过礼,贫富相高,但仍然屡禁不止。

北齐琅邪人颜之推《颜氏家训·治家篇》说:"近世嫁娶,遂有卖女纳财,买妇输绢,比量父祖,计较锱铢,责多还少,市井无异。"为筹办婚嫁聘礼,竟达"卖女买妇"的程度,而且男女两家公开讨价还价,形同市井商人。北齐时,山东、河北一带流传民谚说:"送骡乃嫌脚跛,评田则云咸薄,铜器又嫌古废。"③即便是以骡马、土地、重器为聘礼,人家还要挑剔。

财婚之风不仅限于北朝,南朝萧齐时,东海(治今山东郯城西)王源丧妇且家贫,嫁女给吴郡富阳人满璋之,得聘礼钱5万,在当时是个巨大的数字,说明南朝的山东人中也有财婚现象。

到隋唐时期,由于聘礼越来越奢侈铺张,朝廷不得不以法令禁止。唐高宗显庆四年(659年)十月诏:"天下嫁女受财,三品以上之家,不得过绢三百匹;四品、五品不得过二百匹;六品、七品不得过一百匹;八品以下不得过五十匹,皆充所嫁女资装等用。其夫家不得受陪门之财。"④

"陪门财"是在士庶不婚的门第观念下出现的一种新的聘礼,即门第低的一方出钱财作聘礼,赔高者一方的门第。该俗最早始于南北朝,一些没落的士族贪图庶族的财礼而与之联姻,以获取大宗钱财。赵翼在《廿二史劄记》卷十五中说:"魏、齐之时,婚嫁多以财币相尚,盖其始高门与卑族为婚,利其所有,财贿纷遗。其后遂成风俗,凡婚嫁无不以财币为事,争多竞少,恬不为怪也。"

隋唐时期,以清河(治今山东武城)崔氏为代表的北方士族门阀,坚持不与庶族通婚,逼不得已,则多要"陪门财"。为此,唐高宗曾下令严厉禁止。《资治通鉴·高宗显庆四年》载:"初,太宗疾山东人士自矜门地,

---

①②《魏书·高宗纪》,中华书局1974年版。
③《北齐书·封述传》,中华书局1972年版。
④《通典》卷五十八《礼十八·公侯大夫士婚礼》,浙江古籍出版社1988年影印版。

婚姻多责资财……（高宗）仍定天下嫁女受财之数，毋得受陪门财。"胡三省注曰："陪门财者，女家门望未高，而议姻之家非耦，令其纳财以陪门望。"

3. 亲迎与催妆、障车

催妆是男家亲迎时，在女家门前高声呼叫，催促新娘快些出门登车的风俗。段成式的《酉阳杂俎》卷一《礼异》载："北朝婚礼，青布幔为屋，在门内外，谓之青庐，于此交拜。迎妇，夫家领百余人，或十数人，随其奢俭，挟车俱呼：'新妇子，催出来！'至新妇登车乃止。"可知催妆婚俗起自南北朝的北方游牧民族，在门前用青布幔搭成帐篷，新娘在里面化装，男方带人来迎娶时在帐篷外大叫，直到新娘出来上车为止。唐宋时期，催妆被吸收到汉族婚俗中来，挟车高呼变成了高雅的催妆诗。《资治通鉴·中宗景龙二年》胡三省注云："唐人成婚之夕，有催妆诗、却扇诗。"

"障车"指亲迎之日，女方集众人于道途，喧呼作乐，拦截迎新妇之车，必须男方馈以财物及酒食，始予放行。唐封演《封氏闻见记·花烛》称："近代婚嫁，有障车、下婿、却扇及观花烛之事，及有下地安帐并拜堂之礼，上自皇室，下至士庶，莫不皆然。"《新唐书·唐绍传》也称："昏家（婚嫁）盛设障车，拥道为戏乐，邀贵捐赀动万计，甚伤化紊礼，不可示天下。"后又出现与催妆诗类似的"障车文"，女方请人代作，多祝颂之语。唐司空图有《障车文》。山东当时亦流行"障车"之俗。段成式《酉阳杂俎》续集卷三《支诺皋下》载，曹州（治今山东曹县西北）刺史李氏之女嫁中书舍人崔嘏之弟崔暇，令兵马使国邵南准备"障车文"。国邵南因梦李氏女执红笺题诗一首，赠给崔暇。崔暇朗吟诗文曰："莫以贞留妾，从他理管弦。容华难久驻，知得几多年。"国邵南遂以此诗为"障车文"。婚后才一岁，李氏女卒。直到今天，山东莱州、招远、黄县一带，仍然有半路拦截迎新娘喜车，索要喜糖、喜烟的习俗。

4. 入帐、新妇乘鞍、谑郎、闹房、看新妇

上述设青庐在唐朝又称"铺设帐仪"、"入帐"或"登虚帐"，也以青布幔为屋，在此交拜迎妇。段成式《酉阳杂俎》续集卷四《贬误》讲："今士大夫家昏礼露施帐，谓之'入帐'。新妇乘鞍，悉北朝余风也。"如前所述，唐人封演《封氏闻见记·花烛》称，"近代婚嫁，有障车、下婿、却扇及观花烛之事，又

有卜地、安帐、并拜堂之礼,上自皇室,下至士庶,莫不皆然",并提及这种"安帐"婚俗"起自北朝穹庐之制"。封演是渤海蓨(今河北景县)人,长期在河北藩镇中为官,山东与河北毗邻,山东的淄青镇与之同声连气。既然是"上自皇室,下至士庶,莫不皆然",当然也包括山东了。唐德宗时,琅邪临沂(今属山东)人、礼仪使颜真卿奏请说:"相见行礼,近代设以毡帐,择地而置,此乃元魏穹庐之制。合于堂室中置帐。请准礼施行。"①这种"堂室中置帐"风俗,在山东一直流行到清代,称做"坐帐"、"坐富贵"。

段成式说的"新妇乘鞍",亦称"坐鞍",即新妇入帐后举行的乘马鞍仪式,是北朝游牧民族的风俗。"鞍"即"安"的谐音,取其平安之意。

段成式的《酉阳杂俎》卷一《礼异》载:"婿拜阁日,妇家亲宾妇女毕集,各以杖打婿为戏乐,至有大委顿者。律有甲娶,乙丙共戏甲。旁有柜,比之为狱,举置柜中,覆之。甲因气绝,论当鬼薪。"

该文前半段说的是谑郎,后半段是闹房。谑郎是新郎回拜妇家时,妇家亲朋宾客中的女客杖打新郎以为戏乐的活动。这种戏谑非同小可,有时闹得太厉害了,甚至于把新姑爷打得委顿在地,爬不起来。新中国成立后的山东仍有谑郎风俗,新郎回拜妇家,好事者往往在新郎吃的水饺中放上浓烈的辣椒,让新郎欲吃不能,欲罢不得。后半段是一桩过火的、带有恶作剧性质的闹房活动。新郎被放到柜中窒息而死,闹房者因此而被判"鬼薪"(罚作劳役)之刑。

"看新妇"风俗的渊源是先秦时期鲁国同宗家人见新妇的"觌妇",魏晋南北朝时发展成观看、嬉闹意义的"看新妇"。东晋谢石娶琅邪阳都(治今山东沂南)人诸葛恢小女,琅邪人王羲之往谢家看新妇。《南史·齐河东王传》载,东海兰陵(治今山东枣庄)人、齐武帝萧赜为河东王萧铉纳柳世隆女为妃,"武帝与群臣看新妇"。

"看新妇"自东晋以来沿袭成俗,自天子至于庶人莫不如此。南朝梁时,临城公娶王氏为夫人,而王氏是琅邪临沂(今属山东)人、太子萧纲妃王灵宾的侄女。朝廷礼官以"晋、宋以来,初昏三日,妇见舅姑,众宾皆列观"②,并根据鲁哀公使大夫、宗妇觌哀姜的先例,皆云"宜依旧观"。太子

---

①《唐会要》卷八十三《嫁娶》,中华书局 1955 年版。
②《南史·徐摛传》,中华书局 1975 年版。

萧纲征求东海郯(治今山东郯城)人、中庶子徐摛的意见。徐摛引经据典，又以王氏是太子妃的侄女，建议省略。但仅此一次省略了，并没阻止该风俗的流行。所以，俞正燮《癸巳存稿》卷十一曰："看新妇，古礼也。后亦有之。"直到今天，新婚期间看新媳妇的风俗在山东仍然十分流行。

5. 盖头巾、拜堂

魏晋南北朝时，新娘结婚开始戴盖头巾。

段成式的《酉阳杂俎》卷一《礼异》载，北朝婚俗，"女将上车，以蔽膝覆面"。蔽膝类似现在的围裙，比围裙窄、长，履至脚面。南朝新娘则以丝制的红巾和却扇遮羞。南朝梁东海郯(今山东郯城)人何逊《看伏郎新婚诗》写道："何如花烛夜，轻扇掩红妆。"以轻扇掩面的风俗，被唐朝的官宦书香之家发展为《却扇诗》。李商隐代董秀才作的《却扇诗》云：

莫将画扇出帷来，遮掩春山滞上才。

若道团圆似明月，此中须放桂花开。

拜堂之俗开始于唐朝。齐州临淄人段成式《酉阳杂俎》卷一《礼异》载："北朝婚礼，青布幔为屋，在门内外，谓之青庐，于此交拜……娶妇，夫妇并拜，或共结镜纽。"南宋孟元老《东京梦华录·娶妇》记载拜堂的具体方式为："次日五更，用一卓(桌)，盛镜台镜子于其上，望堂展拜，谓之'新妇拜堂'。"可知，段成式记载的"夫妇并拜，或共结镜纽"，就是拜堂。从段成式的记载来看，似乎北朝婚礼中的交拜，在男女方各有一次。先在女方家门外的青庐里交拜，进男家门后，再来个"夫妇并拜，或共结镜纽"。21世纪以来的新婚礼，往往在男家、女家、男女的单位举行多次，而包括山东在内的北朝婚礼早就如此了。

段成式的《酉阳杂俎》卷一《礼异》还载："近代婚礼，当迎妇，以粟三升填臼，席一枚以覆井，枲(麻)三斤以塞窗，箭三只置户上。妇上车，婿骑而环车三匝。女嫁之明日，其家作黍臛。女将上车，以蔽膝覆面。妇入门，舅姑以下悉从便门出，更从门入，言当躐新妇迹。又妇入门，先拜猪枅及灶。娶妇，夫妇并拜，或共结镜纽。又娶妇之家，弄新妇，腊月娶妇，不见姑。"

这些变异后的新婚礼，有填臼、覆井、塞窗、置箭、作黍臛(杂以黍米的肉羹)、躐新妇迹、新妇拜灶、拜堂、弄新妇、新妇腊月不见姑等，与上述催妆、谑郎、闹新房、盖头巾等一样，都是先秦两汉婚礼中没有的。

6. 胡汉婚俗的融合

魏晋南北朝时期，婚礼的扩充有一个鲜明的特点，即融汇了许多少数民族的婚俗。如设青庐交拜迎妇、新妇乘马鞍，来自北方游牧民族住穹庐毡帐和乘马的习俗。催妆是少数民族抢亲的遗俗；障车是远古女方组织人拦截抢亲者的再现；谑郎是女方对男方抢亲的报复；新妇上车，新郎骑马环车三匝是防止抢来的新娘跑掉。直到今天，山东仍流行将来迎娶的新郎拒之门外，要反复递红包才开门迎纳。它最原始的含义是：抢亲的来啦，赶快关门！

魏晋南北朝是中国历史上北方民族大融合的时代，各族人民共同生活、相互通婚，是普遍的历史现象。山东地处北方，绝大部分时间在十六国、北朝的统治之下，"胡汉"通婚的现象较为普遍。西晋惠帝皇后羊献容是泰山南城（在今山东新泰）人、尚书右仆射羊玄之的女儿，洛阳陷落后没于匈奴刘曜，被立为皇后。为刘曜生了两个儿子，生活得非常和谐。刘曜曾问羊献容："吾何如司马家儿？"羊献容回答说："胡可并言，陛下开基之圣主，彼亡国之暗夫，有一妇一子及身三耳，不能庇之。贵为帝王，而妻子辱于凡庶之手。遣妾尔时实不思生，何图复有今日。妾生于高门，常谓世间男子皆然。自奉巾栉以来，始知天下有丈夫耳。"①羊献容在"八王之乱"中曾被五废五立，历尽坎坷，九死一生，竟在民族融合的历史潮流中找到了幸福的归宿。

《北齐书·儒林传》载："张景仁者，济北（治今山东茌平西南）人也……胡人何洪珍有宠于后主，欲得通婚朝士，以景仁在内官位稍高，遂为其兄子取景仁第二息子瑜之女。因此表里，恩遇日隆。"这是北朝后期山东的一桩胡汉通婚，一方有宠于后主，一方是朝廷儒士，双方通婚后互为表里，颇为和谐，没有丝毫"非我族类，其心必异"的华夷偏见。

（三）士庶不婚门第观念的形成

先秦秦汉时期，山东婚俗中已有"齐大非偶"和"辞霍不婚"的说法。

---

①《晋书·后妃上·晋羊皇后传》，中华书局 1974 年版。

春秋齐僖公想把女儿文姜许给郑太子忽，被谢绝了。别人问其故，太子忽说："人各有耦（偶），齐大，非吾耦也。"①西汉大将军霍光想把女儿嫁给勃海（治今山东宁津）人隽不疑，"固辞不肯当"②。南朝东海兰陵（治今山东枣庄东南）人萧道成为儿子向桓闳求婚，桓闳推辞说："辞霍不婚，常所嘉揖。齐大非偶，所以不敢承殊眷。"③南朝沈约也说："齐大非偶，着乎前诰；辞霍不婚，垂称往烈。"④

在"齐大非耦"、"辞霍不婚"等风气的影响下，或者是世代联姻，或者是拒绝婚姻，或是攀附世宦高门的现象业已出现。

《汉书·郑崇传》载："郑崇字子游，本高密（今属山东）大族，世与王家相嫁娶。"东汉末诗人王粲，"山阳高平（今山东邹城西南）人也。曾祖父龚，祖父畅，皆为汉三公。父谦，为大将军何进长史，进以谦名公之胄。欲与为婚，见其二子，使择焉，谦弗许"⑤。

名扬天下的当世大儒，为了巴结高门，甚至不惜违背同姓不婚的禁忌。《太平御览》卷五四一《礼仪部一九·婚姻下》引《魏氏春秋》载："司空东莱（治今山东莱州）王基，当世大儒，岂不达礼，而纳司空王忱女，以姓同源异故也。"

中国古代的婚姻门第观念正式形成于魏晋南北朝时期。在门阀制度下，家世名望是衡量身份的最高标准。只有那些祖辈做过大官，名望很高，而且世代都做过大官的人，才能被承认入于士族阶层。士族中间也有等级差别，一般说来，族人能长期保持上品官秩的为最高一层。《新唐书·柳冲传》讲："过江则为侨姓，王、谢、袁、萧为大；东南则为吴姓，朱、张、顾、陆为大；山东则为郡姓，王、崔、卢、李、郑为大；关中亦号郡姓，韦、裴、柳、薛、杨、杜首之；代北则为虏姓，元、长孙、宇文、于、陆、源、窦首之。……今流俗独以崔、卢、李、郑为四姓，加太原王氏号五姓。"这些士族为了保持他们高贵的血统，特别讲究门当户对的婚姻，只许在同等士族之间联姻，而绝对不允许与庶族通婚。当时，北方以山东清河崔氏、南方以山东琅邪王氏为首，是魏

①《左传·桓公六年》，载《十三经注疏》，中华书局1980年版。
②《汉书·隽不疑传》，中华书局1962年版。
③《太平御览》卷五四一《礼仪部二〇·婚姻下》引吴均《齐春秋》，中华书局1960年影印版。
④（南朝梁）萧统：《文选》卷四十《弹事》，中华书局1977年版。
⑤《三国志·魏书·王粲传》，中华书局1959年版。

晋南北朝士族门阀集团的带头羊,士庶不婚的门第观念就是在他们的倡导下形成的。恩格斯讲:"对骑士或男爵,以及对于王公本身,结婚是一种政治的行为,是一种借新的联姻来扩大自己势力的机会。起决定作用的是家世的利益,而不是个人的意愿。"在这一点上,中国的门第婚与西方颇有相似之处。

1. 魏晋时期山东士族的门第婚

两汉魏晋时期,山东齐鲁地区出现许多经学世家或世代为官的名门望族,如东鲁伏氏、鲁国孔氏、高密郑氏、泰山羊氏、琅邪王氏、兰陵萧氏、高平王氏、高平郗氏、琅邪诸葛氏、清河崔氏、东海王氏、清河房氏、平原华氏、刘氏等,婚姻的门第观念也由此而产生。

平原高唐(治今山东禹城西南)华氏的奠基者是曹魏太尉华歆,到西晋成为人人称羡的士族高门。华歆之孙华廙官至中书监、侍中、尚书令,进爵为公。其子华恒尚晋武帝女荥阳长公主。惠帝贾皇后欲将外甥女、河南尹韩寿之女嫁给华廙之孙华陶,"距而不许"①。因为韩寿是庶族,即使是皇后的外甥女也不能联姻。

泰山(在今山东新泰)羊氏为汉代著名世族,东汉末庐江太守羊续的先人七世皆为二千石高官。羊续子羊衜,前妻为鲁国(今山东曲阜)孔融之女,后又娶陈留蔡邕之女为妻,均为当世名士之女。羊衜子羊祜,在西晋为征南大将军,功名盛极一时。泰山羊氏与士族高门琅邪王氏联姻,琅邪临沂人王敦母为泰山羊氏女,王衍为羊祜从甥,但两家并没有因姻亲关系而亲睦。羊祜鄙视王衍"败俗伤化",并差点儿以军法杀掉王衍的从兄王戎。所以,"二王"在朝野诋毁羊祜,时人为之语曰:"二王当国,羊公无德。"②羊祜之姊羊徽瑜为司马师妻,入晋称弘训太后。羊续曾孙羊玄之为西晋尚书右仆射,其女羊献容为晋惠帝皇后,是"八王之乱"中的悲剧人物。

"八王之乱"中,晋惠帝的前皇后贾南风被杀,羊献容于太安元年(302年)被立为皇后。据《晋书·后妃传》、《资治通鉴·晋纪八》载,羊献容入宫时,"衣中有火",这似乎是不祥之兆,随着当政诸王在洛阳城里走马灯一样地更换,羊献容竟然像傀儡般地先后被五废五立。永嘉五年(311年),匈奴

---

①《晋书·华表传》,中华书局1974年版。
②《晋书·羊祜传》,中华书局1974年版。

刘曜等率兵攻破洛阳,纳羊皇后为王妃。刘曜即皇帝位,又立为皇后。泰山羊氏这个盛极一时的士族高门,创造了历史上一门两国皇后的记录。

琅邪(治今山东临沂)王氏在西晋就是著名的士族高门。晋武帝杨皇后叔父、弘农杨骏欲将女儿嫁给琅邪王衍,"衍耻之,遂阳狂自免"①。弘农杨氏是自东汉以来的世家大族,又是皇亲,王衍竟以与之联姻为耻。王衍品质低劣,门第成了他进行政治投机的资本。他与西晋权臣贾充分别娶郭氏姐妹为妻,后又将女儿嫁给太子司马遹。元康九年(299年),贾后废太子为庶人,王衍立刻上表与太子离婚。另外,琅邪王敦还娶晋武帝女襄城公主。可见,西晋时的琅邪王氏就曾与皇室频繁联姻。

2. 北朝山东清河崔氏为首的士庶不婚

北魏文成帝拓跋濬于和平四年(463年)禁止婚嫁聘礼越度奢靡的同时,又宣布:"皇族、师傅、王公侯伯及士民之家,不得与百工、伎巧、卑姓为婚,犯者加罪。"②孝文帝定姓族,确定了等级婚姻制度:"皇族、贵戚及士民之家,不惟氏族,下与非类婚偶。先帝亲发明诏,为之科禁,而百姓习常,仍不肃改。朕今宪章旧典,祗案先制,著之律令,永为定准。犯者以违制论。"③士庶不婚从民间风俗演变为朝廷的律令。

在北朝,山东清河崔氏为第一士族门阀,不仅看重门第高下,讲求婚姻门当户对,而且追求吉凶礼俗的规范、表率和优良的家族文化传统。北齐清河东武城(今山东武城西)人崔悛"一门婚嫁,皆是衣冠之美,吉凶仪范,为当时所称"。崔悛"每以籍地自矜",谓卢元明曰:"天下盛门,唯我与尔,博(陵)崔、赵(郡)李,何事者哉!"娄太后为博陵王纳崔悛妹妹为妃,唯恐礼数不周被崔家人嗤笑,嘱咐承办者说:"好作法用,勿使崔家笑人。"成婚的当晚,齐文宣帝举酒祝曰:"新妇宜男,孝顺富贵。"崔悛马上说:"孝顺出自臣门,富贵恩由陛下。"④

一般庶族如果能与士族联姻更是莫大的荣幸,人人称羡。乐安(治今山东博兴南)人孙搴被东魏高欢委任为相府主簿,"赐妻韦氏,既士人子女,

---

① 《晋书·王衍传》,中华书局1974年版。
② 《魏书·高宗纪》,中华书局1974年版。
③ 《魏书·高祖纪》,中华书局1974年版。
④ 《北齐书·崔悛传》,中华书局1972年版。

又兼色貌,时人荣之"①。

3. 东晋南朝以琅邪王氏为首的门第婚

永嘉之乱后,山东齐鲁士族大部南迁,主要有琅邪(治今山东临沂)王氏、颜氏和诸葛氏,高平(治今山东巨野南)郗氏、泰山(治今山东泰安)羊氏、鲁国(今山东曲阜)孔氏、东海(治今山东郯城北)王氏等。这些家族携带自己的亲属、部曲、佃户一起南迁,有时众至千人甚至多达万人。他们把世代生活在齐鲁本土的婚姻观念和婚姻风俗带到南方,浸渍而形成当地的风俗习惯,实际上是齐鲁婚姻风俗的南向播迁。

西晋光禄大夫、琅邪临沂人王览之孙王导随晋元帝(当时是琅邪王)司马睿渡江,辅佐司马睿开创了东晋政权,也为琅邪王氏家族创造了"王与马,共天下"的政治辉煌。因而,琅邪王氏在东晋南朝成为无与伦比的门阀士族,在婚姻上也成为不可仰攀的高门。

从东晋到南朝,王氏频繁与皇室联姻,先后出现过9个皇后,尚各朝公主者有20人以上。王氏如果主动和对方联姻,成为一种莫大的恩惠。《世说新语·方正》载:"王丞相(王导)初在江左,欲结援吴人,请婚陆(玩)太尉。太尉曰:'培塿无松柏,薰莸不同器。玩虽不才,义不为乱伦之始也。'"朱、张、陆、顾是南方著名士族,但在王导看来,与他们联姻是一种莫大的恩惠;在陆玩看来,与势力显赫的王氏联姻是"乱伦",不能开这个头。

当时,王氏自恃门第,拒婚的事情屡屡发生。《南齐书·王秀之传》:"王秀之字伯奋,琅邪临沂人也……吏部尚书褚渊见秀之正洁,欲与结婚,秀之不肯。"褚渊仕宋、齐两朝,父亲褚湛之尚宋武帝女始安哀公主,褚渊尚宋文帝女南郡献公主,"姑侄二世相继",一门荣耀,但不是门阀士族,也甭想和琅邪王氏联姻。

东魏大将侯景叛降南朝梁,被封为河南王、大将军,门第不算不高。他要娶王、谢家的女儿,梁武帝拒绝说:"王谢高门,非偶,可于朱(异)张(绾)以下访之。"气得侯景咬牙切齿,说:"会将吴儿女以配奴!"②

东晋南朝,琅邪王氏与陈郡谢氏家族构成了一个门当户对、强强联合的婚姻集团,"王谢"成了士族高第,婚姻门当户对的代名词。王羲之是王导

---

①《北齐书·孙搴传》,中华书局1972年版。
②《南史·侯景传》,中华书局1975年版。

的侄子,其次子王凝之娶谢安兄、安西将军谢奕女谢道韫,王导孙王珣娶谢安弟谢万女,王珣弟王珉娶谢安女,王氏兄弟三人均娶谢家女为妻。结亲以后,双方的是是非非、恩恩怨怨也就应运而生。

谢道韫嫁给王凝之,传为佳话,但感情却不好。《世说新语·贤媛》载:"王凝之谢夫人既往王氏,大薄凝之。既还谢家,意大不说(悦)。太傅(谢安)慰释之曰:'王郎,逸少(王羲之)之子,人身亦不恶,汝何以恨乃尔?'答曰:'一门叔父,则有阿大、中郎;群从兄弟,则有封、胡、遏、末。不意天壤之中,乃有王郎!'"谢道韫的意思是:"我们同门叔父中,有阿大(谢安堂兄谢尚)、中郎(谢据);叔伯兄弟中,有封(谢韶)、胡(谢朗)、遏(谢玄)、末(谢渊)。不料天地之间,竟有王凝之这么个人!"谢氏雅道传家,子弟们个个风神潇洒,谢道韫虽是女儿,却也"神情散朗,有林下之风"。谢家风范,在她身上表露无遗。王家本多才俊,王徽之、王献之占尽风流,她自然不会看上迂腐的,除了会写字以外,就只会拜天师道的王凝之了。

王氏与谢氏、郗氏联姻,王家重谢氏而轻郗氏。王羲之郗夫人谓二弟司空中郎(郗昙)曰:"王家见二谢(谢安、谢万),倾筐倒庋;见汝辈来,平平尔。汝可无烦复往。"①后来由于王谢离婚,一度出现嫌隙。王珣、王珉兄弟"皆谢氏婿,以猜嫌致隙。太傅谢安既与珣绝婚,又离珉妻,由是二族遂成仇衅"。后谢安死,王珣"在东闻安薨,便出京师诣族弟献之曰:'吾欲哭谢公。'献之惊曰:'所望于法护(王珣小字)。'于是,直前哭之甚恸"。由此看来,姻亲之间的恩怨,往往是说不清楚的。

除外,能和琅邪王氏攀亲的还有谯国桓氏、陈郡袁氏、殷氏等少数几家士族。如,东晋桓冲娶王导次子王恬之女,桓温女嫁琅邪王敬弘。南朝宋琅邪王敬弘以女嫁鲁郡孔尚。王导曾孙王弘妻为陈郡袁淑的姑母。陈郡殷景仁妻为琅邪王谧(王导孙)之女。南朝齐时,陈郡殷睿妻为琅邪王奂女。

王导之侄王羲之娶高平金乡(今属山东)郗鉴女为妻。王羲之之子王献之,字子敬,娶郗鉴次子郗昙之女道茂为妻,是娶二舅的女儿,亦即表妹。后与表妹离婚,另娶东晋简文帝女新安公主。《世说新语·德行》载:"王子敬病笃,道家上章应首过,问子敬:'由来有何异同得失?'子敬云:'不觉有

---

① 《世说新语·贤媛》,载《诸子集成》,上海书店 1986 年影印版。

余事,惟忆与郗家离婚。'"王献之临终忏悔,将与郗家离婚视为终生遗憾。

王献之兄弟人品不太好,比较趋炎附势。郗鉴的儿子郗愔,是王献之的舅舅,王氏兄弟见舅舅郗公,"蹑履问讯,甚修外生(甥)礼。及嘉宾死,皆箸高屐,仪容轻慢。命坐,皆云:'有事,不暇坐。'既去,郗公慨然曰:'使嘉宾不死,鼠辈敢尔!'"①郗愔的儿子郗超字嘉宾,任大司马参军、中书侍郎,获宠于桓温,有盛名。当这位权重一时的表兄弟活着时,王献之兄弟对舅舅毕恭毕敬,表兄弟一死,穿着高屐见舅舅,不仅仪容轻慢,连坐一会儿也不肯了,才惹得郗愔破口大骂。

到南朝,高平郗氏仍经常和皇族联姻。南朝宋太子舍人郗烨尚宋文帝女寻阳公主,郗烨之女郗徽为萧衍之妻,封德皇后。

琅邪阳都(今山东沂南南)诸葛氏为汉司隶校尉诸葛丰之后,魏晋盛极一时。诸葛亮首创了重名门轻美色的婚姻佳话。《三国志·蜀书·诸葛亮传》裴注引《襄阳记》曰:"黄承彦者,高爽开列,为沔南名士,谓诸葛孔明曰:'闻君择妇,身有丑女,黄头黑色,而才堪相配。'孔明许,即载送之。时人以为笑乐,乡里为之谚曰:'莫作孔明择妇,正得阿承丑女。'"宁肯娶丑女,忍受乡里的讥笑,也要巴结这位"沔南名士"黄承彦,诸葛亮选择的也是门第。

诸葛亮为蜀国丞相,其兄诸葛瑾为吴国大将军、豫州牧,显赫的地位使琅邪诸葛氏成为两晋间与琅邪王氏并驾齐驱的士族高门。东晋初年,琅邪阳都的诸葛恢与同郡临沂的王导"共争族姓先后"。王导说:"何不言葛王,而云王葛?"诸葛恢曰:"譬言驴马,不言马驴,驴宁胜马邪?"②表面上看,诸葛恢和王导嘲谑嬉笑,实际上寸步不让,都暗藏着争门第高低的动机。

《世说新语·方正》载:"诸葛恢大女适太尉庾亮儿,次女适徐州刺史羊忱儿。亮子被苏峻害,改适江彪。恢儿(衡)娶邓攸女。于时谢尚书(谢石)求其小女婚。恢乃云:'羊、邓是世婚,江家我顾伊,庾家伊顾我,不能复与谢裒儿婚。'及恢亡,遂婚。于是王右军往谢家看新妇,犹有恢之遗法,威仪端详,容服光整。王叹曰:'我在遣女裁得尔耳!'"

---

①《世说新语·简傲》,载《诸子集成》,上海书店1986年影印版。
②《世说新语·排调》,载《诸子集成》,上海书店1986年影印版。

　　诸葛恢的话,道出了士族门阀对门第高下的讲究、挑剔。在他们看来,高门第就是对别人的顾怜,是十分吃亏的。渡江之初,诸葛氏门第显赫,诸葛恢仅仅"名亚王导、庾亮"①,而陈郡谢氏尚未发迹,被鄙视为"新出门户,笃而无礼"②。所以诸葛恢讲,和门第低下的江家联姻是诸葛氏顾怜、屈就江氏,和庾氏联姻是庾氏顾怜诸葛氏,这样正好扯平,不能再顾怜、屈就谢氏。然而,就从谢裒的儿子谢安、谢万、谢石开始,谢氏猛然崛起。诸葛恢死后,谢氏兴,诸葛氏微,两家这才联姻。诸葛恢自恃门第,不肯嫁女给谢家,谢家坚持娶诸葛氏女,王羲之对此很不理解,想看看诸葛氏女到底有什么了不起,看到后才叹服说:"我嫁女也只能达到这个水平。"

　　东海王氏自东海郯(治今山东郯城)人、曹魏中领军、散骑常侍王肃开始。王肃女王元姬为司马昭之妻,晋武帝司马炎生母,尊为皇太后。在东晋南朝,东海王氏仍然是仅亚于琅邪王氏的士族高门。南朝齐时,东海王氏与山阳昌邑(治今山东巨野东南)旧族满氏的婚姻,曾引起一场朝廷纠纷。吴郡富阳庶族满璋之,家境富裕,欲为子满鸾觅婚。东海王源丧妇,且家贫,遂将女嫁给满氏,得聘礼钱5万,用所聘余值纳妾。王源与满氏联姻,并不违背士庶不婚的禁例,因为传说富阳满氏是山阳昌邑(治今山东巨野东南)旧族满宠、满奋的后代。满宠在曹魏明帝时任过太尉,其孙满奋西晋时为司隶校尉。但沈约认为,满璋之的姓族,没有明确的士族根据,因为满奋死于西晋,其后代在东晋时没有显赫声迹,满璋之的家世显系伪造。王源与之联姻,是唯利是求,玷辱士流。他弹劾说,王源"虽人品庸陋,胄实参华",王满联姻是"高门降衡,虽自己作,蔑祖辱亲,于事为甚。此风弗剪,其源遂开,点世尘家,将被比屋,宜置以明科,黜之流伍,使已污之族,永愧于昔辰;方媾之党,革心于来日。臣等参议,请以见事免源所居官,禁锢终身"③。

　　兰陵萧氏,原籍兰陵郡兰陵县(治今山东枣庄峄城东)。西晋灭亡后,南迁江南,东晋在晋陵郡武进县(今江苏常州)界内侨置南兰陵郡南兰陵县,以后这一地区便被称为南兰陵,萧氏遂为南兰陵人。兰陵萧卓为

　　①《晋书·诸葛恢传》,中华书局1974年版。
　　②《世说新语·简傲》,载《诸子集成》,上海书店1986年影印版。
　　③(南朝梁)萧统:《文选》卷四十《弹事》,中华书局1977年版。

洮阳令,其女萧文寿为刘裕继母,生长沙景王道怜。萧氏多以军功显,与高平金乡(今属山东)檀氏相当。《南齐书·文学·檀超传》载,高平金乡人檀超,"尝与别驾萧惠开共事,不为之下,谓惠开曰:'我与卿俱起一老姥,何足相夸?'萧太后,惠开之祖姑;长沙王道怜妃,超祖姑也"。以军功显赫的高平檀氏和兰陵萧氏虽不是著名的士族门阀,但也要在门第上并驾齐驱。

4. 隋唐北方"五大姓"的门第观念

隋唐时期,以王谢为代表的江南士族衰落了,而北方清河(治今山东武城)崔氏、博陵(河北安平)崔氏、范阳(河北涿县)卢氏、赵郡(邯郸)李氏、陇右(甘肃)李氏、荥阳郑氏、太原王氏等五大姓,仍坚持不与庶族通婚,甚至连皇族李氏也不放在眼里。

其实,到隋唐时期,北方士族不再重视在朝廷任什么显要官职,而是重视家族的文化传统和优良的家风。清河武城(今属山东)人崔儦,大书其门户曰:"不读五千卷书者,无得入此室。"隋朝越国公杨素看重崔儦的门第,"为子玄纵娶其女为妻。聘礼甚厚。亲迎之始,公卿满座。素令骑迎儦,儦故敝其衣冠,骑驴而至。素推令上座,儦有轻素之色,礼甚倨,言又不逊。素忿然拂衣而起,竟罢座。后数日,儦方来谢,素待之如初"①。杨素是东汉弘农杨氏的后裔,笃志好学,"研精不倦,多所通涉,善属文,工草隶",其子亦才华横溢,是隋朝的显赫门第。崔儦之所以羞辱杨素,是在向时人宣示,他并没把以军功显达的当朝权贵放在眼里。

济南人房玄龄、曹州离狐(今山东东明东南)人李世勣等都以能和上述五大姓联姻为光荣,房玄龄之妻即范阳卢氏女。唐高宗时的宰相薛元超,自认为平生有三恨:"始不以进士擢第,不娶五姓女,不得修国史。"②和五大姓联姻,竟与进士擢第相提并论,可见当时婚姻门第观念之重。《资治通鉴·高宗显庆四年》载:

> 初,太宗疾山东人士自矜门地,婚姻多责资财,命修《氏族志》例降一等,王妃、主婿皆取勋臣之家,不议山东之族,而魏征、房玄龄、李勣家

①《隋书·文学·崔儦传》,中华书局1973年版。
②(北宋)王谠:《唐语林》卷四《企羡》,上海古籍出版社1985年版。

皆盛与为婚,常左右之,由是旧望不减。或一姓之中更分为某房、某眷,高下悬隔。李义府为其子求婚不获,恨之,故以先帝之旨劝上矫其弊。壬戌,诏后魏陇西李宝、太原王琼、荥阳郑温、范阳卢子迁、卢浑、卢辅、清河崔宗伯、崔元孙、前燕博陵崔懿、晋赵郡李楷等子孙,不得自为婚姻,仍定天下嫁女受财之数,毋得受陪门财。然族望为时所尚,终不能禁。或载女窃送夫家,或女老不嫁,终不与异姓为婚。其衰宗落谱,昭穆所不齿者,往往反自称禁婚家,益增厚价。

唐人小说《离婚记》中的倩女,是清河张氏之女,恋人为太原王氏公子。《枕中记》故事讲的是范阳卢生梦见娶清河崔氏之女为妻,后来既富且贵,但到头来是黄粱一梦。陈鹏《中国婚姻史稿》从《文苑英华》所录数则唐人墓志铭中,几户崔姓墓主,其夫人不是荥阳郑氏,便是陇西李氏、范阳卢氏,几户陇西李姓墓主,其妻莫不为荥阳郑和清河崔、范阳卢,仍不出五姓的范围。

《通志·氏族序》讲:"自隋唐而上,官有簿状,家有谱系。官之选举必由于簿状,家之婚姻必由于谱系。"这种情况一直持续到唐后期,文宗欲把真源、临真二公主嫁给士族,对宰相说:"民间修婚姻,不计官品而上阀阅。我家二百年天子,顾不及崔、卢耶?"①

五代以来,士族没有了,讲求门第已与士庶不婚有本质的不同。所以,《通志·氏族序》讲:"自五季以来,取士不问家世,婚姻不问阀阅。"尽管如此,婚姻门当户对的门第观念却依然存留下来。建国前有副对联:"朱陈百里村非远,王谢千秋门并高",就反映了传统的婚姻门第观念。

(四) 对传统婚俗的背离

魏晋南北朝是个性张扬,风气变异的时代。儒学式微,纲常名教一度失控,随之而来的是对传统大幅度背离所形成的社会风气的失衡,人们在对儒家礼教的挑战中屡屡出现违背礼制的新现象。这一畸形变异,也存在于山东婚俗中。

---

①《新唐书·杜兼传》,中华书局1975年版。

1. 男子同性恋

中国古代男子同性恋叫"余桃之爱"①、"抱背之欢"、"龙阳之好"②、"断袖之癖"③。其中"抱背之欢"出自齐国羽人(小官员)和齐景公。

《晏子春秋·外篇不合经术者》载,齐景公生得漂亮,有一羽人冒着以下犯上而杀头的危险,直勾勾地盯着他看。齐景公派人质问,羽人说:"言亦死,不言亦死。窃姣公也。"齐景公大怒曰:"合色寡人也,杀之!"晏子劝解说:"拒欲不道,恶爱不祥,虽使色君,于法不宜杀也。"齐景公说:"恶,然乎? 若使沐浴,寡人将使抱背。"这个"羽人"就是个同性恋者,竟敢以下犯上,调戏(合色)齐景公,而且宁死也要把私下爱恋齐景公的心里话讲出来,可谓"色胆包天"了。晏婴还用"拒欲不道,恶爱不祥"为同性恋者讲情。齐景公还改变主意说,有这样的事吗? 那么在我洗澡的时候,让他来抱我的背好了。可见齐国的同性恋不是个别现象。

春秋时期的鲁国也有同性恋,《左传·哀公十一年》载,鲁公子公为与嬖僮汪锜,在齐鲁之间的一次战斗中,同乘一辆战车,一同战死,一同停殡。国人因汪锜未成年而欲以殇(未成年)礼葬之,孔子听说后曰:"能执干戈以卫社稷,可无殇也。"鲁公子公为与嬖僮汪锜,就是一对同性恋者。

西汉皇帝几乎都有同性恋的对象。《汉书·佞幸传》曾专门加以记载:"佞幸宠臣,高祖时则有籍孺,孝惠有闳孺。此两人非有材能,但以婉媚贵幸,与上卧起……其后宠臣,孝文时士人则邓通,宦者则赵谈、北宫伯子;孝武时士人则韩嫣,宦者则李延年;孝元时宦者则弘恭、石显;孝成时士人则张放、淳于长;孝哀时则有董贤。"

魏晋南北朝时,士大夫和普通百姓均有同性恋和嫖男色者,这一风尚也波及山东人之中。

---

①指春秋卫灵公与弥子瑕。《韩非子·说难》:"昔者弥子瑕有宠于卫君。卫国之法,窃驾君车者罪刖。弥子瑕母病,人闻有夜告弥子,弥子矫驾君车以出。君闻而贤之曰:'孝哉! 为母之故,忘其犯刖罪。'异日,与君游于果园,食桃而甘,不尽,以其半啖君。君曰:'爱我哉! 忘其口味,以啖寡人。'及弥子色衰爱弛,得罪于君。君曰:'是固尝矫驾吾车,又尝啖我以余桃。'故弥子之行未变于初也,而以前之所以见贤,而后获罪者,爱憎之变也。"

②指战国魏国男宠龙阳君。《战国策·魏策四》载,魏王与龙阳君共船而钓,龙阳君得十余鱼而涕下,王问故,对曰:"臣之始得鱼也,臣甚喜,后得又益大,今臣直欲弃臣前之所得矣。今以臣凶恶(丑),而得为王拂枕席……四海之内,美人亦甚多矣,闻臣之得幸于王也,必褰裳而趋王。臣亦犹曩臣之前所得之鱼也,亦将弃矣,臣安能无涕出乎?"魏王乃令四境之内,有敢言美人者族。

③汉哀帝宠幸董贤,"出则参乘,入侍左右","常与上卧起"。二人一起昼寝,董贤枕着哀帝的袖子睡着了,哀帝不忍惊醒董贤,拔剑割断了衣袖。

东晋高平金乡(今属山东)人郗超与桓温就是一对同性恋者。《世说新语·雅量》载:"桓宣武(桓温)与郗超议芟夷朝臣,条牒既定,其夜同宿。明晨起,呼谢安、王坦之入,掷疏示之,郗犹在帐内。谢都无言,王直掷还,云:'多。'宣武取笔欲除。郗不觉窃从帐中与宣武言。谢含笑曰:'郗生可谓入幕宾也。'"谢、郗二人连夜谋划好裁减朝廷官员的名单后,同帐而宿。第二天,桓温都把谢、王二人叫来了,郗超还没起床,说明二人同宿已是习以为常了。但还是不能让外人知道,当王坦之指出裁员太多,桓温准备改动时,郗超急了,竟从帐中与桓温窃语,这才遭到谢安的讥笑。

南朝宋文学家、琅邪临沂(今属山东)人王僧达也是个同性恋者。《宋书·王僧达传》载:"僧达族子确年少,美姿容,僧达与之私款。确叔父为永嘉太守,当将确之郡,僧达欲逼留之。确知其意,避不复往。僧达大怒,潜于所在屋后作大坑,欲诱确来别,因杀而埋之。从弟僧虔知其谋,禁呵乃止。"身为长辈的王僧达爱上家族中的后辈王确,当王确想前往投奔叔父而断绝这种关系时,王僧达由爱生恨,想把人家杀死埋掉,可谓"爱之深,恨之切"了。

甚至尚公主者也有同性恋者。南朝宋琅邪临沂人王藻尚宋文帝第六女临川长公主,"公主性妒,而藻别爱左右人吴崇祖。前废帝景和(465)中,主谗之于废帝,藻下狱死,主与王氏离婚"①。

2. 赘婿单立门户

隋唐时期,赘婿的地位有所上升,已分为"养老婿"和"舍居婿"两种情况:养老婿终身在妻家,顶门当差,田间劳作,赡养女方父母;舍居婿到一定的期限可另立门户。

《旧唐书·良吏·张允济传》载,隋朝青州北海(治今山东昌乐西)人张允济为武阳县令,临近元武县,其县"有人以牸牛依其妻家者八九年,牛孳产至十余头,及将异居,妻家不与,县司累政不能决。其人诣武阳质于允济,允济曰:'尔自有令,何至此也?'其人垂泣不止,具言所以。允济遂令左右缚牛主,以衫蒙其头,将诣妻家村中,云捕盗牛贼,召村中牛悉集,各问所从来处。妻家不知故,恐被连及,指其所诉牛曰:'此是女婿家牛也,非我所

---

① 《南史·王诞传》,中华书局1975年版。

知。'允济遂发蒙,谓妻家人曰:'此即女婿,可以牛归之。'妻家叩头服罪"。

入赘者带着自己的财产入赘妻家,到了一定的期限,可以携带自己的财产异居,其地位显然比以前有所提高。

3. 以妾为妻

按照"无以妾为妻"的礼制,妾的身份应是终身的,不能"扶正"为嫡妻。《三国志·魏书·后妃传》载,琅邪开阳(今山东临沂北)人卞氏,"本倡家,年二十,太祖(曹操)于谯纳后为妾……建安初,丁夫人废,遂以后为继室"。卞氏生曹丕、曹植、曹彰、曹熊四子,曹丕称帝尊为皇太后,明帝即位尊为太皇太后。这位卞氏竟然冲破"无以妾为妻"的礼制,不仅转为继室,而且贵为皇太后、太皇太后,对一个低贱的妾来说,称得上是扬眉吐气了。

唐朝五品以上官的母亲皆有封号,妾的亲生儿子当了五品以上官,不封妾而封嫡母。唐德宗时,妾也可以得到朝廷的封号。贞元十五年(799年),统治齐鲁的淄青镇节度使李师古与"杜佑、李栾妾滕并为国夫人"①。

前面讲到,远古时代的妾是男女结合的自由之花,它往往比父母之命、媒妁之言聘定的妻子更有真感情的存在,魏晋南北朝也如此。《魏书·房法寿传》载,北魏清河绎幕(今济南历城东)人房伯玉在南朝齐为南阳太守,"放妾杨氏为尼,入国(入北魏),遂令还俗,复爱幸焉。为有司所奏,高祖听之"。

4. 妻子主持家政、"制夫"和"妒忌"

妇女们对礼教的蔑视,导致了男尊女卑的淡化,创造了对妇女相对宽容的文化氛围和相对广阔的活动空间。强烈的女性意识,使性别角色、社会地位偏离"常规",妇女当家、"制夫"和"妒忌"成为一时的风气。

《晋书·王澄传》载,西晋琅邪临沂(今属山东)人王衍妻郭氏"性贪鄙,欲令婢路上担粪。(王衍亲弟)澄年十四,谏郭以为不可。郭大怒,谓澄曰:'昔夫人临终,以小郎属新妇,不以新妇属小郎。'因捉其衣裾,将杖之,澄争得脱,踰窗而走"。这段材料反映的是:郭氏当家主持生产,所以才让奴婢担粪;舅姑临终,也把主持家政的职责传给媳妇,因而使主妇的地位远远高于作为男子的小叔;小叔王澄随便进谏几句,拽过来就打。山东人所说的

①《旧唐书·李正己传附李师古传》,中华书局1975年版。

"家有千口，主事一人"，绝不允许"七口当家，八口主事"的家长制作风，业已产生了。而这个家长竟然是女性。

《周易·家人》称："女正位乎内，男正位乎外。"《礼记·内则》规定："男不言内，女不言外。"这一传统的家庭男女角色模式也被颠覆。北朝主妇把三从四德抛在脑后，一扫娇柔娴雅的弱态，而代之以主持家政的女家长、社会交往的女强人的形象。北齐琅邪临沂（今属山东）人颜之推在《颜氏家训·治家》中记载北朝妇女说："邺下风俗，专以妇持门户。争讼曲直，造请逢迎，车乘填街衢，绮罗盈府寺。代子求官，为夫诉屈，此乃恒代之遗风乎。"

唐朝统治齐鲁的淄青镇节度使李师道甚至把妻妾组成"智囊团"，"政事皆决于群婢，婢有号蒲大姊、袁七娘者，为谋主"。唐宪宗平灭淮西吴元济，李师道恐惧，上表朝廷，愿割三州之地及派长子入侍，听命于朝廷。蒲大姊、袁七娘等反对说："自先司徒（祖父李正己）以来，有此十二州，奈何一日无苦而割之邪？今境内兵士数十万人，不献三州，不过发兵相加，可以力战，战不胜，乃议割地，未晚也。"[1]李师道的群婢不仅参与政事，而且颇有政治主见，洞悉几十年来唐朝廷对藩镇得过且过、息事宁人的敷衍政策，如果不是碰到一统藩镇的唐宪宗，她们的主张无疑是正确的。

传统的"不妒为妻之美德"受到了严重挑战，从魏晋南北朝到隋唐，社会风气为之一变，妇女嫉妒蔚然成风，北方父母嫁女，首先教导女儿如何制服丈夫，妇女们纷纷为自由人格和家庭幸福而妒忌。《魏书·太武五王传·临淮王传》载："凡今之人，通无准节。父母嫁女，则教之以妒；姑姊逢迎，必相劝以忌。持制夫为妇德，以能妒为女工。"

上述琅邪临沂人王衍的妻子郭氏，就是制服丈夫的能手。郭氏是贾皇后的姨母，"藉中宫之势，刚愎贪戾，聚敛无厌"。王衍鄙视妻子郭氏贪钱，口中从不吐"钱"字。郭氏偏偏要找茬让他说出个"钱"字来，命侍婢趁王衍睡觉时，用成串的钱将王衍缠到床上。王衍无法起床，对侍婢说："举阿堵物却。"意思是，把这个东西拿开。郭氏"好干预人事，衍患之而不能禁。时有乡人幽州刺史李阳，京师大侠也，郭氏素惮之。衍谓郭曰：'非但我言卿

---

① 《旧唐书·李正己传附李师道传》，中华书局 1975 年版。

不可,李阳亦谓不可。'郭氏为之小损"①。王衍身为朝廷三公,不满妻子的行为却敢怒而不敢言,只好借助"京师大侠"的威名来威慑妻子。

东晋丞相、琅邪临沂(今属山东)人王导夫人曹氏既制夫,又妒忌,"导甚惮之",《世说新语·轻诋》注引《妒记》载:

> 丞相曹夫人性甚忌,禁制丞相,不得有侍御。乃至左右小人,亦被检简。时有妍妙,皆加诮责,王公不能久堪,乃密营别馆,众妾罗列,儿女成行。后元会日(元旦),夫人于青疏台中望,见两三儿骑羊,皆端正可念。夫人遥见,甚怜爱之。语婢:"汝出问,是谁家儿?"给使不达旨,乃答云:"是第四五等诸郎。"曹氏闻,惊愕大恚,命车驾将黄门及婢二十人,人持食刀,自出寻讨。王公亦遽命驾,飞辔出门,犹患牛迟,乃以左手攀车拦,右手捉麈尾,以柄助御者打牛,狼狈奔驰,劣(方)得先至。蔡司徒(蔡谟)闻而笑之,乃故诣王公谓曰:"朝廷欲加公九锡,公知不?"王谓信然,自叙陈志。蔡曰:"不闻余物,唯闻有短辕犊车,长柄麈尾。"王大愧。

王导把众妾养在别宅。曹氏从青疏高台上望见,问出实情后大怒,带人驾车持刀去寻衅。吓得王导心胆俱裂,飞辔出门尚嫌不及,以长柄麈尾打牛飞奔。如果不是王导抢先赶到,曹氏的妒忌不知会酿出什么祸端。

北齐太子太傅、北海剧(今山东寿光)人王晞无子,齐昭帝高演准备赐给他一妾,"使小黄门就宅宣旨,皇后相闻晞妻。晞令妻答,妻终不言,晞以手拊胸而退。帝闻之笑"②。纳妾本来是丈夫的合法权利,况且是因为无子,又是皇帝赏赐的,王晞没得到妻子的允准,竟不敢答应。

王晞之妻是幸运的,如果齐昭帝坚持把妾赏赐给王晞,其妻就很难抗拒了。纳妾制度的合法化和男权的强大,扭曲了古代妇女的嫉妒心,即便是北朝隋唐的刚烈女子也只能以死抗争,要么转移到妻妾之间的互相陷害和争风吃醋上,称妇女嫉妒为"吃醋"的典故由此而生。

妇女嫉妒称做"吃醋"的典故,来自齐州(治今山东济南)人房玄龄的夫

①《晋书·王衍传》,中华书局1974年版。
②《北齐书·王昕传附王晞传》,中华书局1972年版。

人。唐人刘餗《隋唐佳话》载,唐太宗欲赐美人给房玄龄,"屡辞不受。帝乃令皇后召夫人,告以媵妾之流,今有常制,且司空年暮,帝欲有所优诏之意。夫人执心不回。帝乃令谓之曰:'若宁不妒而生,宁妒而死!'曰:'妾宁妒而死!'乃遣酌厄酒与之,曰:'若然,可饮此鸩。'一举便尽,无所留难。帝曰:'我尚畏见,何况于玄龄!'"唐太宗送的是一厄醋,假称是鸩酒。房玄龄夫人"宁妒而死"的刚烈,使唐太宗闻而生畏,"吃醋"的典故由此而来。

据《新唐书·列女传》载:"玄龄微时,病且死,谂曰:'吾病革,君年少,不可寡居,善事后人(后夫)。'卢泣入帐中,剔一目示玄龄,明无它。会玄龄良愈,礼之终身。"卢夫人在房玄龄病危之际,竟然剔目明志,如此刚烈的个性,一旦发现丈夫移情别恋,以死抗争是极有可能的。在唐人的野史笔记中,"吃醋"有好几种传说,人物不同,情节基本一致。

隋唐妇女秉承这一风尚,致使唐朝七尺男儿发出了"怕妇也是大好"的无奈之语。唐齐州(治今山东济南)人段成式《酉阳杂俎》卷十四《诺皋记上》还记载了一位传说中的山东妒妇:

> 临清县(今属山东)有妒妇津。相传言,晋泰始(265—274)中,刘伯玉妻段氏,字明光,性妒忌。伯玉常于妻前诵《洛神赋》,语其妻曰:"娶妇得如此,吾无憾矣。"明光曰:"君何得以水神美而欲轻我? 吾死,何愁不为水神。"其夜,乃自沉而死。死后七日,托梦语伯玉曰:"君本愿神,吾今得为神也。"伯玉寤而觉之,遂终身不复渡水。有妇人渡此津者,皆坏衣枉妆,然后敢济。不尔,风波暴发。丑妇虽妆饰而渡,其神亦不妒也。妇人渡河无风浪者,以为己丑,不致水神怒。丑妇讳之,无不皆自毁形容,以塞嗤笑也。故齐人语曰:"欲求好妇,立在津口。妇立水旁,好丑自彰。"

在这位妒妇看来,被丈夫爱的价值远远超过生命的价值。扭曲的、畸形的嫉妒心,使她不仅嫉妒美丽的洛神,而且陷害天下所有的美妇。虽然是虚构的传说,却与妇女妒忌蔚然成风的时代风尚相吻合。

5. 寡妇改嫁

《周易·恒卦》讲:"妇人贞吉,从一而终也。"

《礼记·郊特牲》:"信,妇德也,一与之齐,终身不改,故夫死不嫁。"

先秦两汉时期，即已倡导妇女贞节，从一而终，并有了许多典型化的事例，但始终没有严格地、普遍地落实到世俗社会。魏晋南北朝隋唐时期，虽仍有恪守传统者，如清河绎幕（今山东济南历城东）人房景先坚持认为，继母改嫁是"弃节毁慈，作嫔异门，为鬼他族，神道不全"①，但"夫死不嫁"的贞节观念受到严重挑战，寡妇改嫁者屡见不鲜。

南朝宋时，东海郯（今山东郯城）人徐孝嗣的祖父徐湛之、父亲徐聿之均被宋文帝太子刘劭所杀害，"孝嗣在孕，母年少，欲更行，不愿有子，自床投地者无算，又以捣衣杵舂其腰，并服堕胎药，胎更坚。及生，故小字遗奴"②。徐孝嗣之母已经怀孕了，不惜摧残自己而堕胎，目的就是为了免除累赘，顺利改嫁。

山东人中不仅有改嫁者，也有娶再嫁者。北海期原（今山东青州）人段纶娶唐高祖李渊的女儿高密公主为妻，这个高密公主就是个再醮妇，第一个丈夫是孙孝政。

在山东士族的婚姻观念中，寡妇再嫁是很正常的事情。琅邪阳都（今山东沂南南）人诸葛恢就曾强迫女儿改嫁，而且使女儿由抗拒到夫妻情笃。《世说新语·假谲》载：

> 诸葛令女，庾氏妇，既寡，誓云不复重出。此女性甚正强，无有登车理。（诸葛）恢既许江思玄婚，乃移家近之。初诳女云："宜徙。"于是家人一时去，独留女在后。比其觉，已不复得出。江郎莫（暮）来，女哭詈弥甚，积日渐歇。江彪瞑入宿，恒在对床上。后观其意转帖，彪乃诈厌，良久不悟，声气转急。女乃呼婢云："唤江郎觉。"江于是跃来就之，曰："我自是天下男子，厌，何预卿事而见唤耶？既尔相关，不得不与人语。"女默然而惭，情意遂笃。

当然，上述事例只是一些违背礼俗的畸形特例，秦汉时期确立的婚姻方面的礼制仍占主导地位。

---

①《魏书·房法寿传附房景先传》，中华书局1974年版。
②《南史·徐羡之传》，中华书局1975年版。

（五）传统婚姻观念的传承

正是因为传统婚姻礼制占有主导地位，那些对传统婚俗的背离行为只不过是"伤风败俗"而已，自先秦、秦汉以来形成的婚姻观念仍被视为正统观念而为人们所固守、传承。

1. 夫、妻、妾间的尊卑地位

丈夫是天、君、父的观念仍在传承。北魏平原鄃县（治今山东平原西南）女子孙男玉讲："女人出适，以夫为天。"①传承的就是这种观念。丈夫可拥有众多的媵妾，可以随意杀妻、出妻。上述琅邪临沂（今属山东）人王导"密营别馆，众妾罗列"，有众多的外妇，这才有了"短辕犊车，长柄麈尾"的典故。南朝宋东莞莒（今山东莒县）人、南康郡公刘彤"坐刀斫妻夺爵"②。丈夫动辄拿刀斫妻，视妻子生命如草芥，与先秦两汉时杀妻如出一辙。南朝梁东莞莒（今山东莒县）人孙谦"从兄灵庆常病寄于谦，谦出行还问起居。灵庆曰：'向饮冷热不调，即时犹渴。'谦退遣其妻"③。因为招待寄住家里的堂兄不周而出妻，"七出"中也没有这样的规定。

虽然"无以妾为妻"遭到破坏，甚至妾也可以得到封号，在通常情况下，妾的身份仍然是低贱的。北魏清河（治今山东临清东）人崔道固是贱妾所生，"嫡母兄攸之、目连等轻侮之"。后来崔道固在南朝宋任参军，到青州募兵，青州"长史已下皆诣道固"，兄长们却逼迫着崔道固的生母亲自端酒菜招待客人。崔道固大惊，赶紧起身接取，对客人们说："家无人力，老亲自执劬劳。"客人们都知道是崔攸之等人的恶作剧，纷纷离座拜谢其母。母亲对崔道固说："我贱不足以报贵宾，汝宜答拜。""诸客皆叹美道固母子，贱其诸兄。"④崔道固已经当官，其兄仍敢如此妄为，道固无奈，只好接替母亲待客，可见在通常的礼俗中，非嫡出者地位就应该如此。

在秦汉时期，妾的自由地位业已消失，成为丈夫诸多妻妾中地位最低的阶层。妾不仅在丈夫面前地位低下，在家庭所有的成员面前都是低下的，都没有亲属身份和法律地位，越到后来地位越低，甚至是儿子杀父亲的妾也无

①《北史·列女传》，中华书局 1974 年版。
②《南史·刘穆之传》，中华书局 1975 年版。
③《梁书·良吏·孙谦传》，中华书局 1973 年版。
④《魏书·崔道固传》，中华书局 1974 年版。

罪。《南史·颜延之传》载,琅邪临沂(今属山东)人颜延之"有爱姬(即妾),非姬食不饱,寝不安。姬凭宠,尝荡延之坠床致损,竣杀之。延之痛惜甚至,常坐灵上哭曰:'贵人杀汝,非我杀汝。'"儿子颜竣杀了自己的爱姬,颜延之虽然痛惜万分,但也无可奈何。

2. 居丧不婚

居丧婚嫁仍然要受到社会舆论的指责。《晋书·刘隗传》载:"世子文学王籍之(王羲之兄)居叔母丧而婚,隗奏之,帝下令曰:'《诗》称杀礼多婚,以会男女之无夫家。正今日之谓也,可一解禁止。自今以后,宜为其防。'东阁祭酒颜含在叔父丧嫁女,隗又奏之。"琅邪临沂(今属山东)人王籍之、颜含在叔父母丧期间婚娶,是对旧婚姻礼制的破坏,遭到刘隗的弹劾,则是社会舆论对旧礼制的恪守。

3.《妒妇记》与《让婚表》

妻子妒忌虽然蔚成风气,但朝廷还是极力遏制这种风气的。《妒妇记》和《让婚表》就是在"宋世诸主,莫不严妒"①的特定背景下产生的,它与山东琅邪王氏的媳妇临川公主密切相关。

上述那个嫁给琅邪临沂人王藻的宋文帝第六女临川长公主,进谗言将同性恋的丈夫送进监狱而死,公主与王氏离婚。后来,临川长公主改嫁给豫章太守庾冲远,未及成婚而庾冲远卒。这件事引起了宋明帝的重视,因而采取了一系列措施,包括将妒忌成性的湖熟令袁慆的妻子赐死,使近臣虞通之撰《妒妇记》。江斅将尚宋孝武帝女,宋明帝故意派人为江斅作《让婚表》,历数尚公主的弊端,让诸公主阅读。那位与琅邪王氏离婚的临川长公主读后,幡然醒悟,"特乞还身王族,守养弱嗣"②。在妇女嫉妒成风的南北朝时代,琅邪王氏竟然出了一个由妒妇而转变为贤妇的贞顺媳妇。

4. 闺门修饰的泰山羊氏家风

泰山羊氏是盛极一时的山东名门望族,在北齐时又率先垂范,树立起"闺门修饰"的家风。《北齐书·羊烈传》载,泰山钜平(治今山东泰安西南)人羊烈,"家传素业,闺门修饰,为世所称。一门女不再醮。魏太和(477—499年)中,于兖州造一尼寺,女寡居无子者并出家为尼,咸存戒行。烈

---

①②《宋书·后妃传》,中华书局 1974 年版。

天统(565—569 年)中与尚书毕义云争兖州大中正,义云盛称门阀,云'我累世本州刺史,卿世为我家故吏。'烈答云:'卿自毕轨被诛以还,寂无人物,近日刺史,皆是疆场之上彼此而得,何足为言。岂若我汉之河南尹,晋之太傅,名德学行,百代传美。且男清女贞,足以相冠,自外多可称也。'"

羊烈与毕义云争兖州大中正,所矜夸的优势有二:一是东汉河南尹羊陟、西晋太傅羊祜等地位显赫的祖先,二是"闺门修饰"的门风。中国古代讲求女子贞节的家风、门风,实始于山东泰山羊氏。

(六) 刚烈尚武、明哲卓识的时尚"列女"

上述西汉刘向《列女传》中的山东妇女,有母仪、贤明、仁智、贞顺、节义、辩通等方方面面的典范。凡相夫教子、明哲保身、深明大义、才智超凡者,均可进入列女的行列。魏晋南北朝隋唐时的列女,一扫娇柔娴雅的弱态,除明哲卓识被强化外,刚烈尚武成为"列女"们新的价值选择。

《晋书·列女传》记载的山东齐鲁列女共有五人,简述如下:

泰山南城(在今山东新泰)人羊耽的妻子辛氏,字宪英,"聪明有才鉴",忧国忧家。预见到曹魏政权将不昌盛,后助弟弟辛敞在司马懿与曹爽集团的争斗中避祸,又预见平蜀的钟会谋反,并使任钟会参军的儿子羊琇全身而返。

鲁国薛(今山东薛城)人郑袤之妻曹氏。其主要事迹有三:一是勤纺织,养舅姑,与兄弟姊妹和睦相处;二是忧虑家族盛满而衰,"袤等所获禄秩,曹氏必班散亲姻,务令周给,家无余赀";三是让死去的丈夫与前妻合葬。

愍怀太子妃,太尉王衍之女,字惠风。太子废,王衍请绝婚,"惠风号哭而归,行路为之流涕。及刘曜陷洛阳,以惠风赐其将乔属。属将妻之,惠风拔剑拒属曰:'吾太尉公女,皇太子妃,义不为逆胡所辱。'属遂害之"。

琅邪临沂人王凝之妻谢氏,字道韫,是天下闻名的才女。小叔王献之"与宾客谈议,词理将屈",谢氏"施青绫步鄣自蔽",将客人辩得理屈词穷。孙恩之乱中,听说丈夫和儿子被杀,"命婢肩舆抽刃出门。乱兵稍至,手杀数人,乃被虏"。嫠居后,"家中莫不严肃"。会稽太守刘柳是当时名士,请与谢氏交谈。道韫"风韵高迈,叙致清雅,先及家事,慷慨流涟,徐酬问旨,词理无滞"。刘柳对谢氏"心形俱服",谢道韫亦钦佩刘柳言论"开人胸府",但二人无丝毫苟且之欲。谢道韫的才气和战场杀敌的刚烈是她被选入《列女传》的主要原因。

东海郯(今山东郯城)人何无忌母刘氏是为弟弟报仇的典型。刘氏的弟弟刘牢之为桓玄所害,及闻何无忌与刘裕谋划起兵反桓玄,劝勉儿子说:"我不如东海吕母明矣!既孤其诚,常恐寿促,汝能如此,吾仇耻雪矣。"

上述五例,全都是明哲卓识、刚烈尚武的才女,即便是遵守妇道,也显示出凛然不可侵犯的刚烈性格。

《北史·列女传》记载的山东妇女共有五例:一为亲手杖毙杀夫仇人的平原鄃县(治今山东平原西南)女子孙男玉;二为率先垂范,改造不孝子的清河房景伯之母崔氏;三为代夫督帅将士死守关城的梓潼太守苟金龙之妻、平原人(今属山东)刘氏;四为年轻守节,苦心教子清廉勤俭的郑善果母清河(治今山东武城)崔氏;五为持刀拒贼,宁死不辱的隋末赵元楷妻清河(治今山东武城)崔氏。其中,平原刘氏不仅刚烈尚武,还是历史上著名的巾帼英雄。其事迹如下:

> 刘氏者,平原人也,廷尉少卿刘叔宗之姊也。宣武时,金龙为郡,带关城戍主。梁人攻围,会金龙疾病,不堪部分,刘遂厉城人修理战具,夜悉登城拒战,百有余日,兵士死伤过半。戍副高景阴图叛逆,刘与城人斩景及其党与数十人。自余将士,分衣减食,劳逸必同,莫不畏而怀之。井在外城,寻为贼陷,城中绝水,渴死者多。刘乃集诸长幼,喻以忠节,遂相率告诉于天,俱时号叫,俄而澍雨。刘命出公私布绢及至衣服,悬之城内,绞而取水,所有杂器,悉储之。于是人心益固。会益州刺史傅竖眼将至,梁人乃退。竖眼叹异之,具状奏闻。宣武嘉之。正光中,赏其子庆珍平昌县子,又得二子出身。

赵元楷妻崔氏是纯粹贞节守身的列女,但也不是后来的以死全节,而是像王衍女一样,持剑拒奸,该书载:

> 赵元楷妻崔氏者,清河人也,甚有礼度。隋末宇文化及之反,元楷随至河北。将归长安,至滏口遇盗,仅以身免。崔氏为贼所拘,请以为妻。崔氏曰:"我士大夫女,为仆射子妻,今日破亡,自可即死,终不为贼妇。"群贼毁裂其衣,缚于床箦之上,将陵之。崔氏惧为所辱,诈之

曰："今力已屈,当受处分。"贼遂释之。妻因取贼刀倚树而立曰:"欲杀我,任加刀锯;若觅死,可来相逼。"贼大怒,乱射杀之。

《旧唐书·列女传》记载的山东列女共有两例,一为濮州鄄城(今属山东)女贾氏,其父被人所害,贾氏抚育幼弟,誓以不嫁。然后携弟手刃仇人,"取其心肝,以祭父墓"。另一位是兖州瑕丘女,父亲战殁边城,该女"剪发坏形,自往庆州护父丧还至瑕丘县进贤乡马青村,与母合葬"。

上述列女中,疆场杀敌者两例,持剑拒奸者两例,为父亲、丈夫、弟弟报仇者三例。从她们快意恩仇、明识远图、忠壮诚节、文采可称的事迹中,透出一种令人生畏的凛然刚烈之气。《北史·列女传》将魏晋至隋朝的列女,与两汉时期的列女作了比较,揭示的就是这一不同的价值选择:

> 论曰:妇人主织纴中馈之事,其德以柔顺为先,斯乃举其中庸,未臻其极者也。至于明识远图,贞心峻节,志不可夺,唯义所高,考之图史,亦何代而无之哉!魏隋所叙列女,凡三十四人。自王公妃主,下至庶人女妻,盖有质迈寒松,心逾匪石,或忠壮诚恳,或文采可称。虽子政(刘向)集之于前,元凯(杜预)编之于后,比其美节,亦何以尚兹。故知兰玉芳贞,盖乃禀其性矣。

五、生老风俗

先秦秦汉时期,山东乃至全国的生老礼俗已全面确立,魏晋南北朝隋唐基本奉行而不替,并出现洗三、抓周、做生日等人生礼俗新事象。

(一)三日洗儿和满月

三日洗儿又称"三朝洗儿"、"洗三"、"汤饼会"。追根溯源的话,来自先秦"悬弧"风俗中的"三日始负子,男射女否"。

东魏高澄生子三日,孝静帝"赠锦彩及布帛万匹"。高澄推辞赏赐,请求允许他接受诸权贵的贺礼,"于是十屋皆满"[①]。可知当时十分重视"三日之礼",但尚无"洗三"风俗。

---

①《北齐书·文襄元后传》,中华书局 1972 年版。

一般认为,"洗三"风俗起自唐代。安禄山与杨贵妃荒唐地认为母子,在母子关系的掩护下淫乱狎戏。天宝十年(751年)正月二十二日是安禄山的生日。三日那天,杨贵妃把40余岁的安禄山当做婴儿,搞了个"洗三"的闹剧。《资治通鉴·玄宗天宝十载》载:

> 甲辰,禄山生日,上及贵妃赐衣服、宝器、酒馔甚厚。后三日,召禄山入禁中,贵妃以锦绣为大襁褓裹禄山,使宫人以彩舆舁之。上闻后宫欢笑,问其故,左右以贵妃三日洗禄儿对。上自往观之,喜赐贵妃洗儿金银钱,复厚赐禄山,尽欢而罢。

杨贵妃干出如此勾当,唐玄宗还得强作欢颜地赏赐,当时"洗三"风俗必定十分流行,且已有较长的历史。

自唐代开始,"洗三"的风俗广泛流行。天复二年(902年),唐昭宗被逼流亡在凤翔,自顾不暇,"皇女生三日,赐洗儿果"①,可知"洗三"是不能免的。

洗儿除给婴儿沐浴外,还要大宴亲朋。宴会上最注重的食品是汤饼(面条),故又称"汤饼宴"。南宋王明清的《挥尘前录》解释说,"必食汤饼者,世所谓长寿面者也"。

满月又称"弥月"、"足月"。唐高宗龙朔二年(662年),"子旭轮生,满月,大赦"②。皇子满月要大赦天下,可知满月也是重大的人生礼俗。

满月的礼仪内容与"洗三"相似,亦称做"满月洗儿"、"洗儿会",是南北风俗融汇的结果。

唐朝段公路《北户录》载:"岭南俗,家富者妇产三日或足月洗儿。做团油饭,以煎鱼虾、鸡鹅、猪羊、灌肠、蕉子、姜桂、盐豉为之。"后来该俗北渐,北方也流行"满月洗儿"。《东京梦华录》卷五《育子》载:"至满月则生色及绷绣线,富贵家金银犀玉为之,并果子,大展洗儿会。……浴儿毕,落胎发,遍谢坐客。"

唐代韩愈的《寄卢仝》诗写道:"去年生儿名添丁,意令与国充耘耔。"因

---

①(唐)韩偓:《金銮密记》,《古今图书集成·人事典·初生部》引,中华书局、巴蜀书社1985年版。
②《新唐书·高宗本纪》,中华书局1975年版。

此,古代生儿又称"添丁"。在宗法观念浓厚的中国,生子继宗、人丁兴旺是人们的普遍追求,故而庆贺添丁之喜的"洗三"、"满月"也一直流变到近现代。

(二) 周岁试儿、生日

周岁也叫"周晬",主要礼俗是试儿,又称"抓周"、"试周"、"晬盘"。此俗兴起于南北朝的江南。北齐琅邪(今山东临沂)人颜之推《颜氏家训·风操》载:

> 江南风俗,儿生一期,为制新衣,盥浴装饰。男则用弓矢纸笔,女则刀尺针缕,并加饮食之物及珍宝服玩,置之儿前,观其发意所取,以验贪廉愚智,名之为试儿。亲表聚集,致宴享焉。

唐宋时,试儿风俗传到北方。北宋初大将曹彬周岁时,"父母以百玩之具罗于席,观其所取。彬左手持干戈,右手挂俎豆,斯须取一印,他无所视,人皆异之"①。曹彬是真定灵寿人,今属河北,周岁当在五代,那时北方已有试儿风俗。山东到明清时期仍然流行"抓周"的风俗。嘉庆五年(1800 年)山东《寿光县志》载:"生子晬岁,设矮几置百物,令婴儿任意取之,名曰'抓周'。"

民间庆贺生日,起于南北朝的江南。《颜氏家训·风操》记载周岁试儿后,接着说:

> 自兹以后,二亲若在,每至此日,常有酒食之事尔。无教之徒,虽已孤露,其日皆为供顿,酣畅声乐,不知有所感伤。梁孝元年少之时,每八月六日载诞之辰,常设斋讲。自阮修容薨殁之后,此事亦绝。

当时做生日有两种情况:一种是双亲在世,生日那天设酒庆贺,父母去世后,就不再过生日了。梁元帝每年八月六日做生日,自生母阮修容死后,就不再做了。另一种是所谓的"无教之徒",亦即民间,父母去世后仍置酒乐,庆祝生日。所以,顾炎武讲:"生日之礼,古人所无。"②

这两种情况一直延续到唐前期。唐太宗对长孙无忌讲:"今日吾生日,

①《宋史·曹彬传》,中华书局 1975 年版。
②《日知录》卷十三,上海古籍出版社 1984 年版。

世俗皆为乐,在朕翻成伤感……诗云'哀哀父母,生我劬劳'。奈何以劬劳之日更为宴乐乎!"①

唐玄宗开元十七年(729 年),丞相源乾曜、张说奏请,将玄宗生日(八月初五)定为千秋节,"布于天下,咸令宴乐,休假三日,群臣以是日献甘露醇酎,上万岁寿酒"②。唐玄宗诏准曰:"依卿来请,宣付所司。"这是皇帝明确表态把献酒上寿的古礼与生日合并起来。

北齐琅邪(今山东临沂)人颜之推的《颜氏家训》中,南北两个风俗区泾渭分明。魏晋南北朝隋唐时期,许多风俗事象被带到南方,融合南方风俗后又反馈到北方。这些反馈到北方的风俗,自然也流行于山东。五代宋元明清民国时期,山东夏津"生子有汤饼宴、弥月宴、晬盘宴";即墨、胶南等地生子"三朝,举行汤饼会","悬弧矢于门";牟平生子称"添丁"。③ 其他如洗三、满月、周岁试儿等,都与魏晋南北朝隋唐一脉相承。

(三)举子禁忌

先秦两汉时期的举子禁忌仍在山东流行。婴儿生日一旦犯忌,轻者出继,重者抛弃,甚至被弄死。南朝宋北海剧(今山东寿光)人王镇恶五月五日生,"家人以俗忌,欲令出继疏宗"。祖父王猛说:"此非常儿,昔孟尝君恶月生而相齐,是儿亦将兴吾门矣!"将他留了下来,名之为"镇恶"④。

看来,孟尝君给山东人留下的"恶月"的印象太深远了。孟尝君、王镇恶还是大难不死的幸运者,那些犯忌而死的小生命,甚至连为此陋俗而殉身的痛苦都感觉不到了。

不光在山东,各地都有五月是"恶月"和"不举五月子"的流俗。《风俗通·佚文·释忌》云:"俗说五月五日生子,男害父,女害母。"《论衡·四讳》讲:"讳举正月、五月子。"《世说新语》载:"(东汉)胡广本姓黄,五月五日生,父母恶之,置瓮中投于江。胡翁闻瓮中有儿啼,往取之,养为子,遂七登三司。"⑤

---

①《资治通鉴》卷一九八《唐纪十四·太宗贞观二十年》,古籍出版社 1956 年版。
②(唐)张说:《请八月五日为千秋节表》,载《全唐文》卷二二三,中华书局 1960 年版。
③乾隆六年《夏津县志》、1928 年《胶澳志》、1935 年《牟平县志》。
④《宋书·王镇恶传》,中华书局 1974 年版。
⑤《太平御览》卷三十一《时序部一六·五月五日》引,中华书局 1960 年影印版。

　　这种恶月恶日的恐怖,往往使生在该日的婴儿惨遭遗弃,有幸活下来的也时刻有一种不祥的感觉。然而,从这些记载中可以看出,古人本身就对五月子不祥表示怀疑,只是由于"俗忌"才不得已而为之。

　　隋唐时期,"不举五月子"的俗忌在山东人中消失。唐初青州益都(今属山东)人崔信明,"以五月五日日正中时生,有异雀数头,身形甚小,五色毕备,集于庭树。鼓翼齐鸣,声清宛亮"。隋朝太史令史良恰好出使青州,为其占卜说:"五月为火,火为《离》,《离》为文彩。日正中,文之盛也。又有雀五色,奋翼而鸣。此儿必文藻焕烂,声名播于天下。雀形既小,禄位殆不高。"这里除预测崔信明必将"文藻焕烂,声名播于天下"外,只是说他"禄位不高",丝毫未提及"讳举五月子"的禁忌。

　　隋唐以后,"不举五月子"的俗忌没有了,但弃婴的陋俗并没有消失,一直延续到晚清民国时期。1935 年山东《莱阳县志》载:"养人弃婴儿,谓之'拾官子'。"

(四)千里驹、神童

　　魏晋南北朝隋唐时期重家族,轻朝廷,人们更加热衷于"神童"、"圣童"的赞赏,并用"千里驹"来吹嘘自家子弟的优秀。"幼学"、"成童"所主张的教育要求大大提前了。

　　十六国时,清河东武城(今属山东)人崔玄伯,"少有俊才,号曰冀州神童"①。

　　《南史·任昉传》载,南朝齐乐安博昌(今山东博兴东南)人任昉"幼而聪敏,早称神悟",其从叔任暠有知人之量,见而称其小名说:"阿堆,吾家千里驹也。"南朝梁琅邪临沂(今属山东)人王规幼时甚得叔父王暕器重,常曰:"此儿吾家千里驹也!"②《隋书·张虔威传》载,清河东武城(今属山东)人张虔威"性聪敏,涉猎群书,其世父暠之谓人曰:'虔威,吾家千里驹也!'"

　　唐代在科举考试制度中正式设置童子科。《新唐书·选举志上》载:"凡童子科,十岁以下能通一经及《孝经》、《论语》,卷诵文十,通者予官,通

---

　　①《魏书·崔玄伯传》,中华书局 1974 年版。
　　②《南史·王昙首传附王规传》,中华书局 1975 年版。

七,予出身。"曹州南华(今山东东明)人刘晏"年七岁,举神童,授秘书省正字"①,在唐玄宗时"名震一时"。

(五)姓和名

魏晋南北朝隋唐时期,姓、名的来源大体有以下几种:

1. 帝王赐姓、赐名

唐代齐州全节(今山东章丘)人员半千,原为彭城(今江苏徐州)刘氏,其十世祖刘凝之仕南朝宋,"及齐受禅,奔元魏,以忠烈自比伍员(即伍子胥),因赐姓'员'"②。

东汉末东郡东阿(今属山东)人程昱"少时常梦上泰山,两手捧日。昱私异之,以语荀彧。及兖州反,赖昱得完三城,于是,彧以昱梦白太祖(曹操),太祖曰:'卿当终为我腹心。'昱本名立,太祖乃加其上'日',更名昱也"③。这是曹操根据先秦时期的"梦象法"为程昱更名。

南朝宋琅邪临沂(今属山东)人、丹阳尹颜竣生子,宋孝武帝"名竣子为辟强,以比汉侍中张良之子"④。清河东武城(今山东武城西)人张烈,字徽仙,魏孝文帝"赐名曰烈,仍以本名为字焉"⑤。

也有的是按照皇帝的旨意而改名。南朝齐吏部尚书、琅邪临沂(今属山东)人王晏的儿子初名"湛",齐武帝说:"刘湛、江湛并不善终,此非佳名也。"⑥王晏遂为子改名德元。

2. "五名"的传承

魏晋南北朝隋唐取名,仍遵守春秋鲁国申繻讲的"信、义、象、假、类"等"五名"的原则。西晋石崇"生于青州,故小名齐奴"⑦;南朝宋东海郯(今山东郯城)人徐孝嗣之母怀孕后丈夫被杀,想堕胎改嫁,"自床投地者无算,又以捣衣杵舂其腰,并服堕胎药,胎更坚。及生,故小字'遗奴'"⑧。这是申

---

①《旧唐书·刘晏传》,中华书局 1975 年版。
②《新唐书·员半千传》,中华书局 1975 年版。
③《三国志·魏书·程昱传》裴松之注引《魏书》,中华书局 1959 年版。
④《宋书·颜竣传》,中华书局 1974 年版。
⑤《魏书·张烈传》,中华书局 1974 年版。
⑥《南齐书·王晏传》,中华书局 1972 年版。
⑦《晋书·石苞传附石崇传》,中华书局 1974 年版。
⑧《南史·徐羡之传》,中华书局 1975 年版。

繻讲的"名生为信"。

唐代齐州全节(今山东章丘)人员半千本名余庆,老师王义方赞赏他说:"五百岁一贤者生,子宜当之。"①因此改名为"半千"。这是申繻讲的"德名为义"。

3. 以自己的志向、追求命名

从西汉开始突破先秦时期的命名原则,以个人的追求、志向命名。司马相如"既学,慕蔺相如之为人也,更名相如"②。东晋末年,北海剧(今山东寿光)人王镇恶生在恶月,祖父王猛"故名之为镇恶"③,表现了对传统禁忌的震慑和挑战。

4. 以牲畜命名

近代山东农村有许多以大牛、二狗、小虎等为乳名者,这一命名风俗开始于魏晋南北朝隋唐。春秋鲁国申繻讲的"五名六避"基本被冲破,以牲畜名为儿子命名蔚然成风。北齐琅邪(今山东临沂)人颜之推《颜氏家训·风操》载:"长卿(司马相如)名犬子,王修名狗子……北土多有名儿为驴、驹、豚子者。"

农业与家庭畜牧业相结合的小农自然经济,使人们对家禽家畜倾注了太多的人情,古人不仅以牲畜作为人的名字,还把家禽家畜异化成人。先秦时,人们就给狗起名字,山东、河北一带称猫为"男猫、女猫"。西晋崔豹的《古今注》载,驴被称为"长耳公",羊被称为"髯须主簿",猪被称为"长喙参军"。龙的传人,竟称自己的儿子为"犬子"。这绝不是对人性的亵渎,而是人们热爱家园的一种心理折射。一个远离家乡的人,望见门口的老槐树,家中的鸡狗,都会倍感亲切。

5. 官称作人称

魏晋南北朝隋唐时期,又出现姓加官职的称号。东汉末山阳高平(今山东邹城西南)人刘表为荆州牧,称刘荆州。鲁国(今山东曲阜)人孔融为北海相,故称孔北海。东晋琅邪临沂人王羲之曾任右军将军,故又有王右军之称。

---

① 《新唐书·员半千传》,中华书局 1975 年版。
② 《汉书·司马相如传》,中华书局 1962 年版。
③ 《宋书·王镇恶传》,中华书局 1974 年版。

（六）号

魏晋南北朝隋唐时期山东人的号，多为自号和舆论称号。当时还流行多个人的群体称号。

自号往往是自己个性、才能、人生追求等任真自得的写照。如曹魏琅邪阳都（今山东沂南南）人诸葛诞与散骑常侍夏侯玄、中书郎邓飏等 15 人交友结党，互相标榜，号称"四聪"、"八达"、"三豫"①。

舆论称号即社会群众阶层所起的称号，也是社会舆论对某一个人的评价。

东汉建安年间（196—220 年），鲁国（今山东曲阜）孔融、山阳（今山东邹城）王粲、北海（今山东潍坊）徐干、东平（今属山东）刘桢，与广陵（今江苏江都）陈琳、陈留（今河南开封）阮瑀、汝南（今属河南）应玚等，为当时著名文学家，曹丕在《典论·论文》中称他们为"七子"，后人因称为"建安七子"。

类似这种群体称号，在当时山东人中还有很多。西晋琅邪临沂（今属山东）人王戎与阮籍、嵇康、山涛、刘伶、阮咸、向秀等七人常集于竹林之下，肆意酣畅，故世谓之"竹林七贤"②。《晋书·卞壶传》载，东晋济阴冤句（今山东菏泽）人卞壶的父亲卞粹，兄弟六人都在宰府任职，世称"卞氏六龙"。《晋书·羊曼传》载："时州里称陈留阮放为宏伯，高平（今山东金乡）郗鉴为方伯，泰山胡毋辅之为达伯，济阴卞壶为裁伯，陈留（在今河南开封）蔡谟为朗伯，阮孚为诞伯，高平刘绥为委伯，而曼（今山东新泰人）为䫮伯，凡八人，号'兖州八伯'。"《魏书·张烈传》载，清河东武城（今山东武城西）人张烈，字徽仙，与青州（今属山东）崔徽伯、房徽叔并有令誉，时人号曰"三徽"。《旧唐书·文苑·李白传》载，李白"少与鲁中诸生孔巢父、韩沔、裴政、张叔明、陶沔等隐于徂徕山（在今山东泰安东南），酣歌纵酒，时号'竹溪六逸'"。

古代民众向来有褒贬是非、臧否人物的传统，给人的称号表达了赞誉、敬仰、讥讽、鞭笞、痛斥等各种心境，对单个人的称号更是如此。三国琅邪阳都（今山东沂南）人诸葛亮被称做"卧龙"。西晋泰山南城（今山东新泰）人羊祜被吴人称为"羊公"。西晋琅邪临沂（今属山东）人王衍被指斥为"口中

---

①《三国志·魏书·诸葛诞传》裴松之注引《世语》，中华书局 1959 年版。
②《世说新语·任诞》，上海书店 1986 年影印版。

雌黄"。东晋琅邪临沂人王导的堂侄王彪之,20 岁鬓发皆白,因而人称"王白须"。唐朝博州聊城(今属山东)人王志愔为左台御史,执法刚正,百僚畏惮,时人呼为"皂雕"①。

(七) 座右铭、"忍"

汉代出现的养性形式"座右铭"仍在山东士族中传承。

南朝宋末年,琅邪临沂(今属山东)人王僧虔为尚书令,以飞白书(草篆)题尚书省墙壁曰:"圆行方止,物之定质,修之不已则溢,高之不已则慄,驰之不已则踬,引之不已则迭,是故去之宜疾。"官员们纷纷赞赏,"以比坐(座)右铭"。王僧虔的侄子王俭"幼笃学,手不释卷,宾客或相称美"。王僧虔担心说:"我不患此儿无名,政恐名太盛耳!""乃手书崔子玉(东汉崔瑷)座右铭以贻之"②。

到了唐朝,"忍"既是人们修心养性的信条,又被推广为治家的诀窍。《旧唐书·孝友·张公艺传》载,唐朝郓州寿张(今山东阳谷)人张公艺九世同居,北齐、隋、唐皆旌表其门。唐高宗封禅泰山路过郓州(治今山东东平),"亲幸其宅",询问齐家的诀窍。张公艺写了一百多个"忍"字奉上。"高宗为之流涕,赐以缣帛。"③"张公百忍"换来了全家和睦,也吸引着后来的张姓人家挂上了"百忍"的堂匾。

孔子既讲"小不忍则乱大谋",又讲"是可忍,孰不可忍",后来倡导的忍简直"忍无可忍"。《新唐书·娄师德传》载,唐朝娄师德教育弟弟要忍耐。弟弟说:"人有唾面,洁之乃已。"娄师德急忙说:"洁之是违其怒,正使自干耳。"这种懦弱而荒唐的忍让,被称做"唾面自干"。

古人以"忍"养性,固然是为了培养宽广、大度的胸怀,也的确能避免许多将要发生的争斗和祸端。但是,忍让掩盖了胆怯和软弱,懦夫也分享宽宏大量的虚荣。因此,以"忍"养性又消磨了人的个性棱角和原则精神,使人们放弃对邪恶行为的积极抗争,培养了胆小怕事、畏首畏尾的弱者心态。现代人除继续将"小不忍则乱大谋"挂在嘴边外,像"委曲求全","退一步,

①《旧唐书·王志愔传》,中华书局 1975 年版。
②《南史·王昙首传附王俭传》,中华书局 1975 年版。
③《旧唐书·孝友·张公艺传》,中华书局 1975 年版。

海阔天空,忍一时,风平浪静",“宰相肚里能撑船"等,都笼罩着古代"忍"的阴影。

六、丧葬风俗

中国的传统丧葬礼俗,大都是先秦时期奠定的,魏晋南北朝隋唐时期既有对传统丧俗的传承,又有背离,还有因佛教传入而形成的对传统丧葬风俗的充实。

(一) 丧葬礼仪的流变

1. 由厚葬到薄葬

魏晋南北朝隋唐时期一改先秦秦汉的厚葬风俗,流行薄葬。魏晋南北朝的许多统治者均倡导薄葬。早在建安十年(205 年),曹操就"禁厚葬,皆一之于法"。建安二十三年(218 年),曹操为自己选定葬所,下令说:“古之葬者,必居瘠薄之地。其规西门豹祠西原上为寿陵,因高为基,不封不树。"①《晋书·刑法志》描绘西晋帝室陵制说:“大晋垂制,深惟经远,山陵不封,园邑不饰,墓而不坟,同乎山壤,是以丘阪存其陈草,使齐乎中原矣。"十六国后赵石勒遗令说:“三日而葬,内外百僚,既葬除服,无禁婚娶、祭祀、饮酒、食肉,征镇牧守不得辄离所司以奔丧,敛以时服,载以常车,无藏金宝,无内器玩。"②

在统治者的政策导向下,山东士族官僚中亦形成一股薄葬之风。三国魏泰山平阳(今山东邹城)人高堂隆死,“遗令薄葬,敛以时服";东郡廪丘(今山东鄄城西北)人王观死于家,“遗令藏足容棺,不设明器,不封不树"。琅邪阳都(今山东沂南南)人、蜀汉丞相诸葛亮"遗命葬汉中定军山,因山为坟,冢足容棺,敛以时服,不须器物"。诸葛亮之兄、孙吴诸葛瑾年 68 岁亡,“遗命令素棺,敛以时服,事从省约"。③ 琅邪临沂(今属山东)人、南朝宋王微临终,“遗令薄葬,不设輴旐鼓挽之属,施五尺床,为灵二宿便毁。以尝所

---

①《三国志·魏书·武帝纪》,中华书局 1959 年版。
②《晋书·石勒载记》,中华书局 1974 年版。
③《三国志》:《魏书·高堂隆传》、《魏书·王观传》、《蜀书·诸葛亮传》、《吴书·诸葛瑾传》,中华书局 1959 年版。

弹琴置床上"①。北魏清河东武城(今山东武城西)人崔宽卒,"遗命薄葬,敛以时服"②。

西晋琅邪临沂(今属山东)人王祥结合先秦以来的丧葬礼俗,具体吩咐了各项薄葬的要求。《晋书·王祥传》载,王祥病重,著遗令训子孙说:"气绝但洗手足,不须沐浴。勿缠尸,皆浣故衣,随时所服。所赐山玄玉佩、卫氏玉玦、绶笥皆勿以敛。西芒上土自坚贞,勿用墋石,勿起坟陇。穿深二丈,椁取容棺。勿作前堂、布几筵、置书箱镜奁之具,棺前但可施床榻而已。糒脯各一盘,玄酒一杯,为朝夕奠。家人大小不须送丧,大小祥乃设特牲。无违余命! 高柴泣血三年,夫子谓之愚。闵子除丧出见。援琴切切而哀,仲尼谓之孝。故哭泣之哀,日月降杀,饮食之宜,自有制度。"

魏晋南北朝隋唐的薄葬之风,还与佛教的流行有关。南朝梁平原(今属山东)人刘歊一生"精心学佛",作《革终论》安排后事说:"气绝不须复魄,盥洗而敛。以一千钱市治棺、单故裙衫、衣巾枕履。此外送往之具、棺中常物、及余阁之祭,一不得有所施。世多信李、彭之言,可谓惑矣。余以孔、释为师,差无此惑。敛讫,载以露车,归于旧山,随得一地,地足为坎,坎足容棺,不须砖墋,不劳封树,勿设祭飨,勿置几筵,无用茅君之虚座,伯夷之杅水。"③刘歊在文中自称"以孔、释为师",不受老子、彭祖长生之说的迷惑,提出了一系列简化丧葬的措施。

然而,由于西晋夸富斗奢之风的盛行,加之两晋皇帝躬行薄葬,却厚赐臣下之葬,所以在两晋山东的士族官僚中,薄葬者有之,厚葬者亦存。如西晋泰山南城(在今山东新泰)人羊琇死,"赐东园秘器,朝服一袭,钱三十万,布百匹"。琅邪临沂(今属山东)人王导死,晋成帝为其"举哀于朝堂三日,遣大鸿胪持节监护丧事,赗襚之礼,一依汉博陆侯及安平献王故事。及葬,给九游辒辌车、黄屋左纛、前后羽葆鼓吹、武贲班剑百人,中兴名臣莫与为比"。高平金乡(今属山东)人郗鉴死,"帝朝晡哭于朝堂,遣御史持节护丧事,赠一依温峤故事(赐钱百万,布千匹,祠以太牢)"。④

①《宋书·王微传》,中华书局1974年版。
②《魏书·崔宽传》,中华书局1974年版。
③《梁书·处士·刘歊传》,中华书局1973年版。
④《晋书》:《外戚·羊琇传》、《王导传》、《郗鉴传》,中华书局1974年版。

南朝以后,薄葬之风减弱,到隋唐时期遂又盛行厚葬,但仍有追求薄葬者。曹州离狐(今山东东明东南)人李勣死,唐高宗"登楼临送,望柳车恸哭,并为设祭","诏百官送至故城西北,所筑坟一准卫霍故事,象阴山、铁山、乌德鞬山,以旌破突厥、薛延陀之功"。排场虽然极大,但临终前李勣却留下遗言:"明器惟作马五六匹,下帐用幔皂为顶,白纱为裙,其中著十个木人,示依古礼刍灵之义,此外一物不用。"①

2. 初终、小殓、大殓

《礼记·王制》规定:"天子七日而殡,七月而葬;诸侯五日而殡,五月而葬;大夫、士、庶人三日而殡,三月而葬。"在死者的第一天又有属纩、复、憮殓、铭旌、设重、洗尸、饭唅、设燎、讣告等一系列初终的礼仪,魏晋南北朝时期都提前和简化了。上述王祥的家训,刘巘的《革终论》,虽是弃厚葬而倡行薄葬,但先秦秦汉时期的丧葬礼俗几乎都提到了。

《晋书·王敦传》载,琅邪临沂(今属山东)人王敦在进攻京师建康(今江苏南京)的叛乱中病死,其养子王应"秘不发丧,裹尸以席,蜡涂其外,埋于厅事中"。"裹尸以席,蜡涂其外"应是小殓的草草应急措施。

到南朝时,丧礼更加紊乱,"时人间丧事多不遵礼,朝终夕殡,相尚以速"。东海郯(治今山东郯城)人徐勉上疏朝廷说:"《礼记·问丧》云:'三日而后敛者,以俟其生也。三日而不生,亦不生矣。'自顷以来,不遵斯制,送终之礼,殡以期日。润屋豪家,乃或半晷。衣衾棺椁,以速爲荣。亲戚徒隶,各念休反。故属纩才毕,灰钉已具。忘狐鼠之顾步,愧燕雀之徊翔,伤情灭理,莫此爲大。且人子承衾之时,志澐心绝,丧事所资,悉关他手。爱憎深浅,事实难原。如觇视或爽,存没违滥,使万有其一,怨酷已多,岂若缓其告敛之辰,申其望生之冀。请自今士庶,宜悉依古,三日大敛。如其不奉,加以纠绳。"②

徐勉说的"三日而后敛者,以俟其生也",是强调初终中"属纩"、"复"等礼俗为挽救死者生命作的努力,是亲属的"望生之冀"。而时人的葬俗"伤情灭理","朝终夕殡",一天甚至半天就将死者大殓了。最后他建议,"自今士庶宜悉依古,三日大敛"。朝廷批准了他的奏疏。所以,魏晋以后

①《旧唐书·李勣传》,中华书局 1975 年版。
②《梁书·徐勉传》,中华书局 1973 年版。

基本沿袭"三日大敛"的丧礼。

隋唐时期的丧葬礼仪基本遵照古制。唐朝安史之乱中，安禄山攻破洛阳，杀留守李憕、御史中丞卢奕、判官蒋清，将三人首级送到河北。平原太守、琅邪临沂（今属山东）人颜真卿面上血"不敢衣拭，以舌舐之"，"乃取三首冠饰，草续支体，棺敛祭殡，为位恸哭"①。即为三个首级戴上冠饰，用草扎上肢体，入棺祭殡，摆上灵牌恸哭。出于对忠臣义士的尊重，颜真卿严格按照古代葬礼殡殓了三人，以舌舔血，相当于"洗尸"；"为位恸哭"相当于"设重"和"哭丧"；戴上冠饰，"草续肢体"是小殓；"入棺祭殡"是大殓。

3. 二次葬

魏晋南北朝时期兵荒马乱，因种种原因往往先把死者草草安葬，待有条件后再正式安葬。这种葬法叫二次葬，又称假葬。

《晋书·郗诜传》载，西晋济阴单父（今山东单县）人郗诜母病，"苦无车，及亡，不欲车载柩，家贫无以市马，乃于所住堂北壁外假葬，开户，朝夕拜哭。养鸡种蒜，竭其方术。丧过三年，得马八匹，舆柩至冢，负土成坟"。

4. 挽歌

从汉代开始，执绋者要高唱取材于齐国东部的挽歌。《晋书·礼志中》讲："汉魏故事，大丧及大臣之丧，执绋者挽歌。新礼以为，挽歌出于汉武帝役人之劳歌，声哀切，遂以为送终之礼。"

唐朝齐州临淄（今属山东）人段成式《酉阳杂俎》续集卷四《贬误》又对挽歌作了较为全面的考证："世说挽歌起于田横，为横死，从者不敢大哭，为歌以寄哀也。挚虞《初礼（一曰〈新礼〉）议》：'挽歌出于汉武帝，役人劳苦，歌声哀切，遂以送终，非古制也。'工部郎中严厚本云：'挽歌其来久矣。据《左氏传》，公会吴子伐齐，将战，公孙夏命其徒歌《虞殡》，示必死也。'予近读《庄子》曰：'绋讴于所生，必于斥苦。'司马彪注云：'绋，读曰拂，引柩索。讴，挽歌。斥，疏缓。苦，急促。言引绋讴者，为人用力也。'"

起源于齐地的挽歌还在中国文学史上占有重要的地位。《薤露》《蒿里》在魏晋南北朝发展为乐府诗《薤露行》《蒿里行》，具有典型意义的是曹

①《旧唐书·颜真卿传》，中华书局1975年版。

操的《薤露行》、《蒿里行》。其中"白骨露于野,千里无鸡鸣。生民百遗一,念之断人肠",成为催人断肠的千古佳句。

魏晋南北朝隋唐的挽歌不再局限于《薤露》、《蒿里》,可随意而作。《隋书·卢思道传》载:"(北齐)文宣帝崩,当朝文士各作挽歌十首,择其善者而用之。"北齐名士魏收、阳休之、祖孝征各被选中一二首,卢思道独得八首。

5. 讣告、奔丧、吊丧、诔、谥号

讣告、奔丧、吊丧、赙赗、诔、谥号等丧礼一如既往。上述王敦死,"秘不发丧",即不发讣告,封锁消息。《晋书·陶侃传》载,东晋陶侃母死,"有二客来吊,不哭而退,化为双鹤,冲天而去",后又称吊丧为"鹤吊"。魏晋以后,吊丧的方式增多,有的不遵礼制,以各种方式表达哀思。

东汉末荀彧(字文若)为人伟美,有仪容,平原般(今山东临邑)人祢衡恃才傲逸,评论荀彧说:"文若可借面吊丧。"[1]可见当时吊丧要仪容整齐,并有"借面吊丧"者。

东晋琅邪临沂(今属山东)人王羲之之子王献之(字子敬)死,哥哥王徽之"直上灵床坐",弹琴为哥哥吊丧。

诔文在魏晋南北朝隋唐特别流行。《晋书·郗超传》载,东晋中书侍郎、高平金乡(今属山东)人郗超,"所交友皆一时秀美,虽寒门后进亦拔而友之。及死之日,贵贱操笔而为诔者四十余人"。

西晋文学家、齐国临淄人左思的妹妹左贵嫔是著名才女,写了一篇文辞华丽优美、洋洋千字的《悼武元杨皇后诔》。十六国清河东武城(今属山东)人崔潜为兄崔浑撰写诔文,因书法绝妙,在北魏流传数百年,"人多摹揭之"[2]。

一般说来,诔文有两个原则:一是比较短,二是卑不诔尊,贱不诔贵。"贵贱操笔"为郗超写诔文,背离了"贱不诔贵"礼制。这还不算是严重背离传统,左贵嫔的诔文是贵嫔诔皇后,不仅以卑诔尊,而且洋洋千字,把两条原则都破坏了,但又遵从和传承了先秦"诔"的礼俗。所以说,魏晋南北朝对传统礼俗既是传承,又是背离。

---

[1]《三国志·魏书·荀彧传》注引《典略》,中华书局1959年版。
[2]《魏书·崔玄伯传》,中华书局1974年版。

诔之后,宣布谥号。谥号有善谥,也有恶谥。唐朝张守节在《谥法解》中说:"谥者,行之迹;号者,功之表……是以大行受大名,细行受细名。"曹魏济阴鄄城(今属山东)人吴质生前拜北中郎将,封列侯,使持节都督幽、并诸军事,飞扬跋扈,怙威肆行,死后被魏明帝曹叡谥作"丑侯"。25 年后,经儿子王应上书论枉,才改谥"威侯"。

琅邪临沂(今属山东)人王导辅佐晋元帝开创东晋政权,位至侍中、司空、假节、录尚书,领中书监,死后谥曰"文献"。王导的五世孙、南朝宋尚书令王俭死,礼官建议按照王导的先例,也谥为"文献"。吏部尚书、琅邪临沂(今属山东)人王晏与王俭不和,反对说:"导乃得此谥,但宋来不加素族。"①最后王俭被谥为"文宪公"。

《晋书·王导传》载:"自汉魏已来,赐谥多由封爵,虽位通德重,先无爵者,例不加谥。"东晋王导上疏说:"武官有爵必谥,卿校常伯无爵不谥,甚失制度之本意也。"朝廷采纳了他的建议,"自后公卿无爵而谥,导所议也"。

民间私谥仍在山东人中间流行。《南史·刘怀珍传附刘峻传》载,平原(今属山东)人刘峻去世,门人谥曰"玄靖先生"。

6. 棺椁、几筵、祠堂、碑碣、石雕群

秦汉以后,不再有棺椁的区别,一般把外层的套棺称做椁。贫民阶层买不起棺,则用芦席卷尸掩埋,这也是魏晋以后薄葬的体现。三国吴国琅邪阳都(今山东沂南南)人诸葛恪,"苇席裹其身而篾束其腰"②,投之石子冈。儒士高密淳于(今山东安丘东北)人徐苗,西晋永宁二年(302)卒,"遗命濯巾浣衣,榆棺杂砖,露车载尸,苇席瓦器而已"③。

魏晋南北朝隋唐坟墓结构的一项最明显的变化是,不能在墓前修祠堂者,也要在墓前建置简陋的"几筵"或石床,以备祭祀之用。这一习俗发端于汉代,流行于魏晋南北朝隋唐,宋以后发展为墓前的小屋或石供桌。

上述王祥的家训提到,"勿用毚石,勿起坟陇,穿深二丈,椁取容棺。勿作前堂、布几筵、置书箱镜奁之具,棺前但可施床榻而已"。刘歆的《革终论》提到"不须砖毚,不劳封树,勿设祭飨,勿置几筵,无用茅君之虚座",就

①《南史·王镇之传附王晏传》,中华书局 1959 年版。
②《三国志·吴书·诸葛恪传》,中华书局 1959 年版。
③《晋书·儒林·徐苗传》,中华书局 1974 年版。

是指在墓前建置供祭祀的几筵或床榻,而不是在家治丧时堂前摆的供桌。前述西汉鲁恭王刘余金乡山墓所,不仅有祠堂,还有一张长8尺的石床,就是证明。石床的结构特殊,一般的床绝不会"磨莹鲜明,叩之声闻远近"。况且,一般的石床是不能拆解的,即使被拆解成两部分也就报废了,而这张石床被西晋太尉从事中郎傅珍之、咨议参军周安穆析败后"各取之",肯定拆开的半张床还有极高的使用价值。

汉魏以后,官僚贵族在墓所修建祠堂,各地百姓往往为有惠政的地方官立祠堂树碑。

《晋书·羊祜传》载,西晋泰山南城(在今山东新泰)人羊祜死,"襄阳百姓于岘山祜平生游憩之所建碑立庙,岁时飨祭焉。望其碑者莫不流涕,杜预因名为'堕泪碑'"。这里的庙,也是祠堂。"堕泪碑"到唐朝尚在。唐诗人孟浩然《与诸子登岘山》写道:"羊公碑尚在,读罢泪沾襟。"所在的岘山也改称羊祜山,后人还写了一首《七律·登羊祜山》,其中有"每到羊公游憩处,飞花堕泪祭碑前"的诗句。

《南史·任昉传》载,南朝齐梁时,乐安博昌(今山东博兴东南)人任昉"出为新安太守,在郡不事边幅,率然曳杖,徒行邑郭。人通辞讼者,就路决焉。为政清省,吏人便之。卒于官,唯有桃花米二十石,无以为敛。遗言不许以新安一物还都,杂木为棺,浣衣为敛。阖境痛惜,百姓共立祠堂于城南,岁时祠之"。

《旧唐书·良吏·贾敦颐传》载,曹州冤句(今山东菏泽)人贾敦颐为洛州刺史,"百姓共树碑于大市通衢"。其弟贾敦实又任洛州长史,迁太子右庶子,"及敦实去职,复刻石颂美,立于兄之碑侧,时人号为'棠棣碑'"。

重教尚学的山东人还为自己的学生树碑。三国魏济南人刘熹在襄州谷城(今属湖北)任县令时,有上百名官学生徒由于战乱和饥饿,尚未卒业出仕便去世了,刘熹为他们树了一座碑,把学生的名字都刻上,为了激励后学,这座埋葬学生的墓叫做"生坟"、"学生冢",碑称做"刘熹学生冢碑"。北魏郦道元《水经注》卷二十八《沔水》载,谷城"县东有冢。县令济南刘熹,字德怡。魏时宰县,雅好博古,教学立碑,载生徒百有余人,不终业而夭者,因葬其地,号曰'生坟'"。

三国两晋时期,帝王陵墓之前不设石碑。门阀士族经过皇帝特许,方可在墓前树碑。碑文要请文辞出众者起草,碑铭要请工于书法者书写。东晋孙绰文辞出众,琅邪临沂(今属山东)人王导、高平金乡(今属山东)人郗鉴等名臣,"必须绰为碑文,然后刊石焉"①。在《全晋文》中,孙绰书写的碑文就保存有7篇,其中有《丞相王导碑》《太宰郗鉴碑》。北朝的碑文,大多是书法艺术的珍品,称做"魏碑"。由此可知,墓碑还是中国书法艺术的载体。

唐宋时期更加重视墓碑。著名书法家、琅邪临沂(今属山东)人颜真卿就为人起草、书写过碑文。现存西安碑林的《颜家庙碑》全称"唐故通议大夫行薛王友柱国赠秘书少监国子祭酒太子少保颜君碑铭",就是颜真卿为父亲颜惟贞撰写的。唐宋还流行皇帝为大臣作碑。曹州离狐(今山东东明东南)人李勣的碑就是唐高宗作的。齐州(今山东济南)人房彦谦迁葬齐州亭山县赵山山麓(在今山东济南历城区彩石乡西彩石村北赵山南)房氏祖茔,请"才行世显"的李百药撰写碑文,由初唐四大书法家之一欧阳询书写,勒石刻碑。石碑现存,碑额篆书"唐故徐州都督房公碑"9字,碑文阴刻隶书,兼有楷体2500余字,是山东省内仅存的初唐书法石刻珍品。

石雕群是墓前和神道两旁的石人、石兽和传说中的神兽像。石人古称"翁仲",石兽称"石像生"。唐人封演《封氏闻见记》卷六说,石雕群"所以表饰故垄,如生前之仪卫耳"。唐朝五品以上官可以置石像。齐州历城(在今山东济南)人秦叔宝死后,"太宗特令所司就其茔内立石人马,以旌战阵之功焉"②。

所以,汉魏以后的墓碑、祠堂、石雕等不仅为了祭祀,还贯穿着刻石纪功、扬名后世的宗旨。

7. 由"还葬"到"留葬"

魏晋以后,山东士族安葬旧土的葬俗仍然存在。《南齐书·孝义·崔怀慎传》载,清河东武城(今山东武城西)人崔怀慎寓居南朝齐,父亲崔邪利仕北魏而死,崔怀慎寻机回归北魏,"载丧还青州"。由于长期仕宦在外,尤其是东晋南朝时长期侨居长江流域,实际上已无法归葬故土了。因此,魏晋南北朝时山东士庶落叶归根的观念逐渐淡化了。

《晋书·羊祜传》载,泰山南城(在今山东新泰)人羊祜死后,"从弟琇等

---

① 《晋书·孙绰传》,中华书局1974年版。
② 《旧唐书·秦叔宝传》,中华书局1975年版。

述祐素志,求葬于先人墓次,帝不许,赐去城十里外近陵葬地一顷"。

《晋书·王祥传》载,西晋琅邪临沂(今属山东)人王祥的两个小儿子王烈、王芬将死,"烈欲还葬旧土,芬欲留葬京邑"。王祥流涕曰:"不忘故乡,仁也;不恋本土,达也。""还葬旧土"、"留葬京邑",两种葬俗,两种观念,都得到王祥的认同。

隋唐时期,由于社会长期稳定,"还葬旧土"遂又流行。大业十一年(615 年),齐州(今山东济南)人房彦谦病卒于泾阳任上。唐朝建立后,其子房玄龄奏请唐太宗恩准,将房彦谦灵柩由泾阳归葬齐州亭山县赵山山麓(在今山东济南历城彩石乡西彩石村北赵山南)房氏祖茔。

从唐太宗贞观年间(627—649 年)开始,直至开元年间长达 120 多年间,以王、妃、公主、宰相、功臣等显赫人物陪葬昭陵,房玄龄及齐州历城(在今山东济南)人秦叔宝、曹州离狐(今山东东明东南)人李勣、济州东阿(今属山东)人程知节、齐州临淄(今属山东)人段志玄、清河茌平(今属山东)人马周等均在其中,没能够还葬旧土。

8. 相墓习俗的盛行

相墓又称"相阴宅"。《旧唐书·吕才传》引《葬书》云:"富贵官品,皆由安葬所致,年命延促,亦曰坟垅所招。"相墓之俗发端于先秦,盛行于魏晋南北朝隋唐。

西汉鲁恭王刘余死后,开凿墓地,"穿山得白蛇、白兔,不葬,更葬山南,凿而得金,故曰金乡山(在今山东金乡西北)"[①],其中就有相墓的因素。

《晋书·羊祜传》载,有善相墓者称,西晋泰山南城(在今山东新泰)人羊祜的祖墓"有帝王气,若凿之则无后"。羊祜在西晋初年为都督荆州诸军事,负责对孙吴的防务,为了不引起朝廷的猜忌,遂把祖坟凿坏。相墓者说:"犹出折臂三公。"后来,羊祜"堕马折臂,位至公而无子"。这些说法当然是事后附会,但却反映了当时祖坟佑及子孙的观念和相墓风俗的流行。

两晋之际,郭璞以相墓擅名当时。隋朝萧吉曾作《葬经》六卷,到唐初竟发展为 120 家,足见当时相墓风气之盛。

吕才是博州清平(今山东高唐)人,他本人"善阴阳方伎之书",但对世

---

① 《太平御览》卷四十二《地部七·金乡山》引《西征记》,中华书局 1960 年版。

俗泛滥成灾、荒诞不经的阴阳书进行了批判。《旧唐书·吕才传》载："太宗以阴阳书近代以来渐致讹伪，穿凿既甚，拘忌亦多。遂命才与学者十余人共加刊正，削其浅俗，存其可用者。勒成五十三卷，并旧书四十七卷，十五年书成，诏颁行之。才多以典故质正其理，虽为术者所短，然颇合经义。"尽管吕才刊正削存的百余卷阴阳书得到了唐太宗的认可，并诏颁天下，但该书绝大部分已经佚失，只有《叙宅经》、《叙禄命》、《叙葬书》三篇因《旧唐书·吕才传》的全文载入而得以保存下来。

在《叙葬书》中，吕才援据儒家经典，批判驳斥《葬书》所宣扬的迷信思想。首先考察了丧葬的原始情况。"葬"字的原义，"葬者，藏也，欲使人不得见之"。到了后来，才有阴阳葬法。由于阴阳家和巫者一再宣扬迷信思想，遂使葬术一时颇为流行，有120家之多，他们"各说吉凶，拘而多忌"。为了揭穿丧葬中的吉凶、禁忌等迷信，吕才列举了历史上天子、诸侯、大夫、士及庶人的殡葬情况，说明丧葬只不过有"贵贱不同，礼亦异数"，但都"葬有定期"，因而得出了葬"不择年月"、"不择日"、"不择时"、"吉凶不可信用"的结论。他还指出，葬书中所谓"富贵官品，皆由安葬所致；年命延促，亦曰坟垅所招"及"丧葬吉凶，皆依五姓便利"等说法，都是"巫者诈其吉凶，愚人因而徼幸"。至于"擗踊之际，择葬地而希官品；荼毒之秋，选葬时以规财禄"，均为无识者的愚昧，巫者的狡诈诓谝。

（二）守制、扫墓、祭祖

1. 起复和夺情

守制仍遵先秦礼俗，孝子谢绝人事、官职，在家居丧，官员"丁忧"如故。西晋琅邪临沂（今属山东）人、光禄勋、礼部尚书王戎，南朝宋琅邪临沂（今属山东）人、太子洗马王僧达，南朝宋太山南城（治今山东新泰）人、尚书主客郎羊崇，"丁母忧，哀毁过礼"。《魏书·张彝传》载，北魏清河武城（今山东武城西）人、黄门侍郎张彝，都曾"丁母忧"去职。

魏晋南北朝隋唐时期，又流行"起复"和"夺情"。原因是朝廷急需孝子留任，或守制未满而应召任职，称为"起复"。"起复"出仕后，素服办公，不参加吉礼，称做"夺情"。

《魏书·房法寿传》载，北魏清河绎幕（今济南历城东）人房士达"父忧在家"，其乡人刘苍生等作乱，"攻陷郡县，频败州军"，刺史元欣欲逼其为将，士达以礼固辞。欣乃命其友人冯元兴谓之曰："今合境从逆，贼徒转炽，若万一陷州，君家岂得独全？既急病如此，安得顾名教也？""士达不得已而起，率州郭之人二千余人，东西讨击，悉破平之。"

2. 由虞祭到斋七、百日、纸钱

先秦时期死者下葬完毕，有"反哭"、"三虞哭"、"卒哭"，时间接近 100 天。魏晋南北朝时，佛教开始参与民间的丧葬礼俗。《魏书·崔道固传》载，北魏清河东武城（今山东武城西）人崔僧渊的元妻房氏生伯驎、伯骥两子。又纳平原杜氏，生 4 子。后与房氏离异，与杜氏及 4 子家于青州（治今山东青州），伯骥与母房氏居于冀州（治今河北冀州）。崔僧渊死，伯驎前往赴丧，不敢入家门，哭于沙门寺。这时的佛寺已和民间丧事的关系很密切了。

佛教认为，人死后在死此生彼之间，要寻求生缘，以七日为一期，七日不得生缘，再续七日，至七七必生一处。因此，从南北朝开始，守制的内容发生了重大变化，产生了做七的风俗，每隔七天做一次佛事，且要请僧人设斋祭奠，超度死者亡灵。七七称做"断七"，第一百天为"百日"，更要隆重祭奠。

《魏书·胡国珍传》载，胡国珍死后，北魏孝明帝下诏，"自始薨至七七，皆为设千僧斋"，"百日设万人斋"。这一佛教影响下的葬俗也在山东士庶中流行。《北齐书·儒林传》载，北齐经学大师、长乐武强人（南朝宋侨置，在今山东邹平长山）孙灵晖为南阳王高绰师，"绰死后，每至七日及百日终，灵晖恒为绰请僧设斋，转经行道"。

南北朝以后，"斋七"取代了"三虞"，"百日"取代了"卒哭"，烧七、烧百日成为祭祀死者的固定礼俗。

先秦两汉时期殉葬用的钱叫"瘗钱"。魏晋南北朝隋唐时期，烧七、烧百日以及初终供奉死者开始焚烧纸钱。清代赵翼《陔余丛考》卷三十《纸钱》引《法苑珠林》称"纸钱，起于殷长史（东晋殷浩）"，引唐人封演《封氏闻见录》称"纸钱，魏晋以来已有之，今自王公至士庶无不用之"，认为纸钱产生于魏晋。唐朝山东琅邪王氏后裔王玙担任祠祭使，正式将纸钱使用于朝廷祭祀。《新唐书·王玙传》讲："汉以来葬丧皆有瘗钱，后世里俗稍以纸寓钱为鬼事，至是，玙乃用之。"在王玙以前，民间里俗就"稍以纸寓钱为鬼事"

了。《旧唐书·王玙传》亦载,开元末,王玙为祠祭使,"专以祀事希幸,每行祠祷,或焚纸钱,祷祈福祐,近于巫觋"。

3. 孝服

先秦时期的五服丧礼仍在传承,尤其是"心丧三年"之服,更是为讲义气、念旧情的山东人恪守。西晋兖州刺史令狐愚因犯罪被朝廷处死,"举州无敢送丧者",东平(今属山东)人马隆"以武吏讬称家客,殡送丧葬,种柏,三年礼毕乃还。举州皆惭"①。唐朝济南全节(今山东章丘)人员半千、何彦先的老师王义方死,"莳松柏冢侧,三年乃去"②。

据《旧唐书·礼仪七》载,唐朝君臣曾就斩衰的日期,父在为母齐衰一年,叔嫂无服,舅服缌麻等礼制进行了反复的议论。唐太宗根据侍中魏征、礼部侍郎令狐德棻的奏请,"曾祖父母旧服齐衰三月,请加为齐衰五月","嫂叔旧无服,今请服小功五月","舅服缌麻,请与从母(姨)同服小功"。唐高宗允准天后武则天奏请:"请父在为母终三年之服。"到唐玄宗时,又重申:"父在为母齐衰三年为定。"关于斩衰的时间,唐玄宗开元五年(717年)右补阙卢履冰上言:"三年之制,说者纷然。郑玄(今山东高密人)以为二十七月,王肃(今山东郯城人)以为二十五月。"从唐朝开始,三年之丧的日期确定为27个月。

开始服丧,叫成服、持服;服丧期满,叫释服、服阕。隋唐创立了科举制,士子遇斩衰之丧不得应考。如得到父母亡故消息故意隐瞒,不离职奔丧,叫做匿丧,被发现后,会受到严厉处分,而且为人们所不齿。

魏晋南北朝是个儒学式微、个性张扬的时代,由于五服制度相当复杂,作为一种礼俗流行时各不相同,背离五服制度的事屡见不鲜。《三国志·魏书·王粲传》裴松之注引张璠《汉纪》载,山阳(治今山东金乡西北)太守薛勤丧妻不哭,大殓时说:"幸不为夭,复何恨哉!"意思是说,你不早死,就很幸运了。山阳高平(今山东邹城)人王龚(王粲之父)妻死,"与诸子并杖行服"。按丧礼规定,丈夫要为妻子服齐衰一年,薛勤不为妻子服丧,还嫌妻子死得太晚;王龚与儿子一样为妻子服丧,所以"时人或两讥焉"。

---

①《太平御览》卷五五四《礼仪部三三·葬送二》引王隐《晋书》,中华书局1960年版。
②《新唐书·王义方传》,中华书局1975年版。

4. 扫墓

对父母祖先的祭祀,并不随着埋葬和守制的完成而结束,除忌日外,遇重大节日还要举行祭祀。

扫墓俗称"上坟",是缅怀、祭祀先人的主要活动之一。

《后汉书·明帝纪》注引《汉官仪》曰:"古不墓祭,秦始皇起寝于墓侧,汉因而不改,诸陵寝皆以晦、望、二十四气、三伏、社、腊及四时上饭。"三伏为初伏、中伏、末伏;社有春社、秋社,指立春、立秋后的第五个戊日;腊为冬至后第三个戊日,后定为腊月初八。这是秦汉皇帝供奉皇陵的礼制。东汉王充《论衡·四讳》曰:"古礼庙祭,今俗墓祀",这是民间祭墓的记载。

尽管许多典籍都讲"古不墓祭",但祭墓之俗在先秦已有,可能与丘坟同时出现。《周礼·春官·冢人》有"祭墓"二字。《礼记·檀弓下》有"有司以几筵舍奠于墓左"的记载。《孟子·离娄下》载,有个齐国人每天都在外面吃得酒足饭饱,回家欺骗妻妾说是与富贵人一起吃喝。妻妾跟踪察看,原来是到"东郭墦间,之祭者乞其余"。说明战国齐地墓祭已成为普遍的风俗,以致天天都有祭墓者,足以供这个齐人酒足饭饱。

两晋时期,山东士族有重大的决策还要到坟墓上告知父母之灵。东晋琅邪临沂(今属山东)王羲之辞去右军将军、会稽内史的官职,到父母墓前自誓曰:"维永和十一年三月癸卯朔,九日辛亥,小子羲之敢告二尊之灵……"[1]南北朝时,在职官员常请假回乡扫墓。《魏书·高阳王雍传》载:"任事之官,吉凶请假,定省扫拜,动历十旬。"唐玄宗开元二十年(732年),正式下诏:"寒食上墓,宜编入五礼,永为恒式。"[2]从此,国家以礼法的形式将扫墓的时间定为寒食节,并很快流行成俗。

七、信仰风俗

(一) 儒学信仰

魏晋南北朝隋唐时期,儒学虽然受到玄学和佛道的挑战,但各割据政权

---

[1]《晋书·王羲之传》,中华书局1974年版。
[2]《旧唐书·玄宗纪》,中华书局1975年版。

都需要它来标榜华夏正统,哪个政权也不敢公开抛弃它。到隋唐时期,孔子及其弟子、众多的儒学家在国家祀典中相继定位,也因此获得民众的信仰和祭祀。

隋文帝封孔子为先师尼父。贞观四年(630 年),唐太宗命令除在京师国子监修建"周公、孔子庙各一所"外,又在"州、县皆立孔子庙"。随之,与郡县学、书院合一的文庙也在全国各地诞生了。唐玄宗追谥孔子为文宣王,"先是,祀先圣先师,周公南向,孔子东向坐,制:'自今孔子南向坐,被王者之服,释奠用宫悬(像宫室,四面有墙)。'"①孔子的地位进一步提高。

魏晋南北朝时,孔子后裔称宗圣、奉圣、崇圣、恭圣等,均为侯爵。北周及隋,又封为邹国公。唐玄宗追谥孔子的同时,又封其后裔为文宣公。

从三国到元朝,复圣颜回、宗圣曾参、亚圣孟轲、述圣子思相继进入孔庙配享,称做"四配"。贞观二十一年(647 年),诏"左丘明、卜子夏、公羊高、穀梁赤、伏胜、高堂生、戴圣、毛苌、孔安国、刘向、郑众、杜子春、马融、卢植、郑玄、服虔、何休、王肃、王弼、杜预、范宁、贾逵总二十二座,春秋二仲,行释奠之礼"②。唐玄宗开元八年(720 年),诏闵子骞、冉伯牛、仲弓、宰我、子贡、冉有、子路、子游、子夏、子张等"十哲"为坐像配享孔子之旁,绘 70 子及 22 贤画像于孔子庙壁。

这样,明清民国时期,各地孔庙中,四配、十哲、二十二贤、七十二弟子等,从祀的先贤、先儒都到位了。

尤其是儒家的孝道,因深深植根于宗法社会的土壤中,反而沿着两汉政治化的道路继续强化。从南朝沈约的《宋书》开始,历代正史都有各种名目的《孝子传》,使历代的孝子名垂青史。隋朝《开皇律》有十恶之条,其中之一是不孝,不孝成为十恶不赦之罪。

1. 魏晋南北朝隋唐时期山东的孝子

(1)王祥卧冰求鲤

王祥字休徵,琅邪临沂(今属山东)人,西汉谏议大夫王吉的后裔,王导的伯祖父,琅邪王氏自他开始兴盛。《晋书·王祥传》载:"祥性至孝,早丧亲。继母朱氏不慈,数谮之,由是失爱于父。每使扫除牛下,祥愈恭谨。父

①《资治通鉴》卷二一四《唐纪三十·玄宗开元二十七年》,古籍出版社 1956 年版。
②《旧唐书·礼仪四》,中华书局 1975 年版。

母有疾,衣不解带,汤药必亲尝。母常欲生鱼,时天寒冰冻,祥解衣将剖冰求之,冰忽自解,双鲤跃出,持之而归。母又思黄雀炙,复有黄雀数十飞入其幕,复以供母。乡里惊叹,以为孝感所致焉。"王祥卧冰求鲤的孝行后来被编入传统的"二十四孝"中。

(2)王裒泣墓

王裒,西晋城阳营陵(今山东昌乐东南)人,博学多能。父亲王仪被司马昭杀害,他隐居以教书为业,终身不面向西坐,表示永不作晋臣。他在父亲墓旁建一庐舍,"旦夕常至墓所拜跪,攀柏悲号,涕泪著树,树为之枯"。其母在世时怕雷,死后埋葬在山林中。每当风雨天气,听到雷声,就跑到母亲坟前,跪拜安慰母亲说:"裒在此。"《诗·小雅·蓼莪》有"哀哀父母,生我劬劳"之句,王裒教书时,每当读至此,"未尝不三复流涕,门人受业者并废《蓼莪》之篇"①。西晋末年战乱,亲族悉欲南迁江东,王裒依恋父母的丘墓而不去,为乱兵所杀。后来,王裒孝行被编入传统的"二十四孝"中。

(3)颜含奉兄侍嫂

颜含,字弘都,琅邪临沂(今属山东)人。据《晋书·孝友传》载,颜含兄弟三人,排行第三,因双兄早亡无传,故成为颜氏嫡宗。颜含少时,哥哥颜畿有病,死于医家,家里人迎丧,在回来的路上,招魂幡缠在树上,拆解不开,领丧人跌倒在地,口称畿言说:"我寿命未死,但服药太多,伤我五藏耳。今当复活,慎无葬也!"回家后,家里人都梦到颜畿说,"吾当复生,可急开棺"。可古代死人入殓后是不能开棺的,因此父亲颜默不许。当时颜含还很小,慨然对父母说:"非常之事,古则有之,开棺能弄清真相,所造成的痛苦,比不开棺要小得多!"父母见他说得有道理,令人开棺,死者颜畿果然气息微存,因"以手刮棺,指爪尽伤"。此后,颜畿长期卧床不能言语,成了现在说的植物人。家人为侍养他耽误了生业,甚至连母亲、妻子都渐生厌倦,颜含却放弃一切事务,辛勤侍奉,足不出户13年。西晋富豪石崇听说了,非常敬佩,特赠"甘旨"以表敬意。

哥哥颜畿死后,二嫂樊氏患病失明,颜含鼓励家人尽心奉养。自己在亲尝汤药的同时,到处求医问方。医治嫂子的眼疾,须用蚺蛇胆,颜含百计寻

①《晋书·孝友·王裒传》,中华书局1974年版。

求,终无所得。有一青衣童子以青囊授含,化作青鸟飞去。颜含开囊看视,正是他苦思冥想的蛇胆。

（4）任昉哀瘠毁形

《南史·任昉传》载,南朝齐文学家、乐安博昌（今山东博兴东南）人任昉,在南朝齐时为司徒竟陵王记室参军,因居父丧离职,泣血三年,以至于用杖拄地才能起立。齐武帝对任昉的伯父任遐说:"听说任昉因哀痛导致身体瘦弱,已超越了礼制,真让人担忧啊！这样不但会失去卿家之宝,也是当今文坛的损失,你应该好好开导他。"在伯父的劝导下任昉稍进饮食,可当时勉强咽下,伯父一离开,又即刻呕出。任昉父亲任遥平素喜欢吃槟榔,临终时曾要槟榔吃,剖开上百个,竟没有一个合口的。任昉感到非常难过,虽然自己也喜欢吃,但因父亲的原因,终生不再食槟榔。后为继母服丧,由于先前身体已经很虚弱,每一次恸哭,都会昏厥过去,过好长时间才会苏醒。他在父母墓边搭了间茅屋以尽丧礼,"哭泣之地,草为不生"。任昉本来很强壮,腰带粗实,服丧三年后,瘦弱得几乎让人认不出来了。

（5）王君操和孝女贾氏

《礼记·曲礼上》载:"父之仇,弗与共戴天。"唐朝初年,山东曾发生两起为父报仇,"刳腹取其心肝"的恶性事例。

《旧唐书·孝友·王君操传》:"王君操,莱州即墨（今属山东）人也。其父隋大业中与乡人李君则斗竞,因被殴杀。君操时年六岁,其母刘氏告县收捕,君则弃家亡命,追访数年不弗获。贞观初,君则自以世代迁革,不虑国刑,又见君操孤微,谓其无复仇之志,遂诣州府自首。而君操密袖白刃刺杀之,刳腹取其心肝,啖食立尽,诣刺史具自陈告。州司以其擅杀戮,问曰:'杀人偿死,律有明文,何方自理,以求生路。'对曰:'亡父被杀,二十余载。闻诸典礼,父仇不可同天,早愿图之,久而未遂,常惧亡灭,不展冤情。今大耻既雪,甘从刑宪。'州司据法处死,列上其状,太宗特诏原免。"

《旧唐书·列女传》载:"孝女贾氏,濮州鄄城（今属山东）人也。年始十五,其父为宗人玄基所害。其弟强仁年幼,贾氏抚育之,誓以不嫁。及强仁成童,思共报复,乃候玄基杀之;取其心肝,以祭父墓。遣强仁自列于县司,断以极刑。贾氏诣阙自陈己为,请代强仁死。高宗哀之,特下制贾氏及强仁免罪,移其家于洛阳。"

王君操和孝女贾氏，固然是对"父之仇，弗与共戴天"传统孝道的恪守，为父报仇也情有可原，但这又是一种违背封建法纪的无组织发泄。对方子女长大后，也来个"父之仇，弗与共戴天"，冤冤相报何时了？因此，中国古代村寨之间、宗族之间经久不止的仇杀、械斗，也源于儒家的这一观念，它所产生的消极影响以及与封建法律的矛盾，是显而易见的。

（6）崔希乔孝感天地

《太平御览》卷四百一一《人事部》五二《孝感》引《御史台记》载，唐玄宗时，清河（今山东武城）人崔希乔以孝悌称，初官临清尉，丁母忧，"哀毁殆至灭性"。后仕郑县尉，转郑县丞，清正廉明，闻乎京邑。所居之堂一夜之间长出一尺多高的灵芝，州里奏闻朝廷。后转并州兵曹、冯翊令，"人吏畏爱，风化大行，贫弱之辈，荷其仁恕"。于是，天降祥瑞，官署上空出现五色杂彩的云盖，一会儿照耀整个冯翊县城，士民欢呼仰望久之。这件事奏上朝廷，唐玄宗命编入国史。并州厅前有一片芦苇丛，鹨鹧鸟在那儿垒巢孵卵。孕卵才数日，小鸟即破壳而出，刚孵出的小鸟就比母亲还大，芦苇枝承担不了它们的重量，坠落于地上。一月余，小鸟长出五色花纹，像鹅一样壮大。闲暇，崔希乔喂养驯扰它们，相处得非常融洽。鸟能飞翔后，都回到旧所。人们称这些鸟为"兵曹鸟"。崔希乔居丧时，"每一哭，群鸟毕集，至千万数，墙宇皆遍，至有树条折者"，"村邻嗟称之"。崔希乔曾在多处为官，官至监察御史、司勋员外郎，他每到一居处，房上的小燕子必反哺其母，过十余天后才各自分飞。

这些由崔希乔孝行所感的种种怪异现象，虽然近乎荒诞，不可尽信，但这正是汉代以来形成的孝感天地的观念。

（7）郑氏女千里护父丧

据《旧唐书·列女传》载，唐宣宗大中五年（851年），兖州瑕丘县（今山东兖州东北）人郑神佐从军戍守庆州（治今甘肃庆阳），在与党项族的战争中阵亡。郑神佐无子，妻子先亡，膝下只有一24岁女儿，已与骁雄牙官李玄庆订婚。郑氏女哀痛父亲"战殁边城，无由得还，乃剪发坏形，自往庆州，护父丧还。至瑕丘县进贤乡马青村，与母合葬。便庐于坟所，手植松槚，誓不适人"。节度使萧俶将郑氏女的孝行上奏朝廷说："伏以闾里之中，罕知礼教。女子之性，尤昧义方。郑氏女痛结穷泉，哀深《陟岵》，投身沙碛，归父遗骸,远自边陲,得还闾里。感《蓼莪》以积恨,守丘墓以誓心。克彰孝理之仁,足励贞方之节。”“诏旌表门闾”。

2. 魏晋南北朝隋唐时期孝文化风俗的特点

与两汉相比,魏晋南北朝隋唐时期的孝道具有如下特点:

(1)孝,向人的自然本性回归

魏晋南北朝隋唐时期,山东人的孝行不仅没有了两汉惊世骇俗、欺世盗名的功利目的和虚情假意的“作秀”,有些甚至在对儒家孝道的发泄中来体现对父母兄弟的自然亲情。

上述琅邪王氏中的王戎遭大丧,饮酒、食肉、观棋,而容貌毁悴,伤痛见骨,完全抛开了礼法,沉湎于自然亲情之中。琅邪王氏中的王徽之自愿将余生让给弟弟,弟弟死了,“奔丧不哭,直上灵床坐”,还顾得上弹琴,随后哀痛病发而死。其他像东晋高平金乡(今属山东)人郗愔,“性至孝,居父母忧,殆将灭性”[1];北海剧(治今山东寿光南)人王昕“体素甚肥,遭丧后,遂终身嬴瘠(瘦弱)”[2],上述颜含、任昉等,虽然超越了礼制,但都没有丝毫的虚伪做作,更没有捞取政治资本的动机,都是子女对父母发自内心的自然亲情的真实流露。

(2)从“孝感天地”到孝道的宇宙本体化

魏晋南北朝隋唐时期,山东世俗社会流传的孝道,“孝感天地”的神秘色彩更加鲜明突出:王祥卧冰求鲤,冰自开,双鲤跃出;颜含侍嫂,青鸟送药;崔希乔孝感天地,不仅堂前生灵芝,而且使燕子反哺。最著名的是附会出的孝堂山郭巨埋儿,纯孝感天的传说。

山东济南长清区孝里镇汉代孝堂山郭氏墓石祠,是我国现存最早的地上建筑房室。晋人伏琛《齐地记》载:“巫山,一名孝堂山,《左传》曰:‘齐侯登巫山以望晋师。’即此山也。山上有石室,俗传云郭巨葬母之所,因名孝堂山焉。”[3]北魏郦道元《水经注·济水注》称:“巫山之上有石室,世谓之孝子堂。”北齐武平元年(570年),齐州刺史胡长仁在石室外壁刻有《感孝颂》,也认为是汉孝子郭巨墓前的石堂。于是,这个“纯孝感天”的故事在魏

---

[1]《晋书·郗愔传》,中华书局1974年版。
[2]《北齐书·王昕传》,中华书局1972年版。
[3]《太平御览》卷四十二《地部七·巫山》引,中华书局1960年影印版。

晋南北朝时的山东被创造出来了,此后山东民间均对此深信不疑。孝堂山古称巫山,孝里镇原名水里铺,巫山改为孝堂山,水里铺改为孝里铺,山以堂称,地以孝名,均因孝子郭巨而来。道光《长清县志》载:"郭巨,孝堂山下人,父早逝,事母至孝,家贫,甘旨苦不继。有子方三岁,虑其常分母食,因与妻谋曰:'吾家财用寡乏,既不能致丰美以奉母,又分其半以饲子,是贻亲以饥馁也,思子可复得,而亲之年不可复得,不如陇此子并力以事母。'遂掘地欲埋之,至尺余,得金一釜,镌字十余曰:'天赐郭巨,官不得取,民不得夺。'其纯孝感天如此。迄今《二十四孝录》尤传其事。"

其实,郭巨根本不是孝堂山人。西汉末刘向《孝子图》明确记载:"郭巨,河内温人(今河南温县西南)。"[1]宋代金石学家赵明诚在《金石录》中也对孝堂山郭巨墓表示怀疑。然而,山东民间对郭巨埋儿,孝感天地的认同、信仰,却是真的。

天地、自然、禽畜、草木作为孝道的参照物、替代物,都被披上生命的灵光,赋以人的名分,使其具备人的精神和道德秉性。

《孝经·三才章》引孔子语曰:"夫孝,天之经也,地之义也,民之行也。"亦即孝是天经地义的,是天地的基本精神。

《礼记·乐记》称:"舜作五弦之琴,以歌《南风》。"郑玄注曰:"南风,长养之风也,以言父母之长养己也。其辞未闻也。"上述王裒"攀柏悲号,涕泪著树,树为之枯"。任昉"哭泣之地,草为不生"。崔希乔孝感群鸟,还有乌鸦反哺、羊羔跪乳等等,南风、松柏、禽畜、草木等都承载着对父母的孝敬之情。

在古人看来,天地、自然、禽畜都具备孝的可贵精神和优良品德,都成为显示孝道的替代物。人们之所以把"孝"映印到这些替代物上,将其提高到宇宙本体论的高度,并讴歌、高扬、强化这些自然物的孝行,目的是为了显示人的精神、伦理道德的必然和高尚。它在是非判断上的落点是:人不孝敬父母,天地不容、禽兽不如。

(3)"孝悌传家"的家风

在中国古代,"孝悌"作为一种家风,用来传家,形成于魏晋南北朝隋唐

---

①《太平御览》卷四一一《人事部五二·孝感》引,中华书局 1960 年影印版。

时期。

首先树立这一家风的是琅邪临沂(今属山东)王祥,他是琅邪王氏宗族昌盛的奠基者,以出色的孝行而饮誉天下,临终著《训子孙遗令》,以"信、德、孝、悌、让"告诫子孙说:"夫言行可覆,信之至也;推美引过,德之至也;扬名显亲,孝之至也;兄弟怡怡,宗族欣欣,悌之至也;临财莫过乎让。此五者,立身之本。"①后来,琅邪王氏子孙秉承这一家风,果然在江左"扬名显亲","兄弟怡怡,宗族欣欣",成为东晋南朝无与伦比的士族高门。王导的曾孙王弘,"日对千客,不犯一人之讳"②。王导的五世孙王僧虔之子王慈10岁时,与蔡兴宗之子蔡约入寺礼佛,遇沙门忏悔,蔡约戏弄王慈说:"众僧今日可谓虔虔。"见蔡约故意冒犯父亲的名讳,王慈很恼火,反唇相讥说:"卿如此,何以兴蔡氏之宗?"王慈练书法时,谢超宗问曰:"卿书何如虔公?"王慈曰:"慈书比大人,如鸡之比凤。"③从王弘、王慈的言行中,可以看出他们对他人、对自己尊长的维护和尊重。

琅邪临沂(今属山东)颜氏自颜含开始成为誉满天下的"孝悌"之家,后世代代传承家风而不替。颜含的九世孙颜之推写下了流传千古的《颜氏家训》,在该书《勉学篇》中提出了"孝为百行之首"的名言。

北朝清河(治今山东武城)崔氏诸母诸姑"朝夕养舅姑,四时祭祀"④,皆亲自操作,不用僮仆。齐州东清河绎幕(今济南历城东)人房景伯"居丧不食盐菜,因此遂为水病,积年不愈"。其弟房景先"事兄恭谨,出告反面,晨昏参省,侧立移时,兄亦危坐,相敬如对宾客"⑤。唐代名相房玄龄之父房彦谦"十五出后叔父子贞,事所继母,有踰本生。子贞哀之,抚养甚厚。后丁所继母忧,勺饮不入口者五日。事伯父乐陵太守豹,竭尽心力,每四时珍果,口弗先尝。遇期功之戚,必蔬食终礼,宗从取则焉。"⑥儒家的出告反面、昏定晨省,对父母"问所欲而敬进之"等孝道,在这个家族中都得到了真实的体现。崔氏、房氏是北魏以来著名的"孝悌"之家。

①《晋书·王祥传》,中华书局1974年版。
②《南史·王僧孺传》,中华书局1959年版。
③《南史·王昙首传附王慈传》,中华书局1959年版。
④《魏书·崔浩传》,中华书局1974年版。
⑤《魏书·房法寿传》,中华书局1974年版。
⑥《隋书·房彦谦传》,中华书局1973年版。

泰山南城羊氏亦以"孝悌"传家。西晋征南大将军、南城侯羊祜无子，晋武帝下令，以羊祜哥哥家的两个侄子羊暨、羊伊为子嗣。按理说，过继给羊祜做儿子是非常荣光的，更何况还是皇帝的诏命，可两个侄子都拒绝了。不是他们不愿意，而是羊祜的哥哥已经去世了，"父没不得为人后"，如果答应了，就是对父亲不孝。

曹魏时，东海郯（今山东郯城）人王朗为《孝经》作传，其子王肃作《孔子家语》，强化了"树欲静而风不停，子欲养而亲不待"的观念，进一步弘扬了儒家的孝道。到王肃的八世孙王僧孺，"年五岁便机警，初读《孝经》，问授者曰：'此书何所述？'曰：'论忠孝二事。'僧孺曰：'若尔，愿常读之。'又有馈其父冬李，先以一与之，僧孺不受，曰：'大人未见，不容先尝。'……及长，笃爱坟籍，家贫，常佣书以养母"①。由此可见，《孝经》是东海王氏的家学，把它作为本家族子孙的启蒙教材，以"忠孝"传家。

山东士族中以"孝悌"传家的家风的出现，说明魏晋南北朝时期的孝文化已融入家族文化之中，"以孝齐家"成为人们维系家族世代昌盛的共识。北齐、隋、唐时期，郓州寿张县（原属山东，1964 年撤销，并入山东阳谷、河南范县）出了个以孝齐家的典范，唐高宗封禅泰山，亲幸其家，询问齐家的诀窍。《资治通鉴·唐纪·高宗麟德二年》载："寿张人张公艺九世同居，齐、隋、唐皆旌表其门。上过寿张，幸其宅，问所以能共居之故，公艺书'忍'字百余以进。上善之，赐以缣帛。""以孝齐家"和"忍"使张公艺成为三朝"旌表其门"的和睦家族，这应是山东"孝悌"传家的家族文化的缩影。

（二）佛教信仰

佛教发源于古代的天竺（印度），创始人为乔达摩·悉达多，又称释迦牟尼。自两汉之际传入中国后，不仅成为中国传统文化的重要组成部分，而且成为中国民众普遍信仰的宗教之一。

1. 佛教的山东流程

山东青齐地区虽不是佛教初入中土的传播中心，但传说在公元前 2 世纪的阿育王时代就有佛塔。此传说虽然难以置信，《高僧传·佛图澄传》的

---

①《南史·王僧孺传》，中华书局 1959 年版。

记载却历历在目："石虎于临漳修治旧塔,少承露盘。澄曰:'临淄城内有古阿育王塔,地中有承露盘及佛像,其上林木茂盛,可掘取之。'即图画予使,依言掘取,果得盘、像。"唐道宣《集神州三宝感通录》卷上,也有类似的记述。在鲁南的滕州、胶南、邹城等地出土的东汉晚期至三国时代的画像砖或石刻中,也都有佛教图像。青岛崂山的"崇佛寺"(俗称荆沟院)建于曹魏元帝景元五年(264年),是崂山最古老的寺院和佛教在崂山的发端。山东青州市的第一座寺院"宁福寺"创立于西晋太安元年(302年)。①

十六国时,著名佛道兼修的僧人张忠来到泰山一带修行,自称"东岳道人"。大概受了印度沙门的苦行派影响,他掘地造窟室居住,平日打坐,实行不言之教。弟子们五天一朝,在附近造窟修行,用石槽做饭,过着俭朴的生活。② 著名佛教大师佛图澄的弟子、京兆竺僧朗(朗公)也应张忠之邀,与僧谌、僧意在金舆谷琨瑞山(又作昆仑山、金驴山,在今济南历城区柳埠东北)开辟道场,弘扬佛法,闻风而造者百余人。

《魏书·释老志》载:"先是,有沙门僧朗,与其徒隐于泰山之琨瑞谷。帝遣使致书,以缯、素、旃罽、银钵为礼。今犹号曰朗公谷焉。"

《水经注》卷八《济水二》亦载:"济水又东北,右会玉水。水导源太山朗公谷,旧名琨瑞溪。有沙门竺僧朗,少事佛图澄,硕学渊通,尤明气纬,隐于此谷,因谓之朗公谷。"

前秦皇始元年(351年),朗公在金舆谷创建了齐州(治今山东济南)第一座寺院,人称朗公寺。寺院原来无水,传说朗公入定,闻地有水声,掘之得甘泉,名"神异井"。井深5尺,有妇女靠近即时干涸,烧香忏求则泉水复出。隋开皇三年(583年),隋文帝因其母吕苦桃是济南人,为"通梦屡感",遂赐此寺为神通寺。该寺历经1600多年,几度兴废,至今遗址尚存,保留众多闻名中外的珍贵文物,如建于隋朝大业七年(611年)的四门塔,建于唐代的龙虎塔等。

前秦苻坚永兴(357—358年)中,朗公来到位于今济南市长清区东南的方山下讲佛,听者上千人,讲至入神处,山石亦连连点首。听者惊告朗公,朗公泰然处之曰:"山灵也,无足怪。"从此,方山改名灵岩。与此同时,作为朗

---

①夏名采、王华庆、庄明军:《青州发现大型佛教造像窖藏》,载《中国文物报》,1996年11月17日第1版。

②(北魏)崔鸿:《十六国春秋·前秦录·张忠传》,中华书局1960年版。

公寺所属的下院,亦在此建起"精舍十数区",这是济南灵岩寺的初创。

张忠与朗公在济南传法,名声远播。秦王苻坚特召请张忠赴京师求教。张忠返乡时,不幸死于华山道中。朗公则名声日益兴隆,前秦苻坚、后秦姚兴、后燕慕容垂、南燕慕容德、东晋孝武帝、北魏拓跋珪等皆通信致敬,颁赐大量金帛与奴仆等。据《续高僧传》卷二十五《僧意传》载,在朗公住过的精舍中,有七国赠送的金铜佛像。

前秦苻坚曾多次邀僧朗去长安,对僧朗师徒格外关照,下诏云:"朗法师戒德冰露,学徒清秀,昆仑(在今济南市历城区柳埠)一山不在搜例。"①南燕主慕容德丢失滑台(今河南滑县东)后,进退失据,派人向僧朗求教,僧朗建议:"宜先定旧鲁,巡抚琅琊,待秋风戒节,然后北转临齐,天之道也。"②慕容德采纳他的建议,进据青齐,定都于广固(今山东青州)。大约在这期间,慕容德"钦朗名行,假号东齐王",把奉高(今山东泰安东)、山茌(今济南长清东南)二县封给他,僧朗"让王号而取其租税"③。

朗公曾邀著名高僧道安与法和等来金舆谷讲学,此地遂成为山东佛教中心。

东晋义熙八年(412年),到印度等地求经的僧人法显泛海返国,遇台风漂泊到不其县崂山(今属山东青岛)南岸栲栳岛一带登陆,当时不其县为长广郡的郡治,笃信佛教的太守李嶷听说法显是到西方取经的名僧,便将法显接到不其城内,讲经说法,并在其登岸之处创建了石佛寺(即潮海院)。从此,佛教在崂山声名大振,广为传播。嗣后,崂山相继建起了石竹庵(后改名慧炬院)和狮莲院(俗称城阳寺),北魏时法海寺的创建,标志着崂山佛教已初具规模。

由于佛教广泛流行,反佛教的斗争也较过去有了更深刻的社会内容和实际意义。东晋中叶以后,除批判佛教"聚敛百姓,大构塔寺"、"害政蠹俗"外,理论上反对佛教主要围绕三个方面:一是神灭与神不灭,二是有无因果报应,三是有无轮回。东海郯(今山东郯城)人何承天在《达性论》中驳斥了佛教的轮回说。他认为,万物都有生死荣枯的必然规律,人和其他生物没有区别,"生必有死,形毕神散,犹春荣秋落,四时代换,奚有于更受形哉"? 他

---

①③(南朝梁)慧皎撰,汤用彤校注:《高僧传·竺僧朗传》,中华书局2004年版。
②《晋书·慕容德载记》,中华书局1974年版。

还写了一篇《报应问》，从科学实践精神出发批驳了因果报应的荒唐无稽。他以自然现象为例说：鹅浮游于池塘，与人无争，而难免死于刀俎之下；燕以昆虫为食，却得到人们的爱护。"是知杀生者无恶报，为福者无善应"，以浅显生动的道理批判了因果报应说，丰富了当时的反佛学思想。

南北朝时，山东青齐一带的佛教大有发展。北魏孝明帝正光元年（520年），法定禅师正式创建济南灵岩寺。除外，邹平的醴泉寺，淄川普照寺（古称开元寺），临淄的金陵寺、施福寺、石佛堂，青州的广固南寺、胜福寺（后改称广福寺）、南阳寺（后改称龙兴寺）、孙泰寺，琅邪临沂的众造寺等，都是北魏修建的著名寺院。

梁代慧皎所撰《高僧传》、唐释道宣撰《续高僧传》记载了许多山东名僧出家修行和传经礼佛的情况，由此我们可以窥视出山东世俗民众对佛教的信仰。

《高僧传》卷八载，僧人宝亮，"本姓徐氏，其先东莞胄族，晋败，避地于东莱弦县（古城在今山东龙口）。亮年十二出家，师青州道明法师。明亦义学之僧，名高当世。亮就业专精，一闻无失。及具戒之后，便欲观方弘化……年二十一至京师，居中兴寺，袁粲一见而异之"。卷六载，僧远"幼而乐道"，"年十八，方获入道。时有沙门道凭，高才秀德，声盖海岱。远从受学，通明数论，贯大小乘。宋大明中，渡江住彭城寺，升明中，于小丹阳牛落山立精舍，名曰'龙渊'。远年三十一，始于青州孙泰寺南面讲说，言论清畅，风容秀整。坐者四百余人，莫不悦服。琅琊王僧达，才贵当世，籍远风素，延止众造寺"。

《法苑珠林·六度篇》亦载，泰岳人头山衔草寺名僧志湛，齐州山茌（今济南长清东南）人，是朗公曾孙之弟子，德行远播。南朝高僧宝志向梁武帝称志湛已修成罗汉的初果，成为"须洹圣人"了。因此，南朝"道俗皆遣遥礼焉"。山东名僧宝亮、僧远、志湛在青齐传教，竟然名动京师建康的士族官僚和广大僧俗。

《续高僧传》卷六《真玉传》载："真玉，姓董氏，青州益都人。生而无目，其母哀之。及年至七岁，教弹琵琶，以为穷乏之计……后乡邑大集，盛兴斋讲。母携玉赴会，一闻欣领曰：'若恒予听，终作法师，不忧匮馁矣！'母闻之，欲成斯大业也，乃弃其家务，专将赴讲，无问风雨艰关，必期相续。玉包略词旨，气摄当锋。年将壮室,振名海岱……齐天保年(550—559 年)中,文宣皇帝盛弘讲席,海内髦彦,咸聚天平。于时,义学星罗,跨辙相架。玉独标称首,登座谈叙,罔不归宗。尽谛穷神,焕然开发。耆年前达,稽首崇仰。遂使道俗奔随,酌衢尊而不竭矣。一曾往复者,别经十年……常徒学士,几百千人。……常令侍者读经,玉必跪坐合掌而听。忽闻东方有净莲花佛国,庄严世界,与彼不殊。乃深惟曰:'诸佛净土,岂限方隅。人并西奔,一无东慕。用此执心,难成回向。'便愿生莲花佛国……卧疾于邺城北王家……少时而卒。"

《续高僧传》卷十二《慧海传》载,慧海"姓张氏,清河武城人","从青州大业寺道猷法师,受《摩诃衍》、《毗昙》等","常以净土为期,专精致感。忽有齐州僧道诠,赍画无量寿像来云:'是天竺鸡头摩寺五通菩萨,乘空往彼安乐世界,图写尊仪。'既冥会素情,深怀礼忏。乃睹神光焰烁,庆所希幸。于是模写恳苦,愿生彼土,没齿为念。以大业五年五月五日……至五日夜,欻然而起,依常面西,礼竟跏坐,至晓方逝,春秋六十有九"。

《续高僧传》不仅记载了佛教在山东民间普及的情形,还反映了山东佛教的内容:其一,念经礼佛成为谋生的途径,为了作法师,"不忧匮馁",真玉母子不惜"弃其家务,专将赴讲"。其二,山东民间"盛行斋讲",通俗易懂,又伴以乐器演奏,很受民众欢迎,往往是"乡邑大集"。这应是唐朝变文的滥觞。斋讲的举办者,当是邑社头面人物,有广泛的群众基础。北齐文宣帝的提倡,更将此种斋讲推向高潮。其三,净土不限方隅,东方莲花佛国的概念,净土宗的无量寿佛和五十(五通)菩萨像,首先兴起于青齐之地。青州云门山石窟造像,主尊就是无量寿佛。

隋、唐两代,佛教在山东进一步兴盛。唐代名僧善导即山东临淄人。他在密州(治今山东诸城)拜明胜为师,出家为僧。著有《观无量寿佛经疏》,倡导念诵"阿弥陀佛"名号,被尊为净土宗的实际创立者。建于北齐的淄川普照寺,唐时为法相宗三祖慧沼的弘法之处。

2. 山东的佛教信仰风俗

世俗社会的民众接受教化是浅层次的,他们接受佛教的课堂是寺院、殿堂,而不是藏经楼;他们的宗教感情是对佛祖、菩萨的礼拜,而不是对深奥教义的理解;他们的宗教知识只限于神的地位、法力、故事,而不是对宗教的全貌作切实的把握。作为山东世俗社会的佛教信仰,主要有以下内容:

（1）凿窟、建塔、造像

石窟寺的开凿起源于印度，随佛教传入中国。北魏时期是我国石窟寺开凿和石窟艺术发展的第一个高潮期，隋唐五代则趋于顶峰。

山东青齐地区开凿的石窟摩崖造像是全国闻名的。如著名的济南千佛山南螺丝顶主峰西侧的黄石崖石窟造像，镌于北魏正光四年（523 年）至东魏兴和二年（540 年）。其他如东魏龙洞山佛峪石窟造像、东魏至北宋的五峰山莲花洞石窟造像、隋代佛峪寺（玉函山）摩崖造像、隋末唐初青铜山大佛寺石刻造像、唐初柳埠千佛崖造像等，都是保留至今的佛教艺术宝库。青州云门山石窟，计造像 272 尊，开凿于隋开皇年间至唐开元年间（581—741年），前后延续了 160 年。青州驼山有大小石窟五座，摩崖造像一处，计有造像 638 尊，是从北周到盛唐时期开凿的我国东部最大的造像群。

《魏书·释老志》还记载了一段山东佛像轰动北魏的故事。孝文帝延兴二年（472 年）诏曰："济州东平郡（治今山东东平东）灵像发辉，变成金铜之色。殊常之事，绝于往古。熙隆妙法，理在当今。有司与沙门统昙曜令州送像达都（今山西大同），使道俗咸睹实像之容，普告天下，咸使闻知。"这件"东平造像"，或许原是铁铸，"灵像发辉，变成金铜之色"，孝文帝以为祥瑞，所以"普告天下，咸使闻知"。

造塔是佛教信徒们舍财布施的另一种方式。青州广固南寺《宋敬业等造塔颂》载："佛弟子宋敬业、崔海宝、郭小德、张燕子等，洞识苦空……因兹胜地，建无上之功。大齐天保九年（558 年）岁次戊寅三月甲午朔六日癸亥，仰为广固南寺大众等，敬造宝塔一躯……"

中国的世俗信仰有着明显的功利色彩，青州龙兴寺出土的三尊石佛造像铭文反映了当时造像、建塔的目的："大魏天平三年（536 年）六月三日，张河间寺尼智明为亡父母、亡兄弟、亡姊敬造尊像一躯。愿令亡者托生净土，见在蒙福，又为一切咸同

青州龙兴寺出土北齐彩绘佛像

斯庆。"尼姑智明之所以造佛像一躯,是为了让死去的亲属"托生净土"。

由此可知,凿窟、建塔、造像是魏晋南北朝隋唐时期山东佛教信仰的主要方式,隋唐以后逐渐消失,而转变成为向寺院捐助钱财了。《旧唐书·李正己传》载,割据青齐 60 余年的平卢淄青镇节度使李正己的堂兄李洧"疽发背,稍平,乃大具糜饼,饭僧于市,洧乘平肩舆自临其场,市人欢呼。洧惊,疽溃于背而卒"。用稀粥、饼大规模布施僧众,显然是一种新的捐纳方式。

(2)民间佛教会社的兴起

山东一带的州县官吏,大多崇佛,民间存在着许多"义邑"、"法社"等宗教团体。从保存至今的济南黄石崖造像题记来看,造像者的身份复杂。既有皇室贵族,如"帝王元氏";又有地方官吏,如"齐州长史乞伏锐"、魏郡丞姚敬道。既有僧尼,又有数量众多的平民中的善男信女。其中有两则贵族和平民造像题记:"大魏元象二年(539 年)岁次己未三月廿三日,假伏波将军、魏郡丞姚敬遵,敬造弥勒像一区(躯)……""兴和二年(540 年)九月十七日,清信女赵胜、习仵二人,敬造弥勒石像三躯……"

共同出资或出力营造佛像者往往组成团体,题记有一则云:"大魏正光四年(523 年)七月廿九日,法义兄弟姊妹等敬造石窟像等二十四躯,悉以成就,历名题记。释伏宋同心锡。维那主刘爱女、维那主沐芬姬、贾箧、刘法香、王宝姬、刘阿香、刘阿思、刘胜玉、胡阿姿、王犁姜、呼延伏姬、贾阿妃、刘桃姬、王足、孙敬姿、赵妃姜、张胜界、张英仁、纪姜女、国骨子、徐清女。维那主张牛女。维那主呼延摩香、白齐姜、石桃女、赵羲姜、张道女。"①

"维那"是寺院僧职的名称,"维那主"是造像的重要组织者。青齐一带的造像题记多有"法义兄弟姊妹"的字样,是信奉佛法的结义兄弟姊妹,即称为"义邑"或"法社"的组织,实际上是一种僧俗混合的佛教会社。该造像的题名,大都是平民妇女。附近另有孝昌三年(527

北齐天统三年于景略造塔记

① 1926 年《续修历城县志》卷三十一《金石考一》,济南出版社 2007 年版,第 760 页。

年)法义兄弟一百余人造像题记,刻有"各抽家财,于历山之阴敬造石窟,雕刻灵象"的字样。百余人凑钱才造得起佛像,说明其家资有限。显然,这些人应是平民百姓,其中妇女众多,说明佛教已经传布于家庭的内部。

（3）天竺取经求法

佛教高僧的赴印度求法活动,也反映出山东佛教的繁盛。唐高宗时有道希、师鞭、义净等三位齐州(治今济南)高僧不远万里,赴印度求法。道希在印度王舍城附近的大觉寺造唐碑一座,并将携带的唐代新旧经论 400 余卷留在印度那烂陀寺,为推进中外文化交流作出了卓越的贡献。义净与法显、玄奘合称中国三大求法高僧,唐高宗咸亨二年(671 年),前往印度求法取经。历时 25 年,途经 30 余国,求得梵本佛经近 400 部。回国后,译出佛经、律、论 61 部,239 卷,著有《南海寄归内法传》、《大唐西域求法高僧传》等,是研究中西交通和中国、印度、印尼等国历史的珍贵资料。师鞭和道希竟然在西印度庵摩罗跋国王的王寺内异国逢同乡,共"申乡国之好"。义净久闻同乡道希的大名,在国内未能谋面,在印度巡礼时见到道希的住房,人亡物在,睹物伤感,赋诗一首,表达了没能在异国见到这位同乡的遗憾。三位齐州高僧的天涯情缘,成为山东佛教史上的千古佳话。

（4）出家修行、诵经礼拜

魏晋南北朝隋唐民众的日常生活,与佛教有着密切联系。

《晋书·列女传》载,琅邪临沂王凝之娶谢安侄女谢道韫,顾氏娶张玄的妹妹。"有济尼者,游于二家",有人问二女才质高下,济尼答曰:"王夫人神情散朗,故有林下风气。顾家妇清心玉映,自是闺房之秀。"

南朝著名文学理论批评家、东莞莒(今山东莒县)人刘勰亦因家贫,依定林寺沙门僧祐居住,该寺经藏皆刘勰所整理。由于他博通经论,长于佛理,京师建康的塔寺及名僧碑志,必请刘勰制文。晚年,刘勰出家为僧,改名慧地。

唐朝曹州冤胸(今山东曹县)人毕师铎与徐州人秦彦被杨行密围困在扬州,问神尼奉仙何以获济,尼曰:"走为上计也。"①二人听信神尼之言,突围时双双被杀。

---

① 《旧唐书·高骈传附秦彦传》,中华书局 1975 年版。

天竺佛教把人生价值的实现放在来世的天堂,中国的佛教则重点在今生今世的解脱,它不仅是谋生的出路,还有着祛病健身的功效。齐人陆杲编辑的《系观世音灵验记》云:"宋元嘉二十六年(449年),青州白苟寺道人释惠缘,忽病聋盲……誓心归观世音,诵此(经)一千遍。诵数载满,耳目不觉豁然自差。"

在极度盛行的佛教信仰的影响下,孤贫不能自立者往往出家为僧尼。

北魏平原(今山东聊城北)人刘旋之早亡,其妻许氏携二子,"孤贫不自立,并疏薄不伦,为时人所弃,母子皆出家为尼"①。北齐尚书右仆射、高平金乡(今属山东)人高隆之"寡姊为尼,事之如母"②。平原(今属山东)人刘峻8岁时,北魏占领青州,被掠买到中山为奴。后又被迁徙到代都。"居贫不自立,与母并出家为尼僧,既而还俗。"③统治齐鲁之地的平卢淄青镇节度使李师道败亡后,"师道妻魏氏,元和十五年出家为尼"④。

唐朝道宣的《广弘明集》载,北齐文宣帝高洋曾在诏书中讲:"乃有缁衣之众,参半于平俗;黄服之徒,数过于正户。所以国给为此不充,王用因兹取乏。"出家僧尼太多,以至于影响了国家的税收。

(5)世奉佛教的泰山羊氏

山东士族大多信仰佛教,其中以"世崇玄佛"的泰山南城(今山东新泰)羊氏最著名。早在晋代,羊氏中便盛传着羊祜转世认金环的故事。《晋书·羊祜传》载:"祜年五岁,时令乳母取所弄金环,乳母曰:'汝先无此物。'祜即诣邻人李氏东垣桑树中探得之。主人惊曰:'此吾亡儿所失物也,云何持去?'乳母具言之,李氏悲恸。时人异之,谓李氏子则祜之前身也。"这段充满佛教轮回观念的故事,使得羊氏家族染上浓厚的宗教色彩。

1993年6月山东新泰市羊流镇出土北齐《羊使君墓志》载,北齐羊烈为一代佛学注经大师,"注佛道二经七十余卷"。《北齐书·羊烈传》载:"烈家传素业,闺门修饰,为世所称,一门女不再醮。魏太和中,于兖州造一尼寺,女寡居无子者并出家为尼,咸存戒行。"

---

①《魏书·刘休宾传》,中华书局1974年版。
②《北齐书·高隆之传》,中华书局1972年版。
③《南史·刘怀珍传附刘峻传》,中华书局1959年版。
④《旧唐书·李正己传附李师道传》,中华书局1975年版。

南北朝有两位泰山羊氏家族的女性自愿受戒为尼,在佛教中享有很高的声誉。第一位是北魏的竺道馨。"竺道馨,本姓羊,太山人也。志性专谨,与物无忤沙弥时常为众使,口恒诵经。及年二十,诵《华发》《维摩》等经……住洛阳东寺,雅能清谈,尤善《小品》,贵在理通,不事辞辩,一州道学所共师宗,比丘尼讲经,馨其师也。"第二位是南朝的僧念。"僧念,本姓羊,泰山南城人也。父弥,州从事史。念即招提寺昙睿法师之姑也。圭璋早秀,才监明达。立德幼年,十岁出家,为法护尼弟子。从师住太后寺。贞节苦心,禅思精密。博涉多通,文义兼美。蔬食礼忏,老而弥笃。诵法华经,日夜七遍。宋文、孝武二帝,常加资给。齐永明中移住禅林寺。禅范大隆,诸学者众,司徒竟陵王四时供养。"①竺道馨与僧念、昙睿法师姑侄二人皆为南北朝名尼、名僧,竺道馨首开比丘尼讲经布道的先例,僧念惊动了南朝宋、齐皇帝和贵族,使他们踊跃资给供养,在中国佛教史上具有十分重要的地位。

3. "四大名刹"之一的灵岩寺

灵岩寺位于济南市长清区灵岩山(方山)之阳,神通寺之南。寺旁山上有峰,颇似一位僧人行走之状,人呼为"朗公石"。据说,京兆竺僧朗(当地称朗公)来到方山下讲佛,听者上千人,讲至入神处,山石亦连连点首。听者惊告朗公,朗公泰然处之曰:"山灵也,无足怪。"从此,方山改名灵岩。《灵岩志》载:"苻秦永兴中,竺僧朗卜居于此,始建精舍十数区。"据此,灵岩寺当创始于前秦永兴年间(357—358年),当时只有"精舍十数区",应为朗公寺所属的下院。

北魏孝明帝正光元年(520年),法定禅师先建寺于方山之阴,曰"神宝寺",后建寺于方山之阳,曰"灵岩寺"。当时,寺院建在山腰甘露泉侧,规模不大。至唐代贞观年间(627—649年),高僧慧崇主持重建,迁于今址。寺内千佛殿的西侧,有建于唐天宝十二年(753年)的辟支塔。灵岩寺与浙江天台国清寺、湖北江陵玉泉寺、南京栖霞寺并称天下"四大名刹",在中国佛教史上有着举足轻重的地位。唐贞观初年,玄奘曾慕名住在灵岩寺译过经文。公元665年,唐高宗与武则天封禅泰山,先到灵岩寺驻跸拜佛,然后才到泰山祭典。

①(南朝梁)释宝唱著、王孺童校注:《比丘尼传》卷一《洛阳城东寺道馨尼传》,中华书局2006年版,第25页。

传说,法定禅师前来,遇到种种磨难。先是在灵岩南被一高山挡路,不能前行。禅师面山诵经七七四十九天,"精诚所至,金石为开",感动了神灵,让太阳在山上射穿一孔,由青蛇引路,双虎驮经,导引法定禅师到达灵岩。来灵岩转了多时,才发现该处无水。正犹豫时,忽有一山间樵夫指点说,在双鹤鸣处有泉,说完隐身不见。法定禅师顺着樵夫指的方向看去,果真有两只白鹤鸣叫着从山中飞出,便顺着方向找去,发现有两处清澈泉水,禅师将锡杖插在地上休息,待他拔出锡杖,随着又涌出一泉,便将这三处泉水命名为双鹤泉、白鹤泉、锡杖泉(卓锡泉)。三泉相临,俗称"五步三泉"。又相传,法定禅师建寺之时,苦于无水,便求教他的老师佛图澄,佛图澄领其至一处,以手指曰:"下有甘泉。"法定禅师遂用锡杖直立捣去,果有甘泉汩汩涌出,故称其泉为"卓锡泉",又名"锡杖泉"。三泉之中,以卓锡泉水最盛。

灵岩寺三泉至今尚存,卓锡泉在崖壁下洞穴内涌出,其上方石壁上镌刻"卓锡泉"三字,篆书涂丹。泉旁石崖苍苔满壁,上垂翠柏,下植修竹。卓锡泉东约18米崖壁下,为白鹤泉,呈石窟状,泉自窟壁缝隙中流出。窟上方岩壁嵌乾隆二十年(1755年)"白鹤泉"石刻,行书涂丹。双鹤泉在卓锡泉南七八米处,为南北向双池,南池壁上题"双鹤泉"三字。三泉细流潺潺,汇为小潭,名曰"镜池",又称"功德池"。池边原有"卓锡亭",建于清乾隆年间,今已毁。卓锡泉西侧岩壁,嵌有乾隆皇帝咏泉诗石刻五方,其中一首《卓锡泉》诗,作于乾隆二十二年(1757年),诗云:

> 泉临卓锡一亭幽,万壑千岩景毕收。
> 最喜东南缥缈处,澄公常共朗公游。

由于景色佳丽,灵岩寺三泉被列为灵岩八景之一。

(三)道教信仰

道教是以"道"为最高信仰,尊老子为教主的中国土生土长的宗教。它继承先秦道家以"道"为世界本源的思想,通过若干环节,把"三清尊神"作为"道"的人格化身,从而把道家的本体论引向了宗教。道教正式创立于东汉后期,然而道教的渊源却甚为久远。

1. 道教的渊源在齐地

道教是一种多神崇拜的宗教,内容极为庞杂,从道教的主要内容来看,其来源可以上溯到远古时代的原始宗教意识和各种民间迷信观念。齐鲁虽然不是魏晋南北朝隋唐时期道教的主要流行地,却是道教的原创地。

(1)方仙道和黄老道

道教没有世界宗教的排他性,它的形成、发展是一个在宗教形式下兼收并蓄的过程。中国古代的卜筮、阴阳、五行、符水、巫觋、占星、望气、堪舆等方术,道家的宇宙本源说,墨家的鬼神说和互助互利思想,《管子》、《庄子》的养生行气之术,方仙道的长生不老说和黄金术,黄老道的偶像祭拜,儒家经学中的谶纬之学、伦理道德,佛教的宗教理论和宗教仪式等,都成为创立道教的思想资料和模仿、摄取的对象。而其主要来源,则是齐地流行的方仙道和黄老之学。《后汉书·襄楷列传》讲到道教最初的经典《太平经》的来历时说:"其言以阴阳五行为家,而多巫觋杂语。"这正是方仙道的基本方术。

西汉中期以后,盛行于齐地的黄老之学和方仙道相结合,先是神化黄帝,继而神化老子,逐渐被引向宗教,演变为黄老道。东汉楚王刘英"晚节更喜黄老,学为浮图,斋戒祭祀","诵黄老之微言,尚浮屠之仁祠,洁斋三月,与神为誓"[1]。黄老之学与佛教并立,初步有了宗教的性质。东汉桓帝时,"宫中立黄老、浮屠之祠"[2],两次派人到陈国苦县"祠老子",并"祠黄老于濯龙宫"[3]。"延熹中,桓帝事黄老道,悉毁诸房祀。"[4]汉灵帝熹平二年,陈王刘宠与相魏愔"共祭黄老君,求长生福"[5]。"钜鹿张角自称'大贤良师',奉事黄老道。"[6]老子先是被偶像化,后是被塑造为黄老道的最高神。到东汉末,张鲁的《老子想尔注》中便出现了"太上老君"之名。"黄老道"、"黄老君"、"太上老君"的称谓,就是在齐地方仙道、黄老之学信仰的基础上演变出来的。

①《后汉书·光武十王列传》,中华书局 1965 年版。
②《后汉书·郎顗襄楷列传》,中华书局 1965 年版。
③《后汉书·孝桓帝纪》,中华书局 1965 年版。
④《后汉书·循吏列传》,中华书局 1965 年版。
⑤《后汉书·孝明八王列传》,中华书局 1965 年版。
⑥《后汉书·皇甫嵩朱俊列传》,中华书局 1965 年版。

（2）养生行气之术

道教追求的长生不死，须以身体健康为基础，故道教历来重视养生之道。齐地"海上神山"和"不死之民"的传说，刺激了对长寿永生的强烈欲望，也刺激了他们对各种养生术的探求。齐人很早就把心和气联系起来思考，把行气作为养心、养生的重要手段。宋国蒙（今山东曹县南）人庄子讲"为寿"、行气的方法："吹呴呼吸，吐故纳新，熊经鸟申，为寿而已矣，此导引之士，养形之人，彭祖寿考者之所好也。"①

成书于战国中期的《管子》沿着齐人这种传统的行气养生的方法继续发展，创造出具有浓郁的齐学特色的精气论。《管子·白心》曰："欲爱吾身，先知吾情。君亲（郭沫若《管子集校》改为'周视'）六合，以考内身。以此知象，乃知行情。既知行情，乃知养生。左右前后，周而复所，执仪服象，敬迎来者。今夫来者，必道其道。无迁无衍，命乃长久。"这是养生理论的总纲。这里提到的所要"敬迎"的"来者"，便是《管子·内业》说的"精气"。该篇认为："凡人之生也，天出其精，地出其形，合此以为人。"精气充盈于天地之间，当精气进入人的形体之中，人就有了生命和智慧，而当精气离开时即意味着肉体生命的终结。吸引和保养精气，是一种修养功夫，是养生长寿的关键。实际上就是形神关系的问题，所要解决的，就是形与神如何能结合得更好、更长久的问题，这也正是道教养生理论的指导思想。

齐人邹衍对养生长寿之道也颇有研究。《汉书·楚元王传》记载，汉宣帝"复兴神仙方术之事"，刘向将其父刘德在武帝时治淮南王狱所得之《枕中鸿宝苑秘书》献上，书中"言神仙使鬼物为金之术，及邹衍重道延命方"，此《重道延命方》应即邹衍所著关于探讨长生术的秘方。另葛洪《抱朴子·遐览》中所开列的"道经"，有《邹生延命经》一卷，如果不是刘向所献之邹衍《重道延命方》，就是道士的伪托。

后来道教内丹学以身体为炉灶，修炼"精、气、神"以成仙的理论，以及养形、固精、守一、服气、胎息、导引等诸法，就是对齐地行气养生风俗的吸收和发展。

①《庄子·刻意》，载《诸子集成》，上海书店1986年影印版。

2. 信奉道教的山东士庶

(1)原始太平道在山东的流传

五斗米道和太平道是原始道教的两大流派。太平道的创立者是东汉琅邪(治今山东临沂北)人于吉,其经典《太平经》也产生于齐地并主要在齐地流传。《汉书·李寻传》载:"初,成帝时,齐人甘忠可诈造《天官历》、《包元太平经》十二卷,以言'汉家逢天地之大终,当更受命于天,天帝使真人赤精子,下教我此道'。忠可以教重平夏贺良、容丘丁广世、东郡郭昌等。中垒校尉刘向奏忠可假鬼神罔上惑众,下狱治服,未断病死。贺良等坐挟学忠可书以不敬论,后贺良等复私以相教。"服虔注曰:"重平,勃海县(今山东宾县)也。"晋灼曰:"容丘,东海县(今山东郯城)也。"西汉末年《包元太平经》的出现,标志着原始太平道的形成。甘忠可下狱病死后,弟子夏贺良等仍然"私以相教",秘密传授。

据《汉书·李寻传》载,在甘忠可的弟子中,最执著的是夏贺良,不仅继续传播,而且步李少翁、栾大的后尘,鼓动汉哀帝改元为"太初",易号曰"陈圣刘太平皇帝"。事后,以"执左道,乱朝政,倾覆国家,诬罔主上,不道"的罪名被杀。

《后汉书·襄楷传》载:"顺帝时,琅邪(治今山东临沂北)宫崇诣阙,上其师干(于)吉于曲阳泉水上所得神书百七十卷,皆缥白素朱,介青首朱目,号《太平清领书》。其言以阴阳五行为家,而多巫觋杂语。有司奏崇所上妖妄不经,乃收藏之。后张角颇有其书焉。"李贤注曰:"神书,即今道家《太平经》也。"又引《江表传》说,于吉在东汉末去江东传教,制作符水治病,被孙策杀掉。

《包元太平经》经过了一百多年的秘密流传,不断增补扩充,由原来的12卷发展为170卷的《太平清领书》。"自战国以至秦汉,燕齐一带多方士、神仙家,方仙道、黄老道在这一带绵绵相传,到甘忠可演变为原始太平道。故从《包元太平经》到《太平清领书》,乃是原始太平道在这一带民间长期传播、逐渐发展的结果。"[1]

---

[1]李养正:《道教概说》,中华书局1989年版,第22页。

（2）北天师道的流行

五斗米道的创始人是东汉张陵，后改名张道陵，字辅汉，沛国丰邑（今江苏丰县）人。少好黄老之学，汉明帝时曾任巴郡江州（今重庆）令。汉顺帝时，入鹄鸣山（今四川大邑境）修道，尊奉老子为太上老君，以《老子五千文》为主要经典，创立了道教。规定，入道之人须交五斗米，俗称五斗米道。后来教徒们尊他为天师。张陵死后，其子张衡，其孙张鲁继为天师，道教史上称做"三张"，五斗米道又称天师道。

自北魏至北齐天保六年（555 年），山东地区的道教主要是寇谦之的北天师道。北天师道是在清河东武城（今山东武城）人、司徒崔浩的推荐和影响下完成的。主要教义有："除去三张伪法"，兼修儒教，宣传"不得叛逆君王"，"安于贫贱"；尊鲜卑拓跋氏皇帝为华夏正统，"辅佐太平真君，继千年之绝统"；设立道坛，以礼拜求度为主，辅之以服气、导引、辟谷。寇谦之首创了帝王受道教洗礼，登坛受箓制度，将帝王和贵族吸收入教，协调和密切了道教与统治阶层的关系，大大推动了道教的发展。崔浩最初"性不好老庄"，后来也师事寇谦之，"修服食养性之术"。

北齐时的著名道士是由吾道荣。《北齐书·方伎传》载："由吾道荣，琅邪（治今山东临沂东南）人。少好道法，与其同类相求入长白（今济南章丘境内）、太（泰）山潜隐，具闻道术。仍游邹、鲁之间，习儒业……隐于琅邪山，辟谷，饵松术、茯苓，求长生之秘。"

东魏静帝武定六年（548 年），大将军高澄"以道士多伪滥"[1]，废除北魏太武帝为寇谦之设置的"南郊道坛"，不再承认道教的官方地位。北齐天保六年（555 年），北齐文宣帝高洋"以佛道二教不同，欲去其一，集二家论难于前，遂敕道士皆剃发为沙门，有不从者，杀四人，乃奉命。于是，齐境皆无道士"[2]。至此，北天师道宣告终结。

（3）"世奉五斗米道"的琅邪孙氏

两晋时期，五斗米教在上层士族社会广为流传。西晋琅邪（治今山东临沂）小吏孙秀较早信奉了五斗米道。在西晋末年的"八王之乱"中，孙秀任侍中、中书监、骠骑将军，控制昏庸无能的赵王伦，翻手为云，覆手为雨，威

---

①《资治通鉴》卷一六一《梁纪十七·武帝太清二年》，古籍出版社 1956 年版。
②《资治通鉴》卷一六六《梁纪二十二·敬帝绍泰元年》，古籍出版社 1956 年版。

震朝廷,使出身低微的琅邪孙氏成为权倾一时的显赫家族。《晋书·赵王伦传》载:"伦、秀并惑巫鬼,听妖邪之说。秀使牙门赵奉诈为宣帝神语,命伦早入西宫。又言宣帝于北芒为赵王佐助,于是,别立宣帝庙于芒山。"赵王伦称皇帝后,孙秀又拜道士胡沃为太平将军,以招福祐。孙秀本人也"日为淫祀,作厌胜之文,使巫祝选择战日。又令近亲于嵩山著羽衣,诈称仙人王乔(东汉人,道教传说的神仙),作神仙书,述伦祚长久以惑众"。这些方术,与方仙道一脉相承。

从这些材料看,孙秀即便没入道,也已是道中之人了,并利用道教参与了政治。"八王之乱"中,孙秀被杀,琅邪孙氏播迁江南,"世奉五斗米道"①。

到孙秀的族人孙泰,又拜三吴地区五斗米道的教主、钱塘(今浙江杭州)杜子恭为师。据说,杜子恭有秘术,曾借人一瓜刀,数日不还。刀主索要,子恭曰:"当即相还耳!"刀主迷惑不信,乘船回家的半路上,忽有鱼跃入船中,刀主剖开鱼腹,自己的瓜刀竟在鱼腹之内。因此,"东土豪家及京邑贵望,并事之为弟子,执在三之敬……子恭死,门徒孙泰、泰弟子恩传其业"②。

孙泰继任五斗米道的教主,当地百姓对他"敬之如神,皆竭财产,进子女,以祈福庆"。随着孙泰影响的扩大,引起了东晋一些朝臣的嫉恨,尚书仆射、琅邪人王珣告发了孙泰,将他流放到了广州。不料,孙泰因祸得福,从此便周旋于东晋官场之中。广州刺史王怀之也信奉五斗米道,礼遇孙泰,任他为郁林太守,反倒为他继续传教提供了方便。晋孝武帝得知他有养生之术,将他召回朝廷,主持朝政的会稽王司马道子任命他为徐州主簿,后迁辅国将军、新安太守。在这个过程中,孙泰继续传道,其影响在东南沿海继续扩大。

东晋安帝隆安元年(397 年),驻守京口(今江苏镇江)的王恭起兵,孙泰借伐叛为名,私合道徒义兵数千人参与平定王恭之乱。此次兴义兵之举,显示了孙泰在江南士庶中的影响和五斗米道的军事潜力,许多朝廷大臣都拜倒在他的道袍之下,会稽王司马道子、世子司马元显也经常派人向他请教

---

①《晋书·孙恩传》,中华书局 1974 年版。下述琅邪孙氏凡未注明处,皆出自该传。
②《宋书·自序》,中华书局 1974 年版。

长生不老的秘诀。但这次兴兵毕竟有点锋芒毕露,引起了朝廷对五斗米道的警觉。此后,孙泰"见天下兵起,以为晋祚将终,乃扇动百姓,私集徒众,三吴士庶多从之"。朝廷官员大都看出孙泰将要谋反,但因他与司马元显关系密切,皆不敢明言。后来会稽内史谢辅揭发其谋,司马道子遂杀孙泰,其侄子孙恩逃亡海上。

五斗米道有个说法叫"尸解成仙",也叫"蝉蜕登仙"。即通过刀、兵、水、火将人致死,像蝉蜕皮一样,躯壳留下,真身却羽化成仙了。孙泰死后,徒众认为他"兵解","蝉蜕登仙"了,驾船到海上资给其侄子孙恩者有百余人。孙恩将其组织起来,发动了武装起义。由于五斗米道在当地有着广泛的群众基础,"八郡一时俱起","旬日之中,众数十万"。妇女因婴儿拖累不能参加起义者,用竹筐盛婴儿投入水中,对婴儿说:"贺汝先登仙堂,我寻后就汝。"占据会稽后,孙恩称部下为"长生人",给东晋朝廷以沉重打击。元兴元年(402年),孙恩起义失败,投海而死,亲信道徒及众姬妾"谓之水仙,投水从死者百数"。

琅邪孙氏从孙秀开始信奉五斗米道,至孙恩已近一个世纪了。在这百余年中,孙氏从操纵时代风云的显位上沦落于民间,又从一般道徒上升为道业高深的宗教首领,并再度卷进官场,再遭诛杀,终于走向武装反抗的道路。为官也好,为庶也好,五斗米道始终与孙氏系结着不解之缘。

(4)山东侨姓士族的道教信仰

最初,道教在下层民间传播,东晋开始向上层社会发展。据陈寅恪先生研究,东晋南朝的琅邪王氏、高平郗氏、会稽孔氏、东海鲍氏等,都信奉天师道。[1] 其中,琅邪王氏最为典型。

《晋书·王羲之传》载,"王氏世事张氏五斗米道",王羲之"与道士许迈共修服食,采药石不远千里,遍游东中诸郡,穷诸名山,泛沧海。叹曰:'我卒当以药死。'"王羲之次子、会稽内史王凝之笃信道教。孙恩攻打会稽,僚佐请求加强防御,"凝之不从,方入靖室请祷,出语诸将曰:'吾已请大道,许鬼兵相助,贼自破矣。'既不设备,遂为孙恩所害"。王羲之第七子王献之与郗鉴孙女离婚,临终遵守"道家上章应首过"[2]的道规,忏悔说:"不觉有余

---

[1]陈寅恪:《金明馆丛稿初编·天师道与滨海地域之关系》,三联书店2001年版。
[2]《世说新语·德行》,载《诸子集成》,山海书店1986年影印版。

事,惟忆与郗家离婚。"

东晋高平金乡(今属山东)郗鉴之子郗愔、郗昙兄弟虔诚信奉天师道,另有何充兄弟笃信佛教,谢万讥刺说:"二郗谄于道,二何佞于佛。"①《世说新语·术解》载:"郗愔信道甚精勤,常患腹内恶,诸医不可疗。闻于法开有名,往迎之。既来,便脉云:'君侯所患,正是精进太过所致耳。'合一剂汤与之,一服,即大下,去数段许纸如拳大。剖看,乃先所服符也。"天师道的符水是治病的,郗愔却无病服符,因而引起时人的讥讽。弟弟郗昙死后,郗愔"益无处世意,在郡优游,颇称简默,与姊夫王羲之、高士许询并有迈世之风,俱栖心绝谷,修黄老之术。后以疾去职,乃筑宅章安,有终焉之志。十许年间,人事顿绝"②。

太山南城(治今山东新泰)羊氏,亦"世崇玄佛"。西晋羊祜外儒而内道,以儒学建立功业,而以道家修养内心,尝著《老子传》,研讨道经精微。据唐人杜光庭《道德真经广圣义序》著录,注解《老子》诸家中有"晋仆射太山羊祜",其文"皆明虚极无为,理家、理国之道"。《南史·羊欣传》载,晋宋间书法家羊欣"素好黄老,常手自书章,有病不服药,饮符水而已"。

(5)隋唐时期的山东名道

东晋南朝时,山东士族的道教信仰,没有秦汉时齐地方士以方术谋求高官厚禄的功利特色,或求长生,或求避世,转而笃行修道。隋唐时期,山东道士仍然秉承这一传统,在天下一统的形势下,遍访各地宫观名道,道教信仰出现新的特点。

东海郯(今山东郯城)人徐则,南朝陈时入缙云山(在今重庆)学道,"后学数百人,苦请教授,则谢而遣之"。又"应诏来憩于至真观。期月,又辞入天台山(在今浙江),因绝谷养性,所资唯松水而已,虽隆冬沍寒,不服绵絮"。81岁时,受晋王杨广手召到扬州,"晋王将请受道法,则辞以时日不便"③。不久死。

隋末齐州临济(在今济南济阳东)人辅公祏与齐州章丘(在今山东)人

①《晋书·何充传》,中华书局1974年版。
②《晋书·郗鉴传·附郗愔传》,中华书局1974年版。
③《隋书·隐逸·徐则传》,中华书局1973年版。

杜伏威转战江淮,遭杜伏威猜忌,"乃与故人左游仙伪学道辟谷以远其事"①。

《旧唐书·隐逸传》记载了两位山东名道。一位是琅邪(治今山东临沂)人王远知,初入茅山(在今江苏句容),"师事陶弘景,传其道法。后又师事宗道先生臧兢"。曾应召在陈朝京师建康(今南京)重阳殿讲道,甚见嗟赏。晋王杨广镇扬州,屡次派人召请。王远知乃来谒见,"斯须而须发变白,晋王惧而遣之,少顷又复其旧"。隋炀帝称帝后,再次派员邀请,并亲执弟子之礼,命在都城修玉清玄坛,让王远知居住。唐高祖李渊起兵反隋,王远知"密传符命"。秦王李世民平灭王世充,与房玄龄微服拜访,王远知勉励说:"方作太平天子,愿自惜也。"李世民登极,"将加重位,固请归山"。贞观九年(635年),唐太宗亲降玺书,为王远知在茅山修太受观,派太史薛颐到茅山颁宣诏书。当年去世,临终对弟子潘师正说:"我命在仙格,因小时候误伤一小孩的嘴,不得白日升天,将做嵩山的地仙。"终年126岁。唐高宗时,追赠太中大夫,谥曰升真先生。武则天临朝,追赠金紫光禄大夫,改谥曰升玄先生。

王远知历经陈、隋、唐,受到三朝皇帝的高度器重,取官禄易如反掌,但在他看来,得道成仙的价值远在高官厚禄之上。

另一位名道是"鲁中之儒士吴筠"。吴筠举进士不第,乃入嵩山,依潘师正为道士。潘师正即王远知的弟子,居嵩山逍遥谷20余年,"但服松叶饮水而已",是唐高宗和武则天仰慕的神仙,专门为他在嵩山修造了崇唐观、精思观、奉天宫,在逍遥谷特开一门曰"仙游门"。吴筠"苦心钻仰,乃尽通其术"。开元(713—741年)中,南游金陵(今南京),访道茅山(在今江苏句容),东游天台(在今浙江)。唐玄宗闻其名,召至京师,"令待诏翰林"。玄宗问以道法,吴筠应对说:"道法之精,无如五千言,其诸枝词蔓说,徒费纸札耳!"又问神仙修炼之事,对曰:"此野人之事,当以岁月功行求之,非人主之所宜适意。"吴筠不愿意在唐玄宗君臣面前卖弄道术,陈奏"但名教世务而已,间之以讽咏,以达其诚"。越是这样,越得到唐玄宗的器重,"诏于岳观别立道院"让他居住。后吴筠多次上表,坚决要求回嵩山,均被唐玄宗

①《旧唐书·辅公祏传》,中华书局1975年版。

留住。安史之乱中,吴筠往来于茅山和天台之间,与诗人李白、孔巢父等诗篇酬和,逍遥泉石,人多从之。吴筠善诗文,《旧唐书·隐逸传》称他兼有"李白之放荡,杜甫之壮丽",应是儒、道兼修的学者。

隋唐五代时期的名道,还有崂山道士李哲玄。李哲玄是河南兰义县进士,唐天佑元年(904 年)游至崂山太清宫。太清宫是崂山最早的一座道庙,据《太清宫志·开山始基》载,西汉建元元年(前 140 年)张廉夫在今太清宫一带筑茅庵而居,潜居修行,这是太清宫的前身。李哲玄到崂山后,在太清宫建起殿宇,供三皇神像,名曰三皇庵(即今三皇殿)。同时又广修门庭、甬路,植树拓荒,使太清宫的面貌焕然一新。他亲手所植的榆树,至今生长在三清殿门前左侧的逢仙桥北头,躯干粗达数围,枝叶繁茂,是罕见的高龄榆树。

(四)巫术信仰

包括卜筮、相面、占梦、占星等巫术信仰风俗,都有两方面内容:一方面是以卜筮、相面、占梦、占星为职业的术士的流行,另一方面是普通民众日常生活中的卜筮、相面、占梦、占星活动以及对巫术的迷信。

1. 卜筮

魏晋南北朝隋唐时期,卜筮风俗仍在山东民间盛行。从事卜筮的巫师往往混迹于官僚阶层。唐朝割据山东的平卢、淄青节度使侯希逸,因与巫者关系过密,把节度使都丢了。《旧唐书·侯希逸传》载:"永泰元年(765 年),因与巫者夜宿于城(今山东青州)外,军士乃闭之不纳,希逸奔归朝廷。"至于占卜的具体事例,史书多有记载。

东晋丞相、琅邪临沂王导笃信占卜。《世说新语·术解》载,王导命郭璞算卦,郭璞云:"公有震厄。"王导问:"有可消伏理不?"郭曰:"命驾西出数里,得一柏树,截断如公长,置床上常寝处,灾可消矣。"王导照吩咐,做柏木人置床上,过了几天,柏木人被震得粉碎。《南史·王裕之传》论曰:"昔晋初渡江,王导卜其家世,郭璞云:'淮流竭,王氏灭。'观夫晋氏以来,诸王冠冕不替,盖亦人伦所得,岂唯世禄之所专乎? 及于陈亡之年,淮流实竭,曩时人物扫地尽矣。"

《南史·徐羡之传》载,南朝齐时,东海郯(今山东郯城)人徐孝嗣被封为枝江县侯,命故吏吴兴丘叡卜筮侯爵能传几世。丘叡说:"恐不终尊身。"

徐孝嗣恐惧变色,说:"我正担忧此事,所以让你占卜验证。"后被齐东昏侯赐药死。

南朝梁时,乐安博昌(今山东博兴东南)人任昉死于新安太守任上,梁武帝闻讯,屈指掐算说:"昉少时常恐不满五十,今四十九,可谓知命。"①平原(今属山东)人刘歊"未死之春,有人为其庭中栽柿。歊谓兄子弇曰'吾不见此实,尔其勿言',至秋而亡,人以为知命"②。可见任昉、刘歊平时就经常为自己算命,知道自己不会长寿。

《太平御览》卷七二六《方术部七·卜下》引《异苑》载,北海(治今山东昌乐)任诩充军远征十年,回家前卜师告诫他说:"非屋莫宿,非时莫沐。"任诩与数十人结伴返乡,遇雷雨共宿于山崖之下,想起卜师"非屋莫宿"之诫,担着行李刚离开山崖,山崖崩塌,伙伴们都被压死。任诩充军期间,妻子与人通奸。回家后,妻子与奸夫商量,让任诩晚上沐浴,奸夫深夜摸黑入室刺杀湿发者。任诩又想起卜师"非时莫沐"之诫,临浴而止。任诩的妻子觉得愧对丈夫,用水沐发后与任诩同床而寝。奸夫入室摸湿发者斩首而去。

《晋书·艺术·淳于智传》记载了一位济北(今山东肥城)卜筮者淳于智。高平(治今山东巨野南)刘柔夜卧,有老鼠啮其左手中指,淳于智为其卜筮说:"老鼠本来想咬死你而不成,我为你除去它。"用朱砂在刘柔手上书写一"田"字,让他睡觉时把手露在外面。次日早上,有一大老鼠死在手旁。谯国夏侯藻母病,有狐狸当门嚎叫。淳于智说:"你速归,在狐狸嚎叫处啼哭,将家人都引出来。有一人不出,啼哭勿止。"结果,夏侯藻一哭,家人惊惧毕出,连生病的母亲也被扶了出来。家里五间堂屋猝然崩塌,一家人免祸。

像淳于智这样专门从事卜筮的方士,对卜筮风俗的盛行起了推波助澜的作用。

2. 相面

《汉书·艺文志》中,相面统属于"形法",包括相宫宅地形、相刀剑、相六畜、相人等。相面即相人,也叫相术,是通过观察人的面部和骨体来测知人的禄命的道术,即王充《论衡》中说的"见骨体而知命禄"③。

---

①《南史·任昉传》,中华书局1975年版。
②《梁书·处士·刘歊传》,中华书局1973年版。
③《旧唐书·吕才传》,中华书局1975年版。

魏晋南北朝隋唐时期,山东普遍流行相面的风俗。西晋时,羯人石勒被掠买到茌平(今属山东)师懽家为奴,当地有一老父对石勒说:"君鱼龙发际上四道已成,当贵为人主。"①《晋书·羊祜传》载,泰山南城(治今山东新泰)人羊祜尝游汶水(在今山东)之滨,遇父老谓之曰:"孺子有好相,年未六十,必建大功于天下。""既而去,莫知所在。"这两位父老、老父,就是相面的相工。

西晋驸马都尉、琅邪临沂(今属山东)王敦"少有奇人之目",洗马潘滔见而目之曰:"处仲(王敦字)蜂目已露,但豺声未振,若不噬人,亦当为人所噬。"②到东晋元帝时,王敦任大将军、荆州牧,举兵攻入建康(今南京),杀刁协、周颉、戴渊等。太宁二年(324年),明帝乘其病危,下诏讨伐,王敦再次进兵建康,在军中病死。

东海郯(今山东郯城)人徐羡之年少时,有一人对他说:"汝有贵相,而有大厄,宜以钱二十八文埋宅四角,可以免灾。过此可位极人臣。"③后徐羡之在南朝宋官至司徒、尚书仆射。至晚清民国时期,山东民间建房仍有在房基中放钱、栗子的习俗。

《南齐书·李安民传》载,兰陵承(今山东枣庄南)人李安民少时贫窭,有一人从门过,相之曰:"君后当大富贵,与天子交手共戏。"南朝宋明帝见到安民的面相大惊,对李安民说:"卿面方如田,封侯状也!"后李安民仕南朝齐为侍中、尚书左仆射、抚军将军,封康乐侯。

《南史·王昙首传·附王僧虔传》载,琅邪临沂(今属山东)人王僧虔年少时,有客人为他相面说:"僧虔年位最高,仕当至公,余人莫及。"南朝齐时,王僧虔官至尚书令,与侄子王俭"一门有二台司"。

《梁书·吕僧珍传》载:"吕僧珍,字元瑜,东平范(原山东范县)人也。世居广陵,起自寒贱。始童儿时从师学,有相工历观诸生,指珍谓博士曰:'此有奇声,封侯相也。'"南朝齐永明九年(491年)吕僧珍为平北将军典签,司空陈显达一见异之,延于上座,谓曰:"卿有贵相,后当不见减,努力为之。"南朝梁时,吕僧珍官至平北将军,封平固县侯。

①《晋书·石勒载记》,中华书局1974年版。
②《晋书·王敦传》,中华书局1974年版。
③《南史·徐羡之传》,中华书局1959年版。

贝州高唐(今属山东)人乙弗弘礼是隋唐时期精通相术的术士。隋炀帝为晋王时,召他相面,乙弗弘礼跪而贺曰:"大王骨法非常,必为万乘之主,诚愿戒之在得。"隋炀帝即位后,召集天下术士居住京师,让乙弗弘礼统领。炀帝末年危机四伏,内怀恐惧,对弘礼说:"卿昔相朕,其言已验。且占相道术,朕颇自知,卿更相朕,终当何如?"弘礼犹豫不敢回答。隋炀帝威胁说:"卿言与朕术不同,罪当死。"弘礼无奈,只好如实回答说:"臣本观相书,凡人之相,有类于陛下者,不得善终。臣闻圣人不相,故知凡圣不同耳。"

隋朝时,薛大鼎因犯罪被罚为奴隶,唐贞观(627—649 年)初年任泗州刺史,与数人一起找乙弗弘礼相面,弘礼说:"君奴也,欲何所相?"众人齐声说:"何以知之?"弘礼曰:"观其头目,直是贱人,但不知余处何如耳。"薛大鼎脱下衣服,弘礼曰:"看君面,不异前言。占君自腰已下,当为方岳之任。"①

《旧唐书·马周传》载,唐朝中书侍郎岑文本评论博州茌平(今属山东)人、中书舍人马周说,马君"鸢肩(两肩上耸)火色,腾上必速,恐不能久耳"。结果马周只活了 47 岁。

由此可知,古时相术不仅要相面,还要闻声,相发、目、肩及遍观身体的各个部位。隋唐时期,相面不仅在山东流行,皇帝、官僚等也都通晓相术,隋炀帝甚至能给自己相面。

3. 占梦

西晋时期已出现专业的占梦者。西晋索紞"明阴阳天文,善术数占候",但"唯以占梦为无悔吝,乃不逆问者"②。《南史·任昉传》载,乐安博昌(今山东博兴东南)人任昉之母"尝昼卧,梦有五色采旗盖四角悬铃,自天而坠,其一铃落入怀中,心悸因而有娠。占者曰:'必生才子。'"这个"占者"也是专门从事占梦的。

《南史·刘穆之传》:"刘穆之字道和,小字道人,东莞莒(治今山东莒县)人也,世居京口。初为琅邪府主簿,尝梦与宋武帝泛海遇大风,惊俯视船下,见二白龙挟船,既而至一山,山峰耸秀,意甚悦。"刘穆之梦到有两条白龙保护刘裕,就相信他是未来应天命的天子,从此便死心塌地地跟随刘裕了。梦中的兆示,成了他人生无怨无悔的选择。

---

① 《旧唐书·方伎·乙弗弘礼传》,中华书局 1975 年版。
② 《晋书·艺术·索紞传》,中华书局 1974 年版。

梦与真实相符合的情况,几乎每个人的人生中都会遇到,当时的史书也多有记载。《南史·徐羡之传》载,南朝齐尚书令、东海郯(今山东郯城)人徐孝嗣"初在率府,昼卧斋北壁下,梦两童子遽云:'移公床。'孝嗣惊起,闻壁有声,行数步而壁崩压床"。《旧唐书·伊慎传》载,兖州(今属山东)人伊慎"丧母,将营合祔,不识其父之墓。昼夜号哭,未浃日,梦寐有指导焉。遂发垄,果得旧记验"。因梦中的兆示,或使人避免祸端,或给人指点迷津,更加深了民间对梦的迷信。

4. 占星

占星术亦称占星学、星占学、星占术,是根据天象来预卜人间事务的一种方术。汉高祖元年(前206年),"五星聚于东井"。应劭曰:"东井,秦之分野,五星所在,其下当有圣人以义取天下。"①此后,占星风俗开始流行。

清河东武城(今山东武城西)人崔浩曾以精湛的占星术、渊博的知识折服了北魏朝野,北魏明元帝、太武帝对他佩服得五体投地,言听计从。《魏书·崔浩传》说他"明识天文,好观星变","才艺通博,究览天人,政事筹策,时莫之二"。该篇记载了许多崔浩占星的事例。如,北魏神瑞二年(415年)"荧惑(火星)在匏瓜星中,一夜忽然亡失,不知所在"。朝野惊恐异常,都以为将有危亡之国,流行童谣妖言,降临灾祸。魏明元帝大惊,召集硕儒、史官数十人商量。崔浩说:"今姚兴据咸阳,是荧惑入秦(后秦)矣!"众人都说崔浩是"妄说无徵之言",崔浩笑而不答。不久,后秦国内"大旱赤地,昆明池水竭,童谣讹言,国内喧扰"。二年,后秦主姚兴死,二子交兵。三年,后秦灭亡。众人皆叹服说:"非所及也!"泰常三年(418年),有彗星出,"入太微,经北斗,络紫微,犯天棓,八十余日"。明元帝又召集硕儒、术士研讨。这次大家共推崔浩应对,崔浩说:"是为僭晋将灭,刘裕篡之之应也。"两年后,刘裕果然篡晋称帝。消息传来,明元帝高兴地对崔浩说:"往年卿言彗星之占验矣!朕于今日始信天道。"

星相多关乎国家和重大人物的吉凶祸福,而相面、占卜、占梦等则与普通民众直接联系,普通民众会因个人的吉凶祸福去相面、占卜、占梦,而一般不会去占星,但也有关乎个人的星相。《南史·王昙首传·附王僧虔传》

---

① 《汉书·高帝纪》,中华书局1962年版。

载,琅邪(今属山东)王僧虔"颇解星文,夜坐见豫章分野当有事故"。当时,僧虔子王慈为豫章(治今江西南昌)内史,王僧虔担心儿子因公事而出问题。不久,僧虔去世,王慈弃郡奔丧,星相应在豫章内史为父奔丧上。

5. 吕才的《叙禄命》

卜筮、相面、占梦、占星似乎都在探索一种幽隐的天命,世俗信仰称做"命",普通百姓都知道《论语·颜渊》中子夏说的"死生有命,富贵在天"。对"命"的信仰与否,涉及三个问题:其一,人生的吉凶祸福是否由"命"来主宰? 其二,人的智慧、巫术能否测知它的先机? 其三,人的主观努力能否改变它? 千百年来,一直是困惑世俗信仰的话题。

《史记·日者列传》称:"自古受命而王,王者之兴何尝不以卜筮决于天命哉? 其于周尤甚,及秦可见。代王之入,任于卜者。太卜之起,由汉兴而有。"从两汉到唐初,阴阳卜筮方面的典籍连篇累牍,讹伪穿凿。唐太宗命博州清平(今山东高唐)人吕才等人共同刊正,"削其浅俗,存其可用者"①,勒成47卷,皆为之作序,颁行天下。吕才"善阴阳方伎之书",又主持了刊正工作,但对禄命的荒诞不经则进行了批判和否定。吕才在《旧唐书·吕才传》载引的《叙禄命》中,列举事例,进行了充分的论证。

吕才指出"禄命之书","本非实录",只是由于讲多了,也有碰对的时候。"长平坑卒,未闻共犯三刑;南阳贵士,何必俱当六合。"长平之战中45万赵卒被坑杀,汉光武中兴,南阳人士多贵,难道他们的命运都相同? "今时亦有同年同禄,而贵贱悬殊;共命共胎,而夭寿更异"者,人的祸福、贵贱、寿夭与禄命绝对无关。按照"禄命法",鲁庄公法应贫贱,尫弱短陋而长寿,事实上却贵为国君,长得欣长潇洒,但死时才45岁,这是禄命不应验的事例之一。秦始皇法无官爵,"为人无始有终,老而弥吉",《史记》记载的秦始皇却是"有始无终,老更弥凶",没活过50岁,这是禄命不应验的事例之二。吕才还考察了汉武帝、北魏孝文帝、南朝宋高祖等人的生平,都和禄命法相悖。因此,卜筮之人"高人禄命以悦人心,矫言祸福以尽人财",都是虚假的、骗人的。

西汉褚少孙在《史记·日者列传》中补充说:"孝武帝时,聚会占家问之: 某日可取妇乎? 五行家曰可, 堪舆家曰不可,建除家曰不吉,丛辰家曰

①《旧唐书·吕才传》,中华书局1975年版。该篇凡未注明处,皆引自此书。

大凶,历家曰小凶,天人家曰小吉,太一家曰大吉。"某日娶妇是吉是凶,七家给出七个答案,最后汉武帝决断说:"以五行为主。"中国古代巫术虽然是命定论,但它的基本价值选择是避凶择吉,在远古险恶的生存环境下,这种企图通过自己的智慧、努力来预知、改变未来和未知事物的积极进取精神,还是应该肯定的。

（五）神灵信仰

神灵信仰是悠久的文化现象。就雅文化层次而言,儒、释、道是中国的传统信仰,而俗文化层次的神灵信仰,则把传统信仰的神灵和各种宗教的神灵进行反复地筛选、淘汰、组合,构筑了一个杂乱的神灵信仰体系。不问各路神灵的出身来历,有灵就香火兴盛,鲜明地反映了中国世俗信仰的多元性、模糊性和功利性。

1. 济水之神与黄河之神

十六国北朝时期,山东地区居民先后处在匈奴、羯、氐、鲜卑等异族统治之下,但对中国传统文化的强烈归属感,使当地人民仍然归心于汉人的政权,尊汉族政权为华夏正统。唐朝齐州(今山东临淄)人段成式在《酉阳杂俎》卷十四《诺皋记上》中,记载了一位顺应时代潮流的济水之神。

济南郡平原县西 10 里有一座杜林,当时济南在南燕的统治之下。南燕太上(405—410 年)末年,在今邹平与章丘接界的长白山中,居住着一位叫邵敬伯的汉人。一天,一位自称是吴江神的使者,来到邵敬伯的家。使者原来是受吴江神所差,去给济河之神——济伯送信。使者对当地水道不熟悉,所以想请邵敬伯帮忙代为转达,邵敬伯慨然应允。使者告诉邵敬伯说:"你只要在杜林向河水中投一片树叶,就会有人从水中出来接你。"邵敬伯依言将树叶投入水中,果然见一人从水中出来。敬伯不会水,来人教他闭眼潜入水中。不一会,便觉眼前豁然开朗,一座宏丽的宫殿出现在邵敬伯的面前。他进门看见一位八九十岁的老头坐在水晶床上,此人正是济伯。邵敬伯说明来意,并把书信递给济伯。济伯打开信函,只见上面四个大字赫然在目——"裕兴超灭"。意思是,南朝宋的刘裕将兴起,灭掉慕容超的南燕。济伯非常高兴,赏赐给邵敬伯一把刀说:"好走,但持此刀,当永不遭水灾。"从水中回到杜林,邵敬伯的衣裳竟然丝毫没湿。就在这一年,宋武帝刘裕灭掉了南燕慕容超。三年后的一天夜里，突发大水，全村都被淹没了，唯有邵敬伯坐在一大床上安然无恙。第二天早上，邵敬伯穿鞋下床，原来是一只大鼋(一曰龟)。邵敬伯死后，刀子下落不明。到唐朝，当地仍然流传着杜林"河伯冢"的传说。

这则奇怪陆离的神话，实际是叙述了鲜卑南燕政权灭亡，南朝刘宋政权兴起的历史，并借此说明，济南摆脱夷族统治，重新回归汉族王朝的怀抱，不仅是当地人民的意愿，就连吴江神、济水神也奔走相告。

《酉阳杂俎》卷之九《事感》还记载了一段黄河之神的传说。

李彦佐镇守沧景，以诚处事，令出必行，声名显赫。太和九年(835年)，唐文宗下诏书令浮阳(治今河北沧县东南)兵北渡黄河。当时正值寒冬十二月，河水结冰。李彦佐来至济南郡，在船上部署破冰渡河。不料，乘船触冰倾覆，将诏书掉到河里。李公惊惧，不寝食六日，鬓发暴白，面目憔悴。麾下命令官员们说："捞不上诏书，死!"官员们吓坏了，又无计可施，只得请求李公祭祷河神保佑。李彦佐令备酒祭祀，慷慨诘责河伯说："天子在上，五岳视三公，四渎视诸侯。在我辖境之内，从未匮乏你的祭祀。河伯为水鳞之长，当保护天子诏书，为何反溺吞之? 我若寻不得诏书，将斋告天帝，天将惩罚你!"官员们刚把酒洒到冰上，河冰忽然发出巨响，裂开30余丈的口子。官员大喜，知是李公精诚所感，急忙沉钩捞取，诏书随钩而上，完好无损，只有用玺处稍微有点湿。

看来山东信仰的河神也受儒家思想的影响，在不断加强个体品格的自律，由先秦时期浪荡不羁、祸害生灵、贪财好色、杀人越货的凶煞恶神，竟然演变为富有民族大义和爱国情怀，能为精诚所动的正人君子了。

2. 灶神

先秦齐鲁已有人格化的灶神，方仙道的方士李少君大肆宣传"祠灶"，认为灶神能帮助人们长生。魏晋南北朝时，灶神的职务明确下来。它是天帝派驻民间，督察各家善恶的使者，月晦之夜，灶神上天汇报各家罪状，大罪减寿300天，小罪100天。对此，唐朝齐州(今山东临淄)人段成式的《酉阳杂俎》卷十四《诺皋记上》作了详细的记载：

> 灶神名隗，状如美女。又姓张名单，字子郭。夫人字卿忌，有六女，

皆名察(一作祭)洽。常以月晦日上天白人罪状,大者夺纪,纪三百日,小者夺算,算一百日。故为天帝督使,下为地精。己丑日,日出卯时上天,巳中下行署,此日祭得福。其属神有天帝娇孙、天帝大夫、天帝都尉、天帝长兄、硎上童子、突上紫宫君、太和君、玉池夫人等。一曰灶神名壤子也。

段成式记载的这位灶神,具有其他地区的共同特征:其一,灶神有妻有女,过着家庭生活,反映了中国信仰中,宗教神灵受制于宗法伦理的特征。其二,如同门神一样,灶神可以由多个人来担任,反映了中国神灵崇拜的多元性。其三,灶王上天白人罪状后,以减寿为惩罚方式,反映了中国人重生恶死的人生价值观。其四,祭祀灶王能得福,而且就在这一天,反映了中国神灵崇拜的实用功利性。

从灶王卯时上天,巳时回行署办公的记载来看,齐州济南流传的这位灶王爷似乎办事效率特别高,而且有管辖的下属神:天帝娇孙、天帝大夫、天帝都尉、天帝长兄、硎上童子、突上紫宫君、太和君、玉池夫人等,组织机构相当庞大,这是其他地区所不具备的。

3. 城阳景王庙

城阳景王是西汉齐悼惠王刘肥的次子、汉高祖刘邦之孙刘章。在与周勃等诛灭诸吕中功勋显赫,被封为城阳(治今山东莒县)王。城阳国存在170年,传9世10王,是西汉延续时间最长的世家。城阳景王世家还是西汉分封王子侯国最多的世家。据《汉书·王子侯表》载,城阳王世家前后共分封王子侯国56个,分属琅邪、东海、泰山、北海、平原、千乘等郡。西汉一代,城阳国以及城阳王国一系的王子侯国皆设庙祭祀城阳景王。到东汉末,城阳景王庙遍布山东各地,"自琅琊、青州六郡(济南、乐安、齐国、北海、东莱、平原)及渤海(属冀州)都邑、乡亭、聚落皆为立祠"[1],有600多所。赤眉军中有齐巫,也鼓动祠城阳景王以求福助,并借以发号施令。

济南所在的齐国是方仙道的发源地,自古多淫祠、淫祀,尤其是城阳景王庙。《三国志·魏武帝纪》载,曹操任济南相,"禁断淫祀,奸宄逃窜,郡界

---

①《风俗通·怪神》,中华书局1961年版。

肃然"。裴松之注引《魏书》曰:"初,城阳景王刘章以有功于汉,故其国为立祠。青州诸郡转相仿效,济南尤盛,至六百余祠。贾人或假二千石舆服导从,作倡乐,奢侈日甚,民坐贫穷,历世长吏无敢禁绝者。太祖到,皆毁坏祠屋,止绝官吏民不得祠祀。及至秉政,遂除奸邪鬼神之事,世之淫祀由此遂绝。"

受曹操"禁断淫祀"的影响,东海郯(治今山东郯城)人王朗,东汉末任会稽太守,"会稽旧祀秦始皇,刻木为像,与夏禹同庙。朗到官,以为无德之君,不应见祀,于是除之"①。

曹操虽在济南大刀阔斧地移风易俗,但城阳景王庙在魏晋时仍然存在。《晋书·五行志下》载:"惠帝元康五年(295年)三月癸巳,临淄有大蛇,长十余丈,负二小蛇入城北门,迳从市入汉城阳景王祠中。"《晋书·慕容德载记》亦载:"德如齐城(今山东临淄),登营丘,望晏婴冢……至汉城阳景王庙。"

魏晋到宋末元初,城阳景王庙逐渐衰败。元代于钦《齐乘·古迹》载:"城阳景王庙(在)莒州城内……庙久废",说明元代还有古庙残迹。

①《三国志·魏书·王朗传》注引《朗家传》,中华书局1959年版。

第四章　五代宋元明清时期山东社会风俗

一、饮食风俗

五代宋元明清时期,"五谷"、"六谷"、"九谷"的主食结构发生了变化,麻籽自宋以后退出了主食的行列,玉米、甘薯、马铃薯、花生、烟草等作物在山东大量栽种,改变了山东人的主食结构。鲁菜、孔府菜及各种山东风味的名吃纷纷兴起。

(一) 主食结构的改变——五谷、玉米、花生、芋、甘薯

1492 年哥伦布发现美洲,原产于美洲大陆的许多作物,玉米、甘薯、马铃薯、南瓜、花生、向日葵、辣椒、番茄、菜豆、西洋苹果、菠萝、番荔枝、可可、烟草等近 30 种作物先后通过不同方式、不同路线传入我国,随后进入山东。山东的作物种植结构发生了重大变化,上千年的"五谷、棉麻农耕结构"经过几个世纪的变迁,又形成了一种新的"粮、棉、油型农耕结构"。

16 世纪初,玉米由海路传入浙江、福建、广东等地。明清文献称为"御麦"、"玉麦"、"玉谷"、"番麦"、"玉蜀黍"等。由于它产量高,适宜旱地种植,明末清初在山东各地普遍种植,并和甘薯一起成为山东的主要食物。

花生在我国亦称长生果、落花生、落地松、万寿果、番豆、无花果等,分小粒型和大粒型两种。元末明初贾铭的《饮食须知》卷四《果类》载:"落花生,味甘微苦,性平。形如香芋。小儿多食,滞气难消。近出一种落花生,诡名长生果,味辛苦甘,性冷,形似豆荚,子如莲肉,同生黄瓜及鸭蛋食,往往杀人。多食令精寒阳痿。"这是小粒型花生传入中国的最早记载。传入山东

则在清朝嘉庆(1796—1820 年)初年。清光绪十三年(1887 年)《宁阳县志》卷六《物产》载:"嘉庆初,齐家庄人齐镇清试种之,其生颇蕃,近年则连阡接陌。"光绪二十二年(1896 年)《费县志》卷一《物产》亦载:"百年前仅有种者,今则连阡累陌。"大粒型大花生的传入则在 19 世纪后期。据金陵大学《农林通讯》记载,1889 年以前,基督教圣公会副主教汤普森从美国带到上海,交给传教士米勒斯带到蓬莱分给教徒种植。另据中国农业博物馆资料,大花生传入年份是在 1887 年。到 1924 年,蓬莱已经是著名的大花生产区。由于花生在沙薄地里也能生长,传入后很快得到推广,山东成为花生的主要产地。1935 年《莱阳县志》卷二十六《实业·物产》载:"落花生,俗名长生果。清康熙初,闽僧应元得其种于扶桑,渐传北方。光绪末,又有自外洋来者,颗粒较大,种植尤多,占全境农田约十分之一,为出口货大宗。"

汉代以前主要是利用动物脂,芝麻传入后被用来榨油,宋代开始用油菜和大豆榨油。花生传入后又增添了新的植物油料。1933 年 11 月 30 日《申报》刊登林滢《花生米》一文讲:"花生米有四种制造方法:(一)焙制,如干制的椒盐花生;(二)油榨花生米,老百姓喝酒时名其曰'怪酒不怪菜';(三)糖熬花生米,如牛奶花生糖、花生软糖等;(四)炼制花生米,如花生酥、花生糕、雨皮花生等。"

甘薯 16 世纪末引进,经由福建长乐、广东电白和福建泉州三条路线。据《金薯传习录》载,明万历年间(1573—1620 年),菲律宾产甘薯,统治其地的西班牙当局严禁甘薯传入中国。福建长乐商人陈振龙到菲律宾经商,将甘薯藤藏于船绳之中带回家乡,由福建巡抚金学曾试种成功,逐渐推广至全国各地。后来,人们在福建乌石山建"先薯祠",纪念陈、金二人。1935 年《莒县志·舆地志》卷二十三《物产·果类》载:"蓣薯,俗名地瓜,清乾隆间(1736—1795 年)来自吕宋,今则蕃衍与五谷等,分红白二种,红者普遍,春夏皆可种,高阜沙土咸宜,今为重要民食。"1935 年《莱阳县志》卷二十六《实业·物产》载:"马铃薯,俗名地蛋。其种来自智利国。番薯,粤吴川人林怀兰得其种于交趾,归而遍种,不患凶旱。百年前始传北方,名为红薯。其本色也间有白者,本县种植约占农田十分之二,为重要食粮,俗称地瓜。"

在薯类作物中,芋和山药是先秦时期早已发现的植物。芋俗称"芋头",古代又称做"渠"、"蹲鸱"。《说文一下·艸部》:"大叶实根骇人,故谓之芋。""齐谓芋为莒。"宋人罗愿《尔雅翼》:"前世相承谓蹲鸱为芋,言蜀川出者,形圆而大,状若蹲鸱。"山药古称"藷(薯)蓣"、"薯蓣"。《本草纲目·薯蓣释名》:"薯蓣,一名薯,一名儿草,一名修脆。齐鲁名山芋。"

(二)山东的饼食

1. 周村烧饼

周村烧饼一般称为香酥烧饼、大酥烧饼等,圆形黄色,薄如纸片,以薄、香、酥、脆著称,它源于汉魏以来的胡饼,至今已有 1800 多年的生产历史。

从两汉到隋唐,饼是所有面食的通称。东汉北海(今山东昌乐)人刘熙《释名·释饮食》载:"胡饼作之大漫汗,亦言以胡麻(芝麻)著上也。"王隐《晋书》载,东晋太尉郗鉴派人到王导家选女婿,王羲之"坦腹东床,啮胡饼,神色自若"。《赵录》载:"石勒讳胡,胡物皆改名,胡饼曰搏炉,石虎改曰麻饼。"①

明朝中叶,周村商贾云集,各种小吃应时而生,用于烘烤的"胡饼炉"此时传入周村。当地饮食店的师傅结合焦饼薄、香、脆的特点,加以改进,创造出脍炙人口的大酥烧饼,此即当今周村烧饼的雏形。真正使周村烧饼具备"薄、香、酥、脆"四大特点的是在近代。据说是一位叫郭云龙的师傅在烤制厚厚的大酥烧饼时,偶然发现饼上面鼓起来的部分薄而香脆,加上芝麻,吃起来香而不腻。于是便大胆试验,改做成薄如纸片的香脆烧饼,很快闻名遐迩,畅销各地。1880 年后,周村"聚合斋"烧饼老店又启用印花纸包装,久藏不变质,一直沿袭至今。

清末皇室曾屡次调贡周村烧饼,当时山东省著名商号"八大祥"还专门定购周村大酥烧饼成箱发往埠外,作为馈送佳品。1951 年前后,周村人民还曾以周村烧饼为礼品,慰问抗美援朝前线的中国人民志愿军将士。

2. 山东煎饼

煎饼,是山东民间一种重要的主食品,早在南北朝隋唐时期就已有之。南朝梁宗懔《荆楚岁时记》即记有:"正月初七为人日……北人此日食

---

①《释名》、《晋书》、《赵录》均为《太平御览》卷八六〇《饮食部一八·饼》引,中华书局 1960 年影印版。

煎饼于庭中。"《太平广记》卷二百四十七《诙谐三》记有煎饼谜：

> 北齐高祖（高欢）尝宴近臣为乐，高祖曰："我与汝等作谜，可共射之：卒律葛答。"诸人皆射不得。或云是骰子箭，高祖曰："非也。"石动筒曰："臣已射得。"高祖曰："是何物？"动筒对曰："是煎饼。"高祖笑曰："动筒射着是也。"

"卒律葛答"是当时北方少数民族突厥语，译成汉语是"前火食并"，"前火"和"食并"正好组成"煎饼"二字。北齐据有今山东、河北、山西、河南等地，君臣以煎饼相戏，说明这些地区已普遍食用煎饼。

早在《太平广记》的作者李昉之前，唐朝齐州临淄（今属山东）人段成式的《酉阳杂俎》前集卷之十五《诺皋记下》就记有煎饼："东平（今属山东）未用兵，有举人孟不疑，客昭义。夜至一驿，方欲濯足，有称淄青（治今山东青州）张评事者，仆从数十，孟欲参谒，张被酒，初不顾，孟因退就西间。张连呼驿吏索煎饼，孟默然窥之，且怒其傲。良久，煎饼熟……"这是山东人吃煎饼的明确记载。

煎饼最初流行于泰山，传说唐末黄巢起义军在泰山驻扎，当地百姓曾以煎饼相送。1967年泰安市省庄镇东羊楼村发现了明代万历（1573—1620）年间的"分家契约"，其中载有"鏊子一盘，煎饼二十三斤"。"鏊子"是摊煎饼的锅，可以确知，最迟在明代万历年间，煎饼的制作方法就在泰安普遍存在，那时已是泰安民间的主食。

清初著名文学家蒲松龄曾作《煎饼赋》，还对煎饼的来由进行了考证，他说："独煎饼合米豆为之，齐人以代面食，二月二日尤竞之。……岂非自古及今，惟齐有之欤？"

清代袁枚《随园食单》载："山东孔藩台家制薄饼，薄如蝉翼，大若茶盘，柔嫩绝伦。"袁枚是浙江钱塘人，著名的美食家，对山东煎饼颇为赞叹，认为"吃孔方伯薄饼，而天下之薄饼可废"。

山东称制作煎饼叫"摊煎饼"，摊煎饼的方法蒲松龄《煎饼赋》在开头便有记述："煎饼之制，何代斯与？溲含米豆，磨如胶饧，扒须两歧之势，鏊为鼎足之形，掬瓦盆之一勺，经火烙而滂溯，乃急手而左旋，如磨上之蚁行，黄白忽变，斯须而成。"先用小米、黄豆、麦子、高粱、玉米、地瓜干等粮食，一种、两种皆可,以小米、黄豆为佳,经淘洗、浸泡,然后用石磨磨成糊状物,俗称"煎饼糊子",置于盆内,另备三足支撑的大平鏊子于火上,慢火烧热,舀一勺米糊倒在鏊子上,立即用木扒子把米糊摊开,使成为圆而平薄的饼,稍停煎饼即熟,由白变黄、揭起叠好即成。煎饼成熟后,其形态如《煎饼赋》所记:"圆如望月,大如铜钲,薄似剡溪之纸,色似黄鹤之翎。"

山东煎饼以味道来分,有香脆煎饼、酸煎饼、糖酥煎饼、五香煎饼等等。酸煎饼将糊子发酵,使其略有酸味。糖酥煎饼、五香煎饼则在糊子中搭配以糖、盐、香料、花椒叶、芝麻等配料,属煎饼中的精品。

日常食用的煎饼一般用高粱、玉米、地瓜干做原料。在以前常年不沾肉腥的年代,这些粗粮如果当主食食用,粗淡而乏味。经粗粮细作,成为煎饼后味道就彻底改观了,且食用时不用加热,十分方便。食用时一般卷上大葱和酱,这就是山东的煎饼卷大葱了。山东人经常讲:"煎饼卷葱蘸大酱,撑得肚圆爬不上炕。""大葱蘸酱,越吃越壮。"

煎饼主要流行于山东泰安、沂蒙、济宁、菏泽等鲁西南一带,常年以煎饼为主食。苏北生活习俗接近山东的地区也吃煎饼。山东莱州一带的煎饼摊得较厚,较软湿,中间夹菜,只是作为二月二的节日食品,平常不吃。

(三) 鲁菜和孔府菜

秦汉以后,尤其是唐宋以来,经过历代烹饪家、美食家的努力探索、继承和创新,中国的美食文化更加丰富发达,传统名馔不仅越发炉火纯青,而且形成了口味、风格各异的鲁菜、孔府菜、北京菜、淮扬菜、粤菜、川菜、清真菜等菜系。目前中国到底有几大菜系,尚未有一致的意见,而山东的鲁菜和孔府菜则在众多的菜系中独树一帜。

1. 鲁菜

鲁菜发端于春秋战国时的齐国和鲁国,形成于秦汉。宋代后,就成为"北食"的代表,遍及京、津、塘及东北。辽、金、元以来,鲁菜还融合、吸收北方游牧民族的饮食风俗,形成了北京菜。

《黄帝内经·素问·异法方宜论篇第十二》:"东方之域,天地之所始生也。鱼盐之地,海滨傍水,其民食鱼而嗜咸。皆安其处,美其食。"山东齐鲁之邦地处半岛,三面环海,腹地有丘陵平原,海鲜水族、粮油畜牲、蔬菜果品、昆虫野味一应俱全,为烹饪提供了丰盛的物质条件。易牙善于调味,孔子主张"食不厌精,脍不厌细",讲究卫生,以及对色、香、味、形、器的刻意追求,崔浩、贾思勰、段文昌、段成式等对山东食料加工、烹饪技艺的著录和传承,都为鲁菜的发展做出了重要的贡献。北宋都城汴梁的"北食"即鲁菜的别称。明清两代,鲁菜又有了新的发展。从齐鲁而京畿,从关内到关外,影响所及已达黄河流域、东北地带。此时鲁菜还大量进入宫廷,成为御膳的珍品。如德州扒鸡产于明万历四十三年(1616年),清乾隆下江南驻跸德州,点名要韩家做鸡品尝,赞曰"食中一奇",此后便为朝廷贡品。

鲁菜以丰盛实惠,风味独特,制作精细享誉海内外。在技法上以爆、炒、烧、炸、卤、焖、扒见长。庖厨烹技全面,巧于用料,注重调味,适应面广。其特点有:

第一,咸鲜为主,突出本味。选料质地优良,以盐提鲜,以汤壮鲜,调味讲求咸鲜纯正,原汁原味。

第二,善用葱、姜、蒜。章丘大葱、苍山大蒜、莱芜生姜,均为山东特产。鲁菜不论是爆、炒、烧、熘,还是烹调汤汁,都以葱丝(或葱末)爆锅,就是蒸、扒、炸、烤等菜,也借助葱香提味。孔子即主张"不撤姜食"。喂馅、爆锅、凉拌都少不了葱、姜、蒜。海鲜类异腥味较轻,鲜活者讲究原汁原味,虾、蟹、贝、蛤,多用姜醋佐食。

第三,以"爆"见长。鲁菜以"爆、炒、烧、塌"等最有特色。清代袁枚《随园食单·特牲单·猪肚二法》讲:"滚油炮炒,加作料起锅,以极脆为佳。此北人法也。"烧有红烧、白烧,著名的"九转大肠"是烧菜的代表。"塌"是山东独有的烹调方法,其主料要事先用调料腌渍或夹入馅心,再沾粉或挂糊,两面塌煎至金黄色。放入调料或清汤,以慢火靠尽汤汁,味道充分浸入。锅塌豆腐、锅塌菠菜等,都是人们津津乐道的传统名菜。

第四,注重火功。鲁菜烹调方法中的爆,分为油爆、盐爆、酱爆、芜爆、葱爆、汤爆、水爆、宫保、爆炒等,充分体现了鲁菜在用火上的功夫。世人称之为"食在中国,火在山东",即指鲁菜的火功。

第五,精于制汤、用汤。鲁菜以汤为百鲜之源,讲究"清汤"、"奶汤"的调制。《齐民要术》中就有制作清汤的记载,是味精产生之前的提鲜佐料。俗称"厨师的汤,唱戏的腔"。清汤的制法,早在《齐民要术》中已有记载。

用"清汤"和"奶汤"制作的名菜有"清汤柳叶燕窝"、"清汤全家福"、"氽芙蓉黄管"、"奶汤蒲菜"、"奶汤八宝布袋鸡"、"汤爆双脆"等数十种之多。尤其是燕窝、鱼翅、海参、干鲍、鱼皮、鱼骨等高档原料,质优味寡,必用高汤提鲜。

2. 孔府菜

孔府菜为鲁菜的一支,是鲁菜中的佼佼者。自汉平帝封孔子后裔为褒成侯以来,孔子和他的子孙们得到历代王朝的封赐,孔府成为中国唯一不受改朝换代的冲击、历史悠久的公侯府第。孔子是著名美食家,孔府要接待历代朝圣的帝王将相,孔府菜也逐渐发展起来。清乾隆皇帝曾多次驾临孔府,并在乾隆三十六年(1771年)将女儿下嫁给孔子第72代孙孔宪培,同时赏赐给孔府一套"满汉宴银质点铜锡仿古象形水火餐具",这更促使宴会类的孔府菜向高、精、尖的方向发展。

孔府菜的特点是历史悠久,用料讲究,刀工细腻,烹调程序严格、复杂。口味讲究清淡鲜嫩、软烂香醇、原汁原味,对菜点制作精益求精,始终保持传统风味。

孔府菜是所有中国菜中最富文化意蕴的菜系,特别讲究造型和菜名的寓意。如"八仙过海闹罗汉"是孔府喜寿宴第一道菜,将鸡脯肉剁成泥,在碗底做成罗汉钱状,称为"罗汉",选用鱼翅、海参、鲍鱼、鱼骨、鱼肚、虾、芦笋、火腿为"八仙"。"带子上朝"烹制的是一只鸭子带一只鸽子,一大一小放在同一餐具中,隐喻辈辈为官、代代上朝。"孔府一品锅"因衍圣公为当朝一品官而得名,"诗礼银杏"隐喻孔府为诗礼世家。

孔府的另一类菜看是"家常菜",从米粥、煎饼、咸菜、豆腐到豆芽、香椿、鸡蛋、茄子,这些来自民间的常食小吃,经过孔府厨师的精巧制作,成为孔府的独特菜品。所以,孔府的家常菜也是别有风味的。

二、岁时节庆风俗

五代宋元明清时期,节日分布的密度明显增大,二十四节气中有许多演变为节日,还有像中和节、中元节、腊八节、辞灶节等新节日,以至于明清时期的各方志都逐月逐日叙述本地的岁时风俗。

（一）除夕

除夕是腊月的节日，本应放在"年底"叙述，但民间向来把它与元旦视同一体，除夕已经沉浸在元旦的享受和兴奋中。再者，山东民间"过年"最忙碌、最急切盼望的是除夕，真正过年了反倒有点失落了。宋元明清时期除夕的节日风俗主要有扮傩戏、贴门神、钉桃符、换春联、放爆竹和除夕守岁。由桃符、门神又衍生出老百姓特别喜爱的年画。

1. 傩戏、燃爆竹

魏晋南北朝隋唐时期的傩戏，发展到明清时期分别在除夕前和元宵节举行。山东大部分州县演变为元宵节扮演杂剧，且赋予新艺术、新内容，元旦前扮傩戏只有少数州县，时间在腊月二十三辞灶后到除夕前，且多为儿童，已是非普遍流行的风俗了。如乐陵、商河等地辞灶后"儿童击锣鼓，饰鬼面，有傩戏逐疫之遗"。无棣县除夕"小儿彩衣鬼面以戏"。茌平除夕"有用兵戈金鼓，彩旗色衣，涂面为逐疫之戏者，则童子群趋之"。①

汉代没有火药，在堂前用火烧烤竹节发出噼噼啪啪的响声，以"辟山臊恶鬼"。据说，山臊恶鬼居深山中，有一尺多高，人碰上就会生病。明清时期，山东乐陵除夕日"爆竹声远近响振，谓之'惊山猱'"，商河称做"惊山魈"，都保留了古代的旧俗。②

魏晋时，炼丹家们发现硝石、硫黄、木炭合在一起能燃烧。唐代仍用爆竹，称做"爆竿"。宋代，已普遍使用纸裹火药制成的爆仗、鞭炮和"起火"。以后逐步改进，并推广到各种喜庆场合。

明清时期，燃放爆竹是最能制造热烈节日气氛的事象，除夕夜、元旦以及整个元旦期间，各家"噼噼啪啪"的爆竹声接连不断。无棣除夕"门前燎火，爆竹呼噪，俗曰'叫明'"。登州府所辖的山东半岛各县"至戊夜，明燎爆竹，礼百神，祀祖先，俱同元旦之仪"。③

所谓"俱同元旦之仪"，是说除夕燃爆竹等好多仪式，到元旦还要再来

---

① 乾隆二十七年《乐陵县志》、道光十二年《商河县志》、康熙九年《海丰县志》、康熙四十九年《茌平县志》。本书所引方志，如未注明篇目和版本，均载丁世良、赵放主编：《中国地方志民俗资料汇编》华东卷上，书目文献出版社1995年版，第91—344页。

② 见乾隆二十七年《乐陵县志》、道光十二年《商河县志》。

③ 康熙九年《海丰县志》、康熙三十三年《登州府志》。海丰县即今山东无棣县。登州府治在今山东蓬莱。

一遍。

2. 门神、桃符、春联、年画

康熙三十三年(1694 年)《登州府志》载："除日,贴春联,换门神、桃符。"

唐末五代时,神荼和郁垒被撤换,又以钟馗为门神。钟馗任门神不久,大概是因为他狰狞的形象与元旦欢快的气氛不和谐,显得不够庄重,也可能是因为他一个人把不住两扇门,很快又被撤换,把门神的职位让给了秦琼、尉迟敬德。南宋以后民间的门神,大部分是秦琼、尉迟敬德的画像了。由于秦琼是济南历城人,山东人对他的感情特深,至今奉他为门神。

明清时期,士大夫阶层出现复古风,有的人家同时挂秦琼、尉迟敬德及郁垒、钟馗的画像。道光二十六年《招远县志》载："除日……造桃板著门左右枨,谓之'桃符',换新春联及郁垒、钟馗像。"

唐宋时,因刻桃木人太麻烦,干脆在桃木板上画二人的像,或写上二人的名字,除夕更换,叫做"仙木",或叫"桃符"。王安石《元日》诗："爆竹声中一岁除,春风送暖入屠苏。千门万户曈曈日,总把新桃换旧符。""换旧符"就是更换这种桃符。

唐代已兴起了雕版印刷术,人们由画桃符又改进为在纸上印门神。印出来的门神不仅能驱鬼,而且还具有观赏、装饰价值。于是,到宋代便出现了木版年画。明末清初,以天津杨柳青、苏州桃花坞、山东潍县杨家埠的木版年画最著名。另外,山东高密的扑灰年画,工艺独特,也在年画当中占一席之地。

雕版印刷的门神出现后,桃符逐步失去了原有的意义。五代时,人们开始在桃符上写一些吉利词句,挂在门上,这就是春联。据《宋史》卷四百七十九《世家·西蜀孟氏》记载,五代十国时,后蜀孟昶自题桃符板"新年纳余庆,嘉节号长春",一般认为是中国的第一副春联。[①]

中国的对偶句有深厚的文化土壤,汉魏六朝的骈体文刻意追求对偶,古诗中特别是唐诗中有许多对偶佳句,在此基础上春联很快沿袭成俗。明清时期,山东的年画、春联虽然十分普遍,但"士夫家皆用桃符"。明朝嘉靖年间(1522—1566 年),夏津一带"元日,绘门神,贴桃符"。清雍正年间

[①]据黄休复:《茅亭客话》卷一《蜀先兆》载,后蜀太子在本宫策勋府桃符上题"天垂余庆,地接长春"。

（1723—1735年），惠民一带"换桃符于户"。有的人家，既挂门神，也钉桃符，又贴春联。清康熙（1662—1722年）、乾隆（1736—1795年）年间，无棣、阳信等地，除夕日"易门神、桃符、春联"。嘉庆年间（1796—1820年），寿光一带"换桃符，贴春联于扉"。甚至到光绪年间（1875—1908年），宁津一带仍"钉桃符、贴门神以避邪祟"。①

春联的上联两边，各有一个"福"字，明清时期也有了。乾隆二十一年（1756年）《黄县志》载："除日，贴对联，宜春，迎福字，换门神，桃符。"

3. 除夕嫁娶

每年腊月是婚嫁的高峰期，五代宋元明清时期已有此俗。明清时期的婚嫁，不仅集中在辞灶之后，还盛行除夕日结婚的风俗，有的甚至就在除夕夜举行。

山东成武"除日多嫁娶，术家言，与清明日葬，皆不卜"。临清等地传说，除夕嫁娶及"十月初一日与清明葬，皆不卜自吉"。莱阳辞灶后"嫁娶不择日吉凶，其末三日，谓之'年娶日'"。禹城民间多于除夕嫁娶，"言禁忌悉除也"。②

由于除夕嫁娶"不卜自吉"，因而无棣、齐河等地"民间多以是日嫁娶"。临邑"岁多嫁娶，俗之相沿，自昔已然"。③ 单县、曹县、堂邑等地还特意选择除夕夜嫁娶。

康熙五十六年（1717年）《单县志》载："嫁娶之失时者，辄于是夕行之，盖寒素之家就岁事之便也。"

光绪十年（1884年）《曹县志》载："（除夕守岁）而嫁娶之失时者，辄于是夕行之，故每换桃符，荐门联之际，箫鼓屯拥，铜吹噪天，俗语诸神不在为偷娶云。俗之相沿，盖已久矣。"

光绪十八年（1892年）《堂邑县志》载："是夕（除夕夜）多有嫁娶者，咸张灯聚饮，名为'辞岁'，一无禁忌，此殆古者迨冰未泮之意。每岁则百事俱作，有所不暇，故多于岁前为之也。"

---

① 宣统三年《清平县志》、嘉靖刻本《夏津县志》、雍正十一年《乐安县志》、康熙九年《海丰县志》、乾隆二十四年《阳信县志》、嘉庆五年《寿光县志》、光绪二十六年《宁津县志》。
② 道光十年《城武县志》、宣统三年《清平县志》、1935年《莱阳县志》、1936年《禹城县志》。
③ 康熙十二年《齐河县志》、康熙九年《海丰县志》、道光十七年《临邑县志》。

4. 守岁、照庭、过门钱、种谷、辞岁、守岁钱

除夕夜一般"竟夜不熄灯火",阖家"围炉张饮",谓之"守岁"。

守岁时的活动,因地而异。文登、威海、海阳等地,除夕"夜食红枣、栗子、白萝卜、马齿苋,曰'守岁'"。蓬莱"通夕不寐","群卑幼弟子各为其尊长父兄称觞",谓之"守岁"。滕县"除夕,大门内院各挂明灯,于时分压岁钱,酌'益岁酒',竟夜不熄灯火,名为'守岁'"。聊城、冠县等地"围炉张饮",曲阜"竟夜不眠",谓之"守岁"。①

除夕除家中的烛火外,各地还沿袭隋唐时期除夕"架篝火"的旧俗,燃烧束草和点天灯,称做"照庭"。长清"日落后用稿草在门外或庄边焚之,点爆竹,放花,谓之'照庭'"。茌平除夕"树天灯","乡人束草于庭,燔之使明,谓之'照庭草',或设炭于门,或门拦横木,或焚苍术以辟疫"。登州所属山东半岛各县"立天灯,以五彩挂封门"。②

所谓"点天灯"是在天井中树一根高数丈的杆子,点一只灯笼,挂在杆子上。1935 年《青城县志》解释说:"以松枝缚长杆树之,上系以灯,名曰'天灯'。"由于除夕夜家家点天灯,远远望去灿若繁星,蔚为壮观。

"以五彩挂封门"称作"过门钱",是用五色纸、金银纸制"如钱状,贴门上楣"③,明清时期多流行于山东半岛一带。

明清时期守岁,还要用谷秸、芝麻杆铺地或插地,称做"种谷"、"躧岁"。

登州府所属山东半岛一带"庭中布谷秸、脂(芝)麻秸,谓之'种谷'"。无棣"以芝麻杆置床榻及地,俗曰'躧岁'。小儿按岁系钱、芝麻壳于衣带,曰'带岁'"。商河、临邑除夕"插芝麻秸以壁"。莱阳"布谷秸庭中,谓之'撒马草',或置磨棍门外,谓之'拴马桩'"。④ 布谷秸、芝麻杆的用意,各地说法不一。无棣"用芝麻杆散布庭中,名曰'撒祟',以除不祥"。潍县"以芝麻秸布地,夜起蹴踏作响,以为吉利"。⑤

①乾隆七年《海阳县志》、光绪七年《增修登州府志》、康熙十二年《蓬莱县志》、宣统三年《滕县续志稿》、光绪十八年《堂邑县志》、乾隆三十九年《曲阜县志》。

②1935 年《长清县志》、康熙四十九年《茌平县志》、康熙三十三年(1694 年)《登州府志》。

③道光二十六年《招远县志》。

④光绪七年《增修登州府志》、康熙九年《海丰县志》、道光十二年《商河县志》、1935 年《莱阳县志》。

⑤1935 年《青城县志》、1941 年《潍县志稿》。

明清时期,除夕守岁的许多仪式如放爆竹、"礼百神,祀祖先"[1],拜尊长、亲族互拜等,和元旦日是重复的。如康熙三十三年(1694年)《登州府志》载:"至戊夜,明燎爆竹,礼百神,祀祖先,俱同元旦之仪。"同治三年(1864年)《宁海州志》亦载:"除日,易门神、桃符、春帖。祀祖先,如元旦之仪。"

"少者拜尊长,谓之'辞岁'"[2],也称"分岁"、"添岁"、"辞年",与元旦拜年也是重复的。兖州除夕"戚党互相往来",长清"亲族互相叩拜",都称做"辞岁"。商河"长幼聚饮,祝颂而散,谓之'分岁'"。聊城、冠县等地"祀先祖,谒尊长,谓之'辞年'"。登州府所辖山东半岛"群子弟暨卑幼各称觞,为父兄尊长寿,谓之'添岁'"。[3]

"辞岁"拜贺尊长完毕,家长要给卑幼者分"守岁钱"。道光二十六年(1846年)《招远县志》载:"家长集群子弟为守岁宴。稚子则饼饵啖之,人予以守岁钱,自幼而长,婢仆皆然云。"康熙四十九年(1710年)《高密县志》载:"家督给子女青钱,守岁。""家督"指家长。春秋时期山东呼长子为"家督"。春秋范蠡的长男说:"家有长子曰'家督'。"[4]当时范蠡已在齐国、陶(今山东定陶)生活几十年了。

高唐、茌平、蓬莱、招远等地还有除夕"封井不汲","封井贮水","戒勿汲三日"[5]的风俗。

(二) 元旦

五代宋元明清时期,元旦的节日活动不断得到丰富和更新。门神由神荼和郁垒变成秦琼和尉迟敬德;桃符演变为年画和春联;傩舞演变为供人观赏的杂剧,并由除夕挪到了十五。明清士大夫之家又出现复古之风,如"投刺",饮椒柏酒、屠苏酒等,以此来追求原来的"年味"。

1. 放爆竹、祀祖先、拜年、吃水饺

经过除夕一夜的折腾和盼望,终于迎来了新的一年,也就开始了新年的

①康熙十二年《蓬莱县志》。
②光绪二十一年《平阴县志》。
③咸丰九年《滋阳县志》、1935年《长清县志》、道光十二年《商河县志》、光绪十八年《堂邑县志》、康熙三十三年《登州府志》。
④《史记·越王勾践世家》,中华书局1959年版。
⑤道光十五年《高唐州志》、康熙四十九年《茌平县志》、康熙三十三年《登州府志》。

仪式。新年首先要放爆竹。于是,除夕已减弱的爆竹声再次掀起高潮。乐陵一带,"五更燃爆竹,火树、鼓吹";商河一带,"五更燃爆竹以驱山魈,火树银花、鼓吹歌曲,丰登之岁在在有之"。①

放完爆竹,再次拜天地,祭祖先,然后是拜年。

汉代已有拜年之风,主要是拜同宗族的尊长,一般在元旦当日,拜亲戚可推后。

明清时期的元旦,男女老幼都要穿上新衣服,先焚香祀天地、祖先,再拜尊长,吃水饺。然后出门拜宗族亲朋。到人家拜年时,也要先焚香给人家的先人拜年,然后再拜健在的尊长。明清时期,士大夫阶层出现复古风,讲究节日的礼仪性和应酬性,年节没完没了地互相拜谒,庸俗、虚伪的人际关系,充斥到节日风俗中。尤其是拜尊长和亲族互拜,除夕夜刚刚进行过,转过身来再拜。

康熙三十四年(1695 年)《邹平县志》载:"元旦,夙兴,焚香楮,设牲醴,礼神祀先,合家吃馄饨,长幼亲友相拜,谓之'贺岁'。"

康熙四十七年(1708 年)《巨野县志》载:"无论男女贫富,俱着新洁衣履拜尊长,谒外戚,礼庙神,往来交贺,谓之'拜年'。"

乾隆十四年(1749 年)《平原县志》载:"正旦,男女夙兴,家主设酒果礼奠,名曰'接神'。五鼓启户,放爆竹,焚香拜天,次设其先主,率卑幼拜之。"

宣统三年(1911 年)《滕县续志稿》载:"行拜年礼,以神主为先,礼毕则食饺子。又缘门交相拜年,数日方罢。"

由于元旦起得早,有的出门拜完年天还不亮。临朐"所有少年子弟,手提灯笼,沿门拜年,逢辄问好,如友朋乍见然者"。有些乡绅须拜的人太多,只好"具柬帖,闾里抵门通姓名"。②

2. 投刺

这里的"柬帖",是一种拜年帖,古代叫名刺,类似今天的名片,是古人交往的一种工具。古人谒见,先要投刺。清人赵翼《陔余丛考·名贴》载:"古人通名,本用削木书字,汉时谓之'谒',汉末谓之'刺'。汉以后则虽用纸,而仍相沿曰'刺'。"东汉司徒杨赐派鲁国(今山东曲阜)人孔融拿着

---

①乾隆二十七年《乐陵县志》、道光十二年《商河县志》。
②1935 年《临朐县志》、康熙三十三年《登州府志》。

"谒"去庆贺刚刚升为大将军的何进,门人接过"谒",没有及时通报,孔融"即夺谒还府"①。孔融拿的这个谒,就是杨赐的名帖。

东汉平原般县(今山东临邑东北)人祢衡,"建安初,来游许下,始达颖川,乃阴怀一刺,既而无所之适,至于刺字漫灭"②。祢衡拿的刺,就是自己的名片,放在怀里时间长了,字都磨得看不清了。

明清时期盛行"投刺"拜贺节日。山东庆云"五月五日,邑俗不拜贺,惟官长互相投刺而已"。陵县冬至日,"士投刺拜贺,弟子致礼于先生"。登州府所属蓬莱、莱阳、莱西、海阳各县,"凡遇有庆贺,彼此看慰,先遣从者投刺"。其中莱阳使用名刺最为频繁,"有大宴会,先日具帖告期,至日侵晨,持刺奉邀。宾至投刺,主人出迎于大门外"。③

更多的是用于拜年,称做"飞贴"、"拜年贴",素不相识也互相投贴。乾隆七年(1742年)《海阳县志》载:"黎明,亲邻交拜,或投刺,或呼名。"陵县到晚清民国时,城镇商家仍"投名刺,至十五日为止"④。有的人家干脆在门口挂上红纸袋,号为"门簿",来接受拜年贴,以收得多者为荣。

3. 饮椒柏酒、屠苏酒

从汉代开始,除夕都要饮椒柏酒,即以椒花、柏叶炮制的酒。椒是精灵,柏是仙药,医学上说有健身益脾的作用。汉人讲,能长寿,祛除百病。还要饮用桃树叶、茎熬成的桃汤,以压邪气。饮酒的次序与传统的敬老次序相反,先少后老。因年少者得岁,年老者失岁,含重视子孙后代之意。明韩奕《新岁述怀》:"白首坐中堂,屠苏最后尝。"清代山东淄川一带仍然是"卑以及尊"⑤。屠苏是一种阔叶草,魏晋以后改饮屠苏酒。《荆楚岁时记》有饮屠苏酒的记载,孙思邈的《千金方》有屠苏酒方。上述王安石"春风送暖入屠苏"诗,描写的就是家家开始饮屠苏酒了。

明清山东守岁、拜年,仍然有饮椒柏酒、屠苏酒的风俗。济南"亲友相拜,酬以柏酒、椒盘为乐"。禹城、莘县等地"除夕饮椒酒",或"饮椒酒守岁"。单县"卑幼各拜尊长,亲友亦互相拜贺,或留饮屠苏"。福山、寿光、阳

---

① 《后汉书·孔融传》,中华书局1965年版。
② 《后汉书·祢衡传》,中华书局1965年版。
③ 1914年《庆云县志》、光绪元年《陵县志》、光绪七年《增修登州府志》、1935年《莱阳县志》。
④ 1935年《陵县续志》。
⑤ 乾隆四十一年《淄川县志》。

谷等地,都有拜尊长,"奉椒酒"的风俗。平度除夕守岁"饮屠苏酒"。长山(今山东邹平)一带"族人亲戚往来称贺,饮屠苏酒"。①

4. 吃年茶

明清时期,山东就已流行元旦期间亲友互相宴请的风俗,称做"吃年茶"、"请春酒"。乾隆二十七年(1762 年)《乐陵县志》载:"(元旦)履新互相请席,名曰'饮年茶'。"光绪七年(1881 年)《增修登州府志》载:"十日内外,亲友交相宴饮,谓之'请春酒',亦名'年茶'。"

5. 初一以后的节日

明清时期,由于节日太多,以至于出现节中套节的现象。同时,节日的密度也增大了,从元旦到元宵,几乎天天都有节日。

道光十二年(1832 年)《商河县志》载:"东方朔《占书》:一日为鸡,二日为犬,三日为猪,四日为羊,五日为马,六日为牛,七日为人,八日为谷,九日为果,十日为菜,是日晴和则吉,阴惨则否。载之甚详,而人日为尤重,是夕不张灯,为鼠忌也,俗语谓之'猫嫁女'。"

1935 年《莱阳县志》略同,只是多了个"十一日为庄稼会","亦有谓三日猫,四日鼠,五日猪、六日羊者,俗以阴晴风雪验岁丰歉"。

道光二十六年(1846 年)《招远县志》又称初七为"小人七日",十七日为"大人七日",均"夜不篝灯"。

这种人和家畜、庄稼一起排序过节的风俗,是中国农业与家庭畜牧业相结合、自给自足的自然经济的反映。

6. 立春

立春一般在元旦期间,如果是无春年,则在元旦前。无春年主要是由于闰月造成的。春秋战国时期就采用了"十九年七闰月"的方法,即在 19 年中安插 7 个闰月。这样,农历闰年就有 13 个朔望月,25 个节气,其中第一个和最后一个都是"立春",叫"双春年"。而农历平年,大部分只有 23 个节气,24 节气中唯独少了个立春,叫"无春年"。农历的"双春"年和"无春"年是紧密相连的。山东农家在长期观察中发现,双春年豆类作物往往歉收,民

①《崇祯历乘》、1939 年《禹城县志》、1937 年《莘县志》、康熙五十六年《单县志》、乾隆二十八年《福山县志》、嘉庆五年《寿光县志》、1942 年《阳谷县志》、道光二十九年《平度州志》、嘉庆六年《长山县志》。

谚叫做"一年两头春,带角的贵齐金"①。

先秦两汉立春之日迎祭青帝、芒神的风俗,至五代宋元明清演变为迎春、打春、送春的风俗。

南宋孟元老《东京梦华录》卷六《立春》载:"立春前一日,开封府进春牛入禁中鞭春。"南宋周密《武林旧事》卷二《立春》载:"(立春)前一日,临安府造进大春牛,设之福宁殿庭。及驾临幸,内官皆用五色丝彩杖鞭牛。"

到明朝,宫中迎春和鞭春的习俗很快遍及各州、府、县。明俞汝楫《礼部志稿》卷二十二《进春仪》载,永乐中定:"每岁,有司预期塑造春牛并芒神。立春前一日,各官常服,舆迎至府、州、县门外,土牛南向,芒神在东西向。"

明清时期,山东各地在立春的前一日用泥塑和纸糊的方法"预造土牛、芒神",在县令等地方官的率领下到东郊外迎春,一般要迎至县大堂,还要设春宴庆祝。民间百姓则备五辛盘,啖春饼、食生菜,黄县一带叫"咬春"。有的约亲朋宴饮,名曰"春宴"。第二天行鞭春礼,又称"打春牛",表示鞭策耕牛,辛勤耕耘。届时,百姓老幼聚观,所以民间把立春又叫做"打春"。有的还"以鼓吹导小春牛及芒神分送各缙绅,谓之'送春牛'"。②

山东各地以不同的方式迎春。夏津"食生菜迎春";蓬莱"约亲厚者饮,名曰'春宴'";乐陵、宁津等地,"以五辛为春盘,饮酒簪花,啖春饼",五辛盘即"用葱、蒜、椒、姜、芥和切而调食之,曰'五辛盘'"。邹县"立春日,妇女剪彩为鸡,儿童佩之,曰'戴春鸡'。啖生果,曰'咬春'"。③

关于鞭春牛的风俗,康熙十二年(1673年)《齐河县志》记载得较为系统:

> 立春前一日,作泥牛芒神,预设于东郊,行户办杂剧故事,各职官吉服出拜迎春,饮盒酒,回于县堂上,仍设筵邀诸缙绅饮春酒。各行户过堂演扮梨园,作戏竞日。芒神并泥牛设于县大门内,至立春时,各职官拜芒神毕,各执春杖打牛三次,随令众役将牛打碎,各回本衙。又做小泥牛、芒神送诸缙绅家,谓之"送春"。

---

①1934年《夏津县志续编》。
②乾隆二十八年《福山县志》、道光二十六年《招远县志》。
③明朝嘉靖刻本《夏津县志》、康熙十二年《蓬莱县志》、乾隆二十七年《乐陵县志》、光绪二十六年《宁津县志》、光绪十八年《邹县续志》。

鞭春牛是一种极热闹的场面，将土牛打得稀巴烂后，围观者一拥而上，争抢碎土，据说扔进自己田里，就是丰收吉兆。纸扎的春牛，预先在"牛肚子"里装满五谷，俟"牛"被鞭打破后，五谷流出，亦是丰收的象征。

山东胶东半岛还盛行通过春牛的颜色和芒神是否穿戴鞋帽来占验水旱冷暖的风俗。

乾隆七年（1742年）《海阳县志》载："立春，以牛首红白等色占水旱等灾，以句芒鞋帽占时（晴）雨。"同治三年（1864年）《宁海（治牟平）州志》还引用了《群芳谱》记载的占验方法："土牛色黄主熟，又专主菜麦大熟。青春瘟，赤春旱，黑春水，白春多风。身主上乡，蹄主下乡。"如果芒神是光着脚，则预示来年雨水大，要作好防涝的准备。如双足穿草鞋，则预示来年天旱，要农民作好抗旱蓄水的安排。如一只脚光着，一只脚穿草鞋，则预示来年是不旱不涝的好年景，农民们要辛勤耕作，勿误农时。

（三）元宵节

元宵节一般在正月十四、十五、十六日，道教称做上元节，是上元天官降凡赐福之日，在民间影响不大。元宵节的主要节日风俗有放灯观灯、扮演百戏、走百病、吃元宵等。

1. 试灯、散灯、放河灯

民间认为"元宵张灯，前后凡三夜，俗曰十四日主麦，十五日主谷，十六日主豆，月明风恬者收灯也"，称做"试灯"。"试毕布诸门庭，谓之'散灯'，浮诸流水，谓之'放河灯'。"[1]

乐陵、商河一带"元宵张灯火，放花炬，酒筵乐歌，竞为欢会，凡三夜，十四日主麦，十五日主谷，十六日主豆，月明风恬者收灯也，有风为歉，无风为丰，名曰'占岁灯'"。即墨"蒸面作灯，注油点之，视其烬花以占五谷丰歉，曰'灯花卜'"。[2]

平阴、东阿一带，"捏面为灯，注香油各处散之。按月捏者曰'月灯'，按家长岁捏者曰'岁灯'"。[3]

---

①道光二十年《济南府志》、乾隆四十一年《淄川县志》。
②乾隆二十七年《乐陵县志》、道光十二年《商河县志》、乾隆二十九年《即墨县志》。
③光绪二十一年《平阴县志》、道光九年《东阿县志》。

胶东一带,用萝卜做灯,分送树上、坟墓、庙宇等地。乾隆二十一年(1756 年)《黄县志》载:"街市门前各栽松树,置萝卜灯于其上,多至数十盏。……是日,各家供灯于先茔,点照遍野。"1929 年《莱阳县志》载:"上元张灯,人家更以萝卜作灯送至坟墓、庙宇。"新泰一带则"自中堂至井、灶、碾磨、库厩,外及神祠,俱灯烛辉煌"。金乡"蒸小灯数百盏醮之,中庭、灶、井、户、雷各置一盏,或送灯各庙宇"。①

山东曹县盛行雪花灯。光绪十年(1884 年)《曹县志》载:"曹俗尚雪花灯,净白莲四纸剪成,一岁之力,只成一灯。外标雪花,内行连环细错,有三层、四层,极其工致。当年惟杨氏灯至七层焉。每逢佳节,户悬此灯,一望皓素缤纷,如同雪幕。"

2. 走百病

走百病也叫"过桥"、"走老貌",是指正月十六日男女通过游春、登城墙、过桥梁、谒寺庙等祛病免灾的活动。也有的团艾草薰灸,以预防疮疖,叫"灸百病"、"疗疾"。

济南元宵节群游,谓之"走百病"。平阴"十六晚齐赴文庙,妇女亦至,谓之'走百病'"。邹平、武城"女挈伴纷然于各寺庙行走","结伴游寺观";寿光"十六日,乡间妇女约伴共登土窑,坐眺移时";文登"谒庙、过桥";茌平"十六日,民间妇女呼伴追陪,渡桥梁、入寺庙,玩赏游观,竟日乃罢";蓬莱"十六日,妇女群游于南郊外,及夜遍历市巷";乐陵"男女盛饰游街,登城过桥,日旰始散"。②这些活动统统称做"走百病"。

山东莒县一带把走百病称做"走老貌"。嘉庆元年(1796 年)《莒州志》载:"十六行野,俗谓'走老貌',是日行野则容貌不老也。"

光绪二十六年(1900 年)《宁津县志》引元朝周用有《走百病》诗曰:

都城灯市由来盛,大家小家同节令。

诸姨新妇及小姑,相约梳妆走百病。

---

① 乾隆四十九年《新泰县志》、乾隆四十六年《金乡县志》。
② 道光二十年《济南府志》、光绪二十一年《平阴县志》、康熙三十四年《邹平县志》、道光二十一年《武城县志续编》、嘉庆五年《寿光县志》、道光十九年《文登县志》、道光十一年《博平县志》、康熙三十三年《登州府志》、乾隆二十七年《乐陵县志》。

走百病一般多为妇女的活动,而清代鱼台一带则专指男子。乾隆二十九年(1764 年)《鱼台县志》载:"男子三五结伴,游散竟日,谓之'走百病'。"

许多地区还进行象征性的灸治疮疖仪式,称做"灸百病"。明嘉靖刻本《淄川县志》载:"十六日,病妇陶灸。"邹县一带,"十六日士女出游,曰'走百病'。或以艾草灸衣物,灺石人,曰'灸百病'"。博山一带,"患疮疽者并于是夕团艾为炷,灸县署前石狮,名为'疗疾'"。滕县"灸(灸)百病,拈艾为团,每人以灸三团为度"。①

潍坊一带也流行"灸石人"的风俗。正月十六日,妇女都到城东北的真武祠,用艾草灸神祠庭前左右二石人,据说能"一年不生疮疖"。"两石人皆男子像,制作甚古,自明废察院行署移来,土人附会,讹传乃尔"②。

3. 由除夕逐傩到元宵歌舞百戏

五代宋元明清时期,傩舞驱鬼逐瘟的功能淡化了,表演性、观赏性增强了。明清时期,山东大部分地区的傩舞由除夕挪到元宵节进行,有的元旦前和元宵节都有傩戏。

1935 年《茌平县志》载:"男人则醵资市衣,装扮杂耍,即孔子所谓'乡人傩'之遗意。三五成群,种类甚多,所谓摄芯子、走高跷、扮台阁、跑竹马、撑旱船。其剧名有《唱秧歌》、《八仙过海》、《吕洞宾戏牡丹》、《姜老背妻》等趣剧。其武装者有撒马叉、扎花枪等名目。每过城镇,则献技以取乐。牛头马面、蛇神鬼脸,可谓尽娱乐之能事。"

山东各地扮演的杂耍,一般都和傩舞有关。章丘"元夕设灯棚,具傩戏"。博山"乡人扮演作诸戏具,亦犹行乡傩礼也。十五日放灯三夕,各街路起彩棚,扮演乡傩,游览者繈属"。寿光"(上元)陈百戏,以三日夜为度。或子弟戴鬼面,舞彩棒相戏于庭,盖古傩之遗意。即《汉书》所谓逐疫用侲子也"。禹城"上元张灯结彩、燃放烟火,四乡多于十四、十五、十六扮演杂耍,或龙灯、高脚等戏,谓之'乡人傩'"。③

明清时期,山东上元夜演出的戏剧杂耍与千姿百态的花灯、烟花鞭炮相

①光绪十八年《邹县续志》、乾隆十八年《博山县志》、宣统三年《滕县续志稿》。
②1941 年《潍县志稿》。
③道光十三年《章丘县志》、乾隆十八年《博山县志》、嘉庆五年《寿光县志》、1939 年《禹城县志》。

配合,场面十分热闹。

康熙十二年(1673年)《齐河县志》载:"上元夜,巨家张纱灯或琉璃羊角灯,放花炮,邀客剧饮。贫家亦作面灯供天地、祖考,并散门庭间。是夜,无论士夫、百姓,皆过大清桥放河灯,击锣鼓,妆扮戏剧为乐,夜半乃归。"

宣统三年(1911年)《滕县续志稿》载:"十五日曰'元宵节',是夜城门不闭,满城中灯火照耀,光明如昼。龙灯、狮子、云彩、花船、竹马、高翘(跷)、八仙一切杂剧,且舞且歌,大吹大打。加以灯花炮、烟花炮、三节花炮、火箭、泥窝花、铁筒花等种,或花或响,一时齐发,真热闹场也。"

先秦两汉驱鬼逐瘟的傩舞,到隋唐时向娱乐性、观赏性演变,到明清时演变为元宵节大演百戏,到近代又演变为正月里唱大戏,元宵节踩高跷、划旱船等活动。到现代,又演变为除夕之夜举行的春节电视文艺晚会和元宵电视文艺晚会。它彻底清除了逐傩的阴影,将喜庆、欢快的娱乐气氛推至高潮,并赋予了时代和科学的新内容、新艺术。

4. 弛宵禁

为了便于元宵节晚上的娱乐活动,明清山东各县,例行汉代以来的"弛夜禁"制度。嘉靖刻本《夏津县志》载:"元宵造面茧,张灯,弛夜禁。"平原一带,"元宵官弛禁,纵民偕乐"。滕县"自十四日至是日(十六),人皆登城垣,入庙烧香,官之不禁也"。临清、高唐"城门夜分始闭,巡徼者不禁"。①

5. 祀蚕姑神

传说,最早教民植桑养蚕的是黄帝的妃子嫘祖,人们称她为"养蚕娘娘"。山东正月祭祀的蚕姑神应该是嫘祖,她不仅能教人植桑养蚕,还能保佑人们桑蚕丰收。

1935年《临朐县志》载:"旧《志》载,正月五日祀蚕姑神,十六日浴蚕种。"

祀蚕姑神,人们还要用白面做成中间粗,两头细,像蚕茧一样的面点,山东人叫"茧饽饽"。明朝嘉靖年间,夏津一带就有"元宵造面茧"的风俗。清代莱芜"造面茧,以高下相胜为戏笑"。阳谷正月十日"炊面像茧,以祈蚕功"。②

---

① 乾隆十四年《平原县志》、宣统三年《滕县续志稿》、宣统三年《清平县志》。
② 嘉靖刻本《夏津县志》、康熙十二年《莱芜县志》、1942年《阳谷县志》。

胶东一带的元宵节,还"以面作蛇形埋于谷仓,或置窗台,谓之'神虫'"①。这种蛇形的神虫,又叫圣虫、升虫,应来自远古东夷族的龙图腾崇拜。

6. 吃元宵

元宵在五代宋元明清时期花样更加翻新。宋人因其熟后浮于水面,称"浮圆子"。山东平度一带仍把元宵称做"浮圆"②。南宋开始包糖馅,叫"乳糖圆子"。后来,又以白糖、枣泥、芝麻、核桃、山楂、豆沙等制馅,花色品种也就日益多样化了。

道光二十年(1840 年)《济南府志》载:"元夕张灯,放花炮,食糖圆。"光绪十八年(1892 年)《邹县续志》:"十五日,亲朋相遗以牢丸,名曰元宵。"1936 年《重修莒志》载:"以糯米包糖制成食品,谓之'汤圆',一名'元宵'。"

把香甜美味装到里面的元宵、月饼以及包子、水饺、馄饨,说明中国人特别重视实际内容的价值取向。反映在人际关系上,中国人特别鄙视那些花言巧语而不务实际的人,总要"观其言而察其行",把那些内里一团糟的人,叫做"金玉其外,败絮其中"。

7. 元宵后的节令:填仓日、试犁

填仓又称做"天仓",是脆弱的小农预测明年丰歉的风俗。1935 年《德县志》载:"二十五日为填仓日,前一夜以灰画地,名曰'打囤'。中置五谷一撮,覆以砖或瓦,至日出掀去曝之,是日如无大风,即为'收囤'。"1935 年《临朐县志》引陆游诗曰:"处处遥闻打囤声。"认为自宋代就流行填仓的风俗。

济南、陵县一带"二十五日为填仓日,打灰囤祈麦"③。乾隆二十七年(1762 年)《乐陵县志》载:"二十五日为填仓日,黎明,罗灰末于庭中画地作囤,置谷少许于内,为丰登兆,名曰'打囤'。"明清时期,山东各地均流行在庭院里以草木灰画粮囤,中置少许五谷,以验丰歉的风俗。

元旦过后,马上就是春耕的开始,学校开学,士农工商该各职其业了。道光二十年(1840 年)《济南府志》和道光十六年(1836 年)《邹平县志》叫做"士入塾,农于耜"。福山一带,在上元日"祭牛、马王神、饷耕牛,名曰'试

---

①1935 年《莱阳县志》。
②道光二十九年《平度州志》。
③道光二十年《济南府志》、光绪元年《陵县志》。

犁'"。高密一带,"是月也,童子入学,农夫于粗粪田,商贾各职其业"。曲阜一带,"是月也,蓄农器,储官租,入学、治产宇,易耕牛,佣工作理疆亩,相五谷所宜以布农事"。① 元旦已经过去,新的一年又开始了。

(四)中和节

中和节是二月的主要节日,山东大部分地区称做"龙抬头",乐陵、商河、沾化、济阳等地叫"春龙节",高青、阳信等地叫"青龙节",滨州一带称"龙兴节"②。其源起当是远古东夷族的太昊伏羲氏的龙图腾崇拜。1935年《德县志》载:"二月朔日,唐德宗置为中和节。其日,百官进农书,以示务本。"乾隆二十七年(1762年)《乐陵县志》载:"二月朔日为中和节,唐时为金钱会,今人但以二日为春龙节。""朔日"是二月一日,土地神生日是二月二日。1914年《庆云县志》载:"(二月二日)土地圣诞,县治多演剧。"1920年《临淄县志》载:"二日,各村祀社神。"古代立春后的第五个戊日为春社,祭祀土神,明清时期固定在二月二日进行。这样,中和节与土地生日合二为一,也就改为二月二日了。中和节的主要活动有引龙、打灰囤、避毒虫、食煎饼等。

1. 引龙

中和节是龙的节日,"龙抬头"是天上主管云雨的龙王抬头的日子,以后雨水会逐渐增多起来。人们以各种方式举行引龙活动。乐陵、商河一带,"以二日为春龙节,取灰囤围屋,如龙蛇状,名曰'引钱龙',招福祥也"。宁津"仲春二日,以灰糠引龙"。引龙的方法是"用灰自门外蜿蜒布于宅厨,旋绕水缸",称做"引龙回"。③

嘉庆十四年(1809年)《庆云县志》载:"仲月二日曰'龙抬头',农家以糠引至井,以灰引至家水瓮间,曰'引龙'。"民国三年《庆云县志》又补充说:"农家以菜作团,曰'食龙蛋',用面作汤饼,曰'食龙须'。"

蓬莱、招远、福山一带引龙的风俗较为简单,只要让小儿戴上一个彩帛剪成的"小龙尾"就行了。光绪七年(1881年)《增修登州府志》载:"二日,

①乾隆二十八年《福山县志》、康熙四十九年《高密县志》、乾隆三十九年《曲阜县志》。
②康熙四十四年《滨州志》。
③乾隆二十七年《乐陵县志》、光绪二十六年《宁津县志》。

俗谓之'小龙抬头'。以蛰虫始振也。小儿剪彩帛作串佩之，名'小龙尾'。"

引龙有两个目的：一是请龙回来，兴云播雨，祈求农业丰收；二是中和节在惊蛰之后，蝎子、蚰蜒等毒虫都已复苏过来。龙为百虫之神，龙来了，百虫就躲起来，不敢伤害人了。

2. 避毒虫

避毒虫的方法有多种。一般是"用杖击梁以避鼠，贴蝎符以避蝎"。博山"作符贴门上，以御虫蝎"。滨州一带的阳信、无棣等，均有"用杖击梁以避蝎"的风俗。庆云"昧爽击炕，曰'避毒虫'"。① 1904 年《庆云县志》还记载当时民谚云：

> 二月二日打炕沿，蝎子蚰蜒不见面。
> 二月二日打炕头，蝎子蚰蜒全不留。

高唐一带，"二日蛰虫潜动，以油煎饼薰之"。德州一带"以豆为汁，煎饼食之，云却蚕毒"。商河"煎正月之糕食之，以祛虫"。蓬莱、招远一带，"煎元旦祭余饼熏床炕，曰'熏虫'"。② 因此，二月二的煎饼，是山东各地通食的节日食品。

各地还流行"炒蝎豆"避蝎的风俗。济南"炒蝎豆。熏鼠"；高青"炒蝎豆饲小儿，云以避蝎"；广饶"炒糖豆食之，曰'炒蝎子'"；泰安"炒黑豆与小孩食，谓之'蝎子抓'"。③ 潍县、平度、掖县等地，还用面做成炒豆食之，称做"报捷"。乾隆二十五年（1760 年）《潍县志》载："以糖面炒豆，谓之'报捷'。"

人们天真地认为，只要吃了二月二的煎糕、煎饼、蝎豆，就不怕毒虫叮咬了。

3. 打灰囤

在预测丰歉、祈祷丰收方面，二月二打灰囤与正月二十五填仓有重复之

---

①康熙四十四年《滨州志》、乾隆二十四年《阳信县志》、康熙九年《海丰县志》、嘉庆十四年《庆云县志》。

②道光十五年《高唐州志》、光绪十九年《德平县志》、道光十二年《商河县志》、光绪七年《增修登州府志》。

③道光二十年《济南府志》、1935 年《青城县志》、1935 年《续修广饶县志》、1929 年《泰安县志》。

处。如蓬莱、莱阳一带,"各家庭院用灶灰画圈,谓之'打灰囤',中置菽麦,以灰掩之,伺鸡啄以卜丰歉"。滕县一带,"以灰围地,上作规式,中掘一坎,埋五谷于内,验其生芽与否,以卜岁所宜谷"。①这里与填仓一样,都寄托着风调雨顺、五谷丰登的期盼。有些地区"取灶灰引龙","用灰围屋避虫鼠","以灰围仓箱避虫鼠"②,又与填仓略有不同。

4. 二月里的其他节令

据山东各地方志记载,二月里的节令有:

惊蛰,二十四节气之一,冬眠动物被春雷震醒,开始复苏。

二月二日,土地圣诞。

二月三日,文昌帝君诞辰。1941 年《潍县志稿》载:"三日为文昌帝君诞辰,俗谓帝君司文事于科目,夙有灵感,士人多于是日祀之。且酿金聚饮,谓之'文昌会'。自科举停,而此风亦废。"乾隆二十七年(1762 年)《乐陵县志》载:"三日,士流祭文昌君。"

春分日:乾隆二十四年(1759 年)《阳信县志》载:"春分,二月中,作酒醋,治畦穿井,栽树种蔬。"

二月十五日,花朝节。道光十二年(1832 年)《商河县志》载:"望日为花朝,以日景(影)之晴阴占果实之丰歉焉。"

这些节日,都有明确的日期和相应的节庆活动。

(五)清明节

五代宋元明清时期,清明与寒食的区别仍不太明显,一般把清明节的前一、二日称做寒食。山东把寒食节又称做"百五节",显然是来自魏晋时"冬至后一百五日"的说法。胶东一带方志的记载几乎众口一词。如康熙十二年(1673 年)《蓬莱县志》载:"寒食日,百五节,冬至到寒食一百五日也。"其他地区的方志也有记载。如康熙三十四年(1695 年)《邹平县志》载:"寒食,冬至后一百五日,清明前一日也。"

至于寒食节究竟在清明前一日,还是前二日,仍不统一。山东无棣、邹

①光绪七年《增修登州府志》、宣统三年《滕县续志稿》。
②乾隆六年《夏津县志》、康熙五十六年《寿张县志》。

平等地,将"清明前一日为寒食";恩县、禹城等地,将"清明前二日为寒食"。①

五代宋元明清时期,山东清明节节日活动的演变不像元旦那样明显,许多风俗事象如清明戴柳、踏青、荡秋千、放风筝、扫墓等几乎变化不大,且全省较为一致,各地方志记载也大略相同。如康熙九年(1670 年)《海丰县(今山东无棣)志》载:"清明前一日为寒食,祭墓增土,挂纸钱,是日戴柳踏青,秋千戏,亦有迁葬者。谷雨书符禁蝎,妇女理蚕事。"类似这些内容,山东各地几乎都有。

1. 禁火冷食、炊饭

寒食禁火冷食的风俗以不同的方式存在于各地。夏津、莒县等地直截了当地"寒食断火","断火食";福山、莱阳则"城外乡村俱断火,俗传是日举火则冰雹";山东"栖霞火禁甚严,招(远)邑不甚禁";德州、平原"三日不推碾磨";邹平"以正月所积面点磨为粉,合家食之,不举火,犹古禁烟之遗意云"。②

大部分地区则变通为寒食"作炊饭"的风俗。

乾隆四十一年(1776 年)《淄川县志》载:"寒食作炊饭,或曰'推饭',本于介子推,云是禁火遗意也。"

乾隆十八年(1753 年)《博山县志》载:"寒食作水浆饭,经夏不餲(ài,经久变味),日以凉水沃之,却晨(陈)病,解劬劳。"

道光十二年(1832 年)《商河县志》载:"作炊饭,俗曰'浆水饭',殆禁火遗意也。"

这种炊饭也叫"水浆饭"、"浆水饭",是把高粱、小麦、玉米等放到石臼或石碾上春去皮,混合煮成的米粒汤。由于煮好后水仍然很清,以后又不断加水,所以叫"水浆饭"。

2. "换新火"、插柳、戴柳

五代两宋时,山东仍有换新火的风俗。济州巨野(今属山东)人王禹偁《清明》诗写道:

①康熙九年《海丰县志》、宣统元年《恩县志》、1939 年《禹城县志》。
②嘉靖刻本《夏津县志》、嘉庆元年《莒州志》、乾隆二十八年《福山县志》、1935 年《莱阳县志》、道光二十六年《招远县志》、光绪十九年《德平县志》、康熙三十四年《邹平县志》。

> 无花无酒过清明,兴味萧然似野僧。
>
> 昨日邻家乞新火,晓窗分与读书灯。

从宋代开始,炫耀朝廷御赐柳条的方式,演变为在门口插杨柳枝的风俗。《东京梦华录》卷七《清明节》载,寒食的前一日谓之"炊熟",开封用麦面做成枣饼飞燕,用柳条串起来,插在门楣上,称做"子推燕"。宋南渡后,插柳的风俗带到了杭州。明清时期,南北各地均有在檐前门上插柳枝的习俗。人们还将用细柳枝编的柳冠、柳圈、柳球或者柳枝戴在头上。当时有民谚说:"清明不戴柳,红颜成皓(一作白)首。"①

山东各地清明节戴柳,又称"簪柳"。一般是"折柳插门","戴柳踏青","儿童吹柳管"。②无棣"戴柳踏青,儿童吹柳管";章丘"折柳枝插厨门上,谓之'火棚',云避暑气也";临沂"男女佩柳,又以柳枝插檐";新泰"士女簪柳出游遍郊野";菏泽、巨野、冠县等地"男女老少悉戴柳枝"。③

蒙阴一带的门口、寝室门、锅灶、路旁也插柳,人戴柳叶。康熙二十四年(1685年)《蒙阴县志》载:"清明插柳于门、寝、灶、径,人簪柳叶。"邹平、博兴、济阳等地"清明戴花,插柳枝于门首";莘县、冠县"插柳于门,谓之招介子推魂。年幼男女竞戴柳枝,出郭踏青"。④

3. 修禊、踏青

自唐朝以踏青取代修禊以来,山东追求复古的士大夫仍然奉行祓禊逐瘟的旧俗,如乐安(今山东惠民)一带到清代仍"祓禊于东流水上"⑤,但在当时已不多见了。有的士大夫踏青,颇有东晋王羲之等兰亭饮酒赋诗的古风。1920年《朝城县(今山东莘县、阳谷、范县)志》载:"三月三日,士夫名贤选山水胜处,携具相招,饮酒赋诗,即古修禊之义。"光绪二十一年《平阴县志》载:"(清明)或携酒登山临水,谓之'踏青'。"他们认为,只有这样才有"节味"。

---

①《古今图书集成·岁功典·清明部》引《西湖游览志余·熙朝乐事》、《直隶志书》,中华书局、巴蜀书社1985年版。
②道光二十年《济南府志》、康熙九年《海丰县志》、嘉庆十四年《庆云县志》。
③1925年《无棣县志》、道光十三年《章丘县志》、1917年《临沂县志》、康熙四十九年《新泰县志》、光绪六年《菏泽续志》、康熙四十七年《巨野县志》。
④1935年《齐东县志》、1934年《济阳县志》、1937年《莘县志》。
⑤雍正十一年《乐安县志》。

大部分地区则成群结队踏青郊游,尽情沐浴这风和日丽的大好春光。如《崇祯历乘》载,济南历城"鲜衣怒马,遍于郊原,名曰'踏青'"。

邹县、曲阜一带还借踏青之机,遍游当地名胜。光绪十八年(1892年)《邹县续志》载:"三日,临雩水观桃杏,采山花,士民相会聚。清明节扫墓。插柳于门,儿童带(戴)柳花,吹柳笛。踏青于尼、防、凫、峄诸山,惟所陟。"雩水即沂水,又名雩河,源出山东曲阜东南。尼山即孔子母亲祈祷而生孔子之地。防山有孔子父母合葬墓。凫山、峄山均在今山东邹城,《诗经·鲁颂·閟宫》中有"保有凫峄,遂荒徐宅"之句,是古代天下名山。

4. 打秋千

隋唐时期,秋千主要流行于北方,南宋时传到江南,明清蔚成风俗。明朝嘉靖刻本《夏津县志》即记载当地寒食有"秋千戏"的风俗。清代潍县县令郑板桥在《怀潍县》中,生动地描绘了山东潍坊放风筝和打秋千的盛况:

> 纸花如雪满天飞,娇女秋千打四围。
>
> 五色罗裙风摆动,好将蝴蝶斗春归。

山东清明节打秋千,以潍坊一带的寿光、潍县最为盛行,当地人打秋千的技艺十分娴熟,秋千的规格更是让人惊叹不已。寿光既有唐朝"半仙之戏"的秋千,又有大型的人力转轮秋千。嘉庆五年(1800年)《寿光县志》载:

> 人家植双木于院落,系绳板为秋千,唐人所谓"半仙之戏"也。又或于市町广场竖巨木高数丈,缚车轮于木杪,而垂屈板于周遭,有多至三十二索者,横巨木于下,而以人力推转,妇女靓妆盘旋空中,飞红扬紫,翩若舞蝶。千百为群,蹴尘竞赴,大抵皆齐民中下之家也。

这种人力转轮秋千,同时可坐上数十百人凌空飞舞,场面十分壮观,应是现代摩天轮的前身,反映了山东人民在机械制造方面的高超技艺和惊人的创造力。

潍县的"转秋千"亦独具特色。1941年《潍坊志稿》载:

> 秋千之在人家庭院者悉属旧式,惟城外白浪河边沙滩上坎地竖一木柱,上缀横梁,四面绳系画板,谓之"转秋千"。小家女子多着新衣围

坐画板上,柱下围一木栅,内有人推柱使转,节之以锣。当锣声急时,推走如飞,画板可筛出丈余。看似危险,而小女子则得意自若也。又于秋千柱上顶悬一小旗,并系以钱,则有多数勇健少年猱升而上,作猴儿坐殿、鸭鸭浮水、童子拜观音种种把戏,谓之"打故事"。捷足者得拔旗,携钱以归。观者乃夸赞,呵好不绝。此盖多年积习,至今未改。

小女子敢在高空中旋转如飞,且"得意自若",必定是从小打秋千锻炼出来的胆量。那些攀升秋千的勇健少年,已接近专业打秋千的杂技水平了。

除潍县、寿光外,山东各地清明节都有竖秋千、打秋千的风俗,一般称做"秋千戏"。如茌平清明节,"幼女少妇靓妆艳饰蹴秋千作戏"①。

5. 放风筝

鲁班发明风筝后,制作技术不断改进,以纸制作的风筝称作"纸鸢",南方则称"鹞子"、"纸鹞"。唐宋时期,放风筝的习俗盛行于民间。由于春季多风且暖,多在清明前后进行。明清时期,清明放风筝的风俗遍及全国各地。

山东潍县(今属潍坊)是中国的风筝之乡,自唐朝就有扎风筝、放风筝的习俗,宋元明清时期更加普及。前面郑板桥已描绘过潍县风筝的盛况,道光年间(1821—1850 年),潍县金石学家、诗人郭麐也在《潍县竹枝词》中写道:

> 一百四日小寒食,冶游争上白浪河,
>
> 纸鸢儿子秋千女,乱比新来春燕多。

随着放风筝习俗的流行,潍县风筝艺术达到了鼎盛。无论大小式样、扎制技术、装饰手法、放飞技艺都比从前有了很大的进步,还出现了相当规模的风筝集市。在老潍县的白浪河沙滩,各类民间风筝琳琅满目,吸引了大批外地风筝客商。潍坊风筝以其古朴典雅、工艺精湛而誉满全国,蜚声海外。1941 年《潍县志稿》载:"纸鸢,其制不一,于鹤、燕、蝶、蝉各类外,兼作种种人物,无不惟妙惟肖,奇巧百出。或以苇作弓缚纸鸢背上,风吹之有声如筝,故又名'风筝'。"

山东各地方志也都有清明"放纸鸢"、"放风筝"的记载。有人还发现,

①道光十一年《博平县志》。博平县在山东省西部,1956 年并入茌平县。

放风筝时,张口仰视,能纠正平日的习惯姿势,有利于身体健康。宣统三年(1911 年)《滕县续志稿》载:"三月节为清明,门前插柳,儿童辈放风筝,张口仰视,可以泄内热焉。"

6. 扫墓

唐玄宗以国家礼法的形式将扫墓时间定为寒食节以来,很快流行成俗。明朝嘉靖刻本山东《夏津县志》就有寒食"祭墓"的记载。康熙四十四年(1705年)山东《滨州志》载:"清明节墦祭添新土。"并引宋高翥《清明》诗曰:

> 南北山头多墓田,清明祭扫各纷然。
> 纸灰飞作白蝴蝶,泪血染成红杜鹃。
> 日落狐狸眠冢上,夜归儿女笑灯前。
> 人生有酒须当醉,一滴何曾到九泉。

1934 年《冠县志》载,冠县清明"上坟扫墓,咏'纸灰飞作白蝴蝶,泪血染成红杜鹃',知古今有同感焉"。

扫墓的时间在寒食、清明皆可,一般是寒食日到坟上"增新土",也称"添土",清明日再来祭墓。1935 年《临朐续志》载:"是日家家诣墓祭扫,例于前一日舁新土增坟头,名曰'添土'。旧《志》载:寒食增墓土,明日祭,携垄侧土少许归置阈内,云'增富'。今则添土依旧,而携土增富之俗久废矣。"长清亦于清明前一日"坟上添土",清明傍晚再"备香楮祭扫"①。

也有的仅在寒食或清明一次完成。祭扫时要烧香楮,供祭品,在坟头或墓旁树上挂纸钱,有的还在坟上插柳枝。如济南在寒食祭墓,"标纸钱,增新土";平阴在清明祭墓,"墓门上插柳枝"②。

招远一带寒食扫墓后,宗族老幼一起聚餐。道光二十六年(1846 年)《招远县志》载:"士民以是日扫墓,担提尊榼,挂楮锭,野祭祖宗墓,除草添土,焚楮锭〔墓〕次,以纸钱置坟头。归则合族长幼陈祭余享焉,谓之'房食'。"曲阜孔林清明节祭扫者云集,以至于形成远近闻名的商贸会——曲阜林门古会。

---

①1935 年《长清县志》。
②道光二十年《济南府志》、光绪二十一年《平阴县志》。

先祖落葬多年后,因种种原因需迁葬者,一般也在清明进行。莒县"迁葬者亦于是日(清明),百无禁忌",无棣寒食"亦有迁葬者"。①

7. 饭牛

"饭牛"即喂牛,春秋时期齐国人宁戚有《饭牛歌》。喂大牲畜用草和料,"料"是粮食,一般喂牛只用草,很少用料。清明节饭牛指给牛加料。康熙十二年(1673年)《齐河县志》载:"田家饭牛,益以干糒。"乾隆十八年(1753年)《博山县志》亦载:"清明饭牛,益以干糒。田家语曰:'打千骂万,清明一饭。'""干糒"是炒好的粮食。长清农家"用菠菜饭牛",庆云一带饭牛也遵守禁火冷食的禁忌,由于吃炒米已经是冷食了,所以"饭牛忌用磨"。②

8. 卜桑

清明卜桑,即通过天气的阴晴预测桑叶的贵贱。道光二十年(1840年)《济南府志》、光绪元年(1875年)《陵县志》均载:"季春月三日,视阴晴卜桑贵贱。"桑叶的贵贱直接关系到蚕丝的数量和产量,由此可知,宋元明清时期,山东的植桑养蚕是很发达的。

山东有农谚讲:"清明前后,种瓜种豆","种瓜得瓜,种豆得豆"③。清明节还是提醒农家下种的农时节日,嘉庆元年(1796年)《莒州志》载:"(三月)三日,园丁皆于是日种瓜豆及蔬菜。"

9. 谷雨禁蝎

谷雨是二十四节气之一,在清明之后。谷雨即雨水增多,更有利于谷物生长,但也有利于蛇蝎的繁殖,所以要提醒人们禁蛇蝎。明朝嘉靖刻本山东《夏津县志》就有"谷雨禁蝎"的记载。清代山东各地的方志普遍有"谷雨朱砂书符禁蝎"④的记载。山东半岛的威海、海阳蛇较多,因而并禁。1929年《威海卫志》、乾隆七年(1742年)《海阳县志》均载:"谷雨朱砂书符,禁蛇蝎。"

(六) 四月八日浴佛节

浴佛节在四月八日,是佛教的节日。乾隆八年(1743年)《宁阳县志》

---

① 嘉庆元年《莒州志》、康熙九年《海丰县志》。
② 1935年《长清县志》、嘉庆十四年《庆云县志》。
③ 1935年《续修广饶县志》。
④ 康熙九年《海丰县志》、乾隆六年《夏津县志》、乾隆十九年《高密县志》、乾隆二十九年《即墨县志》、道光十七年《临沂县志》。

介绍说："释家以四月八日为释迦诞日,煎香水浴佛,四乡妇女入城至宝相寺,焚祷如织。"

由于佛教在山东的传播,浴佛节在相当一些地区流行,有的"乡民供像",有的"男女结队烧香",甚至有"好事者多施财馈物于沙门,谓之'供佛辰'"。①

浴佛节那天,佛教的善男信女们往往到当地寺院进香庆贺。1940 年《历城县志》载:"孟夏月八日为佛浴日,僧作盂兰会,遍乡士女咸上东岳庙、北极庙。"青州是山东佛教发达的地区,每到四月八日浴佛节,"男女趾错于路,香火络绎。近则各村镇寺观,远则沂镇、云门、(驼)岭诸山,名曰'进香'云"。蓬莱一带"八日浴佛,士庶就僧寺素食,谓之'吃四月八'"。②

还有的结成宗教团体,进行庆祝,如临沂四月八日,"乡人争结浮屠会","德州文士于永庆寺为'敬惜字纸会'",阳谷"八日设醮,泰山行宫结浮屠会,以豆果等斋食僧尼"。③

"敬惜字纸会",是科举产生以来文人学士尊敬、爱惜写有文字纸张的组织,劝人敬惜字纸,收集各种带字的纸张火焚或投入江河中。佛教出于对佛经的保护也参与其中。明郎瑛《七修类稿》卷四十九《奇谑类》载,北宋青州益都人王曾之父"敬惜字纸十几年","见字纸遗坠,必掇拾,以香汤洗而烧之"。孔子托梦令弟子曾参托生其家,以显大其门户。后果生子,因名曾,至北宋状元名相。这显然是佛教的轮回报应之说。

然而,岁时节庆主要是为了庄稼的丰歉,出于中国人宗教信仰的不虔诚和实用功利性,不可能和这位不负责具体事务的释迦佛建立起深厚的感情,更不愿意耽误农时为他洗澡。所以,理所当然地受到儒家士大夫阶层和民间的抵制。明朝嘉靖(1522—1566 年)刻本《夏津县志》就揭露:"(四月)八日,僧家浴佛,愚民施财。"康熙九年(1670 年)《海丰县(今山东无棣)志》讽刺说:"(四月)八日为浴佛日,乡愚入寺作斋会。"1936 年《重修莒志》直截了当地宣布:"(四月)八日为浴佛日,僧众供佛,民间不为节。"

所以,浴佛节只能是山东佛教的宗教节日,民间虽有佛教信众参加,但

①光绪十九年《德平县志》、1936 年《禹城县志》、康熙四十四年《滨州志》。
②嘉庆五年《寿光县志》、康熙三十三年《登州府志》。
③民国六年《临沂县志》、道光二十年《济南府志》、1942 年《阳谷县志》。

没有形成普遍流行的传统节日。

（七）端午节

端午又称端阳节、天中节，"道家谓'地腊'"①。德州、平原、阳信等地以"五日为端午，或云自初一至初五为端阳节"。无棣、商河、招远等地又称做"天中节"。②

山东端午节没有南方龙舟竞渡的激烈和浪漫，但有恶月恶日的恐怖。乐陵、商河等地在明清时期仍然存在恶月恶日的阴影，流行"俗禁忌盖屋及曝荐席"③的风俗。因此，五代宋元明清时期山东的端午节充满预防毒虫、瘟疫的内容，显示着与险恶生存环境抗争的价值取向。

端午节的主要节日风俗有：插艾叶、悬艾虎、带五色丝、佩香囊、饮雄黄酒或菖蒲酒、采药制药等等。康熙十二年（1673 年）《齐河县志》载："端午日，插艾叶，带茧虎，食角黍，饮朱砂、雄黄、菖蒲酒以解毒，凡各家儿女手足及项并系五色丝线，俗谓'长命索'。"

1. 避五毒虫

由于五月是蛇、蝎、蟾蜍、壁虎、蜈蚣等五毒虫及蚊、蝇等生长的旺季，人们以各种方法避毒、防毒。茌平"旧传五鼓扇蚊蝇，扫蚤虫"，乐陵、惠民等地"用雄黄酒洒墙壁以避五毒"，恩县"幼者系五色索于项腕，云蛇虫不蜇"，博山则"以雄黄涂小儿耳，避虫蝎诸毒物"。④

雄黄是一种矿物，俗称鸡冠石，具有解虫蛇毒、燥湿、祛痰的功能。从明朝开始，由以雄黄涂耳鼻以防毒虫叮咬，又发展为端午喝雄黄酒。中国民间有"喝了雄黄酒，百病都远走"的谚语。传统戏曲《白蛇传》中，白素贞饮雄黄酒现原形的素材，就是取材于这一民间传说。

端午节期间，人们纷纷"菹菖蒲，屑朱砂，粉雄黄泛酒，饮以避恶"⑤。其他采药制药的方法也很多。乐陵端午节流传两种按时辰采药的风俗，"午

---

①同治三年《宁海州志》。道教谓正月初一为天腊，五月五日为地腊。
②1935 年《德县志》、道光十年《商河县志》、道光二十六年《招远县志》。
③乾隆二十七年《乐陵县志》、道光十年《商河县志》。
④康熙四十九年《茌平县志》、乾隆二十七年《乐陵县志》、宣统元年《恩县志》、乾隆十八年《博山县志》。
⑤1933 年《齐河县志》。

时采百草为膏,疗诸毒,一云宜昧爽采之"。无棣、商河"以墨置虾蟆口,疗诸毒"。①

2. 艾虎、香囊、五色丝、榴花

山东各地方志均有插艾草、悬艾虎的记载。如道光二十年(1840 年)《济南府志》载:"仲夏月五日,书门符,悬艾虎。"乾隆四十一年(1776 年)《淄川县志》载:"端午悬艾于门,簪于鬓。"1933 年《齐河县志》载,端午节期间"比户插艾叶"。章丘一带还流行"浸艾水洗目"②的风俗。

五代宋元以来,出现端午节佩香囊的风俗。香囊内装朱砂、艾叶,主要用来避邪。上面《齐河县志》提到的"茧虎"是用彩缎制成的小虎形、心形或粽形的小香囊,挂在胸前,用来避邪,祈求小儿健康平安地成长。山东民间在端午期间还"制茧虎、香囊以相馈"③。

汉代流行的五色丝仍被山东民间传承,亦呼做"长命缕"。明朝嘉靖刻本《淄川县志》就有五月五日"带艾系缕"的记载。清代济南、陵县等地"小儿以五彩丝系臂,佩朱砂囊"。有的在手、足、背、项均系五色丝。章丘"以五色丝系小儿手足,曰'长命缕'",齐河"以五色丝作绳系儿女项背,谓之'长命索'"。④

宋代端午始戴石榴花。陆游《重午》诗有"叶底榴花蹙绛缯",无名氏《重五》诗有"重五山村好榴花"的诗句。到明清时,小姑娘端午簪以榴花蔚成风俗。康熙五十六年《单县志》还有端午"赏榴花"的记载。

"一年乐事,惟元宵、端午、中秋。"⑤端午节簪艾虎、佩香囊、缠五色丝、戴榴花,虽然也传承着驱邪避瘟的传统,但与先秦两汉明显不同,前面笼罩在恐怖之中,"使人拘而多所畏"⑥;后面处在节日的氛围和家庭合欢之中,令人感到趣味无穷。同时,它又是人们对节日生活的装点、美化和欣赏,反映了人们节日审美意识的增强。

---

① 乾隆二十七年《乐陵县志》、康熙九年《海丰县志》、道光十二年《商河县志》。
② 清道光十三年《章丘县志》。
③ 1933 年《齐河县志》。
④ 道光二十年《济南府志》、光绪元年《陵县志》、道光十三年《章丘县志》、1933 年《齐河县志》。
⑤ 康熙五十六年《单县志》。
⑥ 司马谈:《论六家要旨》,载《史记·太史公自序》,中华书局 1959 年版。

3. 角黍

角黍俗称粽子。五代宋元明清山东端午吃粽子,开始和屈原联系起来。乾隆四十一年(1776年)《淄川县志》载:"食角黍,吊屈原俗也。"1934年《临清县志》载:"相传是日为屈原沉湘之日,故人家多食角黍以示追悼。"

明清时期,山东端午节吃粽子纪念屈原,只是存留于人们心中的传说,并没有任何悼念活动,有的只是亲友间互相馈赠自己制作的粽子。

4. 济南大明湖的碧筒饮

明朝《崇祯历乘》载,历城一带端午日,"士夫携酒泛舟,作折筒之引,即小民亦携一壶,剧饮树下"。道光二十年(1840年)《济南府志》亦载:"仲夏月五日……历之士大夫携酒泛湖作碧筒饮。"

南北朝时期,济南莲子湖在三伏暑日已有碧筒饮,金代以后,莲子湖逐渐萎缩、干涸,大明湖成为碧筒饮的理想之地。由于端午正是大明湖莲叶刚刚绽放的嫩季,明清时期济南士大夫们不待三伏便开始享受这一奇特的美酒了。

5. 登州府的"演柳"

登州府治在今山东蓬莱,辖今山东招远、莱西、海阳以东的山东半岛。由于是明清时期的海防重地,端午节插柳的风俗还与当地军队端午练习射箭紧密结合。康熙三十三年(1694年)《登州府志》载:"端午军校措柳于教场,立彩门,悬葫(贮)鸽于上,走马射之,中葫则鸽飞跃,谓之'演柳'。"

端午"演柳"的练兵方法还被推行到乡兵训练当中。乾隆二十一年(1756年)《黄县志》载:"民快乡兵角技于演武场为'演柳'。"

6. 五月的其他节令

山东农历五月的其他节令还有:

五月十三,关公磨刀日。

五月中,夏至。乾隆二十八年(1763年)《福山县志》载:"夏至荐麦,用青麦炒半熟磨成条,名曰'碾转'。"

(八)六月的节令

1. 六月六

六月六日又叫"天贶节"。北宋真宗声称,大中祥符元年(1008年)六月初六有"天书"降于泰山,因而于当年十月封禅泰山,遂定六月六日为"天贶节",并于次年在泰山兴建天贶殿,以谢上天。

所以,山东好多地方称六月六为天贶节。乾隆四十一年(1776年)《淄川县志》载:"六月六日……宋天贶节也。"1935年《德县志》:"六日,宋时以为天书降日,名'天贶节'。"

(1)曝衣晒书、避蠹虫、避蝇

曝衣晒书之俗起于汉代。宋卜子《杨园苑疏》载,西汉建章宫北有太液池,池西有曝衣阁,"常至七月七日,宫女登楼曝衣"。东汉崔寔《四民月令》载:"七月七日作曲合蓝丸及蜀漆丸,暴经书及衣裳,不蠹。"①以发酵的曲合蓝丸、蜀漆丸来防止经书、衣裳不被虫蠹,这是中国最早的卫生球。

魏晋南北朝时,曝衣晒书的风俗广泛流行,甚至形成以此夸富斗奢、炫耀知识渊博的陋习。

《晋书·阮咸传》载,西晋阮咸(字仲容)蔑视礼法,放荡不羁。道北诸阮七月七日盛晒衣服,皆锦绮,光彩夺目。阮咸家贫,住在道南,以竹竿挑大布犊鼻(短裤头)晾晒,说:"未能免俗,聊复尔耳。"

《世说新语·排调》载:"郝隆七月七日出日中仰卧,人问其故,答曰'我晒书'。"由于七月七日人家皆晒书,郝隆无书可晒,故到日下晒肚皮,以表示在晒腹中书。

然而,原由七月七晒衣曝书的风俗,宋以后却挪到了六月六,在山东尤其如此。1935年山东《德县志》也对此表示怀疑:"六月六日,宋时以为天书降日,名'天贶节'。后云是日晒书籍,衣履不蠹。《四民月令》及郝隆故事皆云曝书籍为七月七,而此地则以六月六,习俗相沿久矣。"

1935年山东《茌平县志》讲:"旧历六月六日为晒龙袍之日,家晒衣裳,士晒书籍,谓可以免虫蚀。"

光绪二十六年(1900年)《宁津县志》讲:"曝衣晒书,据《世说》,郝隆、阮仲容故事实七月七日,而旧志顾云尔,查元司农司《农桑辑要》卷七《岁用杂事》云:'六月晒毡褥书裘。'是其所本也。然书、裘实皆不宜于炎暑曝晒,必受伤生虫,惟风凉不见太阳为妙。"

---

①《古今图书集成·岁功典·七夕部》引,中华书局、巴蜀书社1985年版。

　　既然六月六称天贶节,民间又有"晒龙袍"的传说,元朝就已有"六月晒毡褥书裘"的风俗,必定与宋真宗立天贶节有关。所以,山东一些方志认为,曝书晒衣自宋代天贶节开始。乾隆二十七年(1762年)《乐陵县志》载:"六月六日,宋时为天贶节,曝书帙、衣服。"道光十二年(1832年)《商河县志》载:"六月六日宋时为天贶节,曝书帙、衣服。"

　　明清时期,山东晒衣曝书蔚成风气。明朝嘉靖(1522—1566年)刻本《淄川县志》载:"六月六日晒衣服,蓄水作曲。"明朝末年的《崇祯历乘》亦载:"六月六日则汲水作酒曲,士晒书,农家晒麦,又谚云'是日雨药虫'。"

　　每到六月六日,"士晒书,农晒麦,女晒衣","晒针绣"。邹平"曝衣晒书,各寺晒经"。冠县"初六日,洗器皿,晒书籍,衣服。南关菩萨庙内藏有唐时古经四箱,计数千卷,是日,十里内外之善男信女,群来烧香晒经,并设醮演剧"。德州、平原"儒曝书,民晒衣,谓之'却虫蠹'"。莒县"衣衫、书籍在笥箧者于是日日中晒之,蠹鱼不生"。①

　　山东半岛还流行六月六"悬凤眼草于灶避蝇"的风俗。莱阳民间过六月六,"儿女多簪凤眼草(即椿穗,臭椿),且悬之灶,辟蝇"。②

　　(2)蓄水、造曲、做酱、酿醋

　　山东民间认为,六月六日"蓄水浸物不腐败","贮水净瓮,一年不臭,用作醋酱、腌物,一年不坏"。③ 光绪七年(1881年)《增修登州府志》载:"(六月六日)蓄水作酱,腌物经年不腐,又宜作醋及曲。"

　　所以,六月六还是山东造曲、制醋、作酱、腌物的季节。明朝嘉靖刻本《夏津县志》即有"六日储水、晒衣、造曲酱"的记载。曲是造酒的酵母,山东酒的产量大,各地每逢六月六纷纷"汲水作曲",莒县"是日造醋、酱,医家是日造神曲(药用酒曲)"。④

　　也有的六月六蓄水,伏日造酱。济南即六月六"汲水作曲","伏日造酱"。商河"三伏作豆豉、面酱"。⑤

---

①1917年《临沂县志》、康熙三十四年《邹平县志》、1934年《冠县志》、光绪十九年《德平县志》、嘉庆元年《莒州志》。
②光绪七年《增修登州府志》、乾隆二十八年《福山县志》、1935年《莱阳县志》。
③康熙三十三年《登州府志》、同治三年《宁海州志》。
④1933年《历城县志》、嘉庆元年《莒州志》。
⑤道光二十年《济南府志》、道光十二年《商河县志》。

（3）荐新麦、挂地头、吃炒面

六月六日，小麦早已收割完毕，民间开始尝新麦面了。古代祭祖有"荐新"之祭，按时令向祖先奉献新鲜麦谷果蔬，六月六即是向祖先供新麦面的季节。

1929年《泰安县志》载："六月六日上坟，供新麦子面。"

光绪十八年（1892年）《泗水县志》载："（六月六日）制麦食祀于院中，盖古献麦之遗意。"

滨州一带农家，还"用纸马挂禾稼上，谓之'挂地头'，以报地功"①。道光十二年（1838年）《商河县志》亦载："农家挂纸钱于田间，谓之'挂地头'。"

民间尝新麦主要是吃炒面，炒面是山东六月六日普遍食用的节日食品。清代雍正十一年（1733年）《乐安县志》即记载："六月六日，吃炒面。"

制作炒面的方法是先把小麦放锅里炒熟，再磨成面，放水拌着吃。还有的"炒麦屑和糖食"，这样味道更佳。博山"炒小麦作面和蜜食之，谓却暑除邪疾"，高密"炒粦麦为面，曰'炒面'，能治痢"。② 炒面是否具有治病的功效且不论，不过古代那些没有污染和人工添加剂的食品肯定比现代食品好得多。

2. 三伏

前面提到"伏日造酱"，"三伏作豆豉"，唐朝齐州临淄人段成式的《酉阳杂俎》卷七《酒食》讲"碧筒饮"时，也提到"三伏之际"。"三伏"是中国古代流行的岁时风俗，今天山东民间经常讲"三伏六月天"，可见在山东也非常流行。

乾隆二十七年（1762年）《乐陵县志》载："夏至后第三庚为初伏，四庚为中伏，立秋后初庚为末伏。初伏食长面，三伏作豆豉、面酱。"

道光十二年（1832年）《商河县志》载："夏至后第三庚为初伏，四庚为中伏，立秋后初庚为末伏。初伏食面，三伏作豆豉、面酱。"

三伏是初伏、中伏、末伏的统称，是一年中最热的时节。如果按公历计算，夏至一般在6月21日，夏至后第三个庚日开始为初伏，约在7月中下旬，第四个庚日开始为中伏。8月8日立秋，立秋后第一个庚日为三伏。每

①康熙四十四年《滨州志》。
②1934年《曲阜县志》、乾隆十八年《博山县志》、乾隆十九年《高密县志》。

伏 10 天,三伏共 30 天。有的年份"中伏"为 20 天,则共有 40 天。三伏大部分时间都在农历六月。

(九) 七夕节

五代宋元明清时期,七夕节又名"女节"①,有关牛郎织女的传说更加完整,节日活动也更加丰富多彩。

1. 看牛女相会、贺牛生日

宋代著名词人、山东济南人李清照《行香子·七夕》描绘牛郎、织女的离别之情说:

> 草际鸣蛩,惊落梧桐,正人间、天上愁浓。云阶月地,关锁千重。纵浮槎来,浮槎去,不相逢。
>
> 星桥鹊驾,经年才见,想离情、别恨难穷。牵牛织女,莫是离中。甚霎儿晴,霎儿雨,霎儿风。

每逢七夕,山东家家陈瓜果酒肴,一边仰望清澈的银河,一边谈论牛郎织女的传说。七夕前后下雨是牛女"相思泪",也有的说是"牛女相泣之泪"。② 七月七日,人间无喜鹊,喜鹊都到天上为织女架桥去了。七月八日,喜鹊回来,鹊尾皆秃。如道光二十六年(1846)《招远县志》载:"或七夕前后雨,则谓之'织女泪'。又云:织女渡河,使鹊为桥,故是日人间无鹊。至八日则鹊毛皆秃。"

日照沿海一带七夕,"看海上五色云,见曰'巧云'"③。

山东各地的牧童,还在七月七日采野花插在牛角上,谓之"贺牛生日"。如道光十二年(1832)《商河县志》载:"(七日)牧童采野花插牛角,谓之'贺牛生日'。"

2. 悬牛女图、乞巧

山东七夕的乞巧活动普遍且丰富多彩。明朝嘉靖刻本的《淄川县志》

---

① 《崇祯历乘》,载丁世良、赵放主编:《中国地方志民俗资料汇编》华东卷上,书目文献出版社 1995 年版,第 93 页。
② 光绪十八年《邹县续志》、1934 年《冠县志》。
③ 康熙五十四年《日照县志》。

就有七夕"乞巧"的记载。《崇祯历乘》亦载:"七夕名为'女节',设瓜果乞巧。"

山东潍县杨家埠木版年画牛郎织女

乞巧前要在庭院中"悬牛女图,设盘案,列豆麦诸芽,谓之'巧芽'。瓶注时花,陈瓜果罗拜"①。即墨"七夕妇女供织女图,穿针乞巧"②。"牛女图"、"织女图"是乞巧时悬挂的图画,内容不尽一致,一般都画有牵牛的牛郎、织女、喜鹊、天河等,山东潍县年画、高密扑灰年画中都有"牛女图"。

康熙四十四年(1705年)《滨州志》载:"七日女子陈瓜果于庭中,结彩缕,穿针孔,谓之'乞巧'。"这是传统的乞巧方法。明清时期,山东流行一种叫"注水漂针"的方法。

乾隆二十一年(1756年)《黄县志》载:"七夕乞巧,前夜设闹幕,悬牛女图,陈瓜果、巧芽、巧饼供祀,邀女伴罗拜,注水漂针,水纹错动,指为诸般花样,曰'得巧'。"德州、平原、陵县等地在中午乞巧,"设清水一碗,曝日中生膜,投针则浮,看水底针影,如有云龙花草形,即谓'得巧'"。潍县也在中午,"闺阁中之小女以碗水曝日下,各投小针浮之水面,徐视水底针影,或散乱如花,动荡如云,细或如线,笨或如椎。且有如笔、如剪各形,因以卜女之巧拙,俗谓之'照巧针'。即古来乞巧之意"。③

乐陵在七夕晚上乞巧,"妇女陈瓜果醋脯庭中,祭天孙,结彩缕,穿针乞巧。明早视有蟢子网瓜上为得巧"。蓬莱"七夕妇女祀牛女,设瓜果,穿针

---

①道光二十六年《招远县志》。
②乾隆二十九年《即墨县志》。
③1935年《德县志》、1941年《潍县志稿》。

注水为戏,谓之'乞巧'。捉蜘蛛覆碗下,天明视之,以网多者获巧"。① 山东莘县乞巧的方法很别致。1937 年《莘县志》载:"七日乞巧,女子七,瓜果之品七,各包馄饨七。各置一钱置馅中,合而煮之,分盛七盘,焚香七炷,循序七拜,分而食之,以值钱之多寡验巧之失得。"

山东各地还流行七夕生巧芽、吃巧饭的风俗。牟平一带,七夕"以绿豆贮器生芽,曰'巧芽'"。无棣"女子以谷种渍水,曰'生巧芽',供神"。德州、平原等地,"绅士家间作巧筵"。潍县由各家"出米麦等共做饭,于是日(七日)黎明食之,七人一组,谓之'乞巧饭'"。②

山东齐地"号冠带衣履天下",东汉王充称赞山东妇女"齐部世刺绣,恒女无不能"③。直到近代,山东"乡间妇女最勤纺织。七八龄女子即优为之"④。如此丰富多彩的乞巧活动,是山东妇女善机杼、巧纺织的优良传统的写照。邹县妇女过七夕也没忘记纺织、印染和拆洗。光绪十八年(1892年)《邹县续志》载:"是月取槐花储之可以染。有虫名'促织',农夫效其语曰:'拆拆洗洗,锁到柜里。'"

3. 挂地头钱

"地头钱"本来是唐中叶到五代时田赋的附加税。《新唐书·食货志一》载:"又有地头钱,每亩二十,通名为'青苗钱'。"后来,北方为谢地功,乞秋成,每到七夕节,都要在田间挂"地头钱"。康熙四十九年(1710 年)《茌平县志》载:"(七日)农家取纸钱挂田间,名'地头钱'。"山东高唐"七夕挂地头钱,以乞秋成"。莘县、阳谷等地,中元节"农家剪纸条系田禾上,谓之'地头钱'"。⑤

4. 七月的其他节令

(1)立秋

立秋是传统二十四节气之一,一般在公历 8 月 8 日,农历的七月。明清时期,山东半岛民间妇女戴楸叶迎接立秋的到来。康熙十二年(1673 年)《蓬莱县志》、康熙三十三年(1694 年)《登州府志》、乾隆十八年(1753 年)

①乾隆二十七年《乐陵县志》、光绪七年《增修登州府志》。
②同治三年《宁海州志》、1925 年《无棣县志》、光绪十九年《德平县志》、1941 年《潍县志稿》。
③王充:《论衡·程材》,载《诸子集成》,上海书店 1986 年影印版。
④胡朴安:《中华全国风俗志》下篇卷二《济南采风记》,中州古籍出版社 1990 年版。
⑤道光十五年《高唐州志》、1920 年《朝城县志》。

《福山县志》、道光二十六年(1846 年)《招远县志》均载:"立秋,(妇女)戴楸叶。"

(2)中元节

中元节在七月十五日,儒家的祖先崇拜以及中国古代的鬼魂观念,道教所说的地官赦罪,佛教的盂兰盆会等,都混杂到这一节日中。山东民间祭先祖,荐时食,谓之"鬼节"。有的地方扫祭先墓,烧冥衣,谓之"冥节"。①

明朝嘉靖刻本《淄川县志》已有"中元祀先,悬麻谷"的记载。农历七月,新麻谷始登,所以要让祖先尝新。惠民"十四日祭先祖于家,必以麻谷尝新"。淄川"中元祀先,必以瓜果、谷秫、黍麻数茎于几右,荐新也"。茌平"十五日祭先登垄如清明,农家取麻谷数茎,焚香献之于中庭,至夕送置庙宇,谓之'送麻谷'"。即墨"中元祭先祖,荐时食,亦有采麻谷连茎穗以献者"。曹县"中元荐麻谷,或插于户"。② 1941 年《潍县志稿》载:"(中元)先期十四日夕,祀祖先于堂,有家祠则于家祠,祭品外,并陈列麻谷。祭毕,将麻谷抛向临街屋上。盖以麻为织者所需,谷乃耕者所获,以之敬献祖先之前,系告秋成。"

中元节祭祖的时间在十四、十五不等,有的在家里,有的则到祖坟上墓祭。如山东黄县"中元,祭祖先于家",宁阳则特别强调"中元荐麻谷,登冢祀先"。③

(3)盂兰盆会节

七月十五中元节还是佛教的盂兰盆会节,佛教徒要举行仪式追荐祖先。"盂兰盆"意思为"救倒悬、解痛苦"。释迦牟尼的弟子目连的母亲堕于饿鬼道中受苦,目连遂用自己的钵盛食物给母亲吃,但刚到母亲口边就化成火炭。目连见后,悲痛欲绝。于是来到佛所,请求救度母亲的方法。佛告诉目连,你的母亲生前罪根太深,所以受此苦报。你需在七月十五日这天,用盆子装百味美食,为自己七世父母及现世在厄难中的父母,供养十方僧众,以这种殊胜的功德,解救母亲脱离饿鬼道,超生天道。目连高兴不已,为作盂

①康熙三十三年《登州府志》、康熙五十四年《日照县志》。
②雍正十一年《乐安县志》、乾隆四十一年《淄川县志》、道光十一年《博平县志》、乾隆二十九年《即墨县志》、光绪十年《曹县志》。
③乾隆二十一年《黄县志》、乾隆八年《宁阳县志》。

兰盆,施佛及僧,以报父母长养慈爱之恩。遂有了佛教的盂兰盆会节。我国历史上依据《盂兰盆经》而举行仪式,始创于梁武帝萧衍,此后沿袭成俗。

目连救母的佛教故事与儒家的孝道产生了强烈共鸣。五代宋元明清时期,民间纷纷作盂兰盆、花蜡、花饼、假花果树等于佛殿前铺设供养,出家僧侣也各出己财,造盆供佛及僧。他们认为,只有让父母脱离六道轮回痛苦,子女的孝道才能圆满。明清时期,山东七月十五作盂兰盆会也很普遍。

道光二十六年(1846年)《招远县志》载:"(中元节)按《盂兰盆经》是目连饭母日也,故邑以是日放河灯,或作佛事忏先亡。"明清时期,山东盂兰盆会仪式有"作佛事忏先亡"和放河灯。

德州、平原等地"僧道尼各结盂兰盆会,礼佛诵经","居民演其例,则散放河灯,被诸苦恼。其说虽不经,然至今犹多行之"。齐河十五日夜"诣大清桥放河灯,僧道于桥上作盂兰,施舍最盛"。潍县"向晚各寺院作盂兰盆会,燃灯嗶经,以度沉溺幽魂,兼有施鬼食,烧法船,放河灯之事"。莒县为盂兰会节,"夜放灯于河流,谓水中溺鬼得度也"。①

由于中国宗教信仰的模糊性和儒家孝道的普适性,道士也诵经作盂兰盆会。由于中元节还是城隍爷赴厉坛祭奠孤魂野鬼的日子,放河灯不仅超度自己的先祖父母,还为了超度所有溺水而死的幽魂。庆云一带"十五日放河灯,祭孤魂",已脱离盂兰盆会的原意了。

(十) 中秋节

中秋节是元旦之外民间最重视的节日。光绪十年(1884年)山东《曹县志》载:"一年乐事,除元宵外,惟端午、中秋,家为燕会,其余或兴止靡常矣。"

1. 中秋圆月

圆月即拜月、祭月、赏月、玩月。五代两宋时期,拜月又衍生出新的说法。宋人金盈之《醉翁谈录》卷四《京城风俗记》载:"俗传齐国无盐(今山东东平东)女,天下之至丑。因幼年拜月,后以德选入宫,帝未宠幸。上因赏月见之,姿色异常,帝爱幸之,因立为后。乃知女子拜月,有自来矣。"齐国无盐(今山东东平东)女钟离春貌极丑,40岁不得出嫁,以对齐国危难局

①1935年《德县志》、1933年《齐河县志》、1941年《潍县志稿》、1936年《重修莒志》。

势的精辟卓识折服了齐宣王,被立为王后。这本来就是传说,因拜月而姿色异常,更是传说。但由此却可以看出山东齐鲁之邦文化底蕴的深厚。

宋代中秋节赏月的风俗十分盛行。《东京梦华录》卷八《中秋》载:"中秋节前,诸店皆卖新酒,重新结络门面、彩楼、花头、画竿、醉仙锦旆。市人争饮至午未间。……中秋夜,贵家结饰台榭,民间争占酒楼玩月。……儿童连宵嬉戏,夜市骈阗,至于通晓。"文人学士则赏月、咏月,南宋济南词人辛弃疾在《满江红·中秋寄远》中写道:

> 快上西楼,怕天放、浮云遮月。但唤取玉纤横笛,一声吹裂。谁做冰壶浮世界,最怜玉斧修时节。问常娥、孤冷有愁无,应华发。
>
> 玉液满,琼杯滑。长袖起,清歌咽。叹十常八九,欲磨还缺。若得长圆如此夜,人情未必看承别。把从前、离恨总成欢,归时说。

宋以后的中秋赏月更加流行。宫中八月十五,"日供月饼、瓜藕,候月上,焚香,即大肆饮啖,多竞夕始散"①。民间则设瓜果酒馔,祭月燕饮。有的地区借月圆之意,称做"团圆会"、"团圆节"、"圆月"等。

明清时期,圆月风俗经久不衰,明朝嘉靖刻本山东《淄川县志》即记载:"中秋赏月,追节。"明朝嘉靖刻本山东《夏津县志》亦载:"中秋罗樽罍,观月华,女家逆女。"《崇祯历乘》也载:"中秋玩月,设果饼相饮月下。"

圆月,包括设瓜果、月饼祭月;阖家欢聚庭中畅饮,或邀亲友聚会宴饮赏月;儿童"念月"。

乐陵、商河等地"望日中秋节设瓜果、月饼祭(拜)月"。邹县"家人团聚拜月于庭"。齐河"中秋夜,各家对月饮酒,谓之'圆月',或邀客彻夜剧饮"。莒县"月至十五日始圆,月上时聚于庭中欢呼畅饮,谓之'圆月'"。莘县"比邻携酒,聚集畅饮,谓之'吃节酒'"。招远"赏月聚饮,士人间赋诗为乐"。②

2. 天灸、储露疗疾

八月中秋,"千家看露湿,万里觉天清"③。山东民众从感性、质朴的经

---

①《古今图书集成·岁功典·中秋部》引《酌中志略》,中华书局、巴蜀书社1985年版。
②乾隆二十七年《乐陵县志》、道光十二年《商河县志》、光绪十八年《邹县续志》、康熙十二年《齐河县志》、嘉庆元年《莒州志》、1937年《莘县志》、道光二十六年《招远县志》。
③(唐)张南史:《和崔中丞中秋月》,《古今图书集成·岁功典·中秋部》引,中华书局、巴蜀书社1985年版。

验中发现,中秋前的露水,尤其是百草头露,可以除百病。山东半岛、滨州、德州一带,"八月朔,收露水磨墨点小儿额,谓之'天灸'。又,秋社日,收百草头露磨墨治病,亦名'天灸'"①。康熙四十四年(1705 年)《滨州志》、道光十二年(1832 年)《商河县志》亦载:"一日,取(百草)露和墨,用箸头点肌肤,谓之'天灸',可除百病。"

其他地区也流行此方。高密"中秋之月,厥一日储露疗疾"。博山"八月朔,日未出,取花上露洗目,谓去风热,益清明;又濡墨点小儿腹,谓可去腹疾"。无棣"朔日昧爽,取露研墨,疗痞疾"。②

3. 中秋月饼

关于"月饼"的来历,说法众多。民间传说,元末高邮人张士诚(一说朱元璋)为号召人民反元,中秋节都将纸条夹到月饼中,约定起义的时间。从此,每逢中秋节都吃月饼,纪念这一斗争的节日。山东 1935 年《青城县志》载:"俗谓八月十五杀鞑子,制此以传递消息。"1935 年《茌平县志》亦载:"相传月饼之会为朱元璋'杀鞑子'之暗记,置杀鞑子之字迹于饼中,分发各家,于是夜同时起义,驱杀之也。"全国各省都有此说。《台南县志》载:"元朝曾一时入侵华夏,每三家强配元兵一员供养,任其所欲为。最后有一年秋节,汉人以密令藏月饼,相约一时起义,遂于一夜杀完元兵,所以才有俚言'三家养一员,一夜剖完元。'"③其实,这些传说本身即可证明,元朝已有中秋吃月饼的习俗,用月饼传递消息是利用了吃月饼的风俗,而不是月饼的起源。

作为节日食品的月饼,唐代就有了。《洛中见闻》载,唐僖宗中秋吃月饼,味道极美,命御膳房将月饼赐给新科进士。南宋吴自牧的《梦粱录》卷十六《荤素从食店》,元朝周密的《武林旧事》卷六《蒸作从事》,都提到月饼。

明清时期,"十五日玩月,啖月饼"④,以及供月饼祭月是山东普遍流行的风俗。莘县、阳谷,及河南范县等地每逢八月十五日,家家"以沙糖、羌仁

①光绪七年《增修登州府志》。
②康熙四十九年《高密县志》、乾隆十八年《博山县志》、康熙九年《海丰县志》。
③载丁世良、赵放主编:《中国地方志民俗资料汇编》华东卷下,书目文献出版社 1995 年版,第1831 页。
④乾隆十八年《博山县志》。

与麦面炉饼如月形"①,并用这种自制的月饼来馈赠亲友。

直到今天,每逢中秋节,各个食品店都摆满了琳琅满目的月饼,各种花色、品种、样式、口味,应有尽有。中秋向亲友馈赠月饼,成为必须履行的人情,也是中秋节前人际间主要的交往形式。奇怪的是,像粽子、年糕、元宵一类的节日食品,平日也可以吃。唯独月饼,不是中秋节前后,既无卖的,也无吃的,是最具特定意义的节日食品。

(十一) 重阳节

乾隆四十一年(1776 年)《淄川县志》引苏东坡语云:"人生惟寒食、重九不可虚度。"由此可知重阳节在山东淄博一带节日风俗中的位置。

1. 登高、赋诗、饮菊花酒、插茱萸

在古代,几乎是"无菊无酒不重阳,不插茱萸不过节"。宋代济南女词人李清照过重阳节,写了《醉花荫·重阳》,寄给知莱州(今属山东)的丈夫赵明诚:

薄雾浓云愁永昼,瑞脑消金兽。佳节又重阳,玉枕纱厨,半夜凉初透。
东篱把酒黄昏后,有暗香盈袖。莫道不消魂,帘卷西风,人比黄花瘦。

明清时期,重阳节登高、饮菊花酒、插茱萸在山东十分流行。每逢重阳,士女毕出,相约登高,游览当地名山名胜,祭拜乡贤名士。明朝嘉靖刻本《淄川县志》就有"重九酿菊花酒,登高,追节"的记载。1935 年《长清县志》载:"九月九日登高游览,济南尤盛行焉。"济南千佛山有赏菊岩,每到重九,红、白、紫、黄色的山菊开遍山野,是登高赏菊的佳地。明朝著名文学家、济南人边贡重阳登千佛山赏菊,留下了"背岭丹枫直,垂岩紫菊肥"的诗句。清代济南人朱照《重阳节同人挈酒历山登高》诗云:

闲招两三友,把酒醉山南。静喜高松下,香偎野菊间。

山东邹平重阳登高颇有人文特色,"重九祀范文正公祠","众商祀李宫

---

①1920 年《朝城县志》。朝城县在山东西部,1953—1964 年划归莘县、阳谷和河南省范县。

保"①,"士庶登高赏红叶,饮菊花酒,富相山、会仙山,游人尤众"。临淄"多于牛山及天齐渊为之"。博山乡民"携樽提榼,登高游赏"。潍县"多以城西南程符山为登高处"②。高密"乡民亦有赴艾山者"。新泰"县治南三十里峪山之龙女祠,士女登临者尤众"。邹县"登尼、防、凫、峄诸山"。山东半岛每逢重阳节,"士民相约登高"③。

唯独在"一览众山小"的泰安一带,"九日附城有赴眼光殿烧香者,乡间无人登高"④。

重阳节赋诗,虽为一般乡民所漠视,但士大夫阶层仍传承这一习俗。"德州士大夫家开筵,为诗酒会。"济宁"有集太白楼开九老会,张宴赋诗者"。临清"文人骚士间作登高雅集,乡俗则漠视久矣"。有的地区虽不赋诗,但却仿效东晋陶渊明"采菊东篱下",特意在篱边饮酒。济南"九日登高,或饮篱边"。招远"多具榼尊招同人篱边赏菊,欢饮竟日"⑤。

菊花酒、茱萸酒是明清时期重阳节特有的节日用酒。滨州"九日为重阳节,登高赏菊,饮茱萸酒、菊酒"。茌平等地"酿新黍为菊花酒,或邀亲朋饮宴,谓之'赏菊'"⑥。

山东是菊花的产地,重阳节摆放菊花或以菊花相馈也蔚然成风。临邑逢重阳节"争致菊花作盆盎观"。庆云一带"养菊者以盆菊相馈遗"⑦。

插茱萸的方式有多种。高密等地在家中"插茱萸"。莒县、宁阳等地"插菊,登高饮茱萸酒,辟瘟"。冠县等地"佩茱萸囊"。菏泽等地则"佩茱萸禳灾"⑧。

然而,山东重阳节并非"遍插茱萸",也有个别地区不遵此俗。道光二

①李宫保即李化熙,明崇祯七年(1634年)进士,官至刑部尚书。清顺治十一年(1654年)辞官回乡。为促进周村商业繁盛,"岁备周村市税",在周村北大街立"今日无税"碑,自己承担了全部市税。
②程符山,一名浮烟山,距城10余里,有古战垒、南燕太子读书堂,山巅的麓台秋月为潍县八景之一。
③嘉庆六年《长山县志》、道光十六年《邹平县志》、1920年《临淄县志》、乾隆十八年《博山县志》、1941年《潍县志稿》、乾隆十九年《高密县志》、乾隆四十九年《新泰县志》、光绪十八年《邹县续志》、乾隆七年《海阳县志》。
④1929年《泰安县志》。
⑤道光二十年《济南府志》、1927年《济宁县志》、1934年《临清县志》、《崇祯历乘》、道光二十六年《招远县志》。
⑥康熙四十四年《滨州志》、道光十一年《博平县志》。
⑦道光十七年《临邑县志》、1914年《庆云县志》。
⑧康熙四十九年《高密县志》、嘉庆元年《莒州志》、乾隆八年《宁阳县志》、1934年《冠县志》、光绪六年《菏泽县志》。

十六(1846 年)《招远县志》载:"若佩茱萸囊,招邑不尔也。"

2. 射箭

魏晋南北朝隋唐时期兴起的重阳节骑马射箭之俗,在山东半岛的军营中仍然存留着,只不过是移到了霜降。霜降是二十四节气之一,时间在重阳节前后。乾隆二十一年(1756 年)《黄县志》载:"霜降武官祭旗纛于演武场,较射行赏。"同治三年(1864 年)《宁海州志》载:"霜降节前一日,营汛武弁祭旗纛。"光绪七年(1881 年)《增修登州府志》载:"霜降先一日,武弁迎霜于西郊,士民聚观。"宁海州治今山东牟平,地当山东半岛东端,登州府治今山东蓬莱,辖山东半岛中段,为明清时期的海防要地,故保留了射箭和军队演武的旧俗。

山东莘县、阳谷及河南范县一带,每逢重阳节"比邻结伴,聚猎郊外"①,也应是重阳登高和骑马射箭的遗俗。

3. 食糕

九月九日黍秫并收,食糕尝新很自然就和重阳节联系起来了。隋唐以后,重阳节食糕的风俗十分流行,糕的种类与花样也名目繁多。孟元老《东京梦华录》卷八《重阳》载,重阳"前一二日,各以粉面蒸糕遗送。上插剪彩小旗,掺钉果实,如石榴子、栗子黄、银杏、松子肉之类。又以粉作狮子蛮王之状,置于糕上,谓之'狮蛮'"。

咏菊、饮酒、射箭、赋诗,是皇帝百官及文人学士的高雅之戏,普通民众最流行的是做节日食品。每逢重阳节,家家蒸糕互相馈送。明朝嘉靖刻本《夏津县志》有"九日蒸花糕"的记载。济南各县"亲友以糕相馈"。乐陵及惠民、商河等地"用面为糕,五色杂错,谓之'重阳糕'"。登州府所属各县"蒸枣面花糕,酿菊酒"。荏平等地"杂面枣为菊花糕,酿新黍为菊花酒"。②

4. 追节

"追节"是民间节日中的特殊风俗。中国传统节日元旦、寒食、端午、七夕、重阳又都称做"女儿节",或叫"迎女节",都要接女儿回家过节。"婿家

①1937 年《莘县志》、1942 年《阳谷县志》。

②《崇祯历乘》、乾隆二十七年《乐陵县志》、光绪七年《增修登州府志》、道光十一年《博平县志》。

馈女家服食"①,女家则要回馈节日礼品,称做"追节"。明朝嘉靖刻本《淄川县志》记载的"追节"有:正月"逆女,婿妇追节",寒食"婿妇追节",中秋"追节",重九"追节"。明朝嘉靖刻本《夏津县志》有:端午"行追节礼",中秋"女家逆女",重阳"行追节礼"。清代方志的记载相对减少。如宣统元年(1909年)《恩县志》:清明"女新适人者归礼于家",重阳"亦迎女节也"。由此可知,所谓"追节",即接女儿回家过节,女家给婿家反馈节日礼品。

明朝嘉靖刻本《夏津县志》载:"九日蒸花糕,造菊酒,行追节礼。"之所以要"蒸花糕,造菊酒",除自家食用外,还是行"追节礼"的礼品。

山东莘县、阳谷,河南范县等地称"追节"为"缀节"。1920年《朝城县志》载:"重阳九月九日以枣子与麦面蒸糕,戚里相馈遗,隆师,逆女。新娶者,母家复随力制秋衣、食物送婿家,亦谓之'缀节'。"

5. 扫墓、祭缸

重阳节到十月朔日,还是拜扫祖墓的重要季节。康熙十二年(1673年)《蓬莱县志》载:"霜降后拜扫先墓,无专日,至十月朔止。"

山东无棣、庆云一带,还流行重阳节"染匠祭缸神"②的习俗。这与自然经济下男耕女织的家庭纺织业有密切关系。

由于重阳节没有什么特定的纪念意义,饮酒咏菊又都是上层社会的风雅之事,在现代社会不那么盛行了。重阳节吃的糕,也被放到腊月二十三或二十四辞灶时用,称做"年糕"。人们只是记得九月九日重阳节,实际上并不像其他节日那样,忙忙活活地过节了。1935年《临朐续志》载:"邑境编户齐民多不重此节也。"

(十二)十月、十一月的节日

1. 送寒衣

山东各地均流传:"十月一,送寒衣。""送寒衣",即"士庶祭墓,用纸或帛剪作衣裳,并楮锞焚之,谓之'送寒衣'。此与清明二次上坟,有古雨露霜雪之义"③。关于十月一扫墓、送寒衣的起源,光绪二十六年(1900年)《宁

---

①1937年《莘县志》。
②1925年《无棣县志》、1914年《庆云县志》。
③1920年《朝城县志》。

津县志》认为起自唐宋：

> 十月朔，展墓，裁纸衣焚之，曰"送寒衣"。按《月令》："孟冬之月，天子始裘，又命有司饬丧纪辨衣裳。"故唐宋礼制，皆于十月朔日赐宰臣以下锦袍有差。由是观之，则时值孟冬，乃往古赐衣之候，而世之仁孝于其亲者，能无动念？此鄙俗"十月一，送寒衣"之缘起也。《岁时记》曰："燕市俗刻板为男女衣状，饰文出售，农民竞鬻，以十月一日焚之。"此乃合饬丧纪辨衣裳之文，而为一者也。诗曰："无衣无褐，何以卒岁？"曾是子孙，能恝（不经心）然于其亲乎？故送之便，盖自唐宋以来相沿不废也。

明清时期，山东各地普遍流行十月一扫墓、送寒衣的风俗。明朝嘉靖（1522—1566 年）刻本《夏津县志》载："（十月）一日，祭墓，焚寒衣。"康熙十二年（1673 年）《齐河县志》载："（十月）一日争扫坟墓，焚纸剪衣，谓之'送寒衣'。"1935 年《德县志》载："（十月）朔日，居民设黍臛祭先垄，剪五色笺为衣裳就墓旁焚之，曰'送寒衣'。"

这种纸剪的寒衣，又叫"冥衣"。乾隆二十七年（1762 年）《乐陵县志》载："朔日具酒脯祭坟墓，纫彩纸为冥衣焚化，谓之'送寒衣'。"几乎山东所有的州县十月一都要祭墓、送寒衣。博山"一日扫墓，必制冥衣，谓'送寒衣'"。广饶"家家上坟，亲戚送纸"。临朐"各户具香楮、酒馔，祭其先人于墓，无贵贱贫富一也"。①

2. 涤场、辞工

涤场的历史十分久远，《诗·豳风·七月》已有"九月肃霜，十月涤场"的记载。孔颖达疏曰："十月之中，扫其场上粟麦尽皆毕矣。"十月农事已毕，把田地的庄稼和场院的粮食收拾归垛，归仓。所以"涤场以后，棉花在野，取之不禁"②。

十月一日还是古代田家的辞工日。涤场之后"农事告竣，田家设酒肴犒佣工，谓之'辞场'，俗呼'打散场'"③。历城"毕场功，设宴会"。临邑"十

---

①乾隆十八年《博山县志》、1935 年《续修广饶县志》、1935 年《临朐县志》。
②康熙十二年《齐河县志》。
③乾隆二十七年《乐陵县志》。道光十二年《商河县志》略同。

月一日辞场圃,犒农人"。莒县"一日为受雇牧牛羊人完工之期"。日照"祀先农,以报成功,少间设酒肴,送佣工人还家"。①

日照的"先农",即"先啬"神农氏,或指后稷,是古传说中教民耕种之人,祀之以为神。《祀记·郊特牲》:"蜡之祭也,主先啬而祭司啬也。"郑玄注:"先啬,若神农者。司啬,后稷是也。"山东半岛一带在涤场、辞工的同时,都要"祀先啬"。康熙三十三年(1694 年)《登州府志》载:"十月朔,田家祀先穑(啬),以报成,是日散农作。"乾隆二十一年(1756 年)《黄县志》亦载:"十月朔,五鼓祭先茔,回家祀先啬以报成,是日散农作。"

3. 下元节

农历十月十五为下元节,亦称"下元日"、"下元",也是道教水官的诞辰和解厄之日。俗谓是日水官根据考察,录奏天廷,为人解厄。下元节在五代宋元明清十分流行,山东各州县都有三官庙,供奉天、地、水三官,到清末呈萎缩之势。明代《崇祯历乘》载:"十五日下元,作醮。"1935 年《临朐续志》载:"旧志载,北关三官庙以正月、十月,均十五日香火最盛,至今犹然。"

聊城和冠县等地,下元日不是祀水官,而是扫墓,也称做"送寒衣"。光绪十八年(1892)《堂邑县志》载:"下元日,焚楮衣,锸于先墓,谓之'送寒衣'。"

4. 冬至

冬至是二十四节气之一,较固定的时间在阳历 12 月 23 日前后一两天,一般在农历十一月。

冬至又称至日、冬节、长至节、履长节。明嘉靖刻本《夏津县志》载:"至日,履长之贺,亚于岁朝。"明《崇祯历乘》:"十一月冬至,贺冬节,士绅行之,民祭祖。"康熙四十四年(1705 年)《滨州志》载:"冬至,至后日渐长,故曰'长至'。"道光十二年(1832 年)《商河县志》:"十一月冬至为'长至节'。"乾隆二十七年(1762 年)《乐陵县志》:"十一月冬至为'履长节',唐宫中女红验日长短,冬至后每日添一线。杜诗'刺绣五纹添弱线'是也。"

明清时期每逢冬至,各级官员要向皇帝贺节,仅次于元旦朝见。乐陵、商河等地官员"(冬至)设龙亭,拜贺如元旦礼,亚于岁朝,故又曰'亚岁'。人家以是日祀祖先,然有行有不行"。历城"至日,祀先,逆女,官拜阙,士拜

---

①1940 年《历城县志》、道光十七年《临邑县志》、嘉庆元年《莒州志》、康熙五十四年《日照县志》。

师,民祭祖","官拜阙",即向朝廷拜贺。①

官僚士大夫之间也互相拜贺,称做"拜冬"。乾隆四十一年(1776 年)《淄川县志》载:"冬至惟官府行拜冬礼。"康熙五十四年(1715 年)《日照县志》载:"冬至日,各家扫墓,士大夫行拜贺之礼。"

民间过冬至的风俗各不相同,一般有宴饮拜贺、祭祖先、拜师长。也有的特别强调不拜贺,不祀祖先。

明嘉靖刻本《淄川县志》载:"(十月)朔日祭墓,(十一月)冬至祀先。"登州府所辖的蓬莱、招远、莱西、海阳等地,"冬至日,士民各宴饮为乐,不称贺,至夜报天地,礼百神,祭先祖,各如常仪"。潍县"冬至日各拜其师,不贺节"。恩县"冬至祝圣寿,弟子拜师,但亲友不拜"。武城"冬至释奠先师,礼毕弟子拜先生"。临清"有履长之庆,设香烛、时食祭祀祖先,盛冠履衣饰,谒各人亲长,名曰'贺节'"。宁津"冬至祀先,拜尊长,治酒食,或啖馄饨,烹水饺"。②

大部分州县冬至日都有祭祖先的风俗,唯独惠民例外。光绪二十五年(1899)《惠民县志》载:"冬至为履长节,他处以是日祀祖先,惠俗不行此礼。"

南北朝时,山东就流行冬至为舅姑做鞋袜的风俗。北魏清河东武城(今山东武城西)人崔浩《女仪》载:"近古妇人常以冬至日上履袜于舅姑,践长至之义也。"③这一习俗在清代的曲阜仍然传承着。乾隆三十九年(1774 年)《曲阜县志》载:"冬至。陈新历荐黍,妇人进履舄于舅姑。"

(十三) 腊八、辞灶

1. 腊八节

古代十二月举行"腊祭",因称十二月为"腊月"。《史记·秦本纪》载:"十二年,初腊。"唐张守节正义曰:"十二月腊日也。……猎禽兽以岁终祭先祖,因立此日也。"到汉代以冬至后第三个戌日为"腊日"。《说文四下·

---

①乾隆二十七年《乐陵县志》、道光十二年《商河县志》、1940 年《历城县志》。

②康熙三十三年《登州府志》、乾隆二十五年《潍县志》、宣统元年《恩县志》、道光二十一年《武城县志续编》、宣统三年《清平县志》、光绪二十六年《宁津县志》。

③《太平御览》卷二八《时序部一三·冬至》引,中华书局 1960 年影印版。

肉部》载:"冬至后三戌,腊祭百神。"后由于佛教介入,腊日改在十二月初八。相传此日是释迦牟尼成道日,成道前有牧女献乳糜。每到腊八日,佛寺诵经,并仿照牧女献乳糜的故事,取香谷、果实等造粥供佛,名"腊八粥"。后二者合一,演变为一种民间风俗。

道光十二年(1932年)《商河县志》载:"十二月俗呼为'腊月'。腊者猎也,因猎取兽以祭也。八日为腊,相传为释迦佛成道日,人家以是日杂五谷、果实合而煮粥,名曰'腊八粥'。好善者施粥于通衢,以结善缘,增冥福也。"

山东各州县流行的腊八风俗有食腊八粥、作腊酒、施舍、穿耳、解痘瘟等。

济南历城"八日作腊八粥,好施者众"。淄川"家作腊八粥,好善者施粥于通衢"。滕县"腊之八日,以米和枣为粥,有余以食丐者"。蓬莱、黄县、招远等地"八日作腊八粥,杂以米、豆、黍、麦、果实为之"。福山、高密、邹平等地除食"腊粥"外,还"酿腊酒"。①

庆云、济阳等地流行腊八为女孩穿耳的风俗。道光二十年(1840年)《济南府志》载:"冬季月八日,食腊粥,女钤耳。"嘉庆十四年(1809年)《庆云县志》载:"季月八日,塾师放学,女穿耳。"1934年《济阳县志》亦载:"八日啜腊粥,童女悉以是日穿耳。"

海阳流行腊八合药为小儿解痘瘟。乾隆七年(1742年)《海阳县志》载:"(腊八)取兔血合荞麦面,加雄黄、朱砂、茶叶为块,令幼儿食之,解痘瘟。"

2. 祀灶、除残、滥祀日

祀灶又称"祠灶"、"辞灶"、"送灶",民间俗称"小年"。道光十一年(1831年)《博平县志》载:"二十四日,古称'小年'。夜设黍糕、糖饼于灶上,妇女率儿童焚香拜奠祀灶。"

山东明清时期大部分地区一般在腊月二十三日祀灶,茌平、莘县、阳谷等地在腊月二十四。如:

康熙九年(1670年)《海丰县(今山东无棣)志》载:"二十三日祭灶神,用糖果及糕。二十四日扫舍宇。"

康熙三十三年(1694年)《登州府志》载:"二十三日暮祀灶神,谓之'送

---

① 《崇祯历乘》、乾隆四十一年《淄川县志》、宣统三年《滕县续志稿》、康熙三十三年《登州府志》、乾隆二十八年《福山县志》、康熙四十九年《高密县志》。

灶'。"

康熙四十九年(1710 年)《荏平县志》载:"二十四日用糖饼祀灶。"

济南、淄博、德州等地,同一地区也不一致。明末《崇祯历城》载,济南历城"二十四日辞灶"。清道光二十年(1840 年)《济南府志》又载:"二十三日祀灶神。"看来,济南历城一带,明朝是腊月二十四,清朝又改为腊月二十三。其他各县也不统一。齐河"二十三、四日,各家设果品,作黍糕,以市上饧作各花样供灶神,谓之'辞灶'"。淄川"二十三日祀灶,设糖饧、酒果,亦有用次日者"。商河二十三日祀灶,"亦有二十四祀灶者"。①

民间有"男不拜月,女不祭灶"的俗语,从明清时期山东各方志记载来看,并非如此。康熙四十九年(1710 年)《高密县志》载:"日暮以糖饼、茶果祀灶,妇女不得预。"上述《博平县志》以及宣统元年(1909 年)《恩县志》的记载却是"妇女率儿童焚香拜奠祀灶",反倒没有男子。1941 年《潍县志稿》亦载:"一家长幼罗拜必敬,亦谓之'祠灶'。"既然是"一家长幼",其中肯定有妇女参加。

祀灶后元旦马上就到,民间纷纷打扫屋中的灰尘,准备过年,称做"除残"。陵县祀灶的当天"扫屋宇"。蓬莱腊月二十三祀灶,"二十四日扫屋尘,谓之'除残'"。商河祀灶后"扫舍宇不择日,俗云无禁忌也"。②

所谓"无禁忌"是指在辞灶后到除夕的几天里,"诸神上天"③,"凡有所为,不择历书",做事没有任何忌讳,称做"滥祀日"。所以,打扫灰尘没有忌讳,不用择日。结婚也不用看日子,民间多在这几天结婚。

乾隆七年(1742 年)《海阳县志》载:"二十三日,暮祀灶神,曰'辞灶'……二十四日扫舍宇,日后凡有所为,不择历书,多嫁娶。"

同治三年(1864 年)《宁海州志》载:"自二十四日以后扫舍宇,谓之'除残',逐日嫁娶,至月终不忌,谓之'滥祀日'。"

康熙三十三年(1694 年)《登州府志》亦载:"二十三日暮祀灶神,谓之'送灶',品用糖饼。二十四日扫屋尘,谓之'除残'。是日后多嫁娶,至月

---

①康熙十二年《齐河县志》、乾隆四十一年《淄川县志》、道光十二年《商河县志》。
②光绪三年《陵县志》、康熙十二年《蓬莱县志》、道光十二年《商河县志》。
③《崇祯历乘》,载丁世良、赵放主编:《中国地方志民俗资料汇编》华东卷上,书目文献出版社1995 年版,第 93 页。

终,谓之'乱丝(滥祀)日'。"

三、婚姻风俗

五代宋元明清时期,基本传承了秦汉魏晋南北朝隋唐以来的婚姻风俗,变化明显的有如下几点:其一,传统婚礼更加丰富多彩,喜庆、吉利色彩更加鲜明;其二,婚姻观念的转变,开始以离婚为丑事,以为人离婚为缺德;其三,冥婚随着妇女贞节观念的形成变得荒唐而惨无人道,出现活人和死人合葬成冥婚的恶俗;其四,对妇女的束缚、摧残更加严重,妇女的贞节观念和寡妇不得改嫁的观念发展到典型阶段。

(一)传统婚礼进一步演变、充实

传统的婚姻六礼有纳采、问名、纳吉、纳徵、请期、亲迎等,南宋朱熹的《家礼》合六礼为三礼:纳采兼问名,纳吉兼纳徵,亲迎兼请期,即两种婚礼的程序合为一次完成。《宋史·礼志十八·嘉礼六》载:"士庶人婚礼,并问名于纳采,并请期于纳成。其无雁奠者,三舍生听用羊,庶人听以雉及鸡鹜代。"此后,民间皆准《朱子家礼》。《明史·礼志九》载:"朱子《家礼》无问名、纳吉,止纳采、纳币、请期。"

实际上,宋以后山东各地婚礼的程序并没有简约,各地遵从朱子"三礼"的情况不尽一致。道光二十九年(1849年)《平度州志》载:"品官备六礼,庶人依朱子所定家礼,无问名、纳吉,惟纳采、纳币、请期、亲迎,州人所行,官庶皆惟四者而已。"牟平、海阳、文登等地方志亦有"士夫家颇依《家礼》"①的记载。而山东的许多地区仍遵守"六礼"古制。

清乾隆二十九年(1764年)《即墨县志》称,婚礼"六礼具备,惟不行奠雁耳"。

道光十二年(1832年)《商河县志》亦载:"问名、纳采、亲迎、合卺诸仪节,多遵古制。"

光绪三十年(1904年)《峄县志》载,山东枣庄一带"婚时纳采、问名颇存古制","亲迎尤世俗所尚"。该志还记载了当地一系列婚礼的俗称:"婚

---

① 同治三年《宁海州志》、乾隆七年《海阳县志》、道光十九年《文登县志》。

嫁之礼，结亲时媒妁先通拜诺，谓之'下通书'，两姻家设酒相见，谓之'会亲家'，纳婚书谓之'下启'，聘币谓之'押启'，问名谓之'要年命'，择吉期谓之'看日子'，亲族助妆奁谓之'添箱'。亲迎必用仪卫、鼓乐，鸡鸭二双，雌雄具。乘肩舆，择戚族子弟幼者乘女舆以往，谓之'押轿'。夫妇成礼谓之'拜天地'。三日庙见谓之'磕头'，婚后送馈饭，谓之'看六、看九、看十二'。大抵富室婚嫁有奢无俭，中赀亦求观美，往往有因而倾家者。"

1. 纳采和问名

纳采、问名，在五代宋元明清亦称做"议婚"、"提亲"、"通笺"、"要年命"、"换帖"，基本程序是，男方托媒妁正式向女方求婚，女方应允，双方交换庚帖，回家占卜。

1935 年《德县志》（今山东德州、陵县）载："婚嫁虽古今异宜，大概不外乎六礼。议婚，先由媒妁通二姓之好，如两方同意，则约定日期，由男家具红柬书庚帖，令媒妁持向女方，将女氏之庚帖还，谓之'定亲'，即古纳采、问名之义。"

乾隆四十一年（1776 年）《淄川县志》载："男女相当者通媒结亲，男家曰'通启'，女家曰'允启'。"嘉庆十四年（1809 年）《庆云县志》："行媒结婚，男家投启，女家答启，曰'通笺'。"这里的"通启"、"允启"、"投启"、"答启"、"通笺"，都是古代的纳采和问名。对此，1936 年的《东平县志》解释颇详：

> 议婚：俗名"提亲"，即古人问名之义。父母之命，媒妁之言，择两家门第相当，资产相垺及子女年龄相若者，由媒妁往来两家为之提议，亦有戚友为之作合者。两家同意，男家将乾造年、月、日、时八字由媒人送于女家，女家请人为之合婚。如相合者为之订婚，未合者仍作罢论。
>
> 换帖：议婚得双方同意，男女两家各具庚帖互换。帖式具主婚人姓名及换帖时日，男帖写乾造于某年月日生，女帖写坤造于某年月日生。惟换帖时，须男家先出帖，由媒人持送女家，女家或生疑意竟不谐者，亦偶有之，故必换帖后而婚姻之问题定。盖女家出帖有合古人许字之礼，非事在必成，不可轻易出帖。以婚姻为终身大事，其慎重当如是也。

2. 纳吉和纳徵

纳吉又称"会话"、"定亲"、"传大柬"等，指男家卜得吉兆后，备礼通知女家,决定联姻。乾隆六年(1741年)《夏津县志》载:"将婚择吉,俗称'会话',纳币俗称'上头'。"

由于纳吉亲事已成,也称做"合礼"。胡朴安《中华全国风俗志》下篇卷二《济南采风记》载:"男家纳吉之日,用荤素菜果盒、面一盘,上加枣栗、绒花鬈髻等件,谓之'油头粉面',送之女家,多少称家之有无,谓之'合礼'。此礼最重,虽极贫者,亦不可少。"

纳徵亦称"纳聘"、"纳币"、"下茶"。据山东各地方志载,明清时期与南北朝时期"计较锱铢,责多还少"的风气不同,一般是"男家不计装(妆奁),女家不计财","非市井家无较论财物者"。①

乾隆四十一年(1776年)《淄川县志》载:"旧行币聘,金珠、绮縠、羊酒、鸡鸭相尚为丰,即古奠雁之礼。物力既耗,多不能行。惟先娶数日,男具脯修(脩)谢焉,存其意也。奁具则视女家之有无为厚薄。亲迎之礼,遵古不废。非市井家,无较财物者矣。"该志把"行币聘"说成"古奠雁礼"似不妥,因为六礼中恰恰纳徵礼不用雁。

乾隆二十八年(1763年)《福山县志》载:"嫁娶前,具羊二只及肉果、茶酒、首饰、币帛致于女家,谓之'下茶'。……其贫不能备者,则量力从简。"

济南一带"先以媒妁通婚约,次交宴,士夫加币有度,不受财"。其他如陵县"送妆奁,丰啬各称其家,无较论物仪者",滕县"儿女婚姻,主自父母,无求聘金者",单县"丰俭称家,往返略取相当,即贵阀大族成礼而止,无过费者"。②

当然,"细民贱子竞财鼓唇","向婿家索重聘者","因而倾家者"③,仍大有人在,但已不是明清时期山东婚俗的主流。

3. 请期、催妆、铺床

请期,民间称"看日子"、"送日子",东平一带称"送婚帖",德州称"通信",是由占卜者卜定结婚的吉日后,送一期帖至女家,或由媒人口头通知。

嘉庆二十年(1815年)《肥城县志》载:"请期,则婿家具筵席邀女家共择吉日,与古亦异。"也有的由男方决定,送婚帖通知女家。民国二十五年

---

① 光绪十九年《德平县志》、嘉庆六年《长山县志》。
② 《崇祯历乘》、光绪元年《陵县志》、宣统三年《滕县续志稿》、康熙五十六年《单县志》。
③ 道光十七年《临邑县志》、1935年《长清县志》、光绪三十年《峄县志》。

（1936 年）《东平县志》载："送婚帖：迎娶吉期，按历书择定，函请女家认可。具婚帖注明迎亲月日及女氏冠带，上轿方向，归宁、回房日期，送于女家，即古人请期之礼。"

催妆亦称"下茶"。五代宋元明清时期，有的地方仍然传承了隋唐时期催妆诗的风俗，如茌平一带，"乐师唱亲迎之歌，以行催妆"①。大部分地区则把催妆放到亲迎前的一二日，不再朗诵高雅的催妆诗，而是男家向女家送酒肉礼品。

"铺床"，在宋代仅仅是"前一日，女家先来挂帐，铺设房卧，谓之'铺房'"②，到明清时期演变为亲迎的前几天，女家将陪送的妆奁送到男家。

乾隆二十八年（1763 年）《福山县志》载："妇家具妆奁致于婿家，谓之'铺床'。"

清道光二十一年（1841 年）《武城县志续编》载："前期一日，男家用羊酒送催妆，女家送奁，谓之'铺床'。"

4. 奠雁、谢亲、亲迎、避煞神

奠雁礼来源于先秦。先秦婚姻六礼中，除纳徵外，其他五礼的礼品都有雁，故六礼又称"五雁六礼"。《仪礼·士昏礼》贾公彦疏曰："昏礼有六，五礼用雁：纳采、问名、纳吉、请期、亲迎是也，唯纳徵不用雁。……雁，木落南翔，冰泮北徂，夫为阳，妇为阴，今用雁者，亦取妇人从夫之义。"之所以用雁，是希望妻子像鸿雁一样，群飞有序、来去有时、前鸣后和。古代称提亲叫"委禽"，也出于此。《左传·昭公元年》载："郑徐吾犯之妹美，公孙楚聘之矣，公孙黑又使强委禽焉。""强委禽"就是强行提亲。

到宋元明清时期，婚礼用雁演变为奠雁礼。清道光十年（1830 年）山东《城武县志》较详细地记载了奠雁礼和谢亲礼：

> 前一日，男家备轿二，鼓乐亲迎，用雄鹅一代雁，至则设祭于女之先祖，谓之"祀先"。次日黎明，缚鹅于桌，男行一叩首礼，奠酒，名"奠雁礼"。宴毕，男有随行老媪，名"娶女客"，于吉时为女冠笄，作乐，名"上头"。女徐上轿，男至后宅一叩首，名"谢亲"。女家配以雌鹅，亦以老

①1935 年《茌平县志》。
②（南宋）孟元老：《东京梦华录》卷五《娶妇》，文化艺术出版社 1998 年版。

媪送之,名"送女客"。

新郎要在女家住一夜,所行的礼仪也比较复杂,有祀先、奠雁、谢亲等。结合各县志的记载可知,明清时期的奠雁礼有两点变化:

其一,由"五礼有雁"演变为一项单独举行的仪式,如乾隆四十九年(1784年)《新泰县志》载:"婚礼则问名、纳采、亲迎、奠雁,略如古仪,不可得雁,以鸡代焉。"将奠雁与问名、纳采、亲迎等并列,甚至没有雁或鸡鸭,也可以称奠雁礼。

1934年《济阳县志》:"黎明,备仪仗,肩舆,奏乐张灯往妇家亲迎,行奠雁礼,谢亲而归。"

1934年《临清县志》:"期前备衣饰及雄鸡一只送往女家。……(女家)随将男家前赠之雄鸡配以雌鸡一同舁往男家,俗称'长命鸡',盖即古奠雁之义。"

商河一带的奠雁礼,在送催妆礼时进行。道光十二年(1832年)《商河县志》载:"先娶妻一日,送催妆礼,即古奠雁遗意。"

其二,用鸡、鸭、鹅代替了雁。上述清乾隆二十九年(1764年)《即墨县志》中的"六礼具备,惟不行奠雁耳",说的也是"五礼有雁"的"雁"没有了,被鸡或鸭、鹅取代了。1934年《单县志》载:"亲迎以夜,奠雁以鹅或鸡代之。"

谢亲,即新郎亲迎时拜谢女方亲属,一般在亲迎时,先行奠雁礼,再行谢亲礼。夏津一带,在婚后回门时进行。乾隆六年(1741年)《夏津县志》:"三日庙见,拜公姑,谒尊属。本日,婿偕妇同诣外家谢亲,俗名'回门'。"

"齐俗不亲迎",是先秦齐地婚俗的特色。宋元明清时期,山东大都行亲迎之礼,"不亲迎"的礼俗仅存在于少数地区,或者少数人身上,直到晚清民国,仍然如此。

康熙四十四年(1705年)《滨州志》载:"齐俗不亲迎,则曰'俟我于著,俟我于堂',讥被风《诗》,滨变而行之久矣。"山东北部的德州、陵县一带,"亲迎与否,由男方预定之"。庆云一带,"贫家多不亲迎,女家自往送,或婿在近村迎之"。原齐国的中心临淄,以及附近的淄川、博山等地均行亲迎之礼,只是贫穷之家有"不亲迎"者。济南则"自章丘以下诸县犹遵行亲迎之典,惟历城否。历之边村僻里亦有行之者,所谓'礼失求诸野也'"。同是济南府历城县的乡村,有的亲迎,有的不亲迎。曲阜是公认的隆礼的中心,却是"贫者不亲迎"。稍向南一点的鱼台则"必往亲迎"。① 民国初年的胡朴安讲:"齐俗本不亲迎,间亦有行之者。莱属之诸城,则守礼不衰,竟有不亲迎则不得为妻者。"②

唐宋以后,迎新娘多用花檐子(花轿),新郎骑马或乘轿。南宋开封人孟元老《东京梦华录·娶妇》讲,当时亲迎用车或花檐子。钱塘人吴自牧《梦梁录·嫁娶》也说,男方"引迎花檐子或粽檐子、藤轿,前往女家,迎取新人"。轿用"红帷,前有帘,皆施藻绘",故称花轿,亦称"绣幰"。

光绪三十年(1904 年)《峄县志》载,山东枣庄一带亲迎"乘肩舆,择戚族子弟幼者乘女舆以往,谓之'押轿'"。亲迎时,新郎、新娘要各坐一顶花轿。去的路上,新娘的轿不能空着,要找一小男孩坐在里面"押轿"。

宋元明清时期,亲迎礼得到普遍重视,1910 年的《临淄县志》对此记载颇详:

> 娶之前夕,门上悬灯结彩,张鼓乐。新郎诣宗祠及亲长,遂遍谢邻里来贺者。堂中张盛筵,款来客。鼓乐为侑(富豪者每终夜乃止,赏仆役及乐户,动需钱数十缗),饮无算爵。黎明,声炮三,新郎御礼服,乘肩舆,彩帷雀顶,四人舁(抬)之。仪仗以竿荷方灯二前导,锣旗牌伞次之,殿以行灯。伞之前,鼓吹者十余人为部,被红衣,笙管嗷嘈,健仆跨马相先后。并以绣幰往,为亲迎礼。至妇家,则妇之兄若弟者二人(俗曰"送女客")立门外,肃以入,诣客舍揖让就坐,宴以宾礼。既而,妇家以花红献,为新郎饰,遂入拜辞岳父母先行。新妇以红帕蒙首,内外衣履纯红无间色(前清时有以凤冠施障次,而衣霞帔及补服者,今无之),二人以椅舁之,出就肩舆。舆红帷,前有帘,皆施藻绘,故亦曰"绣幰"。前列龙凤旗四,红伞一,从新郎后。新妇弟若使一挈壶相随,前之肃新郎者别乘马车从之。又以栟贮食品,二仆舁以行,盖以备茶点也。及门,则地下施毡席为步障,尊长者一人炷香执之导新郎(俗曰"领亲")。

①1935 年《德县志》、1914 年《庆云县志》、1910 年《临淄县志》、乾隆四十一年《淄川县志》、乾隆十八年《博山县志》、道光二十四年《济南府志》、1934 年《曲阜县志》、乾隆二十九年《鱼台县志》。
②胡朴安:《中华全国风俗志》下篇卷二《济南采风记》,中州古籍出版社 1990 年版。

一小儿先持如意钩授新妇,邻族中少妇二人(俗曰"娶女客",皆择属相吉者为之)扶之出舆。门左右束薪,如庭燎状,爇(点燃)之。又束莛(草的茎),插双箸(筷子),及新砖二枚裹以红纸,择二人属龙虎者俾登梯置檐际。门限覆马鞍,新夫妇跨之以入。庭中置巨桌,陈祭馔,导者诣位南向,行祀天地礼。既退,新夫妇左右立,同拜如仪。复易位北向,拜父母舅姑,相向揖。妇入青庐。家人以枣糖、花生及石(榴)子等,抟以面熟之(俗曰"火烧",盖取团圆之义),骤扬于庭,群儿观者皆争取以为乐。新妇乃登床,去红帕,跌而坐。母族之居相近者,具酒食劝加餐焉。室内虽昼间必燃灯火,盖古者婚礼用昏,故为花烛之夜,此其遗意也。其女家所来客,则令人肃以入款之。亲迎时,夜间始行合卺礼。

这里记载的亲迎仪式有:男家张灯结彩、鼓乐喧天、大摆宴席、邻里毕贺。三声炮响后,新郎乘"彩帷雀顶",四人抬的肩舆前往迎亲,方灯、红衣鼓吹、锣旗牌伞、行灯、乘马的健仆等仪仗前呼后拥,来回穿梭,往往十里八乡都惊动了。回来时,新娘红帕蒙头,凤冠霞帔,坐"绣幰"内,龙凤旗帜、红伞为仪仗,兄弟跨马提壶,仆从抬茶点相随。入门施毡席,庭燎、房上置砖箸、跨马鞍、拜天地、舅姑,入帐(青庐)、撒豆谷(火烧)、合卺等。

其中,"声炮三",是燃放鞭炮;"庭燎",是先秦燃火把,昏时行礼的遗俗;扬"火烧"(烧饼)于庭,相当于撒帐或撒豆谷。

用红纸包砖避煞神是山东特有的风俗,起自明代。胡朴安的《中华全国风俗志》下篇卷二《济南采风记》载:"两新人既入洞房,仆人即用新砖裱以红纸,置大门上,此俗不惟省垣(济南)有之,盖风行齐鲁间焉。相传明太祖微时夜行,遇新娶者,煞神随之,太祖尾之入,以砖置其门。次日,有问日者:'昨何故与煞神犯?'日者谓明知之,然是晚有紫微入度相救,故敢用之。流俗相传,至今勿替。""煞神"是传说的凶神,"日者"是占候卜筮者。由于紫微星朱元璋"以砖置其门",才赶跑了煞神。

后来,又用束草插筷子,用红纸包砖压其上,并演变出各种寓意。

乾隆十八年(1753 年)《博山县志》载:"娶妇日,辄以甓(砖)一双置门上,俗谓避除凶煞,其说不可考,然相沿已久,即士大夫家亦遵而行之。"

嘉庆五年(1800 年)《寿光县志》载:"妇入,旋以四筋(箸)插门檐上,而以腥红纸裹二砖压之。"

1935年《青城县志》载："其男家大门旁树谷草二束，覆以红巾，以两处女抱之，名曰'铺床草'，盖示有草可结，寝处安宁之意。……门顶放双红砖，砖下置新筷二双，取饮食不缺意。"

这一习俗，现在滨州一带仍流行。亲迎前夕用红纸裹上一对红砖，贴上喜字，绑上一双新红筷子，由属龙、虎的二人安放在门两边，新娘进门后放在房顶上，据说可以避邪。

5. 合髻、坐夫鞍、踏红毡、拜天地、喝交杯酒

光绪三十年（1904年）山东《峄县志》、民国六年（1917年）《临沂县志》均载："合髻、坐夫鞍则自唐五代以来皆沿而行之。"

"合髻"由先秦结发订婚演变而来。古代男子二十而冠，女子十五而笄，也叫"结发"，可以订婚了。女子订婚后，即用丝缨束住发髻，表示她已经有了对象，即《礼记·曲礼》说的"女子许嫁，缨"。到成婚的当夜，由新郎解下。《仪礼·士昏礼》载："主人入，亲说（脱）妇之缨。"东汉北海高密（今属山东）人郑玄注曰："妇人十五许嫁，笄而礼之，因著缨，明有系也。盖以五采为之，其制未闻。"所以，人们称第一次结婚的夫妻为结发夫妻。

到宋代，这种结发订婚的风俗又演变为"合髻"。宋孟元老《东京梦华录·娶妇》载，男女"男左女右，留少头发，二家出匹缎、钗子、木梳、头须之类，谓之'合髻'"。山东沿袭的"合髻"，即指此。

"坐夫鞍"即唐朝齐州临淄（今属山东）人段成式《酉阳杂俎续集》卷四《贬误》说的"新妇乘鞍"。宋末谢维新著的《合璧事类》引《苏氏演义》说："国初婚姻，坐女于马鞍之侧，此胡人尚乘鞍马之意也。"明清时期又演变为"跨马鞍"，新娘下轿后，面前放一马鞍，跨过后再登堂行礼。

踏红毡不算是一种仪式，只是一种讲究。新妇跨马鞍后，不得踏地，要踏红毡，待新妇走过后，再赶紧把走过的红毡传到前面，称做"传代"、"转席"。这一风俗起自唐代。白居易《春深娶妇诗》云："青衣转毡席，锦绣一条斜。"从宋元明清到现在，山东一直流行这一婚俗。

拜天地即唐代的拜堂。1934年《单县志》记载的拜天地，与《东京梦华录·娶妇》的记载略同："妇至婿家，预于天井设案，上置斗秤铜镜，夫妇同拜，曰'拜天地'。"

交杯酒在山东庆云一带称"交拜酒",来源于先秦时期的"合卺礼"。宋代"用两盏以彩结连之,互饮一盏,谓之'交杯酒'"[1]。

嘉庆十四年(1809 年)《庆云县志》载:"迎归,置鞍新妇轿前,下轿履鞍,二女客扶行至庭,婿拜天地,入房饮交拜酒。"

1935 年《茌平县志》载:"亲迎至家,男之门限中设马鞍一具,新妇跨鞍而过,取安子之意也。新妇下车,女傧扶之,抱以心镜以行,地敷红毡,使不履新地。入新房,去红巾,各整新妆,男则长袍马褂之礼服,女则随贫富而易时妆,各带怀花,行交杯合卺礼。"

6. 坐帐、馈女

坐帐即晚清民国时期的"坐富贵",它来自魏晋南北朝隋唐"设青庐"、"入帐"的婚俗。康熙三十三年(1694 年)《登州府志》、道光二十六年(1846年)《招远县志》均载:"(合卺礼毕)男妇分左右座床上,谓之'坐帐'。"清乾隆十八年(1753 年)《博山县志》亦载:"妇至夫家坐青庐,三日后始下床,今则不拘矣。"

馈女即旧志所称之"馈敬",又称"暖女",山东民间叫"送小饭"、"送大饭"。这一风俗起自宋代。南宋孟元老《东京梦华录》卷五《娶妇》载,结婚第三日,女家携礼物前来作会,谓之"暖女"。明清时期,演变为新婚三日女家向男家送饭。

乾隆二十七年(1762 年)山东《乐陵县志》载:"女家具水角(饺)、麦面,谓之'送小饭'。二日拜家庙及翁姑与夫家之尊长,女家送酒馔进舅姑前,舅姑飨之,谓之'送大饭'。"

道光十二年(1832 年)的山东《商河县志》亦有"妇家具馔于舅姑前"的记载,其中的按语更为详细:"结婚之第一日,女家遣女眷二人以肴馔来,谓之'送小饭'。当夕,女家之尊辈以合饼来,谓之'送晚饭'。次晨,女家又遣女眷以面食来,谓之'送早饭',俗称'送梳妆面'。是午,女之父母及眷属以肴馔来,谓之'送大饭',亦称'馈饭',即旧志所称之'馈敬'。"

"馈敬"之俗,在山东北部更为流行。1935 年《陵县志》载:"女家以受财礼为耻,定婚时鲜有议聘金者,一切妆奁嫁资均归女家担负。嫁期之前二

---

①(南宋)孟元老:《东京梦华录》卷五《娶妇》,文化艺术出版社 1998 年版。

日,男家择双日备酒肉凌晨送至女家,名曰'催妆'。女家即日将妆奁辇送,率以丰奢为荣。往往有农家子备办士大夫陈设什物者,其实空费金钱,终归无用。及期,富者乘肩舆亲迎,贫则否。当日或次日,新妇之姊妹行或长辈备食物赴新郎家,名曰'送馈敬'。……其可异者,旧家庭嫁娶后,夫家只备食住,衣服仍归女家供给,甚至夫婿及新生子女之衣服亦须负担。以此,姑媳间屡生勃豀,致伤感情者有之。生男多喜,生女悲者有之。"

民国初年,安徽人胡朴安《中华全国风俗志》下篇卷二《山东》也记载了山东的这一风俗:邹县之婚礼,"三日拜公姑,谒家庙,入室,行合卺礼。母家馈食三日",济南婚礼,新妇"坐床后,女家随送面丝斤许,肉合子数板,稀饭一罐来。盖齐俗三日内,新人不食男家之物。次早,女家又送面丝来,谓之'抬头面'。此后则不复馈送矣"。

现代男人靠吃"馈饭"生活,是一种耻辱,明清以来凡结过婚的男人却都吃过"馈饭"。

7. 拜舅姑、庙见、归宁、回门

宋元明清时期拜舅姑,仍然在第二天,有的在第三天。古代初次拜见尊长送的礼物叫"贽"。新妇要以自己在娘家的针线活为贽,送给舅姑和家人。庙见也比先秦提前了,一般在第三日进行。

嘉庆十四年(1809 年)《庆云县志》载:"新妇进枕、履、巾、囊诸物于舅姑、尊长为贽,曰'送针线'。三日,夫妇同谒家祠或展墓,拜一家尊长。"

1925 年《无棣县志》载:"明日,新妇妆梳,馈于舅姑,进枕、履、巾、囊诸物。三日,见于家庙,遂展墓。还,拜见诸姑姊妹及族党,馈以食物、针黹等事。"

1934 年《单县志》载:"三日后拜祖先、拜舅姑尊长,以在室时所绣物为贽,曰'送生活'。"

先秦时期妇人出嫁后"归问父母之宁"的归宁,至此演变为一种固定的礼仪,一般在新婚第三天,也叫"回门"。乾隆六年(1741 年)《夏津县志》记载的"谢亲"、"回门",即在第三日。1935 年《陵县续志》载:"二日或□日,新郎同新妇来岳家拜谢,谚称'回门'。"

一般说来,回门后婚礼基本结束。1935 年《茌平县志》记载婚礼的全过程说:

通媒妁，结婚姻，双方由冰人言定，然后男家向女家投契，曰"恳启"，即古之求婚是也。女家回帖曰"允启"，即允许之意也。若男宅向女家纳币，曰"聘礼"。通告吉期，曰"下娶帖"。莅俗，普通之家男女至十五六，先由父母主持定配，曰"换小帖"。

古娶用车，莅邑普通娶亲亦用车，惟缙绅之家则改用轿。礼重亲迎，但亲近（迎）时，男宅命小孩抱一雄鸡，女家抱以母鸡，盖鸡以代雁，即古礼委禽之遗意也。且鸡音与古（吉）相近，取其吉祥也。中等之家，婚男偕媒氏亲迎，鼓乐乘车前导，旗锣纱灯各项仪仗随行，数之多寡依贫富而异，富者多而贫者较少，而乐则于汉乐管弦笙笛之外，杂以胡琴、小哨。既至女家，则乐师唱亲迎之歌，以行催妆。新妇则头罩红巾以入车。如有随从妇女，则称"压轿"。

男子亲迎至家，男之门限中设马鞍一具，新妇跨鞍而过，取安子之意也。新妇下车，女傧扶之，抱以心镜以行，地敷红毡，使不履新地。入新房，去红巾，各整新妆，男则着长袍马褂之礼服，女则随贫富而易时妆，各带怀花，行交杯合卺礼。待行结婚礼时，男女互牵红巾以去，即古人结褵之遗意也。如是出堂，先拜祖先、天地，次行结婚礼，再次则向父母行礼，遍及亲友。礼毕，设宴以款之。散后，至晚则入洞房。第一夕，妇家例送水饺，夫妇共食，然为半熟品，取生之意也。二日晨起拜翁姑。三日早扫墓，即古之庙见之遗意。三日或六日后，新婚夫妇同至女家拜见长上，谓之"回门"。如是而婚姻成立矣。

该志记载的婚礼仪式，基本齐备了。与唐以前的婚礼相比，宋元明清时期有如下变化：

第一，先秦时期，重在婚前的"六礼"；宋元明清时期，婚礼的重点向亲迎及亲迎后的礼仪转移，亲迎与新妇入门后举行的仪式合二为一。

宋元明清时期，亲迎以及新娘进门后的礼仪明显强化了。山东的许多县志都有"礼重亲迎"、"亲迎尤世俗所尚"，"亲迎必用仪卫、鼓乐"的记载。亲迎成为"祀先"、"奠雁"、"谢亲"等多种礼仪的组合，并与新娘娶回家后繁杂的仪式一气呵成。在现代山东人的观念里，所谓婚礼就是迎新娘，拜天地，而不包括传统"六礼"那样的婚前磋商过程。这种观念，就是宋元明清时期形成的。

第二，宋元明清时期，婚礼喧嚷纷闹的喜庆色彩更加鲜明。

宋代已普遍使用纸裹火药制成的爆仗、鞭炮，但还没推广到婚礼当中。孟元老的《东京梦华录》卷五《娶妇》，吴自牧《梦粱录》卷二十《嫁娶》，详细记载了婚礼的程序，但都没提到鞭炮。明清时期，婚礼上普遍燃放鞭炮。震耳欲聋的鞭炮与灯彩鼓乐、锣旗牌伞、庭燎、撒豆谷、撒帐等造成的效果结合在一起，使婚礼高潮迭起，热闹纷呈。

第三，追求婚礼吉祥、红火、和谐、团圆的寓意，成为宋元明清婚礼的主旋律。

婚礼用吉祥物在魏晋南北朝隋唐时期就有了，合欢嘉禾、阿胶、九子蒲、朱苇、双石、绵絮、长命缕、干漆等，都是当时婚礼上的吉祥物。宋元明清时期，人们追求婚礼吉祥的思维意识更加鲜明，几乎婚礼上所有的物品、仪式都体现着特定的寓意和古人的婚姻价值观。上述许多县志中都记载了这方面的内容。枣、栗子、花生、石榴、半熟的水饺、筷（快）子等，均隐含着“生”子的吉兆；鸡与“吉”同音；跨马鞍取平安、鞍（安）子之意；踏红毡是为了“传代”；火烧、庭燎、花烛，取红火之意等等。

枣、栗子等在先秦时期是拜舅姑用的物品，本意为夙兴、慎栗之义。唐朝贾公彦《仪礼·士昏礼》疏曰：“枣、栗，取其早自谨敬，腶修，取其断断自修正，是用枣、栗、腶修之义也。”出于古代生育型的婚姻价值选择，到宋元明清时期转义为“早立（利）子”了。

清初新城（今山东桓台）人王士禛《池北偶谈》讲：“齐鲁之俗，娶妇必用枣栗，谚云：‘早利子也。’”乾隆十八年（1753 年）《博山县志》载：“嫁女妆奁内多贮枣、栗，谓早立子也。按古礼，妇人执贽必用枣栗，枣音与早同，取夙兴之义；栗取慎栗之义。事同说异，特后人传讹耳。”

几乎所有的婚礼事项都反映了人们追求吉利的意愿。山东庆云一带新妇回门，“往四日，来八日，曰四平八稳；往九日，来十日，曰九子十成，皆取吉语”。山东青城一带，“迎娶日期必请人选择，其上下轿方面必趋吉避凶。其男家大门旁树谷草二束，覆以红巾，以两处女抱之，名曰‘铺床草’，盖示有草可结，寝处安宁之意。门限中间设马鞍一，下放钱二缗，取前进平安意。门顶放双红砖，砖下置新筷二双，取饮食不缺意。大门内房顶置糕（以黍米和枣为之）一盂,意谓家道日高也"。①

传统婚礼特别重视结发夫妻的婚礼,"置妾及寡妇再醮,则无婚礼可言"。1934年《冠县志》载:"再醮之妇,士林不齿。有寡妇见鳏夫而欲嫁之,不行正式结婚礼,每于夜间舆接之。"夏津一带"娶再醮妇,仪式极简,无鼓吹,不亲迎,以车不以轿,故俗称'拉后婚'。"莱阳一带"若寡妇再醮,则谓之'出水',多于昏夜用驴骡载入,自作汤饼（面条）与男同食。其契约,虽市侩亦耻之,率用假名,故再醮之妇每为人所鄙"。当地俗语称"继室曰填房","随娘改过曰跟脚"②,均有鄙视之意。

(二)宋元明清时期的婚姻陋俗

1. 指腹婚、童养媳

宋代以前,流行于山东的早婚现象有先秦时期的待年、魏晋南北朝的拜时、唐宋的早婚。宋代婚龄遵从唐代开元婚制,男15岁、女13岁即可嫁娶,唐宋两朝是倡导早婚的时期。元、明、清三朝的婚龄,基本是男16岁、女14岁。如《明史·礼志九》载:"凡庶人娶妇,男年十六,女年十四以上,并听婚娶。"

汉代产生的指腹婚仍在山东流行,宋元以后甚至发展为割下母亲的衣襟为定亲的信物。济南历城称为"指腹割襟",惠民、广饶一带称做"割襟换酒"。

雍正十一年(1733年)《乐安县志》载:"今日也,又见闾阎编户有所谓割襟换酒之风,一言之要,终身不渝,虽甚贫富而信誓旦旦,齐俗固加人一等矣。"

1940年《历城县志》载:"甚有指腹割襟,乘凶扶妇者,败俗妨礼,尤所当禁。"

自元朝以来,都曾明令禁止指腹婚。《元史·刑法志二》载:"诸男女议婚,有以指腹割襟为定者,禁之。"《大清会典事例·刑部·户律婚姻》亦载:"或有指腹割衫襟为亲者,并行禁止。"然而,"指腹割襟"的陋俗仍在山东流

---

① 1914年《庆云县志》、1935年《青城县志》。
② 1936年《牟平县志》、1934年《夏津县志续编》、1935年《莱阳县志》。

行。

与指腹婚相联系的是童养媳,它有一个发展演变的过程。童养媳起源于春秋时期的"待年"。1923年安徽《黟县四志·地理志·风俗》讲:"童养媳俗云小新妇,盖始于春秋待年之女而绝似六朝拜时之妇。按隐公七年,叔姬归于纪。公羊注:伯姬弟(娣)也,待年于父母之家。拜时为权宜之制,其礼以纱蒙女首,送往夫家。夫发之,因拜舅姑,使成妇道,礼毕即归。今黟之小新妇竟依夫家,与六朝拜时稍异。"

山东有童养媳,但不如南方各省严重,一般"多出于寒族"。"女家贫寒,先婚期送往男家,谓之'童养媳'。及长,择吉成婚,惟不坐轿,而庙见、拜三等礼不异,人亦无歧视者。"童养媳养在男家,但成礼时仍然要回到母家,由男方前往迎娶。到晚清民国时期,"为两家便利计,不必将女送回母家再往迎娶,即在男家择吉期草草成礼(俗名寠落上头),此系变通之一法,不可为训也。然在今日已属仅有之事矣"。①

1934年《冠县志》对童养媳记载得较为系统:"男女订婚,女未及笄,女家无力胆(赡)养,乃寄生于夫家,迨女成年始正式结婚。然是俗多男大于女,是女每受翁姑虐待。"

2. 冥婚、空夫婚

先秦以来的冥婚到宋代更加盛行,凡是未婚男女死了,父母都要托媒说亲,媒人称做"鬼媒人"。南宋康与之《昨梦录》载:"北俗男女未婚而死,两家命媒互求之,谓'鬼媒人'。"

元明清时的冥婚更加荒唐和惨无人道,有的未婚、已婚女子,因男方死了,自杀以成冥婚。《元史·列女传》载,东平(今属山东)杨氏,丈夫郭三从军襄阳死,其舅曰:"新妇年少,终必他适,可令吾子鳏处地下耶!"准备寻找乡里亡女尸骨合瘗之。"杨氏闻,益悲,不食五日,自经死,遂与夫共葬焉。"

《元史·列女传》记载了东平杨氏后,又记载了两例夫死自杀称冥婚的山东妇女:"李冬儿,甄城(今属山东)人,丁从信妻也。年二十三,从信殁,服阕,父母呼归问之,曰:'汝年少居孀,又无子,何以自立,吾为汝再择婚何如?'冬儿不从,诣从信冢哭,欲缢墓树上,家人防之,不果。日暮还从信家,

---

①1936年《清平县志》、1935年《莱阳县志》(《牟平县志》略同)、1935年《临朐续志》。

夜二鼓,入室更新衣,自经死。"“李氏,滨州惠高儿妻也。年二十六,高儿殁,父欲夺归嫁之,李氏不从,自缢而死。”

明清形成了旌表贞节烈女的制度和风俗,这一陋俗愈演愈烈。清初新城(今山东桓台)人王士禛《池北偶谈》卷七《谈献三》载,山东莱阳董道广死,其妻孙氏语其弟曰:“归语父母,勿悲我。父母劬劳,无以为报,是所以报耳。”遂自缢死。在孙氏看来,为夫殉葬而换来烈女的荣光,就是报答父母的养育之恩了。

有的甚至不顾家人的劝阻,偷偷为未婚夫、丈夫殉葬。雍正年间(1723—1735年),山东潍坊有一女子,“未行(嫁)而夫死,其母往吊,女请从,母止之不可。衣红而袭以素,潍俗妇吊丧不至殡,女阳为如厕,因问得殡室,潜入,去袭,缢枢侧”①。

有的虽然表现了一种生死不渝的传统婚姻道德,但仍然是一种封建愚昧。《清史稿·列女传四》载,掖县(今山东莱州)王氏女与陈三义定亲后而失明,其父辞婚,陈三义义无反顾,曰:“吾聘时未瞽也,聘而瞽,犹娶而瞽,其可弃乎?”三年后,王氏目复明而丈夫陈三义去世。王氏曰:“夫不负吾,吾岂负夫?”遂自缢而死。

更有甚者,亲属胁迫、劝说死者妻妾自杀成冥婚。《清史稿·列女传四》载,山东郓城人李长华病死京师,其妾吴氏饮鸩欲与夫同赴黄泉,被长华的朋友孙勷救下,“诚毋死,待长华子迎丧。后十余日。长华子迎丧至,知其事,亦劝毋死,且将以其子为之孙,吴(氏)即夕自经死。勷葬长华广宁门外真空寺侧,以吴祔”。儿子听说母妾欲自杀与父合葬,不仅加以支持、鼓励,还承诺以自己的儿子为母妾的孙子,免得她绝后。看来,历史上还真有劝人去死的荒唐事例。

这种愚昧、惨无人道的冥婚,实际也是古代妻妾为丈夫殉葬陋俗的反映。

清代还出现与冥婚类似的“空夫婚”。空夫婚有两种情况:

一种是未婚夫夭折(纳采礼后,即为未婚夫),女方抱着未婚夫的木主(灵牌),或抱一只大公鸡拜堂成亲,然后为未婚夫守节。《清史稿·列女传

①《清史稿·列女传二》,中华书局1976年版。

二》载,山东德州人、协办大学士卢荫溥之女卢氏,未婚夫贾汝愈死,矢志不嫁,贾家在儿子去世的情况下仍把儿媳妇卢氏迎进门,并为她立后代。

另一种是男方在外地不能回家成亲,仍把新媳妇娶进门,等待丈夫归来。这一风俗一直保留到新中国成立前。解放战争时期,山东蒙阴县李保德村妇女李凤兰,为让未婚夫在前线安心作战,说服父母,按沂蒙山区风俗,由嫂子怀抱一只大红公鸡陪其拜堂成亲。婚后精心照顾公婆,耕种田地,直到解放后才知道丈夫在战场上牺牲的消息。其后,仍然终身不嫁,被山东省人民政府和山东省军区政治部授予"山东红嫂"荣誉称号。李凤兰对人民解放事业的忠诚和奉献精神是值得敬佩的,它反映了沂蒙山区人民和那个时代的淳朴、率真,但沿袭的却是一种陋俗。

受冥婚和空夫婚的影响,山东妇女不仅与生活在一起的丈夫从一而终,甚至与负婚另娶的未婚夫从一而终。《清史稿·列女传二》载,邹平幼女张有被卖到高唐朱家为婢女,长大后主母为她议婚,张有泣言在家时已许婚他人,不敢负约。主母派人找到张有的未婚夫,早已娶妻生子了。张有表示:"虽别娶,身不愿更事他人。"结果,张有终身未嫁。

3. 纳妾、养外妇

宋元明清时期,男子纳妾的现象更为普遍。《明会典·刑部律例一》规定:"庶人四十以上无子,许选娶一妾。"

在山东婚姻风俗中,官民纳妾现象也很普遍。南宋郑克《折狱龟鉴》卷七《察盗》载,北宋青州(今属山东)人许仲宣在五代时任曹州济阴(今山东定陶西)主簿,与县令轮流保管县印。县令有妾,与其妻争宠,县令不能禁。妾欲害县令的正室,遂暗窃县印,封空印盒交给许仲宣。明日启封不见县印,乃捕县吏数人及县令和主簿的家人拷问。后于县令家的烟筒中发现县印。明朝抗倭名将、山东登州(今山东蓬莱)戚继光娶妻王氏,后因王氏无子,又纳妾。

一般平民百姓也纳妾。《元史·列女传》载,博兴焦士廉有妻王氏、妾杜氏,至正十七年(1357年),毛贵作乱,妻妾皆被掳掠遇害。

1934年《冠县志》载:"间有年登耄耋,宠纳少艾,红颜白发,良非佳耦。……男子晚年无子,有纳妾一人至二三人者,然亦庶不敌嫡,名分綦严。庶出子女呼其母为姨,辨尊卑也。是以抱衾与裯,多不行正式结婚礼。"

妾的亲生儿女称呼母亲为"姨",反映了妻妾之间地位仍然悬殊。临清、高唐一带"呼其父之妾亦曰姨"。夏津一带呼"妾曰小婆子,庶为嫡曰扶正"。如果妻妾平起平坐,则视为没有尊卑大小,称做"平房"。如同先秦时期的"奔则为妾"一样,纳妾没有什么婚礼。莱阳一带"买妾者有舆,无扶送客"①,用车接进门就行了。

从《水浒传》反映的风俗来看,山东还有包养外妇的风俗。宋江出一口棺材和 10 两银子帮阎婆惜安葬了父亲,经媒婆说合,将阎婆惜包养为外妇。该书是这样描述的:

> 宋江依允了,就在县西巷内讨了一所楼房,置办些家伙什物,安顿了阎婆惜娘儿两个在那里居住。没半月之间,打扮得阎婆惜满头珠翠,遍体绫罗。……又过了几日,连那婆子也有若干头面衣服。端的养得婆惜丰衣足食!初时,宋江夜夜与婆惜一处歇卧,向后渐渐来得慢了。
>
> ……
>
> 宋江半信不信,自肚里寻思道:"又不是我父母匹配妻室。他若无心恋我,我没来由惹气做甚么? 我只不上门便了。"
>
> ……
>
> 阎婆惜道:"第一件,你可从今日便将原典我的文书来还我,再写一纸,任从我改嫁张三,并不敢再来争执的文书。"宋江道:"这个依得。"婆惜道:"第二件,我头上带的,我身上穿的,家里使用的,虽都是你办的,也委一纸文书,不许你日后来讨。"

这虽是文学虚构,但反映的风俗却是真实的。

其一,包养外妇由媒婆说合,不需通过父母,但要立下典身的文书。

其二,包养外妇所用的住房、家具、衣物,均由男方出资,如果双方分手,仍归男方所有,女方不得带走。

其三,有的包养者需负责外妇父母的衣食。

4. 门第婚的延续

五代以来,士族门阀没有了,等级观念受到一定的冲击,宋代"取士不

---

①1936 年《清平县志》、1934 年《夏津县志续编》、1935 年《莱阳县志》。

问家世,婚姻不问阀阅"①,"娶其妻不顾门户,直求资财"②。富民可凭借资财和官员联姻,官民不婚的界限有所缩小。尽管如此,婚姻门当户对的门第观念却依然存留下来。

明清时期,曾发生两起朝廷、官员同山东孔府衍圣公之间的政治联姻。一起是明朝嘉靖年间,权臣严嵩将自己的孙女嫁给孔子的第 64 代孙、衍圣公孔尚贤。这桩婚姻,显然有互相利用的政治原因。婚后,严嵩出巨资,大规模扩建重修了孔府花园。另一起是清朝乾隆皇帝把女儿嫁给了孔子第 72 代孙、衍圣公孔宪培。由于皇族汉满不能通婚,乾隆皇帝先让女儿认协办大学士兼户部尚书于敏中为父,并寄养在于府,然后以于家女儿的名义嫁到孔府,孔府称为于夫人。完婚后,皇帝对孔家恩宠倍加,多次带皇后来曲阜,每次驾临,孔宪培和夫人于氏都到曲阜南门外迎接③。公主墓和建造精美的于夫人坊至今仍存在于山东曲阜孔林。

这两起政治联姻与魏晋南北朝的门第婚异曲同工,历代与孔府衍圣公联姻的大都是达官贵人,没有平民百姓,实际上是门第婚的存续和发展。

5. 赘婿

唐朝山东的赘婿已分为"养老婿"和"舍居婿",宋元明清时期,其他省份的养老婿明显减少,大部分为到期限认祖归宗、另立门户的"舍居婿"。如 1937 年上海《川沙县志》载当地民谚说:"入赘女婿不是人,倒栽杨柳不生根。要望丈人丈母招横事,领了家婆就动身。"这是"舍居婿",只要"丈人丈母招横事",就可出舍独居或认祖归宗。而山东则相反,"舍居婿"反倒罕见了。

道光十七年(1837 年)《临邑县志》载:"古有馆甥,今曰招赘,或从翁姓。"传说"馆甥"起自远古的舜。《孟子·万章下》载:"舜尚见帝,帝馆甥于贰室。"赵岐注:"谓妻父曰外舅,谓我舅者,吾谓之甥。尧以女妻舜,故谓舜甥。"古代称岳父为外舅,女婿为甥。尧将娥皇、女英二女嫁给舜,舜上见尧时,尧留他住在"贰室"。《临邑县志》把他说成是住在外舅(岳父)家的赘婿了,称做"馆甥"。其实,传说中的舜并不是赘婿,因他是大孝子,山东

①(南宋)郑樵:《通志》卷二十五《氏族略第一》,中华书局 1987 年版。
②(北宋)蔡襄:《福州五戒》,载吕祖谦:《宋文鉴》,中华书局 1992 年版。
③参见柯兰:《千年孔府的最后一代》,天津教育出版社 1998 年版。

民俗把他传为赘婿的目的是强化赘婿生子、继宗、养老义务的神圣性。

"养老婿"终身在妻家作赘,顶门当差,田间劳作,赡养女方父母,甚至姓也得改从妇家姓。20 世纪初,胡朴安发现山东邹县赘婿永不归宗,感到非常奇怪:"其有风之陋者,赘婚一事,婿承岳产,为他人后,永不归宗。"①之所以称做"风之陋者",是因为到民国时,在别的省份"永不归宗"的养老婿已不多见了。直到今天,山东人仍把"招赘"称做"招养老女婿"。

6. 姑舅婚、两姨婚

先秦时期已有"同姓不婚"的禁忌,与此相联系的还有"讥娶母党"②,即不能娶母家宗族的女子;中表不婚,即兄妹、姐弟、姊妹及堂兄弟姊妹的子女不能互相婚配。实际上民间风俗并非如此,姑舅亲、两姨亲等,先秦时期就相当盛行。《春秋·僖公二十五年》载:"宋荡伯姬来逆妇。"《春秋·僖公三十一年》:"杞伯姬来求妇。"荡伯姬、杞伯姬都是嫁出去的鲁女,其子再和鲁国结亲,应该是姑舅婚。宋元明清时期,姑舅婚、两姨亲也存在于山东婚俗中。

到了清代,朝廷法律始对同姓婚、姑舅婚、两姨婚的限制放宽。《大清会典事例·刑部户律婚姻》雍正八年定例:"(同姓为婚)或于名分不甚有碍者,听各该原问衙门临时斟酌议奏。其姑舅、两姨姊妹为婚者,听从民便。"虽对同姓结婚弛禁,但严禁同宗:"凡娶同宗无服之亲,及无服亲之妻者,各杖一百。"

到 20 世纪初,山东仍存在姑舅婚、两姨婚。胡朴安指出,山东邹县"其有风之陋者……如姑舅兄妹成亲、母女配父子、夫赘妇家"③等。

7. 视离婚为丑事,视为人离婚为"损阴骘"

从先秦到隋唐,离婚风气盛行。自宋代开始,社会风气为之一变,视离婚为丑事,视为人离婚为"损阴骘"。士大夫不敢轻言离婚,官吏断案也多方调解,劝和不劝离,甚至逼迫双方和好。讲求家庭的稳定,夫妻间的白头偕老,始成为传统婚姻的主旋律。南宋济南人周密讲:"士大夫偶有非理出

---

①胡朴安:《中华全国风俗志》下篇卷二《邹县之婚礼》,中州古籍出版社 1990 年版。
②(清)陈立:《白虎通疏证》卷十《嫁娶》,中华书局 1994 年版。
③胡朴安:《中华全国风俗志》下篇卷二《邹县之婚礼》,中州古籍出版社 1990 年版。

妻者,将不齿于士类,且被免官。"①从此,在民间,不仅视离婚为丑事,而且视拆散别人的婚姻为缺德。到现在仍有"宁拆十座庙,不破一门亲"的俗语。

(三) 宋元明清时期的贞节烈女

烈女,亦作"列女",原指义烈轻生的女子。《战国策·韩策二》称:"非独(聂)政之能,乃其姊者,亦列女也。"早在先秦时期,山东齐鲁一带的烈女就转义为拼死保全名节,不更二夫的女子了。宋元明清时期,尤其从明代以后,"贞节烈女"完全成为摧残中国妇女的枷锁。

1. 对贞节烈女的旌扬

秦汉时期,朝廷开始旌表贞节烈妇。秦始皇禅梁父,巡会稽等地刻石有"有子而嫁,倍死不贞"的词句。秦朝有个巴蜀寡妇清,"能守其业,用财自卫,不见侵犯。秦皇帝以为贞妇而客之,为筑女怀清台"②,是秦始皇树立的第一个节妇。不过,这个贞妇不仅贞节,还是发家致富,"用财自卫"的女强人。

《汉书·宣帝纪》载,神爵四年(前58年)诏赐"贞妇顺女帛"。

《后汉书·孝安帝纪》载,诏赐"贞妇有节义(谷)十斛,甄表门间,旌显厥行"。

这些政策,仅行一时,并没有一种固定有效的旌表形式,且力度不大。宋辽金元时,朝廷、官府和民间均有旌表贞节烈女之事,但影响和效果仍然不大。

北宋欧阳修曾论青齐节妇说:

> 予尝闻五代时有王凝者,家青、齐(在今山东)之间,为虢州司户参军,以疾卒于官。凝家素贫,一子尚幼,妻李氏,携其子,负其遗骸以归,东过开封,止于旅舍,主人不纳。李氏顾天已暮,不肯去,主人牵其臂而出之。李氏仰天恸曰:'我为妇人,不能守节,而此手为人所执邪!'即引斧自断其臂,见者为之嗟泣。开封尹闻之,白其事于朝,厚恤李氏而

①(南宋)周密:《齐东野语》,中华书局1983年版。
②《史记·货殖列传》,中华书局1959年版。

笞其主人。呜呼！士不自爱其身而忍耻以偷生者，闻李氏之风，宜少知愧哉！①

被别的男人牵到胳膊，就"引斧自断其臂"，这是一种极端的、也是畸形的贞节观，朝廷只是予以厚恤，并没有大张旗鼓地旌表。

宋代还出现民间为贞女立祠表彰的风俗。

《宋史·列女传》："董氏，沂州滕县（今属山东）人，许适刘氏子。建炎元年（1127年），盗李昱攻剽滕县，悦其色，欲乱之，诱谕再三，曰：'汝不我从，当锉汝万段。'女终不屈，遂断其首。刘氏子闻女死状，大恸曰：'列女也。'葬之，为立祠。"

金代往往用"追封"的方式表彰贞节烈女。《金史·列女传》记载了两例追封的山东烈妇。金贞祐元年（1213年）冬，蒙古军取潍州（治今山东潍坊），抢掠监察御史李英妻张氏曰："汝品官妻，当复为夫人。"张氏曰："我死则为李氏鬼！"遂见杀。追封为陇西郡夫人。贞祐三年（1215年），红袄军攻陷莱州掖县（今山东莱州），杀掖县司吏相琪一家，其妻栾氏有姿色，拒奸被杀。朝廷"追封西河县君"。

山东的地方官府有时也奉命旌表烈妇。《元史·列女传》载："胡烈妇，渤海（今山东宾县）刘平妻也。至元七年（1270年），平当戍枣阳，车载其家以行。夜宿沙河旁，有虎至，衔平去。胡觉起追及之，持虎足，顾呼车中儿，取刀杀虎。虎死，扶平还至季阳城求医，以伤卒。县官言状，命恤其母子，仍旌异之。"这位舍命救夫，与虎搏斗的胡烈妇，应是真正的义烈女子。

明清时期，旌表贞节烈女始制度化、固定化，且加大了旌表的力度。洪武元年（1368年）朱元璋诏曰："民间寡妇三十以前夫亡守志，五十以后不改节者，旌表门闾，免除本家差役。"②

清代沿袭明代旌表之例，并不断变本加厉。据《大清会典事例·礼部·风教》载，顺治十年（1653年）题准："凡旌表节孝，在直省府州县者，官给银三十两，满洲、蒙古、汉军支户部库银三十两，听其自行建坊。"康熙六年（1667年）议准："民妇三十岁以前夫亡守节，至五十岁以后完全节操者，

---

① 《资治通鉴》卷二百九十一《后周纪二·太祖显德元年》，古籍出版社1956年版。
② 《大明会典》卷七十八《旌表门·大明令》，中华书局1989年版。

题请旌表。"由于需表彰的节妇太多,以致使朝廷难以应付。康熙二十七年(1688年)谕:"夫亡从死,前已屡行禁止,近见京城及各省从死者尚多,人命关系重大,死亡亦属堪怜,修短听其自然,岂可妄捐躯体? 况轻生从死,事属不经,若复加褒扬,恐益多摧折。嗣后,夫没从死旌表之例应停止。"朝廷停止旌表的原因,显然是因"从死者尚多",而"人命关系重大",不过是托词。到康熙五十二年(1713年),不仅恢复旌表,还把旌表夫亡从死的范围扩大到未婚夫妻:"民间贞女,未婚闻讣,矢志守节,绝食自尽,照例旌表。"到雍正时,朝廷又反复了几次。雍正十三年(1735年),"因各省奏请旌表烈妇者尚少,朕是以格外加恩,准其旌表"。后来,又停止旌表。

清《嘉庆会典事例·礼部·风教》载:"康熙十一年(1672年)议准,强奸不从,以致身死之烈妇,照节妇例旌表,地方官给银30两,听本家建坊。"嘉庆七年(1802年)又规定,若强奸已成,暴徒逃遁,其妇"衔冤茹愤,刻即捐躯者","照被人调戏,羞愤自尽旌表之例,减半给予。倘死在越日,即行扣除,以示限制"。

旌表,是封建朝廷的一种道德回报机制。这里透露出三个明显的信息:

其一,朝廷的制度导向很大程度上引导着民间风俗的趋向。朝廷旌表夫亡守志者,民间马上趋之若鹜,用最"速效"的夫亡从死来获取朝廷旌表。于是,"各省从死者尚多",朝廷表彰不过来,遂停止旌表,随之又导致了"奏请旌表烈妇者尚少",朝廷再度恢复旌表。

其二,在朝廷的制度导向下,妇女一旦失身,只有死路一条,而且越快越好。它不仅形成了重失身、轻生命的贞节观念,而且导致明清贞节烈女含义的变化:妇女无论怎样才行高秀、明哲卓识、舍生取义,一旦失身,就不是烈女。

其三,宋辽金元时,妇女贞节观念仍不很严重,寡妇改嫁也不稀奇,不太受人鄙视。南宋济南女词人李清照的丈夫赵明诚死后,在49岁时又嫁给张汝舟。后发现张有营私舞弊行为,报官告发了丈夫,并要求离婚。后获准离婚,但因妻告夫判刑三年。自朱元璋以及明清一系列旌表贞节的诏令颁行后,理学、法律、家族亲族贪图荣利等因素结合在一起,始形成了严格的寡妇不得改嫁和妇女贞节观念,并成为一股不可抗拒的社会风俗。

2. 节孝坊、贞节碑、贞节匾

节孝坊、贞节碑、贞节匾,是宋元明清时期朝廷旌表贞节烈女的主要方式。

山东单县曾是"天下第一牌坊城",有"牌坊县"的称誉。据民国本《单县志》记载,从宋代元祐年间(1086—1094年)至清末,单县建坊达100余座,至民国末年还存有34座,全是节孝坊。据说百余座牌坊雕花各异,无一雷同。新中国成立后,这些节孝坊大部分被清除掉

山东单县百寿坊

了,只有少数牌坊保留下来。单县众多的节孝坊当中,构筑最雄伟、雕刻最精美的百寿坊、百狮坊得以幸存下来。

百寿坊,俗称朱家牌坊,清乾隆三十四年(1769年)为朱叔琪之妻孔氏所立。孔氏26岁时,朱叔琪病逝,谨遵封建妇道,守寡几十年。死后,朱家和孔家奏明朝廷,请下了乾隆皇帝的圣旨,建坊旌表。百寿坊为全石仿木结构,四柱三间,每个石件都雕有榫眼,卯榫紧密扣合,浑然一体。坊上精雕百个形制不同的篆体"寿"字。牌坊额坊上镌刻着乾隆皇四子履郡王颙城为朱氏题写的诗:

布衣蔬食度生平,喜看庭芝渐次成。
月冷黄昏霜满地,穗帷遥出读书声。

数十年来铁骨支,养生送死总无疵。
冰操劲节光天地,千古常教奉母师。

百狮坊,又称朱氏节孝坊、张家牌坊,清乾隆四十三年(1778年)为文林郎张蒲妻朱氏所建。高14米,宽9米,因其坊柱上精雕百个姿态各异的大小石狮而命名。百狮中有八个巨狮巍然蹲踞,每个巨狮身上、足上各有五个小狮攀援戏耍,有的躲在巨狮足下缩头伸腿,奋力支撑,有的伏在大狮腿上,舔哑抚铃,有的蹦跳翻滚,争戏绣球,活灵活现,栩栩如生。立柱上透雕张牙

舞爪的盘龙,正间额枋透雕多层缠枝牡丹。张氏在单县富甲一方,百狮坊耗资巨大,据说摊到雕刻下来的碎石上,一两碎石即抵一两白银。

山东省安丘市庵上镇也留有一节孝坊,建于清道光九年(1829年)。坊主是诸城大北杏村王翰林之女王氏,嫁给庵上镇大财主马宣基的儿子马若愚为妻。马若愚久病卧床,已是病入膏肓,想借结婚冲喜。结婚前几日,风雨连绵,马家认为是不祥之兆,结婚不让入洞房,丈夫马若愚腌臜而死,王氏奉亲守志至29岁而亡。王氏的娘家人撮合,请下道光皇帝的圣旨,为其立坊。牌坊由扬州工匠兄弟俩带着8个徒弟用14年的时间雕刻而成。石坊坐西朝东,通高约12米,宽9.35米,整体由多块巨石垒叠而成,接缝严密,浑然一体,极其宏伟壮观。石坊上部两面镌刻"圣旨"二字,正楼匾上分别镌刻"节动天褒"、"贞顺留芳"八个楷书大字。在次楼匾的下边刻有鹿、鹤、狮、蜂、猴、象等谐音吉祥祈福的动物图像,寓意为:六(鹿)合(鹤)同春、太师(狮)少保、挂印封(蜂)侯(猴)、父子拜相(象)。庵上镇宣称:"天下无二坊,除了兖州是庵上。"

山东安丘庵上镇节孝坊

在当地问起这些牌坊,人们都会滔滔不绝地向你讲述它的历史和传闻轶事,其荣耀、自豪之情溢于言表。可见,当时谁家出了个贞妇,立了牌坊,是件轰动乡里、无上荣光的大事。河北、山东一带流传:"一个节妇,半个知县。"

除贞节坊外,立贞节墓碑、赐贞节匾也是朝廷旌表烈妇的普遍方式。奇怪的是,这些贞节碑凡正常竖立的都被破坏掉了,而被移做他用的,如砌在墙上、埋到地下的却侥幸保留下来了。21世纪以来,山东各地曾发现过多块不同时期的"贞节碑"、"节孝匾"。

3. 山东的贞节烈女

明以前的烈女主要是才行高秀、明哲卓识、仗义刚烈和对家庭、丈夫有责任感的女性。至于行为是否检点，是否失身，不是十分计较。山东济南人房玄龄监修《晋书·列女传》的原则是："一操可称，一艺可纪，咸皆撰录。"山东媳妇谢道韫因"聪识有才辩"而名列其中。明清时期，由于朝廷的制度导向，贞节烈女的含义发生了明显的变化，即便是才行高秀、明哲卓识、仗义刚烈的女子，失身者或行为不检点者，也不是烈女。明人郎瑛《七修类稿》卷十五《义理类·〈晋史列女传〉未当》指出，《晋书·列女传》中"无中闺之礼者四人"。"王凝之妻谢道韫，每不乐夫，致谢安责以何恨之言。且闻叔与客谈不胜，则遣婢白之，欲为小郎解围。后虽为夫报仇被掳，又不闻其死节，诸岂妇人事耶？"按郎瑛的观念，谢道韫被掳就应该死节，又"无中闺之礼"，不是烈女，不应该入《晋书·列女传》。

（1）舍生取义、明哲卓识、自强自立的烈女

宋元时期并不计较烈女是否失身，《宋史·列女传》附录了妓女毛惜惜，《金史·列女传》收录了妓女张凤奴，不仅是烈女，而且是壮烈殉国的烈士。上述《元史·列女传》记载的渤海（今山东宾县）胡烈妇，宣扬的不是她的贞节，而是她舍生救夫的刚烈和神勇，以及对丈夫强烈的责任感。

《金史·列女传》强调："若乃茕居寡处，患难颠沛，是皆妇人之不幸也。一遇不幸，卓然能自树立，有烈丈夫之风，是以君子异之。"在这里，不是强调寡妇如何遵守妇道，而是"卓然能自树立，有烈丈夫之风"。明清时期，这样的烈女仍然存在。《清史稿·列女传一》记载了两例这种类型的烈女。

一例是山东诸城王钺妻隋氏。隋氏"敏而有定识"。明末带着婆婆避兵灾，"航海行数千里"，"寇至，负姑（婆婆）夜逾垣匿谷中以免"。王钺任广东西宁知县，康熙十三年（1674 年）吴三桂叛军进攻西宁，隋氏随身佩带匕首，对丈夫说："有此何惧！"后来，隋氏带诸子北归山东，"是时贼方盛，行人道绝，隋得敝舟，挟幼子经肇庆、度大庾、入鄱阳湖，水陆行数千里，率仆婢佩刀昼夜警备"。回家后，发生地震，隋氏从楼上摔下，鲜血淋漓。地震仍在继续，儿子请她避开。隋氏曰："诸婢压其下，吾去，死矣！"督率家僮搬开砖石将压在房下的婢女全部救活。家中楼上失火，"烟蔽梯不可登，命以水

濡被予诸婢，身持湿衣障火先登，诸婢汲水次第上，火遂得熄"。后来，隋氏三子皆登进士，在朝任官，隋氏"益勤俭自敛抑，乡人称'老实王家'"。

像诸城隋氏这样明哲卓识、临危不惧、处事果断，却又勤俭自敛的烈女，就是在现代的女强人中也不多见。

另一例是山东德州田绪宗妻张氏。田绪宗卒于浙江丽水知县任上，张氏告诫管库县吏，赋徭钱粮收入，一一记载、核实清楚，新县令至，请知府临察交接，无一差错，然后携扶小弱，跋涉千里，持夫丧归。张氏"通诗、春秋传，能文"，著有《茹荼集》，教导三子，皆有文行，长子田雯官至户部侍郎。张氏年七十时，里党将为庆寿，张氏自称"未亡人"，以"未亡人称庆"非礼而谢绝。

这位张氏，是一位辅佐丈夫的贤妻，教子有成的良母，以及博通文史的才女。她与诸城隋氏一样，都有着自强自立的个性。

（2）夫死不嫁的烈女

先秦齐地"烈女不更二夫"的风俗，在宋元明清更加得到强化和认同。正如 1934 年山东《冠县志》所载："女子从一而终，素重名节，除有特殊情形外，失其所天改嫁者，百无一二。是以盟心古井，矢志柏舟。贞砺节匾，闾里矜式，再醮之妇，士林不齿。"

《元史·列女传》载，山东汶上李如忠任山阴（今浙江绍兴）县尹，前妻蒙古女死，又娶冯氏为继室。李如忠病危，冯氏引刀断发，自誓不他适。如忠殁两月，遗腹生一子，名伏。李如忠的家人及蒙古女之族相率来山阴，将家财抢夺一空，只剩如忠及蒙古氏两口棺材。冯氏时年 22 岁，携幼子庐墓侧，"羸形苦节，为女师以自给"。父母"怜其孤苦，欲使更事人，冯爪面流血，不肯从"。20 年后，冯氏"护丧归葬汶上，齐鲁之人闻之，莫不叹息"。这位山东媳妇历经坎坷磨难，艰难地恪守自己的誓言，实现着对丈夫的责任和忠诚。

《清史稿·列女传二》载，莱芜韩某在辽阳经商而死，其妻马氏父欲嫁之，马氏曰："归夫骨其可。"讨饭数千里来到辽阳，背负夫骨回乡。安葬丈夫后，父亲仍然逼她改嫁，马氏"执白刃自誓"，为丈夫守节。

像马氏这样忠于丈夫、夫死不嫁的烈女，在当时还不是突出的。如同上述冥婚一样，明清时期的夫死不嫁，也变得荒唐而惨无人道，一是为未婚夫守节,二是夫亡从死。

《明史·列女传》载,山东安丘彭氏,"幼字王枚皋。未嫁,枚皋卒,誓不再适。潍县丁道平密嘱其父欲娶之。彭察知,六日不食。道平悔而止"。后来彭氏病危,丁道平敬佩彭氏节烈,赠以棺材。彭氏对父亲说:"可束茅埋我,亟还丁氏棺,地下欲见王枚皋也。"这位彭氏为了为未婚夫守节,就连正人君子的馈赠都不肯接受。

清代康熙、雍正年间(1662—1735 年),夫亡从死的风气盛行,以致朝廷都停止了旌表。山东高密李氏女,丈夫嘉猷病死,"自经以殉"。山东海阳梁至良死,其妻郑氏已有女儿和遗腹子,"缝纫舂磨,得米奉姑食子女"。郑至良的哥哥"憾其不嫁,夫妇众挞辱之"。既然夫家的人都逼自己改嫁,郑氏何乐而不为?郑氏却宁死不嫁,"至广济桥,仰天呼夫名三,投韩江死"①。

为夫殉死固然可悲,活着守寡则备受煎熬。山东临清节妇董氏,15 岁夫亡,95 岁去世,守寡 80 年,备尝寡妇的辛酸苦楚。对此,《清史稿·列女传二》作了较为详细描述。

> 里妇或问:"守节易乎?"曰:"易。""如无夫何?"曰:"如未嫁。""如无子何?"曰:"如有子而死若不孝。"曰:"何以制此心?"曰:"饥而食,倦而寝,不饥不倦,必有事焉,毋坐而嬉。吾尝为人佣,治女红,必求其工。求工,则心专;心专,则力勤;力勤,则劳而易倦。倦即寝,寤即兴,毋使一息闲,久之则习惯矣。"②

这位"世纪"寡妇调节心理的方法无奈而可悲,藏有不尽的酸痛。没有丈夫,权当未嫁;没有儿子,权当有子而死,或者是儿子不孝。平时则"毋使一息闲",用"饥倦→食寝→劳作→饥倦"的循环模式遏制自己的欲望,不给自己一点萌发欲望的机会和时间。守寡的贞妇就是过着这样非人的生活,忍受封建礼教对人性的摧残。

(3)奉亲守志的节孝烈女

寡妇守节往往和孝敬舅姑相联系,上述单县百狮坊和安丘的牌坊都是

①《清史稿·列女传四》,中华书局 1976 年版。
②《清史稿·列女传二》,中华书局 1976 年版。

节孝坊。元朝时,朝廷还表彰了一位节、孝、义俱全的张义妇。

《元史·列女传》载,济南邹平张义妇,丈夫死于福宁(治今福建霞浦)戍所,张氏独自在家奉养父母舅姑4个老人。父母舅姑病,"凡四刲股肉救不懈"。老人们死后,张氏叹曰:"妾夫死数千里外,妾不能归骨以葬者,以舅姑父母在,无所仰故也。今不幸父母舅姑已死,而夫骨终暴弃远土,使无妾即已,妾在,敢爱死乎!"于是,卧寒冰上,誓曰:"天若许妾取夫骨,虽寒甚,当得不死。"过了一个月,张氏果然没死。乡人感到惊奇,纷纷送钱资助。张氏将迎葬夫骨的字样写在身上,行40余日,至福宁。找到丈夫的葬地,只见树木野草遍地,不识丈夫的坟墓。张氏哀恸欲绝。恍惚间见一童子,告知尸骨所在。张氏掘得尸骨,祷告说:"尔信妾夫耶? 入口当如冰雪,黏如胶。"尝之果然。当地官员为张氏的义举所感动,报请上司,派人护丧还乡,给钱埋葬,旌表门闾,免除徭役。

(4)宁死不辱的烈女

古代妇女贞节,有一个鲜明的价值选择,贞节的价值高于生命的价值。

《元史·列女传》载,济南刘公翼妻萧氏,"有姿色,颇通书史"。至正十八年(1358年),闻毛贵兵将压境,对丈夫说:"妾诗书家女,誓以冰雪自将,傥城陷被执,悔将何追? 妾以二子一女累君,去作清白鬼于泉下耳!"城陷,萧氏自缢死。前面还提到博兴焦士廉妻王氏,妾杜氏,也在毛贵之乱中拒奸而死。

《清史稿·列女传三》载,山东曹县王三接任汾西知县,妻子黄氏在家奉养婆母。顺治五年(1648年),与婆母一起被乱兵所执。黄氏骗乱兵说:"释我姑,我与金帛,惟尔欲!"待婆母走远,大骂乱兵说:"吾家清白吏,安有厚藏? 吾名家女,命妇,岂肯从贼? 有死而已!"结果被乱兵杀死。

清代旌表拒奸被杀的节妇,更强化了这一观念。"败北将军失节妇,刺字强徒赃罪官",失节妇成为活在世上的最尴尬的四种人之一。以死洗刷自己的清白,成为烈妇习惯的行为方式。忻州(治今山东临沂)李继先妻侯氏,遭奸民诬陷与其有奸情,"讼之官。官不能白,侯自裁讼庭"[1]。

当然,清代山东也有许多博通诗文的才女,如胶州柯蘅妻李长霞,善长诗文,著有《文选详注》、《倚斋诗集》;济阳艾紫东妻徐桂馨,治音韵之学,著

---

① 《清史稿·列女传四》,中华书局1976年版。

有《切韵指南》；福山郝懿行妻王照圆，著有《列女传补注》等著作多种，她们都被录入《清史稿·列女传》，但这是民国初年新时代的观念，已不是明清认同的贞节烈女了。

四、生老风俗

五代宋元明清的生老风俗，与先秦至隋唐一脉相承。所不同的是，人际间的应酬日益增多，人生庆典更为稠密和频繁；冠礼在变异中演变为多种形式，从而导致最后的消失；庆贺老人寿诞成为重大的人生礼仪。

（一）人生庆典

"重今生，轻来世"的人生价值观，使人们特别重视今生今世人际关系结构的建设，人生交际、庆贺成为人生礼俗的重要组成部分。1920年《朝城县志》记载了山东流行的庆贺之典：

> 吉庆之交际，其大者有六：日娶亲、日生子、日游庠、日中举、日会试、日贺寿也。
>
> 邑之为子弟娶亲者，至戚拜贺，随以羊酒、食物致之。无大交际而特列为首者，婚姻人伦之本也。
>
> 其生子也，悬弧于门，至戚拜贺。三日以羊酒送外家，谓之"报喜"。至六日或十二日，外家与至戚、族人馈以芝麻、鸡子、米面等物，谓之"送粥米"。弥月，具衣服、银钱或麒麟，鼓吹致之，谓之"做满月"。亲友亦有具仪贺者，大约在始生子或晚得子，重统系也。
>
> 若童子游庠，闻报插赤旗于门，亲友拜贺，送学日，亲友具花红、盒酒陈列学宫西，谓之"迎贺"。本家宴之后，以红简答拜亲友，复择日制轴称觞，谓之"大贺"。
>
> 中举如之，而仪稍隆。闻报，邑令竖赤帜、捷扁于门，送旗吹夫马，亲友拜贺。省宴回，邑令具花红、盒酒亲迎于北郭外，亲友随之。或远或近，择便候焉，谓之"迎贺"。本家宴后，以红简答拜，亲友亦择吉制锦登堂称觞，谓之"大贺"。
>
> 会试如之，所不同者，帜惟黄耳。

至贺寿之仪,邑人有年高八十者,亲友相约,撰诗文,备仪物,登堂称觞,亦敬老之遗意也。近有子孙借亲以行,而意全不关之亲者,非其义矣。

此外,则买庄有贺,移居有贺、开馆有贺,送号有贺,乃习俗之滥觞,而不可以云交际者。

清代凡入学者必须经过童试,录取者为童生。童生入学称"游庠"。童生参加由省学政主持,在各府、县举行的院试,录取者即为生员,俗称秀才。生员参加省城举行的乡试,及格者称举人。举人参加京城礼部主持的会试,及格者为贡生。贡生参加皇帝主持的殿试,及格者为进士。上述"会试如之",即会试及格者为贡生。

山东各州县十分重视童生入学这一环节。乾隆二十八年(1763年)《福山县志》载:"送学,岁科试,新进童生于发案(揭晓)后,有司择吉入学。届期升堂,开中门延入,酌酒簪花,率诸童赴学谒至圣先师,次拜本学师长。"

凡到场庆贺都需带礼物前去,主人则大摆宴席款待来宾。1934年《临清县志》载:

> 人事相接,至为繁赜,足迹所履,无非酬酢,人家遇有吉凶庆吊,因之而起。有事之期,事主备筵席款来宾,而戚友之闻讯前往者,祝寿则馈酒食,吊丧则纳赙仪,贺嫁女则赠衣饰,名曰"添箱"。贺新婚则赠资财,名曰"催妆"。若年时令节,彼此存问,则过年送年糕,元宵送汤圆,端阳送角黍,中秋送月饼,所赍之品恒因时而互异。至于寻常之际,宴会馈遗则礼尚往来,古今同揆也。

总之,凡娶亲、生子、游庠、中举、会试、寿诞、买房、移居、开馆、送号,以及年节、时令、丧葬等人生大事,都要互相庆贺或吊唁。而生子又有"洗三"、六日、满月、周晬等反复进行的庆祝活动。一个交际广泛的人,几乎处在连续不断的人际应酬当中了。

(二) 冠礼的变异

在所有的人生礼俗中,冠礼是废弃最严重的。尤其是清军入关后,严令汉民薙发梳辫,数千年的冠冕服制最后绝迹。受此冲击,冠礼的变异更加严重。清人福格《听雨丛谈·冠礼》讲："海内冠礼久失,惟国家存之。公孙胄子十八岁方许拜官,宗室子二十岁始冠顶戴。童生入学后有冠顶之礼。"这里的加冠,已变成冠顶戴了。

清道光十二年(1832年)山东《商河县志》载："古者男子十五至二十皆可冠,告诸宗庙,诉诸宾朋,三加玄服,虔致祝语,去幼志以顺成德,固巨典也。厥后古礼废坠不行,《甫田》之诗已刺及之。冠礼之废由来久矣。"

该志认为冠礼废坠于春秋齐襄公。实际上,冠礼在整个古代一直断断续续。魏晋南北朝时,南朝人重冠礼。《南史·孝义传》载,东晋末年,华宝的父亲要戍守长安,临行说:"须我还,当为汝上头。"由于长安陷落,父亲一去不返,华宝至70岁也没婚冠。北朝至隋唐则不太重视。隋朝王通在《文中子·礼乐篇》中疾呼:"冠礼废,天下无成人矣!"唐代柳宗元在《答韦中立书》中也说:"古者重冠礼,将以责成人之道……数百年来,人不复行。"①他讲的是北朝至隋唐的情况。1936年山东《东平县志》也讲:"汉唐以来,此礼渐废。"

五代宋元明清时期,冠、笄的年龄不再局限于男20岁、女15岁,而是因地因人而异。司马光《训子孙文》讲:"俟其子年十五以上,能通《孝经》、《论语》,粗知礼义,然后冠之斯为美矣。"

光绪六年(1880年)山东《菏泽县志》载:"在明隆、万前犹延宾,行三加之礼,以后绝迹矣。"这就是说,较为严格、规范的冠礼一直延续到明穆宗隆庆(1567—1572年)、明神宗万历年间(1573—1620年),亦即明朝后期。《崇祯历乘》记载明朝末年山东济南历城的冠礼说:"冠为礼始,前辈筮宾、醮子甚慎,令人知自重。历俗总角、弱冠皆从其便,三加之礼不惟庶民不知,即诗礼之家亦有不行。"可见冠礼在山东并没有完全废绝,个别诗礼之家仍遵守古代的"三加之礼",一般人家虽行冠礼,但仪式较为简单、随便。大体说来,有以下三种情况。

1. 遵冠礼而简略之

登州府所属蓬莱、招远、莱阳、莱西、海阳等地,"冠礼士夫家行之,遵《家礼》,稍略繁文,不失古初遗意"。夏津"冠礼士夫家间有行者,唯拜告祠

---

① 《古今图书集成·礼仪典·冠礼部》引,中华书局、巴蜀书社1985年版。

堂,仪节亦多略"。茌平"冠礼士夫家间有之,多有拜父母而冠者"。陵县"男子十五以上随便加冠,女子受聘时乃笄。绅士家亦然"。宁津"男子及长,随时加冠,不拘古礼"。① 道光九年(1829 年)《东阿县志》载:"冠礼为人道之始,筮宾醮子,古人所重,阿俗总角、弱冠,皆从其便。三加之礼不行已久。尚有修明古训者,举而行之,为间阎式,亦守土者所乐闻也。"

2. 借婚礼行冠礼

济南府所属历城、德州、淄博等地"惟将婚时着成人冠服拜父母、兄弟、姑姊妹,外及宗族、乡党、乡先生。此子婚礼无所附,识者以为即冠礼之遗"。东平"男子迎娶新妇时,期前至戚友家行礼,谓之'告冠'。而戚友家送礼亦谓之'冠敬'。殆将冠、婚之礼合二为一欤"。泰安"以婚礼为冠礼,既婚娶,谓之成人,未婚娶,谓之童子"。②

3. 加帽

加帽实际也是冠礼的简略、变通。山东海阳"男子十六以上加帽","女子纳聘时加笄"。武城"成童则加帽,若三加诸仪,即士夫家亦鲜行焉"。③

西汉琅邪皋虞(在今山东即墨)人王吉曾言:"百里不同风,千里不同俗,户异政,人殊服。"④明清时期山东的节日、婚姻、生老、丧葬等许多礼俗不是"百里不同风,千里不同俗",而是"户异政,人殊服"。士大夫阶层和一般庶民往往泾渭分明,许多州、县志都把士大夫阶层称做"士夫家"。冠礼更是如此,如 1925 年《无棣县志》载:"冠礼废已久,士夫家择吉加冠,拜祖宗、尊者,犹或为之,不请宾。或于婚时盛衣服加冠,拜见族党僚友,告以字,亦古礼之遗意焉。"有的庶民之家根本没有冠礼这回事了。

现代许多民俗学家呼吁恢复冠礼,其实从隋朝王通以来不断有人倡行,明清时期山东的有识之士也在其中。乾隆二十八年(1763 年)山东《蒲台县志》载:"冠礼久废,明嘉靖间,县令王淑诣学宫为诸生行冠礼,载诸旧志,识者美之。"蒲台县在今博兴、广饶境,该县县令王淑积极推行冠礼,受到有识

---

①康熙三十三年《登州府志》、乾隆六年《夏津县志》、康熙四十九年《茌平县志》、乾隆二十七年《乐陵县志》、光绪二十六年《宁津县志》,载丁世良、赵放主编:《中国地方志民俗资料汇编》华东卷上,书目文献出版社 1995 年版。本书所引县志,如未注明篇目和版本,均出自该书第 91—344 页。

②道光二十年《济南府志》、1936 年《东平县志》、1929 年《泰安县志》。

③乾隆二十八年《福山县志》、道光二十一年《武城县志》。

④《汉书·王吉传》,中华书局 1962 年版。

者的赞同。明清山东各州县方志的修撰者都对冠礼废止表示遗憾,认为"古训湮没,良可慨哉"①。民国以后,冠礼完全消失,连上述三种变通的形式也不复存在了。

(三) 名、号

五代宋元明清时期的名和号仍然遵循前代形成的礼俗。如金朝曹州东明(今属山东)人王鹗生时,有大鸟止于庭,乡先生张斋说:"鹗也,是儿有大名乎!"②因名之为"鹗"。金朝济南人刘巘出生时,家有白驹产黑驹,故以"黑马"为乳名。这是鲁国申繻说的"取于物为假"。也有的不遵古训,随机取名。金朝益都(今属山东)人杨安儿原名安国,少"以鬻鞍材为业"③,市人称呼他为"杨鞍儿",于是自名为"杨安儿"。

从《水浒传》反映的情况来看,两宋时期无论贵贱贫富,凡有个性的人都有绰号,而且十分盛行。

北宋兖州奉符(今山东泰安东南)人石介居徂徕山下,人称"徂徕山先生"。朱熹把他与胡瑗、孙复称做"宋初三先生"。北宋济州巨野人晁补之解官归家,寄情田园,慕陶渊明为人,以陶渊明诗《归去来辞》取名,自号曰"归来子",其园曰"归来园"。金朝农民起义女领袖杨妙真号称"梨花枪天下无敌手",人称"四娘子"。金末登州栖霞(今属山东)人丘处机,自号"长春子"。

群体称号仍然流行。元朝汶上(今属山东)人曹元用、清河元明善、济南张养浩,号称"三俊"。

文化素质较高的妇女也有名、字、号。宋代著名词人、济南人李清照,号易安居士。清代山东栖霞人郝懿行之妻是福山人,姓王,名照圆,字瑞玉,一字婉佺。《清史稿·列女传》载,胶州柯蘅妻,姓李名长霞。济阳艾紫东妻,姓徐名桂馨。

"君子已孤不更名"的原则也有所松动。北宋沧州乐陵(今属山东)人

---

①1934 年《济阳县志》。
②《元史·张鹗传》,中华书局 1976 年版。
③《金史·仆散安贞传》,中华书局 1975 年版。

赵镕,本名容,宋太宗说:"陶镕所以成器也"①,于是,赐其改"容"为"镕"。既然是因皇帝赐名而改,就不管父亲是否健在了。

(四) 祝寿、赐杖、建坊、悬额

祝寿是敬老养老的具体礼仪形式之一,是指在老人诞辰日举行的庆祝活动,故老人的生日又称"寿诞"。自唐玄宗诏准把献酒上寿的古礼与生日合并起来后,唐宋皇帝都为自己的生日立节庆贺。如唐肃宗的生日叫"天成地平节",唐武宗叫"庆阳节"。宋代皇帝生日又称"圣节"。宋太祖的圣节叫"长春节",宋徽宗的圣节叫"天宁节",北宋九朝皇帝都有圣节。还有的为皇太后生日立节。宋仁宗为刘太后正月初八生日立"长宁节"。明清时期,皇帝、皇太后的生日统称为"圣寿节"、"万寿节",皇后、皇太子的生日称为"千秋节"。每遇皇帝、皇太后、皇后、皇太子生日,往往普天同庆。文武百官进献寿礼,皇帝大宴群臣,请教坊司或戏班演戏,有时还大赦天下。1894年阴历十月初十是慈禧太后60寿辰,不惜动用海军经费,提前几年将清漪园重修为颐和园。寿辰前后,美化宫殿、宴席、赏赐等各项开支共耗费白银1000多万两。

皇帝带头,上行下效。从宋代起,收取寿礼还成为各级官吏搜刮民财的手段。南宋绍兴二十六年(1156年),"诏内外见任官,因生日受所属庆贺之礼及与之者(送礼者),各徒三年,赃重者依本法"②。收取寿礼的歪风,竟严重到朝廷立法禁止的程度。由此可知,《水浒传》中的"生辰纲"所传不虚。

民间的祝寿活动也盛行起来。寿诞那天,要设寿堂,挂寿联、寿图,摆宴庆贺。寿联上写"寿比南山松不老,福如东海水长流"之类的联语。寿图有《寿星图》、《王母献寿图》、《八仙庆寿图》、《麻姑献寿图》等。1934年山东《临清县志》载:"养老之礼,古昔所重,祝寿之事,因之而起。年高齿尊者,每届生辰,亲友前往祝贺,并写寿仪。主人则设礼堂,悬寿星,备筵席款待来宾。然此风只限于富饶之家,中产以下则绝无仅有矣。若势家豪门,年未三十即行庆寿,殊堪嗤也。"随着祝寿风俗的流行,竟演变出不到30岁即行庆

---

① 《宋史·陶镕传》,中华书局1975年版。
② 《建炎以来系年要录》卷一百七十五,中华书局1966年版。

寿的陋俗。

寿宴中不可缺少的是汤饼和寿桃,汤饼被称做长寿面,桃是长寿果。传说,汉武帝好长生之道,西王母将三千年一熟的蟠桃送给他,汉武帝食后欲留核种之。西王母说:"此桃三千年一实,中土地薄,种之不生。"①西王母还向汉武帝传授了长生之道和修炼长生的符书。《西游记》中,孙悟空偷吃蟠桃,王母娘娘开蟠桃会的说法,更加强了人们对寿桃的重视。山东民间庆寿的寿桃,一般用白面制作,尖部染上红色。1935年山东《青城县志》载:"关于寿礼者,则按人之贫富、隐显而异其品物,通行者除送寿桃、寿面、寿幛等,通曰祝寿礼。"

秦汉以后,历代王朝都有程度不同的敬老养老措施。如汉代有赐仗、赐帛絮、赐肉、赐糜粥等。《后汉书·礼仪志中》载:"年始七十者,授之以王杖,铺之糜粥。八十、九十,礼有加赐。王杖长(九)尺,端以鸠鸟为饰。鸠者,不噎之鸟也,欲老人不噎。"

清代朝廷的敬老养老措施较为典型。康熙、乾隆、嘉庆年间的千叟宴,被传为盛世敬老养老的佳话。清代还以匾、坊的形式给年高老人以旌表。据《大清会典事例》卷四百五《礼部·风教》载,清代凡百岁、五世同堂、亲见七代、夫妇同登耆寿、兄弟同登百岁等,朝廷均以赐匾、赐银建坊的形式给以旌表,称做"建坊悬额"。如"康熙九年(1670年)定,命妇孀居寿至百岁者,题明给予'贞寿之门'匾额,建坊银三十两。四十二年核准,老民年登百岁者,照例给予建坊银,并给'升平人瑞'匾额。老妇寿至百岁,建坊悬额,与命妇同。雍正四年(1726年)谕,年届一百一十八岁之人,实为稀有,著于定例,赐银三十两外,加增两倍,共赏银九十两。嗣后,年至一百一十岁,加一倍赏赐,至一百二十岁者,加两倍赏赐。更有多得寿算者,按其寿算加增,著为定制"。

当时,匾额和牌坊上题写的名目还有"熙朝人瑞"、"南弧垂彩"、"再阅古稀"、"五世同堂",老妇一般是"贞寿之门"。如"乾隆二十七年(1762年)题准,山东省章丘县寿民王欣然,现年一百三岁,伊弟王瑞然现年一百岁,兄弟同臻百龄,请建坊旌表。奉旨王欣然、王瑞然俱著加恩,各赏给上用一匹,

①《太平御览》卷六六一《道部三·真人下》引《集仙录》,中华书局1960年影印版。

银十两,并给予'熙朝双瑞'匾额"。

乾隆五十五年(1790 年)又下诏旌表"亲见七代"者:"朕逮事皇祖、皇考,复得元(玄)孙,朕已亲见七代,笃庆锡光,更为古今罕有。著交八旗都统、步军统领、顺天府府尹及各省督抚详查,臣民中如有实曾亲身上见祖父,下逮元(玄)孙,有指证者,据实奏闻,俟朕优加恩赉,用昭寿寓同登之盛。"凡亲见七代者,一般赏赐"七叶衍祥"的匾额。

五、丧葬风俗

"近代礼俗,婚丧为重。"①五代宋元明清时期的丧葬风俗,可以说是层累地堆积、增加,不仅完全传承了先秦至隋唐的丧葬礼俗,而且增加了"丧社"、阴间"买地卷"、祭土地和后土、大量焚化楮币和纸糊的各种冥(明)器、请梨园杂剧"伴坐"、燃放爆竹、大摆宴席等新民俗事象,显得十分繁杂。

(一)丧葬礼俗的传承

1. 俗重丧礼

五代宋元明清时期的丧葬风俗基本上是向先秦厚葬风俗回归。但与先秦厚葬有所不同,它主要不是强调陪葬品的贵重和数量众多,而是注重整个丧礼和葬礼的奢侈铺张、大操大办。

济南丧俗,"焚用楮帛。吊赙者至,倩客迎宾。逢七延浮屠追荐。殡日列冥器,列鼓吹导拥,士民所同。至牙侩之流,争涂耳目,演剧纵饮,日暮始归,悖侈已极"。亲友吊丧之处"绮丽藉座,花色交宣",答谢亲友的筵席"水路之珍,穷极甘腻",在墓所搭建的供人休息的地方豪华无比,"缯缯结彩、玲珑缩拗,杰阁高厦,邃室名轩,步廊婉转,曲通奥会,非兼旬累月不能成。茵设氍毹,墙披锦绣,非明角玻璃纱绣之灯不足悬,非金玉器之大而可贵者不足陈,数百里宛转乞借以供片时之观",丧礼的哀戚之意荡然无存。②

清代淄川一带"冥器之外,俑车、楮马为数太繁,至于羡门彩棚。费逾千金,其次数百金,下次数十金,往往破家敛怨,君子病其甚焉"。齐河"巨

---

①光绪三十年《峄县志》,载丁世良、赵放主编:《中国地方志民俗资料汇编》华东卷上,书目文献出版社 1995 年版。本书所引方志,如未注明篇目、版本,均出自该书第 91—344 页。

②参见道光二十年《济南府志》卷十三《风俗》,凤凰出版社 2004 年版。

家治丧,每倩人代作棚场,结为碉楼绣阁,高数十丈,皆以布帛杂采为之,用止一日,为费不訾,此则奢侈之似不可久者耳"。①

道光十六年(1836 年)《邹平县志》载:"邹平素号俭朴,而丧葬颇崇外饰……古玩非金玉之大而美者则不用,香几非金漆螺钿、花梨紫檀之属则不用,灯非羊角、玻璃、纱绣则不用,檐彩非哆罗呢、绣花垂缘者则不用。"

明清时期,几乎山东各地方志都有"破产以葬其亲","破恒产为耀野之资","损无数金钱付之一炬"以办丧事的记载。1934 年《济阳县志》称:"不如此,则恐贻俭亲之诮,故家产稍薄者,丧多久停不葬。"临邑一带,"匪此之故,无颜向人"②。

更有甚者,"演戏杂剧以娱客","设梨园于涂(途),陈百戏于墓"。③ 丧葬本是悲哀之事,却在葬礼上请戏班杂剧演唱,"送死凶礼俨同庆贺荣典"。直到现在,山东民间仍把婚丧连称做"红白喜事"。

2. 宋元时期的丧葬风俗

(1)《水浒传》反映的丧葬风俗

元末明初人施耐庵的《水浒传》有三处描写到山东宋元时期的丧葬风俗。尽管其情节是虚构的,但其中反映的山东民俗却是可信的。第一回写史进为父亲办丧事;第二十四、二十五回写王婆、潘金莲为武大郎料理后事,武松为兄报仇,用西门庆、潘金莲的人头祭奠哥哥;第五十九回、六十七回写梁山为晁盖办丧事。其中反映的山东丧葬祭祀礼俗有幠殓、上供、铭旌、设重、哭丧、洗尸、用千秋幡和白绢覆面等初终礼仪,以及小殓、大殓、吊唁、搭灵棚、送丧挂孝、断七、百日等礼仪。与前代不同的有以下几点:

第一,先秦设燎的流变为"点随身灯","灵床子前点一盏玻璃灯",也有的叫长命灯、引魂灯。旨在供死者在漆黑一片的阴曹地府借助灯光看清道路。铭旌演变为各种长幡。魏晋南北朝请僧人超度的规模扩大了,既请和尚"追斋理七",荐拔亡灵,"又请道士建立斋醮,超度升天",甚至要反复不断地请名僧做道场,还有请和尚"伴灵"的风俗。

第二,五服之外的人也要戴孝送葬,史太公的"庄户"、梁山的头领、大

---

①《崇祯历乘》、乾隆四十一年《淄川县志》、康熙十二年《齐河县志》。
②道光十七年《临邑县志》。
③雍正十一年《乐安县志》、嘉庆二十年《肥城县志》、1935 年《临朐续志》。

小头目都为死者戴孝。断七之日，除祭奠死者灵床外，还要设宴答谢帮办丧事的众位高邻。百日之内，孝子不得有大的举动。

第三，山东人"杀人偿命，欠债还钱"的观念更加强化，反映在丧葬风俗上，还流行为被杀者报仇，以心肝五脏和头颅祭奠、告慰死者亡灵的习俗。何九叔欠了死者武大郎的钱未还，要烧化纸钱归还。

第四，武大郎的丧礼反映了山东在宋元时期也应该有火葬的风俗。①郊外有专供火葬的场所，有专门负责火化的"火家"，"火家"的头目"团头"还要负责验明死者的死因。断七之日，可将死者灵床一并烧化。

（2）宋元时期的阴间买地券

宋元时期，山东的丧葬风俗中还流行买阴间地券。阴间买地券是生者为死者在阴间买下的地产证书，以作为死者栖身之所的证明。济南章丘发现两块元代买地券，格式与一般的买地券完全相同，订立的却都是阴间事务的契约，内容包括死者的名讳、籍贯、生卒年月、买地区域、买地钱款、地界四至、见证人、保证人、祷语等。买地的范围是："东至青龙，西至白虎，南至朱雀，北至玄武，内方勾陈。"青龙、白虎、朱雀、玄武、勾陈分别是掌管东、西、南、北、中五个方位的神煞，目的是让他们守住死者的地盘而不受到侵犯。接下来记有掌管丘墓和亡人灵魂的阴间官吏。如"丘承（丞）墓伯，界畔封步"，是希望丘丞、墓伯管好丘墓的边界；"道路将军，齐整阡陌"，是希望主管墓地道路的武将整理好丘墓的道路。"若辄有犯诃（科）禁者，将军亭长收付河伯。"亭长应该是阴间管理丘墓的基层小官吏，河伯也参与了阴间丘墓的管理，而且是居丘丞、墓伯、道路将军之上的裁决者。其中还有一句盟誓祷语："今以牲牢酒饭，百味□□，共为信誓。"是以牲牢酒饭祭祀后，要求各路神灵信守诺言，一起保佑墓主人。

这一阴间契约显然是受了道教的影响。两张契约的最后一句都是："急急如五帝主者女青律令。"道教有篇文献叫《女青鬼律》，"女青"是道教尊神的使者，掌管玄都鬼律。在此是借助他所掌管的阴间律令来保证契约的实施。

---

①据笔者采访，现在郓城、梁山一带，自古未听说有火葬的风俗，在此存疑。

3. 明清时期的丧葬风俗

据山东各地方志记载,明清时期的丧葬风俗可以说是集前代之大成。士大夫之家盛行复古之风,喜好沿袭先秦确立的丧葬礼俗,民间惑于时尚流俗,又出现许多新的丧葬礼俗。1920年石印本的《临淄县志》记载得颇为详细:

> 始死,首西向,家人呼号。移时,乃小殓。含用珠(或以银,或以钱币),衣衾用丝织品,堆盐于碟置腹上,(盖以验其复生与否),燃灯蒸香于前。子若孙蓬头跣足,呼天而告者三(告日向西方大路去)。即以乡邻中二人舁米面浆,一人托柈(盘)执炬前行,赴土地庙告而拜之,奠浆于地。泣而往,泣而还,日夕如之。并剪素纸若刀布,夹以梁秸置大门左右(男者左,女者右)。翌日,置护丧,讣于亲友,庭前起棚幛,悬布及灯为饰。内陈桌案,案上束苇为楼,糊以纸,设香烛,供亡者灵位。旁置苫块,子侄辈皆成服匍匐其上。大门外竖杆悬布,书曰"招魂宝幡"。左侧有棚,设吊簿,亲友来者为注姓名。将夕,奏鼓乐,至戚皆至,诣灵哭而拜。于是,其子侄妇女等各执香,导以鼓乐复赴土地庙(城居者赴城隍庙),泣告奠浆如前。既毕,不复泣,舁冥用舆马等至僻所(僻静之处),招魂以祭,遂焚之,亲友皆拜,如祭仪。乃泣,乃归。乃大殓,家之人咸哭,尽哀而止。富者棺用柏,次楸梓,次杨柳,殓则髹之为紫黑色,外用呢绒或绸绫制为罩。前设几,供香一炷,饭一盂,每日三设奠,逢七而祭,或鸡豚,或肴馔,视力所能为者。亲友率以一七或二七日以祭品、挽帐(近多用挽联者,皆以素帛书诔,言惟简单耳)诣灵祭拜,丧主备鼓乐、吊簿,并设筵款之。或有用僧尼道士作佛事者,然出于妇人女子之意,近多非之。
>
> 将葬(葬期远近不一,大抵由堪舆家定之),具哀启、告期启,遍报亲友。前二日(或前一日)治丧,行成主礼,类以备三达尊者为宾,娴于礼者四人(前清以生员,近以毕业生为员)为通、引、赞。亲友制锦旌素帛(间有用素屏者),书帛为诔或哀辞,以齿德优者一人为大宾,余则众宾,具仪仗送至灵前,陈祭品。大宾先入拜,众宾则分班以进,丧主释衰麻及杖,衣祭服答礼,谓之"铭旌"。是日,门前设巨棚,高二层(以席及

帛为之），两旁设辕门各一。棚之上设悬彩灯数十具，方圆不一，缀各色缨络，环以绣帷，下则书亲友挽联。无间柱，两旁设巨狮二，麒麟二，甲胄荷戟者二，假面具如鬼击小锣者二，饰巨人，貌狰狞如方相、方弼者二（或各四、各六、各八不等）。照壁前累甓为台，上立十余人，假优衣冠为福、禄、寿三星及八仙状，遇宾至则皆婆娑而舞。旁设鼓吹二部，逞其能，争为希赏计。亲友持赙仪入棚，注簿者每有所询问，不可相闻。又于村中择广场为棚三层，饰帷幛尤绮丽，列几数十具，陈彝器、牲牢，名曰"座祭"。村外有棚，少杀于前，曰"路祭"（或一处，或二处）。墓之前，楼阁、厢廊、门堂具备，亦以席为之。墓则雕砖为花纹，施以五采，具户牖如厅事，男女合葬其中（贫者仅以砖立四壁，名曰"金井"，相间处曰"金墙"）。墓之旁为后土棚，则俭而朴，异于诸棚。翌日，孝子诣墓验视，祀土神（妇女复往，饮食墓中，为之"煎糕"）。日暮，孝子堂祭，设床、设几杖，进茶食肴馔。魂帛（魄）若生，傧相四人引赞，行三献礼。既读祭文毕，则家人泣尽哀，遂守灵。

葬之日，亲友咸会，既祭拜毕，丧主款以酒食，且有具优者（按，吊丧饮酒非礼也，宜革之，具优剧者，或援虞殡为词，然甚少）。发引，则方相、方弼前导，狮麟等次之，旗牌、灯伞次之，鼓吹部衣红衣次之，其后为旌帛，以肩舆舁旌，前以亲友年少者一人具礼服为先马，旌舆之后为影像，为神主。亲友辈素衣送葬，而鼓吹部皆衣白，其声哀似咽，闻之酸鼻。孝子及送葬者行且泣，灵輀随之。舁者类用三十二人（亦或用十六人及二十四人不等）。妇女者哭诸其后。途经一棚，则一客祭而拜，而独祀后土为大宾，傧相赞之。棺既窆，则孝子易祭服，请灵而返。各棚间客复祭拜如前状。送神主安家庙中，行虞祭礼（无庙则否）。葬后三日，诣墓致祭，而修整之。满二十七月，子若妇乃祭而除服。

结合山东各地方志的记载，明清时期新增加或盛行的丧葬风俗有：

（1）指路、奠浆水、送盘缠

指路是子孙呼号告诉死者，灵魂回归西方。奠浆是带米浆、面糊到土地庙中浇奠，俗称"送浆水"、"上小庙"。送盘缠是到土地庙，或城隍庙，或十字路口焚烧纸糊的车、马、轿、箱等，又称"上大庙"。

　　济南一带，"世俗以亲死之始，或高声疾呼，令其西去，谓之'指路'。男女携米水至庙中，焚纸钱，弃水米于地，谓之'送浆水'"[1]。上述临淄一带，"始死，首西向，家人呼号……子若孙蓬头跣足，呼天而告者三（告曰向西方大路去）"。再以乡邻中两人抬米浆面浆，一人托盘执火炬，到土地庙或城隍庙奠浆于地。到晚上死者子侄妇女再带香纸，导以鼓乐，赴土地庙或城隍庙泣告，奠浆。乐陵一带，第一日傍晚，死者亲属带纸钱到城隍庙哭踊焚化。乐陵、临淄及山东各地都有"送盘缠"的礼俗。第二日夜半，抬着纸轿、纸马、纸俑等，到家门西南方向焚烧，临淄是到僻静处焚烧，其他地区一般是到西南方向的大路上焚烧。

　　道光十二年（1832 年）《商河县志》载："三日内，乡俗送浆水，早间、午间、傍晚三时具香烛向城隍庙哭踊焚化，亦名'设牢'……第三日夜半，具轿马纸草亦向城隍庙焚之，名曰送盘缠。"

　　1936 年《重修莒志》载："始卒，孝子出门向西升高而呼曰'西方明路'，名曰'指路'。一日三次赴城隍庙或土地庙奠浆水，名曰'上庙送汤'。二日小殓，即成服，晚间赴庙招魂，备祭筵，设灵位，请奠客开奠。亲朋依次拜奠。孝眷哀奠，陈纸扎舆马、箱杠等焚而送之，名曰'送盘缠'。"

　　山东高青一带送浆水，"煮米半熟，和水置桶中舁之，举行之地为庙。无庙在十字路口"。招远一带，"自初终至三日墓，必行哭诣土地祠，亲识素冠陪，谓之'报庙'。至三日五鼓时，男妇孝眷俱诣土地祠哭奠，谓之'送冥资'"。"率期功侄孙哭赴土地祠，谓之'开锁'，亦谓之'报倒头庙'。……次日昧爽，再哭赴祠，谓之报朝庙……正午又哭赴祠，谓之报午庙，午后大殓……傍晚有哭赴祠，谓之报晚庙"[2]。

　　山东庆云一带把指路、送浆水、送盘缠解释为先秦时期的"升屋招魂"。1914 年《庆云县志》载："谒城隍庙，焚纸钱及第二夜送路，即《礼记》'复'之礼，亦升屋招魂之意。"其实不然，先秦时的"复"是召唤死者的灵魂回来，明清时期则是让死者的灵魂一路走好。

　　（2）伴坐、暖伴、鼓乐、舞队、戏剧

　　"伴坐"，"盖伴丧主守尸之意"，即与死者亲属做伴，一同守灵。宋元时

①道光二十年《济南府志》卷一三《风俗》，凤凰出版社 2004 年版。
②1935 年《青城县志》、道光二十六年《招远县志》、1935 年《莱阳县志》。

期请和尚"伴灵",明清时期又有变化。乐陵一带,亲友夜集,名曰"伴坐",又曰"坐棚"。有的还请戏班或各种杂剧,演唱给伴坐者,也称做"伴坐(座)",乐陵一带称做"暖伴"。乐安一带,"大殓之后,邀人演说杂剧,名之曰伴座"。东阿一带,丧礼上"集优演剧,杂以角抵"。①康熙十二年(1673)《齐河县志》载:"朝祖之夕,梨园杂剧,名曰'伴坐'。"济南历城一带甚至发展为白天亦"争涂耳目,演剧纵饮,日暮始归"。

与戏剧相联系的是鼓乐、舞队。到明清时期,挽歌演变为鼓吹乐队,临淄称做"鼓吹部",且参与到初终、报庙、小殓、大殓、送葬的全过程中。富贵者还在影壁处"假优衣冠为福、禄、寿三星及八仙状","婆娑为舞"。

(3)成服礼

成服礼指孝子换上正式服丧的孝服,一般在第三日举行。清乾隆十七年(1752年)山东《乐陵县志》载:"三日成服,斩衰苴杖,腰绖梁冠。设神牌,书铭旌,受亲友吊唁。"乾隆二十八年(1763年)山东《福山县志》载:"三日行成服礼,士夫家多用诸生作礼相。"道光十年(1830年)山东《城武县志》载:"(三日)孝子立,相赞成服,然后加粗麻斩衣。"

(4)题铭旌、立神主,祠后土

题铭旌又称题旌旗,即请本地"有爵望者",盛服面对死者的亡灵,将死者的官衔、姓名写在红绢上,以彩缕装饰,安葬时覆盖于棺上。单县一带称作"棺衣"。临淄一带,将棺材漆为紫黑色,外用呢绒或绸绫罩盖,与此同义。清乾隆十七年(1752年)《乐陵县志》载:"题旌之礼,先期浼有爵望者盛服对灵,伸朱绢,题亡者衔名,作彩缕县(悬)贮之,葬时覆于棺上。"

立神主包括题神主、点神主两项礼仪,又称"行成主礼",是为死去的亲人正式立神主以便祭祀,有的在家中,有的在墓前举行。先秦时期,初终时"设重",虞祭时用桑木设"虞主",小祥之祭时重新用栗木做神主,明清时期改为一次性完成,但要举行隆重的行成主礼。神主牌为木制的,又称木主,高约七八寸,宽约两寸多。"题神主"请人书写上"先考某某公讳某某之神主"的字样。"书时留主字上一点,请乡中有德或显贵者用朱笔题之。""题点"神主者多请当官者或有功名的人担任,如知县、举人、秀才等人,"示慎

①1935年《德县志》、雍正十一年《乐安县志》、1934年《东阿县志》。

重其主,孝亲之义也"。①

清乾隆十七年(1752 年)的《乐陵县志》载:"柩至墓前,先祀后土,次题(点)神主,然后设墓祭。"是在墓前举行"题点"仪式。"题点"神主"礼极隆重",是有关丧主脸面的一项重要仪式。山东临清一带称做"鸿题"。《临淄县志》载:"前二日(或前一日)治丧,行成主礼,类以备三达尊者为宾,娴于礼者四人(前清以生员,近以毕业生为员)为通、引、赞。""三达尊者",出自《孟子·公孙丑下》:"天下有达尊三:爵一、齿一、德一。朝廷莫如爵;乡党莫如齿,辅世长民莫如德。"也就是说,"题点"神主者必须由爵、齿、德三方面全优者充当。商河、招远、莱阳一带"题主、点主用文职官,祀土用武职官","点主、谢后土,皆文武任官或乡先生为之","文官题主,武官祀土";武城一带"请题主,祀土,多以文武甲第主之";庆云一带"对灵题主者曰大宾";单县一带"士大夫家必敦请贵显题主而后窆岁"。②

道光十年(1830 年)《城武县志》记载题主仪式说:"请邑中齿爵俱尊者题主,相者四人,俱用公服,长子捧椟跪案前,相赞礼。"1935 年的《临朐续志》记载更详:"其在士大夫之家,则在家成主,其礼于葬之日,请题主者一人,襄礼者数人,对灵题主,典制甚重。"附题主仪节如下:

> 执事者就位,题主官进,升公座。
>
> 孝子出庐,诣公案前,谢题主官,叩首,再叩首,三叩首、四叩首,孝子回庐。
>
> 题主诣盥洗所,盥手净巾,复公座。
>
> 孝子奉主出庐,膝行诣公案前,执事者接主置案上,启椟、开函、出主,卧主,分主。
>
> 执事者濡笔墨进。题主官秉笔题主,题粉面,题内函,合主,纳函,上椟。
>
> 执事者捧主移孝子手,孝子捧主回庐。
>
> 题主官送新主一揖。

---

① 1929 年《单县志》、1935 年《德县志》。
② 道光十二年《商河县志》、道光二十六年《招远县志》、民国二十四年《莱阳县志》、道光二十一年《武城县志续编》、嘉庆十四年《庆云县志》、康熙五十六年《单县志》。

礼毕。

该志解释说："点主与题主仪节略同,惟濡墨笔改为濡朱笔,余无异。"1934 年《临清县志》注曰："内函书死者名姓、排行及生卒年时,外函书某府君或某太君神主,请官绅朱笔点之。"

祀后土在墓前举行。道光十二年(1832 年)山东《商河县志》载："柩到墓前,先祀后土,次点神主。"1935 年山东《青城县志》载："有灵楼以安神主或画像。请点主官以点之,请祀土官以祀后土。"

(5)摔尸盆

山东摔尸盆的风俗至今犹存。为死者设灵床后,在一瓦盆内焚烧纸钱,送葬起灵时,由死者嫡长子捧盆摔碎。1935 年《莱阳县志》载："助丧者高举烧纸瓦盆于主人前,方柩启行,掷地碎之,谓之'顶瓦',亦曰'摔尸盆'。"《青城县志》载："孝子斩衰苴杖,腰经梁冠,起灵时左手持幡(此为引魂幡,缚条为弓形,以白纸糊成,用以插坟头者),右手持瓦(题曰'摔瓦大吉'),于柩前石上摔之。"1934 年《冠县志》载："孝子执幡击盆,一击而碎,俗谓之摔老盆。"

(6)送葬

明清富贵之家送葬的排场极大,蒙熊皮,金面四目,玄衣朱裳,执戈扬盾的方相氏、金面三目的方弼氏在前面驱逐疫鬼开道,"狮麟等次之,旗牌、灯伞次之",身穿红衣的鼓吹部次之,其后是雇人以肩舆抬着显示死者身份的旗幡、纸扎的车马、容亭、楼阁、柜箱、金山银山等各种冥器,僧尼、道士跟在后面念经诵号,一路抛撒纸钱。亲友在灵车经过的地方搭灵棚"路祭"。

除在家里搭灵棚祭祀外,还在村中选择广场搭三层的彩棚祭祀,名曰"座祭"。村外至少有一处灵棚"路祭",墓前又有"莹祭"。平原一带则"葬必路祭"。抬旌旗的肩舆(轿)用 32 人、24 人、16 人不等。有的地方不用灵车,而用肩舆抬棺,32 人抬的轿称 32 抬(杠)大轿。1934 年山东《冠县志》载："俄而群起舁棺,八抬、十六抬、三十二抬不等。"1927 年《济宁县志》称："杠夫有多至六十四人者。"山东人经常说:"你用八抬大轿请我,我也不去!"而明清富贵之家送葬抬棺则用 32 抬、64 抬大轿,规格够高的了。

(7)相礼

在丧葬当中，相礼者是礼仪的主持者，由于丧礼讲究排场，追求奢侈，相礼者又是丧礼规格和丧主的门面。因此，明清时期的丧礼，一是相礼者众多，二是以位尊者为宾。1936年《重修莒志》载："事前请题主者、点主者、相礼者八人或六人，开奠客二人，引灵客二人，拜铭旌客、拜祭帐客亦各二人。一切执事、礼宾人数无定。"

所以，明清时期的丧礼，不仅比排场、比奢侈，还比来参加丧礼者身份的尊贵。

（8）葬无定期

按《礼记·王制》规定："大夫、士、庶人三日而殡，三月而葬。"明清时期，不仅"葬无定期"，同县、同村各家的葬期都不一样。乐陵一带"延地师卜吉壤襄事"，葬期由地师占卜决定。临淄一带"亲友率以一七或二七日以祭品、挽帐诣灵祭拜"，到"二七"时还没下葬。福山一带甚至因"拘于风水，广求吉地，或因家计萧乏，难饰观瞻，遂停灵不葬，动经数年"。单县一带更离谱，"有停柩数十年不葬者"。① 这一葬俗一直延续到近代，东平一带，过了"五七"还有未安葬者。青岛一带"葬期一七或二七，远者三七至五七、七七不等"。昌乐一带"葬期远近无定，常以死者年之老幼及家之贫富为衡"。②

（9）民间丧社

明清时期还出现了各种形式的民间丧社，乐陵、商河、临邑不仅有"丧社"，或称"随会"，还有"纸杆旗幡会"、"拜棚布幕会"、"作斋会"、"礼宾会"等。参加丧社者多"中人窭姓"，平日大家凑钱为会，购置白衣、素冠、旗幡、棚布、大幕等丧葬器具和搭灵棚的材料，有丧事的会员轮流使用。山东各地都有这种组织，如济南一带，"中人穷姓，平时酿钱为会，有丧之家轮流分用白衣、素冠，持幡前导，谓之丧社"③。

"出入相友，守望相助"，是中国脆弱的小农经济社会的传统，有的结成丧社后，一家有丧，社员一齐出钱相助。由于纯属民间组织，没有官府参与，

①乾隆十七年《乐陵县志》、1920年《临淄县志》、乾隆二十八年《福山县志》、康熙五十六年《单县志》。
②1936年《东平县志》、1931年《增修胶志》、1934年《昌乐县志》。
③道光二十年《济南府志》卷一三《风俗》，凤凰出版社2004年版。

各地丧社的存续情况往往不尽一致。临邑、商河一带的丧社组织比较严密，存续的时间也长。道光十七年（1837年）《临邑县志》载："中人娈姓，醵钱为会，号曰'丧社'。规制齐一，严于官府。"道光十二年（1832年）《商河县志》载："更有中人娈姓，平时醵钱为会，有丧之家轮流分用。白衣素冠持幡前导，号曰'丧社'。其社条之严，凛如官法，或谓之'随会'。有纸杆旗幡会，有礼宾会，有拜棚布幕会。"博山一带的丧社，则因纠纷而废止。乾隆十八年（1753年）《博山县志》载："又有结丧社者，一家有丧，同社醵钱相助，然多生纠纷，亦废不行。"

明清时期的丧礼，除奢侈铺张外，还有两个特点：

第一，繁杂重复，先秦古礼与魏晋以来增添的新葬礼重叠进行。如铭旌演变为各式各样的招魂幡、纸幡；报庙送浆水，早、午、傍反复进行；既有三虞哭、卒哭，又有烧七、烧百日；超度死人的亡灵既请和尚，又请道士等。

第二，礼无定制，贫富不等，可繁可简。

丧礼除表示对死者的孝敬外，还是地位和财富的标志，通过丧礼的侈俭、繁简，贫富往往一目了然。五代宋元以来虽流行厚葬，但主要在富贵之家，一般农户则"刍灵冥器，称家有无"。1935年山东《青城县志》载："按田产多寡定葬礼厚薄。其棺木，上者松柏，值百余元；次之杉木，值六七十元；再次杨柳木，值三四十元；下焉者席箔卷埋而已。其衣，有九领、七领、五领之分，其衾，上者用锦，下者用布。"

（二）守制

五代宋辽金元时期，山东官员为父母服丧而"夺情"之事，为官者"丁忧"离职之事，仍频繁出现。后周青州北海（今山东潍坊）人滕中正为滑州节度使向拱的掌书记，中正父亲死，向拱上书夺情，诏中正仍守旧职，并加朝散大夫。北宋兖州奉符（治今山东泰安）人石介，"历郓州南京推官，后罢为镇南掌书记，代父丙远官为嘉州军事判官。丁父母忧，耕徂莱山下，葬五世之未葬者七十丧，以《易》教授于家，鲁人号介'徂莱先生'"[1]。金朝东阿

_____
[1]《宋史·石介传》，中华书局1975年版。

（今属山东）人张万公任新郑主簿，丁忧离职，服丧毕，除费县主簿。后知河中府，移镇济南，母忧去职，起复拜平章政事，任资善大夫。金朝曹州东明（今属山东）人王鹗任汝阳令，"丁母忧"去职。

区别与死者血缘关系亲疏的斩衰、齐衰、大功、小功、缌麻等五服制度，是所有丧葬风俗中最严格遵从的礼俗。

先秦两汉时期，父在为母齐衰一年，父先死为母齐衰三年。唐朝改为父在也为母服齐衰三年。明清时期又改为，子女，包括未嫁之女及嫁后复归之女，为父母一律服斩衰。

明清时期的山东农村特别注重五服制度，它是确定同姓宗族亲疏远近和婚姻关系的依据。"出五服"、"未出五服"，是宗族成员之间必须分辨的关系，一般理解为是否经历五代以上了。《礼记·大传》载："四世而缌，服之穷也。五世祖免，杀同姓也。六世亲属竭矣。"东汉北海高密（今属山东）人郑玄注曰："四世共高祖，五世高祖昆弟，六世以外亲尽无属名。"古代"四世共高祖"，是指高祖以下的曾祖、祖、父、本人四代。缌麻为本宗的高祖父母服丧，按照"同母者为宗"的原则，则是为高祖的兄弟及配偶服丧，即"五世高祖昆弟"。如果两人同服缌麻，则是五服以内的亲属，即未出五服。出五服，则不会同为一人服丧。到两人的高祖也不是兄弟关系了，就出五服了。即"六世亲属竭矣"，或"叫六世以外亲尽无属名"。

（三）祭祖礼俗的传承

1. 坟墓、碑碣

宋元时期，山东出现家族公共墓地。元代文学家、济南章丘（今属山东）人刘敏中有《牛氏先德碑铭》、《冯氏先茔碑铭》、《商氏世德碑铭》、《阳丘张氏先茔碑铭》等，都是为济南章丘等地的家族墓地而撰写的。

有的籍贯不是山东，而后世定居山东者，也建立家族墓地作为先茔。如曾任山北辽东道肃政廉访使的王均，其先世居邳州（治今江苏睢宁北），"自祖以上皆葬邳州东列女庙之先茔"，其父王深长期在山东任职，临终嘱咐说："吾籍贯婚娶皆在济南，我死宜葬此。"王均在父亲死去20年后，于至元三十年(1293年)"奉祖考妣衣冠与考妣之柩合葬于时家庄之原"。①

山东民间仍流行为有惠政地方官立碑祭祀的风俗。元朝济州金乡(今属山东)人马绍知单州(治今山东单县),劝课农桑,注重教化,百姓深受其惠,刻石颂德。元朝济南人张养浩任山东堂邑县尹,制裁了横行乡里的恶霸李虎,百姓拍手称快,离任后,百姓立碑颂其功德。

2. 家庙

家庙即前代的宗庙、祠堂。古时有官爵者才能立宗庙,作为祭祀祖先的场所,汉世公卿贵人多建祠堂于墓所。南宋以后,祠堂多不建在墓地,而在村里立家庙。《宋史·礼志十二》载:"庆历元年(1195年),南郊赦书,应中外文武官并许依旧式立家庙。"

五代宋元明清时期,山东士大夫及富贵之家一般都有家庙。济南历城一带,"士大夫有家庙,设主于中,祖考龛楼依次祔焉,累世不祧"②。

山东各地方志均有祭祀于家庙或堂室的记载。如清乾隆十八年(1753年)《博山县志》载:"岁时伏腊,士大夫家祭于家庙,无庙者设位于室而祀之。清明及十月朔祭于墓。"

乾隆四十一年(1776年)《淄川县志》载:"士宦焚黄有祭,登科第有祭,赴任有祭。时祭则有清明,有孟冬朔日,有忌日,皆于墓。中元、除夕则祭于家庙,无庙设位于庭而祀之,各称其家,焚以楮锭。麦秋荐新,有庙者于庙,无庙者于墓。祭外祖、外家,惟科第一行之,娶妇亦有祭者。"

山东现存的最早、规模最大的家庙是曲阜孔庙,始建于公元前478年。其中的奎文阁、十三碑亭、杏坛、大成殿,都是宋元明清时期逐步建成的。邹城的孟庙也是在宋元明清时逐步修建的。

山东潍坊市坊子区九龙街道丁村孟家村至今有一座孟氏家庙,始建于明末,后经清、民国多次修缮,为附近数十里几个村的孟氏族人祭祀祖先所用。

山东登州(治今山东蓬莱)一带家庙较少。光绪七年(1881年)《增修登州府志》载:"俗乏先祠,皆奉主于家,祭其高、曾、祖、祢(生称父,死称考,

　　①(元)赵孟頫:《大元故莒密盐使司判官王公墓志铭》,见韩明祥编:《济南历代墓志铭》,黄河出版社2002年版,第86页。
　　②《崇祯历乘》,载丁世良、赵放主编:《中国地方志民俗资料汇编》华东卷上,书目文献出版社1992年版,第93页。

入庙称祢)为四亲。"隶属于登州的莱阳情况则不同,到近代仍"士庶皆有家庙,藏其先世遗像、谱牒、木主,以时致祭"①。

3. 祭祖的时日

"俗以祭先为重",对父母祖先的祭祀,并不随着埋葬和守制的完成而结束,清明节、阴历七月十五中元节、阴历十月一日、除夕、死者生辰、忌日等,都要举行祭祀。

道光二十年(1840年)《济南府志》载:"祭则设几筵,罗酒馔,再拜稽首而已,非有大事不行献礼,亦无祝嘏之事。无庙者设主于堂而荐之。寒食、中元、冬朔及忌日祭于墓。"

1920年《临淄县志》载:"祭礼行于家庙,族人毕至。无庙者则黄昏后设神主于堂中,主祭者至门外炷香,迎其先灵。室陈供馔,行三献礼,礼毕送之门外,焚冥镪(钱串),燃爆竹,乃退。其祀于庙者亦如。邑俗尤重墓祭,每清明前一日,先以土增筑其墓。而清明、而中元、而十月朔、而除夕,虽乞丐无不祭者。麦秋后亦必祭,但家自为之,无定期。盖岁除而外,皆四时荐新之意也。其他又有忌辰之祭,皆墓而不庙。"

清乾隆十七年(1752年)《乐陵县志》载:"四时之祭,绅士间多举行。生辰、忌日,亦知荐享。清明及麦熟荐新,孟冬朔日祭墓。中元、除夕祭于庙。无庙者设主以祭,牲醴、香楮、果核、肴粢,量家之丰约为隆杀。焚黄则告墓。"

光绪七年(1881年)《增修登州府志》载:"自忌日、生辰外,元旦、清明、中元、十月朔、冬至、除夕等设祭,祭品丰啬不同,无废事者。近日,士大夫家祭及高曾以上,木主环列,主祭率子孙上香行四叩礼,奠酒焚楮,再行四叩礼,有用祝文者。惟除夕、元旦为特祭,悬先人遗像,至元夜始撤。他如上元荐灯、端午荐角黍、中秋荐月饼,各属不同。"

祭祀祖先是后世子孙必须履行的义务,上述"虽乞丐无不祭者",《崇祯历乘》还载有"虽贩夫贩妇亦知负楮镪(纸钱串)而往",说明它在活着的人所有应当做的事情中的位置。

4. 祝嘏、三献、四叩、荐新、焚黄

祝嘏、三献、四叩、焚黄、荐新等,都是上述山东方志中提到的祭祖仪式。

---

① 1935年《莱阳县志》。

祝嘏，是祭祀时致祝祷之辞和传达神言的执事人。《礼记·礼运篇》称："祝以孝告，嘏以慈告。"这里是指祭祀时祝祷和所传达的言辞。《礼记·礼运篇》又称："修其祝嘏，以降上神与其先祖。"东汉北海高密人郑玄注曰："祝，祝为主人飨神辞也；嘏，祝为尸致福于主人之辞也。""祝为主人"、"祝为尸"的"祝"，是致辞的执事人。"祝"和"嘏"是执事人祷告的言辞。上述《济南府志》说"无祝嘏之事"，恰好说明在道光（1821—1850）以前，或在济南以外的其他地方有"祝嘏之事"。

"三献"，也称"献礼"。古代祭祀时献酒三次：初献爵、亚献爵、终献爵，合称"三献"。爵指酒器。"三献"之礼表示子女永世不忘逝去父母的养育之恩，一般须是获得功名的人家才能举行。三献之礼由"傧相四人引赞之"，要宣读祭文，家人哭泣尽哀。

四叩，又称"四拜"。乾隆七年（1742 年）《昌邑县志》载："节荐时享，粢盛馨洁，士大夫家行四拜礼，有祝文。"山东民间有"人三鬼四"的俗语，即为上司、长辈行叩拜之礼时，要磕 3 个头，而为死去的亲人行叩拜之礼时要磕 4 个头。

荐新：先秦时期就有"荐新"之祭，是按时令向祖先奉献新鲜麦谷果蔬。上述《增修登州府志》讲的"上元荐灯、端午荐角黍、中秋荐月饼"，都可以称作"荐新"之祭。康熙三十四年（1695 年）《邹平县志》载："十月朔，诣墓送寒衣。""送寒衣"，亦有荐新之意。

焚黄：乾隆四十一年（1776 年）《淄川县志》以及道光九年（1829 年）《东阿县志》均记载："士宦焚黄有祭，登科第有祭，赴任有祭。"凡登科、仕宦、赴任等品官新受朝廷恩典，都要祭告家庙祖墓，告文用黄纸书写，祭毕即焚化，谓之"焚黄"。北宋济州巨野（今属山东）人王禹偁在《送密直温学士西京迁葬》诗中写道："留守开筵亲举白，故人垂泪看焚黄。"1925 年《无棣县志》载："凡乡会登科、入泮及除职赴任，荣归驰封，展墓焚黄，皆有特祭。"古代科举得中、仕宦赴任、归家祭祀，是最光宗耀祖的事情。

5. 纸冥器的盛行

五代宋元明清时期的祭品发生了明显变化，南北朝隋唐出现的香、纸钱、纸冥器迅速流行。上述山东各地的方志记载的纸冥器有：香楮，即香和烧纸。楮帛即纸钱，楮镪是成串的纸钱，楮锭是纸糊的各种形状的金银块，楮马是纸糊的马,纸俑是纸糊的童男童女,纸舆马是纸糊的车马。

香的起源很早,西周时期就将牺牲玉帛置柴上,燃柴升烟,以祭天帝。《周礼·春官·大宗伯》载:"以禋祀祀昊天上帝,以实柴祀日月星辰,以槱燎祀司中司命、风师雨师。"东汉北海高密人郑玄注曰:"禋之言烟。周人尚臭,烟气之臭闻者。槱,积也。《诗》曰:'芃芃棫朴,薪之槱之。'三祀皆积柴实牲体焉,或有玉帛,燔燎而升烟,所以报阳也。"可见,所谓"禋祀",就是点火升烟,以烟气为香气祭天,就是后世所谓的"烧香"了。除祭祀用烟香外,平时还用薰香。《左传·僖公四年》:"一薰一莸,十年尚犹有臭。"杜预注曰:"薰,香草;莸,臭草。十年有臭,言善易消,恶难除。"

传说汉武帝始焚香迎接神灵。《太平御览》卷九八三《香部三》引《汉武故事》载:"西王母当降,上(汉武帝)烧兜末香。兜末香,兜渠国所献,如大豆,涂门香闻百里,关中常大疾,疫死者因生。"该篇还引《魏略》曰:"大秦出薰香。"引成公绥《宣清赋》曰:"哀薰草之见焚。"可见汉魏时期开始焚香,并从西域各国传进各种香草。当时香的用途很广,除焚香祭神灵、闻香味外,还用于涂门。

魏晋南北朝佛道二教流行,二教都崇尚燃烧出的香烟。隋唐时期,昂贵的"西域香"被两广、海南的"南香"取代,香的价格降低,到宋代便普遍用于丧葬祭祀。

楮是一种树木,皮可制桑皮纸,宋金时的纸多用楮皮制作,因通称纸为"楮"。宋金印制的纸币会子、宝券,也称做"楮币"、"楮券"。本来魏晋时期已出现纸钱,宋金又有真正价值的纸币,以纸钱祭死者也就有了真币的含义,纸币迅速流行就势所必然了。

香楮和纸冥器自宋元盛行后,一直流传到今天。1936 年《德平县续志》评论纸冥器说:"近见邑人殡葬多以楮帛作楼榭、车马、人物形状,为之'扎彩',动费数十金,多至数百金,以为美观。且甫至墓所即付一炬,妄费资财,恐先灵地下亦为之不安。"

六、信仰风俗

(一) 儒学信仰

1. 孔子的偶像化

宋元明清时期,民间信仰的孔子是一个偶像化的圣人,它成为该时期儒学信仰的一个重要特点。

自汉平帝、隋文帝、唐玄宗追谥孔子后,孔子的桂冠继续层累地增加:宋真宗封为至圣文宣王,元武宗封为大成至圣文宣王,明世宗封为至圣先师,清世祖封为大成至圣文宣先师。这样,孔子的头衔越封越大,以至于成了"德侔天地,道冠古今"的最高偶像。曲阜孔庙内有两座建于明永乐十三年(1415年)的木石牌坊,东边一座上写"德侔天地",西边一座写"道冠古今"。在世俗民众阶层,孔子也始终是人们崇信的"圣人",官私学校顶礼膜拜的先师。"子曰"成为判定一切的标准。

国子监、郡县学所立孔庙、文庙、先师庙里的孔子,是至圣的先师,而不是世俗信仰的神灵。南北朝隋唐时期三教并立,虽使儒学受到冲击,但把孔子与释迦牟尼、太上老君相提并论,又使孔子走上神灵化、偶像化的道路。孔子真正成为庙宇里焚香膜拜的神灵,则在宋元明清时期。

据《牟平县志》载,金大定年间(1161—1189年),宁海(治今山东烟台牟平)学正范恽"喜交方外士","与三教堂僧竺律禅师游,听郿州王道士鼓琴"。牟平的这座"三教堂"属于佛教殿堂,里面居住佛僧。据此可知,在王重阳东迈山东创立全真教之前,山东的佛教寺院里就有三教堂。金元明清时期,全真教在山东兴起、发展,全真教主张三教合一,三教堂始遍布山东各地。今山东平度城区昌平路有个三教堂村,明朝末年,此村修庙立堂,庙堂内塑有儒教孔子、佛教释迦牟尼、道教老子等三尊神像,庙名为三教堂,信徒到此朝拜者甚多,故以庙名为村名。直到现在,山东以三教堂为村名的仍然很多。山东莱州市城港路有两个三教堂村,其中一个叫北流三教,该村秦、卢、宋三姓于明朝中期筹资在村西修建一座三尊庙,又名三教堂,供奉孔子、老子和释迦牟尼。另外,山东陵县郑寨乡、夏津新盛店镇、安丘刘家尧镇、茌平博平镇、济阳曲堤镇、济南天桥区桑梓店镇等都有三教村,阳谷县闫楼镇有个三教寺村,兖州市大安镇有个三教堂小学。中国信仰风俗有着兼收并蓄的矛盾组合性,三教堂就是民众对儒、释、道三教多元选择的表现。这些村名都应该是三教堂的遗迹,三教堂里面供奉的神灵之一就是孔子。

清代流传于山东、河北的民间秘密宗教也把孔夫子列为天神。"万法皈一,有弥陀教主、法王佛、三阳佛、无量佛、皇极佛、天元佛、太宝佛、普善佛、儒童佛、天真佛,为十号圆满","儒童祖,骑龙驹,穿州过府。有子路,和颜渊,左右跟随。有曾子,和孟子,前来引路。七十二,众门徒,护定圣人"①。孔子成了"儒童祖(佛)",孔门弟子成了"护定圣人"的天神。

2. 儒学的圣地——衍圣公和孔府

(1)衍圣公

宋仁宗至和二年(1055 年),封孔子 46 代嫡孙孔宗愿为世袭衍圣公,元、明、清相沿不改。宋朝时衍圣公为四品官,至明朝朱元璋升为正一品官。1644 年顺治入关,仍按明代旧制,尊孔子 65 代嫡孙孔荫植为衍圣公,并"遣官迎劳",觐见时班列大学士之上,赐宴,恩礼有加。

据《清史稿·儒林四·孔荫植传》载,自唐末五代,例由文宣公兼曲阜县令,宋代用孔氏支子,明至清初沿袭。如乾隆六年(1741 年),曲阜知县是孔子 67 代孙孔毓琚,衍圣公是孔子 70 代嫡孙孔广棨。由于二人互相攻讦,致使朝廷废除以孔氏支子任知县的制度,但"仍别设世袭六品官,选孔氏子充补"。

自明朝开始,朝廷从孔子后裔(南北宗各一人)以及"颜氏复圣后,曾氏宗圣后,孟氏亚圣后,仲氏子路后"各选一人为五经博士。清朝亦沿袭不改,并扩展到"曲阜东野氏周公后,济宁闵氏子骞后,浚县端木氏子贡后,常熟言氏子游后,钜野卜氏子夏后,萧县颛孙氏子张后,菏泽、肥城两冉氏伯牛、仲弓后,肥城有氏有子后,邹平伏氏伏生后"等。

1919 年,孔子 76 代嫡孙、衍圣公孔令贻逝世。1920 年,民国大总统徐世昌下令,出生刚过 100 天的孔子 77 代嫡孙孔德成承袭衍圣公爵位,成为民国政府的特任官。1935 年,南京国民政府改衍圣公爵号,任命孔德成为"大成至圣先师奉祀官",在南京宣誓就职时,蒋介石亲临祝贺。②

从孔宗愿到孔德成,一直沿用衍圣公的封号,共计 880 余年,中间经过汉族中原王朝灭亡、西方列强瓜分、资产阶级革命,衍圣公成为中国绝无仅有的、不受改朝换代限制的封建爵号。

(2)文章道德圣人家——孔府

自宋仁宗起,在山东曲阜建起了"衍圣公府",经明清多次扩建修缮,成

---

①黄育楩:《破邪详辩》卷一,载《清史资料》第 3 辑,中华书局 1982 年版。
②2008 年 10 月 28 日,孔德成逝世,长子孔维益早逝,由孔子第 79 代嫡孙,孔德成的长孙孔垂长继任为奉祀官。

为仅次于明清皇宫的、官衙与内宅合一的贵族府第。现在的孔府占地 240 多亩，有厅、堂、楼、轩等各式建筑 463 间。大门正上方高悬着蓝底金字"圣府"匾额，相传为明相严嵩手书。门两旁明柱上，悬挂着一对蓝底金字对联：与国咸休安富尊荣公府第，同天并老文章道德圣人家。上联"富"字没有头，下联"章"字最后一竖出了头，这表示"富贵无头，文章通天"。相传是清人纪昀的手书。孔府中路前为官衙，设三堂六厅，后为内宅，最后是孔府的花园。

第一，孔庙和孔林。孔庙建于公元前 478 年，鲁哀公将孔子故宅改建为庙。此后不断扩建，清雍正下令大修，扩建成现代规模。庙内共有九进院落，殿、堂、坛、阁 460 多间，门坊 54 座，"御碑亭" 13 座。大成殿是孔庙的主体建筑，长 54 米，宽 34 米，高 32 米，重檐九脊，斗拱交错，雕梁画栋，金碧辉煌，与北京故宫的太和殿、泰山岱庙的天贶殿并称为中国三大殿。大殿周环回廊，有以整石精雕的大理石柱 28 根，各高 5.98 米，直径 0.81 米。两山及后檐的 18 根柱浅雕云龙纹，每柱有 72 团龙。前檐 10 根柱各深浮雕两条戏珠的飞龙，柱脚衬以山石波涛，造型生动优美，雕刻玲珑剔透，工艺绝伦，为我国宫殿建筑中所罕见。大成殿前是杏坛，传为孔子讲学之处。

大成至圣文宣王孔子墓碑

孔林又名至圣林，位于曲阜城北，是孔子及其家族的墓地，也是世界上延时最久、面积最大的氏族墓地。孔子葬此后，历代帝王不断赐田，至清代已达 30 公顷，墓冢累累，碑碣林立，石仪成群。《史记·孔子世家》集解引

《皇览》载:"(孔子)冢茔中树以百数,皆异种,鲁人世世无能名其树者。民传言:'孔子弟子异国人,各持其方树来种之。'其树柞、枌、雒离、安贵、五味、毚檀之树。孔子茔中不生荆棘及刺人草。"现在孔林内有树木 10 万余株,古木参天,四时不凋,是一处古老的人造园林。

衍圣公的主要职责是奉祀孔子、护卫孔子林庙,宋以后陆续增加了管理孔氏族人、管理先贤先儒后裔等职责。孔府在经济上还是中国传世最久,规模最大的封建贵族庄园,同时还设有一套完整的管理机构,拥有部分政权职能。

第二,三堂六厅。孔府分前后两部分,前部"官衙",仿朝廷六部之制,设三堂六厅。三堂有大堂、二堂、三堂。大堂是衍圣公宣读圣旨,接见官员,申饬家法族规,审理重大案件,以及举行节日、寿辰仪式的地方。二堂是衍圣公会见四品以上官员和受皇帝委托,替朝廷考试童生的地方。三堂是会见四品以上官员,处理家族事务和处罚府内仆役的场所。六厅负责掌管孔府各项事务,长官由正七品到正六品官员充任。管勾厅掌管孔府 100 万亩土地地租、银粮的收缴,交了租税就由管勾厅的官员在其名字的上方打上一个勾。百户厅掌管服役、打杂的户人。典籍厅掌管礼仪典章和御赐书籍。孔府保存的典章和御赐书籍不计其数,孔庙内的奎文阁,原来就是专门珍藏御赐书籍的。司乐厅掌管乐学、乐舞生、乐器及舞具。知印厅掌握印信和签押公文。掌书厅掌管文书、档案。在孔府的档案库房内,保存着从明朝嘉靖年间到民国时期历时 400 多年,极其珍贵的档案共计 9000 多卷。

第三,孔府的户人。孔府的祭祀活动、婚丧嫁娶、皇帝的"巡幸"、朝臣的往来、日常差遣等等,都需要众多的人去完成。因而,孔府设置了许多供役使的户人和仆役。

户人不是孔府里的当差,而是庙户或佃户,世代承袭。他们不编入地方保甲,属于孔府的户籍,减免对朝廷的徭役而担负孔府派给的各种劳役。户人由百户厅掌管,分为当差户和贡纳户两大类。

当差户中最早的是"洒扫户",也称"庙户",是历代朝廷蠲免税课差徭,赐给孔府以供林庙守卫、洒扫和祭祀的民户。洒扫户之设,始于南朝刘宋元嘉十九年(442 年)。《宋书·文帝纪》载,宋文帝诏曰:"昔之贤哲及一介之善,犹或卫其丘垄,禁其刍牧,况尼父德表生民,功被百代,而坟茔荒芜,荆棘弗翦。可蠲墓侧数户,以掌洒扫。"曲阜所在的鲁郡将孔子墓侧的孔景等5家民户"蠲其课役,供给洒扫,并种松柏六百株"。以后历代王朝递有增减,明洪武元年(1368年)"特置洒扫户一百一十五户,在庙者百,在林者七,在书院者八"。庙户拣选"民间俊秀"者,有统一的服饰,身份高于佃户。

孔府惩治违背家规的族杖

孔府的佃户分实在户、寄庄户两类。各代朝廷在赐封孔府田地的同时,还赐予佃户。这些佃户称为"钦拨佃户",即"实在户"。还有一部分是租种祀田的农民,叫做"寄生佃户"、"寄庄户"。这些佃户耕种的都是免除赋税徭役的祭田,除了向孔府交租外,可以"身免丁、地免粮"。

另外还有专事婚丧演奏音乐的乐户,也称"吹打户";春秋大祭应承歌舞女乐的女乐户;专为孔庙祭祀制冰、运冰的推冰户;婚、丧、年、节搭棚的天棚户;糊窗、糊墙的糨糊户;制作各种烟花、鞭炮的花炮户;点放爆竹、燃放焰火的放炮户;丧葬跪棚哭灵的哭丧户;烧制砖瓦的窑户;搬运货物的扁担户;割孔林内黄草的割草户;杀猪宰羊的屠户等等。他们租种孔府土地而不纳粮,专在需要时到孔府服务。

贡纳户是给孔府贡纳特定产品的户人。有缴纳祭鱼虾的船户,供应新鲜蔬菜的菜户,供给水果的梨户、杏户、核桃户,办买祭祀用猪、羊、牛的猪户、羊户、牛户等。此外还有鸭蛋户、萝卜户、笤帚户、荆炭户、菱角户、香米户、豆芽户、祭酒户等等。

第四,孔府的仆役。孔府里有专供差唤和守望的仆役数百人,多数来自孔府周围。明朝以前,孔府的人不能不姓孔,外姓人进孔府当差都要改姓孔才行。明朝以后又规定,姓孔的不许当差为奴,即使做了奴仆,也不许姓孔。许多孔姓人家为生计所迫,多改名换姓进入孔府当仆役。仆役的身份大多是世袭的,须祖祖辈辈在孔府中当差。

在数百名仆役中,专为守护孔府、孔庙和孔林而设的孔府武装为数最多,包括伴役、家丁、健丁、卫丁、正身、林役、跟班、更夫、棍头等人役。在内房、门房、司房、书房、慕恩堂、西学、跟班房、外西房等"八房"当差的男仆和内宅主人身边的女仆待遇较高,地位与职员相似。厅堂庭院、车栏、马号、花匠、水夫、茶炉、剃头等勤杂人员则低一等。还有一种奴仆是孔府契买来的,其身份和地位最为低下。

孔府是一个经济上自给自足的封建庄园,日常生活必需品以及各种工艺品都在府内生产,府中有各种手工业匠役。据《孔府支销银两账簿》的不完全统计,在孔府中从事各种手工业生产和工艺活动的匠役就有锡匠、铜匠、银匠、纸匠、伞匠、绳匠、泥水匠、染匠、裱褙匠、毡匠、裁衣匠、铁匠、木匠、刻字匠、画匠、油匠、石匠、扎彩匠、漆匠、皮匠等。匠役在孔府中营生,领取孔府发放的工食粮,并可免除差徭。

第五,孔府"世代恩亲"张姥姥。五代时,孔子第42代嫡孙孔光嗣任泗水县令。孔府有个洒扫户叫刘末,因进孔府当差改名孔末。孔末见政局动荡,遂起谋逆夺位野心,伙同暴徒在夜里杀死孔光嗣,夺其家产,取代其位,主孔子祀,俨然以孔子嫡孙自居。孔光嗣的儿子孔仁玉因去乳母张妈妈家才躲过劫难。为斩草除根,孔末追杀至张妈妈家。张妈妈有个儿子和孔仁玉年龄相仿,就让儿子穿上孔仁玉的衣服,眼睁睁地看着被孔末杀了。孔仁玉改名换姓,和张妈妈以母子相称,发奋读书。长大后赴京赶考,被选为太学生,乘机向后唐明宗奏明"孔末乱孔"的真相。唐唐明宗查实后,把孔末治罪处死,让孔仁玉回曲阜袭爵,断了宗的孔子世家得以中兴,孔氏后人因此尊称孔仁玉为中兴祖。

为报答张妈妈舍子救命和养育之恩,孔仁玉又奏请皇上恩准,认张家为"世代恩亲"。从此,孔府上下都尊称张妈妈为"姥姥","姥姥"成了一种世代延续的官称。孔仁玉还授给张姥姥一根龙头拐杖,可以用它来管教孔府的家人,直至孔氏夫人。张姥姥死后,"姥姥"的官称和龙头拐杖就由她的长房儿媳继承,世代相传。孔子第77代孙孔德懋描述她小时候见过的那一代"张姥姥"说:"我所看见的那一代张姥姥,每次来孔府也挂着一根拐杖,是普通的拐杖。其实她走路稳健用不着拐杖,大概是表示什么象征吧。那也是一位农家妇女,五十来岁,粗布裤褂,紧扎着肥大的裤腿角,一双小脚,挎着个竹篮子。酒席筵上达官贵客中毫不在乎,呼三吆四,大吃大喝,临走时,竹篮里还要装满吃食。"①

孔府"世代恩亲"张姥姥的传说,与先秦时期舍亲子救鲁孝公的"义保"如出一辙,既传承了儒家大义凛然的君子义举,又体现了知恩图报的君子品格。

3. 儒家的孝道

儒家的孝道经过两汉时期的政治化,魏晋南北朝隋唐时期的家族化,到宋元明清民国时期,尤其是宋明理学产生和元朝郭巨敬编成《二十四孝》后,孝道更加典型化和世俗化,中国封建社会的"愚孝"最后形成。该时期,山东的孝子仍传承着汉代以来推向极端的孝行。如北宋曹州冤句(今山东曹县西北)人、尚书左丞张齐贤被任命为知定州,"以母老不愿往。未几,丁内艰,水浆不入口者七日,自是日啜粥一器,终丧不食酒肉蔬果"②。《金史·孝友传》载,宁海文登县(今属山东)王震,"母患风疾,刲股肉杂饮食中,疾遂愈"。另外,该时期的孝行,还呈现如下特点:

(1)"孝"与"义"并举

宋、元、明、清史籍记载的山东孝子,往往把君子"义"的品格与孝的家族性外延结合在一起,大多反映了山东人和睦乡里、仗义疏财的个性。

《宋史·孝义传》载,北宋莱州掖(在今山东莱州)人徐承珪"与兄弟三人及其族三十口同甘藜藿,衣服相让,历四十年不改其操",朝廷"诏改乡名义感,里名和顺"。

《元史·孝友传》载,元朝德州齐河人訾汝道孝顺老母,"母屏人授以金珠若干",曰:"善藏之,毋令他兄弟知也。"③汝道泣而辞之。兄弟分家,"汝道悉以美田庐让之"。乡人刘显等贫穷无以为生,汝道"割己田各畀之"。乡里发生瘟疫,"有食瓜得汗而愈者",汝道买瓜携米,挨户馈赠。有人劝告说:"疠气能染人,勿入也。"汝道义无反顾。汝道曾将麦、粟借给乡人,到秋天遇蝗灾,颗粒不收,汝道聚其借券而焚之。

清代潍县人韩瑜轻财好施,"族党长不能婚娶,丧不能葬,必饮以赀。

①孔德懋口述、柯兰执笔:《孔府内宅轶事》,天津人民出版社 1982 年版,第 23 页。
②《宋史·张齐贤传》,中华书局 1977 年版。
③《元史·孝友传》,中华书局 1976 年版。

族子贫,赠以秫十石"①。康熙四十三年(1704 年)遭大饥荒,民鬻子女,韩瑜馨蓄买得 9 人,不立契约,度过荒年后悉遣还其父母。

看来,《水浒传》中描绘的仗义疏财的孝义宋江,绝非凭空虚构。北宋博州高唐(今属山东)人靳湘与寇准友善,寇准之父亦名湘,靳湘因改名为怀德。避朋友父祖的名讳,是一种朋友之义,也是"孝"与"义"并举的表现。

(2)日益增多的"割股疗亲"的愚孝事例

《宋史·孝义传》载,莱州人吕权失明,其子吕升"剖腹探肝以救父疾,父复能视而升不死"。

《元史·孝友传》载,东平须城人王闰父老,"不甘淡薄,每食必需鱼肉,闰朝夕勤苦入市,营奉无阙。父性复乖戾,闰左右承顺,甚得其欢心"。父卧疾遭大火,王闰突入火中,"解衣蒙父,抱而出,肌体灼烂,而父无少伤"。

《元史·列女传》载,东平(今属山东)郑氏,"少寡守志,割体肉疗姑病"。渤海(今山东宾县)刘氏,"舅患疽,刘祷于天,数日溃,吮其血,乃愈"。

《明史·孝义传》还记载了一位日照江伯儿,割肋肉为母疗疾,不愈,又祷告岱岳(泰山)神,并许愿杀子以祭祀。母亲病愈后,果真杀死 3 岁儿子祭祀还愿。此事惊动了明太祖朱元璋,以"灭伦害理"之罪,将江伯儿杖一百,发配海南,并取消了对"卧冰割股"一类孝行的旌表。

《清史稿·孝义传》载,山东栖霞人张长松之母双目失明,长松佣工乞食奉养老母。后遇大雪,长松病不能出,呼母涕泣言曰:"儿不肖,不能养吾母,乃乞食,母赖以活。今疾惫,母老,可若何?"竟然以病困不能侍奉老母而自杀。

《清史稿·列女传》载,乾隆二十三年(1758 年),山东长清曾尚增之妻瘫痪在床,床帷失火,其女曾衍纶"突火入抱母号,救者以衍纶出,复入,哭且呼曰:'速救夫人! 夫人出,我乃出。'火幂床,救者不得入,尚增厉声呼衍纶出,不应,火益炽,遂殉。既灭火,见衍纶身覆母,两体胶结不可解"。女儿冲入火中抢救瘫痪在床的母亲,母亲不出,宁肯同归于尽。即使死,也要用身体盖住母亲。这种经得起烈火考验的孝行固然可敬,但牺牲性命却是无谓的。

---

①《清史稿·孝义传》,中华书局 1976 年版。

　　这种扭曲为畸形的孝行，还表现在传统的"父兄之仇，不共戴天"上。据《清史稿·孝义二》，清代曾发生两起三番两次为父寻仇的事例。

　　第一例是山东蓬莱人王恩荣。王恩荣9岁时，其父王永泰被本县一小吏殴打致死。祖母告官，不得申冤，仅得埋葬银10两，愤而自缢。母亲泣血三年，临终拿出官府给的10两银对王恩荣说："你家死了祖母、父母三人，换来此银，汝志之，不可忘！"王恩荣稍长大，即挟斧报仇。第一次遇到那小吏，挥斧不中，又投石块将仇人击倒，被人救免。第二次，用斧斫其首，帽厚，只受了点轻伤。这时已历19年了，在官府的调解下，那位小吏逃避到栖霞县。又过了8年，王恩荣在城里小巷遇到那位小吏，小吏向他乞求活命。王恩荣愤恨地说："吾父含恨九泉几十年了！"用斧裂其脑，以足蹴其心，终于杀死仇人。清代法律规定："律不言复仇，然擅杀行凶人，罪止杖六十，即时杀死者不论。"王恩荣自首后，县里具状上报山东按察使，按察使以其"视死无畏，刚烈有足嘉"，竟然将27年后的"擅杀"，判为"即时杀死者不论"，不但无罪释放，还要旌表他的门间，因其舅舅推辞而作罢。

　　第二例是山东益都人杨献恒。杨献恒之父杨加官被济南杨开泰殴打致死，本人也被诬告入济南监狱。后杨献恒上告，经青州府勘问，杨开泰以贿赂免罪。杨献恒进京师告御状，事下山东巡抚会审，罚杨开泰纳埋葬银40两。杨献恒不服，再次进京师申诉，事下山东巡抚，因业已定案，杨献恒属于妄诉，笞四十。杨开泰派儿子杨承恩到青州贿赂官吏陷害杨献恒。杨献恒伺其出，用铁骨朵击倒，拔刀断其喉，又抉其睛而啖之。父债子还，算是为父亲报了仇。杨献恒自首后，被流放戍边。

　　值得注意的是，山东地方官都没对王恩荣、杨献恒按律惩治，甚至还要进行旌表，可见山东民间风俗对"父之仇，弗与共戴天"的认同。

（二）宗教信仰

　　宋元以后山东的宗教信仰有如下特征：其一，三教并立的格局被打破，由三教并立演变为教派林立。到明末，秘密教门已经多达70余种，至清末更发展到百余种。其二，民间宗教往往一教多名，支派繁衍，教义七零八凑而雷同。其三，元明清三朝对民间宗教的取缔、镇压空前严酷，出现所谓"正邪"两教的明显区别。其四，民间宗教兼有武装力量，民间世俗信仰往往激化为反抗朝廷的起义。其五,清末民初,秘密教门被统治阶级所利用,逐渐蜕变为会道门。

1. 全真教

(1) 全真教在山东

全真教(也称全真道)创立于山东半岛的登(治今山东蓬莱)、莱(治今山东莱州)、宁海(治今山东烟台牟平)三州,创始人是金代道士王重阳(1113—1170)。王重阳,字知明,一字德成,号重阳子。传说于甘河镇(今陕西户县境)遇异人,得修炼秘诀,弃妻离子在终南山修道。他糅合儒、道、释思想,主张三教合一,声称"儒门释户道相通,三教从来一祖风"。后来元世祖封他为"全真开化真君",有传道诗词约千余首,著有《重阳全真集》、《教化集》、《立教十五论》等。

金世宗大定七年(1167 年),王重阳东迈山东传道,先到莱州和登州,最后选定了宁海州(治今山东烟台牟平)昆嵛山为活动中心。王重阳最初在马钰家的"全真庵"传道,首次打出"全真"旗号。此后又在牟平昆嵛山烟霞洞修真。先后收马钰、丘处机、谭处端、王处一、郝大通、孙不二、刘处玄等七人为徒,号称"全真七子"。在登、莱、宁海三州建立起"三教七宝会"、"三教金莲会"、"三教三光会"、"三教玉华会"与"三教平等会"等五个全真道下层民众组织,号称"三州五会"。"全真七子"与"三州五会"的建立是全真道创立的标志。

金大定九年(1169 年)到十五年(1175 年),王重阳及全真七子除王处一独自留守山东外,其他人分别传教于河南、陕西、河北三省,全真道也由山东半岛向外扩展。

金章宗晚年,山东全真道再次兴盛,出现了刘处玄创建的莱州灵虚观、王处一创建的牟平玉虚观、丘处机创建的栖霞太虚观三足鼎立的局面,活动中心也由昆嵛山向登、莱、宁海三州辐射。

元太祖十九年(1224 年),丘处机西行归来,奉旨掌管天下道教,留住燕京天长观(今白云观),全真道的活动中心遂由山东转移到了北京。元明清时期,山东仍然是全真道活动较为频繁的地区,但中心已经由胶东转移到了崂山和泰山,形成了东西遥相呼应的新活动中心。

清朝后期,全真教逐渐向民间下落,走向宗教谋生的道路。地方上有身份的人死了,往往请道士给死人念经送殡"作道场"(亦称斋醮)。信奉道教的人,给道观捐赠钱粮,请求诵经、祈福,消灾避难,称为"建醮"。民国后,孙中山提倡"破除迷信,打倒庙宇",山东各地宫观寺庙多改建成学校,庙产变为校产。和尚、道士多成家返俗,加以战乱不休,山东全真道也就每况愈下了。

(2)全真教的特点

全真教以"澄心定意,抱元守一,存神固气"为"真功","济贫拔苦,先人后己,与物无私"为"真行",功行俱全,故为全真。具体有如下特点:

其一,三教合一。规定以儒、释、道三教的《道德经》、《般若心经》、《孝经》为全真道士必修的经典。王重阳"儒门释户道相通,三教从来一祖风"的诗句最能反映这一特点。直到今天,山东以"三教"为名的村庄仍比比皆是。

其二,受佛教影响,宣扬人生是"苦海",家庭是"牢狱",夫妻恩爱为"金枷玉锁",劝人捐妻舍子,"跳出樊笼",看破功名富贵,学道修炼。

其三,追求"阳神"、"真性"不死,抛弃肉身长生和飞升的幻想。刘处玄《至真语录》讲:"万形至其百年则身死,其性不死也。"在修炼理论上,主张先性后命,以性兼命,以澄心遣欲为真功,以明心见性为首务。在修炼方法上主内丹修炼,不尚符箓,不事黄白之术,以修真养性为正道。

其四,宗教组织严整。王重阳仿效佛教建立了一整套完整的教团生活制度,规定道士必须出家住道观,素食,不蓄妻室,不食荤腥,过着严格、俭朴的集体生活。身着暗色道袍,留长发,盘髻于头顶,头戴冠巾,男女相同。

最后,全真教最鲜明的特点是,全真教的名道多弃儒从道或儒道兼修,宗教队伍纯洁,有很高的文化素质和道德修养。马克思讲:"宗教是那些还没有获得自己,或是再度丧失自己的人的自我意识和自我感觉。"①以"北七真"为代表的全真道道士都是受过良好教育的学者,讲求仁义忠孝的道德之士,既非悲观绝望的厌世者,也非传教敛财、逃罪避祸等混迹"邪教"的无赖之徒。如王重阳以诗传道,有诗词约千余首,显示了极高的文学修养。马钰中过进士,富甲一方,号称"马半州",与社会贤达、名僧、名道往来。马钰

①《马克思恩格斯选集》第1卷,人民出版社1972年版,第1页。

的好友范怿是金朝状元,将花园慷慨让给马钰传道。马钰之妻孙不二知书达理,"闺中礼法严谨,素善翰墨",育子"皆教之以义"。郝大通"家故饶富,为州富户","少孤,事母孝,读书喜《易》,通晓阴阳之书,不乐仕进"。刘处玄是富家大姓,能作诗,擅长书法,曾因其孝义得到朝廷的嘉奖。丘处机、王处一精研道家文化,谭处端"孝义传家",都是当地的知名之士。

因此,全真教在理论和组织上的整体素质一开始就居于其他宗教之上,与其说是宗教,不如说是一个人数众多的知识阶层和文化群体。这一鲜明特色,是其他任何宗教所不能比拟的。

(3)唐四仙姑与全真七子

王重阳东迈山东前,宁海州昆嵛山上不断有出家道士活动,唐四仙姑即其中之一。1936 年《牟平县志》卷十《文献志·唐四仙姑传》载,"仙姑,宁海牟平人,唐氏第四女","金正隆间(1156—1161 年),修真于昆嵛山中,结庵独居"。人们见她"心志坚确,修炼精专","遂以仙姑称之"。"后仙蜕于烟霞之清风岭,葬焉。元泰定(1324—1328 年)初,敕赠姑为寓真资化顺道真人。"唐四仙姑曾点化长春真人丘处机等候王重阳的到来,后由丘处机把王重阳祖师引到昆嵛山烟霞洞,又把附近唐四仙姑修造的道庵改造成神清观,从而开创了全真教的大本营。该传载:"初长春真人年方弱冠,甫入道门,闻姑之名,特来师问修行之要。姑曰:'汝毋吾问,异人从西不久而至,乃汝师也。'且道其状貌,重阳祖师果自关西而来,化度七真,达于宁海,开烟霞洞,创神清宫,姑居之处,遂为全真张本之所。噫! 若非宿有仙缘,妙通神异,焉能逆知如是乎? 姑之羽化,虽在重阳未至之前,其灵柩实长春诸真辈,安厝于岩穴之中。"看来,全真道在山东的创立和流行,唐四仙姑功不可没,长春真人等将她的灵柩安放于岩穴中,就是表示对她的尊敬。

"全真七子"指王重阳的七大弟子,全真道开派的七位祖师。元世祖至元六年(1269 年)都赠封为"真人",故又称"北七真"。

马钰(1123—1183),本名"从义",字"宜甫",王重阳为其取名"钰",字"玄宝",号"丹阳子",宁海(治今山东烟台牟平)人,全真道遇仙派之祖。元世祖忽必烈至元六年(1269 年),追封为"丹阳抱一无为真人",著有《洞玄金玉集》、《神光璨》等。

丘处机(1148—1227),字通密,号长春子,全真道龙门派之祖,登州栖霞(今属山东)人。成吉思汗召见于雪山,尊他为"神仙"。弟子李志常撰有《长春真人西游记》,对此记载甚详。1224 年,丘处机回到燕京(今北京)的太极宫(今北京白云观),受命掌管天下道教。丘死后,元世祖褒赠"长春演道主教真人",著有《磻溪集》、《大丹直指》等。

谭处端(1123—1185),初名"玉",字"伯玉",后经王重阳改名为"处端",字"通正",号"长真子",全真道南无派之祖,宁海(治今山东烟台牟平)人。元世祖至元六年(1269 年),赠封为"长真云水蕴德真人",著有《水云集》。

王处一(1142—1217),号"玉阳子",全真道嵛山派之祖。元世祖至元六年(1269 年),追封为"玉阳体玄广度真人",著有《云光集》。

郝大通(1140—1212),号"恬然子",又号"广宁子",自称"太古道人",全真道华山派之祖,宁海(治今山东烟台牟平)人。元世祖至元六年(1269 年),追赐为"广宁通玄太古真人",著有《太古集》。

孙不二(1119—1182),本是马钰之妻,全真道清静派之祖,道号"清静散人"。元世祖至元六年(1269 年),追封为"清净渊真顺德真人",著有《不二元君法语》。

刘处玄(1147—1203),字"通妙"(又作"道妙"),号"长生子",莱州(今属山东)武官庄人,全真道随山派之祖。元世祖至元六年(1269 年),追封为"长生辅化明德真人",著有《仙乐集》、《至真语录》等。

(4)山东全真教著名宫观

第一,昆嵛山烟霞洞和神清观。烟霞洞位于山东牟平昆嵛山东北麓山壁上,每逢阴霾天气,便有霞光映射。1168 年,全真道创始人王重阳由马钰家的"全真庵"来到烟霞洞修真传道。1213 年,东牟彭城先生在烟霞洞下500 米处修建一座宫观,初名全道庵,后改名神清观。中间曾因兵火焚毁而重修。元世祖时,全真道兴盛,遂奉烟霞洞、神清观为祖庭。直到民国初年,一直是香火兴盛的"全真圣地"。抗战期间,神清观被日军焚毁,现仅存遗址。观内原有金、元、明、清历代碑刻数十座,今存完整者近十座。2008 年,祖籍牟平的香港商人杨世杭先生捐助建成新的神清观。

第二,范园、玄都宫、雷神庙、岳王殿。范园位于山东烟台牟平区东南王贺庄村南,原来是金朝宁海州学正范怿的私人花园。全真七子之一马钰在此初遇王重阳,后范怿施舍给马钰为道庵,丘处机扩建为玄都观。1936 年

《牟平县志》卷二《地理志·古迹》载:"玄都观,在县南二里范园中。原系范怿花园。范与马钰友善,又尝与王重阳会于此,遂施为钰庵。钰殁,邱长春继之,广为玄都观。及长春应诏,奉旨改为宫。迄今仍称范园。"元明两朝,玄都宫是远近凡俗拜神许愿、交结善缘的香火盛地。清康熙年间,改名为元都宫,随后坍塌,移至东院雷神庙东3米处重建,并改名为三清殿,内塑上清、玉清、太清等道教尊神,外悬"三宝天尊"匾。

明崇祯七年(1634年),于玄都宫东面建起雷祖殿,俗称雷神庙。殿内供奉闻太师、雷震子、闪神、雨神等,庙正门横匾题"玉枢宝殿"四字。清康熙年间,西邻范园中的玄都宫坍塌,移至雷神庙东侧,雷神庙反宾为主,使三清殿附属于己。

岳王庙建于乾隆十五年(1750年)。在京城开茶馆的王家庄(今烟台牟平王贺庄村)人王心丹,与一太监过从甚密,说娘娘梦见岳飞要巡视山东。于是,由当时雷神庙的住持沈立志在三清殿与雷神庙之间增修岳王庙一间,又称武穆殿,内塑岳飞、岳云、张宪等神像。

至此,雷神庙、岳王庙、三清殿自西向东连成一体。后来又陆续建起山门、南厅及东西两厢,成为四合院式庙宇。三清尊神与自然神、人格神浑然一体,充分反映了中国神灵信仰的多元化特征。至清末,整个庙宇统称为雷神庙。

1913年,建立雷神庙小学,将雷神庙按南北中轴线分开,东为庙舍,由道士居住管理,西为校舍,由学校使用管理。西院范园全部划归学校,作为操场。

牟平雷神庙内景

1938 年 2 月 13 日,中共胶东特委书记、山东人民抗日救国军第三军司令员理琪率部与日军进行了著名的雷神庙战斗,理琪、杜梓林等同志壮烈殉国。庙中道士何武轩于清明节做一"战殁将士英灵之位"牌位,放在岳飞像前供奉。

第三,崂山太清宫和宫观建筑群。崂山道教有着悠久的历史,宋元明清时期崂山周围寺、庵、宫、观鳞次栉比,其中最著名的是太清宫。

宋太祖建隆元年(960 年),崂山"驱虎庵"道士刘若拙被召入京谈玄称旨,被赵匡胤封为"华盖真人",奉敕归山重修太清宫殿宇,并修建了上清宫和太平兴国院(今太平宫)两个太清宫别馆。此时,四方人士闻风求道者络绎不绝。刘道士精通武术、气功,体质如铁,冬夏不冠不履,不炉不扇,为崂山十大道首之一,对太清宫和崂山道场的发展贡献卓著。

丘处机游崂山后,全真七子之一的刘处玄在太清宫讲授经典。太清宫道众由此归宗于刘祖所创的"随山派"。道场大兴,道众四方云集,成为全真天下道教第二丛林。由于中国信仰的多元性,崂山有不少庙宫是道、僧两院同居,甚至有的是道、僧、道姑三院合用。道皈依为僧,或僧蓄发为道者亦屡见不鲜。明万历(1573—1620)年间,太清宫曾一度为道士、道姑、和尚三庙合用。遗憾的是,太清宫发生了一起僧、道争夺庙址的官司。

南京报恩寺憨山和尚到崂山,看中崂山太清宫乃一佳地,又得慈圣太后大量赐金,准备在此修建海印寺,道士们在困顿贫苦的境况下将太清宫"举地售之"。太清宫被毁,只有太清宫中已破旧的三官庙留了下来,以安置留居太清宫的道士。海印寺建成,气势雄伟,可与五台、普陀诸名刹媲美。寄人篱下的太清宫道士们羞愤不平,僧道双方形成官司。原太清宫道士耿义兰层层上告,直至赴京告御状。万历二十八年(1600 年),明神宗手谕降旨毁寺复宫,憨山被流放雷州。又敕封耿道士为"扶教真人"。于是,耗资巨万、金碧辉煌的海印寺变成废墟,在废墟上重新建起太清宫。官司得胜,崂山道教的声威大震。来自四方出家为道者、挂旃者、朝宗者日益增多,崂山其他庵观的道众和庙产也大有增加。

康熙初年,全真七子所创建的教派遍布崂山各宫观。丘处机所创的"龙门派"道庵有修真庵、塘子观、太和观、百福庵、大通宫(西城汇)、九水庵、现化庵等;刘长生所创的"随山派"有太清宫、白云庵、窑石庙、天后宫、常在庵、真武庙等；郝太古所创"华山派"道观较多，有上清宫、太平宫、关帝庙、蔚竹庵、神清宫、大崂观、华楼宫、聚仙宫等；孙不二所创"清静派"有明道观、竹子庙等；马钰所创"遇仙派"有峡口庵、醒睡庵等；谭处瑞所创"南无派"有荒草庵、朝阳庵、大士庵等；王处一所创"嵛山派"有熟阳庵、卧云庵、清华庵、通明宫、慈云庵等。此外，孙玄清所创"金山派"有白云洞、明霞洞的斗母官、凝真观、大妙山、奉阳庵、犹芳庵等，齐本守所创"金辉派"宫观有先天庵（后归随山派）。崂山道教宫观数量之多，可见一斑。

抗日战争期间，日军掠走太清宫大量古玩，捣毁许多有价值的碑碣文物。

太清宫现存三官殿、三清殿、三皇殿三院。宫中奇花异卉，四时不绝。由明初名道张三丰移植的耐冬花红艳如火。汉柏、唐榆、宋银杏均历磨历劫，枝干嵯峨，苍郁葱翠。三清殿前有一神水泉，大旱之年亦不涸竭。三皇殿有成吉思汗所颁金虎符文，内壁嵌元世祖护教文碑，宫后巨石有康有为题刻。

（5）崂山、泰山、胶东、腊山等地的道教音乐

道教音乐是在进行斋醮仪式（即做道场）、为神仙祝诞、祈求上天赐福以及超度亡灵等诸法事活动中伴奏的乐曲，也包括道士们诵唱经文的乐曲。它通过音乐的烘托、感染，各种仙境得以和谐生动地再现，斋醮仪式更显庄严、肃穆、神圣和神秘，能有效地增强信仰者对仙界的向往和对神灵的崇敬。山东崂山、泰山、胶东、腊山道教音乐各有特色，2008年正式入选成为国家级非物质文化遗产项目。

崂山道教音乐，多由上古民歌和民间号子演变而成，具有强烈的东夷文化气息。全真道传入崂山，又与各地道乐进行了广泛交流。崂山名道大都精通音乐，善于演奏。清顺治初年，崇祯皇帝的两个精通笙、笛、箫、管等乐器并能歌善舞的妃子养艳姬和蔺婉玉化装成乞丐潜入修真庵（今崂山区王哥庄）出家。通晓音乐的崂山道士蒋清山邀请二人来"百福庵"精修，专攻道乐，使百福庵成为清代崂山"外山派"应风乐的中心。清顺治四年（1647年）三月十九日是崇祯三周年忌日，养、蔺二人组织百福庵、童真宫、天后宫以及马山、灵山等外山庵观道士乐队，演奏了她们创作的、悼念崇祯的大悲曲《离恨天》。以后养、蔺二人把演奏过的宫廷乐曲传授给崂山各庙道士、

乐手及民间艺人,并改编民歌,充实道乐曲牌,训练道士乐队,辅导附近一些村镇的民间乐队。清初,崂山周围民间器乐能蓬勃发展,也与养、蔺二人有直接关系。由此可知,雅俗兼备、体系完整是崂山道乐的特色。

泰山道教音乐始于北魏,北魏道士寇谦之撰《云中音诵新科之诫》中就有道教音乐《华夏颂》、《步虚声》,首创道士直诵改为乐诵,泰山道乐开始流行。泰山道乐直接介入唐高宗、唐玄宗、宋真宗、清圣祖、清高宗等帝王封禅、祭祀泰山活动的典礼,广泛吸收宫廷祭祀音乐、民间祭祀、巫觋音乐的精华,因而具有丰富精深、气势磅礴的风格。泰山道教在殿堂内演唱的是全真道统一的"十方韵"。为适应民俗需要,广泛吸收了民间喜闻乐见的民间音乐,逐步形成了一大批道教音乐曲目,仅《玉音仙范》谱集就收录曲目多达100多首。据普查,现可演唱曲目、岱庙馆藏曲目、散落于民间的曲目以及尚未破译的曲目多达500多首。

胶东全真道教音乐吸收了古代传统曲目、胶东民歌、地方戏曲与民间音乐的精华,形成了独特的音乐风格,也保存了许多优秀的传统曲目。流传至今的崂山韵、海阳秧歌、胶东说唱音乐、牟平古琴、莱阳九孔管等,都与道教音乐息息相通。据烟台牟平区原雷神庙道士何武轩讲,一个道士,不但要精通本派宗教的教义,在器乐演奏上也要有较好的水平。只有在唱、念、做、演奏乐器等方面才能出众的道士,才有资格在斋醮法事中担任"都讲"、"高功"等较高的职务。何武轩出家后,除学经外,还学习笙、管子、笛等。

腊山在今山东东平县银山镇,有"小岱峰"的美称。腊山北麓的"祥龙观",又称"三清宫",在元、明、清时远近闻名。相传元代全真道龙门派创始人丘处机在此修行,道教音乐长期延续发展。腊山道乐曲牌多达360余首,有根据东平湖景色即兴而作的《清河柳》,有根据临清民间小调创作的《临清歌》,有配合世人烧香还愿的《小拜门》,也有根据灾民逃荒要饭,身穿柳絮破袄的悲惨景象写出的《柳金絮》等等。腊山道乐以吹奏乐器为主,有小管、大管、唢呐、笙、笛、箫等。

2. 白莲教与山东民间的秘密宗教

(1)白莲教

白莲教渊源于佛教的净土宗,是宋元明清至近代流传的民间宗教。东晋名僧慧远等 123 人于庐山东林寺掘池植白莲,故称"莲社"、"白莲社"。南宋沙门茅子元推慧远为初祖,创立白莲宗,倡导受持五戒(不杀生、不偷盗、不邪淫、不妄语、不饮酒),诵念阿弥陀佛(无量寿佛)五声,就能往升西方净土。

白莲教起源于宋代,依托上述白莲社、白莲宗,是混合佛教、明教、弥勒教等形成的秘密宗教组织。其教义崇尚光明,以"明王出世"、"弥勒降生"相号召。元末韩山童、刘福通等,就是白莲教教徒。

元末明初,白莲教传入山东。明朝永乐十八年(1420 年),蒲台(今山东博兴、广饶交界处)人林三之妻唐赛儿自称佛母,利用白莲教组织起义,益都、寿光、安丘、诸城、莒县、即墨等地的白莲教群众"翕然从之",有教徒数万人,占据益都卸石棚寨,派部将攻破即墨、莒县,烧毁官衙仓库,进兵围攻安丘。起义失败后,唐赛儿被广大教众掩护逃走,传说已削发为尼或为道姑。明成祖为了搜捕她,下诏大捕女尼、女道士,仍无法获其踪迹。

由于朱元璋借助白莲教中的明教夺取政权,深知白莲教对封建朝廷的危害,在《明律》中明确取缔"左道邪术",白莲教遂改换名号在民间秘密流传,出现了罗教、闻香教等诸多名目。明神宗万历年间,白莲教各支派迅速发展。万历十五年(1587 年),都察院左都御史辛自修奏:"白莲教、无为教、罗教,蔓引株连,流传愈广,踪迹诡秘。北直隶、山东、河南颇众。"[1]到万历四十三年(1615 年),"妖僧流道聚众谈经,醵钱轮会。一名捏磐教,一名红封教,一名老子教。又有罗祖教、南无教、净空教、悟明教、大成无为教,皆讳白莲之名,实演白莲之教"[2]。明朝天启二年(1622 年),山东巨野徐鸿儒起义的主体,就是白莲教支派闻香教的教众。

清入关后,白莲教新增加的支派如八卦教、清水教、天理教等多达百余种,教义也更加芜杂。清朝乾隆三十九年(1774 年)山东寿张(今山东阳谷东南)王伦起义,就以清水教教众为主体。

(2)罗教

罗教又称无为教、罗祖教,由明朝中叶山东即墨人罗梦鸿所创。罗梦鸿又名罗清、罗因,号"无为居士",人称"罗祖",著有《苦功悟道卷》、《叹世无

①《明神宗实录》卷一八二,万历十五年正月庚子,上海书店出版社 1990 年版。
②《明神宗实录》卷五三三,万历四十三年庚子,上海书店出版社 1990 年版。

为卷》、《破邪显证钥匙卷》(上、下两册)、《正信除疑自在卷》、《巍巍不动泰
山深根结果宝卷》,俗称"五部六册",是罗教传教的经典。明清时期,罗教
在山东广泛流传,崂山一带民众皆信无为教,不知有佛教三宝。清代山东淄
川人蒲松龄还把罗祖的事迹写入《聊斋志异》中:

> 罗祖,即墨人也。少贫。总族中应出一丁戍北边,即以罗往。罗居
> 边数年,生一子。驻防守备雅厚遇之。会守备迁陕西参将,欲携与俱
> 去。罗乃托妻子于其友李某者,遂西。自此三年不得返。适参将欲致
> 书北塞,罗乃自陈,请以便道省妻子。参将从之。罗至家,妻子无恙,良
> 慰。然床下有男子遗舄,心疑之。既而至李申谢,李致酒殷勤,妻又道
> 李恩义,罗感激不胜。明日,谓妻曰:"我往致主命,暮不能归,勿伺
> 也。"出门跨马去。匿身近处,更定却归。闻妻与李卧语,大怒,破扉。
> 二人惧,膝行乞死。罗抽刃出,已复韬之曰:"我始以汝为人也,今如
> 此,杀之污吾刀耳! 与汝约:妻子而受之,籍名亦而充之,马匹械器具
> 在。我逝矣。"遂去。乡人共闻于官。官咎李,李以实告。而事无验
> 见,莫可质凭,远近搜罗,则绝匿名迹。官疑其因奸致杀,益械李及妻。
> 逾年,并桎梏以死,乃驿送其子归即墨。后石匣营有樵人入山,见一道
> 士坐洞中,未尝求食。众以为异,赍粮供之。或有识者,盖即罗也。馈
> 遗满洞,罗终不食,意似厌嚣,以故来者渐寡。积数年,洞外蓬蒿成林。
> 或潜窥之,则坐处不曾少移。又久之,见其出游山上,就之已杳;往瞰洞
> 中,则衣上尘蒙如故。益奇之。更数日而往,则玉柱下垂,坐化已久。
> 土人为之建庙;每三月间,香楮相属于道。其子往,人皆呼以小罗祖,香
> 税悉归之;今其后人,犹岁一往,收税金焉。沂水刘宗玉向予言之甚详。
> 予笑曰:"今世诸檀越,不求为圣贤,但望成佛祖。请遍告之:若要立地
> 成佛,须放下刀子去。"

罗教宣称"真空家乡(天宫),无生父母",认为人终究必须回到"无生父
母"的身边。"无生父母"又演变为"无生老母"。后来,白莲教等各教派几
乎皆以"无生老母"为主神,并宣扬"无生老母"将派遣弥勒佛下凡拯救世
人。自罗教以后,白莲教的各种支派迅速蔓延开来。流行于福建的老官斋
教、安徽的糍粑教,都是罗教的支派。

(3)闻香教

闻香教又称东大乘教，白莲教的一个支派，明万历（1573—1619）年间河北滦州石佛口王森所创。王森自号闻香教主，称说曾救一狐，狐自断其尾赠之，有异香，人多归附，故称闻香教。闻香教信奉燃灯佛、释迦佛、未来佛，宣扬三期末劫、返本归源等思想。王森死后，闻香教分为两支：一支由山东巨野人徐鸿儒领导，在山东一带活动；另一支由王森的儿子王好贤、弟子于弘志领导，在河北一带活动。天启二年（1622年），徐鸿儒率教众在山东郓城起义，自称中兴福烈帝，建号大乘兴胜，义军多头缠红巾，众至万余人，先后攻占了山东境内运河两岸的广大地区，阻截漕运，多次重创官军。后明廷派大军合力进剿，徐鸿儒于滕县被俘，押至北京遇害。

清初山东境内，胶东一带盛行罗教，鲁西北则流传闻香教。《聊斋志异》中有一则文章《白莲教》，记载徐鸿儒的事迹如下：

> 白莲盗首徐鸿儒，得左道之书，能役鬼神。小试之，观者尽骇，走门下者如鹜。于是阴怀不轨。因出一镜，言能鉴人终身。悬于庭，令人自照，或幞头，或纱帽，绣衣貂蝉，现形不一。人益怪愕。由是道路遥播，踵门求见者，挥汗相属。徐乃宣曰："凡镜中文武贵官，皆如来佛注定龙华会中人。各宜努力，勿得退缩。"因以对众自照，则冕旒龙衮，俨然王者。众相视而惊，大众齐伏。徐乃建旗秉钺，罔不欢跃相从，翼符所照。不数月，聚党以万计，滕、峄一带，望风而靡。后大兵进剿，有彭都司者，长山人，艺勇绝伦，寇出二垂髫女与战。女俱双刃，利如霜，骑大马，喷嘶甚怒。飘忽盘旋，自晨达暮，彼不能伤彭，彭亦不能捷也。如此三日，彭觉筋力俱竭，哮喘卒。迨鸿儒既诛，捉贼党械问之，始知刃乃木刀，骑乃木凳也。假兵马死真将军，亦奇矣！

蒲松龄的记载，当然有虚构成分，然而这正是山东社会风俗中流传的白莲教和罗祖、徐鸿儒。

(4)天地门教

天地门教，又称一炷香教，金丹如意道，由顺治七年（1650年）山东商河县董家林（今属山东惠民）人董计升（字四海）所创。天地门教也信仰"无生老母"，"真空家乡"，主张怜老惜贫、扶助孤苦，充满了乡土社会的温情。凡是不孝敬父母、犯奸盗和赌博之人都不得收为徒弟。教首经常教人治病，如头痛就告诉他是不孝父母所致，如手足痛必系兄弟不睦，肚腹痛必系良心不善。找到病"根"后，令其对天磕头以示改悔。由此可见，一炷香教只是一个"劝人为善行好"的迷信组织。问世300多年来，一直在民间流传。清中叶以后，随着山东人大规模闯关东，还传入东北地区。

（5）八卦教

八卦教是清代华北地区势力最大、影响最深的一个教派。清康熙元年（1662年）山东单县人刘佐臣所创，初名五荤道收元教，后改为八卦教。八卦教受白莲教、闻香教，尤其是天地门教的影响，按《八卦图》"内安九宫，外立八卦"的组织形式收徒设教。所谓八卦九宫，即认为世界被乾、坤、震、巽、坎、离、艮、兑八卦分成西北、西南、正东、东南、正北、正南、东北、正西八宫，加上中央宫为九宫。刘姓教首位居中央宫，其他各教，则由刘姓教主委派卦长掌教，按八卦所定方位分布。后各卦独立立教，活动于鲁西南一带。

八卦教的经典是《五女传道书》，讲修炼内丹（气功），长生不老。八卦教信奉的最高神祇是无生老母。《八卦教理条》讲："忙里偷闲寻生路，到家先看无生母。"教徒早、午、晚要面朝太阳，念诵"真空家乡，无生老母"的八字真诀。八卦教把孔子说成弥勒佛的化身，而教徒是孔子"临凡下世"时带到人世间的。八卦教还尊奉刘佐臣为"先天老爷"，后又奉为弥勒佛转世，演化为孔子再生，号称"圣帝老爷"。清代中叶前后，八卦教又增加了运气练功、演习拳棒。教内分为文弟子和武弟子，文弟子运气练功，武弟子演习拳棒。八卦教对其他民间宗教有很大影响，光绪年间的义和团与八卦教中的武弟子很可能有师承关系。

（6）清水教

清水教的创立者是八卦教中震卦教的卦主、山东菏泽人王中。乾隆三十六年（1771年），王中为了壮大震卦教的势力，将其改名为清水教。

山东阳谷人王伦是清水教的首领，他以为人治病联络教众，自称真紫微星，在教内设置元帅、先行、国公等官职，煽动教众的反清情绪。尊"无生老母"为"圣母"，向教徒宣传"圣母降身，刀枪不入"，并教以坐功运气，演习拳棒。乾隆三十九年（1774年），王伦率领清水教众发动了反清武装起义，揭开了清代民间宗教大规模武装反抗清朝统治的序幕。王伦起义失败后,清水教仍在菏泽、曹县、单县一带传播。但经过朝廷一再镇压,在乾隆末年已衰败下去。

(7)文贤教

文贤教起源于山东邹县(今山东邹城)白莲池,又称白莲池邹教、习文教,首领是宋继朋。光绪十八年(1892年)《邹县续志·武备志·兵事》载:"继朋故为田黄社社长,粗识文义,能诵经书符,为人治病,乡愚多信之。自号文贤教。"文贤教提倡互助,"有患相救,有难相死",以为有白莲护身,可以消除来日灾难。清咸丰十年(1860年),宋继朋在捻军、幅军的影响下,在邹县东部山区田黄镇凤凰山一带率众起义,队伍曾一度发展到10余万众,与捻军、幅军联合作战,多次击败清军。起义失败后,宋继朋死于乱军中,大部分教徒英勇战死。邹城田黄镇附近原存有清政府立的《平定白莲教匪掩埋枯骨碑记》和《掩埋白莲池尸骨记》两幢碑刻,以及掩埋起义军尸骨的14座大墓冢和两座骨魂坛等遗址。2009年6月7日《济南时报》称:邹城田黄镇发现白莲教起义军寨墙遗址,其中较具代表性的有平山寨墙和龙山山寨。

上述民间宗教都是山东人创立,并在山东流传的宗教,也都是白莲教变异出来的支派。它们有着相类似的信仰及传说,通常都以弥勒佛救世为号召,以"无生老母"为主神。

(三)神灵信仰

中国民间信仰的神灵,混乱程度相当惊人。佛、道与民间信仰都存在一种双向改造关系。一方面,民间原有的神灵被佛、道二教改造,纳入自己的门下;另一方面则是佛教诸神的民间化和中国化。在各种宗教神谱世俗化的过程中,明人吴承恩的《西游记》,许仲琳(一说为陆西星)的《封神演义》起了桥梁作用。他们的构思来自民间,加工整理后又反馈到民间,对民间信仰产生了重大影响,许多神灵的国籍、出身、职司,甚至是性别,早已面目全非了。山东民间信仰的神灵就诞生在这一文化土壤之上。普通老百姓不管有多少神灵,也不问出身和来龙去脉,见庙就烧香,有"灵"就参拜。所以,宋元明清时期神灵的多元性、模糊性特征特别突出。

1. 泰山神——东岳大帝、碧霞元君及各地的山神

泰山为岱宗,五岳之长,故又称岱岳神。秦始皇、汉武帝、汉光武帝、唐高宗、唐玄宗、宋真宗都曾步远古三皇五帝的后尘,封禅泰山。

秦汉以前,中国没有天堂地狱的概念,只有赴黄泉的说法。《左传·隐公元年》载,郑庄公因母亲支持弟弟叛乱,发誓说:"不及黄泉,无相见也。"汉以后,人死魂归泰山,泰山成为治鬼之府,死去的鬼魂算是有了个归宿。《后汉书·乌桓鲜卑列传》载:"中国人死者魂神归岱山也。"唐李贤等注引西晋张华《博物志》曰:"泰山,天帝孙也,主召人魂。东方万物始,故知人生命。"魏晋南北朝时,泰山府君主管人的生死,为了有效地管理阴间的鬼魂,有了较为完善的机构。《三国志·魏书·蒋济传》注引《列异传》记载了这样一段故事:

曹魏领军将军、昌陵亭侯蒋济之子早亡,托梦给母亲说:"死生异路,我生时为卿相子孙,今在地下为泰山伍伯,憔悴困辱,不可复言。今太庙西讴士孙阿,今见召为泰山令,愿母为白侯(蒋济时为昌陵亭侯),属阿令转我得乐处。"蒋济开始不信,可其妻第二夜又梦见儿子说:"我来迎新君,止在庙下……新君明日日中当发,临发多事,不复得归,永辞于此。侯(蒋济)气强,难感悟,故自诉于母,愿重启侯,何惜不一试验之。"于是,蒋济一早就派人到太庙西打听,果然找到孙阿,与梦中讲的孙阿丝毫不差。言明原委后,孙阿对死毫不畏惧,听说能当上泰山令非常高兴,并慨然应允为蒋济的儿子安排个好差事。蒋济急于验证此事,从太庙西到领军府 10 步安排一人,以传递消息。辰时传来消息说,孙阿心痛;巳时传来消息说,孙阿心痛加剧;午时传来消息说,孙阿死亡。一月后,儿子又托梦说:"已得转为录事矣!"

这个"见召为泰山令"的孙阿,被称做"新君",就是新一任泰山府君,并有泰山伍伯、泰山录事等下属人员,应该是最早的人格化的泰山神。孙阿不惧死,而喜当泰山令,可见泰山府君在当时信仰中的位置。

开元十三年(725 年),唐玄宗"封泰山神为天齐王,礼秩加三公一等"[1]。天齐原指先秦八神将的天主,祠临淄天齐渊,至此转移到泰山了。宋真宗大中祥符元年(1008 年),诏封泰山神为天齐仁圣王,四年(1011 年)

---

[1]《资治通鉴》卷二一二《唐纪二十八·玄宗开元十三年》,古籍出版社 1956 年版。

又进封为"东岳天齐仁圣帝",即东岳大帝。于是,各地纷纷建立天齐庙、东岳庙,香火兴盛起来。

由于中国皇权的强大,东岳大帝并没摆脱"主召人魂"信仰模式,只是在阴间发展为中国阎王爷的最高领导。

佛教六道轮回中有地狱,统治者是阎王。唐末,中国佛教有十殿阎王。道教原来也有个中国的阎王爷,叫酆都大帝,是陶弘景在《真灵位业图》中创造的,排行第七,为天下鬼神之宗。酆都大帝有两个治所:一个是北方罗酆山,是虚构的山名;另一个确有其地,即四川酆都,是道教阎王爷治鬼的阴曹地府。宋元明清时期,东岳大帝和佛教的地狱说,道教的阴曹地府,再加上民间传说,共同建立起中国的阴间地狱。

《封神演义》讲,东岳大帝是商臣黄飞虎,死后被姜子牙封为五岳之首,执掌幽冥十八重地狱。山西蒲城县柏山,有一座典型的东岳庙,有完整的十八层地狱。最上一层是东岳大帝黄飞虎,其次是十殿阎罗、六曹判官,都怒目圆睁,形态逼真。还有120个冤鬼受刀山、碾磨、剜眼、割舌、剖心、锯割、下油锅等各种酷刑,再现了中国神话中的地狱真相。

宋元明清时期,在山东民众的信仰中,泰山神仍然主管人间的生死。《元史·孝友传》记载,东昌茌平(今属山东)人张本,笃行孝道,伯父有病,昼夜护理,"复载以巾车,步挽诣岱岳祷之"。上述儒家孝道中的渤海(今山东宾县)李伍之妻刘氏,在公公疮愈之后,"亲挽小车,载舅(公公)诣岳祠以答神贶"。

更有甚者,杀亲子以祭祀泰山神。上述《明史·孝义传》记载的日照(今属山东)江伯儿杀死自己的3岁儿祭祀岱岳神,朱元璋大怒曰:"父子天伦至重。《礼》父服长子三年。今小民无知,灭伦害理,亟宜治罪。"

这位泰山神能治病救人是假的,残灭人性却是真的。朱元璋既不想让它"灭伦害理",更不愿意树立它的绝对权威。

现在坐镇泰山顶的,不是东岳大帝,而是碧霞祠的碧霞元君,是道教信奉的女神。北京白云观内有个元君殿,也叫子孙堂,两旁供着送子娘娘、催生娘娘、眼光娘娘、天花娘娘,是妇女儿童的保护神。

西晋张华《博物志》讲,太公望为灌坛令,治内风调雨顺。周文王梦见一美丽女子当道而哭,曰:"我东海泰山神女,嫁为西海妇,欲东归,灌坛令当吾道,太公有德,吾不敢以暴风疾雨过也。"①文王把太公召去三日,泰山神女趁机挟急风暴雨路过灌坛。这位最早的泰山女神是泰山神的女儿,出嫁给西海神为妻,还经常回娘家。可见泰山神有妻子儿女,与西海神联姻,整个一充满家庭伦理的神灵大家族。

泰山碧霞元君肇始于宋真宗封禅泰山时的玉女石像,宋末元初马端临《文献通考》卷九十《郊社考》载:"泰山玉女池在太平顶,池侧有石像。泉源素壅而浊,东封先营顿置,泉忽湍涌。上徙升山,其流自广,清泠可鉴,味甚甘美。经度制置使王钦若请浚治之,像颇摧折,诏皇城使刘承珪易以玉石。既成,上与近臣临观,遣使奢石为龛,奉置旧所,令钦若致祭,上为作记。"既然是"奉置旧所",说明在宋真宗发现玉女石像之前就有人奉祀。宋真宗还在岱顶修建了奉祀玉女的庙宇——玉女祠,即现存的碧霞祠。元末明初,道教信徒让泰山玉女做了东岳大帝的女儿,并正式有了"天仙玉女碧霞元君"的称呼。明代皇帝曾多次派员致祭碧霞元君。

泰山碧霞元君的出身,有多种说法。罗香林先生共归纳出四种说法:一为东岳大帝的女儿说,二为黄帝遣七女迓西昆真人说,三为华山玉女说,四为民间凡女得仙说。②

泰山附近把碧霞元君称做"泰山老奶奶",传说是徂徕山农民石敢当的三女儿,到泰山成了一山之主。西汉史游的《急就篇》有"石敢当",唐人颜师古注曰:"敢当,言所当无敌也。"从唐朝开始,人家门口若正对桥梁、巷口,就立一小石碑,上刻"石敢当"。泰山老奶奶成旗号后,就增刻"泰山石敢当"了。

宋元以来,山东各地纷纷建起碧霞宫、元君殿等。如《续修历城县志·古迹考六》记载济南的碧霞宫说:"碧霞宫即娘娘庙,在后载门街路北,明正德十一年(1516年)创建,嘉靖四十二年(1563年)重修,乾隆三十九年(1774年)重修,嘉庆十六年(1811年),布政使朱锡爵修葺。"在昆嵛山上,供奉碧霞元君的庙宇被称为岳姑殿,1936年《牟平县志》卷二《地理志·建筑·坛庙》载:"岳姑殿,在县东南四十里姑余山巅。

①《太平御览》卷二六八《职官部六六·良令长下》,中华书局1960年影印版。
②罗香林:《碧霞元君》,载中山大学语言历史学研究所编:《民俗》第69、70期合刊,1929年,第24页。

姑余山本由麻姑得名,宋建麻姑殿于上。今俗称其山曰岳姑顶,山巅建庙曰岳姑殿,祀碧霞元君,虽麻姑祠亦祔于侧,瞻拜者知有岳姑,不知有麻姑矣。"清代威海卫有"香社",每年农历四月十五日,"备旗纛,高照伞扇,鼓乐、火炮、杂剧,赴宁海岳姑殿进香"①。

碧霞元君出现后,东岳大帝逐渐没了脾气,泰山老奶奶喧宾夺主,香火兴盛起来。山东各地的善男信女纷纷组成香社,赴泰山进香朝拜求福。山东商河一带"每年正月组合多人赴泰山进香,名为香社。其在家烧香者名为'懒跋社'。俗谓泰山碧霞元君最有灵验,祭之当获吉庆,故群趋奉之"。邹平黄山东虎头岩畔有碧霞元君宫,四月初六到初八举行的"黄山会","数百年久称盛会"。到清朝康熙年间(1662—1722),"远近州邑士民男妇咸结队朝拜碧霞元君像"。山东博山县农历四月十八日至二十日"凤凰山麓碧霞元君行宫香会,设优戏,商货云集"。蓬莱一带,四月十八"赴南山顶庙庆'碧霞元君生辰',士女游密神山"。乐陵县每年农历三月二十八日举行"赛泰山碧霞元君"的赛神会。②

山东多丘陵,许多像兖州的嵫山神、邹城的峄山神、巨越山神等,相传都经过皇帝的册封。《兖州府志》卷二十《祠祀志·滋阳县》载:"嵫山神祠在县西三十里。相传宋真宗东幸阙里,驻跸山下,从骑多病,祷于是山。其夜,梦山神俯伏于前曰:'蒙陛下赐祭,卫骑已瘳。'诘朝,果然。敕封昭烈惠应侯。"该志邹县条载:"峄山神祠在县东南二十五里。宋封灵巌侯,明改封峄山之神,命守土官祭之。巨越山神祠在县东五十里。相传唐太宗东征,陷于山下,神为之助,封为太王,建祠祀之,壁间有唐碑。"

还有许多名不见经传的小山也都有山神。如《济南府志·祠祀》载,历城有奎山神庙、章丘有青山神庙、女郎山神祠,邹平有长白山神祠。山东民众往往称这些神为"小庙神",与泰山神相比是"小神"见"大神"了。

2. 海神、海神庙、龙王庙

山东信仰的海神是一个模糊、多元的神灵,先秦时期分管山东的就有两

①1929 年《威海卫志》,载丁世良、赵放主编:《中国地方志民俗资料汇编》华东卷上,书目文献出版社 1995 年版,第 254 页。本书所引方志,如无篇目和版本,均出自该书第 91—344 页。
②道光十二年《商河县志》、乾隆二十八年《博山县志》、康熙三十四年《邹平县志》、康熙三十三年《登州府志》、乾隆二十七年《乐陵县志》。

个海神:北海神禺京、东海神禺虢。宋元明清时期,山东海神信仰的中心转移到三面环海的胶东半岛,禺京、禺虢作为山东第一任海神的使命已经完成,代之而起的是海神、龙王、妈祖信仰。

山东莱州市的海神庙起源于先秦两汉。齐地八神将中莱州三山岛的阴主,已兼有海神的功能。除外,汉代东莱郡(治今山东莱州)还有两座海神庙:海水祠和万里沙祠。

海水祠在今莱州市永安路海庙姜家村西北。《汉书·地理志》载,东莱郡"临朐有海水祠"。颜师古注曰:"齐郡已有临朐,而东莱又有此县,盖各以所近为名也。"东莱郡仅西汉时期置临朐县,东汉撤销,历史上存在的时间很短,县治在今莱州市区西北。莱州万里沙祠在莱州三山岛。《汉书·地理志》载,东莱郡"曲城有叁山万里沙祠"。西汉武帝元封二年(前109年),齐人公孙卿言:"见神人东莱山,若云欲见天子。"汉武帝至东莱郡(治今山东莱州),寻神仙不得,"既出无名,乃祷万里沙"①。胡三省引应劭注曰:"万里沙,神祠也,在东莱曲成。"引杜佑《通典》:"万里沙在莱州掖县界。"二人的解释都是正确的。曲城县故址在今山东招远城西偏北30公里处的蚕庄镇东曲城村南,再往西北约20公里即三山岛。三山岛所在的海岸,至今仍是一片深深的黄沙。海水祠、万里沙祠的海神是模糊的自然神,人格化形象不鲜明,到宋代也被取代了。

自隋朝开始,在莱州祭祀东海成为定例。《旧唐书·礼仪志四》载,"四海、四渎,年别一祭",祭"东海于莱州"。宋太祖开宝六年(973年),在海水祠(在今莱州海庙姜家西北)基础上修建成著名的东海神庙,成为宋、元、明、清祭祀东海最隆重的场所。宋太祖时,"岳渎并东海庙,各以本县令兼庙令,尉兼庙丞,专掌祀事"。宋太宗时,诏以立春日祀"东海于莱州"②。洪武二年(1369年),明太祖诏定以清明、霜降春秋两季在京师合祭岳、镇、海、渎及城隍等,但仍"命官十八人"到各地祭祀,并于次年正式确定了"东海之神"③的神号。

据传,东海神庙在明代曾与莱州城一起大规模扩建,极其雄伟壮观。大

①《资治通鉴》卷二十一《汉纪十三·武帝元封二年》,古籍出版社1956年版。
②《宋史·礼志五》,中华书局1975年版。
③《明史·礼志三》,中华书局1974年版。

殿中供奉着东海龙王神像,四壁有彩绘海神龙王"出宫入跸图",风伯、雨师、雷公、电母诸神前呼后拥。大殿后院是龙王与海神娘娘寝殿,也称"娘娘庙"。这位海神娘娘是否是妈祖,就不得而知了。大部分莱州人知有海神娘娘,不知有妈祖。莱州还有两座龙神庙:一座在城西北三里,"宋元丰(1078—1085年)特建,元至顺(1330—1333年)间祷雨有应";另一座在城北三十里,"金太和八年(1208年)建,庑下有潭水,停蓄而静深,世传有龙潜焉"①。莱州虎头崖有个妈祖庙,是海上南来的客商建的。莱州金城镇万家村有清代潮海祠,里面供奉着各路海神,妈祖的形象也不鲜明。一位村民回忆说,他小时候经常到潮海祠玩耍,把耳朵贴在主神像硕大的石质底座上能清楚地听到潮涌般的哗哗声。②他们欣赏的是"俯石听潮"的神奇,似乎对妈祖印象不深。

妈祖又称天妃、天后、天上圣母。原型是北宋福建莆田县湄洲岛的一名普通妇女,姓林名默。生前为人治病,海上救人,有恩德于乡里。北宋真宗雍熙四年(987年)死后,人们为她立庙,经常在海上显灵救人。宋徽宗宣和五年(1123年),北宋赴高丽使团在海上遇难获救,奏报朝廷,朝廷诏以"顺济"为庙额。自此,妈祖成为官定的海上保护神。元至元(1264—1296)中又加封"天妃",庙曰"灵慈",朝廷派平江(治今江苏苏州)地方官祭祀其庙的祝文云:"维年月日,皇帝特遣某官等,致祭于护国庇民广济福惠明著天妃。"③清康熙加封为"天后",通海之地多立天后宫、天妃宫、天妃庙,妈祖信仰便在北自天津,南到台湾、南洋的沿海地区传开了。人们在海上遇到风暴、海匪,总是祈求妈祖保佑。

由于中国信仰风俗的不虔诚性,朝廷、民众都可根据喜好或需要随时撤换某一个神灵。山东沿海渔民原本信奉的海神是东海龙王,到明清两代,妈祖取而代之为大海主神,被称做海神娘娘,四海龙王反成为她的站班或陪神。

山东长岛县沙门岛显应宫始建于宋徽宗宣和四年(1122年),是山东最早的妈祖庙,也是长岛渔民祖祖辈辈奉敬的"海神娘娘"庙,沙门岛也因此

①《莱州府志》卷四《祀典》,凤凰出版社、上海书店、巴蜀书社2004年版。
②《莱州万家:老街、老人、老故事》,载《烟台日报》,2008年11月23日。
③《元史·祭祀志五》,中华书局1976年版。

而改名为"庙岛"。显应宫大殿有妈祖坐像,两侧的站班是千里眼、顺风耳、黄峰兵帅、白马将军以及九江、八河、五湖、四海的龙王等共14尊神像,妈祖是所有江河湖海龙王的总领导。

蓬莱阁建筑群有天后宫、龙王宫和供奉八仙的蓬莱阁大殿等三座宫观。天后宫供奉妈祖,当地称为"海神娘娘",妈祖两旁的陪神是四海龙王。龙王宫内供奉东海龙王,两侧的站班都是些巡海夜叉、千里眼、电母、雷公、赶鱼郎、顺风耳、风婆、雨神等档次较低的神灵。

烟台芝罘海湾的天后宫与海神庙、龙王庙多庙合一,称做"大庙"。在"大庙"里,海神和龙王是各自独立的神灵,海神主管四海龙王。明清时期,南方商船来烟台,带来了妈祖文化,又在海神庙西侧修建了天后宫。后来两庙连成一体,妈祖居正殿,后殿为妈祖寝宫,海神和四海龙王合住在东殿。

胶州湾的天后宫在今青岛太平路,建于明宪宗成化三年(1467年)。宫内有两根长杆(后来移到门外),谓之"风云斗",是姜子牙的神位。正殿祀"天后",后面有戏台,两配殿祀龙王、财神。青岛田横岛的海神庙与天后宫布局相同,祀财神关公的偏殿叫督财府。据说,这两个偏殿能保佑渔民出海顺利,满

始建于明朝成化三年(1467年)的
青岛太平路天后宫

载而归,财源滚滚。明代即墨县的青岛村虽是个小渔村,却是海上贸易的海口,妈祖信仰是海上的闽粤商人传来的,其特点是引进了商人尊奉的财神,并注意发挥多神联合的力量,但也把妈祖排在财神关羽、海神龙王之上。

胶东半岛三面环海,尤其是沿海的渔村,几乎村村都有海神庙、龙王庙、妈祖庙,但比上述东海神庙、天后宫要简陋多了。

春天渔民出海举行海祭。荣成一带流传,"骑着谷雨上网场"。谷雨这天,渔民或在娘娘庙前,或在大海边用肥猪、白面大馍馍、香纸等摆供祭祀,并敲锣打鼓,燃放鞭炮,场面十分壮观。烟台一带渔船出海和归来,都要到

大庙进香祈祷、还愿，外地渔船也到"大庙"来进香或捐献财物。莱州东海神庙是历代朝廷祭海的圣地。明嘉靖十九年（1540年）建有道官厅，是朝廷一品官员祭海期间的斋宿之所。每年阴历正月十八日、四月初三日、六月十三日、七月一日、十月初三日为祭海神之日。康熙三十三年（1694年）《登州府志》载："七月朔，妇女祀海神庙，络绎不绝。至七日乃罢。"

海祭时人山人海，尤其是大规模海神庙附近，进行商业贸易的庙会也随之兴起。明清时期莱州的东海神庙附近，店铺林立，全国各地客商每年海神庙会时都在这里云集。烟台"大庙"每逢春节、元宵节以及海神娘娘圣诞、仙逝之日，都要举行庙会，"大庙"门前的戏台连唱几天大戏。以"大庙"为中心形成了一个中心商业区，商贾客户达100余家。蓬莱阁天后宫庙会在农历正月十六日举行，说是天后生辰（一般认为是农历三月二十三），人们从四面八方赶来，进香膜拜，然后到阁下古市购物。在天后宫对面戏楼演俚俗戏剧，在广场上扭秧歌的习俗至今犹存。

山东内地也有龙王庙。《济南府志·祠祀》载："龙神庙在院署西，芙蓉街东。……雍正五年（1727年）奉旨颁送神像于省城，设祀崇祠，岁时率属致祭。神主题曰：灵感沛泽龙王至德尊神。"据该府志记载，济南还有五龙潭神祠，"祀五方神龙"。龙洞神祠"在府城东南三十里禹登山上，祷雨辄应，宋封灵虚公"。新城（今属山东桓台）有两座龙王庙：一在索镇，一在大寨。临邑除北门外有龙王庙外，东门外还有龙女庙，"祷雨辄应"。章丘把龙神庙设在城隍庙内。兖州府峄县（今山东枣庄峄城）西北有个许池，元大德（1297—1307年）中，知县王天祥修了个许池龙神庙。

由此可知，山东内地凡有泉、潭、湖、湾的地方，一般要附会出个龙王来。当然，这些龙王并不职司河水，修龙王庙主要用来祷雨。如乾隆十八年（1753年）《博山县志》记载："凡遇旱，祷雨不应，民间无（老）夫老妇絜箕帚叩祝于秋谷龙王庙，以帚刷箕毕，收泉水轮箕扬之，谓之'刷簸箕'，往往有应。"

3. 河神

宋元明清时期，山东境内出现了许多新河道。古老的济水改称清河或大清河。清咸丰五年（1855年），黄河于河南兰阳铜瓦厢（在今河南兰考）决口，汹涌的河水在寿张县张秋镇（在今山东阳谷）穿过运河，夺大清河入海。至光绪元年（1875年）在全线筑河堤，大清河又被黄河夺道。金代伪齐刘豫导泺水东行,出现了自济南到寿光羊角沟入海的小清河。元代又开通了临清至济宁的山东段运河。河道在变迁,山东的河神也时过境迁。

首先,先秦的黄河神冯夷、济水之神等,逐渐被人们忘怀,新任的河神纷纷取而代之。

大清河、小清河、运河、泗水的河神都是新任的河神。2005 年 5 月 20 日,济南天桥区泺口黄河大堤工地上挖出一雕刻精美的青石怪兽,专家考证为明代大清河上的镇水石兽。这尊神兽不会是独立行使职权的河神,应该是大清河神的属下。

《兖州府志·祠祀志·泗水县》载:"泗水神庙在县东五十里陪尾山上,前代封仁济侯,明改正今称。嘉靖二十一年(1542 年)知县蒋某重修,岁以二月二日致祭。"《济南府志·祠祀》载,德州西关有个河神庙,是卫河的河神。

嘉靖四十四年(1565 年)著名治河专家潘季驯、工部尚书朱衡为疏通因黄河决口淤塞的运河,来到山东鱼台县夏镇,开凿了从南阳镇到留城的新河。新河第二年竣工后,马上创造了一位新河神。《兖州府志·祠祀志·鱼台县》载:"新河水神庙在南阳镇,明尚书朱衡、都御史潘季驯凿夏镇新河既成,创建。"

其次,封建皇帝在治河的同时,纷纷祭、封河神,河神的地位和权威比先秦时期大大提高。先秦时期,虽然是"五岳视三公,四渎视诸侯",但没有具体的封号,河神的权威并不高。西门豹区区一县令,把河伯治得一点脾气都没了;孔子弟子澹台子羽一介儒生就把河神弄得无地自容。而河神一旦得到皇帝的册封,就马上权威大增。如元世祖先后封山东境内的小清河神为洪济威惠王,黄河神为灵源宏济王,济水神为清源善济王。既然上升到王位了,就神圣不可侵犯了。

再次,河神的机构扩大了,众多的神灵参加到河神队伍中来。

泰安宁阳县伏山镇堽城坝村北、大汶河南岸有座河神庙,明代引进了大禹,河神庙成了禹王庙。咸丰元年(1851 年)《宁阳县志·秩祀》载,禹王庙"原名汶河神庙,在堽城坝。明成化十一年(1475 年)员外郎张盛建坝,因立庙"。其实,这座禹王庙仍是汶水河神庙,不过是聘任了最有治水权威的大禹来担任河神。大禹曾"定高山大川",天下的江河都是他开通的,掌管一个小小的汶水当然绰绰有余了。

山东汶上县城西南 19 公里的南旺镇古运河和汶河的交界处,有一座分水龙王庙建筑群,是运河河神庙。明朝时,为纪念工部尚书宋礼、农民水利专家白英疏通大运河的功绩而分别建造了分水龙王庙、宋尚书祠、白老人祠。《万历汶上县志》卷二《建置》载:"禹王庙在南旺分水口北岸,正德十二年(1517 年)主事朱寅建,后更名漕河神祠。分水龙王庙在南旺湖上,汶水西注,分流于此,国初敕建。……宋尚书祠在分水龙王庙西。永乐初尚书宋礼开会通河有功,正德间奏请建祠。其后世袭生员一人守之,每春秋秩祀,以侍郎金纯、督都周长配。济宁同知潘叔正、汶上老人白英侑食。白老人祠在戴村龙王庙后。遏洸导汶分流通漕,英之谋也,万历二十六年(1598 年)主事胡瓒建。"各个庙宇本来相邻而各自独立,后经清代扩建,逐渐形成了众庙集聚的建筑群,主要包括龙王殿、禹王殿、宋公祠、白公祠、观音阁、关帝庙等建筑。大殿内塑 22 尊神像,正中塑龙王坐像,左边是漳漕河督大王和金龙四大王,右边是宴公、萧公坐像。还有风神、雨神、

山东汶上分水龙王庙建筑群遗址

雷神、闪神、雹神、"土地爷"和"运河指挥"的坐像。

金龙四大王是全国运河漕运之神,也兼任黄河、苏州河的河神。上海苏州河边的金龙四大王庙,直到 20 世纪 80 年代才被拆除。据说金龙四大王是南宋谢绪,蒙古灭南宋时投水殉国。死后曾显灵帮助明将傅有德大战吕梁,助明成祖"复修漕运,凡河流淤壅,力能开之,舟将覆溺,力能拯之。神之显著于黄河特甚。嘉靖(1522—1566 年)中,奉敕建庙鱼台县(今属山东)。隆庆(1567—1572 年)中,遣兵部侍郎万恭致祭,封金龙四大王"[1]。康熙四十年(1701 年),"以河伯效灵,封金龙四大王"[2]。据《济南府志·祠祀》载,清代的周村、齐河都有金龙大王庙。

①《古今图书集成·神异典》引《杭州府志》,中华书局、巴蜀书社 1985 年版。
②《清史稿·圣祖本纪二》,中华书局 1976 年版。

运河河神由龙王兼任,并聘任金龙四大王、漳漕河督大王、人神、风雨雷雹诸神等为辅佐,构成了一个众神联合治理运河的庞大机构,这正符合中国多元化的信仰特征。正是基于这一特征,即便是运河工商业信仰的神灵形成后,也威胁不到龙王、城隍、土地等原来神灵的地位,因为这些主要的神灵都是借来的,或者是来此挂职。

4. 驱蝗神

驱蝗神信仰是传统社会重要的民间信仰之一。山东是蝗虫发生的主要地区之一。《明史·五行志一》共记蝗灾 61 次,不计算"飞蝗蔽天"、"江北蝗"等未提及具体地区的,仅明确提及山东各府州的有 27 次,是蔓延程度最严重的地区之一。如"洪武五年(1372 年)六月,济南属县及青、莱二府蝗"。天启(1621—1627 年)"五年六月,济南飞蝗蔽天,田禾俱尽"。因此,驱蝗神对山东的农业生产显得极为重要。

明清时期,山东的驱蝗神主要有八蜡、刘猛将军、金姑娘娘、沂山庙神、东平王等几位,而以刘猛将军、八蜡影响范围较大。

八蜡祭祀有着悠久的历史。《礼记·郊特牲》称:"天子大蜡八。"据北海高密人郑玄注释,八蜡实际是主管农业的"八神",有先啬,即神农氏;司啬,即后稷;农,即监督农田劳动的田畯;邮表畷,即田间的庐舍、道路、疆界;猫虎,捕食老鼠和野猪,保护庄家;坊,即堤坝;水庸,即水沟;昆虫,即蝗虫。山东俗语称蝗虫为"麻扎",故以八蜡为"麻扎"。汶上县南旺镇分水龙王庙建筑群的蚂蚱庙,就是八蜡庙。

八蜡之神本来全面主管农业,可后来慢慢演变为仅仅职司驱除蝗虫了。光绪十二年(1886 年)《日照县志》卷五引康熙(1662—1722 年)初年日照县令杨士雄《重建八蜡庙记》称:"邑南偏建有八蜡神庙,以为专主蝗虫之出没,灵应异常,相沿供祀非一日焉。"引光绪年间(1875—1908 年)日照知县陈懋《重修八蜡庙记》云:"蝗虫之出没,实八蜡之专司,吾照居民所以捍灾者在此,所以御患者在此,所以迎猫祭虎索飨以答神功者亦在此。"

明清时期,山东各府州县一般都有八蜡庙,建置多在明中后期。乾隆(1736—1795 年)《历城县志·建置考二》载:"南门外八蜡庙,后废。张令鹤鸣创建于东郊净居寺旁。"该篇引乾隆年间王俊《重修八蜡庙纪略》:"历下蜡庙,不知始于何时。明知县张鹤鸣自南门外移筑东郊景阳湖西畔。"根据该碑文载,在乾隆四年(1739 年)以前"久已圮废",王俊在原址上加以修复。莱州文峰路八蜡庙村位于市政府驻地南 1 公里。明成化二十二年(1486 年),莱州知府戴瑶在此设置迎送处,并修建庄稼庙,后逐渐发展成村,明嘉靖三年(1524 年),知府郭玉常以此庙形似南方的八蜡庙而更其名为八蜡庙,村因庙名。

刘猛将军是载在祀典的驱蝗正神,始于南宋理宗景定四年(1263 年)。山东各方志均记载有刘猛将军庙,如乾隆《历城县志·建置考二》载:"刘猛将军庙有二,一在布政司东街,一在鞭子巷。"该志引清代盛百二《刘猛将军庙考》讲:"刘猛将军之列祀典,自雍正二年(1724 年)始,因直隶总督臣李维钧之奏也。"盛百二担任过淄川知县,晚年久居山东讲学,是清代山东著名学者。他引各书考证,刘猛将军有南宋刘宰、南宋抗金将领刘锜、元末指挥刘承忠等说法。其中刘锜、刘承忠是先后经皇帝册封,列为国家祀典的驱蝗神。《刘猛将军庙考》称:"《坚瓠集》中所采《怡庵杂录》载有宋景定四年(1263 年)三月八日敕,略云:'迩年以来,飞蝗犯境,渐食嘉禾,民不能祛,吏不能捕,赖尔神力,扫荡无余。尔故提举江州太平兴国宫、淮南江东浙西制置使刘锜,今特敕封为扬威侯、天曹猛将之神。'"乾隆《济阳县志》卷五也有同样记载。第二位就是雍正二年(1724 年)敕封的刘承忠。山东方志中所记载的刘猛将军庙多是该敕谕发布后所建。济南鞭子巷的刘猛将军庙就是雍正二年由山东布政使布兰泰奉敕修建的。据山东各地方志记载,各县一般是既有刘猛将军庙,又有八蜡庙。道光《济南府志》卷十八《祠祀》载,济南府所辖的临邑县还把刘猛将军庙设在关帝庙内。据《莱州府志·祀典》载,平度的刘猛将军庙设在城西北的八蜡庙内。

金姑娘娘庙,仅流传于德州、历城(今属济南)、济宁一带,庙宇多数是乾隆(1736—1795 年)年间所建。如 1916 年《续修历城县志·古迹考六》载:"金姑娘娘庙在布政司东街,乾隆二十九年(1764 年),巡抚崔应阶即旧刘猛将军庙改建。嘉庆十七年(1812 年),布政司朱锡爵重修。"道光二十年(1840 年)《济南府志·祠祀》亦载,济南布政司街的刘猛将军庙圮废后,改建为金姑娘娘庙。

5. 麻姑

麻姑是全真教到山东之前,昆嵛山一带信仰的道教女仙。东晋葛洪

《神仙传·麻姑传》说她在姑余山修道,是个年仅十八九岁的美少女,手似鸟爪,能指米成珠。东汉桓帝时应神仙王远(字方平)之召,降于蔡经家,自称曾见东海三次变为桑田,刚才到蓬莱,见海水又浅了,只有往时的一半。王方平附和说:"是啊! 神仙们都说,东海不久要尘土飞扬了。"可见,汉代的方仙道家已到牟平一带活动了,麻姑修炼升仙的说法与方仙道的教义如出一辙。

《牟平县志》卷一《地理志·山水》载:"姑余山即昆嵛之北峰,因有麻姑升仙余趾,故名。"该志卷十《文献志·杂志》有《麻姑传》,援引各种典籍,记载颇详。

《山东通志》云:"麻姑,王方平之妹,汉桓帝时修道于牟平之姑余山,今姑余山一名昆嵛,仙迹俱存。唐太宗东征,军至邹(牟)平之昌阳镇,麻姑显异,运饷助军,军筑台表之。"

《夷坚志》(南宋洪迈著):"刘氏鲤堂前有大槐树,忽梦一女冠,自称麻姑,乞此树。后数日,风雷大作,失槐所在,刘诣庙而槐已卧其前矣。"

《太平广记》:"唐玄宗长安大会道众,麻姑仙自昆嵛山三千余里往赴之,帝见其衣冠异常,问其所自,对曰:'自东海。'复问来几何时,对曰:'卯兴而辰至。'会间遣二使臣即其所,麻姑令二人入袍袖中闭目。二人入袖,但觉有如飞升者。适过莱阳,其一下闻市声,开目视之,遂坠,土人为立庙以祀之,号仆射庙云。"

据该志载,唐以前昆嵛山中峰就有麻姑殿,也叫姑余大仙殿。唐、宋时曾翻修,宋神宗元丰年间(1078—1085 年)有碑,详细记述了麻姑的事迹。宋徽宗政和六年(1116 年),封仙姑为虚妙真人。重和元年(1118 年),赐庙额为"显异观"。于是,昆嵛山北麓修起了供奉麻姑的御赐显异观,麻姑成为举世崇仰的道家仙尊,姑余山一时香火兴盛,名震海内。随着泰山碧霞元君信仰的兴起,麻姑信仰遂被取代。丘处机《神清观十六绝》中的一首诗句,就反映了麻姑信仰在昆嵛山一带的衰落:

> 麻姑不自蔡京传,只是东方后学仙。
> 仙骨至今身尚在,三州敬奉一千仙。

《牟平县志·地理志·古迹》记载:"麻姑祠在姑余山上岳姑殿左侧,祠后有麻姑冢,及太平兴国四年翻修姑余大仙殿碑,碑旁有空碑趺一,疑即元丰麻姑殿碑遗址。其西南峰有麻姑梳妆阁。"

6. 蓬莱八仙的传说

先秦两汉传说中的蓬莱、瀛洲、方丈三神山,到宋元时期又流传出"八仙"的神话传说。"八仙"在中国民间流传极广,多见于唐、宋、元文人的记载,但姓名尚未固定。至明人吴元泰《八仙出处东游记传》始确定为铁拐李、汉钟离、张果老、何仙姑、蓝采和、吕洞宾、韩湘子、曹国舅八人。

"八仙"原本与蓬莱无关,而"八仙过海"的传说却与东海和蓬莱三神山密切相连。据《八仙出处东游记传》载,八仙赴王母娘娘蟠桃会庆寿归来,喝得醉醺醺的,结伴遨游东海。吕洞宾提议,不准腾云驾雾,各以宝物投水中而渡。铁拐李以铁拐投水中,自立其上而渡,汉钟离以拂尘投水中而渡,张果老以纸驴,吕洞宾以箫管,韩湘子以花篮,何仙姑以竹罩,蓝采和以玉拍板,曹国舅以玉版。"八仙"过海,各显神通。东海龙王太子见蓝采和的玉板光彩夺目,便连人带宝劫持而去,人囚幽室,宝归龙宫。"八仙"一怒之下,火烧东海,解救了蓝采和,夺回了玉板。由是引发一场大战,"八仙"先打败龙王,又打败天兵。经观音菩萨出面调解,双方才罢兵议和。

山东蓬黄掖(蓬莱、龙口、莱州)一带,流传着许多有关"八仙"的传说。如莱州一带传说,莱州湾里的芙蓉岛就是铁拐李从太行山拐过来的。铁拐李在沙门岛(今山东长岛的庙岛)和海神娘娘下棋,铁拐李连输两盘,第三盘眼看又要输了,为一棋子与娘娘争了起来,被海神娘娘抢白了几句,心里窝火,非要给娘娘庙顶上压一座山不可。娘娘很害怕,求张天师帮忙。铁拐李跑到太行山神那里要了一座小山,用拐杖撅着,一瘸一拐地朝东海走来。走到莱州湾边,口渴得厉害,便用铁拐把山峰支在海面上,掏出葫芦来喝酒。喝足了酒,又打起盹来。早已等候在那里的张天师一看铁拐李睡着了,便念动咒语,使山峰在海底生了根。等铁拐李一觉醒来,再也撅不动这山了。据说,芙蓉岛上还有铁拐李醉眠的"枕石"呢!

道教中尊崇的主要是吕洞宾。吕洞宾名嵒,号纯阳子。《宋史·隐逸上·陈抟传》载:"关西逸人吕洞宾,有剑术,百余岁而童颜,步履轻疾,顷刻数百里,世以为神仙。"宋徽宗曾追封他为"妙通真人",元武宗封他为"孚佑帝君"。道教宣称他是全真道创始人王重阳的祖师,称他为纯阳祖师、吕祖。山东各地一般都有吕祖庙、吕祖阁，道观有吕祖殿。据清代《道光重修蓬莱县志·文治·祀典》载，蓬莱阁吕祖祠在丹崖山"望日楼后，木主久废，刻吕纯阳小像于内，因名吕公亭，今改为楼，名纯阳洞，原仲连祠旧址，岁一祀"。《济南府志·祠祀》载："吕祖阁一在布政使署西，一在趵突泉。金时建，有明以来屡经修葺。"

7. 山东各地的庙宇

（1）山东庙宇的概况

除佛教、道教、伊斯兰教等寺观外，山东各地的神庙以及祭祀，从清道光二十年（1840 年）刊刻的《济南府志》卷十八《祠祀》中可窥见一斑。

> 谨案《会典》，凡各省之列于祀典者，社稷、神祇则以祀。故首社稷，次神祇。崇德报功则以祀，故首先师，次先农，次前代帝王陵庙之列于祀典者。今历城之虞帝庙，淄川、禹城之夏王庙，依前代帝王陵庙之礼，故列先农之次。名宦、乡贤、忠义、节孝各有专祠，非先贤、先儒从祀者可比，虽祠附学校，不得列于先师之后。先医庙为《会典》群祀之首，以其庙奉三皇也。关帝庙、文昌庙护国佑民之祀，特重于今太公庙，照圣贤名臣祠墓，分别祀之，不必与现列祀典者较时代之先后也。省城自城隍、龙神、火神、风神、水官、东岳、八蜡、北极佑圣真君、碧霞元君、刘猛将军等庙，或神也，或人也，而跻于神焉。又如历城之二郎神庙（秦蜀郡太守李冰之子）、吕祖阁、许真君祠（晋代道士许逊）、晏公祠（春秋齐国大夫晏婴），长山之天后宫、金龙庙等，或已受崇封，列在祀典，或尚未受封，皆附于群祀之后以祀之。至历城闵子（孔子弟子闵子骞）、邹平伏生（一作伏胜，西汉初经学大师），以至平原管少丞等诸凡人鬼之祀，又皆可与名宦、乡贤、忠义、节孝、昭忠等祠，以时代先后祀之者也。惟厉坛无主祀，特请城隍神以莅之。

这里提到的庙宇，包括天地自然神庙、社会神庙、职业神庙，当地名宦、乡贤、忠义、节孝庙等。

社稷坛祀社神勾龙氏，即后土；稷神后稷氏，即周的始祖弃。

神祇坛祀云雨风雷、境内山川和城隍。

先农坛祀神农氏，山东的先农神比较模糊，是主管春耕的神。

先医庙也称三皇庙,中列伏羲、神农、轩辕。济南历城的先医庙有左右四配:勾芒、风后、祝融、力牧。东西两庑共有 28 位先医,伊尹、扁鹊、仓公、张仲景、华佗、王叔和、皇甫谧、葛洪、巢元方、孙思邈等均在其中。另外,各地还有药王庙,供奉神农、扁鹊、孙思邈三位药王。有的如泰安的药王庙,仅供奉孙思邈一人。道教的宫观中还有药王殿。山东民间把四月二十八日作为药王生辰,乐陵一带,每年都举行"赛药王"的赛神会,庆云一带则到"药王庙烧香",蓬莱、黄县、招远等地也都举行盛大乡会 。①

厉坛是专门祭祀无处可归的鬼神的场所。《明史·礼志四》载:"泰厉坛祭无祀鬼神。《春秋传》曰:'鬼有所归,乃不为厉。'此其义也。……郑注谓'汉时民间皆秋祠厉',则此祀达于上下矣,然后世皆不举行。洪武三年定制,京都祭泰厉,设坛玄武湖中,岁以清明及十月朔日遣官致祭。前期七日,檄京都城隍。祭日,设京省城隍神位于坛上,无祀鬼神等位于坛下之东西,羊三、豕三、饭米三石。王国祭国厉,府州祭郡厉,县祭邑厉,皆设坛城北,一年二祭如京师。里社则祭乡厉。后定郡邑厉、乡厉,皆以清明日、七月十五日、十月朔日。"明清时期的地方官或行善之人殓埋流落他乡的死者后,往往设厉坛祭祀。由于厉祭的都是无处可归的鬼神,所以,"惟厉祭坛以城隍神主之"②。康熙十二年(1673 年)《蓬莱县志》载,每年清明节、中元节"城隍神赴厉坛祭无主孤魂"。光绪七年(1881 年)《增修登州府志》载:"城隍出巡厉坛,民家于门外泼浆水,祭无依之鬼,俗呼为鬼节。每岁清明、中元、十月朔,城隍辄出巡,俗云点鬼簿。"

各地府县祭祀的庙宇,一般都在国家祀典之列,所以宋元明清时期的许多庙宇都是全国统一的。从朝廷到府、州、县、乡邑、里社,再到宗族、家庭,层层都有祭祀。如祭祀厉坛,泰厉、郡邑厉、乡厉等,都是不同级别的祭祀。山东省会的祭祀以"巡抚一人主之,有故则布政使以次摄,陪祀文武官及各执事人均如祭"。各县的祭祀以"守土正官主祭",其他官员以礼各司其职。如祭祀关帝庙,"前殿主祭以地方正官一人,后殿以丞、史,执事以礼"③。

对此,《清史稿·礼志一》记载颇详:"各省所祀,如社稷,先农,风雷,境内山川,城隍,厉坛,帝王陵寝,先师,关帝,文昌,名宦、贤良等祠,名臣、忠节

---

① 乾隆二十七年《乐陵县志》、嘉庆十四年《庆云县志》、光绪七年《增修登州府志》。
②③ 道光二十年《济南府志》卷十八《祠祀》,凤凰出版社、上海书店、巴蜀书社 2004 年版。

专祠,以及为民御灾捍患者,悉颁于有司,春秋岁荐。至亲王以下家庙,祭始封祖并高、曾、祖、祢五世。品官逮士庶人祭高、曾、祖、祢四世。其余或因事,或从俗,第无悖于祀典,亦在所不禁。此其概也。”

民间庙宇修好后,还要演戏庆贺,谓之“开光”①。山东人特重祭祀礼仪,往往形成淫祠淫祀。元朝济南人张养浩任堂邑(治今山东聊城堂邑)县尹,当地迷信祭神驱鬼成风,甚至传言县衙闹鬼。张养浩下令毁掉境内淫祠30 多所。

据各地方志记载,山东民间最常见的庙宇是关帝庙、城隍庙和土地庙。

(2)关帝庙

关帝庙亦称关公庙、关圣庙,老百姓称关老爷庙,祭祀三国蜀汉名将关羽。关羽被神化是在隋朝。据释志磐《佛祖统纪·智者传》载,隋朝沙门智顗到当阳玉泉山建道场,夜里见到关羽、关平父子,自称已为当阳山主,请求智顗近山建寺。于是,智顗创建了玉泉寺,并报请晋王杨广,封关羽为伽蓝神。这样,关羽皈依佛门,做了护法。关羽的家乡山西解县,也于隋朝开皇年间(581—600 年)建了关庙。以后,道教、朝廷、民间信仰,都参与了神化关羽的过程。

宋徽宗宣和五年(1123 年),封关羽为义勇武王,元文宗又加封为“显灵义勇武安英济王”。明神宗万历四十二年(1614 年),又敕封“三界伏魔大帝神威远震天尊关圣帝君”。关羽成为儒、佛、道三教共尊的帝君大神。顺治九年(1652 年),又封为“忠义神武关圣大帝”。

山东建立关帝庙自宋代开始。《济南府志·祠祀》历城县条载:“关帝庙在厚载门街(今讹传为后宰门街),本名汉前将军汉寿亭侯庙,宋指挥使张瑾建。”清代到民国,从繁华的城镇到穷乡僻壤,到处都有关帝庙。济南的大街小巷有上百座关帝庙,有的在墙上挖一神龛,上面盖上几片琉璃瓦,龛内塑像,就是一座关帝庙。另外,妈祖庙内、沿运河的会馆内,也都有关帝庙。山东牟平的关庙在民国初年“又添奉岳忠武神位,改为关岳合祠”②。

山东民众首先是把关帝当做职司降雨的“关老爷”。清道光十二年(1832 年)《商河县志》载:“诸神之中,惟祭关帝为甚虔,除立庙之外,家家

---

①1935 年《临朐续志》。

②1936 年《牟平县志》卷二《地理志·坛庙》,凤凰出版社、上海书店、巴蜀书社 2004 年版。

悬像奉事。五月十三为关帝诞辰,俗谓是日致祭必有雨,谚有'大旱三年,莫忘五月十三'之说。"上述《滕县续志稿》亦记有"庶人则祷于关帝庙以祈甘雨"的风俗。

光绪十八年(1892年)《邹县续志》载:"十三日,祀关庙,雨曰'磨刀雨'。"1934年《冠县志》载:"十三日祀关帝,俗谓关公磨刀日,是日多阴雨。"由于五月十三日是"关公磨刀日",所以天降"磨刀雨"。如果是晴天,则是磨出火来了。

家庭、商号悬挂奉祀的关帝,包括青岛天后宫督财府里的关帝,是招财进宝的武财神。

然而,降雨、招财进宝,只是关帝职司的"副业",就遍布城乡的关帝庙来讲,职业神的形象并不鲜明,人们更敬佩的是关羽"忠义勇武"的品格。商人信奉关帝不光是祈求他保佑发财,更主要是为了弘扬见利不忘义的品德。山东聊城山陕会馆是清代乾隆年间(1736—1795年)往来于山东运河的山西、陕西商人修建的,会馆内的正殿即为关圣帝君大殿,殿前石柱的两副楹联为:

> 伟烈壮古今,浩气丹心,汉代一时真君子;
> 至诚参天地,英文雄武,晋国千秋大丈夫。
> 非必杀身成仁,问我辈谁全节义;
> 漫说通经致用,笑书生空读春秋。

檐廊正中高悬的匾额为"大义参天"。由此我们可以感受到,这位关帝应该属于充满儒家人格魅力的人神。

(3)城隍庙

城隍据说是由上述八蜡之神中的"水庸"衍化来的。古代有水的城壕称池,无水的城壕称隍。东汉班固《两都赋序》称:"修宫室,浚城隍,起苑囿。"后来成为道教所传的守护城池的神。山东有句歇后语叫"城隍庙的狮子——'一对'"。它不光说明城隍庙门前都有一对石狮,还说明城隍庙为山东人所熟知。

山东青州城隍庙是较早的,据元于钦《齐乘》卷四载,金代正大年间(1224—1231年),就流传着青州城隍惩治滥杀无辜的府尹的故事。老潍县

（今属山东潍坊）的城隍庙始建于明洪武年间（1368—1398 年），距今已有600 多年的历史。

城隍神是获得香火较多的神灵。在神祇坛里，城隍和风云雷雨神同时接受祭祀。厉坛祭祀时，又用城隍主享。除外，各地还有隆重的城隍出巡仪式和由此而形成的城隍庙会。城隍出巡和城隍庙会一般在城隍爷生日那天进行，城隍爷的生日各地略有不同。山东滕县城隍会是十月初一，青州是五月二十七。老潍县的城隍会是五月初一。曲阜是三月二十六，博山是三月二十五。①

据说城隍出巡主要是体察民情，惩恶扬善，祭祀无主孤魂，使城中百姓平安康泰。博山每逢"（三月）二十五日，俗谓城隍神诞辰，奉神者咸集庙酬醮，即于是日奉神出巡，并陈优戏三日"。滕县"十月朔，城隍神出巡，仪仗雍容，一般僧道随之以行，而偷闲少年则扮异样小鬼为前导焉"。② 对此，1941 年《潍县志稿》记载得尤为详备：

> 五月一日俗为城隍神出巡之期，仪仗鲜明，争妍斗巧。木工、铁工等行均各有旗帜鼓乐，游观者几于万人空巷，邻县数百里之人多有来者。神像以八人肩舆舁之，舆前扮有执香炉童子及鬼判之类，城厢著名街衢经行殆遍。沿搭高棚，陈列古玩、花木不等，为延神憩止之所，名曰"中和"。祭者极致恭谨，为父母病或为自己病许愿，谓之"代罪"，枷锁铿然，赭衣满路。或以银钩挂臂，缀以盘香，以木拐自两腋撑之，谓之"挂盘香"，有挂至十余盘者，云诚心许愿则毫无痛苦。出巡期间，每自黎明以至夜分始止。入民国后，此举已废。

据说，当年潍县城隍庙中有泥塑、木刻、铜铸等三个城隍像。城隍出巡这天，把木刻的城隍像安放到八人抬着的肩舆上，在全城巡游。城隍庙前商贾和善男信女云集，整个城里主要街道人山人海，大户人家摆出香案，在路旁迎接城隍。家中有病人的，要穿上囚衣，带上镣铐到城隍面前许愿请罪。最残忍的"代罪"叫"挂盘香"，把银质挂钩挂在胳膊的皮肉上，然后在挂钩

---

①1934 年《曲阜县志》、乾隆十八年《博山县志》。
②乾隆十八年《博山县志》、宣统三年《滕县续志稿》。

上燃香"赎罪",有在胳膊上挂十余个银钩的,还说"诚心许愿则毫无痛苦"。

山东潍县的这位城隍爷与其他地区相比,有两点特殊之处:

其一,城隍爷一般只主管守护城池,至多主管城市建设,而老潍县的城隍爷还负责督察人间善恶。因此,在老潍县城隍庙内的东西两侧廊房,为它修了十八层地狱,青面獠牙的小鬼们正在施行锯解、挖眼等酷刑。

其二,老潍县人还给城隍联姻,让他也享受家庭天伦之乐,其他地区的城隍则为单身。这是由于城隍出巡的风俗,成就了这段姻缘。清末的一个五月初一,人们用轿子抬着城隍行至西南关时,有位少女见轿子中的城隍向她微笑致意,回家后即得病,不久死去。有人加以附会,说是城隍爷思凡,相中了此女,这女子一定是去阴间做了城隍夫人。于是,人们在城隍庙后殿东厢房内增塑了城隍夫人像,称做"卧奶奶"。[①]

由于中国神灵信仰的模糊性,好多地方都把城隍爷、阎王爷、灶王爷的职司弄混了。济南解放阁一带的武库街有座城隍庙,城隍爷两边站着文武判官,文判官右手持"生死笔",左手持"善恶簿"。庙里的东西厢房还绘有二十四孝图。这位城隍爷显然主管人间善恶,并根据人们的善恶决定人的生死。据说,明清时期由于济南是巡抚、知府、县三级治所地,有三座对应级别的城隍庙,省级的在东华街,府级的在将军庙街,县级的原在东舍坊,1826年才迁到武库街。[②] 三级城隍庙的规模、权限自然有所不同了。

(4)土地庙

土地神信仰来自社神。秦汉郡县制确立后,在县一级也设立了县社,并把当地有功德的地方官配飨县社。县社以下还有里社、民社。西晋开始,地方的社慢慢演变为土地庙、土地神。各地的土地神多由有功于当地的人物来充当,只要被当地民众一致拥戴,就被尊奉为土地神。土地神可以连任,群众如发现新的人选,也可换任。宋以后,土地神信仰盛行,俗称土地爷爷、土地公公。民间几乎每个村社都有土地庙,里面塑一个须发皆白、和蔼可亲的老翁形象。有的还给他找一个配偶,叫土地奶奶。从《西游记》反映的情况看,他只不过是一个地方基层小官吏的化身。

山东省安丘市辉渠镇上孟家庄村有一座用整块玄武岩雕凿而成土地

---

① 参见《潍县县城及城厢的庙宇》,载《潍坊晚报》,2008年10月19日。
② 张机:《老街巷与城隍庙》,载《齐鲁晚报·B青未了》,2010年6月17日。

安丘市辉渠镇上孟家庄村土地庙

庙,建于康熙四十二年(1703 年)。土地庙长约 1 米,宽和高约 0.9 米,上面雕凿的人物仍依稀可见。正面是《西游记》中的孙悟空、猪八戒、唐僧、沙和尚西天取经的画面,左面是观音菩萨,右面 4 人模糊不清。庙内部正面石头上,正中雕有土地神,左右各有两人。土地庙前面数米立有一块石灰石雕刻而成的"灵应牌",左侧刻"大清国山东青州府安邱县伍乡峒峪社五甲立上孟家庄",中间刻着五个孟姓"会友"的名字,右侧刻"康熙四十二年五月"。"文化大革命"中,红卫兵要"破四旧",几位淳朴的农民,把这座土地庙搬到东边的一条沟里,才得以保存。

由此可知,《西游记》中描绘,在很大程度上左右了民间土地爷的形象。这位土地爷对自己的庙宇没有太大的奢望,可大可小,因陋就简,还可以制作成移动式的。

(四)巫术信仰——打旱魃

《诗·大雅·云汉》载:"旱魃为虐,如惔如焚。"旱魃即先秦时期能止雨,制造旱灾的神,要焚毁它,天才能下雨。这一陋俗起源于春秋时期的鲁国。

明末清初顾炎武《天下郡国利病书·山东上·风俗》说:"鲁焚巫尪而后乃有衰棺。曳尸打旱骨以祈雨泽者,虽至于今尚有之。"所谓"焚巫尪",是春秋鲁僖公时的事情。《左传·僖公二十一年》载:"夏,大旱,公欲焚巫尪。""尪"是仰面朝天的瘠病之人,据说老天爷担心雨水会流进他们的鼻子里去,故不下雨,因此鲁僖公想把他们和主持祈雨的女巫一块烧死。这说明,鲁僖公以前,鲁国就有焚烧巫尪以求雨的风俗。其实,这是山东最早逐魃的风俗,他们很可能是把"尪"当成旱魃了。

宋元明清,旱魃被说成是坟墓里的僵尸。据说,旱魃能喝尽天下的水,逢久旱不雨,谁家的新坟头有湿润泥土,就是这坟出了旱魃,必须掘开坟墓,把象征旱魃的尸体烧毁,天才能下雨。这就是顾炎武所说的"裒棺"。裒,即刨的意思。

明人张岱《夜航船·荒唐部》载:"南方有怪物如人状,长三尺,目在顶上,行走如风。见则大旱,赤地千里。多伏古冢中。今山东人旱则遍搜古冢,如得此物,焚之即雨。"

《明史·张骥列传》载,明正统八年(1443年),大理右寺丞张骥巡抚山东,"俗遇旱,辄伐新葬冢墓,残其肢体,以为旱所由致,名曰'打旱骨桩',以骥言禁绝"。

清代山东栖霞人郝懿行《山海经·大荒北经》笺疏说:"东齐愚人有打旱魃之事。"

1935年《莱阳县志》记载得尤为详细:

> 魃,见《周诗》。传云,旱神也。《疏》云,一名旱母。《说文》云,旱鬼也。《神异经》云:南方有人长二三尺,袒身,而目在顶上,走行如风,名曰魃,所见之国大旱。至以人尸为魃,其原起不详。俗谓人死葬后百日内,尸不即腐,天云能阻不雨。故每届夏秋久旱,农民辄于高处用烧酒、荞面燃裹死儿谷秸,遥照新坟,坟见磷火为旱魃,即乘夜窃戮其尸,谓之"打旱魃"。若雨,其子孙知无如何。不雨,则又谓魃数十八为伙,分主四方,击首则大雨,击末则小雨,误击其中则旱益甚。是故每至大旱,尸主夙夜守视,或暴诸日中,以释众疑。但一被获,律处死刑,邪说中人,牢不可破,此风迄今犹未已也。

清代,山东地区曾发生过两桩触目惊心的"逐魃"案件。

《大清律例集要新编》卷二十四《刑律·盗贼下·发冢》载:

> 山东巡抚铁(保)奏:高密县民李贻迁具控仲二等捏称伊父尸系旱

魃，纠众刨坟，将尸烧毁，县办不公一案。查仲二等偶因雨泽愆期，妄疑李宪德尸成旱魃，随从刨打烧毁，例无明文，固未便如该前县等援引远年成案，照冢先穿陷，开棺见尸律，杂犯绞罪准徒，致滋轻纵。惟究因乡愚无知，惑于旱魃浮言，希为得雨起见，若竟按定例拟绞，又与挟仇图财争坟占葬者无所区别。衡情定罪，似应酌量科断。今因各村哄传旱魃，聚集多人，又系黑夜两造，俱不能指出首先刨坟之人。惟当李贻迁拦阻时，仲二有"不能为其一家害及阖邑百姓"之语，以致众即动手，即与造谋无异，应以该犯为首谕。仲二一犯，应请于发冢开棺见尸绞候律上，量减一等，拟以满流，仍发往伊利等处，酌拨当差，照例刺字。沙五、徐四，帮同开棺，陆道钩尸，王利平、王致孝随众击尸焚烧，均属为从，满徒。嘉庆九年（1804 年）八月初七奉。

上谕：昨据铁保奏审，拟高密县李诏廷具控仲二等捏称伊父尸成旱魃，纠众刨坟，将尸烧毁一案，已批交刑部核拟具奏矣。旱魃之名，见于《大雅》，后世稗官相乘，遂以为僵尸岁久即成旱魃。其说本属不经，而乡曲小民惑于传播之言，每有刨坟烧毁之事，即如此案。仲二等与李诏廷并无仇隙，只因时届亢旱，见伊父李宪德坟土潮湿，疑为尸成旱魃，迨至纠众刨坟，钩出尸身，以其体内未腐，辄称实系旱魃，相率击打烧毁，情节殊为残酷。大暵乃系天行，岂朽胔残骸而能为虐？而蚩氓无识，妄为除魃遂可弭灾，若不严设例禁，任听乡愚击打，甚至不肖匪徒挟仇残忍，于风俗人心大有关系。该部悉心酌核、纂辑例条内，嗣后遇有此等妄指旱魃，刨坟、烧尸之案，即应照开棺见尸律分别首从科罪。如讯系实无嫌隙者，其应绞，首犯尚可予以缓决；若讯有挟嫌隙泄愤情事，即应入于情实办理，如此严定罪名通行。各直省转饬地方官通行。晓谕庶小，民心知畏法，不再狃于鄙俗，致启仇害之渐。所有高密县一案，即着照此办理，钦此。

这段案例说的是，山东高密久旱不雨，有人发现年初病故的李宪德坟土潮湿，说是死后变成了旱魃。县民仲二等不顾李家的阻拦，刨坟开棺，相率击打、烧毁。李宪德之子李贻迁（李诏廷）告到官府，山东巡抚奏请，按"发冢开棺见尸绞候律"，"量减一等"处理，带头人仲二判流刑，发配伊利当差，脸上刺字;从犯沙五等人判"满徒",即徒刑。朝廷批复,为了遏制妄称旱魃,刨坟开棺焚尸的陋俗,严设例禁,开棺见尸者按律即应绞刑,确非挟私仇泄愤者,"首犯尚可予以缓决",带头人仲二被判绞监候,即绞刑,缓期执行。

寿光、潍县、昌乐交界一带,还流传一段更骇人听闻的打旱魃的故事。嘉庆(1796—1820)年间,寿光卜庄的卜峨,因地界之争与邻村刘姓发生官司,害怕报复,佯装死亡,在棺材里躲避祸端。刘姓借故出了旱魃,宴请法师捉拿。因此事怪异离奇,寿光、潍坊、昌乐三县县令带领全班衙役前来坐镇观看。刘姓请来戏班,引出藏身坟墓的戏迷卜峨出来观看,将其当做旱魃捉住。卜家不服,官府便开坟验证,墓中果然没有尸体,卜峨变成旱魃的说法遂弄假成真,被活活烧死。这实际是一桩借旱魃杀人的冤案。

作家孙方之(山东淄博人)在小说《旱魃》的题记中写道:"旱魃,传说中能引起旱灾的怪物,乡村中认为是死后一百天内的死人所变。变为旱魃的死人尸体不腐烂,坟上不长草,坟头渗水,旱魃鬼会夜间往家里挑水。只有烧了旱魃,天才会下雨。鲁中一带乡村中烧旱魃习俗延续至二十世纪六十年代。"

第五章　近代山东社会风俗

一、服饰风潮

（一）山东的剪辫风潮

近代山东的剪辫风潮，与清王朝的生死存亡，帝制与共和的政治选择紧密联系在一起。

清朝入主中原，导致了中国一次深刻的服饰变革。清初统治者把是否接受满族服饰看成是否接受其统治的外在标志，强令汉民薙发。这一伤害民族尊严、破坏传统风俗的政策，不仅酿成嘉定、江阴、扬州等地的惨烈悲剧，也遭到山东各界的顽强抵制。明朝户科给事中、山东莱阳人左懋第坚持"头可断，发不可断"的民族气节，并杖毙部下剃发的随员，被清廷杀害。薙发令下，孔子后裔、陕西道孔文鹮借崇儒重道之名，上书清廷曰：

> 臣家宗子衍圣公孔允植已率四世子孙告之祖庙，俱遵令薙发讫，但念先圣为典礼之宗，颜曾孟三大圣并起而羽翼之，其定礼之大者莫要于冠服。先圣之章甫缝掖，子孙世世守之，是以自汉迄明，制度虽各有损益，独臣家服制三千年未改，今一旦变更，恐于崇儒重道之典有未尽也。应否蓄发以复先世衣冠。

结果清廷下旨："薙发严旨。违者无赦，孔文鹮奏求蓄发，已犯不赦之条，姑念圣裔免死。况孔子圣之时，似此违旨，有玷伊祖时中之道，着革职永不叙用。"①清廷虽尊孔崇经,但要的就是世袭衍圣公率先垂范的政治影响,不会给予丝毫优惠。

一般说来,社会习俗的形成,往往表现为渐进而不是突变,即使统治阶级提倡,也要有一个沿袭过程和一定的民俗承受能力。清初的做法,与历代新建王朝"易服色"的传统并无二致,只是来得更加残酷野蛮,且带有异族征服的高压特征。汉民长期受"身体发肤受之父母,不敢毁伤"②的熏染,根本不具备这方面的承受能力。这一民族征服措施给汉民留下了不可磨灭的心理阴影,也就为它灭亡时遭到同样的报复,培植了必须吞食的苦果。清朝灭亡前后,剪发问题成为当时最敏感的关注焦点。《嘉定屠城记》、《扬州十日记》等书,成为宣传革命的有力武器,原因也在此。

鸦片战争后,中国的外交官、留学生等,一踏出国门,首先因一条发辫遭到外国人"拖尾奴才"、"豚尾奴"的讪笑和侮辱。一种共同的民族屈辱,产生了对愚昧落后的自省和对剪发易服的共识。清初薙发的阴影又回荡于国人的脑海:"发辫之所由来,由于满洲之入中原,意者发辫之消除,亦与满洲而俱尽。"③发辫作为清朝统治的标志,首先受到国人的憎恨和诅咒。在国外参加革命的留学生纷纷剪去发辫,以示同清政府决裂和推翻帝制的决心。清末新政为开明派官僚的"叛逆"行为提供了合理合法的参照,一部分出使大臣、陆军大臣、外部侍郎及军警学界也毅然剪发。全国各地报刊也大力宣传,指出发辫的种种弊端:

其一,屡被外人讪笑,有伤国体。

其二,军警演练、学生做操、工厂作业有种种妨碍,且有生命之虞。

其三,污垢衣裳且不卫生。

时论指责那些顽固分子"舍不得一条猪尾巴",号召国人"免豚尾之讪笑,导文明之先机"④。在剪发呼声一浪高过一浪的形势下,清廷资政院开明派与守旧派官僚,经过激烈舌战,终于1910年12月14日通过剪发议案。

辛亥革命爆发,湖北军政府都督黎元洪表示,革命"一俟成功,全军民

---

① 《发史》,载上海《民立报》1911年11月23号。
② 《孝经·开宗明义》,载《十三经注疏》,中华书局1980年版。
③ 王忍之:《辛亥革命前十年间时论选集》第1卷下册,三联书店1960年版,第748页。
④ 《资政二十四会议记》,载上海《民立报》1910年12月23号。

一律剪发……并先行将烦恼丝毅然剪去,以为各部表率"①。剪发由社会各界的共同呼声而升华为辛亥革命除旧布新的措施了。

山东地区的剪发风潮,像辛亥革命中宣布独立旋又取消独立一样,反复跌宕,其激烈、尖锐程度几乎是清初严令薙发和各地反薙发的翻版。

早在辛亥革命前,山东留学生和同盟会员中,就出现了一批剪发辫的先行者和倡导者。"鲁省革命巨子"徐镜心回乡办学,"在群众中大力宣传剪辫放足,动员亲属率先实行"②。山东同盟会会员,郯城方耀庭、蓬莱柳延辂,黄县孙步青、张彦忱,高唐杜友芬等,均剪去辫子,率先垂范。1911 年 11 月 13 日,山东巡抚孙宝琦被迫宣布独立。各界群众深受鼓舞,纷纷剪去发辫。省城济南"皆由学生主动,故每次开会,会场内学生居十之八九,莫不精神百倍,人人有死忾之慨。二十四日午后,各学堂作联合旅行,共十三学堂凡三千余人,各奏军乐,执校旗,军装肩枪。……自十五以后,剪发之风盛行,各学堂日必数十人。各洋货店之洋帽大为涨价。二十三日后益见踊跃,联合会职员及各学堂监督、教员均露顶上团光,谘议局之门房、役夫等头上亦各焕然一新。学界并发一公启曰:剪发问题尔来已成舆论,虽云形式之改革,实关精神之振奋。长拖豚尾,久贻笑于划邦。禀若弁髦,宜共矢于今日,兹由同人发起,务望各界赞成。一朝剪伐,从此刷新,增进文明,划除烦恼,同人等不胜希望之至"③。

由于效忠清廷的封建势力把发辫看成是清朝统治和帝制的标志,又由于孙宝琦取消独立及各地反清起义的失败,给反剪发提供了回旋反复的政治气候,使山东剪发与反剪发的斗争显得特别惨烈,酿成了累累血案。孙宝琦宣布独立仅 10 天,旋又取消独立,在袁世凯的亲信张广建、吴炳湘的协同下,疯狂抓捕、镇压革命党人,剪发者转眼间成为嫌疑分子的外在标志。在济南"遍设侦探,凡剪发之人,几无一不有侦探随其后"。有绅士汤、张二人由北洋差次"告假回籍奔丧,因其剪去发辫,拿至警署拘留,予以重办"。"见小褂之无领者则曰:凡洋学生小褂安有不带领者? 此非抢劫之赃物而

---

①《武汉革命大风云》,载上海《民立报》1911 年 10 月 22 号。

②马庚存:《同盟会在山东》,山东人民出版社 1991 年版,第 53 页。

③《山东光复之详报》,载上海《民立报》1911 年 11 月 30 号。

何？即掠去。拷问时，凡无辫者过三堂，有辫过一堂或两堂者不等"①。复辟势力在文登、荣成、诸城大杀"秃子"，"遇剪发者格杀勿论"，酿成的恐怖更是触目惊心。文山下有两个剪辫小孩，被奶奶藏在被子里，仍被搜出杀害。诸城有个叫"秃六"的乞丐，竟也非要抓去杀头不可。② 荣成土豪劣绅武装杀害了刘培源等21名革命党，在全县掀起一股大杀"秃子"的白色恐怖。乡村男子听说革命军来了，就把辫子盘在头顶，用毡帽盖住，保皇军来了，再放下来。

1912年2月25号《民立报》文章《县官之暴横》载："昌乐县有一发业公司，常有无辫之人往来。该县令遂疑为民党，巡电青州府清兵捕拿，当将发业公司二人拘获，又派兵到吴家庙（属寿光）监捕良民数人。"

不久，剪辫的坚决支持者周自齐出任山东都督兼民政长，并通告全省人民剪辫。转眼间，乾坤颠倒，剪辫风潮再度掀起。

面对剪发风潮，各地顽固分子纷纷组织保发会进行抵制。1912年7月13号上海《民立报》载《山东电报》称："烟台保发会首领吴敬之、谭虚谷等被剪发团将辫剪去，吴、谭等迁怒军界，以商会的名义要挟军政府拿办，否则令各商家全体罢市。军政府恐市面纷扰，已宣布自由剪发。该首领等尤抵死争持，强迫各商罢市更力，剪发团观此愤，誓非一律剪尽不已克。"7月14号《民立报》载《山东电报》继续报道："鲁军总司令连承基因商人不愿剪发，要求日美领事干涉剪发团，军学界均愤其丧权辱国。闻连欲谋烟台镇守使，故极力取媚商人。"

沂水县前清官吏组成保发会，其喊出的"头可断，发不可断"③的口号，与清初汉民反薙发如出一辙。寿光前清武生杨祐、世袭骑尉朱某，聚众百人抗拒剪发，打死劝剪发的差役两人，暴殴县令和济南要员，气焰极其嚣张。经军政司带巡防2营，并电调驻潍坊陆军偕赴寿光，才将变乱平息。④

在迅猛异常的革命风潮的感染下，人们往往会失去应有的理智，有的表现为盲目的躁动，把随心所欲、暴虐高压也误认为是理所当然，以强制、非法

①《山东近代史资料》（第2分册），山东人民出版社1980年版，第256页。
②见马庚存：《同盟会在山东》，山东人民出版社1991年版，第76页。
③《顺天时报》，1911年4月23日。
④见《伏莽遍山东》，载《民立报》1912年7月13号。

的手段推行剪发的政令，以致激成变乱。这种做法与清初薙发令，只是"五十步与百步"的区别。

1912 年 10 月，经山东参议员彭占元提议，山东都督周自齐通令各州县，"凡人民不剪发者一律停止其选举权、被选举权及诉讼权"[1]。仅因区区发辫就取消一个公民的政治权利，显然违背了资产阶级革命派共和、民主的基本精神。

省府都督、参议员尚且如此，各州县就更难免了。昌邑王民政长用强迫手段推行剪辫，曾导致了一起触目惊心的血案，上海《民立报》曾对此事作了连续报道：

1912 年 7 月 24 号《昌邑剪发之新鬼》报道："自民国以来，纷纷剪发，该处商民皆认旧习，以腐败自守。昨经王民政长宰斯邑，渠本革命中人，到任即提倡办理新政，首以剪发为急务。先用强迫手段将本署内之役吏概行剪发。斯言一出，无知役吏大肆暴动，以白刃相对待。将署中各执事人员以及本城内议员绅士等杀死 30 余名。复将王令捉而缚之，缚将惨命，该王令叩首哀求，始得逃脱。"

1912 年 8 月 5 号《山东电报》报道："昌邑倡乱之罪魁梁怀思今晨正法示众，暴尸终日。"

1912 年 8 月 7 号《昌邑县互相残杀》报道："山东昌邑县前次因剪发酿出风潮，迭见本报。从前主张剪发最力者为自治会绅士庞君。庞当时已为县差杀死，现因省委到县将反对剪发劣绅之夏、梁各绅一并逮捕，并将县署书差 47 人正法。不意省委回济南之后，复有县署书差以此次祸首系庞绅，该绅虽死，尚不足以蔽其辜，遂聚众至庞绅家中，不分老幼男女 30 余人一律杀毙，以抵书差 40 余人之命，真可谓惨无人道。据该邑旅京商人云，此次省委到县，并未调查，亦未认供，借点名为由，凡应点书差 47 人不分皂白，全行正法办理，实属残暴。其中冤抑甚多。然该书差等不作正当之申诉，竟杀庞姓全家以报复，亦太野蛮。以此杀机大启，该县将永无宁日云。"

如此反复仇杀，与清初的薙发血案同样让人不寒而栗。

然而，发辫的消失如同清廷的灭亡一样，毕竟是时代的大势所趋。随着

---

①《鲁人反对剪辫》，载《民立报》1912 年 10 月 16 号。

民国的建立,剪发逐渐得到人们的普遍认同。那些顽固守旧分子也因清帝退位而没必要再博取这效忠清廷的空洞名节,由对抗剪发而形成一种无奈的自觉。

1913 年 1 月 4 号《民立报》载《青州兵变之结局》报道:"青州满营……兵学各界四千余口不出三日,均将发辫一律剪齐,自民国成立以来,山东全省各处劝谕剪发,未有如满营此次迅速整齐者也。"

到抗日战争前,作为中华民族愚昧落后、民族屈辱的发辫,逐渐在山东绝迹。乡间的男人剃光头,俗称"和尚头"。城市机关职员、学生及各界上层男士则留短发,俗称"分发头"。

(二)多元化服装结构的形成

清军入关,在严令薙发的同时,还在汉民中推行满族服饰。由于明朝遗臣金之俊"男从女不从"的建议,汉族妇女服饰仍从旧制,成年男子的服饰则发生了明显变化,瓜皮帽、长袍马褂成为清代男子服饰的主要标志,流传数千年的冠、冕、弁、帻、带、韍,最后绝迹。

清代的服饰与传统服饰仍有一定的因缘和传承。瓜皮帽原为齐民之服。《三才图会·帽子》载:"帽者冒也,用帛六瓣缝成之……此为齐民之服。"顾炎武《日知录》卷二十八载,六瓣便帽"始制于明太祖定鼎时,取六合统一之意"。故此,民国初倡言易服时,有人呼吁"六瓣便帽系我汉制","毋须改制","若改六瓣为五瓣,则益合于五族一家之旨"[1]。汉人原来就有马褂,唐代叫"半臂",明人称做"背子"、"背心"。满族人套在长袍、长衫外面,便于骑射,故称马褂。至于马蹄袖,和清代的暖帽、凉帽、顶戴花翎类似,属礼服或官服,不在汉民中流行。

由此可知,清初也不全是民族服饰的强行同化,其中也有满汉服饰的互相吸收和渗透。清代服饰的整体结构,仍具有宽松、博大的特点,与传统的汉族服饰差距不大。因此,在清初服饰变革中较为适合汉民的承受力,且反薙发的激烈矛盾掩盖和替代了易服的矛盾,故显得较为和缓。

在近代中西文化碰撞、对比、筛选的过程中,臃肿、散漫、单调和老气横

---

[1]《瓜皮帽之研究》,载《民立报》1912 年 4 月 5 号。

秋的传统服饰,与日益加快的生活节奏很不协调,而挺直、整齐、灵活的西服不仅适应社会生活潮流,而且使人耳目一新。随着西俗东渐的日益加深,人们的价值观念、审美观念不断由古典向现代趋新,服饰的近代化势在必行。

山东服饰新潮的出现,较发达省份为晚。清廷灭亡前,烟台、青岛通商口岸的买办、回国留学生也偶有服饰趋新者。郯城同盟会会员方耀庭回家时,头戴礼帽,身穿呢大氅,一时轰动乡里,致使父亲火冒三丈,怒骂不止。山东独立时,掀起一股西装热。济南各界竞相抢购洋帽,"各洋货店之洋帽大为涨价"①。民国初期《青岛指南》载,青岛"公务员及教育界以穿西服者为多","摩登妇女大抵崇尚欧化,脚踏高跟鞋,身披呢大氅者,亦在在可见也"。临清"时髦少年则制服之外,另置洋装,多毛织品",莱阳"男子洋服革履"。② 随着时间的推移,西装与传统服饰并行不悖,并在趋新、崇洋型的群体中找到了知音,在城镇中占了一定的比例。

山东人的服饰趋新意识是浅薄幼稚而朴素务实的。他们对西装的偏爱远不如对洋式衬衣、针织内衣、纱袜、胶鞋的欢迎;对西服新款式的选择,也远不如对机制毛呢、人造丝织品、质细价廉的洋布的采用。在穷乡僻壤,或许见不到西服的影子,而西方服饰质料却早已进入百姓生活。广饶县"旧尚大布之衣,近则率用洋布"。临清"乡民多用洋布,城市多用丝麻,时髦少年多毛织品"。甚至"衣被一切自行纺织"的产棉区夏津,"自洋布盛行,俗渐奢靡,用棉布者日少"。③

除西装、西方质料外,被称做新潮的服饰要数制服、中山服和旗袍了。1912 年 7 月,民国政府颁布《服制草案》,有礼服、公服、常服等款式,被称做制服。1923 年,孙中山又创造了具有划时代意义的中山装,这种富有民族特色的新服饰,与新潮人士的民族自强意识产生强烈共鸣,在机关、教育界流行一时。《青岛指南》载:"公务员及教育界以穿西服为多,自胡若愚氏规定公务员一律须着制服,因此着中山服者亦复不少。"东平各机关、学校"衣

---

①《山东光复之详报》,载《民立报》1911 年 11 月 30 号。
②1934 年《临清县志》、1935 年《莱阳县志》,载丁世良、赵放主编:《中国地方志民俗资料汇编》华东卷,书目文献出版社 1995 年版,第 241 页、341 页。本书所引方志凡未注篇目和版本,均出自该书第 91—344 页。
③1935 年《续修广饶县志》、1934 年《临清县志》、1934 年《夏津县志续编》。

式衣料与民众迥殊,名曰中山服,曰制服"①。这些服饰仅在层次较高的新潮人士中流行,在农村却没多大普及,只占近代山东服饰的一个类型。民国政府的制服则有名无实,甚至连名称都被中山服取代了。

旗袍是满族妇女的旗装,在传统服饰中算是最能体现妇女自然体态的服饰了,而且还具有和西式高勒袜、高跟鞋配套的优点。因此,尽管许多清朝服饰被淘汰,旗袍反倒以新潮的资格受到城市贵妇、学界女青年等上层女性的青睐。受欧美服饰的影响,旗袍被反复改造,袖子由长到短,从有到无。腰身由宽松到紧收。原来下摆不开衩,后来下摆开衩成为旗袍的鲜明特征,体现了日趋开放的服饰新潮。

山东服饰变革的最后结果是,西装、洋帽、中山服、长袍马褂、旗袍、高跟鞋,与传统的便服、大襟短襦、对襟衫褂、布裤、布袜,西式质料与丝绸、小大布并行不悖,形成了中西共存、土洋结合的多元化服饰结构。

与此同时,服饰奢华、俭啬的不同取向,在地域分布方面形成了新的格局。

早在先秦时期,山东就形成了"奢华"、"俭啬"两种服饰区域格局。服饰最为奢华的,是号称"冠带衣履天下"的齐国。春秋战国时,在"甚富而实","多文采布帛"②的经济背景下,齐国逐渐形成一种"喜奢忘俭",崇尚服饰华丽的奢侈之风。齐景公为履,"黄金之綦,饰银,连以珠,良玉之绚"。孟尝君的狐白裘价值千金。齐人邹忌整天照着镜子,与城北徐公比美。东汉班固讲,齐地"其俗弥侈,织作冰纨绮绣纯丽之物,号为冠带衣履天下"③。齐地不仅在山东,在全国也是"冠带衣履"的龙头。直到宋代,乐史、王应麟仍称齐地"其失夸奢","古今风俗颇华"。此外,处"天下之中,诸侯四通,货物所交易"④的定陶,扼山东大运河北部咽喉的临清,或"服锦戴貂,扬扬夸耀市井间,绝不知其荡检越分"⑤,或"俗近奢华……衣冠文物甲于东方"⑥,亦为服饰奢华的中心。其他地域闭塞、发展迟缓的县份,"无奇技淫巧以荡其心,亦无游人异物以迁其志",多"澹泊自足,不尚文饰"⑦,远不能和"喜

①1936 年《东平县志》。
②《史记·货殖列传》,中华书局 1959 年版。
③《汉书·地理志》,中华书局 1962 年版。
④《史记·货殖列传》,中华书局 1959 年版。
⑤光绪六年《菏泽县志》。
⑥⑦胡朴安:《中华全国风俗志》上篇卷一《青州·博兴县》、《莱州·即墨县》,中州古籍出版社 1990 年版。

奢而忘俭"，积习日久的地区相比肩。

步入近代社会以来，由于各地区经济发展、交通条件，以及受西俗东渐和服饰新潮的影响程度不尽相同，形成了山东服饰习尚的新区域格局。以临淄为中心的齐地，失去了"冠带衣履天下"的辉煌，青岛、烟台等沿海城市得欧风之先，登上了山东服饰新潮的领导地位。临清、泰安、龙口、莱阳、威海等城镇，紧步青岛、烟台的后尘，分别成为各地服饰中心。值得一提的是山东省会济南，本应成为服饰变革和新潮的中心，实际情况却与省会的地位很不相称。民国后，济南"中上社会之新人物亦不十分华丽，男子夏布白长衫加黑纱马褂，女子着白女衫下围黑裙"，"目之所接，无往不遇垂辫广袖之徒"。商店陈设的首饰、手帕，"皆南方三十年前通行之物"①。

（三）山东的不缠足运动

妇女缠足是中国独有的文化怪象，自后唐源起以来，经文人学士嘲弄、亵渎式的赞美，拜脚狂们愚昧下流的崇拜，晾脚会陋习的廉价奖赏，形成了一种扭曲、畸形的审美观念："牌坊要大，金莲要小"，一双金莲成了衡量妇女美与丑的重要标准。正常健康的大脚不仅难以嫁人，而且"母以为耻，夫以为辱"②。

山东的不缠足运动，自清末劝禁缠足开始。1904 年，山东巡抚周馥奏请严禁汉人缠足。③ 清廷政务处主张因势利导，不必严定禁令。这是山东地方官劝禁缠足之始。当时，天足运动已在全国蓬勃发展，并逐步波及山东。1906 年，中国天足会在上海成立，山东青州府、威海卫两地也成立了分会。1911 年，万国禁烟改良会代表、美国人丁义华，在泰安成立了"天足会"。经过这些运动，山东始出现天足。1935 年，山东寿光人陈少敏（1902—1977）在冀鲁豫边区特委任组织部长，濮县国民党悬赏通缉她称，"共党女匪首大脚老方"。按年龄推算，陈少敏即为当时不缠足的一员。

资产阶级革命派一开始就有移风易俗的主动意识。1905 年底，山东革命党人徐镜心、谢鸿寿等人由日本回国，与其他革命党人大办公学、女学，在

①胡朴安：《中华全国风俗志》下篇卷二《济南人之特性观》，中州古籍出版社 1990 年版。
②（清）福格：《听雨丛谈·裹足》，中华书局 1984 年版。
③《顺天时报》1911 年 4 月 23 日。

学生中力倡剪辫放足。辛亥革命后,由国民政府推行的劝禁缠足运动便进一步展开了。

当时的天足意识,仅流行于思想解放的女性和家长之中,它面临的是近千年积淀成的世俗势力,少数先行者根本无法与之抗争。山东各地,"女以莲足纤小为丽质,由来已久,牢不可破","金莲不小,恐无以字人"。尤其在农村,还不具备放足的大气候。热潮一过,迫于世俗的压力,放足者又"袭其故旧",致使天足运动所取得的一点成果又被抵消。

然而,天足运动毕竟产生了振聋发聩的作用。它开始唤起山东妇女的觉醒。人们对这熟视无睹的陋习,先是惊讶,继则是对金莲自我欣赏意识的动摇,最后是对缠足苦楚和半残废人生的切肤之痛。民国间,夏津一带流传:"缠脚苦,缠脚苦,一步挪不了二寸五。赶到碰着荒乱年,一命交天不自主。""天足强,天足强,走道自由又大方,血脉流通身体壮,多加饭食无病恙。"①这两首民谣,唱出了乡间对缠足的反省,对天足的认同和向往。

山东劝禁缠足的最后成功,是在韩复榘主鲁期间(1930—1937 年)。1931 年 10 月,韩复榘颁布了《禁止妇女缠足办法》,后又三令五申,对其中的条令不断修改。1936 年 6 月,制订了《山东省取缔妇女缠足办法》,规定:女子 20 岁以下者不准缠足,已缠者立即解放,违者处家长拘役或 1 至 10 元罚款。男子不得同 20 岁以下缠足女子结婚,违者处两个月拘役或 200 元以下罚款。② 又通令各县成立"放足会",负责督查。1936 年《东平县志》记载:"政府选组禁止妇女缠足会,置女检查员,分期劝导,挨户检罚。"据各地县志载,在推行过程中阻力重重,尤其是鲁西偏僻乡村,如莘县"愚夫愚妇畏难苟安,推其心只知女子缠足为美观,金莲不小,恐无以字人"。东平"乡愚无知之辈,仍多阳奉阴违,袭其故辙"。由于韩复榘主鲁 7 年,其政策有较长的连续性,收得的成效较大。据 1934 年 4 月 19 日的《山东民国日报》载,仅这年 1 月,全省放足者就有 3297 名。济南、青岛、烟台等"城市青年女子则一律解放矣"。各地"政府严加取缔,幼女无复缠者",妇女们"恪遵明令,幼女不缠,少女解放"。

今天 80 岁以上的老年妇女,多为缠足小脚,70 岁以上多为缠过又放

---

①1934 年《夏津县志续编》。
②《山东省政府公报》第 395 期,1936 年 7 月 19 日。

者,70 岁以下则多为天足。缠足一般从四五岁开始,根据时间推算,山东缠足最后绝迹也应在韩复榘主鲁时。这也算是韩复榘为山东移风易俗作出的重大贡献了。

缠足陋习持续近千年之久,经过满族同化势力,太平天国起义,资产阶级维新派、革命派,清末新政等多种政治力量前后相继的劝阻、高压、惩罚,才最后改观。妇人的一双"小脚"竟如此顽固,而且成为时代风潮中的"主角",似乎难以理解,而社会风俗的力量就是这样不可抗拒。上千年积淀而成的传统观念和舆论监督力量,是其积重难返的主要原因。

首先,缠足植根于男尊女卑的文化土壤中,把妇女都搞成弱不禁风的半残废,依附家庭、丈夫而"走不远",正与"男以强为贵,女以弱为美"①,及三从四德的传统观念相吻合。

其次,缠足是以自身肉体的变异来适应社会审美的一种畸形、病态的人体装饰行为。它的审美追求不是来自女性自身,而是来自天下男人。劝止缠足不是做妇女的工作,而是要做男人和社会的工作。社会和天下男子以天足为美的新观念不树立,女子是无论如何也不敢放足的。

积极放足的新女性,也仍未冲破"女为说(悦)己者容"的传统观念。当时有一句俗语叫做"缠足则丈夫骂我,不缠足则尊长骂我,无违夫子"②。既然丈夫不喜欢缠足了,为了"无违夫子",才肯放足。由此可知,劝禁缠足的成功,是因为缠足的姑娘"无以字人"了,缠足才被禁绝。曾被人讪笑的"大脚"变得适应天下男人的审美要求,新形状和旧观念握手言和,并存共荣了。妇女完全为了体现自我价值的独立审美观念并没树立,而这恰恰是妇女解放的真正标志。这个任务不是中国的封建阶级、资产阶级和韩复榘那样的地方军阀所能完成的。

二、岁时节庆

近代山东的岁时节庆,变化最明显的是阳历的采用,新型纪念节日的兴起,"三八妇女节"、"五一劳动节"等国际性纪念节的引入。节日开始由家庭向社会扩展,岁时节庆开始同国际接轨,节日文化呈现多元化、近代化的

---

①《后汉书·列女传》,中华书局 1965 年版。
②《东西南北》,载上海《民立报》1911 年 8 月 30 号。

趋势。

（一）民国以来的新岁时

1. 阳历、阴历、二十四节气歌

1934 年《临清县志》载："授时之典，政府颁行者曰'国历'，即'阳历'；民间沿用者曰'夏历'，即'阴历'。"

"阳历"又名"太阳历"、"公历"、"国历"，系以地球绕行太阳一周为一年的历法。1912 年 1 月 1 日，中华民国临时大总统孙中山通电各省：中华民国改用阳历，以 1912 年 1 月 1 日为中华民国元年元旦，经由各省代表议决，由本总统颁行。至此，中华民国政府，以及报纸、电讯传播处等单位，均采用阳历。此后，1915 年袁世凯恢复帝制，1917 年张勋复辟，都曾废除阳历。北洋政府时期，山东省长龚炳积曾通电全国，提议恢复阴历，阳历在山东自然难以推行。如山东单县"虽行西历，乡间仍沿中历不改"①。1930 年，国民政府重申以阳历为国家现行历法，并严禁私印、私售旧历，违者以法论处。1934 年山东《夏津县志续编》载："民国肇始，改用阳历……迨党国统一，有鉴于斯，称国历以示郑重，订罚则以严遵守，惟各界狃于习惯，废历节序依旧举行。"

1949 年 9 月 27 日，中国人民政治协商会议第一届全体会议通过，使用公元纪年法，将公历 1 月 1 日正式定为元旦，农历正月初一定为春节。

中国传统的阴历和民国以来推行的阳历各有短长，比方说阴历是天文年历性质的阴阳合历，能较好地与四季、月相、潮汐相对应，岁首正月即春天的第一个月，一季三个月，四季分明；每月的望日必定是月圆之日，大海潮汐的规律也须以阴历计算，这些都是阳历所不具备的。然而，阴历有许多明显的缺点，尤其是有不确定闰月，有了闰月一年就有 13 个月，25 个节气，会出现双春年，第二年又是无春年，一年长度长者达 385 日，短者只有 353 日。

阳历在世界大多数国家官方通用，具有通用性，可以在时间上和世界同步；算法简单，月数、天数固定，置闰规则；历年只有 365 日和 366 日两种；历

---

①1929 年《单县志》，载丁世良、赵放主编：《中国地方志民俗资料汇编》华东卷上，书目文献出版社 1995 年版，第 303 页。本书所引方志凡未注篇目和版本，均出自该书第 91—344 页。

日与太阳高度（直射角度）基本对应，误差只有 1 至 2 日左右。

中国传统的二十四节气，用公历计算更为准确。所以，民国实行阳历以来，二十四节气歌很快形成：

> 春雨惊春清谷天，夏满芒夏二暑连，
>
> 秋处露秋寒霜降，冬雪雪冬小大寒。
>
> 上半年在六二一，下半年在八二三，
>
> 一月两节日期定，有时相差一两天。

阳历 2 月是立春、雨水，3 月是惊蛰、春分，一个月两节，以此类推。上半年每月的第一个节日如立春、惊蛰等在 6 日，第二个如雨水、春分在 21 日，下半年在 8 日、23 日。由于阳历没有闰月，二十四节气在哪个月是固定的，在哪一天基本也是固定的。

当然，公历也有不可克服的弱点，尤其是岁首元旦没有明显的物候标志，春天从公历 2 月开始，让人在感觉上就很别扭；"月"本来就应该反映月亮的变化，阳历的月却不反映月相。

阴历、阳历各有短长，从上述二十四节气歌可以看出，两历并用不仅是有道理的，而且是必要的，这样才能综合两种历法的优点而避免其缺点。

2. 民国以来的新节日

民国以来推行新历节序，以 1928 年为界分为两个阶段。

前一个阶段确立的阳历纪念日及节日有：1 月 1 日为元旦和中华民国成立纪念日；2 月 12 日为国庆纪念日；4 月 5 日为"植树节"；4 月 8 日为国会开幕纪念日；5 月 9 日和 9 月 7 日为"国耻纪念日"；7 月 28 日和 12 月 25 日为再造共和纪念日；8 月 27 日为孔子诞日；10 月 10 日为双十节（国庆纪念日）等。

另外，星期日也是当时确立的重要节假日。[1]

后一个阶段是 1928 年南京国民政府成立后。除了沿用一些民国以来的国历纪念日外，还重新审定并增加了许多新纪念日。1934 年《临清县志》

---

[1]参见 1925 年江苏省《泗阳县志》，载丁世良、赵放主编：《中国地方志民俗资料汇编》华东卷上，书目文献出版社 1995 年版，第 531—532 页。

载：

> 自民国十七年(1928 年)后，年历改革，由中央政务会议于全年之中规定纪念若干日，择其要者表列于下：一月一日，中华民国成立。七月一日，国民政府成立。七月九日，国民革命誓师日。十月十日，国庆。十一月十二日，总理诞辰。以上五纪念日，全国党政军各机关以及团体、学校、工厂、商店均悬旗志庆，除国府成立日外，均放假。三月十二日，总理逝世。全国下半旗志哀，并停止娱乐、宴会，由各级党部召集民众大会。是日放假。三月二十九日，七十二烈士殉国日。全国下半旗志哀，放假一天。三月八日，国际妇女节。五月一日，国际劳动节。五月四日，学生运动纪念日。以上三纪念日，由该关系团体举行纪念大会，由各地党部派员指导。

山东各地方志提到的民国确立的节日还有：阳历 1 月 15 日的上元节、3 月 12 日的植树节、4 月 4 日的儿童节、12 月 8 日的腊日、12 月 31 日的除日等。

国民政府一方面推行新的纪念日和节日，另一方面直接将旧历岁时年节废除，将旧历节气原封不动地改为阳历月日，并将在旧历年节的风俗活动直接移植到阳历年节来做。如夏历正月十五的元宵节，直接改为阳历 1 月 15 日，并规定在这天吃元宵、赏花灯等。接近荒唐的是，黄花岗起义爆发于 1911 年 4 月 27 日，阴历是三月二十九日，竟然把阳历 3 月 29 日定为黄花岗七十二烈士殉国日。

(1)元旦

元旦是夏历正月朔日和阴历年的旧称，民国初年改为以阳历 1 月 1 日为元旦，并作为"中华民国成立纪念日"，全国党政军各机关以及团体、学校、工厂、商店均悬旗志庆并放假。

由于元旦是新提倡的阳历年，而传统的元旦改成了春节，二者并行。故民国以来民间过元旦并没有欢度佳节的感觉，只是应付而已。所以，到 1930 年，国民政府命令：今年废除春节，传统年节活动提前，阳历 12 月 15 日为年前扫除日，12 月 31 日为除夕，1 月 1 日为新年，1 月 1 日至 4 日为新年假。

　　1935 年山东《青城（高青）县志》载："一月一日为元旦节，又为'中华民国成立纪念日'，是日宴集娱乐，庆贺新年，政府、机关、学校举行纪念会。"

　　山东临清等县"自旧历废除，每值新历元旦，商民悬旗致贺，各界休假。然旧历影响深入人心，颇难骤革"。山东长清一带"冬至后十日，即阳历一月一日，衙署悬国旗，建松坊，停止办公。学校放假，商家及各庄人民仍若无事"。山东夏津"每届元旦，遍谕商民悬国旗，书楹联，结彩提灯，借表庆祝，然形式虽具，精神不属"。①

　　1949 年 9 月 27 日，中国人民政治协商会议第一届全体会议将阳历 1 月 1 日正式称为"元旦"，才最后确立了元旦的地位。

　　（2）上元节

　　1930 年，国民政府还把夏历正月十五的上元节改在阳历 1 月 15 日，并命令、督促各地，打年锣鼓，游市上灯。

　　1935 年山东《青城（高青）县志》载："（阳历）十五日为上元节，晚间赏花灯，吃元宵，儿童燃放花爆为戏。"

　　（3）国际妇女节

　　1909 年 3 月 8 日，美国芝加哥女工为争取自由平等而进行罢工和示威游行，得到广大劳动妇女的热烈响应。1910 年 8 月，丹麦哥本哈根举行的第二次国际社会主义妇女代表大会决定以每年的 3 月 8 日为世界妇女的斗争日。1924 年国共合作期间，在广州召开群众性的"三八"纪念大会，"三八"妇女节实际是此时确定的。国民政府成立后，将 3 月 8 日确立为国际妇女节，并由有关妇女团体举行纪念大会，各地党部派员指导。

　　1949 年 12 月，中华人民共和国中央人民政府政务院规定，3 月 8 日为妇女节。

　　（4）植树节

　　民国四年（1915 年），在孙中山的倡议下，由山东单县人、农商部总长周自齐呈请大总统袁世凯批准，以每年清明节为植树节，全国各级政府机关、学校如期参加，举行植树节典礼并从事植树。国民政府年历改革后，又确定阳历 3 月 12 日为植树节。

---

　　①1934 年《临清县志》、1935 年《长清县志》、1934 年山东《夏津县志续编》。

由于植树节与山东房前屋后树艺木果的传统相吻合,且清明"春日和暖,植树易于成活"①,在山东推行得较为得力,甚至某些林业知识都得到普及。1934 年山东《夏津县志续编》载:"清明亦废历等序之一,民国初年,政府明令定是日为植树节,各机关及学校届时培植,岁以为常,重林政也。良以落叶入地,能润土脉,绿荫参天,可致雨云。有裨于农业者匪浅。至吐纳碳气、氧气之说,西哲所云,尤非虚语。"

3 月 12 日还是孙中山先生逝世纪念日。全国下半旗志哀,并停止娱乐、宴会活动,国民党各级党部召集民众大会。全国党、政、军各机关以及团体、学校、工厂、商店放假。1935 年山东《青城(高青)县志》载:"(阳历)三月十二日为植树节,又为孙中山先生逝世纪念日。是日扫墓筑坟,并举行纪念会,实施造林运动。"

(5)七十二烈士殉国日

1911 年 4 月 27 日,同盟会员黄兴率 120 余名敢死队员直扑两广总督署,发动了广州起义。起义失败后,其中 72 人的遗骸被收葬于广州黄花岗,称为"黄花岗七十二烈士",这次起义因而被称为"黄花岗起义"。

由于 1911 年 4 月 27 日是阴历"三月二十九日",改阳历后,直接把阳历的 3 月 29 日定为"殉国日"了。上述《临清县志》记载的"三月二十九日"就是阳历。是日,全国下半旗志哀,放假一天。

(6)"五一"劳动节

1866 年,第一国际日内瓦会议提出八小时工作制的口号。1886 年 5 月 1 日,美国芝加哥 21.6 万余名工人为争取实行八小时工作制而举行大罢工,经过艰苦的流血斗争,终于获得了胜利。1889 年 7 月,第二国际宣布将每年的 5 月 1 日定为国际劳动节。这一决定立即得到世界各国工人的积极响应,1890 年 5 月 1 日,欧、美各工业城市的工人举行了盛大示威游行与集会,争取合法权益。从此,每逢这一天世界各国的劳动人民都要集会、游行,以示庆祝。

国民政府规定,阳历 5 月 1 日为国际劳动节,由劳工团体举行纪念大会,各地党部派员指导。

①1935 年《德平县志》。德平县位于山东西北部,1956 年撤销,划归德州、临邑、商河、乐陵等县。

1949 年 12 月,中华人民共和国中央人民政府政务院规定,5 月 1 日为劳动节。

"三八妇女节"、"五一劳动节"是近代中国采用的较早的国际性节日。

(7)儿童节

1935 年山东《青城(高青)县志》载:"(阳历)四月四日为儿童节,各学校开纪念会,演讲本国先贤及世界科学家儿时生活,并由教师、家长、亲友致送纪念品与儿童。"

(8)学生运动纪念日

5 月 4 日为学生运动纪念日,由学校、团体举行纪念大会,各地党部派员指导。

(9)国府成立日

国民政府成立纪念日在 7 月 1 日,全国党、政、军各机关以及团体、学校、工厂、商店均悬旗志庆,但不放假。

(10)国民革命誓师日

国民革命誓师日在阳历 7 月 9 日,全国党、政、军各机关以及团体、学校、工厂、商店均悬旗志庆,并放假。

(11)双十节

双十节在 10 月 10 日,又称国庆日,是武昌起义纪念日,全国党政军各机关以及团体、学校、工厂、商店均悬旗志庆,除国府成立日外,均放假。1935 年山东《青城(高青)县志》载:"(阳历)十月十日为双十节,举行纪念会,演讲武昌起义事略,并表演游艺助兴。"1912 年 10 月 10 号上海《民立报》曾刊登《齐鲁之国庆日》一文,对山东的双十节作了报道:"青州府、平度州举行盛大纪念活动,悬挂国旗,张灯结彩、彩棚,集会庆祝。"

(12)总理诞辰

1866 年 11 月 12 日为孙中山诞辰,每年此日,全国党政军各机关以及团体、学校、工厂、商店均悬旗志庆,并放假。

(13)阳历腊八

腊八节是古代传统节日,被提前到阳历 12 月 8 日。1935 年山东《青城(高青)县志》载:"(阳历)十二月八日,本日为腊,以秫米和枣作粥食之,并馈贫民。"

（14）阳历除夕

除夕即旧历元旦前的除夕，被提前到阳历 12 月 31 日。1935 年山东《青城（高青）县志》载："（阳历）三十一日，本日为除日。换春联，儿童以鼓乐为戏，长辈给幼辈以儿童教育储金若干，曰'押岁钱'。"

除外，民国以来的新节日还有好多，由于没在山东普遍流行，就不一一缕述了。

民国以来颁行的阳历节序，主要在党政、军警机关、团体和学校等单位流行，乡间仍然沿袭旧俗，往往推行不开。山东广饶等地"始尚举行，后督促渐懈，仍然趋重阴历，旧日习惯照旧存留"。牟平"自改用国历，除元旦、春节及植树节、双十节限期休假外，余概作废。而乡民习俗仍多相沿未变也"。莱阳"惟官署行之，乡间犹多沿旧俗"。①

究其原因，除以阴历纪岁时的传统节日风俗的惯性外，还有两个原因：

其一，新兴的纪念节和传统节日是两种不同类型的节日。中国传统节日有浓厚的宗法伦理特色，家庭是节日的组织单位。加之农耕社会对温饱的朴素要求，使祭祖先、敬尊长、拜亲族、做节日食品、佩戴节日标志、穿新鲜衣服等，成为传统节日的主要内容。纪念节以政府、机关、学校为节日的组织者，悬挂国旗、游行集会、作报告会成为节日的主要内容。由于它不以家庭为组织单位，也没有阖家团圆的传统节日氛围，人们在这些节日里根本没有"每逢佳节倍思亲"的感觉。一个儿童光有家庭，没有幼稚园或学校，也就没有了儿童节。所以，在这些节日里，人们找不到传统节日应有的"年节味"，只能在党政机关、团体和学校里流行，要求落实到家庭是不现实的，因为家庭不是节日的组织者。然而，它却反映了节日由家庭走向社会的新趋势。

其二，民国以来，出现了阴历节序、阳历节序两套系统，它一方面反映了中国节日文化的多元化，但另一方面的确存在着严重的矛盾、错乱、重复现象。1936 年山东《重修莒志》载："民国初建，首改正朔，颁行阳历，废止阴历。上自政府，下逮官署，久已奉行，而民间节候乃不能易，学校假期尤难划一。如新历年节已放假矣，逮旧历腊尾又放假，则饰其名曰'寒假'。至清明节前后又放春假，或春日旅行，实则仍沿故事耳。"

---

①1935 年《续修广饶县志》、1936 年《牟平县志》、1935 年《莱阳县志》。

中国人过阳历年、阴历年两个年,放两次年假,就是从民国开始的。直到现在,不仅不觉得重复、荒唐,反而觉得理所当然。若按此逻辑推理,所有的节日都有阴、阳两个日期,都可以一年过两次,两个清明、两个端午、两个中秋节,放两次暑假,过两次生日,也都应该是合理的了? 那岂不是要天天过节了? 然而,风俗文化本身就具有矛盾组合性,是不能较真的。

(二) 传统岁时节庆的传承

近代山东的传统节日尽管受到民国以来改阳历节序的冲击和挑战,但在广大的乡村,均沿袭明清时期的过节旧俗,有的甚至是愈演愈烈。从长期的节日实践中,人们总结出许多与节日有关的农谚、歌谣,节日的艺术氛围增强了。为了避免重复,仅将近代以来的新变化叙述如下:

1. 除夕和春节

春节即夏历的元旦、元日。正式把夏历正月初一称之为"春节",是辛亥革命以来确定的。

中国历史上早有"春节",但指的是二十四节气中的"立春",或春季、春天的节序。《后汉书・杨震传》载:"冬无宿雪,春节未雨。"指的是春季。1934 年山东《夏津县志续编》载:"元旦、端午、中秋、冬至,均废历节序,各界极为重视。民国初年,定此四节为春、夏、秋、冬等节,届时放假,借资庆贺,亦迎合社会心理之意也。"所谓"迎合社会心理",即为了迎合古代夏历新年元旦的传统。这样,民国以后,传统节日中的元旦为春节,端午为夏节,中秋为秋节,冬至为冬节。

1930 年,国民政府曾命令,民国元年已经颁令以公历为国历,为此,今年废除春节,严禁春节期间歇业,在旧历年坚持上班者,工矿企业为之加薪。但并没因此而中断元旦春节的传承,"乡民习俗仍多相沿未变也"[①]。

1949 年 9 月 27 日,中国人民政治协商会议第一届全体会议决定在建立中华人民共和国的同时,采用世界通用的公元纪年。为了区分阳历和阴历两个"年",又因一年二十四节气的"立春"恰在农历年的前后,故把阳历

---

① 1936 年《牟平县志》。本书所引方志凡未注明篇目、版本,均载丁世良、赵放主编:《中国地方志民俗资料汇编》华东卷上,书目文献出版社 1995 年版,第 91—344 页。

1月1日称为"元旦",农历正月初一称为"春节"。

（1）年关

旧时商业往来,年底必须结清欠账,欠债的人过年之难,犹如过关,故民间把从辞灶到除夕的这段时间称做"年关"。这一习俗形成于明清时期,盛行于近代。山东临邑除夕日,"凡器物寄顿他处者,悉索以还受",临淄亦"各送还借欠他家钱物"。[①] 1935年山东《陵县续志》载:"旧俗,清偿债务,四季中以年关为最严重。谚语有云:'年来了,逼煞人命;年走了,死里逃生。'其索讨之严,盖可想见。"这一风俗普遍流行于北方,1945年延安鲁迅艺术学院集体创作的歌剧《白毛女》,有黄世仁逼债,杨白劳躲账的情节,反映的就是这一风俗。

（2）水饺

中国隋唐时期已有水饺,俗称"饺子"。进入近代以来,饺子的花样增多了,并成为必食的春节节日食品。山东有句俗语叫"谁家过年不吃顿饺子"。1941年《潍县志稿》载:"无贫富均食饺子(俗呼曰扁食),殆取更新交子之义。或暗以花生、枣、栗及铜钱藏之饺子中,家人食得者则辄幸,遇事顺利。"

（3）破五

近代以来,人们越发讲求万事大吉,除夕和春节的忌讳明显增多了。过年要说吉利话,饺子破了,要说"增了",所有"死"、"穷"、"没"、"败"等不吉利的字眼都不能吐口。尤其是对小孩,大人总是千叮咛、万嘱咐,一旦口出不吉利的话语,就会遭到训斥。民国时流行这样一段笑话:

有一店铺掌柜大年三十图吉利,给一个伙计取名高升,一个伙计取名进财。并告诉俩伙计,初一早上喊他们吃饺子时,一定要爽爽快快地答应。初一凌晨,掌柜早早煮好水饺,喊他俩起来,吆喝一声:"进——财!"进财一边穿衣服,一边大声回答:"出去了!出去了!"掌柜听了很扫兴,改口又喊:"高——升!"高升住在楼上,连忙答应:"下来了!下来了!"掌柜气得连话都说不出来了。

这段笑话生动地反映了人们对大吉大利的追求,且许多情节与山东相

---

①道光十七年《临邑县志》、1920年《临淄县志》。

符。山东莱州大年三十由男家长烧火下水饺,闯关东的人回来讲,东北买卖家大年三十由掌柜起来下水饺。

其他的忌讳还有很多,山东高青除夕夜"各室遍燃灯烛,时以百灵下界,鸡不鸣,犬不吠,污水不泼地,炊食不拉风匣,盖惧有冲撞也"。潍县正月初一"俗忌扫地、汲水并动针剪等事。又自元日至初五日,多不以生米为炊,然寒素之家亦不尽然。凡出嫁之女,若婿与甥须于次日始往外家拜节,初一则犯忌也。旧俗如此,不知何所取义"。莒县等地"初二日晚,早眠,谓是夜鼠娶妇,儿童见之不吉。初五日,食蒸糕,俗称'破五',忌拜年"。① 掖县(在今山东莱州)民谚曰:"正月不剃头,剃头死己舅。"②

所谓"破五",是说过了正月初五这天,除夕和春节的诸多禁忌都可以破,一切恢复到平日状态。

(4)春牛图

步入近代社会以来,立春日迎春的风俗逐渐减弱了,但芒神的形象却留在了《春牛图》年画中。他不再是鸟身人面,乘两龙,手里拿圆规的形象,而变成春天的"芒童",头有双髻,手执柳鞭,骑着或赶着一头健壮的大春牛。

官府迎春礼俗至民国而废,一般无业游民,每临立春,则身穿红袍,头戴乌帽,扮作春官模样,手持《春牛图》,上画红、黄、青、白各色土牛,并书来年农事节候,串门挨户分送。至店家则唱:"黄牛到,生意俏",至农家则唱:"黄牛到,五谷好",以索取钱物。

2. 上元灯节与民间社火

正月十四、十五、十六的元宵节在近代更加红火,尤其是放灯和扮演杂剧。1935年《陵县续志》载:

> 上元灯节,沿乡傩古俗,各村镇或架龙灯,或蹦高跷,或演武术,或徒步妆男扮女二三十人不等,谚曰"秧歌"。万灯攒拥,伐鼓鸣锣,在城镇则游行四街,在乡则周流附近村落。至则男妇临观,途塞巷满。上元前后各一日,此三夜中真有金吾不禁之慨。要皆以敬神为辞,赌其状则

<hr/>

① 1935年《青城县志》、1941年《潍县志稿》、1935年《四修掖县志》、1936年《重修莒志》。
② 1935年《四续掖县志》自注曰:闻诸乡老谈,前清下剃发之诏,于顺治四年正月实行,明朝体制一变,民间以剃发之故思及旧君,故曰"思旧",相沿既久,遂误作"死舅"。掖人称舅者,恒加一己字,所谓自己之舅云。

牛鬼蛇神,聆其歌则俚俗不堪。

宋元以来,把节日期间演出的杂戏称做"角抵"、"社火"。南宋范成大
《上元纪吴中节物徘谐体三十二韵》:"轻薄行歌过。颠狂社舞呈。"自注曰:
"民间鼓乐谓之社火,不可悉记,大抵以滑稽取笑。"

近代以来,角抵、社火在山东十分活跃。1936年《清平县志》载:

> 角抵:此戏出于燕赵,每值庙会之期,辄来此奏艺。驰马、爬杆、踩
> 索等戏,无不应有尽有。登高履险,颇擅绝技,若猴戏及魔术等皆此技
> 之支派也。

> 社火:城乡之间,此风颇盛。其种类繁多,曰彩船、曰高跷、曰竹马、
> 曰羯鼓、曰渔家傲、曰秧歌、曰吹腔,散见各村,不可枚举。每值佳节或
> 庙会,则漫衍游行,更番献技。其源流甚远,颇有考古价值。

3. 小年

近代以来,又流行六月初一过"半年"、"小年"的风俗,节日食品也如同
春节一样吃水饺。山东单县、莱阳等县"六月一日沽酒市脯","吃水角
(饺)",曰"过小年"。冠县"六月初一日食瓜果、馄饨,遍祭诸神,城乡皆
同,俗谓'过小年'"。①

4. 中秋节

(1)酬佣工

山东民谚说:"七月十五定旱涝,八月十五定收成。"②中秋节正是秋收
季节,土地多,雇佣工的田家还利用饮宴赏月之际犒劳佣工。冠县、广饶、莱
阳、青城(今山东高青)等地的中秋节,"农家地主设酒食以酬佣工"③。
1935年《青城县志》还载:"(中秋节)辞(祠)先穑,犒佣人。""先穑"即发明
原始农业的神农氏,后被尊奉为农业守护神"五谷王"。"辞(祠)先穑"是
报答他对五谷丰登的护佑之功。

---

①1929年《单县志》、1935年《莱阳县志》、1934年《冠县志》。
②1935年《续修广饶县志》。
③1934年《冠县志》。

（2）念月、点蒿子灯

潍县小儿们"念月"和"蒿子灯"，特有民俗风味。1941 年《潍县志稿》载：

> 月饼而外，并以面蒸作月形之食物，直呼之曰"月"，系用面饼两层，中央以枣，面上四围镂各种花果及动物之类，仍嵌以枣，作馈遗亲串之用。小儿女则置之矮凳上，并于此面上插香一炷，齐声呼唤，谓之"念月"。其词多俚俗，有"念月了，念月了，一斗麦子一个了"及"月明光光，小儿烧香；月明圆圆，小儿玩玩"之语。邻近接声，洋洋盈耳。又，街巷儿童或以青蒿粘缀炷香而燃之，擎弄翻舞，恍若万点星球，谓之"蒿子灯"。一家拜月毕，则以所供各物分给小儿，是晚食物，多以糖调藕梨。一家团坐欢饮，谓之"圆月"。

5. 九九、消寒会、消寒图、九九消寒歌

进入冬季以后，人们发现："小雪封地，大雪封河。大雪不封河，来年疾病多。""大雪不封地，不过三两日。"①小雪、大雪之后，就是冬至。从冬至之日起，即进入了"数九"寒天。

"数九"又叫"九九"，是适应我国黄河中下游地区的一种民间节气。从冬至开始算起，每 9 天一个单位，第一个 9 天叫"一九"，第二个 9 天叫"二九"，"三九"、"四九"以此类推。过了 9 个"九"，刚好 81 天，即为"出九"，那时就春暖花开了。

山东自春秋时期就有"数九"的萌芽。《管子·轻重己》载："以冬日至始，数四十六日，冬尽而春始。"冬至后 46 天，恰好是立春。春秋时期是中国 5000 年来第二个温暖期，立春时要比近代暖和得多。到南北朝时，"九九"已很完善了。南朝梁宗懔《荆楚岁时记》载："俗用冬至日数及九九八十一日，为寒尽。"

冬至开始"进九"，意味着严寒的到来，因而明清以来，山东各地又有办消寒会、画消寒图的风俗。

消寒会是文人墨客冬至后每逢"九"日举行的雅聚。与会人数 9 人、18

①1934 年《夏津县志续编》、1935 年《昌乐县志》。

人、27人不等，必合"九"之数。大家坐炉旁饮酒、赋诗、作画、行酒令亦必应"九"之典。菜肴也以九盘、九碗或"花九件"为席。

消寒图又称"九九消寒图"，是明清时期流行的一种画描"九九"的图画。1935年山东《德县志》载：

> 十一月长至日，旧时仿唐王仁裕之暖寒会，朋侪酿饮联欢，曰"消寒会"。好事者制"九九消寒图"。按《帝京景物略》："冬至日，画素梅一枝，为瓣八十有一，日染一瓣，瓣尽而九九出。后仿其意，用九画之字九字编为文，空白双钩，日书一画，书遍则九九终矣。"今尚有制此图者。

消寒会、消寒图从自然中吸收美感，把数九严寒变为美的享受和高雅的情趣，深受士大夫阶层的喜好。咸丰九年（1859年）山东《滋阳县志》载："冬至，画消寒图，食羊肉，云却寒。"潍县过冬至，"绘九九消寒图以消寒，间有同人酿饮作'消寒会'者"。莒县"置酒会食，谓之'消寒会'，作'消寒图'"。①

一般农家没有士大夫阶层的雅兴，他们当中广为流传的是"九九消寒歌"：

> 一九、二九不出手，
> 三九、四九冰上走（莱州一带还讲：三九、四九，冻破碓臼），
> 五九、六九，河边看杨柳，
> 七九河开，八九雁来，
> 九九加一九，耕牛遍地走。

1934年《夏津县志续编》还载："头九有雪，九九不缺。"

（三）庙会节的兴起

庙会，在山东民间又称"庙市"、"山会"、"神会"、"货会"、"香火会"、"赶山"、"赶会"、"庙"、"会"等，是节日、信仰、商业等各种风俗相结合的产

---

①1941年《潍县志稿》、1936年《重修莒志》。

物。由于人们在寺观、东岳庙、城隍庙、海神庙等定期举行道场、诵经祀神、神像出巡、驱傩禳灾等活动,届时善男信女云集,各类商贩、小吃、杂耍等随之而至,规模不断扩大,遂形成在寺庙内或其附近定期举行的游乐、集市等群众集会。

1. 东岳庙会

山东地区出现最早的庙会是泰山东岳庙会。泰山脚下的东岳庙,又称岱庙,兴建于汉代,宋元明清不断修缮、扩建,成为泰山最大、最完整的古建筑群。传说农历三月二十八日是泰山神——东岳大帝的诞辰,帝王的祭祀庆典活动、道教的宗教活动及民众的朝山进香活动,往往选在这一天。于是,在岱庙一带形成了以贸易和娱乐活动为主要内容的东岳庙会。

《水浒传》第七十四回《燕青智扑擎天柱,李逵寿张乔坐衙》描写当时的东岳庙会说:"原来庙上好生热闹,不算一百二十行经商买卖,只客店也有一千四五百家,延接天下香官(进香者)。""那日烧香的人,真乃压肩叠背,偌大一个东岳庙,一涌便满了。"

明清时期,是东岳庙会最兴盛的时期。明末清初散文家张岱在《岱志》中称:"东岳庙……阔数百亩。货郎扇客,错杂其间,交易者多妇人稚子。其余空地,斗鸡,蹴鞠,走解,说书,相扑台四五,戏台四五,数千人如蜂如蚁,各占一方,锣鼓讴唱,相隔甚远,各不相溷(混)也。"东岳庙会的盛况可见一斑。

山东各地有许多天齐庙、东岳庙,一般都有庙会。如东阿、阳谷等地农历三月二十八日"祀东岳大帝,天齐庙演剧,远近香客云集,商贾因以为市,前后七八日甫散"①。

民国以来,政局动荡,东岳庙会衰败。新中国成立后,尤其是 1986 年后,东岳庙会再度繁盛。

2. 济南千佛山庙会、药王庙会

济南庙会有大小数十余处,唯以"千佛山"和"药王庙"庙会规模最大,流传最久。

济南千佛山庙会在每年九月九日重阳节举办,庙会始于元代,民国时期

①道光九年《东阿县志》。

是鼎盛时期。会上扎彩棚唱大戏的、表演马戏的，变魔术的、耍猴的、玩杂技的，吹糖人的、捏面人的、卖冰糖葫芦的等，应有尽有。香烛元宝和日用百货的摊位，卖烧饼、包子、馄饨的饭棚，鳞次栉比。山脚的盘道一直到山腰的兴国禅寺，人山人海，接踵摩肩。千佛山附近盛产大盒柿，庙会期间适值盒柿成熟上市，四乡的山民都来卖柿子和山货杂品。赶庙会者多买柿子而归，故千佛山庙会又有"柿子会"之称。

济南药王庙位于趵突泉前街西首靠近花墙子街处（今泺源大街趵突泉公园南门西侧），"明万历间（1573—1620 年）布政使孙承荣建，正位惟神农，配以歧伯、药王韦慈藏"[1]，两廊从祀有扁鹊、华佗、张仲景、葛洪、孙思邈等十大名医。药王庙外偏东十余米处路南，旧有戏台一座，分上下两层，每逢庙会，邀请戏班来此唱大戏数日，以娱神助兴。

传说农历四月二十八日是药王诞辰，届时，济南城关和邻近乡村的民众，扶老携幼，到药王庙烧香磕头，求神保佑全家平安健康、免生疾病灾难，更有一些患病者前来寻方问药、求医治病。期间，庙内主持请来戏班演戏，观者如堵。各地药商、药农便趁机携带各种中草药和中成药来此销售，其他商人也齐集于此进行商品交易，买卖者达万人之多，便形成了以药王庙为中心的庙会，会期 10—15 天。民间有"逛了药王会，一年不生病"的说法。

清末至民国初期，药王庙会规模逐年扩大，进而演变成以药材交易为主的集市，因此又称"药市会"。

3. 曲阜林门会

林门会，又称林门古会，始于何时，已无从查考。但从"林门会"的名字上推算，应是在元至顺三年（1332 年）第一次建起孔林林门以后。即使孔林从前有古会，"林门会"之称也应从元代才开始。

山东曲阜每至清明节，孔府和当地孔姓，以及从全国各地远道而来的扫墓者云集孔子林墓，有的当天无法返回，于是，旅店、饭馆、香烛摊，应时而生，后来说书唱戏的艺人也纷纷前来献艺凑热闹，以致形成远近闻名的大型商贸会——林门古会。会期最初只 1 天，后延长为 3 天，春季以清明节为正

---

①道光二十年《济南府志》卷十八《祠祀·历城》，凤凰出版社 2004 年版。歧伯传说为黄帝时的名医，《黄帝内经》即以他与黄帝答问的体裁写成。韦慈藏，唐代医学家，武则天时曾任侍御医，唐中宗景龙间（707—709）任光禄卿，晚年告老辞归，为乡里所重，人尊之为"药王"。

会,秋季以农历十月初一为正会,以第一天贸易最为繁盛。1934年《曲阜县志》载:"清明祭扫,与它邑同。是日,至圣林前设市场,远近贸易者踵至,初止一日,嗣展至三日,贸易之盛以第一日为最,盖孔氏宗族无虑数千百户,皆此一日祭扫,过期即各散去,故后二日远不相逮也。"

晚清民国年间,林门会发展到顶峰,每年清明节、农历十月初一前的几天,方圆几百里的农民、商人携带农副产品、日用百货等纷纷前来赶会。会上货物极为齐全,应有尽有,当地有一句戏言说:"林门会上就是没有卖金粪叉子的。"

其实,林门会上还真缺了一种——骡马市。林门会自古以来有个禁忌,严禁骡马等大牲口上市。究其原因,有的说是怕惊了"圣墓",有的说是怕破了"圣脉",众说纷纭,但目的都是表示对先哲孔子的尊敬。

新中国成立后,林门会逐渐演变为规模较大的物资交流会,一度非常兴盛。

4. 青岛海云庵糖球会

海云庵,又称大士庵,位于青岛市四方区海云街一号,始建于明代,迄今已有500余年的历史,为道教全真派的古道观。此庵建成时有南北殿堂两座,北庙三间为正殿,称老母庙,供奉观世音菩萨,当地民众俗称"观音老母";南庙两间为关帝庙,供奉关羽、比干神像,左右配殿供奉龙王、老君。因为庙宇附近是大鹤鸟群居栖息的地方,又长年云雾缭绕,所以人们就根据"海为龙世界,云是鹤故乡"这一诗句,定庙名为"海云庵",庙前一条街为"海云街"。

海云庵建成后,以"保平安、祈丰收"为主题,定每年的第一个大潮日——农历正月十六为海云庵庙会,始于何时已不可考。每逢会期,善男信女们群集海云庵烧香磕头、祈福求子。庙外海云街上,各种小商品、手工艺品和地方特产等摊铺不可胜数,庙前庙后多有唱大戏、踩高跷、跑旱船等娱乐活动,饮食、玩具摊贩也云集而来。沿海渔民在出海前习惯吃一串大红糖球,以此为一年吉祥如意的象征,这一习俗使得庙会上卖糖球的异常火爆,有山楂、软枣、山药、桔子等多种原料,后来民众便称以糖球为特色的海云庵庙会为"糖球会"。

1926年海云庵大翻修后,赶庙会的人有时多达上万人。会上卖糖球的摊点林立,他们各显身手加工出100多种不同造型的糖球,如"马到成功"、"孔雀开屏"、"金龙腾飞"、"吉庆有余"、"吉星高照"、"合家欢乐"等。群众喜闻乐见的舞龙、舞狮、高跷、旱船等民间杂耍和快板、大鼓书等曲艺表演,在糖球会上形成了一股民间文化的热潮。其他地方过完元宵节就算过完年,对岛城民众来说,则是赶完糖球会,才算过完年。

5. 清溪庵萝卜会

清溪庵,又名"玉皇庙",俗称"下村庙",位于青岛市市北区道口路,始建于元代,距今已有700多年的历史,因庙前有一条长流不断的清澈小溪而得名。庙内供奉玉皇大帝、太上老君、关帝圣君神像,属道教庙宇,归崂山太清宫管辖。清溪庵殿宇一度十分气派壮观,香火鼎盛。起初,庙会上多有敲锣打鼓欢庆佳节之举,故有"锣鼓会"之称。有明一代,当地及邻县即墨、潍县等地盛产萝卜,加之民间有"正月初九吃萝卜不牙疼,又可治百病"的说法,使得萝卜成为庙会上的主要畅销产品。每逢会期,人们齐集这里买萝卜、卖萝卜、吃萝卜,因而此庙会又被称为"清溪庵萝卜会"。又因该庵在台东镇,故清溪庵萝卜会还被称为"台东萝卜会"。庙会期正值立春前后,所以在庙会上人们吃青萝卜,称之为"咬春";切萝卜,称"开春";参加庙会,名曰"赶春"。

6. 烟台毓璜顶庙会

毓璜顶,原名玉皇顶,因山上有玉皇庙而得名,建于元末明初,距今有600多年的历史,庙内供奉玉皇大帝。据毓璜顶碑文记载:清光绪十九年(1893年),当地文人刘次垣提议改名为"毓璜顶"。民间传说农历正月初九是玉皇大帝生日,每年这一天,善男信女们成群结队进庙烧香磕头,乞求玉皇大帝降恩赐福、保佑平安等,后来逐渐形成庙会。每逢庙会日,山下窄巷通道挤满了摊贩,卖糖球的、卖玻璃球的、卖针头线脑的,物细而摊密,烙饼菜汤朝天锅、福山大面三鲜汤,地方小吃展览成市。另有一种特别的习俗,即每年的庙会上必有几个卖蜡木杆子的地摊,几乎每个赶庙会的人都要买上一根蜡木杆子。最初蜡木杆子是为了登山用做手杖,不知什么时候传说扶杖登高可保生活平安,遂使平凡的蜡木杆子有了些许灵气,身价倍增。

7. 定陶仿山庙会

仿山,是周、汉两代墓葬地,因"积壤之高,仿佛若山"而得名。相传,隋朝时,山顶上已建起了大王庙(曹姓始祖、周武王弟弟曹叔振铎祠)。宋朝时形成了仿山庙会。据《兖州府志》记载:"太平兴国中(约 979 年),岁旱,祈灵有应,敕封其山为丰泽侯,每岁三月二十八致祭。"从此,朝山进香的人逐年增多,由单纯的香火会发展成为商品交易大会,每年从农历三月二十七日开始,到二十九日结束,历时三天。上市的商品主要以骡、马、牛、驴等大牲畜为主。

清末民初,仿山庙会发展为远近闻名的骡马大会。赶会群众,东至泰安、济南,西到山西的潞州(即山西长治)、运城,南至安徽蚌埠、河南周口,北到河北的保定、石家庄,甚至天津、上海的商人也不远千里而来。会场连绵五六里地,人山人海,锅灶林立,帐篷遮天。除骡、马、牛、羊等牲畜家禽外,还上市木料、棺木、条编和锄、镰、锨、镢、杈子、扫帚等各种农具,以及京广杂货、日用商品、儿童玩具等。打拳卖艺的、跑马杂技的、说书唱戏的也前来为庙会助兴。

抗日战争和解放战争时期,因战事不断仿山庙会一度冷落。1952 年人民政府恢复了仿山庙会,当年就有 4 万多民众前来赶会。

8. 博山文姜庙会

据说齐国孝妇颜文姜因孝顺公婆而感动上苍,屋内生出一眼"灵泉",清澈的泉水应念而涌出。婆婆偷偷掀开笼盖窥视"灵泉",泉水汹涌喷出,毁坏了住宅,汇成一条河。文姜舍身跳入滔滔河水救出了婆婆,自己却被河水吞没了。为了纪念文姜,人们称这条河为"孝妇河"。后周时,又在灵泉上面修"颜文姜祠",又名"灵泉庙"。宋真宗敕封文姜为顺德夫人,颜文姜祠又被称为"顺德夫人祠"。现在位于博山区山头镇西神头村的文姜庙,是明清时期重修的建筑。每年农历"三月十五日、四月十八日、七月三日谒颜文姜庙,酬香愿,四方毕至"①。

明清民国时期,山东各地庙会甚多,难以缕述。甚至一县一乡即有多处庙会。如 1934 年《临清县志》载:

> 临清庙会不一而足,如城隍庙则正月、腊月及五月二十八日均有

---

① 乾隆十八年《博山县志》。

会。五龙宫则三月三日有会。歇马厅则四月初有"接驾会",碧霞宫则九月初间有会。乡间之会,黎博店在二月中旬,小杨庄在三月下浣。各会之中以西南关之四月会最大,邻封十数县于初十前后均来赶趁,名曰"进香火"。全市商业社会繁华,所关甚巨,事虽迷信,要以乐利之见端,游艺之一部也。

庙会节具有鲜明的地域性特征。从节日的时间和空间范围看,传统节日、纪念节日是普天同庆的全国性节日,时间一般比较短,而庙会节则是流行于某一地方的节日,受一定的地域限制,但时间却延续得比较长。

三、婚姻风俗

近代社会前婚姻风俗嬗变的轨迹是:社会越发展,对男女婚姻和妇女个性的摧残就越严重,由传统婚俗流变出的陋俗就越荒唐。冥婚由迁葬殇者到裹挟着活人黄泉共为友;贞节堂留住的寡妇与天下男人永别;少夫长妻婚俗的出现和流行,使无知的龆龄男童吞噬了无数少女的青春和终生幸福……

(一) 晚清民国的婚姻流俗

晚清民国时期基本上沿袭明清时期的传统婚俗,流变较显著的有以下几项。

1. 少夫长妻

少夫长妻的婚俗,较早流行于明代的安徽、湖广、巴蜀、云贵地区。明人郎瑛(1487—1566)的《七修类稿》卷十五《义理类·恶俗》载:"湖广边方,多有子方十岁即为娶年长之妻。其父先与妇合,生子则以为孙也。故每每父年二十时,有子已十余岁矣。"

清道光十三年(1833年)《巴州志》(今四川达县地区)载:"乡间多蓄童媳,利其操作,往往女大于男,官屡禁之不能止。此风自明季已然。路旁按院禁碑尚存。川北多有之,不独巴州也。"[1]

---

[1] 载丁世良、赵放主编:《中国地方志民俗资料汇编》西南卷,书目文献出版社1995年版,第348页。

陈鹏先生《中国婚姻史稿》载,安徽舒城、肥西、颖上也都流行这一婚俗。如肥西民谣讲:"十八大姐周岁郎,高矮个子一般长,白天喂吃又喂喝,晚上帮他脱衣裳。来尿糊屎都我侍,说是老婆像他娘。"

山东出现少夫长妻陋俗当在鸦片战争前。据道光二十年(1840 年)《博兴县志》载:"近日民俗往往以幼男娶长女。道光二十年(1840 年),知县用壬福乃为文禁止之。"用知县的禁文曰:

> 照得男子壮而有室,女子及笄而嫁,必年岁相当则两好无猜,永卜偕老,此定理也。乃尔民每以十一、二岁之幼童,娶十八、九岁长成之女,虽诗礼之家不免焉。是爱子而适以贻害其子,爱女而直以陷溺其女矣。本县到在数月,为霸女嫌夫具控者已三十余案。推其故,皆因婚娶时男未及岁而女已长成所致。本县有父母斯民之责,此婚姻大事,所谓生民之始,万化之原者,不敢不严切训诫也。为此,示谕阖邑绅士军民知悉,嗣后两家结婚,男长于女则可,女之长于男者不得过两岁。男子必十六岁以上方准迎亲。有女者,不得贪图财礼以长成之女而配幼婿。即或父母之年已老,只准领童养之媳,俟彼此及岁方为合婚,俾青年敦静好之缘,斯白首无参差之见。自示之后,如有仍染旧习者,必将两家主婚之人照例示罚,以期永挽颓风,勿谓言之不预也。抑本县尚有敦劝者,姑之与媳本以义合,欲为媳者孝顺其姑,必为姑者亦爱怜其媳。此间风俗竟有凌虐其媳以为能者,此又自致乖戾之由,而家长不能辞其责者也。本县爱民心切,愧无善政及民。尔民则敬爱长官,日以亲昵。一邑之大,未能入家家之室而代为之谋,盖有眠食不安中者。用是不辞烦琐,苦口相劝,并撰歌谣三则,俾易传说,有子者无为早婚,有女者无嫁幼婿,为姑者无视媳如仇,庶几家庭和顺,永绝勃豀。数年之后,必以本县此言为足感矣。

用知县自撰的三则歌谣曰:

> 尔爱尔子,勿为早婚,早婚乃是祸殃根,壮而有室古所训,长女少男不可论。
>
> 尔嫁尔女,勿配幼婿,嫁女原为好合计,童稚何知夫妇情,年岁相当

免乖戾。

尔训尔妻,勿得虐媳,她为媳时当记忆,己所不欲勿施人,姑爱媳兮媳亲密。

用知县的谕文涉及少夫长妻、童养媳、婆虐媳三方面的风俗,我们先叙述少夫长妻。

从县志的记载和用知县的禁文可以看出,少夫长妻陋俗并非积弊日久,而是刚刚孳生,因而颇觉怪异而不解,且以千年诗礼旧典进行矫正。联系上述记载,这一陋俗应由湖广、安徽向山东蔓延而来。据山东各地方志记载,晚清民国间,10余岁的少男娶十八九岁长女的现象极为普遍。

1935年《陵县续志》载:"俗喜早婚,男子十三、四岁娶妻者为常,至十六、七岁娶妻者不多概见,甚至有十一、二岁娶妻者。凡此,多属男子虽幼,女年已长,相差或至七八岁之多,故而早娶。男家父母所以定此婚姻者,谓早娶妇可帮做衣食也。实则此等婚姻多成怨偶,悔之无及。"

1935年《续修广饶县志》载:"旧式婚有一大弊,早婚是也。家道稍裕者,子孙龆龄即为娶长妇,夫妇不和,男病虚弱,半由于此。近来渐知觉悟,然以十三、四而娶十八、九之长女,仍时有之。前年奉令,男子十八,女子十六,方准嫁娶。"

1934年《冠县志》载:"冠俗早婚为唯一陋习。上中家之男子,其结婚年龄多在十五岁以前,甚至髫发未干,遽御琴瑟。少男长女,齐大非耦,年龄相差七八岁或十余岁不等,妻者不齐,弊窦滋多。"

民国年间的德平(德州、平原)、长清、夏津、昌乐等山东各县志均有此类记载。1934年《济阳县志》登录了一份1919年的风俗调查表,该县男女结婚平均年龄,男子多在十五六岁,女子多在十八九岁,女子婚龄明显大于男子。

近人徐珂《清稗类钞·婚姻类》载:"北人呼小孩为娃娃。燕、赵之间,居民家道之小康者,生子三五龄辄为娶及笄之女。家贫子多者辄利其聘赀,从俗遣嫁焉。女至男家,先以父母礼见翁姑,以弟呼其婿,一切井臼、烹调、缝纫之事悉肩任之。夜则抚婿而眠,昼则为之著衣,为之饲食,如保姆然。子长成,乃合卺。其翁姑意谓雇人须工赀,又不能终年无归家之日,唯聘得贫家女,则所费不多,而指挥工作可以如意。故但计搏节,而子女年龄之相当与否,均置不问。此盖与江、浙之童养媳相类也。"可见,少夫长妻陋俗,在今山东、河北、东北一带广泛流行。凡乾隆、道光年间的河北县志不载少夫长妻的,多为民国时期的。1941年河北《高邑县志》载:"邑民结婚,率妇长与婿,甚有相差十余岁者……且完婚太早,男方稚弱,而女已强壮,男届壮盛,而女已衰颓。"该志记载当时民谚曰:"金银花,顺墙爬,搭起梯子看婆家。公公才十九,婆子才十八。女婿才会走,小姑才会爬,二姨子才会打哇哇。"①

直到抗日战争前,人们始对这一陋俗进行反省和诅咒。临清一带民谣说:

> 十八大姐九岁郎,错配姻缘怨爷娘。
> 说他是郎年又小,说他是儿不叫娘。

夏津一带流传:

> 最可叹,风俗差,小小孩童就成家。
> 新郎不过八九岁,娶妻倒有十七八。
> 还指望,他长大,苦尽甘来度年华。
> 谁知男大女已老,忘掉当年是结发。
> 更有那,手段辣,本夫常被奸夫杀。
> 家败人亡无下场,方知早婚害处大。②

觉醒了的青年人开始以逃婚、抗婚等方式进行抵制。有的外出参加革命,有的外出求学或谋生。它所产生的后果,直到解放后仍存在。那些外出几十年不归的男子纷纷和家里的妻子离婚,就有相当一部分是这种陋俗酿成的悲剧。直到今天,各地仍然流传着"女大三,抱金砖"的俗语。

少夫长妻的特点:一是早婚;二是男幼女长,年龄悬殊。古代婚姻一方

---

①1941年河北《高邑县志》,载丁世良、赵放主编:《中国地方志民俗资料汇编》华北卷,书目文献出版社1995年版,第105页。
②1934年《临清县志》、1934年《夏津县志续编》,载丁世良、赵放主编:《中国地方志民俗资料汇编》华东卷上,书目文献出版社1995年版,第342页、第143—144页。本节所引方志凡未注明篇目、版本,均出自该书91—344页。

面强调男尊女卑、男强女弱,另一方面又强调"夫妻齐体","妻者齐也,与夫齐体"①。在这一传统婚姻观念的支配下,妇诎于夫,门第相当,年岁相配,成为中国传统婚俗的主流。少夫长妻,夫诎于妇,妻者不齐,那方面都与传统的礼俗格格不入。明朝以前的传统婚俗中,虽有指腹割襟等早婚现象,但绝无少夫长妻的普遍婚俗。

少夫长妻婚俗虽不是传统婚俗,却孳生在农业宗法社会的文化土壤之上,又是传统婚姻观念畸形发展的产物。

其一,几千年的宗法家族社会,不仅使"无后为大"成为人们的共识,而且一直热衷于早生贵子、五世同堂的企盼。而只有子孙早育,老人长寿,且两代人的年龄周期缩短,这种企盼才能实现。尤其是对男子,几乎是一种"揠苗助长"式的企盼心态。不仅男子婚龄提前,标志成年的冠礼也由原来的 20 岁提前到十五六岁,甚至"以婚礼为冠礼,既婚娶,谓之成人"②。古已有之的指腹割襟、童养媳,虽则早婚,但这种"夫妻齐体"式的早婚,由于女方不到生育年龄,仍使家族处在焦急等待中而存有不可名状的遗憾。因此,小龄男子娶个有生育能力、随时等待的大龄妻子,一俟男子成熟,即可使早生贵子的愿望得以兑现,是所有早婚陋俗中的"最佳方案"。由此可见,少夫长妻婚俗仍然是传统观念对早婚陋俗的畸形强化,它的产生有一定的必然性。

其二,在忽视夫妻性爱价值上,少夫长妻婚俗从传统礼教那儿找到了共同语言,生活在这种荒唐婚姻中的无知小丈夫,对性爱自然懵懂无知,而妻子正值青春年华,没有性爱的辛酸苦楚,传统礼教和世俗势力当然是不理会的。它对中国妇女的残忍和灭绝人性,也在于此。

其三,一家一户的农业家庭,要求通过婚姻让妻子承担起"精五饭,幂酒浆,养舅姑,缝衣裳"③等家庭内助的职责。随着封建社会后期赋税征收制度由人丁向财产的转移和生活节奏的加快,少男娶长妻"帮做衣食",不仅不会增加家庭赋税负担,而且与家庭内助的传统观念相吻合。这种荒唐的婚俗,又在农业社会中找到了滋生的土壤。

---

① 《白虎通·礼内则》,中华书局 1994 年版。
② 1929 年《泰安县志》。
③ 《列女传·邹孟轲母》,江苏古籍出版社 2002 年版。

2. 童养媳、婆虐媳

童养媳在前面业已述及，上述用知县的训谕，主张用童养媳来取代少夫长妻的陋俗，可见童养媳仍在晚清民国的山东流行。

先秦时期，无虐待媳妇的风俗。《列女传》载：孟子进门发现妻子在房间内袒露着身体，遂不入门。妻子找到孟母要求离婚，说："妾闻夫妇之道，私室不与焉。今者妾窃堕在室，而夫子见妾，勃然不悦，是客妾也。妇人之义，盖不客宿，请归父母。"面对媳妇的指责和绝情，孟母没有斥责、怨恨媳妇，而是明辨是非，教训犯错的儿子说："夫礼，将上堂，声必扬，所以戒人也；将入户，视必下，恐见人过。今子不察于礼而责于妻，不亦远乎？"①孟子遂留其妇，并向妻子道歉。当时的明哲之士称赞孟母"知礼而明姑妇之道"。这是先秦时期的"姑妇之道"，亦即互尊、互重的婆媳关系。

自汉代以后，恶婆婆开始有恃无恐地虐待媳妇。

《左传·襄公二年》载："亏姑以成妇，逆莫大焉。"

《唐律》规定："诸妻妾詈（谩骂）夫之祖父母、父母者，徒三年。须舅姑告，乃坐。殴者绞，伤者皆斩。"②

在这种情况下，媳妇若和舅姑发生矛盾，即便是有理，丈夫怕背上忤逆不孝的名声而不敢"亏姑以成妇"，法律更是站在舅姑一边。一个弱女子受到虐待，叫天天不应，叫地地不灵，只有逆来顺受的份。所以，古代婆婆虐待媳妇是有恃无恐的。

古代婆婆虐待媳妇还有一种畸形的补偿心理，当她做媳妇时，也对婆虐媳深恶痛绝，可"千年的大道流成河，多年的媳妇熬成婆"，一旦自己当上婆婆，过去的苦、过去的怨，一股脑成了压迫媳妇的理由和动力，从虐待媳妇身上获得间接的补偿。到晚清民国，婆虐媳的风俗仍在山东流行。据晚清民国过来的婆婆讲，其实她的媳妇也不是怎么不好，之所以要虐待，是因为"过去俺婆婆就是这样虐待俺的"。上述山东博兴地区就存在"凌虐其媳以为能"的现象，所以用知县把它与少夫长妻同视为陋俗，劝谕改正。山东吕剧《小姑贤》反映的也是恶婆婆虐待媳妇的陋俗。从民国过来的山东老辈

①《太平御览》卷五一七《宗亲部七·舅姑》引，中华书局1960年影印版。
②《唐律疏议》卷二十二《斗讼》，中华书局1983年版。

人,大都熟知"打出来的媳妇揉出来的面"等俗语。

3. 继母虐待前子

到晚清民国时期,继母已失去先秦时期齐义继母的慈爱和深明大义的人格魅力,被称做"后老婆"、"后娘"。山东民间把嫁给结过婚的男人称做"填房","填房"的后娘,往往受到世俗舆论的鄙视。1936 年《清平县志》载:"男子中年丧妻,十九续娶,俗称'填房'。"山东民间流传,"毒蛇嘴上剑,蝎子尾上针,最毒不过妇人心","阴天的日头,后老婆的指头(用指头扭、掐)","阴天日头后娘心"等谚语,都是用来形容"后娘"的。山东沾化一带还讲:"有了后娘有后爹,铁打的心肠随了邪。"意思是在后娘的影响下,亲爹也会变成后爹。民国时期,山东各地普遍流传这样一首歌谣:

> 小白菜,地溜黄,八岁的孩子死了亲娘。
>
> 好好跟着爹爹过,又怕爹爹娶后娘。
>
> 后娘娶了三年整,养个弟弟比我强。
>
> 弟弟吃面我喝汤,有心不喝饿得慌。
>
> 端起碗来泪汪汪,哭哭啼啼想亲娘。①

后娘也有慈母心,不是所有的后娘都不慈爱,但这首歌谣的流传,说明晚清民国时期的确存在溺爱亲生,虐待前妻之子的现象,以致形成一种世俗的偏见,至今山东仍流传"后娘难当"的俗语。

4. 纳妾之风

民国以后,纳妾之风盛行,尤其是在军阀官僚之中。一开始,官僚军阀往往挑选妓女、"戏子"或贩卖的"丫头"等沦落红尘的下层女子为妾,后来逐渐注重文化教养,寻求一些文化素质较高的女学生为妾。

1910 年 10 月 24 号《民立报》刊载的《呜呼花酒巡官》一文载,山东龙口巡局巡官孟继皋"用洋一千五百元买一妓为妾,带至局中,大得宠幸。越数日,该女嫌局中闷倦,无物消遣。孟遂传阃埠妓女每四人为一班,每日轮流进局当差,陪其妾甚乐。而己则侧身花天酒地与麻雀间,至与群妓叉麻雀,

---

① 1935 年《沾化县志》、1934 年《夏津县续志》。

负则须立时清偿,己与其妾负,则作为罢论,适与世之闹花局者成一反比例。而各妓亦不敢不唯命是听,倘一违命,立即驱逐出境,其气焰如此"。

山东蓬莱人、直系军阀吴佩孚宣称信奉不住租界、不借外债、不积私财、不纳妾等"四不主义",也抗拒不了千年的风俗,在其母吴老太太的安排下,纳侧室张氏。[①]

孔子第76代孙、衍圣公孔令贻先后有四位夫人,又将陶氏的丫环王氏纳为妾,生了两个女儿,一个儿子。儿子即孔子第77代孙,衍圣公孔德成。

1916年开始,山东督军兼省长、山东东阿人、北洋军阀张怀芝(1861—1934)在济南万竹园旧址营造私宅,人称张家花园、张公馆。据说张怀芝有13个妻妾,所以张家花园有13座院落,一房妻妾一座。

山东历城人、奉系军阀吴俊升(1863—1928),平生以拥美人,得良马自诩,有妻妾四房,元配过世后,将石氏妾扶为正室。后又纳靳氏、李氏。李氏归吴时才14岁。

山东历城人、直系军阀孙传芳(1885—1935)的姐姐为袁世凯亲信王英楷之妾,孙本人也妻妾成群,1935年在天津被刺死后,其妻妾及后人因财产分配不公闹得不可开交。

在众多的山东军阀中,以纳妾闻名全国的是1925—1928年督办山东的北洋军阀、山东掖县人张宗昌,"姬妾多至数十人,开军阀界之新纪录,各人之身世,非出自青楼之人,即被强婚之民女"。张宗昌被称做"三不知"将军,"一生不知兵有多少,钱有多少,姨太太有多少"[②]。

韩复榘治鲁期间曾通令禁止纳妾蓄婢,纳妓为妾,但他自己却是一妻二妾,并纳妓为妾。他的妻子高艺珍相貌平平,并缠足,生有三子。大妾纪甘青,年轻貌美,与高艺珍水火不相容。二妾李玉卿,原是济南名妓,芳名"红菊花"[③]。

除官僚军阀外,平民百姓纳妾者也很多。1934年《冠县志》载:"男子晚年无子,有纳妾一人至二三人者,然亦庶不敌嫡,名分綦严。庶出子女呼其母为姨,辨尊卑也。以是'抱衾与裯',多不行正式结婚礼。""抱衾与裯",出

①唐锡彤、吴德运、蔡玉臻主编:《吴佩孚研究》,北京图书馆出版社2007年版,第296页。
②吕伟俊:《张宗昌》,山东人民出版社1989年版,第178页。
③吕伟俊:《韩复榘》,山东人民出版社1985年版,第287页。

自《诗经·召南·小星》。衾是被子,裯是床帐。意思是妻妾尊卑有序,相处得很和谐,诸妾抱着被子、床帐有秩序地进御于男子。

新中国成立后,山东各地农村仍然有一夫二妻者,民间称大老婆、小老婆,就是民国时期遗留下来的。

5. 男尊女卑的夫妻地位

中国是个男尊女卑的社会,在古代的基本趋势是,社会越发展,妇女的地位越低,对妇女的限制、歧视、摧残就越严重。从先秦到两汉,女子的三从四德逐渐树立,夫妇间的尊卑关系也逐渐定位;到晚清民国,男尊女卑的夫妻地位又演变出传统的大男子主义。其表现有两个方面:一是家长制统治,即山东老百姓经常说的"家有千口,主事一人",妻子只能听命、服从丈夫;二是家庭暴力,即民间常讲的"娶来的媳妇买来的马,任我骑来任我打"。1936年山东《清平县志》记载谚语说:"你是兄弟我是哥,装半斤,咱俩喝,喝醉了,打老婆。打死老婆怎么过?吹鼻撮眼再娶个。"中国的农民面朝黄土背朝天,年复一年地默默劳作,单调、枯燥、乏味而闭塞的农耕生活,使农民靠喝酒、打老婆来打发无聊的时光。男人受无聊时光的煎熬,老婆则受男人打骂的煎熬,且生命都没有保障。

6. 闹新房

自汉代产生闹房的习俗以来,一直闹到现代人的新婚之夜。近代山东闹洞房也颇为流行。1934年《夏津县志续编》载:"新妇入洞房,终日盘膝端坐,不笑不言,男妇恣意调笑,且无少长尊卑皆许入房平视,名曰'闹房'。入夜,妇女潜伏窗外听新郎、新妇语,传为戏笑,名曰'听房'。至今乡间犹有此习。"

由于闹房"宣淫佚于广众之中,显阴私于族亲之间",破坏夫妻相敬如宾的礼仪氛围,在齐鲁礼仪之邦的流行不及南方各省份严重。近人胡朴安发现,山东"新人入门后,凡贺客登堂者皆不令见;入夜母送其子入房,亲友概不得入,故无南省闹房恶习,此风最佳"①。直到今天,山东虽也有"新婚三日无大小"之类的话,闹恶作剧过头的较少。

①胡朴安:《中华全国风俗志》下篇卷二《济南采风记》,中州古籍出版社1990年版。

7. 男女有别对夫妻生活的侵蚀

胡朴安还发现,民国以后,山东人男女有别的观念仍很严重:"尤可笑者,济南各名胜,大抵标有白纸小签如'休息日女士游览'等语,触目皆是。"①

在中国古代,男女授受不亲的观念严重侵蚀到夫妻生活和夫妻感情当中,形成了许多扼制夫妻生活的伦理规范。闺房之内的夫妻隐私绝对不能外露,夫妻更不能在大庭广众之下示爱,否则即为"淫",或者说是伤风败俗。东汉任城樊县(今山东济宁东北)人何休讲,夫妻"双行匹至,似于鸟兽"②。所以,"星期日女士游览",不光是把男女分开,夫妻也不能成双成对地游览了。

胡朴安还讲了山东的一种怪异的婚俗:"女若归宁,与婿相遇于家,不令同房。济宁一带,虽生子,在母家并不与婿相见。"已经是合法夫妻了,甚至已经生儿育女了,在非正式的场合,不仅不能同房,有的甚至连面也不能见。

(二)民国时期的新式婚姻

"近代礼俗,婚丧为重。"③新式婚礼亦称文明婚礼,主要包括男女自由恋爱和文明结婚仪式。1840 年鸦片战争以来,尤其是民国以来,受西风东渐的影响,新式婚礼逐渐兴起,出现新、旧两种婚礼并存的局面。传统婚礼的许多礼仪事象渗透到新式婚礼中,形成了土洋结合的、中国式的新婚礼。

1. 自由恋爱、介绍人与媒妁

中国传统婚俗是"男不亲求,女不亲许"④,婚姻必须是父母之命,媒妁之言。推行婚姻自由,倡导男女恋爱,是新式婚姻的主要内容之一。山东临朐一带,"若在新式女子则间有不遵父母之命,不用媒妁之言,而自由结婚者矣。此犹不过结婚形式之不同耳,若在最时髦女子,则又有先同居而后结

---

①胡朴安:《中华全国风俗志》下篇卷二《济南人之特性观》,中州古籍出版社 1990 年版。

②《公羊传·宣公五年》何休注,载《十三经注疏》,中华书局 1980 年版。

③光绪三十年《峄县志》。

④《公羊传·僖公十四年》何休注,载《十三经注疏》,中华书局 1980 年版。

婚者矣。潮流所趋,蔚为风尚,夫又何说之有哉？邑内用新式结婚者,概设临时礼堂(张棚为之)于庭中,傧相、介绍人、证婚人、主婚人以次入堂,襄赞行礼,一遵新颁婚礼典制"。山东临清、高唐一带,"青年恋爱,往往邂逅一言,轻许终身。其撮合也易,斯离异匪难。以致离婚之案,日有所闻。此亦新旧婚姻得失之林也"。①

即便是极少数的自由恋爱,也要找一个名义上的绍介(介绍)人,婚礼上都有绍介人的席位。1934 年《临清县志》载:"旧日婚姻两性隔膜,结褵以后,往往发生恶化。今则先通情愫,由冰人介绍,征得彼此同意,然后订婚,其双方主婚人则为家主。"

媒妁在中国几千年经久不衰,其根本原因是:

其一,中国传统婚姻是家族盛衰的关键,君臣父子等级人伦之根本,是家族型、社会型的,而不是个人型的,当然不能婚姻自主,必须通过父母、媒妁。

其二,从婚姻的价值选择来看,中国的婚姻是生育型的,而非情爱型的,男女授受不亲的观念需要媒妁来限制那些"私合"、淫奔的爱情,以保证祖宗血脉的纯正性。《白虎通·嫁娶》载:"男不自专娶,女不自专嫁,必由父母,须媒妁何？远耻防淫泆也。"

到民国仍流行"婚嫁有媒,买卖有保","天上无云不成雨,地下无媒不成婚"的谚语。随着自由恋爱的兴起,千年的媒妁不但没有退出历史舞台,而且很快在新式婚姻中找到了新形式——绍介人。今天,千年的传统与现代化的形式结成跨时代的知音,先是婚姻介绍所,接着是空中鹊桥、征婚广告、电恋网等,每当出现一种新的传媒,总是首先应用于婚姻媒介。它只是打破了过去那种一对一的狭小范围,一个人可以同时面对广泛的候选对象。但它与传统的媒妁有一共同的特征:都是从陌生人中选拔配偶。

2. 文明结婚仪式

民国以来的结婚仪式,自亲迎开始,至结婚仪式礼成结束。"结婚地点在公共礼堂或在家庭行之",使用的最显眼的新物品是"用国旗两对","仪仗亦概用国旗"②,这是传统婚礼中不曾有过的。

1935 年《齐东县志》:"新婚礼,在结婚之前男女交换订婚物品(戒指

①1935 年《临朐续志》、1936 年《清平县志》。
②1936 年《重修莒志》、1931 年《增修胶志》。

类)。结婚时,庭设礼案,按新式结婚手续举行,迎娶不用花轿,改用花车,前有西乐或雅乐导引。再新夫妇立礼案前,证婚、主婚、介绍人立案后,司仪员照秩序礼单唱节举行:一证婚人读证书,二新夫妇及证婚、主婚、介绍人盖章,三交换饰物,四对向行结婚礼,五演说。新夫妇致辞谢来宾。礼成,设宴款宾。"

1934年《夏津县志续编》列举了新式婚礼的具体程序:

(1)奏乐。

(2)证婚人入席。

(3)主婚人入席。

(4)介绍人入席。

(5)奏乐。

(6)男女傧相引新郎新娘入席,内向立,行结婚礼,新郎、新娘相向三鞠躬。

(7)交换饰物。

(8)证婚人读证书。

(9)新郎、新娘用印。

(10)介绍人用印。

(11)证婚人用印。

(12)主婚人用印。

(13)证婚人读颂词。

(14)来宾代表致祝词。

(15)主婚人致谢词。

(16)新郎、新娘谢主婚人一鞠躬。

(17)主婚人退。

(18)新郎新娘谢证婚人一鞠躬。

(19)证婚人退。

(20)新郎、新娘谢介绍人一鞠躬。

(21)介绍人退。

(22)新郎新娘谢来宾一鞠躬。

(23)新郎新娘退。

（24）奏乐。

（25）摄影。

新婚礼除新郎、新娘外，主要是"主婚、证婚、绍介三组人员以行婚礼"①，主婚人一般是男方的父母。仪式有：入席、奏乐、鞠躬、用印、致贺词、致谢、退席、摄影等。1936 年 12 月 16 日，孔子第 77 代嫡孙、衍圣公②孔德成在山东曲阜举行的大婚仪式有 47 项之多，与上述记载大同小异。只不过多了军政界要员参加、致贺词，明德中校全体学生唱歌等。

社会风俗是历代相传的文化现象，一经形成，具有相对的独立性和稳定性。在国家地区交往和社会变革等因素的影响下，其内容和形式的变异往往表现为渐进，而不是急风暴雨式的突变。就推行新式婚礼的阶层来说，主要是学界，"士绅喜新者为之"。山东东平一带"自民国十七年（1928 年）后，学界结婚间有按新式行之者，较旧婚礼颇为简便"。从推行新式婚礼的地区来看，山东各地区也不平衡。"近数年来，结婚、离婚颇尚自由，通都大邑时有所闻。……至文明结婚，城市偶有行者，事属创举，无不争先快睹云。"牟平一带"乡村仍用旧礼，邑人间有自由结婚，采取文明新式者，类皆于外埠行之，地方上尚不多见也"。③

民国时期的新婚礼有两个鲜明的特征。

其一，带有土洋结合的中国特色。

上述《续修广饶县志》明显参合了传统婚礼的事象，如庙见、庭燎、拜舅姑、合卺等。所以，该《志》解释说："此系采用新旧合参礼节。最新式者并有主婚人训词、证婚人箴词、男女宾代表颂词、赠花等。仪式益繁重，多不举行。"传统婚礼的许多事象都渗透到新婚礼之中。举行婚礼的地点一般不在教堂，而是在家中设礼堂。孔德成的婚礼也是在孔府设礼堂。新娘穿西方的婚纱，而新郎却是瓜皮帽和长袍马褂，甚至是蟒袍玉带和乌纱帽。至于婚前和婚后的种种仪式，仍然沿袭明清时期的传统婚俗。

孔德成与夫人孙琪芳的婚礼是民国时期山东最隆重的典礼仪式，场面空前，几乎轰动了民国各界名流，婚礼也采用了半新半旧的形式。除采

---

① 1935 年《茌平县志》。
② 1935 年改任"大成至圣先师奉祀官"。
③ 1934 年《夏津县志续编》、1931 年《增修胶志》、1936 年《东平县志》、1936 年《牟平县志》。

用新仪式,以及汽车、婚纱、高跟鞋外,其他程序几乎全是古已有之的传统婚礼。

其二,新结婚仪式与传统婚礼互补。

先秦时期,"婚礼不贺"①,造成了结婚当日仪式的缺失。两汉以后的婚俗发生变异,基本趋势是越来越带有喧嚷纷闹的喜庆色彩。到明清时期,结婚大摆宴席、邻里毕贺,且要张灯结

孔德成与孙琪芳的婚典

彩、燃放鞭炮、敲锣打鼓,以及龙凤旗帜、牌伞仪仗、红盖头、施毡席,庭燎、房上置砖箸、跨马鞍、拜天地、拜舅姑、坐帐、撒豆谷等,所有传统婚礼的事象都到位了,但缺乏一个能把这些事象编排在一起的仪式。于是,由司仪统一组织的、有条不紊的新式婚礼应运而生。因此,所谓新式婚礼,只不过是传统婚礼的新形式。就连主持新婚礼的司仪,在中国也古已有之了。

四、生老风俗

(一) 近代祈子风俗

祈子最常见的是求神拜佛,延至明清民国时期,人们祈子的心情更加迫不及待,其仪式也更加直观化、形象化,通常是直接到寺庙拴一个娃娃带回家。

婚礼上,都备有百子图、枣、栗子、石榴、花生、筷子等,也都蕴含着"早生贵子"的企盼。

1. 送子神

中国社会的送子神是一个多元而不确定的神灵,由于中国信仰的模糊性和实用功利性,高禖、土地爷爷、天后、泰山碧霞元君、观音菩萨、王母娘娘等,只要能满足人们得子的愿望,任何一位神灵都可被奉为送生娘娘或送生

①《礼记·曾子问》,载《十三经注疏》,中华书局1980年版。

爷爷,都能得到求子的香火。前秦苻坚的母亲"祈子于西门豹祠,其夜梦与神交,因而有孕,十二月而生坚焉"①。西门豹竟然也是主宰生育的神灵。

（1）高禖

高禖是古代帝王为求子所祀的送子神。《礼记·月令》载:"（仲春之月）是月也,玄鸟至。至之日,以太牢祠于高禖。天子亲往,后妃帅九嫔御。乃礼天子所御,带以弓韣,授以弓矢于高禖前。"东汉北海高密（今属山东）人郑玄注曰:"高辛氏之世,玄鸟遗卵,娀简吞之而生契,后王以为媒官嘉祥而立其祠焉。变媒言禖,神之也。""带以弓韣,授以弓矢,求男之祥也。"这位送子神化为玄鸟遗卵,使商的始祖母娀简（亦称简狄）受孕生子。因其祠在郊外,又称"郊禖"。

南宋郑樵《通志》卷四十三《礼二·高禖》载,每逢玄鸟到来的仲春之月,两汉、晋、北齐、隋、唐等朝皇帝、皇后都设坛庙祭祀高禖。"汉武帝年二十九乃得太子,甚喜,始立为高禖之祠于城南,祭以特牲（太牢）。后汉因之,祀于仲春之月。"北齐"每岁元（玄）鸟至之日,皇帝亲帅六宫祀青帝于坛,以太昊配而祀高禖之神,以祈子"。

高禖应是中国最早的送生娘娘,近代仍然流行于山东莱阳一带。1935年山东《莱阳县志》载:"若老而无子,或祷于寺庙,或即高禖所负小儿系以红绳,谓之'拴孩子'。""凡子女初生……设祭于房,由产婆奠酒焚楮,谓之谢送生神,即高禖也。"

（2）麒麟送子

山东人很早就熟悉麒麟,并把它作为仁兽、嘉瑞。孔子的《春秋·哀公十四年》载:"西狩获麟。"杜预注曰:"麟者仁兽,圣王之嘉瑞也。时无明王出而遇获,仲尼伤周道之不兴,感嘉瑞之无应,故因鲁《春秋》而修中兴之教,绝笔于获麟。"

潍县杨家埠年画麒麟送子

①《晋书·苻坚载记》,中华书局1974年版。

《太平御览》卷八八九《兽部·麒麟》引《孝经右契》曰:"孔子夜梦丰沛邦有赤烟气起,颜回、子夏侣往观之。驱车到楚西北范氏之庙,见刍儿捶麟,伤其前左足,束薪而覆之。孔子曰:'儿汝来,姓为谁?'儿曰:'吾姓为赤松子。'孔子曰:'汝岂有所见乎?''吾所见一禽,如磨羊头,头上有角,其末有肉,方以是西走。'孔子发薪下,麟视孔子而蒙其耳,吐三卷书。孔子精而读之。"

汉魏时传说,麒麟是吉祥的象征,能为人带来子嗣,并把麒麟"吐三卷书"的传说提前,作为孔子出生的嘉瑞。西晋王嘉《拾遗记》卷三载:"夫子未生时,有麟吐玉书于阙里人家,文曰:'水精之子,系衰周而素王。'""素王"的意思是,孔子未居帝王之位而有帝王之德。文中的"水精"还真与《管子·水地》中"人,水也。男女精气合,而水流形"的说法相吻合。这是"麒麟送子"的最早传说。

魏晋南北朝时,人们常呼聪颖可爱的男孩为"麒麟"。南朝梁东海郯(今山东郯城)人徐陵"母尝梦五色云化而为凤,集右肩上,已而诞陵。年数岁,家人携之以侯宝志,(摩)项曰:'天上石麒麟也。'"[1]

到唐朝时,麒麟送子的传说已很完整了。唐杜甫《徐卿二子歌》曰:"君不见徐卿二子多绝奇。感应吉梦相追随。孔子释氏亲抱送,并是天上麒麟儿。"在这首诗中,孔子、老子都成了送生神。

山东民间普遍认为,求拜麒麟可以生育得子。山东人祈求麒麟送子不是祭祀礼拜,而是家家门墙上挂一张年画。山东潍县杨家埠年画、高密扑灰年画中都有麒麟送子的年画。

（3）张仙送子

传说古代的张仙有两人:一是五代后蜀皇帝孟昶,一是蜀地道人张远霄。明人郎瑛《七修类稿》卷二十六《辩证类》载:"近世无子者多祀张仙以望嗣,然不知其故也。蜀主

山东潍县木板年画张仙射天狗

---

①《太平御览》卷八八九《兽部·麒麟》引《三国典略》,中华书局 1960 年影印版。

孟昶,美丰仪,喜猎,善弹弓。乾德三年(965年)蜀亡,掖庭花蕊夫人随辇入宋宫,夫人心尝忆昶,悒悒不敢言,因自画昶像以祀,复佯言于众曰:'祀此神者多有子。'一日,宋祖见而问之,夫人亦托前言,诘其姓,遂假张仙。蜀人历言其成仙之后之神处,故宫中多因奉以求子者,遂蔓延民间。……张仙名远霄,五代时游青城山成道,老泉有赞。"

清人赵翼在《陔余丛考》卷三十五中,旁征博引,认为孟昶投降入汴京,宋太祖认识他,花蕊夫人悬挂"孟昶挟弹图"欺骗不了宋太祖,是后人因其从蜀地带来,传说为孟昶的画像。赵翼还讲:"《苏老泉集》有《张仙赞》,谓张名远霄,眉山人,五代时游青城山成道。陆放翁《答宇文使君问张仙事》诗自注云:'张四郎常挟弹,视人家有灾者,辄以铁丸击散之。'又《赠宋道人》诗云:'我来欲访挟弹仙,嗟哉一失五百年。'"最后引明人胡应麟语:"古来本有此'张弓挟弹图',后人因此附会以张弓为张,挟弹为诞,遂流传为祈子之祀。此亦不加深考而为是臆说也。"也就是说,古代就有"张弓挟弹图",后人附会成孟昶或张远霄,并附会出张仙的种种故事。

明代编修的《历代神仙通鉴》载,宋仁宗50多岁尚未得子,晚上梦见一美男子,面若敷粉,五绺长髯飘逸下垂,手挟着弓弹,说:"我是桂宫张仙。天狗在天上掩日月,到世间吃小儿,陛下因天狗守垣,故不得嗣,今特来用弓弹逐之。"宋仁宗醒后,立刻命人画了梦中所见的张仙图,贴在宫中以祈子。

民间信仰的"张仙"根本不问他是孟昶,还是张远霄,只要能送子、佑子就够了。人们将他奉为专管人间送子之事的"诞生之神",称他为"张仙爷"。他手里拿的弓,也和古代生男孩"悬弧"的旧俗联系起来,"弹"与"诞"字谐音,暗含"诞生"之意。

山东济南黑虎泉西侧,有一"胤嗣泉",建国前曾有一座张仙庙,庙中供奉的就是给人送子的张仙。该泉在张仙庙下,故名"胤嗣泉"①。清光绪年间(1875—1908年)山东潍县民间年画"张仙射天狗"中的张仙,左手张弓,右手执弹,作仰面直射天狗状,右上角画有一只天狗。身边还有五个天真活泼的小孩。山东民间过年祭神,家家要请一张张仙神像贴在房间内。

---

①参见子文:《胤嗣泉与张仙射天狗的传说》,载《济南时报》,2009年3月5日。

（4）送生娘娘

中国古代有天后、碧霞元君、观音菩萨、王母娘娘等许多个送生娘娘。另外还有子孙娘娘、百子娘娘、千子娘娘、催生娘娘等众多可满足人们求子保幼愿望的神灵。在山东，香火最盛的送生娘娘是泰山碧霞元君，山东各地都有泰山行宫、碧霞祠、元君殿，俗称"奶奶庙"，祈子、拴娃娃主要是求她。泰山拴娃娃的地方主要有山顶碧霞祠送子娘娘殿、半山腰的斗母宫、山下的王母池等三处，北斗众星之母的斗母娘娘，瑶池的王母娘娘，也都是送生娘娘。山东聊城有多座泰山行宫，庙中的送生娘娘手抱婴儿，陪坐在碧霞元君之旁。这位娘娘手下还有一个"送生哥哥"，肩背一条布褡子，里面装满了泥娃娃。山东莱芜市莱城区东北茶业口镇境内的龙山风景区，既有"碧霞祠"，又有"送子娘娘庙"。

胶州城乡有十几处庙宇，不仅有送生娘娘，还供奉"送生爷爷"。曲阜人往往去孔子出生地尼山向山神求子。这充分显示了中国多元化的神灵信仰特征。

2. 拴娃娃

拴娃娃又称"拴喜"、"拴孩儿"、"抱孩子"，是流行山东及全国各地的一种普遍的祈子方式，一般在碧霞宫、王母祠、观音寺、子孙堂、张仙庙、高禖祠中举行。这些祠庙为迎合民间传宗接代的需要，备有各种泥娃娃供祈子者挑选。山东聊城泰山行宫神像的供桌上有很多光着腚的泥娃娃供祈子者挑选，带着红兜兜，留着刘海，挂着项圈，或坐或爬，嬉笑玩耍，栩栩如生，全是男孩，露着"小鸡儿"。① 山东胶州各庙宇的僧人、道士、尼姑到高密县定做男孩模样的泥娃娃，摆在"送生爷爷"、"送生娘娘"膝下，到正月十五或四月初八之夜，纷纷焚香燃烛，诵经祈祷，迎接祈子者的到来。年轻的不育少妇则在家人陪同下，进庙拴孩儿。

临清妇女祈子，城区多在正月十六日，乡村多在四月八日，到奶奶庙里给送生奶奶跪乞，然后将相中的泥娃娃用红线拴住脖子，再用红包袱包好，抱回家放在炕头窗窝里。邹城每年二月二日有传统的峄山古会，有媳妇婚后无子的，其婆母就到峄山送子娘娘庙拴娃娃。滕州不孕妇女到尼庵中施

---

① 参见刘志华：《试论山东民俗艺术审美特征》，《神州民俗》2009 年第 1 期；吴云涛：《聊城的拴娃娃与祀张仙》，《民俗研究》1988 年第 2 期。

舍礼钱,与尼姑结为干亲,由尼姑用红带拴一石头,或者拴一泥娃娃,并给起个乳名,交祈子者揣到怀里,一路呼唤名字而归。胶东有的地方到土地庙去拴娃娃,娃娃是纸扎的。莱阳则到高禖祠拴娃娃。

拴回来的孩子,一般都要一日三餐供奉水饭。如果生了孩子,要给庙主丰厚的报酬。

山东各地拴娃娃祈子风俗中,最普遍的是到泰山拴娃娃。

向泰山碧霞元君求子的风俗由来日久,至少可以追溯到明代中期。明嘉靖十一年(1532年),皇太后遣太子太保来到泰山,为明世宗向碧霞元君求子,现存的嘉靖求子《御祝文》①,是目前所见最早的泰山求子史料。

在灵岩寺大雄宝殿的北墙上,有一《万历四十三年(1615年)东昌府聊城县求子还愿记事题名碑》,碑文载:

> 山东东昌府聊城县六里八甲人士,见在李大夫营居住,奉佛还愿,保安信女郭门李氏,同男郭一兰、男妇陈氏,因为乏嗣,今于圣母位前祈讨一子,以得平安。无伸可报,今发虔心,不昧前愿,施舍僧帽一百顶并鞋一百双,敬诣灵岩寺钟楼云房,散施僧众。祈保儿男,长命百岁,永受安泰。
>
> 万历四十三年四月□日立

郭门李氏与儿子、儿媳一起向圣母碧霞元君求子,愿望得以实现,为了"不昧前愿",向灵岩寺的僧众施舍僧帽一百顶,鞋一百双。这说明明朝万历年间(1573—1620年),民间已有向泰山碧霞元君求子的习俗。他们求的是道教的碧霞元君,还愿却在灵岩佛寺,说明了民间信仰的模糊性。

来泰山拴娃娃的都是婚后不育的妇女,或由婆婆、亲友陪同、代替。泰山王母池的拴娃娃仪式由庙中道士主持。祈子者由神案上取一个泥娃娃,交给道士,道士代为祈祷后,将红线系着铜钱套在娃娃脖子上,手持娃娃用铜钱碰敲神前铜磬,一边口中念道:"有福的小子跟娘来,没福的小子坐庙台。姑家姥家都不去,跟着亲娘回家来。"然后为将来出生的孩子命名。祈子者回家将娃娃藏在卧室某处,俗信这便可以得子。

---

①马铭初、严澄非校注:《岱史校注》,青岛海洋大学出版社1992年版,第149页。

　　每年的四月八日是碧霞元君的诞辰，"妇女赴泰山行宫烧香"①者川流不息。泰山是名山，泰山碧霞元君是最正宗的送生娘娘，全省各地来拴娃娃的也特别多。邹城有峄山、凤凰山、凫山等多处拴娃娃的场所，而富贵者仍然不惜长途跋涉到泰山来。

（二）过继

　　多年祈子不成，年纪大的夫妇也不能没有子嗣，一般要收养同宗之子为后嗣，称做"过继"。1935 年《莱阳县志》载：

> 　　凡老而无子，子他人子者，谓之"过继"。为人后者，谓之"除嗣"。兄之次子出嗣于弟，弟之长子出嗣于兄。或无兄弟，或兄弟无子，择近服之子为嗣，谓之"应继"。若兄弟或近服之子不肖，而择族中贤者，谓之"爱继"。独子不出嗣，若伯叔无子兼继伯叔者，谓之"兼祧"。昔时继子者，出嗣者各执继单一纸，末俗重视财产，惟出嗣者执继单防人与争。继单必家长或族长主之，并邀戚族签名，或官府许可，方生效力。女子不得继承，若父母有命，或经亲属允可，亦得分润。其有养他姓子为后者，谓之"买官子"。养人弃婴儿，谓之"拾官子"，皆不得入谱，谓之"异支"，或曰"歪根"，虽富且贵，不为乡党所重。

　　这里讲了很多旧时过继子嗣的规则，其中最关键的一条是必须过继本宗族的子弟，否则将受到严重歧视，且不得入宗谱。1936 年《牟平县志》亦载："继子最重血统，若畜异姓子为子，则族人不许入谱。"

（三）近代人生礼俗

　　近代人生礼俗，是先秦至隋唐时期的悬弧挂帨、洗儿、满月、试儿、汤饼宴、冠礼、祝寿等风俗的进一步流变，1935 年《莱阳县志》记载了人生的一系列风俗：

> 　　凡子女初生，谓之"添喜"。三日煮面分送乡里，谓之"喜面"。

并设祭于房,由产婆奠酒焚楮,谓之"谢送生神"。即高禖也。三日后备礼品告于外家,谓之"报喜"。外家馈面饼、鸡卵之属。邻里戚族亦相率馈赠,多寡不等,谓之"送米"。又择吉剪发浴体,谓之"铰头"。并以红线贯枣、栗、葱、钱,系于桃枝,悬诸门楣。桃,逃也,谓逃脱灾难。枣,早也;栗,立也,谓早年成立。葱,聪也;钱,财也,谓聪而多财。犹古悬弧设帨之遗义耳。至百日,蒸枣馒头百个,谓之"过百岁"。或各家敛钱贯之红缠,或制银锁以系于项,谓之"百家锁"。周岁则新其衣履,陈设各种物品,令其抓取,谓之"擅生日"。取书者士,农器者农,工器者工,商器者商,官帽者贵,银钱者富,取土者天,取棍者贱。是后,每于其日食面,及老或戚友毕贺,谓之"庆寿"。其一产二子谓之"双生"。三、四则报官,予资俾雇乳媪。若老而无子,或祷于寺庙,或即高禖所负小儿系以红缠,谓之"拴孩子"。幸而得子,则亲友毕贺。或认他姓长者为义父母,或认僧道为师,冠其冠,服其服,以冀不天,斯为陋矣。

"谢送生神"、"拴孩子",前已述及。该志谈到的人生礼俗主要有:

1. 请产婆

产婆即接生婆、收生婆,古代称稳婆。古代稳婆有两种:一种是在宫廷或官府中服役的收生婆。明代蒋一葵《长安客话》卷二《三婆》载:"(每季)就收生婆中预选,名籍在官,以待内庭召用。如选女则用以辨别妍媸可否;如选奶口则用等第乳汁厚薄、隐疾有无,名曰稳婆。"另一种是民间以接生为业的收生婆。辽朝皇后生产,即请稳婆接生。元代的"三姑六婆"中的"稳婆"就是收生婆。元陶宗仪《辍耕录》卷十载:"三姑者,尼姑、道姑、卦姑也。六婆者,牙婆、媒婆、师婆、虔婆、药婆、稳婆也。"元朝武汉臣《老生儿》第一折:"他道是真个,我便教人请稳婆去。"清人袁枚《续新齐谐·杨老爷召稳婆收生》:"稳婆阿凤者,以收生致富。"

旧时,人们习惯在孕妇临产的时候,找产婆"接生"。产婆没受过专业训练,所用的器械全是居家用品,而且消毒不严,所以产妇和婴儿的死亡率比较高。

2. 挂桃枝

莱阳以红线贯葱、钱等系桃枝悬于门,是古代悬弧设帨与南方三日洗儿风俗的融合。北宋苏轼讲,闽人三日洗儿,家人宾客都要戴葱和钱。葱使儿聪明,钱使儿富。[1] 南宋以后,这一风俗北渐,北方亦流行起来。青岛"生男则悬弧矢于门"[2],仍然保留了先秦时的古俗。

3. 三日、送米、满月、百岁、百家锁

"三日"即古代的"洗三"。近代山东生子,以各种形式庆贺"三日"。"报喜"、送"喜面"的风俗在山东普遍流行,浴体、"铰头"虽另择吉日进行,仍属于"洗三"的古俗。青岛则"三朝举行汤饼会,以红蛋、面条飨客。亲族邻里亦以此为贺,富裕之家或馈以布匹、首饰"。牟平称生子为"添丁",馈赠礼品曰"做人情"。单县"娶妇生子者,亲朋以联幛致贺"。联幛是写在布帛上的对联。临清等地,"贺生子则赍玩物"。[3]

送粥米的风俗由来日久,1929 年《单县志》载:"生子者报喜于妇家,妇家择日送鸡子、米、红糖等物,曰'送粥米'。按:送粥米始于宋,至今犹然。"

近代山东庆贺生子"满月"仍与"洗三"类似。1934 年《临清县志》载:"生子弥月,外家具礼物往贺,名曰'做满月',周岁亦然,名曰'做生日'。其他戚里亦有赠衣饰,做汤饼会者。此俗最早,亦最普也。"

《莱阳县志》还提到过百岁和百家锁。百岁指婴儿出生 100 天,也叫"百晬"[4]。百岁那天,又是亲友携礼相贺,主人设宴作庆。还要从百家讨来铜钱,买一用金或银、铜制作的锁,上刻有"长命富贵"、"百家宝锁"的字样,戴到婴儿胸前,叫做"百家锁"或"百岁长命锁"。据说能长命百岁,防止夭折。

4. 乳名和学名

近代以来,姓、氏、名、字、号等不再严格按照古训,一般在孩子出生后,"父母命以乳名,待至入学或娶妇乃正式命名"[5]。

《莱阳县志》还提到,生三胞胎以上则报官,官府出资帮助雇佣乳母。

---

[1]见《爱日斋丛抄》,《古今图书集成·人事典·初生部》引,中华书局、巴蜀书社 1985 年版。

[2]1928 年青岛《胶澳志》。

[3]1928 年青岛《胶澳志》、1936 年《牟平县志》、1929 年《单县志》、1936 年《清平县志》。

[4](南宋)孟元老《东京梦华录·育子》,文化艺术出版社 1998 年版。

[5]1928 年青岛《胶澳志》。

另外还提及"试儿"、庆寿风俗,与古代略同,在此不再赘述。

五、丧葬风俗

山东是齐鲁礼仪之邦,儒家孝道和各种礼教的发源地,山东人对它的认同、崇尚、恪守以及由此而产生的向心力、义务感特别强烈。在儒家孝道的激励下,先秦以来的丧葬礼俗不仅全部保留下来,而且有愈演愈烈的趋势,所不同的是在山东各地各有侧重。就具体各县区来说,可能此存一礼,彼存一礼,也可能表现形式、称谓各不相同,但汇合整个山东的丧葬礼俗,几乎是传统礼俗的再现。因此,自清代以来即不断有人倡导丧葬礼俗的改革,推行新礼俗,但成效甚微。结果是,旧的丧葬礼俗没废除,新礼俗再层累地堆积在它之上。

(一)传统丧葬风俗的传承

1. 对先秦丧葬礼俗的沿袭

近代山东"丧礼多近古"①。自先秦以来,属纩、复、憮殓、铭旌、设重、洗尸、饭唅、设燎、讣告、小殓、大殓、执绋、挽歌、奔丧、吊唁、赗赠、诔、谥号、相墓、虞祭、小祥、大祥、周年、忌日、五服等丧葬祭祀礼俗,在近代山东各地几乎都能见到它的影子。

例如,"堆盐于碟置腹上,盖以验其复生与否",如果死者有呼吸,盛盐的碟子自然会动,这与先秦"属纩以俟绝气"如出一辙。临淄一带,"人当属纩时,亲属必登屋而号,曰'叫魂'"。临朐一带,"剪纸作长条,而束其端,俗名'长钱',用代魂帛,孝子及其期亲持之,复于尸上,作招魂也者"。先秦时期为挽救死者而"复",近代的山东人则以多种方式为挽救死者而作最后的努力。饭含,到近代似乎已很陌生了,东平一带则让死者"口含制钱或银锭,仿古人含玉之义",冠县一带"以铜钱或银钱纳亡人口中,谓之'噙口钱'"②,与古礼无二。其他像先秦铭旌,近代"门插纸幡,以示丧事"或"悬

①道光二十九年《平度州志》。载丁世良、赵放主编:《中国地方志民俗资料汇编》华东卷上,书目文献出版社 1995 年版,第 261 页。本书所引方志,凡未注明篇目和版本,均出自该书第 91—344 页。

②1920 年《临淄县志》、1935 年《临朐续志》、1935 年《茌平县志》、1936 年《东平县志》、1934 年《冠县志》。

纸钱于门";先秦洗尸,近代"绝后为之剃头洗足";先秦设燎,近代"燃灯爇香于前";先秦设重,近代"题点";先秦相墓,"卜其宅兆而安措之",近代则"葬必择地","卜吉襄事"①;先秦有谏文,近代有祭文。其他如讣告、小殓、大殓、奔丧、吊唁、赙赠等,基本上两千年来奉行不替。如赙赠,莱阳一带,"赙赠轻以楮箔、香烛,重以金币、茶食"②。

至于小祥、大祥、禫祭,在山东民间只是"名亡实存"。光绪七年(1881年)《增修登州府志》载:"小祥俗呼头周年,大祥为二周年,至二十七月而禫,皆诣墓哭。"

按礼制规定,禫祭后除服。近代山东东平、泰安一带奉行古礼,27个月除服。1936年《东平县志》载:"父母之丧,斩衰三年。今按初丧计算,过小祥、大祥,以二十七月为除服之期。"

山东大部分地区则延长为三周年除服。莱阳一带,"小祥哭祭于墓,谓之烧头周,大祥如前,谓之烧二周,三年大祭,谓之烧三周,祭毕除服";济宁一带,"一年行小祥礼,二年行大祥礼,三年行释服礼";广饶一带"率守三年之制,古风犹存也"。③ 山东的老百姓对"烧周年"非常熟悉,而对小祥、大祥、禫祭却淡忘了。

近代以来,人们越发严格地为死去的亲人守制。禹城一带甚至"冠麻冠,披麻衣"④。1936年《清平县志》载:"(丧服)仍沿旧制,曰斩衰、曰期服、曰大功、曰小功,曰缌麻,曰袒免。其服丧时间,则斩衰三年、期服一年、大功九月、小功五月,缌麻三月,袒免三十五日。"这里的期服,即齐衰一年;袒免是五服之外丧服之轻者,无正服,至此也算一种丧服了。

先秦孝子守制,要倚庐、食粥、寝苫、枕块,作哀戚状。近代以来,既有泥古礼而不化者,又有变通而弘扬古风者。临淄一带,在亡灵"旁置苫块,子侄辈皆成服匍匐其上"。商河一带,"孝子披发跣足,朝夕哭踊","啜稀粥,不茹蔬菜","寝苫枕块,斋素月余"。⑤ 武城、夏津、庆云、无棣、广饶一带,

①1935年《德县志》、1927年《济宁县志》、1935年《茌平县志》、1920年《临淄县志》、1935年《沾化县志》。
②1935年《莱阳县志》。
③1935年《莱阳县志》、道光十年《城武县志》、1935年《续修广饶县志》。
④1939年《禹城县志》。
⑤1920年《临淄县志》、道光十二年《商河县志》。

孝子均保留着"寝苫枕块"①的古俗，间或有"戒荤酒"、"啜粥"者。威海一带，孝子守庐，"过四十九日始离苫块"；青岛"寝苫枕块，百日始就床褥"。②1934 年《冠县志》载："长子居丧，四七日不出门，百日内不理发，阖家守制，不动音乐，不贴春联，不衣锦艳，不举庆典。每年除夕孝子等手提香楮赴坟焚化，归途号泣，招魂还家。取其爆竹岁除，来格来飨之意。以上礼节，满三年则除之。"

1923 年，高密反清义士隋理堂在济南逝世，灵柩运回高密，族中青年义务抬棺从高密县城到家中，原同盟会的故旧友好沿途设路祭多处，90 里路走了 3 天才到家。家祭时，村中贫丐集资送白布帐一付，悬在大门外以示纪念。革命义士的丧礼也传承着执绋（抬棺），路祭、赙赠（白布帐）等古礼。这里还透露出这样一种观念：人们越是虔诚、严格地遵守古代丧礼，对这位革命义士就越显得尊重。

2. 对佛道丧葬礼俗的传承

南北朝佛、道二教流行，并参与到丧葬祭祀礼俗之中，在宗教影响下兴起的烧香楮、烧七、烧百日、请僧道超度亡灵等风俗至今犹存。

（1）烧七、烧百日

从南北朝出现斋七、百日斋以来，慢慢流变为"烧七"、"烧百日"，"逢七延浮屠追荐"③，并逐渐代替了虞祭和卒哭。在近代山东的祭祀风俗中，既有虞祭、卒哭，也有烧七和烧百日，普遍流行的是后者。1935 年《莱阳县志》载："计死者之日，每七日至坟祭哭，七七乃罢，谓之'烧七'。每饭必供主前，百日而止，是日戚族毕至，各备牲礼诣墓哭祭，谓之'烧百日'。"1931 年《增修胶志》载："丧事皆论七，自病殁后一七以至七七，每遇七期即祭奠，烧冥镪，或延僧道诵经忏度，至百日止。"

在"七七"当中，人们最重视的是"五七"。山东民间有"五七三周年，儿女都齐全"的俗语。

1936 年《东平县志》载："自逝世之日起，每逢七日焚化纸钱，行礼举哀。

---

①道光二十一年《武城县志续编》、乾隆六年《夏津县志》、1904 年《庆云县志》、1924 年《无棣县志》、1935 年《续修广饶县志》。

②1929 年《威海卫志》、1928 年《胶澳志》。

③《崇祯历乘》，中国书店 1959 年影印版。

至五七日,典礼略为隆重。是日,有服之亲多来丧主家,未葬在灵前设祭品,化纸奠酒,行四叩礼。既葬,赴墓前致祭行礼,如在灵前。今邑之东北竟有殡葬不讲,注重五七者。"德州一带"尤重三七、五七,间有作佛事者",临朐一带"至五七则具纸制钱树,箱柜诸物杂烧之",冠县"惟三周年祭,则特殊郑重,典礼仪式一如殡期"。①

（2）居丧百日不剃头

"烧百日"的风俗至今在山东流行,并演变出"百日不剃头"的说法。泰安一带"自死之日起,百日不剃头,持服二十七个月",冠县"长子居丧,四七日不出门,百日内不理发"。②

（3）延僧道诵经超度

南北朝时期请僧人作斋七、百日斋,超度死者亡灵,使其求得生缘。五代宋元明清时期发生了两点变化:其一,不仅烧七、烧百日由僧尼诵经修斋,整个丧葬过程都请和尚作佛事;其二,道士也参与到丧葬礼俗中,民间开始请道士设坛场超度亡灵。好多人家是既请和尚,又请道士。由于佛教来自天竺,它所倡导的斋七、百日斋总不是正宗的丧葬礼俗,并没有成为广泛流行的风俗。尤其是尊崇儒教的士大夫之家,对做佛事往往心存顾忌。在清代,滨州"类尚浮屠,作佛事,虽达礼者未能免俗",淄川"士夫家概作佛事,虽执礼者不能违俗也"。"不能免（违）俗",说明即使作佛事,也不是出于本意。乐陵"类尚浮屠,作佛事,亦有秉礼不随俗者"。即墨"民间喜作佛事,独士大夫不行"。③

近代山东,烧七、烧百日可以说是家家奉行,而延僧道诵经修斋虽比前代流行,但始终未成为必须履行的丧葬礼俗。相比较而言,山东西部地区延僧道较为流行。光绪六年（1880 年）《菏泽县志》载:"士大夫旧不用浮屠,迩来竞崇佛事,相沿以成风矣。"无棣"治丧延僧道,通夕诵经",齐河"邀僧道讽诵佛书,梵音铙吹,声闻远迩",临邑"念经修斋,佛事盛作"。这些地区情况各异,即便是流行,也颇有微词。临淄"或有用僧尼道士作佛事者,然

---

①1935 年《德县志》、1935 年《临朐县志》、1934 年《冠县志》。
②1929 年《泰安县志》、1934 年《冠县志》。
③康熙四十四年《滨州志》、乾隆四十一年《淄川县志》、乾隆十七年《乐陵县志》、乾隆二十九年《即墨县志》。

皆出妇人女子之意,近多非之",长清"亦有用僧道通(诵)经者",惠民"亦有尚浮屠作佛事者",临朐"招聘僧道,诵经作斋,此种迷信在明达之家犹所不免"。① 而山东潍坊以东的县区,延僧道之风较少。1934 年《昌乐县志》载:"延请僧道做斋诵经与夫迷信风水,停枢不葬者,本邑尚少此风。"莱阳"中产之家,于初终次午佣鼓吹,延僧道",蓬莱一带"百日、周年俱有祭,间作佛事"。②

(二)近代丧葬礼俗的流变

1. 厚葬之风的蔓延

近代厚葬之风与五代宋元明清一脉相承,丧事的奢侈铺张,大操大办,不仅继续流行,而且越演越烈。光绪三十年(1904 年)《峄县志》载:"附身衣衾皆取美好,而尤以棺椁为兢,平日闻有松柏嘉木有可用者,不惜重资购之,木漆工皆求其技精者为之,虽费不訾不惜也。殡时延僧道斋诵,鼓吹、幢盖,以及彩匠为假舆马、幡旗、楼阁必备,以故一丧之费,动糜数千金。"东平一带,"有不治丧务,匆匆以入土为安者,俗谓之'发黑丧',为乡人所讥焉"③。

1936 年《重修莒志》指出了山东莒县三条丧葬陋俗,都与厚葬有关,在山东也颇有代表性。

(1)大摆宴席

从《水浒传》反映的情况来看,宋元时期在丧葬期间就大摆宴席,明清时期有增无减。乾隆十四年(1749 年)《平原县志》载:"(丧礼)具酒肴待宾客,务丰腆。"完全违背了先秦孝子"倚庐,食粥,寝苫,枕块"的初衷。

近代与宋元明清一脉相承。山东邹平一带办丧事,"造行厨,列肴酒","款宾必用珍羞","自为执爵献馔,宾或至有醉而失礼者"。禹城一带,"葬之前数日,设宴邀亲友"。泰安一带吊丧者由"知客"引入大棚,"坐满即开酒席,饮食罢散去,后至者再坐"。临朐一带"吊客恒至数百人,有素无葭莩子谊而登门作执绋客者,杯盘狼藉,所费不赀"。④

---

①1925 年《无棣县志》、1933 年《齐河县志》、道光十七年《临邑县志》、1910 年《临淄县志》、1935 年《长清县志》、光绪二十五年《惠民县志》、1935 年《临朐续志》。
②光绪七年《增修登州府志》、1935 年《莱阳县志》。
③1936 年《东平县志》。
④道光十六年《邹平县志》、1939 年《禹城县志》、1929 年《泰安县志》、1935 年《临朐续志》。

由于丧事期间连日大摆宴席,以致给乡间骗吃骗喝之徒提供了可乘之机。莒县一带的无赖之徒遇到人家办丧事,"纠合数十人,公送洋布或冲缎呢帐一架,与丧家素非亲友,美其名曰'乡党帐',每人分资不过铜元数十枚,只往看殡,并不行吊,一吃数餐,甚至住宿,招待不周即出怨言"。高青"甚至有因婚丧而成为窭人者,故乡间称丧曰'吃丧',或曰'东西无主,任人自取'"。①

（2）亲族代为卖地作葬费

1936 年《重修莒志》载:"俗习有亲族代为卖地作葬费者……更有承继之子,遭嗣父母之丧,亲族责以破产厚葬,视为当然。"

该志还列举了一起逼迫丧主卖地治丧的官司:"莒北乡有母子二人,只有薄地一亩八分。母死,其舅勒令其甥将地卖尽,办理丧事。甥言母有遗嘱,留此薄产为添土上坟之资,不准变卖。舅怒控县,问得其情,准照遗嘱办理。"舅舅逼迫外甥卖地,外甥不听,不通情理的舅舅竟然控告到官。然而,当时的"情理"应当是:舅舅让卖地,外甥就得卖,这是约定俗成的规矩。不是舅舅不通情理,而是外甥太有主见,违背人之常情。

（3）"执事"支配财务支出

明清以来,丧葬费用的开销,各种器具的购买,延请僧道、鼓吹、扛夫、来客等,并非由丧主自己决定,而是由执事者越俎代庖。

1936 年《重修莒志》载:"俗习一家遭丧,村中亲友即至丧家帮忙,或有丧家自行延请者,通名曰'知客'。一至开吊之日,内外一切诸事皆由知客支配,孝子不能自主。亲友代为料理,往往任意铺张,不顾丧家糜费。"

不光是莒县,山东各县都有此俗。邹平一带,"戚友咸为丧家任事";莱阳一带,"助丧人员,宦族富室则聘请总理,下设账房、知客、收发,其仆役、扛夫悉为雇佣。中产之家大率里党、戚族。事毕,主人具酒为谢";禹城一带,"殡葬须先为择期,设宴邀亲朋筹画丧务,曰'请总理'。分配祭宾及各执事者,孝子恳职如成服时"。②

这种丧葬中的财务规矩也决定了丧葬礼俗的排场不是取决于丧家,而是取决于社会上流行的的风俗。

①1936 年《重修莒志》、1935 年《青城县志》。
②康熙三十四年《邹平县志》、1935 年《莱阳县志》、1939 年《禹城县志》。

除《重修莒志》列举的三条之外,近代山东的厚葬陋俗甚多,燃放鞭炮和讲究棺木的贵重是普遍流行的习俗。

(4)燃放鞭炮

自火药产生以来,由火药制作的鞭炮逐渐被运用到各种喜庆场合,奇怪的是欢快、热烈、喜庆之用的鞭炮,竟被运用到哀戚、悲伤、恸哭的丧葬祭祀之中。这与丧葬礼中的鼓吹奏乐、百戏杂剧、大摆宴席是一致的。

1920年《临淄县志》载:"设神主于堂中,主祭者至门外炷香,迎其先灵,室陈供馔,行三献礼,礼毕送之门外,焚冥锱,燃爆竹,乃退。"

1934年《昌乐县志》载:"岁祭,士大夫前则有宗祠,无宗祠者合近族共设一公共祭所,谓之'家堂',族中老幼男女均往瞻仰,献饮食,致迎送,燃鞭炮以志盛。"

(5)俗贵棺木

五代宋元以来的厚葬,实际是厚丧葬之礼,而不是指棺椁、殉葬品的丰厚。近代山东葬俗又开始注重棺木质料的贵重,"棺木俗尚高贵"[1]成为当时的流俗。

1935年《莱阳县志》载:"棺之材,杉柏为上,楸桐次之,杨柳为下。"

1934年《临清县志》载:"葬时棺椁,贫者以杨柳为之,富者则均尚松柏,佳者曰'八仙',曰'十景',价在千金以上,中材数百金不等,最下者亦数十金,漆沐所需,又费近百元,盖取其木质之坚,经久不朽也。"

1935年山东《青城县志》载:"按田产多寡定葬礼厚薄。其棺木,上者松柏,值百余元;次之杉木,值六七十元;再次杨柳木,值三四十元;下焉者席箔卷埋而已。其衣,有九领、七领、五领之分,其衾,上者用锦,下者用布。"

近代山东丧葬礼俗的传承有一个鲜明的特点:礼尚隆重与追求虚荣,它与汉代以来孝道的扭曲、被推向极端,以及古代的厚葬之风紧密相连。1935年《临朐续志》评论说:"不如是,则世俗即谓之不孝。而金鼓洋洋,炮声隆隆,送死凶礼俨同庆贺荣典,甚至有其父母生时视之若仆婢,死后隆以虚礼奉之若王公者,而不知椎牛而祭不如鸡黍之逮存。"[2]这种"生不养,死厚

---

①1935年《陵县续志》。
②出自《韩诗外传》卷七第七章:"椎牛而祭墓,不如鸡豚逮亲存也。"意思是,杀牛隆重地祭墓,还不如父母活着时供养一点鸡肉、猪肉。

葬"的现象,是古代"愚孝"、"假孝"的具体表现。

2. 丧葬礼俗的变异

在传承前代礼俗的基础上,近代又出现了一些新的丧葬风俗事象。

(1)书遗言

书遗言即死者弥留之际,立下遗嘱。从先秦到明清,死者临终留下遗言、遗训的记载比比皆是,而立下具有法律意义的遗嘱则出现于清代。乾隆七年(1742年)《海阳县志》、道光十九年(1839年)《文登县志》均载:"疾笃,书遗言。"上述《重修莒志》列举的甥舅官司,最后官府的判断是:"准照遗嘱办理。"这说明,遗嘱是具有法律效力的,官府断案也要尊重死者的遗嘱。

遗嘱的内容,多为财产继承问题。1941年《潍县志稿》载:"遗嘱用文字者少,用言语者多,无一定形式。继承关系,旧例有'(有)近不嗣远,无儿不继孙'之说,然亦有择贤择爱者。"这里不仅叙述了遗嘱的内容,还叙述了近代传统的遗产继承原则:"有近不嗣远,无儿不继孙。"即由最亲近的亲属继承遗产,死者没有亲子,孙子辈不能继承遗产,而要传给侄子。但如果死者在遗嘱中"择贤择爱",则要尊重死者的选择。

(2)墓穴葬法

古代墓穴又称做"圹"。近代安葬死者的殉葬品很简陋,与上述厚葬、重棺椁风俗形成强烈反差。1935年《莱阳县志》载:"殉葬嵌铜镜圹壁,壁又作穴,燃灯其中,并置瓷罐贮以食物,谓之'献瑞罐'。圹四隅更置铜钱、枣栗,复以白布作囊,实以杂粮,谓之'五谷囤'。又纸作僮婢火化圹前,谓之'童男女',犹古涂车,刍灵遗意。"

这种殉葬方式,简单、节约,又寄托、隐喻着亲属对死者的关爱,是近代丧葬风俗中较好的一种葬俗。

近代仍然流行夫妻合葬,出于生子继宗的传统观念,生子的妾也可和丈夫合葬。无子的妾和夭折的子女等同,婴儿的葬法则很惨。1935年《莱阳县志》载:"妻俱祔夫左右,妾有出者或于夫后,或祔夫左右而圹稍下,无出者与夭折子女同,葬茔隅或异地。惟婴儿殇,率裹以谷秸秣帘,弃之郊外。"近代山东各地都有任意埋葬尸首,抛弃死去婴儿的场所,叫做"乱葬岗"。

(3)悬挂遗像

自东汉明帝"图画二十八将于南宫云台"后,加之佛教佛像的影响,祭祀中又出现画像。南朝宋前废帝刘子业就曾"令太庙别画祖考之像"①,这种画像称做"御容"。北宋朝廷的太庙正式陈列先皇、帝后的御容,一并祭祀,功臣亦画像祔祭。金朝太庙又设立像、座像、戎装像。后来演变成画像在后,神主在前下方的格局。

近代山东祭祖中,也出现悬挂先人遗像的风俗。康熙四十九年(1710年)《茌平县志》载:"次谒祠堂,或悬遗像,设神主。"同治三年(1864年)《宁海州志》载:"惟除夕、元旦为特祭,悬先人遗像迎神,三日内献茶果,至三日五鼓送神,撤遗像,设馔享之。"光绪七年(1881年)《续修登州府志》载:"元旦为特祭,悬先人遗像,至元夜始撤。"②

悬挂遗像的风俗产生后,神主仍然存在。高青一带为死者发丧时,"有灵楼以安神主或画像,请点主官以点之"。既然要行"点主"礼,必定是既有画像,又有神主了。家庙里也藏有先祖的遗像,遗像下面摆放神主。莱阳一带,"士庶皆有家庙,藏其先世遗像、谱牒、木主,以时致祭"。"祭之节,以元旦为重,悬遗像或谱于壁,奉木主于几。"莒县"纪念死者可用遗像,书明生卒年月及年寿岁,如用神主,题主旧礼应即废除",遗像和神主并存,只是不举行题主旧礼而已。③ 这样,遗像非但没替代神主,反而与神主互相补充,形成遗像悬挂在墙壁上,神主摆在下面的几案上的祭祀模式。

(4)春节迎送先祖神灵和家堂

年祭和家堂来自宋元明清时期的祭先之礼,"有庙者于庙,无庙者于寝"。近代以来,人们越发注重元旦祭祖,"祭之节以元旦为重","惟岁首设神主于堂,除夕迎神,三日送神,家家如是"。④ 这样,又形成了春节迎送先祖神灵和悬挂家堂的风俗。

家堂,又称堂轴、影、大影,是用一张大号的纸,谱写上列祖列宗的姓名而做成的轴画。现代人称做是"悬挂式家谱"。最早的家堂应产生于清代,家堂画是山东潍坊年画、高密扑灰年画中的一种。

一般情况下,每家悬挂一家堂。山东寿光"秋祭、年祭,敬悬堂轴致祭于寝者"。也有的合族共同祭祀一个家堂,昌乐"无宗祠者合近族共设一公共祭所,谓之'家堂',族中老幼男女均往瞻拜,献饮食,致迎送,燃鞭炮以志盛"。① 这种合族共用的或挂在家族祠堂里的家堂,尺幅较大,一般称"族影"、"大影"。

近代以来,春节迎送先人神灵,悬挂家堂祭祀的风俗十分流行,1929 年《泰安县志》记载了这一详细过程:

> 惟年终彻(设)木主,悬家堂轴,或写牌位,家家祭祀,称为"服事"。大半持斋茹素,较往日诚敬。其礼,除夕家长率子弟奉香向大门外出迎,引至祭室,奉茶献果,五夜设鸡鱼肉、肝肺、蔬菜、米饭、馎馎、黄白面糕、水饺祭之,男妇挨次行礼。礼毕,然后子弟妇女给尊长叩头。启明,族人邻里拜年者先向家堂桌前行礼,次及活人。拜家堂,主人陪礼。有初一日日夕送者,有初二日日夕送者,不敢曰神,称为"家亲"。

泰安地区让先人神灵在家里停留得时间太短,大部分地区是除夕迎神,上元节后送神。1936 年《东平县志》载:"亦有买纸画一轴,备列高曾祖考某某之位,悬诸壁间而供之者,俗谓之'家堂'。除夕奉祀,子孙至郊外焚香叩首,迎先人之神回家,复在神案前行礼,上茶奠酒,设果品,午夜备设祭席。元旦,家主率家属向神案前以次行四叩礼。三日内,每饭必祭。至上元节后,神主、纸牌位、纸家堂均敬谨收藏。"1935 年《长清县志》载:"请祖先牌位,向庄边或门外迎接,供以酒馔。"

这一风俗,一直流行到建国后,现在过春节,有些人家仍请先人神灵,悬挂家堂。少此一项,显得年味不足。

(5)俗重墓祭

墓祭尽管在战国时期的齐地业已流行,但在古代祭礼中是"非古"的,真正成为一种普遍流行的风俗是在五代宋元明清时期。当时祭先已分为家祭和墓祭,并有"圆坟"的风俗。安葬死者的第三天,"主人同有服亲属诣墓所奠(祭)拜,哭尽哀,周围捧土益之,谓之'圆坟'"②。以后每逢寒食(清

---

① 1936 年《寿光县志》、1934 年《昌乐县志》。
② 康熙三十三年《登州府志》。

明)、中元、冬朔及忌日,都要举行墓祭,并为死者"圆坟"。

近代"邑俗尤重墓祭","祭礼,于墓祭最遍"。[①] 1929 年《泰安县志》载:"近来士庶不尽有家祠、木主,即有,仍以上坟为重。盖古重神魂,今重体魄。"可知,近代以前,以家祭为主,近代则以墓祭为重。

山东民间把墓祭称做"上坟"。1935 年《茌平县志》载:"三月清明、七月望日、十月朔日与新年元旦,子孙必之祖茔扫祭,持牲醴、纸马以祭拜之,所谓'上坟'是也。""上坟"不光是以祭品祭墓,还有"圆坟"之意。由于雨水冲刷,坟头会越来越低平,野兔、狐狸、獾等野兽也会在墓穴里面做窝,必须经常对坟墓进行修整。1937 年《宁津县志》载:"四时祀先展墓,齐民通行。……至若祖父母忌日及清明、十月朔则皆省墓,必带铁木二锹随视坟墓,有雨冲处即修培,有獾穴处即填塞。"

(6)宗族祭田

中国农村宗法社会中,往往同姓一村,同在宗族祠堂或家庙中祭祀列祖列宗。宋元时期,又出现家族公共墓地,往往汇合宗族墓祭。庙祭、墓祭的费用则由各家共同负担。许多大族往往设置宗族祭田,田土上的收入作为宗族祭祖的费用。这种宗族祭田一直流传到近代。1935 年《莱阳县志》载:"宗法久废,故每多置田产,资其租金以备祭品,谓之'祭田'。"这里说的"宗法久废",应该是各家凑钱物祭祖的宗族之法久废,而以宗族祭田代之,就不用挨家挨户收取了。

光绪七年(1881 年)《增修登州府志》载:"墓祭虽非古,然遗魄所藏,礼以义起,无士庶皆行之。大率春秋两祭,祭毕会族众以享馂余,谓之'房食'。祭馔所出,则设田亩以供之,谓之'祭田'。"

1914 年《庆云县志》载:"巨族皆有祭田,一岁所出,归一人承办,及期,少长咸集,先拜墓,回谒家庙行礼,然后序齿宴饮,共享祭余。敦宗睦族,莫要于此。"

1925 年《无棣县志》亦载:"族有祭田者,一人掌其租入供祭品,祭毕集少长序齿宴饮,享祭余,敦宗睦族之谊亦寓于此。"

_____

①1910 年《临淄县志》、1927 年《济宁县志》。

（三）近代丧葬方面的移风易俗

山东丧葬方面的移风易俗从清代就开始了。旧官员中的一些有识之士业已倡导节俭办丧事。如乾隆年间（1736—1795），夏津县教谕严大鲲、知县方学成，平原县的总宪董讷、张拭，参议董思凝等，都曾在自己的职权范围内倡行改制。

清乾隆十四年（1749 年）《平原县志》载："初丧，亲族男女群陪赴庙，自董总宪讷为戒约，士夫家妇女始无赴庙者。具酒肴待宾客，务丰腆。丧中多用浮屠，今士夫家不复用，亦由张中翰拭倡之。营葬礼节略如《家礼》，刍灵明器，称家有无。顾惑堪舆家言，或淹亲（椁）枢以希贵富。今惑者颇少，其淹枢不葬，率以力诎（屈）举襄，弗能为观美耳。若葬必路祭，则近日之古风也。旧俗妇女亦吊哭送丧，不问亲疏，男女混杂，董参议思凝严禁乃止。"

乾隆六年（1741 年）《夏津县志》载："教谕严大鲲严饬学侣，又条其事于知县方学成，通行示谕革之。"

长清县举人任跻莘还写了《慎终录》，呼吁移风易俗。1935 年《长清县志》载："清乾隆壬子（1792 年）科举人任跻莘作《慎终录》以更正习俗，大约不用僧道、鼓乐，哀杖用竹不用柳，不送盘费等事，然相沿已久，效果难收，惜哉！"

1. 莒县崇俭行善会倡导的丧葬崇俭

1910 年，山东莒前县知事周仁寿倡办"崇俭行善会"，倡导生老婚丧方面的省俭，其中的丙条涉及丧葬习俗，兹摘录如下：

"丙，丧事以哀戚为主，凡亲友来吊者亦宜代丧主哀戚，理合不饮酒，不茹荤。本会议定，开吊之日，备四盘四碗素菜享客，至衣衾、棺木为饰终之典，必须量力备办。其余一切浮费，概可从俭。棚厂、方相、纸草，其余一切陋俗，尤宜节省。"[1]

结合《重修莒志》的记载，莒县"崇俭行善会"倡导的丧葬改革措施主要有：

第一，丧事备四盘四碗素菜享客，以一餐为限，不留宿客人。

---

[1] 1936 年《重修莒志》。

第二,严禁亲族责丧主破产厚葬,不准亲族代为变卖田产出殡。

第三,据"称家有无"的原则规定葬费,并告知助丧者,不许超过规定之数。

这些措施,主要是倡导丧葬方面的节俭,并没有除旧布新方面的移风易俗。

2. 民国以来的新丧葬礼俗

民国以来,倡导破除迷信,移风易俗。1935年山东《青城县志》载:"民元以来,清末所有浮滥祀典悉皆废止,然目标不去,俗尚难移。自十七年(1928)后,以革命手段销毁各种神像,驱逐游方僧道,迷信积习去其半。今之不变者,如祭孔孟、祭关岳、祭革命诸先生,此为崇德报功,而属于公祭者。至清明节、七月望、旧年除日、新年元旦,或麦熟荐新,或赴任受职,或出家远行,或举行婚丧大典,皆祭于庙或墓,其祭品为清酒、果品、面食、纸香等,此为慎终追远,而属于私祭者。"

民国以来始有大规模除旧布新的移风易俗,其废除的丧葬礼俗主要有:僧道诵经超度、纸扎冥器、龙杠衔牌、旗锣伞盖、题点神主、苴绖苴杖等。而倡导的新丧葬礼俗主要有:

(1)登报讣告

1936年《重修莒志》载:"死者殁后,家属通知亲友,或用讣帖,或登报。"

(2)鞠躬

鞠躬即废除对死者的四叩礼,以三鞠躬礼代之。据上述《重修莒志》载,丧主在小殓、大殓,以及参灵、殡葬、祭墓时,均对死者行三鞠躬礼,"辞灵,向灵前行一鞠躬礼"。丧主在丧葬的各个环节答谢来宾,均行一鞠躬礼。"亲友向灵前行一鞠躬礼","来宾至灵前行三鞠躬礼"。

(3)黑纱和花

废除斩衰、齐衰等五服中的丧服,以臂缠黑纱、佩花代之。1934年《夏津县志续编》载:"臂缠黑纱,乃持服之一种,虽形式之间与古礼所谓斩衰者不同,其表示守制则一也。民国以还,政学各界之维新者每假此以代素履,守旧之士讶为不经,亦见智见仁之类耳。"1935年《齐东县志》载,山东邹平、博兴、高青一带,"丧家不用孝带、白袍、白帽,臂缀青纱,戚友佩花"。1935

年《莱阳县志》载:"二三年来,亦有不服缟素,臂缠黑纱者焉。"

(4)花圈

花圈主要用于吊唁,并没完全取代助办丧事的赙赠。1935 年《齐东县志》载,邹平、博兴、高青一带,"亲友吊唁,赠花圈、挽联"。

(5)奏哀乐

据 1936 年《重修莒志》载,哀乐是由近代音乐队演奏的,取代了以唢呐、笙箫为主的鼓吹乐。来宾吊唁"行礼时奏哀乐",举行灵前祭祀礼的开始和结束时奏哀乐,丧主辞灵礼时奏哀乐。送葬时,"铭旌在前,次挽联、花圈,次音乐队"。祭墓礼时奏哀乐。与过去的鼓吹一样,伴随丧葬的全过程。以此而论,并不比过去的鼓乐队省俭。

至于近代以来的丧葬仪式,各地不等。1936 年《重修莒志》记载的有报丧、视殓、受吊、祭式、别灵、出殡、葬仪等。

由于近代丧葬方面的移风易俗是在保留大量旧俗基础上的除旧布新,因而收效甚微。1935 年《齐东县志》载:"新丧礼虽未规定,就暂行者言之,入殓、殡葬大同小异,不延僧诵经,不焚化纸马、纸轿等物。亲友吊唁赠花圈、挽联,丧家不用孝带、白袍、白帽,臂缀青纱,戚友佩花。前设鼓乐挽联、花圈等导行,戚友、孝子徐行杠前,葬后礼节亦与旧丧礼同。"旧的没有废除,新的却间有实行者。其结果,一方面,导致丧葬礼俗层累地增加;另一方面,又导致了各地丧葬礼俗的古今结合、土洋结合和多样化。

六、信仰风俗

(一)劝孝歌、劝悌歌的流行

进入晚清民国,山东民间风俗仍然承载着儒家的传统孝道,孝子、孝女、孝妇层出不穷。1911 年 6 月 16 号上海《民立报》载《孝妇竟遇慈悲主》称:"高密县东乡李氏妇,其夫因家贫赴奉谋生未归,李氏携翁姑、幼子赴奉寻夫,行至安东县(今辽宁东沟),翁姑染鼠疫双亡,李氏卖子三十元以殓双亲。有亲善人悉该妇情节,具路资助该妇还乡。路经益都(今山东青州),蒙杨大令慨助百元回家。高密王大令闻知卖子葬亲孝行,先捐助若干,又集合士绅捐助,为该妇安东赎子之费。"

这位孝妇卖子葬亲,得到安东、益都、高密三县县令和"亲善人"、士绅的慷慨资助,由此可看出山东全社会向孝的风气。

晚清民国时期,儒家的孝道完全渗透到社会风俗中,俗文化层面的孝道占了主导地位。"吃饭穿衣敬父母","天下无不是的父母","糊涂天,糊涂地,糊涂老的治不的","父叫子死,子不死不孝"等俗语比比皆是。劝孝歌的流行,是孝道世俗化的主要表现。晚清民国时期,劝孝歌在山东非常流行。老人们哄小孩入睡用劝孝歌,孩子们传唱的歌谣有劝孝歌。对此,山东各县志都有记载。1934 年《夏津县志续编》①记载了一段较为冗长的《劝孝歌》,并记有《劝悌歌》、《训睦族歌》。《劝孝歌》曰:

世有不孝子,浮生空碌碌。　不知父母恩,何殊生枯木。
十月未成人,十月居母腹。　渴饮母之血,饥餐母之肉。
儿身将欲生,母身如杀戮。　父为母酸心,母对父啼哭。
惟恐生产时,身为鬼魅属。　一旦见儿生,母身喜再续。
自是慈母心,日夜勤抚鞠。　母卧湿簟席,儿眠干裀褥。
儿眠正安稳,母不敢申缩。　全身在臭秽,不暇思沐浴。
横簪与倒冠,形容不堪录。　动步忧坑井,举足畏颠覆。
乳哺经三年,汗血计几斛。　辛苦千万般,儿至十五六。
性气渐刚强,行止难拘束。　朋友外追随,酒色恣所欲。
日暮不归家,倚门至昏旭。　儿行千里程,母心千里逐。
一旦得好妻,鱼水情和睦。　看母面如土,看妻面如玉。
母若责一言,含嗔怒双目。　妻若骂百句,陪笑不为辱。
身披旧衫裙,妻着新罗縠。　不避人憎嫌,不避人羞忸。
父母或鳏寡,长夜守孤独。　健则与一饭,病则与一粥。
襦袜常单寒,衾枕不温燠。　弃置在空房,独如客寄宿。
将为泉下鬼,命若风里烛。　快快至无常,孤坟殡山谷。
魂灵在幽壤,谁念常踯躅。　才得服满除,兄弟分财谷。
不念二亲恩,惟言我之福。　嗟哉若此辈,何异兽与畜。
慈乌尚反哺,羔羊犹跪足。　劝汝为人子,经书勤诵读。

①本书所引地方志,凡未注明篇目、版本者,均出自丁世良、赵放主编:《中国地方志民俗资料汇编》华东卷上,书目文献出版社 1995 年版,第 91—344 页。

> 王祥卧寒冰,孟宗泣枯竹。郭巨事虽过,只为母减粟。
> 熏暗不入市,为受母叮嘱。伯鱼常泣杖,丁兰曾刻木。
> 如何今世人,不效古风俗。为你作长歌,分明为世告。
> 勿以不孝口,枉食人间谷。勿以不孝身,枉着人衣服。
> 天地虽广大,不容忤逆族。早早悔前非,莫待天诛戮。

该《志》还记载了民间流传的另一首指责不孝的民谣:

> 山老鸹,尾巴长,娶了媳妇忘了娘。
> 老娘扔在山后头,把媳妇背到炕头上。
> 老娘要吃干烧饼,哪有闲钱填窟窿。
> 媳妇要吃香水梨,赶了东集赶西集。
> 倒坐着门限削了皮,细细嚼,细细咽,
> 别教梨核卡着你。

这首民谣,在山东民众中普遍流传,现在 50 岁以上的人都能熟练背诵,而且有多种版本,但都以"山老鸹,尾巴长,娶了媳妇忘了娘"开头。1928 年《胶澳志》,1935 年《沾化县志》、《齐东县志》均记载了这首民谣。1936 年《东平县志》记载的略有不同:

> 小草帽,顶红缨,娘说话,儿不听。
> 娘有病,要吃梨,也没担挑也没集。
> 媳妇有病要吃梨,偷偷买来搁她手心里。
> 切莫教老娘她知道,老娘知道受不的。
> 小巴狗,没有血,有了儿子忘了爹。
> 反脸狼,心不良,娶了媳妇忘了娘。
> 为人不把爹娘孝,狼心狗肺一定没有好下稍。
> 老寡妇,去捡柴,有个儿子不成材。
> 又哈(喝,方言)酒,又赌财,
> 赶集赶会到黑来,也不给老娘捎个烧饼来。

《夏津县续志》记载的《劝悌歌》唱道:

> 兄友弟分弟敬兄，天然伦序自分明。
>
> 席间务让兄居左，路上应该弟后行。
>
> 酒席须先供长者，货财切勿起争心。
>
> 谆谆诲尔无他意，原是同胞共乳人。
>
> 兄若敬其弟，弟必恭其兄。勿以纤毫利，伤此骨肉情。
>
> 周公赋棠棣，田氏感紫荆。连枝复同气，妇言慎勿听。

歌谣中的"周公赋棠棣"出自《诗·小雅·常（棠）棣》。周公摄政，引起弟弟管叔、蔡叔的猜忌，因作《常棣》，叙述兄弟之间应燕乐友爱，其中有"兄弟阋于墙，外御其务（侮）"，"妻子好合，如鼓瑟琴"之句。"田氏感紫荆"出自南朝梁吴均《续齐偕记》。京兆田真兄弟三人分家，共议将堂前一株紫荆树平均分为三段，其树即枯死。兄弟相感而泣，誓不分离，其树再度枝叶繁茂。

这些内容不同的《劝孝歌》、《劝悌歌》，晚清民国时十几岁孩子就已背诵如流。它成为一种世俗的启蒙教育和社会舆论监督力量，使儒家的孝道完全渗透到社会风俗之中。

（二）近代以来山东的会道门

晚清民国以来，传统的出家修行，超凡脱俗的佛、道信仰已不是民间宗教信仰的主流，各种名目的会道门代之而起。

近代以来，列强入侵，军阀割据混战，盗匪蜂起，社会经常处于无序状态，人们的生命财产得不到应有的保障。倡导诵经拜神、吞符念咒、练功习武、防匪防盗、据地自保，而又不离开父母妻儿的会道门更适合人们的需要。因此，各种名目的会道门迅速发展起来，仅流传于山东的就有150多种。

会道门实际是明清民间秘密宗教的延续。抗日战争爆发后，山东的会道门虽曾与日伪军进行过英勇战斗，但两极分化非常明显，凡不为共产党、八路军所争取、改编者，往往为日伪所操纵，成为日本侵略者的帮凶。莱芜的硬拳道，长清、章丘的红枪会就是如此。抗战胜利后，会道门又被国民党反动政府利用，从事各种形式的反共活动。新中国建立后趋于衰亡。

发源于山东并对华北乃至全国具有影响的几支重要的教门有:一炷香、八卦教、离卦教、圣贤道、九宫道、皈一道、红枪会等①,影响最大的是"一贯道"和"一心天道龙华圣教会"。

1. 一贯道

一贯道,初名"东震堂",又名"中华道德慈善会",源于明朝中期的罗教,创始人是山东青州人王觉一,道号北海老人。信仰的主神是无生老母和弥勒佛,宣扬"万教归一"。抗战期间,教首张光璧与日伪势力勾结,指使一贯道首充当日本特务,张光璧本人曾充任汪伪政府外交部顾问。抗战胜利后,在国民党当局的庇护下,一贯道又以"中华道德慈善会"的名义公开出现,一些汉奸、特务亦混迹其间,从事反共活动,成为蔓延全国的反动会道门。新中国建立后,一贯道继续与人民政权为敌,于1950年被人民政府取缔。

2. 一心天道龙华圣教会

一心天道龙华圣教会初名"一心堂",1913年由山东长山县(在今山东邹平)马士维(字冠英)创立。主要在山东泰安、济南,以及山西、河北传教,并设立分会。1932年,马士维与天津日本租界警署和日本特务勾结,将"一心堂"改名为"一心天道龙华圣教会",建立了公开组织——"大东亚佛教联合总会",马任会长,日本人为顾问,并吸收日本会员。马士维死,其妻贾氏,其女马天成、马天生相继掌握会务。抗日战争期间,该会大肆散布"日本侵华就是三期末劫,要想躲过这场灾难,就得入道",否则只能"永堕苦海,不得超生"。其骨干分子在各省与日军勾结,四处建立分会、支会、佛堂,积极充当日本侵略者的帮凶。抗战胜利后,国民党政府表面查封,实则利用,又改名为"正心慈善会",重新公开活动。新中国建立前后,将总部由天津秘密迁往济南,指示各地会首"继续办道,将来待命赴三次龙华大会"。各地会首纷纷以"成佛成仙"、"躲灾避劫"等谎言笼络会众,发展组织,暗中进行造谣破坏,但已不能公开活动。

3. 皈一道

皈一道又称"天仙道"、"老子圣人佛"、"三圣教"、"三佛教","太阳

①参见梁家贵:《民国山东教门史》,人民出版社2008年版。

道"，清代道光年间（1821—1850 年）山东省平原县赵家湾村赵万秩创立。赵万秩死后，其门徒、子孙继续传道，主要流传于山东省德州、济南、淄博一带，以及河北、天津、北京、东北等地。赵万秩的再传门徒陈希曾在德州城东30 里的王官庄建立了祖师殿，又称"古佛寺"，对外称"三教堂"。该寺有前、中、后三座大殿，前殿供有老子、孔子、弥勒佛，中殿是玉皇殿，供有玉皇大帝。在这儿出家修行的皈一道道徒白天种地，晚上修行。其他县道徒也建有三教堂，作为礼拜场所。

皈一道的修行方法非常杂乱，架乩扶鸾是其聆听神意的主要方式。道徒生病买往生钱了冤，是坛主敛钱的途径。其修炼方法也混杂无序，佛教、道教的吃斋、放生、布施、打坐、内丹修炼、辟谷，以及采日月星之气等，均被吸收到皈一道中。

4. 圣贤道

圣贤道又名"好字道"，俗称"好好道"，创始于明末清初。山东最早的圣贤道道场在济南商河县杜家庄，总首领杜寿山首设"秋场"，大量发展道徒。后主要传播于济南、淄博一带。

圣贤道宣扬世间有青阳劫、红阳劫、白阳劫等"三劫"，青阳劫是太阳变成青色，红阳劫是太阳变成红色，白阳劫是太阳变成白色。每逢大劫来临，就有大灾大难，人死大半，入道捐钱，笃信修行就能躲灾避难，神灵搭救，升入天堂，永享荣华富贵。1944 年，圣贤道改为"无为金丹道"，宣扬世人要临近千年不遇的"末劫年"，日本侵略中国是天意，战争中生灵涂炭命该如此，为日本侵略中国张目。新中国成立后，圣贤道被取缔，但个别道首秘密恢复组织，继续与人民政府为敌，进行暴动和破坏活动。

圣贤道的主要活动方式是"开坛"，架乩扶鸾。烧香叩头后，道首在供桌前装作神灵降临，手托"乩子"①在米盘上写出字句，有人认，有人记，有人平整米盘以备再写。道首根据文字写出"乩训"，向道徒解释并让大家背诵执行。这种"扶乩"的迷信方式，被许多会道门采用，山东民间也流行这种求神降示的迷信方式。

①求神降示用的丁字形木架，也有的用罗圈等物制作，下有一垂直木棍，在米盘或沙盘上划字。

（三）近代山东供奉的家神

从宋元明清到晚清民国时期,中国民间神灵信仰有一个鲜明的特点:神灵信仰的家庭化。先秦时期的"五祀"有门、户、中溜（小土神）、灶、行等,它们都是家神。到汉代,行神首先被井神取代。到晚清民国,井神又被淘汰,门神和户神合为门神,中溜被笼统的天地神取代,五祀之中只剩下门神、灶神两位神灵了。经过民众长期、反复地筛选、淘汰、组合,有的社会神、职业神、宗教神则被请到家中成为家神,重新构筑了一个家庭神灵信仰体系。

清宣统三年（1911 年）《滕县续志稿》:"家庭所供之神,有天地、灶君、观音、地母。而商铺则供财神与关圣帝君,亦利不忘义之意。"

清道光十二年（1832 年）《商河县志》载:"商民习惯,以（亦）有祭神之事。诸神之中,惟祭关帝为甚虔。除立庙之外,家家悬像奉事。五月十三为关帝诞辰,俗谓是日致祭必有雨,谚有'大旱三年,莫忘五月十三'之说。其余五祀之内,惟祭灶神为最谨,亦家家悬像于厨室。俗谓灶王察人间善恶,每年十二月二十三日灶王朝天,民间于是日供饴糖,枣糕以饯之,欲其不报恶事,亦媚灶之意。"

结合其他县志的记载,晚清民国时山东民间供奉的家神体系除家庙祖先外,主要有天地、灶神、门神、财神、关帝、观音等。尤其是过春节时,往往把所有的家神都摆上供奉。

1. 天地

祭祀天地本来是西周以来的国家祭祀大典,清代称做天神地祇。自从天地被人格化以来,逐渐成为多元、模糊的神灵。天神有先秦以来的五大天帝,皇天后土的皇天,汉武帝时的太一神,董仲舒创造的集自然、道德、人格、情感、规律于一身的天、道教和《西游记》中的玉皇,老百姓心目中的老天爷、苍天、青天等等。地神的情况更复杂。根据天阳地阴的观念,先秦时期共工氏的儿子后土由男身变女身,成为后土娘娘,亦即上述《滕县续志稿》中的"地母"。先秦时期的土神"社"也是地神,后来演变为土地庙中的土地爷。按理说,中雷应该是传统家神中的土地神,可晚清民国时期的地神却不是它。

晚清民国时期,山东民间祭祀天地,一般是春节期间在院子正中摆一张天地桌,上面放一天地牌位。1935 年山东《青城县志》载:"天地牌于除

（夕）日粘贴，新年三日焚之，题为'天地三界十方万灵神位。'"山东临朐一带"除夕之夜，夜未半举家皆起，祭天地于庭中"①。莱州一带除夕夜隆重祭祀天地，春节期间天天供奉，春节过后停止，将牌位收起来，留到第二年再用。

2. 灶神

从先秦到魏晋南北朝隋唐，齐鲁地区的灶神信仰就很普遍。宋以后，大概是因为灶神每月上天一次太麻烦，人们为了减轻它的负担，改为每年一次。山东民间把灶神称为灶王爷，把纸画的灶王像称做"灶马"。腊月二十三或二十四日定为祀灶日，谓之"辞灶"、"送灶"。除夕将灶王迎回家，谓之"接灶"、"迎灶"。

道光二十六年（1846年）《招远县志》载："二十三日暮，祀灶神，先市灶马二，一贴壁为神位，一火爇之。品用糖剂饼、黍糕、枣栗，焚香楮，放火炮，谓之'辞灶'。"到除夕"设天地、户灶、祖宗诸神位，炳萧妥神讫，乃于灶前具香灯，焚楮锭，放火炮，谓之'接灶'"。

1914年《庆云县志》载："二十三祀灶……除夕祭祖先，迎新灶神。"

山东民谚云："灶王爷本姓张，一碗干饭一碗汤。"又云："二十三日上天去，大年初一下界来。"又云："上天多言好事，下界多带金银。"②于是，灶王爷成为贪官污吏的化身，成为封建官场上行贿受贿的风气在鬼域世界的反映。

为了达到避祸的目的，老百姓开始贿赂、收买这位灶王爷。祀灶这天，有的将酒糟抹在灶门口，好让灶王醉酒，无法汇报真实情况称做"醉司命"③。有的给灶王吃糖，让他的嘴变甜；有的吃年糕，拿块年糕粘到灶后贴的灶神的嘴上，让他说不出话。

1935年《德县志》载："二十三日祀灶神，曰'辞灶'，祭品必用饧瓜、黏糕，久已相沿成俗。按《东京梦华录》：腊月二十四日，都人至夜备酒果送神，焚化纸钱，以酒醴涂抹灶门，谓之'醉司命'。后沿其意，有辞灶之遗。"

---

①1935年《临朐续志》。
②1935年《青城县志》。
③道光十三年《章丘县志》。

潍坊一带不仅敬灶王,还准备草料为灶王秣马。1941年《潍县志稿》载:"二十三日,是夜,祀灶神于厨房,壁上贴灶马,祀时陈列酒果及胶牙饧。复以碗贮清水,截草寸断,和以元豆、高粱为神秣马具。焚化楮镪毕,一家长幼罗拜必敬,亦谓之'祠灶'。"虽然"一家长幼罗拜必敬",却要用"胶牙饧"粘住灶王的牙。

灶王爷的人选也被更换了。晚清民国时期,潍坊一带流传《张郎休妻》的故事。说的是,张郎喜新厌旧,休掉了勤俭贤惠的妻子丁香,娶了好吃懒做的海棠。丁香改嫁后日子越过越好,张郎和海棠则坐吃山空而沦为乞丐。四处讨饭时,张郎无意中闯进了丁香的家,羞愧得无地自

山东潍县杨家埠年画——灶王

容,一头碰死在丁香家的灶前。丁香怜惜张郎有悔过之心,又顾念夫妻之情,画像以供奉之。邻居相问何人,丁香便谎称"灶王"。山东潍县杨家埠年画和高密扑灰年画中的"灶马",是一男二女的画像,不仅有张郎、丁香,还有海棠呢!由此可见山东妇女对丈夫是何等的豁达和宽容。

3. 门神

门神是先秦"五祀"中的门神和户神,汉代被人格化为神荼和郁垒。

唐末五代时,人们又以钟馗为门神。据《唐逸史》和《梦溪笔谈》记载,唐玄宗病中梦见一个大鬼捉住一个小鬼,把小鬼的眼睛剜出来吃了。自称是落第武举钟馗,为玄宗扫除妖孽。玄宗醒后,病就好了。于是,命画家吴道子画钟馗像,手持宝剑,捉一小鬼。这样,神荼、郁垒神位就被钟馗取而代之了。

钟馗任门神不久,大概是因为他狰狞的形象与春节欢快的气氛不和谐,显得不够庄重,也可能是因为他一个人把不住两扇门,很快又被撤换,把门神的职位让给了秦琼、尉迟敬德。据《三教搜神大全》载,唐太宗患病,夜里常听到鬼呼叫。秦琼、尉迟敬德自愿守门,鬼就不敢来了。唐太宗不好老烦

劳二人守门,命画二人的像,贴在宫门上,鬼照样不敢来。后来,渐渐传到民间,南宋以后民间的门神,大部分是秦琼、尉迟敬德的画像了。明人吴承恩还把这一传说写进了《西游记》中。

秦琼是山东历城人,山东老百姓特别喜欢他。山东潍县年画中的门神,就是秦琼和尉迟敬德。门神由凶神恶煞的钟馗变成了威武潇洒的将军,既能震慑万鬼,又有审美、装饰价值,所以一直流传到今天。

4. 财神

财神是中国民众最普遍的信仰对象之一,有着明显的模糊性和不确定性。被尊奉为财神的主要有赵公明、关羽、范蠡、比干等,被称为四大财神。范蠡是发迹于山东齐鲁的财神,因而也受到齐鲁民众的尊奉。

据《史记·货殖列传》载,春秋时期,范蠡辅佐越王勾践复兴越国后,"乃乘扁舟,浮于江湖,变名易姓,适齐为鸱夷子皮,之陶(今山东定陶)为朱公。朱公以为陶天下之中,诸侯四通,货物所交易也。乃治产积居。与时逐而不责于人。故善治生者,能择人而任时。十九年之中三致千金,再分散与贫交疏昆弟。此所谓富好行其德者也。后年衰老而听子孙,子孙修业而息之,遂至巨万。故言富者皆称陶朱公"。

范蠡在道教中是"名成功遂身退"说法的重要实践者,在道教的神谱中范蠡被说成是老子的化身,或是吕尚的弟子,或"服桂饮水",或"兰陵卖药",是一位神龙见首不见尾的神仙形象。最早的奉祀范蠡的祠庙出现在汉末范蠡的故乡楚国宛(今河南南阳)。北魏郦道元《水经注》卷三十一《淯水》注:"郭仲产言宛南三十里有一城甚卑小,相承名三公城……城侧有范蠡祠,蠡,宛人,祠即故宅也。后汉末有范曾,字子闵,为大将军司马,讨黄巾贼至此祠,为蠡立碑,文勒可寻。夏侯湛之为南阳,又为立庙焉。"《新唐书·礼乐志五》载,唐代设武成庙之祀,"列古今名将凡六十四人图形"配享,越相国范蠡为其中之一。在吴越之地,对范蠡的奉祀更为广泛。

中国的财神信仰开始于宋代。宋孟元老《东京梦华录》卷十中有"财门钝驴",南宋吴自牧《梦粱录》卷六记有"财马"。"财马"、"财门"均指年画内容,含有祈财的意思,但只是把范蠡当做经营工商业的祖师,还不是正式的财神。如景德镇、江苏宜兴等地,奉范蠡为陶业鼻祖、造缸先师等。

山东定陶、肥城也开始出现纪念范蠡的祠庙。明万历元年（1573年）《兖州府志·祠祀志》载：“陶朱公祠在陶山后薛河上。按刘向传，范蠡，徐人，为陶朱公，后弃去之兰陵买药。陶山在兰陵境，故有范蠡湖、钓鱼台。而庙即其居也。自唐以前有之，唐宝历二年（826年）重修。”这里只说是陶朱公庙，并没说他是财神。

近代山东民间，开始有以范蠡（或者商臣比干）和关羽为文武财神的说法，并把他们请到家中，成为家神。1931年《潍县志稿》：“（七月）二十二日谓为财神生日，各商家无论巨贾小贩，皆设祭供神，饱恣饮啖，虽近迷信，但相沿已久，至今不绝。”在这里，财神已被商家请到家中供奉了。不光是商家，山东各行各业的人家都供奉财神。山东胶东一带过春节时，堂屋的正中供奉历代列祖列宗，左边是观音菩萨，右边是财神爷。

5. 观音

观音是佛教的四大菩萨之一，道场在舟山群岛的普陀山。民间称观音的尊号是“大慈大悲救苦救难观音菩萨”。说她有33种化身，能救12种大难，还能送财送子，普降甘露，只要诵念她的名号，就能“观其音”前往拯救解脱。在佛教诸神中，观音是中国化、世俗化程度最深的。她遵从“避君父名讳”的传统，为避李世民的名讳将观世音改称观音。其形象也脱离印度模式，代之以中国化的女性形象。手中的杨柳枝和净水瓶本来是普洒佛法的道具，到中国则变成农业社会主宰晴雨、普降甘霖的法宝。观音身边的善财童子不仅变成地主商人供奉的招财童子，还迎合中国传宗接代的传统，为人送生送子。由于她迎合了中国的国情，在中国的威望迅速超过释迦牟尼和其他的菩萨。

晚清民国时期，出现脱离寺院独立存在的观音庙。1936年《牟平县志·地理志·坛庙》称，该县最多的庙宇有关帝庙、观音庙、三官庙、三元宫等。山东民间不仅为她单独立庙，还把她的画像、塑像请到家中供奉，让她进入了中国的千家万户。

另外，山东民间祭祀的家神还很多，1935年山东《青城县志》载：“近来神怪之属无复公开奉祀者有之，则多为家藏神轴，至木精、兽妖、土魔、石怪，亦尚有暗自拜奉者。其旧而普遍全国者，则为祀天地、祀灶王、祀门神。”山东有句谚语叫“家神闹家鬼”，就是家神、家鬼太多，不得安宁的反映。

（四）近代山东的巫术信仰

先秦两汉以来流行的巫术迷信如祛病、祈雨、占卜、相面、看风水等，到近代仍然流行，只是具体形式更加多样化。

1. 疾病迷信

1935 年《莱阳县志》详细记载了山东的疾病迷信风俗：

> 疾病延医诊治，亦有用针灸者，小儿则推捺之，近则中西医乐（药）并用。而迷信者专事祈禳，或祷天地，谓之"天地口愿"；或祷告寺庙，作俑焚化，谓之"替身"。或媚于灶，或佞于佛，或祈灵狐狸，或延请巫觋。痘有神，谓之"痘哥哥，花姐姐"。疹有神，谓之"疹痘娘娘"。腿疾则许杖于铁拐李仙，足疾则许鞋于翘脚娘娘，腹痛则许五脏于宝藏爷爷，筋痛则许麻经于筋骨老爷，目昏则许眼镜于眼光菩萨，耳聋则许耳包于耳光菩萨，小儿咳嗽则许面饼于吼狗爷爷。甚或好事妄传，而污潦之水，岩石之罅，枯朽之木，败墙之隙，亦莫不有神。于是群众趋赴，幸遇病瘥，则不惜资财，焚化香楮，斋僧道，演戏剧。亦有画符箓以镇妖，延术士以驱祟，或鸣锣鼓以却邪，或看祛病书以逐鬼。亦有归咎房舍墓地，而改易方向，挪移门户，或立石于巷口，镌"泰山石敢当"，或累砖于墙头，刻"吉星高照"。

《莱阳县志》的记载，几乎概括了山东各地的疾病迷信风俗。如滕县等地"人多迷信鬼神，父母有疾，有不延医调理而专事祈祷者，子弟有疾亦如之"①。在节日风俗中，有许多祛病防病的时令风俗，反映了古人在险恶生存环境下顽强的抗争精神，至此已演变为对自然、神灵屈服、迷信的陋俗、恶俗了。

2. 祈雨

古代靠天吃饭，故祈雨风俗经久不息。从远古的"雩"，到明清的打"旱魃"，再到近代，山东民众中一直流行祈雨的风俗。1935 年《陵县续志》载：

> 乡民以禾稼为命，每多迎神祈雨，其法分文武二种。文祈，则各门

①宣统三年《滕县续志稿》。

首置坛盛水,上插柳条,按时跪祷而已。武祈则择少年之欲充神尸者,
名曰"马匹"。设坛迎神时,使"马匹"僵卧烈日下,将其姓名书于表上
焚之,少间则崛然起,目瞪口呆,赤膊徒跣,手执大刀,行若癫狂,竟作不
规则之武术,用四壮丁以木杆卫护之,锣鼓喧闹,赴四乡游行,谓之"行
雨"。至,则各乡均跪迎,焚楮帛,叩求雨期,"马匹"每含糊其词。适值
气流饱和,在最近期间内雨注,群归功神之有灵,再赴各乡游行如前,谓
之"夸雨"。迨秋收农闲,则就关帝庙或龙神庙醵金演剧以酬之。

山东博山等县流行"刷簸箕"[①]求雨的风俗。山东临朐流行"刑豕祭
天"祈雨。1935年《临朐续志》载:"当麦既登场,豆已播种之后,复值时雨,
村人辄刑豕祭天。祭毕割肉,就村内各户分之,谓之'贺雨'。比村皆然,亦
祈报之意也。但祭无常期,恒视种豆之早晚为转移。又,因旱祈雨,得雨辄
演戏,谓之'还愿'。"滕县祈雨,祷告关帝、龙王。宣统三年(1911年)《滕县
续志稿》载:"设岁中遇有大旱,官绅则祷于龙王庙,庶人则祷于关帝庙以祈
甘雨。又有异神玩龙游行以祷者。祷而应焉,则演戏以报之。"

中国人的信仰很不专一,祈雨既求老天爷,又求关帝或龙王,根本不尊
重神灵们的自尊和应有的嫉妒心。可一旦灵验,对神灵也恪守儒家的"信
义",慷慨和虔诚地给神灵"还愿"。许了"愿"不还,向来被山东人视为食言
而肥的小人。

(五) 民国时期破除迷信

晚清民国时期,尤其是辛亥革命前后,是中国社会由传统向现代的转型
阶段,在社会风俗中,既积淀着周秦以降的传统,也夹杂着晚清西风东渐以
来的西方习尚,这是中国从未有的中与西、新与旧的杂处、碰撞以至融合的
剧变时期。随着清王朝的覆灭和政权易手,破除迷信的重心从启蒙式的口
号、批判转变为暴风雨式的具体行动。对此,上述1935年山东《青城县志》
记载得颇为详细:

民元以来,清末所有浮滥祀典悉皆废止,然目标不去,俗尚难移。

---

① 乾隆十八年《博山县志》。

自十七年(1928年)后,以革命手段销毁各种神像,驱逐游方僧道,迷信积习去其半。今之不变者,如祭孔孟,祭关岳,祭革命诸先生,此为崇德报功,而属于公祭者。至清明节(亦名添土节)、七月望、旧年除日、新年元旦,或麦熟荐新,或赴任授职,或出家远行,或举行婚丧大典,皆祭于庙或墓(俗谓之上坟),其祭品为清酒、果品、面食、纸香等,此为慎终追远,而属于私祭者。近来神怪之属无复公开奉祀者有之,则多为家藏神轴,至木精、兽妖、土魔、石怪,亦尚有暗自拜奉者。其旧而普遍全国者,则为祀天地、祀灶王、祀门神。

民国以来的破除迷信,大体有以下两项内容:

1. 禁止浮滥祀典

无论是政府主持的公祭,还是民间私祭,都遭禁止。公祭保留了祭孔孟、祭关岳、祭革命诸先生,私祭保留了祀天地、祀灶王、祀门神。潍县、冠县等地盛行多年的城隍出巡风俗,入民国后也被禁止。如1934年《冠县志》载:"(十月一日)俗传冥府放鬼魂,城隍出巡,乘肩舆,盛仪仗,道士唪经,士女喧阗。民国十八年(1929年)销魂神像,此礼遂废。"

2. 销毁神像,改造神庙

山东各地改寺观、庙宇为学校的做法非常普遍。1935年《茌平县志》载:"民国以来,竭力破除迷信,驱逐僧道,或提其庙产以充学校经费,或将其地址改作乡学,以至民俗积习已去其半。"1913年,牟平岠山区建立雷神庙小学,将雷神庙南北中轴线分开,东为庙舍,由道士居住管理,西为校舍,由学校使用管理。西院范园全部划归学校,作为操场。据《牟平县志·地理志·学校》载,牟平的县立中学,创设在东关弥勒寺。该县共建10处县立小学,有午台、酒馆、水道、冶头等4处是"就原有庙房改建"的。有57处公立小学,许多都是"就庙改造"的。县境内的松泉观、三清宫、海云院、梵云院、海泉寺、石崦寺、青龙庵、灵光院、太平观、瑞泉院等,均设为小学。有的像社稷坛"初归县农会作苗圃,后移建设局管理"。城隍庙被军队占据,节孝祠设为电话事务所。该志《坛庙》部分讲:"明清及失考各庙,远近林立,所举不过十分之一,其他多不胜数……其建筑工程大小不同,要皆足为迷信之证。现已多半改设学校,或充各会所用。"

其他县的情况大致相同,至今山东仍有以庙、寺等为名称的学校。

正如上述《青城县志》所讲,民国破除迷信也是风行一时,并没有彻底改变神灵信仰的积弊。当时民间就有"暗自拜奉"者,风声过后一切照旧。如商河"民国以来,破除迷信之说,时时讲演,祭神之风稍减,然民间尚多行之者"①。

①道光十二年《商河县志》。

第六章　山东社会风俗总论

　　由于先秦时期的齐鲁是中国礼仪之邦,在移风易俗方面是率先垂范的地区,更由于发端于山东的儒学在思想上的统治地位,使山东社会风俗具有中国传统风俗的典型特征,以下论述不仅是山东社会风俗的特点,也成为中国传统风俗的主要特征。

一、传统服饰观念透视

　　服饰,与人类形影相随已有上万年的历史,在所有的身外之物中,就数它和人贴得最紧密、最受人关注,在衣食住行中居首位。丰富多彩的服饰文化,层累地堆积着中华民族的智慧、技艺、灵感和非凡的创造力。它作为一种深厚而悠久的物质文化,渗透在人们的情感、习俗、道德风尚、审美情趣、社会制度中,不仅成为中华民族鲜明的外在标志,而且积淀为一种普遍的文化心态,形成了现代人独特的服饰审美观念。

(一) "毋其爵不敢服其服"与服饰的等级观念、角色心态

　　《管子·立政》载:"度爵而制服,量禄而用财,饮食有量,衣服有制,宫室有度,六畜人徒有数,舟车陈器有禁。修生则有轩冕、服位、谷禄、田宅之分,死则有棺椁绞衾圹垄之度。虽有贤身贵体,毋其爵不敢服其服。虽有富家多资,毋其禄不敢用其财。天子服文有章,而夫人不敢以燕以飨庙,将军大夫以朝,官吏以命,士止于带缘。散民不敢服杂采,百工商贾不得服长鬈,貂刑余戮民不敢服統,不敢畜连乘车。"

战国鲁人墨子认为："画衣冠,异章服,而民不犯。"①

中国传统服饰始终贯穿着"分等级,定尊卑"的原则。从先秦的"士冠庶人巾",到皇帝专利的冕旒、黄袍,再到标志官品高下的品色服,无不反映着服饰等级的森严。服饰成为阶级、阶层、行业的类别包装,人们的服饰审美被框定在不同的等级层次中而不得超越。春秋郑子臧"好聚鹬冠",竟被郑文公派人诱杀于陈、宋间。鲁国人左丘明评论说:"君子曰'服之不衷,身之灾也。'子臧之服不称也夫。"②鹬是一种能预知晴雨的鸟,古代以知天文者冠鹬冠,子臧不知天文而冠鹬冠,所以引来杀身之祸。

辛亥革命后,由等级服饰转型为角色服饰。城市市民与乡村百姓之间形成洋装、旗袍、中山装与旧式服装的鲜明反差。青岛的公务员及教育界穿西装,摩登妇女崇尚欧化,"脚踏高跟鞋,身披呢大氅",与其毗邻的乡村则处在另一个世界。即墨人的服饰"无论男女,大都布衣,蓝色无花"。潍县"城市居民以长服为多数,乡镇居民以短服为多数"。至于不同的阶层、职业、行当,更是视服饰为自己的类别标签而主动定位。机关、教育界穿西服、中山装,工商界及农村乡绅穿长袍马褂,城市摩登妇女穿旗袍、高勒袜、高跟鞋,乡村男女则穿土布或洋布制作的各种便服。先生、女士、学生、绅士、老板、农民的身份差别,就像舞台上的角色一样一目了然。一旦超越自己的类别,则"多非笑之"。③ 解放前的"只认衣衫不认人",就产生在此基础上,因为衣着打扮直接反映着一个人在社会中的角色。

不同类别间的服饰差异与同一类别间的服饰雷同,所形成的服饰审美观念是:人们追求的是一种雷同型的和谐美,而不是超越型的反差美。人家有一对双胞胎,本来就难辨认,可总愿意给他们穿一模一样的衣服,越是雷同就越有美感。如果他俩的服饰出现反差,美感也就消失了。它所认同的服饰趋新,是一种普及型的群体趋新,"一花独放不是春,百花齐放春满园",讲的就是这种审美价值的滞后性。

角色服饰的和谐美也决定了服饰趋新、超越的渐进性和务实性,这是

---

① (清)孙诒让:《墨子间诂·附录》,载《诸子集成》,上海书店 1986 年影印版。
②《左传·僖公二十四年》,载《十三经注疏》,中华书局 1980 年版。
③1928 年《胶澳志》、1941 年《潍县志稿》、1936 年《清平县志》。

中国自给自足的农业自然经济的要求。一件衣服往往希望它坚固耐用，而从不考虑它的款式会陈旧过时。辛亥革命前后西装大量传入，人们追求的不是款式的新颖而是质料的坚固。尤其是在广大的农村，对西装的兴趣远不如对洋式衬衣、绒衣、针织衫裤、纱袜、胶鞋的偏爱，对西装款式的选择也远不如对机织毛呢、人造丝、洋布等西式质料的选用。尤其是西装中的领带，超越程度太大，又是不能御寒防晒的赘物，直到现在，大部分人只穿西装，不戴领带。

（二）"洁身自好"与个体内在品格

以孔子为代表的先秦齐鲁诸子把服饰与人的个体品格联系起来，最早形成了外在服饰展示内在品格的观念。

《荀子·哀公篇第三十一》载孔子语曰："资衰苴杖者不听乐，非耳不能闻也，服使然也。黼衣黻裳者不茹荤，非口不能味也，服使然也。"

《管子·形势解》称："衣冠正，则臣下肃……衣冠惰，则臣下轻之。故曰：'衣冠不正，则宾者不肃。'"

《晏子春秋·内篇谏下第二》载晏婴语曰："首服足以修敬而不重也，身服足以行洁而不害于动作。"

墨子虽主张"度身而衣"，但也认为"君子服美则益敬，小人服美则益骄"。墨子见染丝者而叹曰："染于苍则苍，染于黄则黄。"[1]

古人讲求仪容、服饰的整洁是为了保持身心的清洁，培养自己的高尚品格。《礼记·儒行》叫"澡身而浴德"。古人还以免冠、徒跣表示赔罪，沐浴更衣表示郑重其事，君子佩玉表示德。子路"衣弊缊袍与衣狐貉者立而不耻"，显示了贫贱不移、蔑视一切的自信。他在激烈战斗中放下武器结缨，似乎很迂腐，但表现了一种至死不乱方寸的牺牲精神，也是近代革命烈士在刑场上正好衣冠从容就义的历史渊源。这一传统服饰的道德界定主要有以下表现：

1. 男人品格、地位越高，服饰就越美，审美价值和名人效应就越大

在古代，领导男人服饰新潮流的都是有身份地位或者品格高尚的名人，

---

[1]（清）孙诒让：《墨子间诂·附录》、《墨子间诂·所染第三》，载《诸子集成》，上海书店1986年影印版。

人们由仰慕他们的品格、地位而仿效他们的服饰。"齐桓公好服紫，一国尽服紫。"①东晋刚刚播迁江左，国用匮乏，库中仅有练布千匹，卖不出去。琅邪临沂（今属山东）人王导带头制练布单衣而服之，练布的价格猛增至每匹一金。

2. 妇女越是艳美，品格越低，越是亡国败家的祸根

妇女服饰新潮的领导者，唐以前是京师贵妇，宋以后是妓女。推动服饰发展的人的类别上的反差，给艳美蒙上一层不光彩的阴影；古代美女往往成为男子沉湎女色而亡国败家的替罪羊，更加深了美色是红颜祸水的心理印象；历代文人墨客对妇女美色亵渎、嘲弄式的赞美，伤害了妇女的人格。

3. 在一般情况下，追求服饰美的权力越大，品格地位越低

古代女性美容和化妆，要比男性复杂、发达得多，消费值也比男子高得多。髻鬟、额黄、眉黛、朱粉、口脂、花钿、妆靥、笄钗、玉珥、环镯等，足以将妇女装扮得如花似玉，珠光宝气。然而，一句"女为悦己者容"即点明了她们的地位。

这一道德品格界定在现代也没有完全消失。一个天真烂漫的少女，一旦成为干部、劳模、典型，奇装异服就得和她绝缘。从年龄来看，年幼小姑娘的"特权"最大，因为她还没有成年人的品格。"花枝招展"一词，对她来说是赞美之意，而用在一个涵养、地位高的中年妇女身上就变味了。待子女长大后，母亲的爱美之心就得收敛、掩饰，中国基本没有母女之间、婆媳之间争俏比美的现象。

（三）"改正朔，易服色"与服饰的政治功能

古代统治者在服饰上寄托了太多的政治功能，使中国人的服饰观念明显带有政治判断、道德界定等心理印象：服饰变革暗示着改朝换代，穿衣戴帽是个人政治立场、思想倾向的外在标志。

辛亥革命前后，在革命党人看来，只要我剪去长辫子，换上西装洋帽，就是与清王朝决裂的反清义士，民主共和就实现了。清廷遗老遗少的服饰观念与革命党人如出一辙：只要我拖着长辫子，穿着长袍马褂，就是不事二主

---

① 《韩非子·外储说左上》，载《诸子集成》，上海书店 1986 年影印版。

的忠臣,光复帝制就有希望。区区三尺长辫、衣着打扮,竟暗示着帝制与共和的政治对垒、效忠与背叛的道德抉择。"文革"中,服饰的政治功能更加明显,西装是崇洋媚外,布拉吉是修正主义,旗袍、辫子是封建主义,"留革命头,做革命人"的口号响彻云霄。

(四) 服饰与山东人的个性

齐国号称"冠带衣履天下",服饰注重豪华、奢侈,显示人的外在美;鲁国孔子的儒服为历代文人学士所效法、传承,其服饰注重道德礼仪内涵和深刻的文化意蕴。先秦齐鲁两国都是服饰最发达的地区和服饰新潮流的领导者。

一般说来,一种文化越是博大精深,积淀深厚,人们对它的认同、崇尚以及由此而产生的向心力、义务感就越是强烈。其表现出的故步自封心理就越顽固。司马迁讲:"齐俗宽缓阔达而足智,好议论,地重,难动摇。"邹鲁"有周公遗风,俗好儒,备于礼"①。《汉书·朱博传》颜师古注曰:"齐人之俗,其性迟缓,多自高大,以养名声。"说的是山东人持重保守,自尊、自信的个性。近人张玉法讲,山东人"性格保守,惮于革新","对本土文化富优越感"②。在服饰上,不仅子路"衣敝缊袍与衣狐貉者立而不耻",就连一介平民的娄敬,面见至高无上的刘邦,也充满自信地不肯易衣。清初山东莱阳人左懋第杖毙剃发的随员,孔子后裔孔文骠上书清廷在孔府保留汉族衣冠,也来自山东人的这一特性。

两千年来,山东人一直在齐鲁之邦和重信义、刚直纯朴的品格中陶醉并引以为豪。辛亥革命剪发易服的艰难,不仅让外省人另眼相看,也唤醒了山东人反省、检视自己的自我意识。1923 年印行的、胡朴安的《中华全国风俗志》,1947 年印行的、吴金鼎的《山东人与山东》、张天麟的《论山东人的性格》,就是这方面的成果。

胡朴安毫不客气地指出济南人(实际是山东人)"简"、"直"、"重保守"等三种的特性,与其他省份简直格格不入。"简"是指山东人思想简单,生

---

① 《史记·货殖列传》,中华书局 1959 年版。
② 张玉法:《中国现代化的区域研究·山东省》,台北:"中央研究院"近代史研究所 1982 年版,第 136 页。

活粗线条而不求先进。只愿用人力车而不愿用先进的摩托车。人家划拳是
"四喜"、"五魁"、"七巧",济南人则直接吆喝"四"、"五"、"七",简得不能
再简了。"直"也不是山东人认定的"刚直",而是不开窍,不会做生意。浴
室只会用"澡堂"作商号,而不会用"清水盆汤"、"汽水浴堂"等取悦、招徕
顾客的时髦名称。"重保守"更发人深省,济南商店里陈设的首饰、手帕,
"皆南方三十年前通行之物"①。总之,字里行间都透出山东人落伍、不开化
的形象。他所提出的警示,对唤醒故步自封的山东人,有非常现实的意义。

二、饮食风俗品评

山东饮食文化历史悠久,博大精深。山东人不仅以自己卓越的美食艺
术智慧烹制出色彩纷呈的美味佳肴,还将饮食文化的精神价值充分高扬,使
饮食作为一种道德建树、礼仪规范、生活准则而流传下来,形成独具特色的
饮食价值观念。

（一）饮食结构与中国人的个性

中国是以农为本的农业国,主食是五谷和菜,饮料是粮食酿造的酒和
茶,有病则喝中草药。尽管有贵族阶层的"肉食者",但他们也遵从着"五谷
为养,五果为助,五畜为益,五菜为充"②的配膳原则。直到明清时期,山东
人仍把偶尔吃上一点肉叫做"打牙祭"。所以,中国古代的饮食结构基本上
是植物食品。从饮食习惯上讲,中国人吃热食,不仅酒、茶喝热的,做好了的
熟食凉了也要再馏热。中国古代就已探讨食物构成对动物性格的影响了。
《大戴礼·易本命》讲:

> 食水者善游能寒,食土者无心而不息,食木者多力而拂,食草者善
> 走而愚,食桑者有丝而蛾,食肉者勇敢而悍,食谷者智慧而巧,食气者神
> 明而寿,不食者不死而神。

这些说法未必都正确,且有荒诞之处,但作者已注意到食物构成对动物

①胡朴安:《中华全国风俗志》下篇卷二,中州古籍出版社 1990 年版。
②《黄帝内经·素问》,中医古籍出版社 2003 年版。

的性格、智慧、技能、寿命的影响了。恩格斯也注意到了食物构成对人的智力、性格的影响,他说:"雅利安人和闪米特人这两个人种的比较好的发展,或许应归功于他们丰富的肉乳食物,特别是这种食物对于儿童的优良影响。的确,不得不差不多专以植物为食的新墨西哥的普韦布洛印第安人,他们的脑子比那些处于野蛮时代低级阶段而吃肉类和鱼类较多的印第安人的脑子要小些。"①

农业生活和植物食品的饮食结构,热食的习惯,滋养了中国人民温和、善良的性格,特有的人情味和热情好客的传统美德,培育了他们对土地的深厚感情和植物心态。强调人际间的和谐、仁爱,与人为善,"和为贵",成为中国人际关系的主旋律,而不主张双方的冲突、争斗和玉石俱焚。"血气方刚,戒之在斗"②,还成为人生三戒之一。生活在一起的人们尽管一天无数次见面,再见面时总要问一句"您吃饭了吗?"正是这种过分的热情,才创造了人们之间温馨、和谐,富有人情味的生活气息和社会环境。

几乎所有的中国人都不好意思用家常饭招待客人,酒、茶、食品被广泛地应用于接风、送行、压惊、待客等人际交往场合。中国人讲"有仓卒客,无仓卒主"③。八仙桌、圆桌团坐在一起用餐的习俗,把一家人牢固地凝聚在一起,吃顿团圆饭比什么都重要,少了一个人就像塌了半边天,宁肯等上个把小时,甚至饭菜凉了再热上几遍。这虽反映了中国人的时间观念不强,却使儿女情长、家庭人伦等各种团圆的人际伦理通过一张圆桌得以兑现。中国文学作品中大团圆的思维模式和类同化的结局,与中国饮食文化风俗有着必然的联系。

中国人对赖以休养生息的土地有着深厚的感情,他们安土重迁,讲求入土为安,客居他乡者渴望像树木一样落叶归根。《史记·孟尝君列传》载,木偶人与土偶人相与语,木偶人说:"天雨,子将败矣!"土偶人说:"我生于土,败则归土。今天雨,流子而行,未知所止息也。"把木偶人驳得哑口无言。在齐国孟尝君等人看来,客死他乡,"死无葬身之地"是多么可怕。

---

①恩格斯:《家庭、私有制和国家的起源》,载《马克思恩格斯选集》第四卷,人民出版社 1972 年版,第 21 页。
②《论语·季氏》,载《诸子集成》,上海书店 1986 年影印版。
③《太平广记》卷二百一十五引《西京杂记》,中华书局 1961 年版。

　　中国人的植物心态还表现在强调以理节情,对人生世事采取既乐观又清醒冷静的人生态度。在干事情之前,善于计划周详,鲁国季文子叫"三思而后行"。专门从事冒险战争的兵家,虽讲"出奇制胜"、"陷之死地而后生"、"不入虎穴,焉得虎子",但基本原则仍然是齐国孙武的"知己知彼,百战不殆"。这种不贪图侥幸,不作无把握冒险的思想,来自求稳、安守本分的处世原则和行为方式,体现了人比其他动物更有计划性、目的性,提高了行为的成功率。

　　传统文化的优点和缺点是结合在一起的,在这些优秀品质的背后又透露出中国人的种种弱点。

　　强调人际间的和谐以及温和、善良的性格,往往使人们缺乏竞争意识和开拓进取精神。春秋战国时期,当社会文明进步带来的欲望、争战、罪恶日益暴露,社会越来越强力抗争的时候,道家消极避世,主张超脱、避开这些罪恶;儒家积极入世,企图通过仁、义、礼、智、信,"和为贵"来消除这些罪恶。谁都没能从这些罪恶和争斗中净化出正当的竞争意识,强调人在强力抗争中的生存能力。

　　中国人的热情和人情味固然可贵,然而过分的热情却冲淡了人们的卫生健康意识。从唐宋到现代,中国人一直保持着各吃各的饭,共享一盘菜的"伙食"习惯。在一盘菜内,你一筷,我一勺,交流着七八个人的唾液和病菌。古已有之的分餐制在1000多年后的今天竟是那么遥远和陌生,人们竟如此热衷于"一个锅里摸勺子"。抵制现代分餐制的,正是中国人的过分亲密。因为菜分开了,人情也淡了。

　　清醒冷静,反对冒险,不仅得不到那些可能偶然出现的重大成功,还使中国人做事情之前,左盘算,右计划,延长了犹豫不决的思维过程,待决断之后,机遇早已丧失了。事实上许多首创的事情都是需要冒险的,中国历史上的出奇制胜者,开辟新航路的西欧航海家,都付出了冒险的代价。

(二) 饮食与山东人的人格尊严

　　讲求仁、义、礼、智、信、忠、孝、节、廉等个体品格的完善,是儒家传统文化的鲜明特征。在饮食礼仪方面,孔子不仅率先垂范,"先饭黍而后啖桃",还制定了一系列必须遵守的饮食道德规范。《礼记·曲礼上》载:

"虚坐尽后,食坐尽前,坐必安。"

"共食不饱,共饭不泽(摩)手。毋抟饭,毋放饭,毋流歠,毋咤食,毋啮骨,毋反(返)鱼肉。"

"长者举未釂,少者不敢饮。"

"赐果于君前,有核者怀其核。"

《礼记·玉藻》载:"凡尝远食,必顺近食……凡侑食不尽食,食于人不饱。"

《礼记·内则》:"男女不同席,不共食。"

《论语·学而》:"君子食无求饱,居无求安。"

上述规范都反映了饮食上隆礼的文化特征。齐国管仲讲:"厚于味者薄于行。"①晏婴讲:"赐人主前者,瓜桃不削,橘柚不剖。"这一点上,齐鲁先贤们倒是有共同语言。

孔子讲:"君子谋道不谋食。"②儒家特别注重饮食上的气节,反对在饮食上堕落丧志,"饱食终日,无所用心"③。

总之,儒家的传统伦理道德都渗透、落实在饮食风俗中,成为每个人必须遵从的守则。它有效地维护了餐桌上的秩序和人际关系的和谐。通过饮食,使每个人的品质、气节、欲望都得到了道德上的净化。

然而,它又是山东人的缺点。在饮食上保持自己的气节、人格固然重要,关键在于山东人太苛求精神价值了。《礼记·檀弓下》载:"齐大饥,黔敖为食于路,以待饿者而食之。有饿者蒙袂辑屦,贸贸然来。黔敖左奉食,右执饮,曰:'嗟,来食!'扬其目而视之,曰:'予唯不食嗟来之食,以至于斯也。'从而谢焉,终不食而死。曾子闻之,曰:'微与,其嗟也可去,其谢也可食。'"在人家赔礼道歉后仍不食而死,连曾子都不赞成他这种气节。

山东人对待饮食,奢侈铺张与勤俭持家并行不悖,两种消费观念在特定情况下对立互补,各得其用,都体现了隆礼、克己、利他的品格。

对婚丧礼仪、对待别人时,山东人特别慷慨,"喜奢忘俭",大方场面,用力所不及的投入来维护自己热情好客的虚荣。光绪六年(1880年)《菏泽县

---

①《管子·中匡》,载《诸子集成》,上海书店1986年影印版。
②《论语·卫灵公》,载《诸子集成》,上海书店1986年影印版。
③《论语·阳货》,载《诸子集成》,上海书店1986年影印版。

志》载："迩来宴会渐以多品、大品相夸诩,细民效之,至有典卖称贷以备一筵之费者。"在日常生活中又极其俭啬,"澹泊自足","以自苦为极"。清末民国,青岛一带"乡民之食事,冬季朝夕两餐,春、夏、秋则朝、午、夕三餐",鱼肉"仅嫁娶、宴会时用之,不以供常食也"①。

《隋书·地理志》载："祝阿县俗,宾婚大会,肴馔虽丰,至于蒸脍,尝之而已,多则谓之不敬,共相消责。"为了克己、隆礼、利他,山东人在别人的餐桌上努力恪守着"共食不饱","食于人不饱"的礼仪,强忍口水来维护自己的身份、脸面,追求着精神上空洞的高尚。直到现在,许多爱面子的人在礼仪宴会上,既不敢狼吞虎咽,也不敢吃饱。

(三) 饮食等级与消费观念

在饮食文化演进的过程中,从"糟糠不厌"、"箪食瓢饮"的一般农户,到"钟鸣鼎食"、"酒池肉林"的"肉食者",满足着从生存到享受多层面的追求,也成为古代专制等级制度的鲜明写照。《墨子·公输》载："舍其文轩,邻有弊舆而欲窃之;舍其锦绣,邻有短褐而欲窃之,舍其粱肉,邻有糠糟而欲窃之。"文轩与弊舆、锦绣与短褐、粱肉与糠糟,鲜明反映了两种截然不同的消费等级。

高消费的饮食追求以管仲、孔子为代表。《管子·侈靡第三十五》提出了奢侈刺激消费、扩大就业的理论。兴时化"莫善于侈靡","雕卵然后瀹之,雕撩(栋)然后爨之……富者靡之,贫者为之"。意思是把鸡蛋绘上彩画再煮食,把柴火雕刻了再烧,富者奢侈了,穷人就有事做了。孔子提出的"食不厌精,脍不厌细"和十三个不食的原则,奠定了中国色、香、味、形、器五方面的美食原则,形成了儒家在饮食上刻意追求和隆礼的鲜明特征。后来的官僚贵族阶层,对食品精益求精,夸富斗奢,追求高消费的心态,就是受了他们的影响。正是上层位人们对饮食高档次、高口味的追求,才促进了中国美食文化的博大精深。

墨子代表了普通山东人的消费心态,叫做"量腹而食,度身而衣"②。自

①1928 年《胶澳志》。
②《墨子·鲁问》,载《诸子集成》,上海书店 1986 年影印版。

古以来的农民就过着男耕女织、自给自足的贫苦生活,养成了节衣缩食、勤俭持家的优良传统,既无商品意识,也没有高消费的奢望,粗茶淡饭足矣。食物的种类追求耐饥、耐吃,解放前,山东的农民以细粮换粗粮的现象非常普遍。甘薯、玉米传入中国后,之所以在北方迅速普及,也出于这种消费观念。

节衣缩食的传统和贫困生活,也促使百姓增强饮食的计划性和节约意识,山东人常讲"吃饭穿衣料家当",一般不敢"寅吃卯粮",到时揭不开锅。除过节、来客外,从不想一饱口福。直到建国后,山东农村的农民做点好吃的,都不让孩子讲出去。

(四)中国饮食文化与思维方式

中国饮食文化是一种高雅的艺术,讲究色、香、味、形、器的完美统一,追求强烈的美感和文化享受,绘画、雕塑、乐舞乃至诗词等艺术都被运用于饮食菜肴之中。饮食文化还带有宇宙本体论和方法论的哲学意味,讲求咸、苦、酸、辛、甘五味调和,五味又以五行为本源。《尚书·洪范》载:"五行,一曰水,二曰火,三曰木,四曰金,五曰土。水曰润下,火曰炎上,木曰曲直,金曰从革,土爰稼穑。润下作咸,炎上作苦,曲直作酸,从革作辛,稼穑作甘。"

正由于饮食文化带有丰富多彩的文化意蕴,反而忽视了对纯食物自身成分的分解研究。博大精深的美食文化与悠久的中医理论,道家的养生之道并行了 2000 多年,既没能从人体肠胃消化、吸收的具体过程中去研究食物怎样变成人体所需要的能量,也没能产生像西方那样的把食物分解为碳水化合物、脂肪、蛋白质以及钙、铁、盐等无机物、维生素等成分的营养学。中国人用了数千年筷子,一直没有悟出杠杆原理,其思维方式一直停留在模糊、笼统的整体把握和直观经验的体会上,而不善于逻辑上的理性思辨和物质内部构成的具体分解。

三、传统节日巡礼

中国是个宗法农业社会,其传统节日文化与西方那样的宗教工商社会有明显差异。它们有以下基本特征:

（一）农业文化的印记

传统节日风俗印记着鲜明的农业文化烙印,反映了农业社会的生活规律和古代农民质朴的心理要求。传统节日基本上都是以二十四节气为线索进行的,都与农时紧密相连,反映着季节和气候变化的规律。几乎每一个节气都流传着许多有关农时、气候的谚语。春节的雏形就是庆丰收,每到春节,老百姓都企盼"瑞雪兆丰年"。"干冬湿年,禾谷满田","上元无雨则春旱",告诫人们及早作抗旱的准备。"清明前后,种瓜种豆",则提醒人们播种季节的到来。"七月十五定旱涝,八月十五定收成",是对一年气候和丰歉的总结。"不怕重阳雨,只怕重阳风",反映了农民对来年生产的担忧。七夕节作为中国式的"情人节"虽然浪漫,但典型地反映了男耕女织、一夫一妻一头牛的小农家庭模式。脆弱而闭塞的小农经济意识,使中国人很注意门户的把守。每逢过节,要贴门神,插柳枝、艾虎、茱萸,将门户紧紧地看守住。祛邪禳灾、万事大吉,几乎成为所有传统节日风俗的共同心愿。

传统节日风俗,还是对单调的农耕生活的一种心理补偿。乡间农民日出而作,日落而息,年复一年地默默劳作。单调而闭塞的生活,需要一种高情感的精神发泄,需要不断地过节来进行精神的调节。中国人不仅小孩爱过节,大人也喜欢过节。山东半岛有句谚语:"招远人,性子急,拿着初六当初七。"岂止是招远人,周围各县一直都是七月初六过七夕节,许多节日也都提前一天过。尤其是春节,辞灶就已经进入节日状态了,一到元旦总觉得它过得太快,过完节有说不出的失落。唐诗人苏味道"玉漏莫相催"的诗句,倒是恰当地反映了这一心理。

面朝黄土背朝天的农民,年复一年地默默劳作,生活的单调、枯燥、乏味而闭塞,需要一种高情感的精神宣泄,高强度的精神刺激和沉闷的精神麻醉,以获得短暂的快感。中国的鞭炮之所以受欢迎,就出于这种宣泄心理。农业社会养成的内向心态,使中国历史上没有西方那样充满激情的狂欢节、愚人节,只能通过高强度的鞭炮噪音来获得快感和短暂的刺激。其他像舞狮龙、踩高跷、敲锣鼓、扭秧歌等民间娱乐形式,中国人不仅爱看,更喜欢参与。

"贫家犹裹粽子,随时答年光。"中国的节日饮食严格而且规范,即使再清贫,节日食品也是必备的,不然会被人笑话。这也是对"量腹而食,度身而衣"的勤俭生活的一种补偿。吃改样饭,着节日盛装的过节模式,反映了农民解决温饱问题的质朴要求。

(二) 阖家团圆的旋律

几千年的宗法家族社会,家庭不仅是生活、生产的组织核心,也是节日的组织者。传统节日具有浓厚的家庭伦理特色,是和谐人际关系、礼尚往来的主要渠道,阖家团圆成为中国传统节日的主旋律,遵守礼仪和道德是中国节日风俗活动的基本原则。

除夕全家守岁,清明祭祖扫墓,端午系五色丝、涂雄黄,七夕看牛女相会,中秋团圆,重阳"追节",所有的传统节日几乎都是在家庭的组织下进行的,或者说都是在家里过节。离开家或没有家,也就没有了节日。这也是许多在外者"每逢佳节倍思亲"的原因。直到现在,只要看看春节前拥挤的车站,就可以理解,阖家团圆在人们心目中是多么的重要。为了实现这一价值追求,付出的代价实在是太大了。基于中国人严格遵守节日礼仪道德的传统,基于老少几代人共聚一堂的节日环境,中国不可能产生像西方那样放纵情感的狂欢节,也没有带欺诈和恶作剧特色的愚人节。

(三) 征服自然的回音

传统节日中的许多风俗都是远古生产力低下的历史回音,记载着先民蹒跚的足印和征服自然的顽强信念。除夕逐傩是驱鬼逐疫,"劳形趋步"、祛疾健身;饮椒柏酒、屠苏酒压邪;元旦放爆竹"惊山魈";元宵走百病;中和节炒避蝎豆;修禊节洗濯祓除;谷雨书符禁蝎;端午插艾叶、带五色丝、佩香囊、饮雄黄酒;六月六曝衣晒书避蠹虫、避蝇,吃炒面除邪疾,治痢疾;中秋收露水合墨除百病等等,防御侵害,保护人类的各种活动,在一年四季的节日中重复进行着。它折射出远古人类生存环境的险恶,让人领略到节日风俗中蕴含的生生不息的精神。

(四) 教化万民的工具

节日是古代统治者推行礼乐教化的工具,通过节日来歌舞升平,与民同乐,制造欢乐祥和的气氛,是维护统治的有效方式。封建统治者之所以大力提倡过节,就是让下层人民沉浸在短暂而连续不断的欢乐中,得到情感的满足、补偿和宣泄,以转移社会矛盾的视线,冲淡下层人民的愤怒,维持社会的稳定。正因如此,封建统治阶级尽管享有各种特权,唯独不要过节这个特权,几乎没有一个不让下层人民参加的节日。甚至中国有这么多的封建王朝,竟没规定一个王朝建立纪念节。因为过节是为了与民同乐,普天同庆,统治者单独过节,就失去利用节日维护统治的意义了。有了这普天同庆、国泰民安的心理满足,也就够了。这也是秦汉以后统治者明智、长进的地方,在先秦时期讲"礼不下庶人",有些节日性的礼,庶人是没有的。

(五)传承文化的平台

传统节日还具有传承文化、保存技艺的重要功能,其中蕴含着丰富的天文历法知识,流传着众多的民间传说,积累着几千年的农业生产经验和高超的艺术技艺。如北斗、牵牛、织女、刻漏、更鼓、时辰、三伏、九九等等,以及各种独具特色的节日食品,潍坊杨家埠年画、高密扑灰年画,清明节的潍坊风筝、寿光转轮大秋千,一系列有关节日的农谚等,都借助节日得以传承下来。如果没有传统节日的实践,恐怕早就被遗忘了。

(六)社会和谐的契机

节日可以平衡、调节心理,促进社会的和谐。例如,燃放烟花爆竹是一种娱乐,一种礼仪,一种文化感受,忙碌了一年的人们在喧闹的鞭炮声中会感到一种宣泄、振奋和满足。它还寄托着人们对幸福吉祥、平安如意的美好生活的向往、装点和创造。节日由恶鬼、瘟疫笼罩下的巫术式的仪式发展为合欢、庆典式的佳节良辰,是人们逢凶化吉的传统思维习惯和行为方式的最好诠释。除夕点天灯;正月的节日盛装;元宵节张灯结彩;清明戴柳,荡秋千;端午簪榴花;中秋圆月;重阳赏菊等等,使节日成为最欢乐、最美好的时刻,因而也是社会最安定、和谐的时刻。

(七)现代化、市场化对传统节日的挑战

改革开放后,传统节日正遭遇到现代化、市场化的严重挑战。

社会的现代化、市场化,虽然淡化了传统节日的古典氛围,但却以现代

化的手段加速运载了其中的文化精神。春节、元宵电视文艺晚会的出现,把全家人围成的"圈"拆成了一条直线,使一家人的亲密相对疏远,但它又是"傩舞"、"正月里唱大戏"的化身和传承者;机械化送来的噪音使人们丧失了对鞭炮、锣鼓的快感,但火车提速、私人汽车的涌现又提高了赶年关团聚、春节烦琐应酬的效率;现代化的通讯网络高效率地传送了阖家团圆的情思和信息,却破坏了迟缓的农业生活节奏;各种文化节的出现,固然使节日向"钱"看了,却反映了现代市场化的节日要求。在急剧变化的社会中,许多传统节日风俗逐渐被淡漠而失去了原来的"味"。如春节到饭店吃"年饭",从市场买粽子过端午,既简单又省事,但却没有了阖家团坐包饺子、包粽子的其乐融融。

传统节日是活生生地流淌着的中华民族的历史和文化,人们痛惜这些历史文化记忆的消失,却又无法拒绝用手机问候,坐汽车拜年。如何保护这些非物质文化遗产,留住节日文化的"根",如何赋予节日新的内涵,已成为越来越多的人思考和争论的话题。是寻古典之梦,还是追现代时髦,都不是纯粹的选择。

四、传统婚姻观念剖析

千百年来,中国一直是男耕女织的小农经济和以家族亲族为主要人际关系的宗法社会,其政治制度则是以家天下为特点的君主专制。一家一户的小农经济要求妻子承担起"精五饭,幂酒浆,养舅姑,缝衣裳"及"执箕帚"、"馌彼南亩"等各种家务;宗法制度要求通过婚姻,承祖先、供祭祀、嗣后世,维系家族的延续和昌盛;专制等级制度要求确立男尊女卑、男强女弱的上下等级地位。这一特定的文化土壤,把古代男女的交往和婚姻,夫妇间的相互地位,妇女的嫉妒和贞操,离婚和改嫁,夫妻生活和生儿育女,统统编织在宗法伦理和等级的罗网中,既给传统婚姻和妇女的个性带来了严重的历史损伤,又形成了山东人独特的婚姻价值观念和道德标准。

(一)生育型而非情爱型的婚姻价值选择

从婚姻的价值选择来看,传统婚姻是生育型的而非情爱型的。

首先,生子继宗是中国传统婚姻的第一价值选择,单方面强调婚姻的生育价值。

《风俗通义·佚文·折当》载,平原郡(治今山东平原)人胡谭取周碧为妻,"谭阴阳不属,令碧与李方、张少奸通,冀得其子"。为了生儿子,胡谭竟然主动让妻子与两个男人私通。在胡谭看来,生育价值远高过妻子贞节的价值。

先秦"七弃"中的"无子弃",以及"男不再娶"等,无不表现了生育型的婚姻价值选择。清代新城(今山东桓台)人王士祯《池北偶谈》讲的齐俗娶妇用枣、栗由"夙兴"、"慎栗"、"断断自修正"到"早立子"的传讹,以及花生、筷子、石榴等被确立为婚礼上的吉利物等,典型地反映了对生子继宗的强烈企盼和对婚姻生育价值的普遍认同。

青州市五里镇井塘村一带,结婚入洞房先抱麒麟,意为麒麟送子,再咬放入枣、栗子、钱的饽饽糕。扶拜的人还唱:"大口咬,一口咬着栗子枣。"[1]沂源一带叫做:"一把栗子一把钱,大的领着小的玩。"[2]有的在撒帐时把栗子、枣、花生等撒到床上,边撒边念:"一把栗子一把枣,明年生个大胖小。"[3]

现代青年男女对一个新生命个体,叫做"爱情的结晶",而古人叫做"祖宗的血脉",鲜明地反映了两种不同的婚姻价值观。

其次,传统婚姻确定的只是夫妻"生子"的合法性,而不是夫妻性生活和夫妻情爱的合法性。婚姻的性爱价值受到虚伪的否定,成为正人君子的隐私和罪孽。

鲁国公父文伯死,媳妇们因夫妻情深而毁哀过度,犯了哪家的法律了?但却遭到敬姜的禁止。寡妇夜里思念死去的丈夫有什么错?但寡妇夜哭却是非法的。在古代,婚姻的情爱价值被无情地否定,夫妻在大庭广众之下示爱,一直被指责为伤风败俗,因为它为传统礼制所不容。如同东汉任城樊县(今山东济宁东北)人何休所讲,夫妻"双行匹至,似于鸟兽"[4]。

20世纪初的山东婚俗,仍传承着这一价值精神。如上述济南名胜"休息日女士游览"的标签,女子在娘家不得与婿同房,甚至不能见面等。

---

①山东大学民俗学研究所:《青州市五里镇井塘村民俗资源调查报告》,第54页。
②刘曙升:《沂源民俗》,人民日报出版社2002年版,第111页。
③山曼、李万鹏、姜文华、叶涛:《山东民俗》,山东友谊出版社1988年版,第195页。
④《公羊传·宣公五年》何休注,载《十三经注疏》,中华书局1980年版。

再次,以娶妻生子为目的的传统婚姻,培养了中国人对男女交往、家庭子女的责任感,恋爱、结婚、情欲、生子是一致的,而不是分离的。

中国的男女择偶、恋爱,一开始就以结婚为目的,总是理智而清醒地面对现实,以婚后的生活为着眼点,而不沉溺于眼前的热恋,对对方的身体、品质、能力、职业、家庭要详细地考察,一旦确认双方不能结婚,马上中止恋爱。

中国既没有西方那么多的情夫、情妇,也没有不结婚就领养私生子的现象。但用结婚来掩盖婚前的性行为和私生子,却得到世俗社会的默认,因为他们承担了对对方、对子女的责任。改革开放以来,情妇增多了,最典型的方式是"包养"、"包二奶"。对男方来说,"包"仍然是一种责任。

(二) 社会、家族型而非个人型的婚姻决定权

从婚姻的决定权来看,传统婚姻是社会型、家族型的,而非个人型的。

齐国的掌媒,齐桓公"无以妾为妻"的盟约,似乎都在说明,婚姻是一种社会、政府行为,而不是个人行为,当然不能由个人说了算。两汉时期传统婚礼变异的基本趋势是:越来越具备广泛的社会性、宗族性。

古代婚姻被看成是君臣父子、等级人伦之根本,家庭盛衰的关键,未婚男女的终身大事,不仅受到朝廷、官府、父母、媒妁的主宰、包办,而且受到全社会的高度重视和广泛关注。透过这些罗网,我们又可看出中国婚姻的神圣、庄严和中国人对婚姻谨慎而不草率的郑重态度。

由于"男不亲求,女不亲许","自媒之女,丑而不信"的礼教禁忌,因而导致了主动求婚者低贱,被追求者高尚的观念。主动求婚者对家庭的建立有首事之功,可中国人谁也不愿意居这个不光彩的"功"。夫妻生活中,它往往成为被追求者高傲的资本,开玩笑、夫妻吵架,还成为奚落对方的话柄。甚至是那些结婚几十年的恩爱夫妻,谁也不肯承认当年是自己主动追求了对方。这种观念,与"男不亲求,女不亲许","自媒之女,丑而不信",仅仅是"五十步"与"百步"的区别。

现代青年仍继承着这种谁也解释不清的遗传心里,他们的求爱都带有一种高度含蓄的艺术风格,甚至嘴唇都打哆嗦。这种含蓄来自遭到拒绝就丧失自尊的恐惧,而不敢像西方人那样开门见山。因为一旦求婚失败,将无地自容。

这是中国人的优点,也是缺点。它尊重对方的感情和社会公德,而不是以自我为中心,死皮赖脸,但缺乏自信和穷追不舍的勇气,使求爱没达目的,见好就收,以放弃理想的佳偶为代价来维护自己虚伪的自尊。往往是涵养越高,自尊心越强的人,这一弱点就越明显。

(三) 道德、礼仪型而非法律、情感型的婚姻维系纽带

从婚姻家庭的维系力量来看,是道德、礼仪型的,而非法律、感情型的。

传统婚姻的维护纽带是婚礼和道德舆论监督力量,而不是法律和双方的情感。传统婚礼有纳采、问名、纳吉、纳征、请期、亲迎等六礼,不仅是双方磋商的过程,也是连接双方的纽带。每进行一礼,双方的关系就加深一步。其实,本人连面都没见,哪来的感情?"至三月庙见,夫妇之情既固",待"反马"以后,婚姻就大功告成了。媒妁、傧相穿梭、活跃于这些礼仪之中,就是为了让婚姻获得社会舆论的承认,并借助舆论维系自己的婚姻。

现在我们宣传的银婚、金婚、钻石婚,也是用这种礼仪来进一步维护双方的婚姻。它思维判断的落点是:正视、维护、发展现实的存在。

正因如此,传统的婚姻有如下价值趋向:

其一,重婚礼,轻法律。

两汉以后,婚礼向大张旗鼓、大操大办的变异中不断扩充,原来不属于婚礼的事象,也被吸收到婚礼当中。

南北朝婚礼的催妆是少数民族抢亲的遗俗,障车是远古女方组织人拦截抢亲者的再现,谑郎是女方对男方抢亲的报复,新妇上车,新郎骑马环车三匝是防止抢来的新娘跑掉。直到今天,山东博山一带仍流行将新娘"抢"上车轿的礼俗。女子遭抢劫时受到惊吓的"哭",也转化为一种必须履行的婚礼仪式,即新娘临上轿的"哭嫁"。

1935 年山东《青城县志》载:"婚娶二字亦作昏取。《仪礼》言,士昏礼则庶人借用之据。梁启超先生言,古时汉族女子少,多抢配异族女子,尤必于晚间行之。昏为日没,取为手执耳,并引《易》'匪寇婚媾'为证。今观种种动作似与古意相合。压轿、男女送客等,似与被抢而追逐者;火烧在古当为防御工具;谷草、食箸、钱鞍等又似以语言不通,而示意者,威胁利诱殆兼而有之。至新妇蒙头,尤等于土匪架票,今则饰言避邪、避羞,诚属虚妄之

词。"

自南宋洪迈把"洞房花烛夜"与"金榜题名时"相提并论,古代不仅称结婚为"小登科",也按照"小登科"的标准来充实婚礼。

道光二十九年(1849 年)《平度州志》载,婚礼"庶人常服或假九品服"。

1934 年《夏津县志续编》:"清代婚娶,新郎袍靴顶戴,俨然绅衿,故俗称'小登科'。"

1935 年《莱阳县志》:"新人凤冠霞帔,蟒袍玉带,是盖明制而清因之。"

现代婚礼把小汽车、音响、录像、现代化酒楼等与几千年的旧婚俗紧密地结合在一起,成为沟通历史与现实的亮丽景观,使"君子重之"的程度丝毫不亚于古代。

现代判断结婚与否的标准也是婚礼,而不是法律。按说登记了就是合法夫妻,但必须经过庄严的婚礼,才能得到社会舆论的认可。登记而没举行婚礼,双方分手了,从不被认为是结过婚。而一旦举行婚礼了再分手,就是真正意义上的离婚。

其二,重道德、婚礼约束,轻感情基础。

许多人都认为,未婚恋人即使发展到崩溃的边缘,突击结婚是防止双方关系破裂的有效手段,而不考虑结婚后仍有离婚的可能性。一些受传统思想禁锢的男女,在婚礼和道德舆论的约束下,似乎也有一种心理惯性,一旦结婚也就死心塌地了。

中国传统的婚姻,不主张通过婚前交往来培养双方的感情,扼杀了男女婚姻最美好的黄金季节。如果说像有人说的那样,结婚是恋爱的坟墓的话,传统婚姻则是直接进坟墓。由于缺乏几千年婚前交往经验的积累,使得现代青年对婚后的各种程序轻车熟路,而对婚前的恋爱明显先天不足,显得幼稚、盲目,没有明确目标。结果是恋爱越早,时间越长,次数越多,成功率反而越低。甚至是有十几年恋爱经验的人,到三十多岁仍是孤身一人的大男大女。

尤其是现代的父母们,只要儿女找的对象称心如意,一般是催促尽快结婚,免得夜长梦多。这个"夜"即指恋爱阶段。他们认为,这个夜越长,破裂的概率就越高。这说明他们仍不相信青年人能把恋爱阶段处理好,仍然充当着善意扼杀男女恋爱阶段的角色。也就是说,没有恋爱阶段的传统婚姻表面上不存在了,而这种观念却仍然在人们心中潜在着。

其三,强化夫妇感情的礼仪内涵,相敬如宾成为中国传统婚姻中夫妻感情模式的共识。

中国传统婚姻强调情欲与礼仪的合理调节,以礼制欲,夫妻感情内向而不外露,"相敬如宾"、"举案齐眉",在中国传为美满夫妻的千古佳话。夫妻之间只有礼和敬,没有情和爱,从而导致了夫妻感情的畸形。鲁国师春姜的女儿出嫁后,和丈夫嬉戏而不严肃,被驱逐回来三次。师春姜召女儿而咎之曰:"夫妇人以顺从为务,贞悫为首,故妇事夫有五:平旦纚笄而朝,则有君臣之严;沃盥馈食,则有父子之敬;报反而行,则有兄弟之道;必期必诚,则有朋友之信;寝席之交,然后有夫妇之际。"①维护夫妻关系的主要是"君臣之严"、"父子之敬"、"兄弟之道"、"朋友之信",最后才是"夫妇之际"。

(四) 终身型而非阶段型的婚姻存续观

从双方结合的时间上看,中国传统的婚姻是终身型的,而非阶段型的。

第一,中国婚姻的终身占有和依附向前后两个方向延伸。

一个方向是强调白头偕老,寡妇不得改嫁,向"从一而终"的后半生的方向延伸。

如前所述,由于先秦到隋唐离婚风气盛行,直到宋以后"白头偕老"才成为中国传统婚姻的主旋律。《诗经·邶风·击鼓》中"执子之手,与子偕老",原本说的是战场上的卒伍之间勤苦与共,生死互相救助的约定,也被应用到男女的婚姻之中。

这种"白头偕老"观念的深层,意味着婚姻是双方人身的终身依附和占有。夫妻双方互为专利,既不许别人涉足,也不许一方有另外的感情空间。以前的旧恋人、旧感情要讲清楚,不许保留,更不许萌发。"冬雷震震夏雨雪,天地合,乃敢与君绝",固然是永恒的爱情,但也是永恒的依附和占有。对第三者更是草木皆兵。说"某某有外遇"是挑拨夫妻感情的最有效的手段。白头偕老的观念,本来应该使夫妻感情牢不可破,反而造成了中国人在夫妻感情上的脆弱和不自信,缺乏与第三者竞争的胆量。

---

① 《太平御览》卷五四一《礼仪部二〇·婚姻下》引《列女传》,中华书局 1960 年影印版。

从现代文学作品的价值趋向来看,仍然强调白头偕老和家庭的稳定。《一声叹息》、《牵手》等作品,反映了现代人对婚姻的反思,但不管怎么搞婚外恋,怎么作传统的叛逆,结果总是越轨者痛心疾首地回心转意,拆散的家庭破镜重圆,一切都向传统上回归……

另一个方向,是向"青梅竹马"、童养媳、指腹婚的方向延伸,越发显示出终身型的特征。

由春秋时期发端于齐鲁的"待年",演变为真正意义的童养媳。指腹婚也在魏晋南北朝的山东士族中流行。信守承诺的山东人在终身占有、终身依附观念的支配下,在指腹婚的婚俗中进一步把海誓山盟发扬光大。

雍正十一年(1733年)山东《乐安县志》载:"闾阎编户有所谓割襟换酒之风,一言之要,终身不渝,虽甚贫富而信誓旦旦,齐俗固加人一等矣。"这些一诺千金的婚姻,表现了终身不渝的结合。

第二,视离婚为丑事,视为人离婚为"损阴骘"。

直到现在,离婚仍然属于道德品质问题,一个正准备提拔的干部,假如他离婚了,提干的事也就泡汤了。这与上述南宋济南人周密讲的"士大夫偶有非理出妻者,将不齿于士类,且被免官"如出一辙。许多人呼唤"无过错离婚",道理也在这里。

第三,妻子对丈夫终身依附与男尊女卑、男强女弱,女子无才便是德的观念的结合,淹没了古代妇女自强、自立的独立人格和自我意识,不仅培养了妇女的自卑感,还形成了在婚姻问题上的惰性依赖心理,婚姻成为妇女托付终身的唯一归宿,丈夫成为妇女谋生的靠山。

三从四德中的"三从",勾画了妇女一生的生平。《孟子·离娄下》载:"良人者(丈夫),所仰望而终身也!"女人后半生的命运全部取决于丈夫,用不着自强自立,它要求夫妻双方的素质是"郎才女貌"。妻子只要品貌端庄,不必有特殊才能,丈夫则要有才能,或者获取功名,或者经营有道,担负起家庭的重任。粗俗点的叫"嫁汉,嫁汉,穿衣吃饭"。稍文雅点的叫"男儿只怕找错行,女儿只怕嫁错郎"。

现代社会流行的"女士优先"似乎说明,妇女的权利、地位,不是自强自立而然,而是来自社会和天下男人的施舍和恩赐,它洋溢着男子汉的自豪和同情弱者的高贵品质,对妇女只是弱者地位的肯定。因此,现代的男女平等、妇女解放,关键是摆脱妇女对丈夫、对男人、对社会的惰性依赖,唤醒妇女自强自立的独立意识和群体意识。

五、人生礼俗观览

山东的生老风俗,集中而鲜明地体现了中国人的人生价值观念。

(一)天地性,人为贵

在中国生老风俗中,祈子、胎教、悬弧挂帨、洗三、试儿、冠礼是不可缺少的人生礼仪。出生后,有三日、满月、周岁、生日、祝寿等反复进行的庆贺活动。一个人不仅有姓名,还要有字、号、生肖属相以及界定人生阶段的弱冠、而立、不惑、艾、耆、耄、耋、期颐等多种文化符号。怀孕期间有各种食物禁忌,枣、栗子、钱、葱、长寿面、寿桃等都要为各种人生追求服务。还有儒、道、医、神仙等各家的养生之道和以座右铭、忍等为代表的养性风俗。这一切,都透露着这样一种人生观念:人生是丰富多彩的,是可贵的、庄严的、自豪的,都表现了对人生的高度重视和认真负责精神。

(二)生命价值与社会价值的统一

人生价值可分为生命价值与社会价值。其实,无论单纯强调生命价值的道家、道教、医家,还是强调社会价值的儒家,都是二者的统一。

道家和东汉产生的道教强调人的生命价值,但他们的思想理论对古代的哲学、医学、养生学及科技文化作出了重大的贡献,已在不知不觉中实现了人生的社会价值。中国的医学家(包括相当一部分道教医学家)具有"人命至重,有贵千金"的救死扶伤精神,在创造人的生命价值的同时,也实现了自己的社会价值。

儒家虽然极度强调人的社会价值,但并不否认人的生命价值,只是在二者不能兼存时,要毫不犹豫地"杀身以成仁","舍生而取义"。

中国生老风俗首先表现了对生命的重视,对"活着"的欲求。祝寿、敬老养老、养生之道以及人们常讲的"人命关天"、"人生易老",甚至是"蝼蚁尚且贪生"、"好死不如赖活着"的俗语,无一不是这样。对人生不吉利的物象和事象,尤其是死,特别忌讳和厌恶,因而存在着许多"逢凶化吉"的行为和思维方式。这种"重生恶死"的心态,反映了人们对生命价值的珍视。

然而,这个重视、保留下来的生命,又必须具有社会价值。那些毫无意义地活着而玩物丧志的人,向来被人称做是"行尸走肉"。

(三)人生的乐和福

乐是儒家的处世精神,孔子在体验人生之乐方面可以说影响了两千年来的中国人生风俗。《论语》开头就讲:"学而时习之,不亦说乎;有朋自远方来,不亦乐乎?""饭疏食而饮水,曲肱而枕之,乐亦在其中矣。"孟子讲,君子有三乐,"父母俱存,兄弟无故,一乐也;仰不愧于天,俯不怍于人,二乐也;得天下英才而教育之,三乐也"①。在民间也叫"平安乐、正气乐、育人乐"。

《列子·天瑞》载,孔子游泰山,遇到一个叫荣启期的,鹿裘带索,鼓琴而歌。孔子问:"先生所以乐,何也?"荣启期回答说:"吾乐甚多。天生万物,唯人为贵,而吾得为人,是一乐也;男女之别,男尊女卑,故以男为贵,吾既得为男矣,是二乐也;人生有不见日月,不免襁褓者,吾既已行年九十矣,是三乐也。"荣启期是春秋郕国(今山东汶上北)人,他的"三乐"被概括为"知足者常乐"。

在诸多的"乐"中,人生本身就是最大的快乐,据此,真可以做到孔子说的"无忧"了。

《尚书·洪范》讲,人有五福:"一曰寿,二曰富,三曰康宁,四曰攸(喜)好德,五曰考终命(长寿善终)。"

福也是老百姓常挂在嘴边的字眼。能吃点好东西,叫做"口福",看点好东西,叫"眼福",甚至有个红颜知己也叫"艳福"。其他像祝福、福相、福气、福星高照、"大难不死,必有后福"等比比皆是。一个人如果不能体验人生的幸福,叫做"生在福中不知福"。中国的许多条屏都写着"福、禄、寿、禧"或者"富、贵、寿、康"四个字,可以说是对福的概括和渴求。

中国的生老风俗,从怀孕到老年庆寿,一直处在不间断的喜庆活动当中。每一项礼仪,又都是对当事人的祝福,充分反映了乐与福的人生观念和

---

①《孟子·尽心上》,载《诸子集成》,上海书店 1986 年影印版。

人生追求。

（四）君子以自强不息

中国的生老风俗不仅充满人生乐趣，使人感到人生是那么充实，那么值得留恋，而且还激励、促进着人们日日上进，召唤着人们自尊、自重，认真执著地对待人生而绝不能虚度。它所反映出的种种人生观念，凝聚为中国人的一种可贵的人生精神，那就是积极有为，执著而不放弃，勇敢地面对命运的挑战。《周易·乾卦》叫做"天行健，君子以自强不息"。

这种自强不息，首先表现为富有韧性、锲而不舍的精神和对成功的坚定信念。

《荀子·劝学篇》指出："锲而不舍，金石可镂。蚓无爪牙之利，筋骨之强，上食埃土，下饮黄泉，用心一也。"《列子·汤问》所记载的"愚公移山"的寓言，《潜确类书》卷六十记载的"铁杵成针"的故事，也赞扬了这种毅力和自信。"事在人为"，"功到自然成"，"功夫不负有心人"，"若要功夫深，铁棒磨成针"的成语和谚语，说明中国的老百姓似乎更能理解它的深刻内涵。

北齐琅邪（今山东临沂）人颜之推在《颜氏家训·勉学》中讲："幼而学者，如日出之光；老而学者，如秉烛夜行。"这种学无止境的精神后来叫"活到老，学到老"，也反映了一种坚韧不拔，自强不息的人生追求。

对人生的乐感和眷恋，还使中国人在命运维艰的处境中不是悲观失望，而是奋发图强，有所作为。对此，司马迁体会得最为深刻：

> 昔西伯拘羑里，演《周易》；孔子厄陈蔡，作《春秋》；屈原放逐，著《离骚》；左丘失明，厥有《国语》；孙子膑脚，而论兵法；不韦迁蜀，世传《吕览》；韩非囚秦，《说难》、《孤愤》；诗三百篇，大抵贤圣发愤之所为作也。[①]

文中的孔子、左丘明是鲁国人，孙膑是齐国人，是山东"圣贤发愤"的典范。

---

①《史记·太史公自序》，中华书局1959年版。

六、丧葬与中国人的传统观念

丧葬风俗来自中国古代的宗法家族观念、孝文化意识和灵魂不灭的观念,反映着中国人的种种文化心态。

(一)贵生恶死与中国人对死的忌讳

重今生,轻来世,是中国传统文化的鲜明特征。中国人蔑视丧失气节和人格的贪生怕死,但从不放弃对生命的执著追求。"人生如白驹过隙",一直是困惑人们的最大遗憾。这种贵生恶死的心态,直接渗透到山东的丧葬风俗之中。

从宗教观念上看,佛教认为人死即脱离苦海,基督教认为人死摆脱原罪,中国虽然也有对灵魂的种种说法。人一死就意味着主动地位完全丧失,只能依赖活着的人,尤其是子孙来供奉。山东人往往活着就做棺材和寿衣。1934年《临朐续志》载:"人到残年,多预备送终衣冠。"但绝不是急着想死,而是趁着还没死把该办的事办好。

在语言、行为习惯上,把死看成是很丧气、很讨厌的事。中国人好忌讳,喜好用吉祥、洁净的词语来掩饰凶险、污秽的事物。其中,在"死"上用得最多,在一般情况下不说"死"。《礼记·曲礼下》载:"天子死曰崩,诸侯曰薨,大夫曰卒,士曰不禄,庶人曰死。"后来的皇帝、太后死,仍沿袭这一习惯,叫做驾崩、山陵崩、千秋万岁后。一般人死叫物故、不讳、仙逝、就木、殁,孩童死叫夭折、殇。现在称为国捐躯叫牺牲、殉国、就义、献身,称"死"为去世、逝世。丧事为后事,棺材为寿材,衣服为寿衣,停尸房叫太平间。行为上也要忌讳,为父母服孝者在节日间一般不出门,怕别人嫌弃。甚至人躺着的姿势也不能像尸体那样四肢伸直,仰面朝天,孔子叫做"寝不尸"[1]。

因此,在我们这样一个贵生讳死的国度里,更能显示出气节和视死如归的崇高、伟大。

---

[1]《论语·乡党》,载《诸子集成》,上海书店1986年影印版。

（二）厚葬久祀与祖先崇拜意识

从上述丧葬风俗可以看到，山东人为使祖先入土为安所做出的物质、精神投入实在是太多了。它与古代孝文化意识、家族意识一起，培养了中国人浓厚的祖先崇拜意识。

从丧葬文化传统上看，厚葬、久祀是中国丧葬祭祀的特点。山东人祭祖恨不得上溯几代，甚至是几十代。佛教认为，人死后很快转世轮回，用不着厚葬久祀。但这种违背宗法伦理的教义只能做传统文化的俘虏，不得不放弃原则，为中国的丧葬、祭祖活动设斋诵经做佛事。

在中国，祖先、祖坟是子孙后代的保护神。春秋鲁庄公将和齐国交战，认为只要信诚地祭祀祖先，祖先就能保佑他打胜仗。[①] 山东民间常讲"祖上有德"、"祖坟上烧高香了"，都是这一观念的反映。凡事希望"祖宗保佑"，成为人们习惯的思维方式。北宋临清（今属山东）人、凤翔节度使兼中书令王彦超致仕后，斥去侍妾多人，厉行俭约，屡对子孙说："吾累为统帅，杀人多矣，身死得免为幸，必无阴德以及后，汝曹勉为善事以自庇。"[②]

古人还喜好炫耀祖先来提高自己的身价，有的甚至乱认祖宗。以"继祖"、"继宗"、"光宗"、"耀先"为名字者相当普遍。中国人对祖先、家族有着强烈的归属感，脱离祖先族姓的人只要知道真相，想方设法也要认祖归宗。这种归属感使中国人收养别人的儿子特别困难，一般要隐瞒真相，而且时刻担心露馅。

对祖先的崇拜，使中国人把祖先、祖坟看得十分重要，辱骂祖宗、挖祖坟都是缺德和大逆不道的。战国时燕国乐毅破齐国都城，围攻即墨（今山东平度东南），"燕军尽掘垄墓，烧死人"，"即墨人从城上望见，皆涕泣，俱欲出战，怒自十倍"[③]。守将田单因此而知"士卒之可用"，遂用火牛阵大破燕军。

中国人的祖先崇拜意识，过分重视祖先的祭祀和家族的昌盛、延续，造成了中国人口的盲目增长，居高不下，成为现代计划生育工作的严重障碍；它把祖训、祖制、祖宗之法看成是不可变更的律条，培养了循规蹈矩的保守

---

①见《左传·庄公十年》，载《十三经注疏》，中华书局1980年版。
②《宋史·王彦超传》，中华书局1977年版。
③《史记·田单传》，中华书局1959年版。

观念,窒息了人们的改制、创新和开拓意识。然而,祖先崇拜意识也加强了炎黄子孙、中华儿女对远古始祖的认同和归属感,又成为国家、民族凝聚力和爱国思想的源泉,尤其在民族危亡的紧要关头,更能显示出祖先崇拜意识的伟大力量。

另外,山东人常讲"上对得起祖宗",讲光宗耀祖,这些观念也激励着人们不断加强道德的自律和事业的进取,为国家,为民族而立事、立功,甚至是从容牺牲。

(三) 送终祭祀与对子女的投入

养老送终,上坟拜土,祭祀祖先,是古代生儿育女的价值所在。没有子女,上述一切丧葬仪式都要落空。即使自己的子孙没了后代,也会成为饿鬼,成为无主绝户坟,将会出现狐兔穿穴、断碑仆地、树死枝枯,凄凉不堪的景象。因此,祭祀祖先是后世子孙必须履行的义务,山东人"虽乞丐无不祭者","虽贩夫贩妇亦知负楮镪而往",活着的人在所有应当做的事情中,扫墓祭祖是第一位的。

中国人是无论如何也不敢没有子孙的。由此可以理解,孟子说的"无后为大"是何等的"远见卓识",世俗社会骂人"绝户"、"断子绝孙",是何等的尖酸刻薄,它触犯了中国人的最大忌讳。

从古代开始,人们就特别重视对子女的投入。《礼记·曲礼上》讲:"君子抱孙不抱子。"之所以抱孙,与现在的"隔代亲"不同,是因为孙能充当虞祭自己的"尸",还是为了祭祀。实际上,一句"无后为大"就已包含了对子女不可估量的精神和物质投入。为了后代,古人可谓用心良苦,思虑精深。

西汉时期的山东,就有积"阴德"保佑子孙的说法。《汉书·于定国传》载,西汉东海郯(今山东郯城西南)人于定国的父亲修缮闾门,对乡邻说:"少高大闾门,令容驷马高盖车。我治狱多阴德,未尝有所冤,子孙必有兴者。"于定国果然在汉元帝时任丞相,其子于永为御史大夫,并封侯传世。

西汉鲁国(今山东曲阜)人邴吉有阴德于孝宣帝,后得疾病。夏侯胜说:"臣闻有阴德者,必飨其乐以及子孙,今吉未获报而疾甚,非其死疾也。"①后邴吉病愈，封博阳侯，官至丞相。

南朝东海郯（治今山东郯城）人徐勉不营私产，追求的是"人遗子孙以财，我遗之以清白"②，为子孙留下的是丰厚的无形资产，与把某种知识、技艺等家世相传，不传外姓，有异曲同工之妙。

更多的人则是为子孙留下基业财产，这是前辈责无旁贷的义务。西汉邹鲁（今山东曲阜、邹城）一带"遗子黄金满籝，不如一经"③的谚语，反映了上策是给子孙留下出仕做官的资本，下策是为子孙留下家业财产的观念。

古人还十分重视对子女的教育。孟母胎教、择邻、断织的故事，传为教子的千古佳话，引起天下父母的强烈共鸣。山东琅邪临沂是孕育士族门阀的圣地，诸葛亮有《诫子书》，王祥有《训子孙遗令》，王僧虔有《诫子书》，颜之推有《颜氏家训》，都是为了训导和规范后世子孙。

如果再联系生老风俗中从诞生到成人的各种礼仪，可以看出中国的父母对子女有不尽的投入和责任。中国人不能没有子孙，中国人对子孙所做出的不尽投入和高度的责任感，反映了中国传统文化的一个鲜明特征：重子孙，轻个人。

在现代社会，由于独生子女的出现和家庭结构的简化，使父母对子女的物力、精力投入出现两种病态现象：一是父母甘做儿女的人梯。自己的事业刚刚起步，一旦成家生子，就把子女作为自己追求人生幸福与人生价值的替代物，而忽视了自身价值的充分实现。另一种现象则是，子女对父母的惰性依赖，推迟了后代社会化的年龄。有的子女到十七八岁不仅经济上依赖父母，甚至在饮食起居上不能完全自理。这种对子女的责任感和天下父母之心固然可敬，但也可悲，而且不明智。孩子能否及早脱离家庭，能否独立适应社会化的现代生活，也是判断对子女教育成功与否的重要标志。

七、信仰风俗评析

山东的信仰风俗也反映了中国信仰风俗的普遍特征，具有下列鲜明特点。

---

①《汉书·邴吉传》，中华书局 1962 年版。
②《梁书·徐勉传》，中华书局 1973 年版。
③《汉书·韦贤传》，中华书局 1962 年版。

（一）信仰风俗的不虔诚性

信仰的不虔诚，主要表现为偶像崇拜的多元性、模糊性和祈祷活动的实用功利性。

山东信仰风俗具有对神灵兼收并蓄、多元选择的矛盾组合性。他们无视各种宗教、神灵的互相排斥，一个人可以在信奉儒学的基础上，同时又信奉佛教和道教。老百姓则是天地君亲师与老君、如来、观音一起奉祀，还要请财神，拜灶王，贴门神，供土地，信龙王，敬关帝。超度死人的亡灵，既请和尚，又请道士，甚至是和尚道士一块请。他们根本不尊重各位神灵的自尊，也不管这些行为背后是否具有一颗虔诚的心。

尤其是山东人的求医问神，是典型的有病乱求"神"。祷天地，谓之"天地口愿"；祷寺庙作俑焚化，谓之"替身"；"或媚于灶，或佞于佛，或祈灵狐狸，或延请巫觋"；"腿疾则许杖于铁拐李仙，足疾则许鞋于翘脚娘娘，腹痛则许五脏于宝藏爷爷，筋痛则许麻经于筋骨老爷，目昏则许眼镜于眼光菩萨，耳聋则许耳包于耳光菩萨，小儿咳嗽则许面饼于吼狗爷爷"。还有什么痘哥哥，花姐姐、疹痘娘娘等等。

在儒家"和为贵"的协调下，不仅人际关系是和谐的，神际关系也是和谐的，没有西方神灵的排他性和嫉妒心。齐地同时供奉八神将，各司其主；济水神和吴江神互通信息，共尊民族大义；宋元明清时期的三教堂里，孔子和释迦牟尼，太上老君欢聚一堂。三清尊神、雷神、岳王虽然风马牛不相及，却并列同居在牟平雷神庙内。崂山的庙宫，道、僧两院同居，道皈依为僧，僧蓄发为道者习以为常，见怪而不怪。

这种信仰的多元性，还表现在同一个神灵可以作不同的解释。财神可以说是范蠡，也可以是比干和关羽。至于他们的职司，更是十羊九牧、人浮于事。泰山神由东岳大帝和碧霞元君男女分司，山东的海神由海神、妈祖、龙王共同负责；河神则由人、龙、神联合承担；驱蝗神有八蜡、刘猛将军、金姑娘娘、沂山庙神、东平王等好几位神灵；潍县城隍爷和东岳大帝都主管十八层地狱；天旱求雨既求龙王，也求关老爷。山东汶上南旺镇运河河神庙大殿有 22 尊神像，另外还有禹王殿、关帝庙、观音阁等 10 余处院落，构成了一个众神联合治理运河的庞大机构。究竟谁说了算？他们会不会争权夺利？山东人根本不管,谁有灵就求谁。

中国老百姓在为神灵烧香磕头的时候,根本不问它的来龙去脉。碧霞元君是玉女,却又称泰山老奶奶。有的人求了一辈子泰山老奶奶,却不知道她就是碧霞元君。求了一辈子海神娘娘,不知道是妈祖。就连农业社会最有权威的天,也是一个模糊、笼统的概念。现代人常讲"天啊"或"我的天啊",这个"天"究竟是指苍天、皇天,还是玉皇大帝,他自己也不清楚。西方人的"上帝啊"、"主啊",则非常明确。这也难怪,中国的宗教信仰把许多神谱搞了个乱七八糟,出身、性别、职司全是一笔无法较真的糊涂账。

对宗教、神灵信仰的虔诚与否,关键在灵不灵,或者是能否给人带来实惠。念经拜佛不仅是谋生的出路,还有着祛病健身的功效。出家不是悲观厌世,也不是修来生,而是孤贫不能自立,寻找个安身之处,或者是寡妇保全名节。对那些不灵验或者是道德败坏的神灵,不仅不祭拜,而且可以任意愚弄、惩治。孔子弟子澹台子羽敢操剑挑战河神,并弄得河神无地自容;李彦佐义责河神,还要到天庭告发河神。中国人敢辱骂天地,亵渎神灵,山东老百姓常讲"老天爷瞎了眼"。根据山东"东海孝妇"塑造出来的窦娥那样的弱女子,也敢斥责天地:"天啊!你不分好歹何为天?地啊,你错勘贤愚枉做地!"天帝派驻人间,督察各家善恶的灶王爷,还被山东老百姓当做贪官污吏,任意地摆布和愚弄。

总之,中国的信仰不像西方那样,由一个耶稣、安拉、佛把人们的心灵专一地统起来,而绝不容许信奉异教。某种宗教、神灵,从来没在俗文化层次上成为中国人的唯一需要。中国虽曾出现过"三武一宗"的灭佛,但没有酿成西方那样残酷的宗教战争和宗教酷刑,也没有伊斯兰教那样纯洁的圣战,各种宗教都能在中国安家落户,和平共处。在我们这样一个宗教观念淡薄的国度里,却存在悠久的宗教传统和丰富发达,多种多样的宗教遗产。

(二)重人事,轻天命;重现实人生,轻来生彼岸

孔子讲:"未能事人,焉能事鬼。""未知生,焉知死。"儒家思想的成熟、完善和深入人心,很早就成为中国政治和人生哲学的指导思想。其严格的

实用理性和积极入世的思想;个体理想人格的自觉意识;视人生为乐,自强不息的精神,首先给人打上了不可磨灭的心理印象。它使人们自觉地认识到,社会每个个体的位置、价值、意义就存在于现实生活中,不需要舍弃现实人生,去另外寻求灵魂的超度和来世的天堂。山东巫术信仰中的占卜、相面、占梦、占星,占问的都是今生今世的吉凶和子孙后代的祸福。

马克思讲:"宗教是那些还没有获得自己或是再度丧失了自己的人的自我意识和自我感觉。"①中国人从未丧失自我,从未彻底悲观绝望,一直充满着积极有为的现实主义人生态度。因此,中国人从不虔诚地追求来世,佛教忍受现世的苦难是为了修来世,而中国人修来世是为了今生今世生活得更好。宗教信仰变成一种谋生方式和个人修养,在那里习得的不是对神的虔诚和敬畏,也不是对人生的厌弃,而是对他人的宽容,对人生的信念。信佛教以后,不仅没有感到人生的虚幻不真,反而活得更充实,更有意义了。

一般宗教都追求来世的天国,中国土生土长的道教则要求,今生今世就长生不老。在人类发展史上,人不能永恒地活在世上,始终是困惑人类的最大遗憾。那些享受荣华富贵、志得意满的山东士族更是如此。"人生苦短","人生如白驹过隙",反映的也是这种遗憾。流行于齐地的方仙道第一次责无旁贷地承担起这一人生课题,它的最大魅力就是满足了皇帝、贵族长生不死、得道成仙的愿望,表现了人类通过自己的智慧和努力,来超越生命的积极进取。道教从山东养生文化和方仙道中吸收的炼丹术、服气、导引等方法,是无数齐鲁方士怀着长生久视的热忱和执著追求,竭其毕生精力而积累起来的。

发源于山东博兴的董永卖身葬父的故事,后来编成戏剧《天仙配》,让天上的神仙向往人间,不惜违反天条思凡、下凡,到人间享受现实人生,也反映了这种重人间、轻天堂的思想倾向。

重人事,轻天命;重人间,轻鬼神;重实际,轻幻想等入世特征,固然防止了中国人的思维向人生彼岸做过多的、无谓的探索,中国社会基本上没有陷入全民族的宗教狂热之中。然而,这种非宗教的倾向,并非以理性主义的科学思维为基础,而是来自农业社会所特有的经验文化习俗。贵经验,缺乏幻

①《〈黑格尔法哲学批判〉导言》,《马克思格恩斯选集》第1卷,人民出版社1972年版,第1页。

想,人的思维想象便没有翅膀,它又极大地限制了中国人的思维想象力和创造力,阻碍了人们向广阔的宇宙空间和未体验到的微观世界作理性的、逻辑的探讨,进而造成了中国自然科学精神、宗教精神的贫乏。

(三) 家庭伦理高于宗教神灵

数千年的宗法家族社会,使祖先崇拜成为民众信仰意识的一个重要方面,也是增强家族内聚力的精神依托。琅邪临沂颜之推提出的"孝为百行之首",被后人奉为名言至理。一家人的宗教信仰可以不同,但必须和睦相处而不能反目成仇。《晋书·郗鉴传·附郗超传》载,东晋高平金乡(今属山东)郗愔信天师道,儿子郗超奉佛,"愔又好聚敛,积钱数千万。尝开库,任超所取。超性好施,一日中散与亲故都尽"。父子间宗教信仰不同,老子崇道好聚敛,明知儿子信佛好布施,却开库任其所取,眼睁睁地看着他把家财散尽。然而,郗超布施的不是佛教僧众,却又是郗氏的亲故。在郗氏父子看来,家庭伦理的价值远高于宗教信仰。明代日照百姓江伯儿杀子祭祀岱岳神,朱元璋大怒曰:"父子天伦至重……灭伦害理,亟宜治罪!"山东婚姻风俗中还有"宁拆十座庙,不破一门亲"的民谚,说明无论皇帝和百姓,都把家庭伦理放在宗教神灵的前头。

世奉五斗米道的琅邪孙氏、王氏,世奉佛教的泰山羊氏,还有儒家的孝道,都以家庭为信仰单位,成为一种世代相传的家风和家族文化传统。为造像建塔而组成的僧俗混合的佛教会社也用家庭伦理为纽带,叫"法义兄弟姊妹"。泰山羊烈建尼寺,不是为了弘扬佛法,而是为了维护"闺门修饰"的门风。

中国人对那些不食人间烟火的神灵一直不理解,因而喜欢给神灵联姻,让他们也过上家庭生活。东夷神话中的神箭英雄羿不仅有妻子嫦娥,还和河伯的妻子大搞婚外恋。魏晋时的泰山碧霞元君是泰山神的女儿,嫁给西海神为妻,还经常回娘家。泰山神有妻子儿女,与西海神联姻,是一个充满家庭伦理的神灵家族。山东的河神、龙王、灶神、城隍神等许多神灵都有妻子儿女,过着家庭生活。董永是个卖身到人家做佣工的穷光蛋,竟然也带着妻子。

（四）皇权凌驾神权

天地君亲师是中国人的第一信仰，"君父"的观念深入世俗社会，皇帝不仅是民间神化、维护的至尊，而且还凌驾于各种宗教、各路神灵之上，为宗教排座次，为神灵定名分。

古代最有权威的不是神灵，而是皇帝。山东老百姓敢辱骂天地神灵，就是不敢骂皇帝。甚至是有冤无处伸的时候，还认为是"天高皇帝远"，仍把希望寄托在皇帝身上。

在清河（治今山东武城）崔浩等人看来，皇帝不仅是人间社会的至尊，也是宗教界、神仙界的至尊。北魏太武帝是"太平真君"，道教是为皇帝服务的。在崔浩的帮助和影响下，北天师道增加了"不得叛逆君王"，"辅佐太平真君，继千年之绝统"的教义。崔浩还鼓动魏太武帝灭佛，使佛教在空前浩劫中认识到皇权的至高无上。

魏晋士族门阀制度的发展，导致了皇族在家族门第上的自卑，然而在宗教面前，皇权却又唯我独尊，它能为宗教排座次，给神灵定名分，甚至轻而易举地覆灭一种宗教。历史上"三武一宗"抑佛一直让僧尼们不寒而栗。北齐文宣帝"敕道士皆剃发为沙门"，"杀四人"便使"齐境皆无道士"[1]。所以，中国不可能产生西方那样的、与国王并驾齐驱的教皇。

各路神灵，无论是以"长春演道主教真人"丘处机为代表的全真七子，还是关圣帝君、天上圣母、城隍神、土地神，都必须由皇帝册封才能成气候。《礼记·王制》载："五岳视三公，四渎视诸侯。"可见，早在先秦时期，天子已把以五岳四渎为代表的各路神灵当做自己手下的大臣了。山东多丘陵，许多名不见经传的，像兖州的嵫山神、邹城的峄山神、巨越山神等，相传都经过皇帝的册封。元世祖先后封山东境内的小清河神为洪济威惠王，黄河神为灵源宏济王、济水神为清源善济王，使这些神灵声名大振，再也不会像先秦河神那样，受羿、西门豹、澹台子羽的"迫害"和羞辱了。

所以，中国的皇帝不仅是人间、还是鬼域世界的至尊，他的态度极大地左右着中国的世俗信仰。中国的老百姓特喜欢孙悟空，可皇帝不喜欢他，更没有册封它，孙悟空就没有名分，不仅没有庙宇，几乎所有的老百姓都不供

---

[1]《资治通鉴》卷一百六十六《梁纪二十二·敬帝绍泰元年》，古籍出版社1956年版。

奉它。山东安丘辉渠镇上孟家庄村土地庙,雕凿了孙悟空等西天取经的画面,是十分罕见的。即便是这样,他们也只是在土地庙的外墙上,庙内的正神是土地爷。在《西游记》中,孙悟空可以对土地爷呼来唤去,在山东民间信仰中,他只能候在庙外接受一点土地爷恩赐的香火了。

参考文献

恩格斯:《家庭私有制和国家的起源》,载《马克思恩格斯选集》第四卷,人民出版社1972年版。

《周易》,载《十三经注疏》,中华书局1980年影印版。

《诗经》,载《十三经注疏》,中华书局1980年影印版。

《尚书》,载《十三经注疏》,中华书局1980年版。

《周礼》,载《十三经注疏》,中华书局1980年版。

《仪礼》,载《十三经注疏》,中华书局1980年版。

《礼记》,载《十三经注疏》,中华书局1980年版。

《国语》,上海古籍出版社1978年版。

《左传》,载《十三经注疏》,中华书局1980年版。

《公羊传》,载《十三经注疏》,中华书局1980年版。

《晏子春秋》,载《诸子集成》,上海书店1986年影印版。

《战国策》,上海古籍出版社1985年版。

《孝经》,载《十三经注疏》,中华书局1980年版。

《山海经》,上海古籍出版社1980年版。

《论语》,载《诸子集成》,上海书店1986年影印版。

《孟子》,载《诸子集成》,上海书店1986年影印版。

《墨子》,载《诸子集成》,上海书店1986年影印版。

《管子》,载《诸子集成》,上海书店1986年影印版。

《庄子》,载《诸子集成》,上海书店1986年影印版。

《列子》,载《诸子集成》,上海书店 1986 年影印版。

《韩非子》,载《诸子集成》,上海书店 1986 年影印版。

《黄帝内经》,中医古籍出版社 2003 年版。

《吕氏春秋》,载《诸子集成》,上海书店 1986 年影印版。

(西汉)司马迁:《史记》,中华书局 1959 年版。

(西汉)韩婴:《韩诗外传》,中华书局 1980 年版。

(东汉)班固:《汉书》,中华书局 1962 年版。

(东汉)应劭:《风俗通》,中华书局 1961 年版。

(东汉)王充:《论衡》,载《诸子集成》,上海书店 1986 年影印版。

(东汉)许慎:《说文》,中华书局 1963 年版。

(三国魏)王肃:《孔子家语》,上海古籍出版社 1991 年版。

(西晋)陈寿:《三国志》,中华书局 1959 年版。

(东晋)葛洪:《抱朴子》,载《诸子集成》,上海书店 1986 年影印版。

(南朝宋)范晔:《后汉书》,中华书局 1965 年版。

(南朝宋)刘义庆:《世说新语》,载《诸子集成》,上海书店 1986 年影印版。

(南朝梁)沈约:《宋书》,中华书局 1974 年版。

(南朝梁)萧子显:《南齐书》,中华书局 1972 年版。

(南朝梁)萧统:《文选》,上海古籍出版社 1998 年版。

(南朝梁)慧皎撰、汤用彤校注:《高僧传》,中华书局 2004 年版。

(南朝梁)宝唱撰、王孺童校注:《比丘尼传校注》,中华书局 2006 年版。

(北魏)崔鸿:《十六国春秋》,中华书局 1960 年版。

(北魏)杨衒之:《洛阳伽蓝记》,上海书店出版社 2000 年版。

(北魏)郦道元撰、史念林等注:《水经注》,华夏出版社 2006 年版。

(北齐)魏收:《魏书》,中华书局 1974 年版。

(唐)房玄龄等:《晋书》,中华书局 1974 年版。

(唐)姚思廉:《梁书》,中华书局 1973 年版。

(唐)姚思廉:《陈书》,中华书局 1972 年版。

(唐)令狐德棻:《周书》,中华书局 1971 年版。

(唐)李百药:《北齐书》,中华书局 1972 年版。

（唐）魏徵等:《隋书》,中华书局1973年版。

（唐）李延寿:《南史》,中华书局1975年版。

（唐）李延寿:《北史》,中华书局1974年版。

（唐）长孙无忌等编撰、刘俊文点校:《唐律疏议》,中华书局1983年版。

唐玄宗御撰、李林甫奉敕注:《唐六典》,中华书局1992年版。

（唐）杜佑:《通典》,中华书局1988年版。

（唐）吴兢:《贞观政要》,上海古籍出版社1978年版。

（唐）义净撰、王邦维校注:《大唐西域求法高僧传校注》,中华书局1988年版。

（唐）道宣:《广弘明集》,载《四部备要》,中华书局1935年版。

（唐）道宣:《续高僧传》,上海古籍出版社1991年影印版。

（唐）道世:《法苑珠林》,上海古籍出版社1994年影印版 。

（唐）刘餗撰、程毅中点校:《隋唐嘉话》,中华书局1979年版。

（唐）段成式撰、方南生点校:《酉阳杂俎》,中华书局1981年版。

（唐）李吉甫:《元和郡县图志》,中华书局1983年版。

（唐）封演:《封氏闻见录》,中华书局1958年版。

（后晋）刘昫等:《旧唐书》,中华书局1975年版。

（五代）王定保:《唐摭言》,古典文学出版社1957年版。

（宋）王谠:《唐语林》,上海古籍出版社1978年版。

（北宋）欧阳修等:《新唐书》,中华书局1975年版。

（北宋）薛居正等:《旧五代史》,中华书局1974年版。

（北宋）欧阳修:《新五代史》,中华书局1974年版。

（北宋）司马光等:《资治通鉴》,中华书局1959年版。

（北宋）王溥:《唐会要》,中华书局1955年版。

（北宋）王谠:《唐语林》,上海古籍出版社1985年版。

（北宋）王溥:《五代会要》,上海古籍出版社1978年版。

（北宋）李昉等:《太平御览》,中华书局1960年影印版。

（北宋）李昉等:《太平广记》,中华书局1961年版。

（北宋）赞宁撰、范祥雍点校《大宋高僧传》,中华书局1987年版。

（南宋）孟元老:《东京梦华录》,文化艺术出版社1998年版。

（南宋）周密：《齐东野语》，中华书局1983年版。

（南宋）洪迈：《容斋续笔》，上海古籍出版社1978年版。

（南宋）郑樵：《通志》，中华书局1990年版。

（元）脱脱等：《宋史》，中华书局1975年版。

（元）脱脱等：《金史》，中华书局1975年版。

（元）马端临：《文献通考》，中华书局1986年版。

（元）于钦撰，王新生、郭能勇校注：《齐乘校注》，中国文史出版社2007年版。

（明）宋濂：《元史》，北京：中华书局1976年版。

（明）李东阳等：《大明会典》，中华书局1989年版。

（明）刘敕主纂：《历乘》，中国书店1959年影印明崇祯刻本。

（明）杨慎：《古今风谣》，古典文学出版社1958年版。

（清）顾炎武：《日知录》，上海古籍出版社1984年版。

（清）顾炎武：《山东考古录》，山东书局光绪八年（1882年）重刊，山东图书馆内部影印复制。

（清）张廷玉：《明史》，中华书局1974年版。

（清）陈梦雷、蒋延锡等：《古今图书集成》，中华书局1934年影印版。

（清）曹寅、彭定求等：《全唐诗》，中华书局1960年版。

（清）董诰等编：《全唐文》，中华书局1983年影印版。

（清）严可均校辑：《全上古三代秦汉三国六朝文》，中华书局1958年版。

（清）董诰等：《全唐文》，中华书局1983年影印版。

（清）王士祯：《香祖笔记》上海古籍出版社1982年版。

（清）顾祖禹：《读史方舆纪要》，上海书店出版社1998年版。

（清）赵翼撰、王树民校证：《廿二史札记》，中华书局1984年版。

（清）王赠芳等修、成瓘等纂：《济南府志》，凤凰出版社（原江苏古籍出版社）2004年版。

（清乾隆）胡德琳修、李文藻纂：《历城县志》（正续合编），济南出版社2007年版。

赵尔巽等：《清史稿》，中华书局1977年版。

胡朴安:《中华全国风俗志》,中州古籍出版社1990年版。

郭沫若:《中国古代社会研究》,人民出版社1954年版。

钱穆:《论中国历史精神》,台湾东大图书股份有限公司1986年版。

徐旭生:《中国古史的传说时代》,文物出版社1985年版。

吕思勉:《先秦史》,上海古籍出版社1982年版。

陈寅恪:《金明馆丛稿初编》,三联书店2001年版。

马庚存:《同盟会在山东》,山东人民出版社1991年版。

丁世良、赵放主编:《中国地方志民俗资料汇编》华东卷上,书目文献出版社1995年版。

济南市志编纂委员会编:《济南市志》,中华书局1997年版。

山东省地方史志编纂委员会编:《山东省志》,山东人民出版社陆续出版。

中共山东省委研究室主编:《山东省情》,山东人民出版社1986年版。

安作璋、王志民主编:《齐鲁文化通史》,中华书局2004年版。

安作璋主编:《山东通史》,山东人民出版社1994年版。

韩明祥:《济南历代墓志铭》,黄河出版社2002年版。

江心力:《齐鲁佛教史话》,山东文艺出版社2004年版。

朱正昌总主编:《齐鲁特色文化丛书》,山东友谊出版社2004年版。

严文明:《大汶口文化居民的拔牙风俗和族属问题》,《大汶口文化讨论文集》,齐鲁书社1979年版。

高广仁:《海岱区先秦考古论集》,科学出版社2000年版。

枣庄市博物馆编:《山东枣庄市渴口汉墓》,《考古学集刊》14集,文物出版社2004年版。

山东省博物馆、山东省文物考古研究所编:《山东画像石选集》,齐鲁书社1982年版。

曾昭燏、蒋宝庚、黎忠义:《沂南古画像石墓发掘报告》,文化部文物管理局1956年版。

李养正:《道教概说》,中华书局1989年版。

柯兰:《千年孔府的最后一代》,天津教育出版社1998年版。

梁家贵:《民国山东教门史》,人民出版社2008年版。

中国史学分会山东分会编:《山东近代史资料》,山东人民出版社 1980年版。

上海《民立报》,1910—1913 年刊。

复旦大学历史地理研究所《中国历史地名辞典》编委会编:《中国历史地名辞典》,江西教育出版社 1986 年版。

臧励龢:《中国古今地名大词典》,商务印书馆 1966 年版。

后　记

　　《山东社会风俗史》是由韩寓群同志任主编,由山东师范大学地方史研究所组织编写的《山东地方史文库》专史系列中的一部。

　　在本书编写过程中,得到山东师范大学安作璋先生的精心指导和朱亚非、王克奇、李伟等先生的热情帮助。潍坊东明中学教师邓丽丽,帮我撰写了第五章第一节《近代山东的服饰风潮》。山东协和职业技术学院讲师吴伟伟、山东师范大学历史文化与社会发展学院2007级本科生孙霞,帮我撰写了第五章第二节《山东近代岁时节庆》。山东艺术学院艺术文化学院讲师刘霞、山东省胶州市教育体育局高级教师田彤凯,帮我撰写了第五章第三节《婚姻风俗》。我的研究生于慧、袁连、厉复超、闫英华、王新文、王晓雷、李庆花、王娟娟、王倩倩、田猛、张忠磊、徐鑫、李冠军等,核对了书中的引文并校对了清样,在此一并表示感谢。

秦永洲

2010 年 11 月

图书在版编目(CIP)数据

山东社会风俗史／秦永洲著．—济南：山东人民出版社,2011. 10
　(山东地方史文库. 第二辑)
　ISBN 978-7-209-05638-0

Ⅰ.①山…　Ⅱ.①秦…　Ⅲ.①风俗习惯史—山东省　Ⅳ.①K892.452

中国版本图书馆 CIP 数据核字(2011)第 008546 号

责任编辑:马　洁
封面设计:蔡立国

山东社会风俗史

秦永洲　著

山东出版集团
山东人民出版社出版发行

社　址:济南市经九路胜利大街 39 号　邮　编:250001
网　址:http://www.sd-book.com.cn
发行部:(0531)82098027 82098028
新华书店经销
山东临沂新华印刷物流集团有限责任公司印装

规　格　16 开(169mm×239mm)
印　张　40.5
字　数　620 千字　插　页 10
版　次　2011 年 10 月第 1 版
印　次　2011 年 10 月第 1 次
ISBN 978-7-209-05638-0
定　价　175.00 元

如有印装质量问题,请与印刷单位联系调换。电话:(0539)2925659